电力等行业提供主机产品及关键基础件，为公司践行国家战略、解决“卡脖子”项目提供重要支撑，实现企业效益与国家使命相统一。

工程成套产业板块，依托品牌优势、产品技术研发能力和先进的加工制造能力，具有从科研、工艺设计、工程设计、设备成套、工程施工、安装调试、达标达产的工程总承包实施能力，开展 EP、EPC 总承包工程的独特优势。成套业务覆盖水泥、余热发电、干熄焦、煤化工、活性石灰、球团、矿渣微粉、矿山破碎及选矿、垃圾处理等多个领域。

新能源装备产业板块，定位于助力国家能源结构转型，围绕“碳达峰、碳中和”，坚持“能源开发方案 + 装备研发制造”商业模式，按照“源网荷储一体化”开发模式，构建“产业 + 资本”双轮驱动平台，落实国家战略部署，助力公司高质量发展；同时拓展高转速高效汽轮机发电机组，以及高倍率、宽温域、高安全性的储能电池、动力电池等新能源装备。

新兴业务产业板块，依托上市搭建的资本运作平台，聚焦核心技术，提高细分市场占有率和质量效益，打造专精特新“小巨人”企业，打造科技创新的排头兵、利润贡献的生力军，打造公司新产业发展的可复制、可借鉴的投资和管控模式、孵化平台。

使命呼唤担当，初心引领未来。在新的赶考之路上，中信重工将站位“两个大局”，胸怀“国之大者”，积极践行国家战略，担当国之重器重任，倾力打造具有全球竞争力的世界一流先进装备制造企业，为实现中华民族伟大复兴的中国梦贡献中信重工力量！

2023 年，中信重工总包的秦皇岛信宝年产 1.5t 铝灰无害化、资源化综合利用项目点火投产，自开工建设、主机安装到点火投产，项目历时不到 5 个月

2023 年，中信重工研制的漳浦六鳌海上风电场二期项目导管架成功发运，项目圆满收官

F级重型燃机铸锻件实现批量供货

成功研制单机容量 500 兆瓦级冲击式转轮中心体

国产化高放废液玻璃固化容器实现批量供货

汉钢3500mm 中厚板轧机交货周期创造了中厚板交货时间纪录

批量交付的核电常规岛焊接汽轮机焊接低压转子

1000MW 超超临界FB2转子

COMPANY PROFILE
公司简介

中国重型机械研究院股份公司
China National Heavy Machinery Research Institute Co.,Ltd.

中国重型机械研究院股份公司（简称中国重型院）前身为创建于1956年的第一机械工业部门重型机械研究所，是面向我国冶金、重型机械等行业的重大技术装备研发、设计与工程总承包的高新技术企业，致力于国家冶金重型装备领域核心技术攻关，实现重型装备的高端化、智能化、绿色化，为用户提供工程设计咨询服务及成套装备，现隶属于中央直接管理的世界500强企业——中国机械工业集团有限公司控股子公司国机重装。

攻克核心技术，实现科研成果广泛应用

中国重型院承担国家冶金重型装备领域核心技术攻关，为用户提供工程设计咨询服务及成套装备，先后荣获380多项国家和省部级科技奖励，创造了300多项技术突破型重大技术装备，拥有1200多件有效授权专利，制修订180余项国家及行业标准，2500多台（套）国产化重型成套装备应用在全国各地，其产品广泛应用于航空航天、轨道交通、海洋工程、智能制造、节能环保等领域。初步形成较为完善的海外市场营销体系，技术与服务已推广至美国、韩国、土耳其、俄罗斯和印度尼西亚等近20个国家和地区。

PRODUCT PRESENTATION
产品介绍

800mm铜带六辊可逆中精轧机组，产品表面质量、产品厚差、板形及生产效率均达领先水平

大型转炉一次烟气低碳高能效超净排放装备，采用直径13.5m防爆形卧式圆筒形电除尘器，入选2023年国家鼓励发展的重大环保技术装备目录

兼容不锈钢小圆坯到大圆坯、小方坯到大断面矩形坯、厚板坯多功能连铸机

开发创新　装备中国

构建创新平台，建立专业研发团队

中国重型院拥有金属成形技术与重型装备全国重点实验室、机械工业连铸技术装备重点（工程）实验室、陕西省大型工业铝型材挤压技术与装备工程技术研究中心、陕西省金属先进成形技术与装备中试基地等多个研发平台，并设有博士后科研工作站。拥有一支以中国工程院院士领军、百余名科技专家组成的数百人创新研发团队。

我们的荣誉

中国重型院是科技部门、国务院国资部门和中华全国总工会联合发布的91家“创新型企业”之一，是国家科技进步奖企业技术创新工程奖的5家获得者之一，先后荣膺国家技术创新示范企业、国家知识产权优势企业、第五批国家级工业设计中心、国家创新人才示范基地、全国“五一劳动奖状”、中国工业大奖等一大批荣誉，2021年入选全国“科改示范企业”，先后获评先进和标杆。

高端不锈钢管材轧制成形和精整核心装备

直径508mm半浸淬火装备，实现“外淋+内喷+槽浴+旋转”钢管淬火工艺

6300t钛合金挤压生产线项目填补了我国高性能大截面复杂结构钛合金型材挤压成形备及技术的空白

建龙集团
JIANLONG GROUP

COMPANY PROFILE
公司简介

北京建龙重工集团有限公司是一家以钢铁、资源双主业为核心的大型重工产业集团，拥有完整的产业链条。目前拥有各类资源储量近70亿t，铁矿资源保有储量54亿t，具备4300万t粗钢冶炼和轧材能力、2.4万t五氧化二钒的冶炼能力、775万t焦炭生产能力，以及8000万套轴承生产能力和350MW常规电站锅炉、600MW以上高压加热器、大型化工容器、不锈钢容器的设计制造能力。

2023年，集团完成钢产量3699万t，铁精粉产量592万t，完成营业收入2411亿元，上缴税金41亿元，集团资产总额1902亿元，员工人数约60000人。

承德建龙成功开发世界大规格——Φ1300mm连铸圆坯，大规格连铸圆坯的诞生，将逐步改写大厚壁法兰采用钢锭锻造的历史，为锻造行业、重要高端特钢材料的生产及提高金属收得率提供重要的技术和装备基础

建龙北满特钢研发的滚动体用轴承钢，成功应用于我国首台套盾构机用超大直径主轴承

承德建龙钒钛高科无缝钢管智能工厂实现了全流程物料和质量的跟踪与钢管逐支追踪，以及钢管质量自动判定和预测，数据完整性提高≥98%，在世界上率先建成“无缝钢管智慧工厂智能制造示范生产线”。

中国机械工业年鉴系列

中国重型机械工业年鉴

2023

中国重型机械工业协会
中国机械工业年鉴编辑委员会 编

机械工业出版社
CHINA MACHINE PRESS

《中国重型机械工业年鉴2023》设置综述、大事记、行业与市场篇、企业篇、统计资料、标准与质量和附录7个栏目，集中反映了2022年重型机械行业的发展情况，详细记录了17个分行业的生产发展、产品产量、市场销售、科技成果、新产品、新技术、标准与质量、基本建设及技术改造、重大项目等情况，公布重型机械行业数字化转型和重点“小巨人”企业调研情况，以及重型机械行业权威统计数据。

《中国重型机械工业年鉴》主要发行对象为政府决策机构、机械工业相关企业的决策者，从事市场分析、企业规划的中高层管理人员以及国内外投资机构、贸易公司、银行、证券、咨询服务部门和科研单位的机电项目管理人员等。

图书在版编目（CIP）数据

中国重型机械工业年鉴 . 2023 / 中国重型机械工业协会，中国机械工业年鉴编辑委员会编 .—北京：机械工业出版社，2024.3
（中国机械工业年鉴系列）
ISBN 978-7-111-75267-7

Ⅰ. ①中… Ⅱ. ①中… ②中… Ⅲ. ①重工业 – 机械工业 – 中国 – 2023 – 年鉴 Ⅳ. ① F426.42-54

中国国家版本馆 CIP 数据核字（2024）第 050270 号

机械工业出版社（北京市百万庄大街22号 邮政编码100037）
策划编辑：赵 敏 责任编辑：赵 敏
责任校对：梁 园 李 杉 责任印制：李 昂
河北宝昌佳彩印刷有限公司印刷
2024年4月第1版第1次印刷
210mm × 285mm • 20印张 • 26插页 • 774千字
标准书号：ISBN 978-7-111-75267-7
定价：480.00元

电话服务
客服电话：010-88361066
010-88379833
010-68326294

网络服务
机 工 官 网：www.cmpbook.com
机 工 官 博：weibo.com/cmp1952
金 书 网：www.golden-book.com
机工教育服务网：www.cmpedu.com

中国机械工业年鉴系列

作为『工业发展报告』
记录企业成长的每一阶段

中国机械工业年鉴

编辑委员会

中国重型机械工业年鉴

鉴证行业发展足迹
振兴重型装备工业

中国重型机械工业年鉴
执行编辑委员会

中国重型机械工业年鉴

鉴证行业发展足迹

振兴重型装备工业

中国重型机械工业年鉴
编写人员

（排名不分先后）

王　斌	王　淼	王亚东	王宇航	王继生
景晓波	孙鹏程	段婷婷	纪　凯	李仲军
沈剑峰	张　敏	张艳君	陈　江	林夫奎
赵雅琪	夏　娟	夏　雯	徐文金	李　辉
杨　俊	孙　博	谢徐洲		

中国重型机械工业年鉴
编辑出版工作人员

总　编　辑　周宝东

主　　　编　田付新

副　主　编　刘世博

执行主编　赵　敏

责任编辑　赵　敏

编　　　辑　江道芝　万鲁信

地　　　址　北京市西城区百万庄大街 22 号（邮编 100037）

编　辑　部　电话（010）68320642　　68997973

发　行　部　电话（010）88379054　　88379838

E-mail:cmiy@vip.163.com

中国重型机械工业年鉴

鉴证行业发展足迹
振兴重型装备工业

中国重型机械工业年鉴
特约顾问单位特约顾问

（排名不分先后）

特约顾问单位	**特约顾问**
卫华集团有限公司	李国强
中信重工机械股份有限公司	武汉琦
浙江双鸟机械有限公司	张文忠
二重（德阳）重型装备有限公司	韩晓军
中国重型机械研究院股份公司	王社昌
长垣市起重装备制造行业协会	李联合
北京建龙重工集团有限公司	黄　超
武汉正通传动技术有限公司	余晓钦
山东华特磁电科技股份有限公司	王　前
山东山矿机械有限公司	孙善金
江西华伍制动器股份有限公司	谢徐洲
八达机电股份有限公司	杜左海
无锡新大力电机有限公司	徐　敏
山起重型机械股份公司	徐新民
北京起重运输机械设计研究院有限公司	唐　超
株洲天桥起重机股份有限公司	龙九文
浙矿重工股份有限公司	陈利华
淮北矿山机器制造有限公司	胡善宏
苏州吉人高新材料股份有限公司	徐泽孝
深圳市兴鸿泰锡业有限公司	邢鸿伟
衡水电机股份有限公司	高　沂

中国重型机械工业年鉴

鉴证行业发展足迹 振兴重型装备工业

中国重型机械工业年鉴
特约顾问单位特约编辑

（排名不分先后）

特约顾问单位	特约编辑
卫华集团有限公司	王壮平
中信重工机械股份有限公司	张志勇
浙江双鸟机械有限公司	韩　剑
二重（德阳）重型装备有限公司	杨耀龙
中国重型机械研究院股份公司	马步强
长垣市起重装备制造行业协会	殷国占
北京建龙重工集团有限公司	郭小燕
武汉正通传动技术有限公司	宋晓伟
山东华特磁电科技股份有限公司	王成业
山东山矿机械有限公司	胡秀万
江西华伍制动器股份有限公司	曹明生
八达机电股份有限公司	王乾成
无锡新大力电机有限公司	徐晓阳
山起重型机械股份公司	刘永庆
北京起重运输机械设计研究院有限公司	聂索夫
株洲天桥起重机股份有限公司	郑正国
浙矿重工股份有限公司	林为民
淮北矿山机器制造有限公司	彭爱民
苏州吉人高新材料股份有限公司	汪中伟
深圳市兴鸿泰锡业有限公司	熊吉元
衡水电机股份有限公司	刘群涛

前　言

重型机械行业是机械工业中冶金机械制造业、矿山机械制造业、物料搬运（起重运输）机械制造业、重型锻压机械制造业以及大型铸锻件制造业的合称，是我国装备制造业的重要组成部分，也是关系到国民经济命脉和国家安全的重要产业，主要服务于钢铁、有色、矿山、煤炭、建材、电力、水利、交通、石化、物料搬运和国防建设等国民经济各领域，部分产品进入了民众生活服务领域（如城市停车、物流与仓储设备等）。

中央经济工作会议指出，实施制造业重点产业链高质量发展，加强质量支撑和标准引领，提升产业链供应链韧性和安全水平，大力推进新型工业化，发展数字经济，加快推动人工智能发展。会议作出加快建设现代化产业体系、着力补强产业链薄弱环节、大力发展数字经济等一系列部署。重型机械行业要深入贯彻落实中央经济工作会议精神，坚持稳中求进总基调，强化创新驱动、培育壮大特色产业，聚焦数字赋能、加快智能升级，推进绿色发展、开拓节能低碳大市场，强化质量支撑、提升效益水平，坚持以人为本，创建人才高地，不断推动行业平稳向好发展。

2022 年是“十四五”规划实施的关键之年，面对复杂严峻的外部形势和风云多变的国际环境，重型机械行业认真贯彻落实党中央、国务院的决策部署，坚持稳字当头、稳中求进，贯彻落实疫情要防住、经济要稳住、发展要安全的要求，行业运行保持稳定。受需求收缩、供给冲击、预期转弱三重压力叠加，行业下行压力凸显，给稳增长带来巨大挑战。2022 年重型机械行业实现营业收入 12 020 亿元，同比下降 4.4%；实现利润总额 696 亿元，同比下降 2.9%。2022 年重型机械行业进出口贸易在 2021 年高基数基础上继续保持了稳定增长，进出口总额、出口额均首次突破 300 亿美元。全年行业进出口总额 347.58 亿美元，同比增长 20.47%。

《中国重型机械工业年鉴》作为行业的宣传窗口，已连续出版 19 期。《中国重型机械工业年鉴 2023》记载了 2022 年重型机械行业和企业在统筹疫情防控、抢抓市场机遇、应对风险挑战和提质增效中取得的经验和成绩，与广大用户和关心重型机械行业发展的读者一起，共同见证了中国重型机械行业改革成长的发展历程。

在《中国重型机械工业年鉴》的编纂过程中，得到了各有关企业和用户的大力支持，也得到了许多行业专家的指导，在此表示诚挚的感谢。中国重型机械工业协会希望通过《中国重型机械工业年鉴》记录和展示行业的整体面貌，加强与各界同人的交流与沟通，共同努力推动我国重型机械行业在新时代的创新发展。中国重型机械工业协会将一如既往地为行业企业提供更加完善周到的服务。

中国重型机械工业协会常务副理事长 景晓波

2024 年 1 月

广告索引

智能制造

专精特新

智能制造

重型装备制造业的高质量发展是我国由“制造大国”迈向“制造强国”的坚实根基，是我国经济高质量发展的重中之重。重型装备制造企业数字化、网络化、智能化是振兴制造业、提升中国制造竞争优势的关键所在。

中信重工
CITIC HEAVY INDUSTRIES

中信重工前身为洛阳矿山机器厂，是国家“一五”期间兴建的156项重点工程之一，是中信集团旗下的境内A股上市公司。历经60多年的建设与发展，中信重工已成长为创新型企业和高新技术企业，中国重型装备骨干企业，具有全球竞争力的矿山重型装备和水泥成套装备供应商和服务商，全国领先的特种机器人研发及产业化基地，多次荣获中国工业大奖、中国质量奖提名奖、中国制造业单项冠军，被誉为“中国工业的脊梁，重大装备的摇篮”。

重型装备

重型装备产业板块，定位于为国家重大工程、重大项目提供大型化、重型化、智能化装备，为矿业、建材、冶金、煤炭、石化、水利、电力等行业提供主机产品及关键基础件，为公司践行国家战略、解决“卡脖子”项目提供重要支撑，实现企业效益与国家使命相统一。

中信重工研制的甘肃庆阳华能庆阳煤电核桃峪煤矿JKMD-6×4P Ⅲ提升机

中信重工研制的瑞典LKAB Mertainen铁矿PSZ3000-B半移动式破碎站

中信重工研制的海螺集团昌江项目PE1500-2000颚式破碎机

中信重工研制的华涯大排矿年产3300万t花岗岩骨料项目PXZ60-89旋回破碎机+CCS890圆锥破碎机

中信重工研制的新疆天池能源2000tph齿辊破碎机

中信重工研制的本溪龙新思山岭铁矿GM220-180高压辊磨机

中信重工研制并出口穆蒂尼项目的国产φ8.2m×12.7m溢流型球磨机

中信重工研制的本溪龙新思山岭铁矿CSM-2250立式搅拌磨

广告

智能制造

中信重工

CITIC HEAVY INDUSTRIES

中信重工立足新发展阶段，坚持新发展理念，融入新发展格局，坚守先进装备制造业发展定位，锚定“做强传统产业、做成风电产业、做大成套产业、做精新兴产业”的发展目标，以践行国家战略、实现高质量发展为使命，把创新作为第一动力，着力打造“平台化建设、生态化发展”业务新模式，扎实落实“细化生产运营管理、强化海外市场开拓、深化绿电平台建设、优化合资公司治理”举措，加快发展新质生产力，做整体解决方案供应商，努力实现党建和经济两个高质量发展，致力打造具有全球竞争力的一流先进装备制造企业。

中信重工研制的出口中铝国际印尼曼帕瓦年产 100 万 t 氧化铝项目的 GLL-240 和 GLL-180 大型过滤机

中信重工研制的包络成型竖井掘进机

中信重工研制的 T3.20 悬臂式硬岩掘进机

中信重工研制的塔牌万吨线水泥回转窑

中信重工研制的山西晋钢 LGMS6027 矿渣立磨

中信重工研制的宝钢梅山 250t 炼钢转炉

中信重工研制的扬州诚德钢管 φ920mm 十辊矫直机组

中信重工研制的全球 5600mm 宽厚板轧机牌坊

中信重工研制的大型加氢筒体

中信重工研制的“华龙一号”核电锻件

中信重工研制的大型海工装备替打环锻件

中信重工研制的单重 190t 高端模具钢

中信重工
CITIC HEAVY INDUSTRIES

工程成套

依托品牌优势、产品技术研发能力和先进的加工制造能力，具有从科研、工艺设计、工程设计、设备成套、工程施工、安装调试、达标达产的工程总承包实施能力，开展EP、EPC总承包工程的独特优势。成套业务覆盖水泥、余热发电、干熄焦、煤化工、活性石灰、球团、矿渣微粉、矿山破碎及选矿、垃圾处理等多个领域。

中信重工总包的福能集团安砂项目日产5000t水泥生产线

中信重工总包的河北津西年产150万t矿渣微粉生产线项目，核心主机为中信重工研制的LGMS6027矿渣立磨

中信重工总包的新疆国欣洁宇90MW兰炭尾气发电项目

中信重工总包的干熄焦工程及余热发电项目

新能源装备

定位于助力国家能源结构转型，围绕“碳达峰、碳中和”，坚持“能源开发方案＋装备研发制造”商业模式，按照“源网荷储一体化”开发模式，构建“产业＋资本”双轮驱动平台，落实国家战略部署，助力公司高质量发展；同时拓展高转速高效汽轮机发电机组，以及高倍率、宽温域、高安全性的储能电池、动力电池等新能源装备。

中信重工研制的 LK3000 海上作业液压打桩锤

中信重工研制的漳浦六鳌海上风电场二期项目导管架

中信重工研制的高速高效汽轮机

新兴业务

依托上市搭建的资本运作平台，聚焦核心技术，提高细分市场占有率和质量效益，打造专精特新“小巨人”企业，打造科技创新的排头兵、利润贡献的生力军，打造公司新产业发展的可复制、可借鉴的投资和管控模式、孵化平台。

中信重工下属科佳信公司研制的脉冲电容器

中信重工下属开诚智能公司自主研制的消防灭火侦察机器人

记录重型机械行业智能制造和低碳升级路径，推进行业技术进步和转型升级。

专精特新

中央经济工作会议强调“结构政策要着力畅通国民经济循环”，提出“要提升制造业核心竞争力，启动一批产业基础再造工程项目，激发涌现一大批‘专精特新’企业。加快形成内外联通、安全高效的物流网络。加快数字化改造，促进传统产业升级”。

C-PARK
举起中国

长垣经济技术开发区

以起重装备为主导产业的长垣经济技术开发区位于河南省新乡市，规划建设用地面积 58km^2，是省级开发区。长垣经济技术开发区始终以高质量发展为目标，以起重装备智能化、制造服务化、生产绿色化、管理网络化、配套本地化为载体，经过四十多年的培育发展，目前已形成较为完善的产业链和集聚规模。以卫华集团和河南矿山为龙头，集聚了起重机整机规模以上生产企业 114 家、配套生产企业 1042 家，其中，国内行业 3 强企业 2 家、国家制造业单项

冠军企业（产品）2 家、国家专精特新“重点小巨人”企业 11 家、国家高新技术企业 68 家，年产值超 100 亿元企业 1 家、超 50 亿元企业 1 家；年产起重机整机 30 万台、零部件 170 万台（套），产品涵盖桥式、门式起重机等 10 多个系列 200 多个品种；2600 多个销售网点遍布国内外，国内市场占有率超过 70%，已成为我国产业规模大、集聚度高、产业链完善的起重机械制造基地。

长垣经济技术开发区是国家级专利导航服务基地、中小企业特色产业集群、国家级绿色园区、国家新型工业化产业示范基地（起重机械）、国家级出口产品质量安全示范区（长垣起重机械）、国家火炬计划长垣起重机械产业基地、中国重型机械行业信用体系建设示范区、国家技术标准创新基地（郑洛新）起重装备技术标准创新联盟。长垣市先后被命名为“中国起重机械名城”“中国起重机械之都”。

山矿
SHAN KUANG

山东山矿机械有限公司

山东山矿机械有限公司始创于1970年，是集研发、设计、生产、销售带式输送机、破碎机、球磨机、工矿电动机车等系列主机产品及关键零部件的大型骨干企业。公司注册资金2亿元，拥有总资产7亿元，是中国重型机械工业协会副理事长单位及其下属带式输送机分会、破碎粉磨分会、矿山机械分会及中国电器工业协会牵引电气分会副理事长单位。

山矿公司拥有机械制造、教育培训和生产型服务三大业务板块，下辖山矿机械、山矿重工、山矿托辊制造、山矿设备供应、宏山运输和山矿技校等全资子公司。公司主导产品为破碎粉磨机械、带式输送机械、筛分洗选机械、工矿电动机车、建材机械等系列300多品种规格。广泛应用于火力发电、钢铁冶金、煤炭焦化、金属矿山和港口码头等传统基础设施行业，还应用于煤气化、新能源、脱硫环保、新材料等新基建、循环经济领域。

公司将秉承“集团多元化，分厂专业化”和“优、新、快、信”的经营理念，以“服务用户、发展企业、幸福员工、奉献社会”为企业使命，愿与国内外朋友广泛合作，共谋发展！

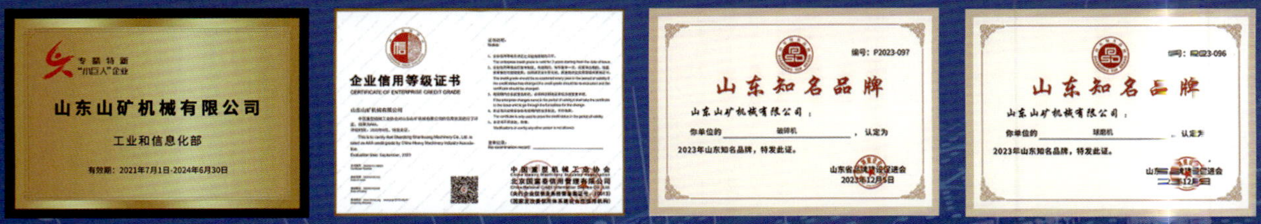

公司地址：山东省济宁市济安桥北路11号
电　　话：0537-2226931
传　　真：0537-2228529　邮编：272041
E-mail: master@sdkj.com.cn　http: //www.sdkj.com.cn

煤矸石（煤基固废）回填再利用生产线

球磨机

山矿带式输送机

HCSC15重型环锤破碎机

PCFK2028 可逆反击锤式破碎机

4PG四辊破碎机

中文网站二维码

山矿微信二维码

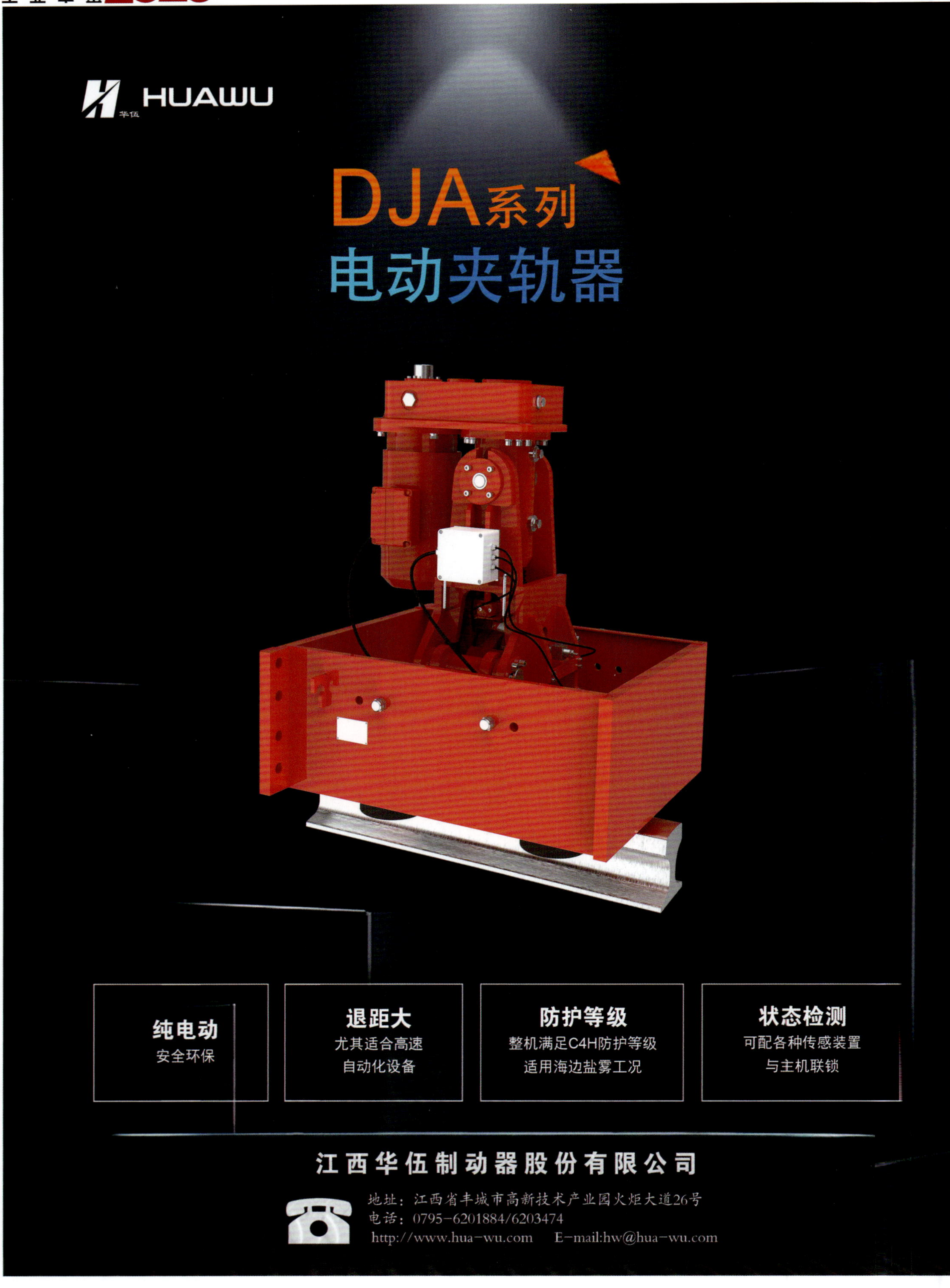
HUAWU
华伍
DJA系列
电动夹轨器
纯电动
安全环保
退距大
尤其适合高速
自动化设备
防护等级
整机满足C4H防护等级
适用海边盐雾工况
状态检测
可配各种传感装置
与主机联锁
江西华伍制动器股份有限公司
地址：江西省丰城市高新技术产业园火炬大道26号
电话：0795-6201884/6203474
http://www.hua-wu.com E-mail:hw@hua-wu.com

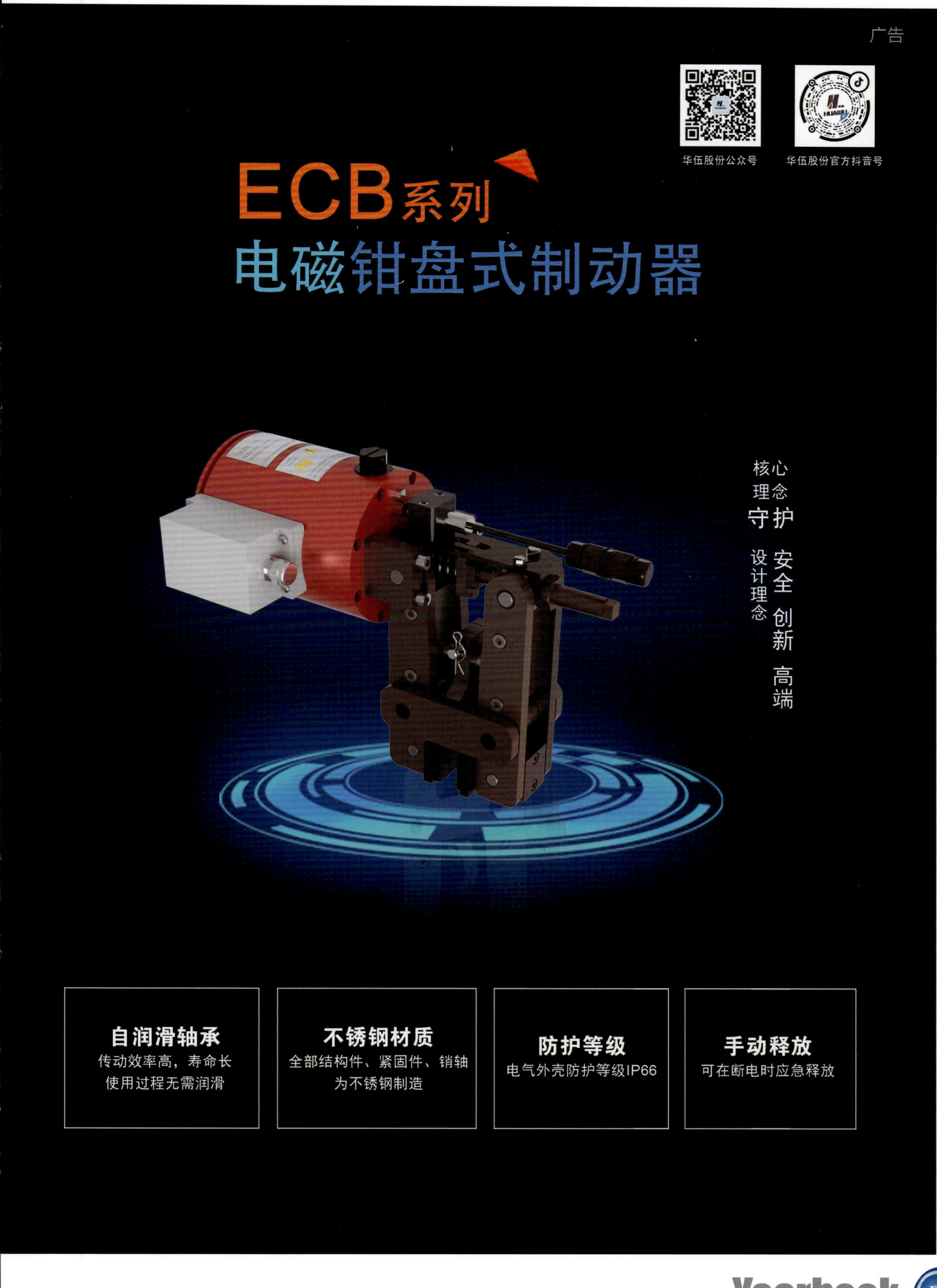
广告
华伍股份公众号
华伍股份官方抖音号
ECB系列
电磁钳盘式制动器
核心理念
守护
设计理念
安全
创新
高端
自润滑轴承
传动效率高，寿命长
使用过程无需润滑
不锈钢材质
全部结构件、紧固件、销轴
为不锈钢制造
防护等级
电气外壳防护等级IP66
手动释放
可在断电时应急释放

“专精特新”是我国制造业转型升级的方向所在，也是企业在国际竞争中占据优势的制胜之道。“专精特新”专栏，记载重型机械行业企业聚焦主业、精耕细作，在提升产业链供应链稳定性、推动行业发展中发挥的重要作用。

优秀企业展示

Electric Hoist 微型电动葫芦

ISO9001 ISO14001 ISO45001

专精特新“重点小巨人” (2021)
专精特新“小巨人” (2020)
浙江省“隐形冠军” (2020)
高新技术企业

全新一代
TSHX系列
同轴无级调速电动环链葫芦

产品特点

动力升级：
智能控制永磁同步无刷电动机，节能高效，体积小，能量大

操控升级：
FOC矢量驱动控制，同轴滑动实现无级调速，启动和停止平滑，随心而动

安全升级：
配有急停开关和过载保护，寿命延长，安全无优

开关升级：
全新低电压无接触磁性滑动开关，更安全耐用

部分技术参数

型号	TSHX/TSHXI-100	TSHX/TSHXI-200	TSHX/TSHXI-250	TSHX/TSHXI-500
电压	AC 220V,50Hz	AC 220V,50Hz	AC 220V,50Hz	AC 220V,50Hz
额定功率	460 W	450 W	1350 W	1350 W
额定负载	100kg	200kg	250kg	500kg
提升速度	0-16.0m/min	0-8.0m/min	0-22.0m/min	0-12.0m/min
提升高度	5m	5m	5m	5m
净重	13kg	13kg	32.5kg	32.5kg

专利号（Pantent No.）
ZL 201822193252.8
ZL 202230431051.5
ZL 202230431061.9

八达机电股份有限公司
BADA MECHANICAL & ELECTRICAL CO., LTD

地址：浙江省瑞安经济开发区毓蒙路8号 邮编：325200
Add: No.8 Yumeng Road,Ruian Economic Development Zone ,Ruian City Zhejiang,P.R.China PC:325200
TEL：086-577-65150288/65156622（外贸） 0577-65156698/65596666（内销） 传真（FAX）：0086-577-6515999
E-mail：bada@cn-bada.com Website：www.cn-bada.com https://www.bada.com.cn

BADA

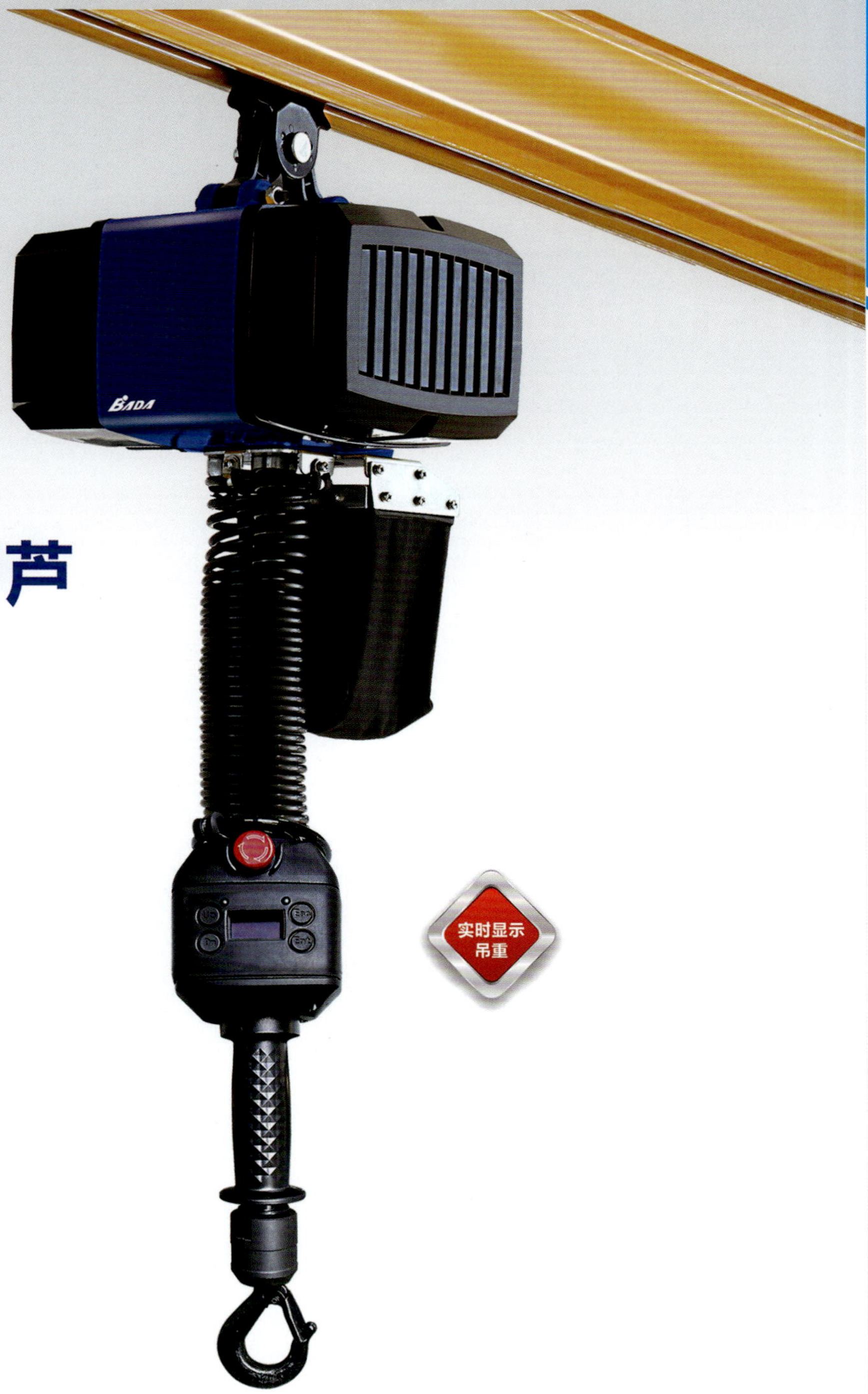

全新一代

QH系列

智能电动环链葫芦

全新一代QH系列智能电动环链葫芦是由八达机电股份有限公司创新研发的、具有多项专利支撑的匠心之作，它由工业级微处理器控制系统、伺服电动机、伺服驱动器、称重传感器、限位开关、光电开关等主要部件组成，具有**同轴滑动、悬浮、精准定位三种操作模式**。QH系列智能电动葫芦具有造型美观、精度高、速度可控、低净空、智能化等特点，设计符合人体工程学，给操作者带来举重若轻、快慢自如的新体验，产品使用起来方便、安全、高效。

部分技术参数

QH-250	QH-500
220V,50Hz	220V,50Hz
1200W	1200W
250kg	500kg
0-22.0m/min	0-12.0m/min
5m	5m
37kg	37kg

应用场景：

汽车行业（发动机、变速箱、仪表板、汽车座椅、玻璃、地盘等零件和整车配件等）
天然气、石油、电力等能源行业（阀门、钻探工具等）
航空航天、军工等行业重型设备制造、加工
工装夹具及模具等更换吊装、设备维护和保养
精加工、零部件组装
重复性高频率搬运工作、产品包装、车间和仓库装卸

新大力
www.xdldj.com

高质量发展　绿色新动力

优秀企业展示

广告

企业简介

无锡新大力电机有限公司始建于1992年，始终致力于电动机的研发与制造，聚焦起重冶金、港口物流、水利电力、矿山机械、船舶工程、气控流体等重点领域。拥有核心专利81项，其中发明专利26项；参与起草制定国家、行业标准48项。公司攻关国家火炬计划，建立2个省级研发平台，是国家专精特新“小巨人”企业、国家绿色工厂、机械工业质量诚信企业。

主导产品达1级能效，获评工信部门绿色设计产品，中国节能认证产品、江苏省重点推广新产品，列入工信部门节能技术装备推荐目录，真正打造以绿色为特色的生态设计产品、以高效低碳助力国家“双碳”目标。

资质荣誉

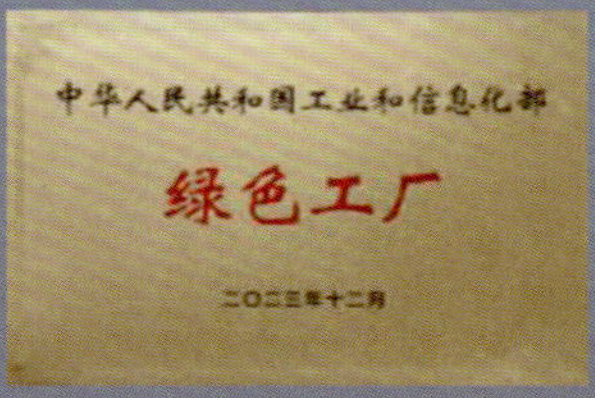

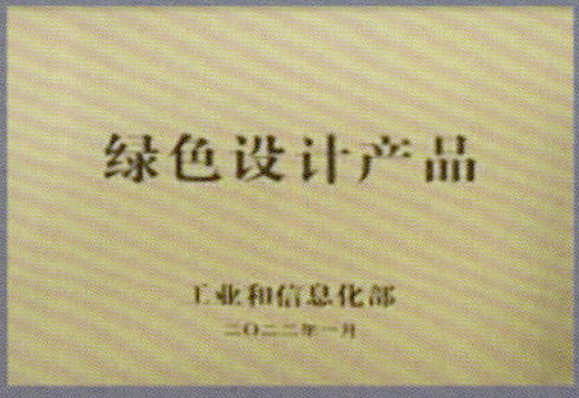

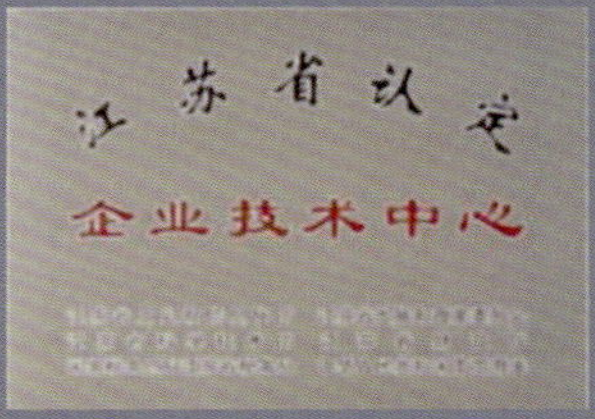

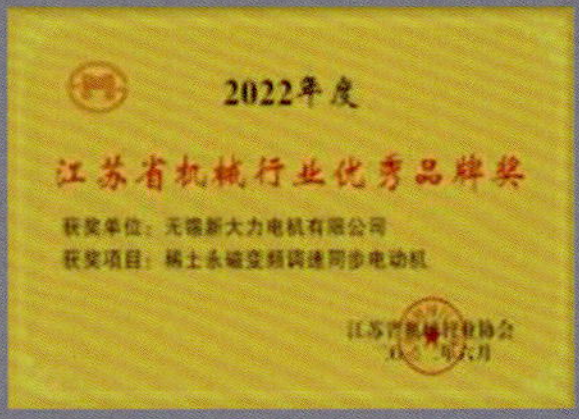

产品应用

起重设备

港口设备

水利电力

冶金辊道

产品系列

机座号：112~560
功　率：1.5~710kW

起重冶金电动机

我们严格按最新标准生产
YZR系列率先实现一级能效

产品系列：
YZR、YZ、YZRE、YZE、YZRW、YG

机座号：112~560
功　率：1.5~1000kW

起重变频电动机

我们采用优质变频材料
保证电动机在1~120Hz
平稳运行，高效节能

产品系列：
YZP、YZPE

机座号：112~450
功　率：1.5~400kW

起重防爆电动机

我们只生产安全产品
可靠保障、后顾无忧

产品系列：
YBZR、YBZP、YBZPE、YBZ、YBZE、YBZS

机座号：100~500
功　率：2.2~1000kW
频　率：1~250Hz

高效永磁电动机

我们只生产一级能效
效率高、节能效果显著

产品系列：
TYCP、TBYCP

咨询电话：400-6099-066、0510-83760111/666/999

衡水电机股份有限公司位于河北省衡水市高新技术产业开发区，始建于1975年，占地面积约14.13万m^2，资产总额6.2亿元，员工700余人，拥有国内先进的生产设备和检测设备，年产各类电动机50万台，是河北省乃至华北地区大规模的中小型电动机生产厂家，是河北省百强优势企业和中国500大机械制造企业之一。

公司一贯以“质量第一”为宗旨，以“对用户负责、让用户满意”为质量方针，积极贯彻“和谐管理”模式。质量体系先进完善，在电动机行业里率先通过了ISO9001质量管理体系认证、ISO14001环境管理体系和ISO45001职业健康安全管理体系认证。公司电动机产品先后通过了CQC产品认证、欧盟CE认证、国家节能认证、防爆认证、KA或MA认证等。“猛牛”牌电动机曾荣获“中国名牌产品”等荣誉称号。公司参与了10项国家标准、16项行业标准的起草和制定，累计获得22项专利，其中发明专利2项，实用新型专利20项。

公司生产的“猛牛”品牌三相异步电动机，包括YE3、YE4、YE5系列高效率、超高效率三相异步电动机，YBX3、YBX4、YBX5、YBBP系列高效防爆电动机、YFBX3系列、YFBX4系列粉尘防爆高效电动机；YFBP系列高压粉尘防爆变频电动机，Y、YX、YKK、YXKK、YKS、YR、YRKK、YRKS高压电动机，KCY开关磁阻电动机，TYC系列同步永磁电动机，YD、YDT多速电动机等20多个系列5000多个规格，产品广泛应用于钢铁、机械、石油、化工、水利、交通、矿业、电站、节能、环保、新型能源等领域，销售网络遍布全国，产品远销北美、欧洲、东南亚等30多个国家和地区。

衡水电机股份有限公司热忱欢迎国内外用户前来洽谈业务，我们承诺将为您提供更优质的产品和满意的个性化服务，携起双手、精诚合作、共建美好未来！

衡水电机股份有限公司
HENGSHUI ELECTRIC CO.,LTD

优秀企业展示

衡水电机股份有限公司
HENGSHUI ELECTRIC MOTORS CO.,LTD
广告
技术驱动发展
产品驱动世界
TECHNOLOGY DRIVES DEVELOPMENT AND
PRODUCTS DRIVE THE WORLD
TECHNOLOGY
· 应用范围 ·
机械、石油、化工、水利、交通、煤矿、水泥、冶金、电站、造纸、采矿、节能、环保、新型能源等领域
网址：WWW.CN-mengniu.com 地址：中国河北省衡水市高新技术开发区 销售部：0318-2123999/0318-6982693

广告

山起股份 SHANQI STOCK 山起重型机械股份公司

山起重型机械股份公司始建于1968年，现为中国重型机械工业协会常务理事单位、中国机械工业联合会会员单位、中国机械工程学会物流分会常务理事单位、山东省企业技术中心、山东省桥门式起重机工程技术研究中心、山东省高新技术企业、山东省“专精特新”企业。公司先后通过ISO9001质量管理体系认证、ISO14001环境管理体系认证及ISO28001职业健康安全管理体系认证。

公司占地面积25万m^2，其中厂房面积8.5万m^2，露天作业面积4万m^2。现有职工320人，其中专业技术人员66人、高级工程师12人、工程师26人，下设铆焊、机械加工、电气等7个分厂，年吞吐钢材2.5万t。主导产品为500t及以下电动双梁桥式起重机、150t及以下电动门式起重机、240t及以下冶金铸造起重机、智能立体停车设备等20个系列1000多个规格品种。

公司技术力量雄厚，人员结构合理，设计手段先进。使用国内先进的KMCAD和世界知名的CAD设计软件，拥有与设计软件相对应的新一代eCOLPLM图档管理系统，拥有用友ERP配合扫码系统来完成设计和产品出厂前图档和物资的全自动化信息管理体系。拥有先进的计算机设计局域网络和工作站，国内领先的桥式门式起重机CAD综合设计软件。

近年来通过与国内知名院校及科研机构开展产学研合作，承担（参加）国家科技支撑计划3项，省级技术创新项目18项，其中16项通过省市科技部门成果鉴定，多项技术达到国际先进水平，11项获省部级科学技术奖。获授权专利62项，其中发明专利3项。负责起草制定机械行业标准1项，参与制定国家及行业标准8项。公司注重消化吸收欧洲起重机先进技术，创立了轻量化起重机品牌，目前在国内处于领先水平。

高新技术企业
证书
企业名称：山起重型机械股份公司
证书编号：GR202237005251
发证时间：2022年12月12日
有效期：三年
批准机关：

高新技术企业证书

150t60m 双主梁门式起重机

200t 淬火起重机

立体车库

桥式起重机

地址：山东省青州市昭德北路 2198 号
电话：0536-3203038 400-0536-955
传真：0536-3203037
网址：www.sdqz.com 电子信箱：sqgf@sdqz.com

国机集团
SINOMACH

北京起重运输机械设计研究院有限公司

BEIJING MATERIALS HANDLING RESEARCH INSTITUTE CO.,LTD.

客运索道

自动化物流仓储

起重机械

散料运输

北京起重运输机械设计研究院有限公司（简称北起院）成立于1958年，经过半个多世纪的发展，由原机械工业部门直属的国家起重运输机械行业技术归口研究所发展成为集科研开发、工程承包、设备成套、设计制造、检验检测、监理服务为一体的国有科技型企业，隶属于世界500强企业中国机械工业集团有限公司。

我国起重运输机械行业综合技术实力头部企业

北起院现有职工近600人，其中工程技术人员达80%以上。具有索道工程设计甲级资质，索道前期咨询、项目管理咨询资质，客运索道、起重机械、厂内机动车辆三类特种设备检验检测资质，ISO 9001、14001、18001体系认证证书。

北起院具有客运索道、自动化物流仓储、起重机械、散料运输四大工程业务板块，承包建设的各类工程近2000项，获得300余项国家及省部级科技成果奖。可提供液力液压产品与系统和设备监理监造服务。

为我国物料搬运机械行业的技术进步发挥着重要作用

北起院承担国际标准化组织起重机技术委员会（ISO/TC 96）主席、起重机技术委员会试验方法分技术委员会（ISO/TC 96/SC 4）主席和工业车辆技术委员会可持续性技术委员会（ISO/TC 110/SC 5）主席工作，拥有国家中小企业公共服务示范平台、机械工业中小企业公共服务示范平台、博士后科研工作站、北京市企业技术中心、北京市设计创新中心、北京市自动化物流装备工程技术研究中心、机械工业物料搬运工程技术研究中心、起重机械轻量化技术重点实验室、起重机械减量化产业技术创新战略联盟九个科研及服务类平台。拥有北起装备涞水制造基地和北起院北方智能装备研发制造基地两个生产制造基地。设有国家起重运输机械质量监督检验中心、国家客运架空索道安全监督检验中心、国家安全生产北京矿用起重运输设备检测检验中心三个国家检验中心，主办《起重运输机械》行业核心学术期刊。全国起重机械、连续搬运机械、物流仓储设备、工业车辆及全国起重机械标委会的桥式和门式起重机分技术委员会、停车设备分技术委员会、电气与智能化分技术委员会七个标准化技术委员会秘书处，中国索道协会、中国机械工程学会物流工程分会、中国工程机械工业协会工业车辆分会、中国重型机械工业协会物流与仓储机械分会、中国重型机械工业协会桥式起重机专业委员会五个国家行业协会、学会秘书处设在北起院，为我国物料搬运机械行业的技术进步发挥着重要作用。

继续坚持核心技术的创新与研发

在新发展时期，北起院将继续坚持核心技术的创新与研发，大力开展工程设计与承包、产品检验与检测、技术咨询与服务，秉承"价值导向、创新驱动、责任担当、追求卓越"的企业核心价值观，以"明德、汇智、致勤、尚诚"的企业精神，与客户一同践行"搬动世界，传递真情"的使命，向成为"物料搬运技术的引领者"奋勇迈进！

Web：www.bmh1958.com　E-mail：admin@bmhri.com　Tel：+86 010-64031206　Fax：+86 010-64052584

天桥起重 创新智造

天桥起重 TIANQIAO

公司简介

株洲天桥起重机股份有限公司成立于1999年，2010年公司股票在深交所上市交易，现已成为全球具有影响力的铝电解专用起重设备制造商。公司下辖8家子公司，其中2家专精特新“小巨人”企业，4家省级专精特新“小巨人”企业。近两年公司获得“国家技术创新示范企业”“国家级单项冠军产品企业”“国家企业技术中心”“服务型制造示范企业”等荣誉。

公司始终秉承“先进制造、专业典范”的经营理念，深耕高端起重装备60多年，致力于为客户提供高端、智能物料搬运装备研发、设计、制造、销售、维保等整体解决方案。销售市场和服务范围覆盖全国，并出口至亚洲、欧洲、美洲和非洲的多个国家和地区。

钢铁冶金物料搬运设备

港口装卸装备

智能化产线

有色专用多功能机组

官网：www.tqcc.cn　电话：0731-28432961

广告
浙矿重工
ZHEKUANG HEAVY INDUSTRY
助力循环发展 引领技术革新
ZHEKUANG
国家高新技术企业
专精特新小巨人企业
国家知识产权示范企业
核心技术专利200余项
发明专利69项
计算机软件著作权12项
坚固耐用
运转更平稳
可适应多样化需求
产量更大 粒型更好
中国 浙江
浙矿重工股份有限公司制造
地址：浙江省湖州市长兴县和平镇工业园区
电话：0572-6955888
E-mail:zkzg@cnzkzg.com
http://www.cnzkzg.com
微信公众号
企业官网
抖音码

广告

淮北矿山机器制造有限公司

淮北矿山机器制造有限公司（简称淮北矿机）成立于2004年，注册资金1700万元，是中国重型机械工业协会洗选专业委员会副理事长单位、全国矿山机械标准化委员会委员单位。

主要产品有浓缩机、浮选机、带式压滤机、跳汰机、振动筛、真空过滤机、矿浆准备器、斗提机、带式输送机等，可为2000万t以下选矿厂设计和生产全套设备，产品广泛应用于煤炭和有色金属行业。产品先后出口哈萨克斯坦、沙特阿拉伯、南非、吉尔吉斯斯坦、巴布亚新几内亚、印度、赞比亚、刚果等国家和地区。

与清华大学、中国矿业大学、北京有色金属研究院、昆明钢铁研究院、马鞍山钢铁研究院等展开广泛的技术交流，成立了安徽省高效浓缩机重点实验室、淮北市洗选设备暨高效浓缩机工程技术研发中心等研发机构，建立了室外高效浓缩机半工业化模拟实验装置。

公司牵头起草和制定了10项矿山机械行业标准，1项国家标准，拥有48项专利，其中3项发明专利。

董事长：胡善宏13965876158　副总经理：李从军13909618508
销售总经理：杨勇13965898976
公司地址：安徽省淮北市濉溪经济开发区白杨路15号

NZT-53中心传动浓缩机

公司产品内蒙古使用现场

公司产品内蒙古使用现场

产品云南使用现场

国内大型深锥江锂现场

云铜大红山铜矿NTD-60S浓缩机使用现场

赞比亚现场

广告
吉人智漆
做中国工业漆领导品牌
一站式涂装防护解决方案提供商
吉人重视饰面的完美质感，更追求卓越的防腐性能；吉人遵循绿色的环保理念，更渴望与社会的和谐发展；
吉人坚持品质与服务领先，更注重科技的发展与创新；吉人立志发扬民族品牌，更期待创造更多的经典作品。
吉人用涂料装点未来，愿世界更美好。
吉人智漆 · 智有一套！
应用领域
工业涂料 Industrial Coatings
汽车涂料 Automotive Coatings
船舶涂料 Marine Coatings
水性涂料 Waterborne Coatings
交通装备涂料 Transportation Equipment
公司网址：http://www.jirenqi.com
服务热线：0512-65088405

深圳市兴鸿泰锡业有限公司

深圳市知名品牌　中国电子材料行业电子锡焊料十强企业　行业标准起草修订单位

深圳市专精特新企业　广东省材料工程技术研究中心　国家高新技术企业

深圳市兴鸿泰锡业有限公司成立于2007年，是一家有色金属原材料冶炼、电子产品材料、耐摩（增材）材料、半导体封装材料优质供应商、技术咨询及服务供应商、一对一材料应用解决方案供应商。

公司集研发、培训、生产、销售、技术支持及售后服务为一体，拥有专业产线20余条，产品年综合交付能力12000余吨。

发展至今，兴鸿泰秉承“感动客户、持续成长、勇于担当、彼此赋能”的价值理念，累计为10000+企业提供了优质的产品及贴心的售后服务，协助很多合作伙伴攻克了技术难关，提升产品品质及生产效率。

未来，在推动国家工业持续发展的道路上，助力更多的伙伴共同发展、成长、共赢。

锡锭
产品牌号：GB系列99.90A-99.95AA
产品样式：块状、条状、柱状或客户所需样式
产品规格：（25±1）kg /块

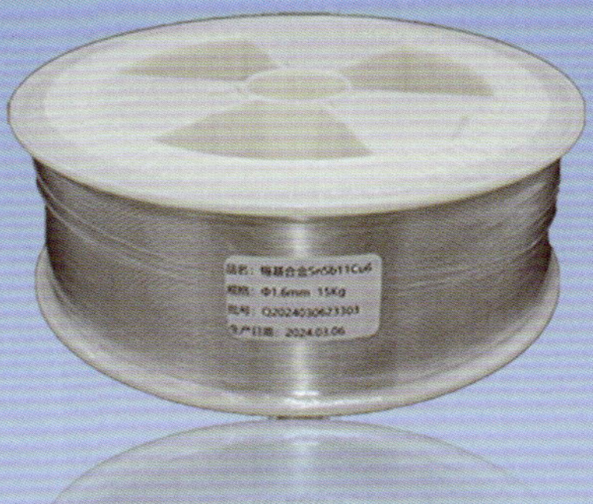

巴氏合金线
产品牌号：GB系列牌号及客户订制牌号
产品线径：（1.6～5.0）±0.01mm
产品规格：15kg/卷，50kg/桶

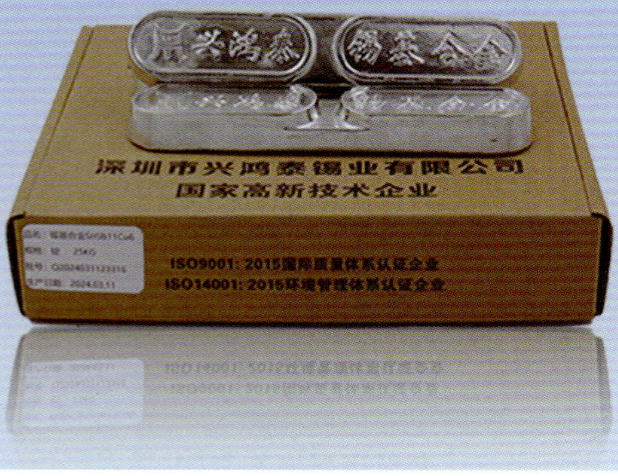

巴氏合金锭
产品牌号：GB系列牌号及客户订制牌号
产品样式：块状、条状或客户所需样式
产品规格：(25±0.1)kg/盒

公司名称：深圳市兴鸿泰锡业有限公司
地址：深圳市龙华区龙华街道狮头岭和平工业区B2栋
联系方式：13312912138
邮箱：xhw@xhtpp.com

综合索引

鉴证行业发展足迹

振兴重型装备工业

综述

大事记

行业与市场篇

企业篇

统计资料

标准与质量

附录

中国机械工业年鉴系列

《中国机械工业年鉴》

《中国电器工业年鉴》

《中国工程机械工业年鉴》

《中国机床工具工业年鉴》

《中国通用机械工业年鉴》

《中国机械通用零部件工业年鉴》

《中国模具工业年鉴》

《中国液压气动密封工业年鉴》

《中国重型机械工业年鉴》

《中国农业机械工业年鉴》

《中国石油石化设备工业年鉴》

《中国塑料机械工业年鉴》

《中国热处理行业年鉴》

《中国齿轮工业年鉴》

《中国磨料磨具工业年鉴》

《中国机电产品市场年鉴》

《中国机械工业集团有限公司年鉴》

《中国电池工业年鉴》

《中国机器人工业年鉴》

《中国工业车辆年鉴》

中国工业年鉴出版基地

编辑说明

一、《中国机械工业年鉴》是由中国机械工业联合会主管、机械工业信息研究院主办的大型资料性、工具性年刊，创刊于 1984 年。

二、根据行业需要，中国机械工业年鉴编辑委员会自 1998 年开始出版分行业年鉴，逐步形成了中国机械工业年鉴系列。该系列现已出版了《中国电器工业年鉴》《中国工程机械工业年鉴》《中国机床工具工业年鉴》《中国通用机械工业年鉴》《中国机械通用零部件工业年鉴》《中国模具工业年鉴》《中国液压气动密封工业年鉴》《中国重型机械工业年鉴》《中国农业机械工业年鉴》《中国石油石化设备工业年鉴》《中国塑料机械工业年鉴》《中国热处理行业年鉴》《中国齿轮工业年鉴》《中国磨料磨具工业年鉴》《中国机械工业集团有限公司年鉴》《中国电池工业年鉴》《中国工业车辆年鉴》《中国机器人工业年鉴》和《中国机电产品市场年鉴》。

三、《中国重型机械工业年鉴》作为该年鉴系列之一，自 2005 年起每年连续出版，2023 年为第 19 版。《中国重型机械工业年鉴 2023》集中反映了 2022 年重型机械行业的发展情况，公布了重型机械行业及其企业的主要经济技术指标。

四、《中国重型机械工业年鉴 2023》内容由综述、大事记、行业与市场篇、企业篇、统计资料、标准与质量和附录 7 个栏目构成，统计资料中的数据为快报数据，由中国重型机械工业协会提供，数据截至 2022 年 12 月 31 日。

五、本年鉴在编纂过程中得到了中国重型机械工业协会及所属分会、相关研究院所和企业的大力支持和帮助，在此深表谢意。

六、未经中国机械工业年鉴编辑部的书面许可，本书内容不允许以任何形式转载。

七、由于编者水平有限，书中难免有不足之处，敬请读者批评指正。

中国机械工业年鉴编辑部

2024 年 1 月

目　录

综　述

大 事 记

行业与市场篇

企 业 篇

统 计 资 料

标准与质量

附 录

Table of Contents

Summary

Chronicle of Events

About Products and Market

About Companies

Statistics

Standards and Quality

Appendix

综 述

回顾2022年重型机械行业发展状况，分析当前行业发展中存在的问题及新冠肺炎疫情对行业的影响，并提出措施建议。公布2022年中国重型机械行业获得机械工业科学技术奖项目情况。发布2022年重型机械行业的新产品、新技术和重大项目，以及重型机械行业数字化转型的研究报告

Review on the development of the heavy machinery industry in 2022，Analysis of the problems existing in the current industry development and outbreak of COVID-19 for the influence of the industry，propose measures and suggestions. Publicize projects from the heavy machinery industry which won the Machinery Industry Science and Technology Awards in 2022. Release the progress of major projects，new products and new technologies in the heavy machinery industry in 2022，Release a research report on the digital transformation of the Heavy Machinery Industry

中国重型机械工业年鉴 2023

综述

敢于担当、勇于创新、抢抓机遇、踔厉奋发 为实现中国重型机械行业稳定健康发展而努力奋斗

2022年是“十四五”规划实施的关键之年，面对风云多变的国际环境和复杂严峻的外部形势，重型机械行业认真贯彻落实党中央、国务院的决策部署，坚持稳字当头、稳中求进，贯彻落实疫情要防住、经济要稳住、发展要安全的要求，第一季度行业经济运行实现良好开局。第二季度以后，国内新冠肺炎疫情反弹，在停产封闭、通道受阻等因素影响下，行业主要经济指标出现下滑，全年经济指标较2021年略有下降。面对俄乌冲突和美国等发达国家对我国经济遏制的影响，行业企业大力开拓国际市场，进出口贸易创历史新高。

一、2022年重型机械行业发展情况

1. 环境复杂多变，下行压力凸显

2022年，重型机械行业遭遇需求收缩、供给冲击、预期转弱三重压力叠加，下行压力凸显，给行业稳增长带来巨大挑战。全年实现营业收入12 020亿元，同比下降4.4%，增速分别低于全国工业和机械工业10.3个和14.0个百分点；实现利润总额696亿元，同比下降2.9%，增速高于全国工业1.1个百分点，低于机械工业15.0个百分点。

2. 外贸稳定增长，进出口再创新高

2022年，重型机械行业进出口贸易在2021年高基数的基础上继续保持稳定增长，进出口总额、出口额均首次突破300亿美元。全年行业进出口总额为347.58亿美元，同比增长20.47%。其中：出口额为307.89亿美元，同比增长26.39%；进口额为39.69亿美元，同比下降11.66%；进出口顺差268.20亿美元，同比增长35.00%。

3. 坚持创新驱动，重大技术成果不断涌现

2022年，重型机械行业坚持创新驱动，加大创新力度，完成了一批重大技术成果，填补了国家多项空白。如中国一重集团有限公司（简称中国一重）总承包的溧阳2 680 mm不锈钢热连轧项目顺利通过设备验收，标志着世界单体产量最大、产品幅宽最宽的不锈钢生产线正式投产；中信重工机械股份有限公司（简称中信重工）研制的国内抓取重量最大、悬臂行程最长的七轴重载全液压驱动机械臂，最大抓取能力可达2.5 t；二重（德阳）重型装备有限公司（简称二重装备）研制的国产化首件1 000 MW超超临界机组FB2高中压转子，标志着我国百万千瓦级超超临界汽轮机组实现全部国产化；华电重工股份有限公司（简称华电重工）自主研制的首台（套）新型高效穿越式岸桥全球首发，上下穿越式智能双小车和动态减振等多项技术在国内外首次使用；大连华锐重工集团股份有限公司（简称大连重工）研制的487.978 t W12×92DF型曲轴，曲拐颈成品直径1 120 mm，半冲程为1 734 mm，刷新世界纪录；山东华特磁电科技股份有限公司（简称华特磁电）自主研制的5 m智能立环高梯度磁选机成为全球最大和全球首台；中信重工制造的揭阳“神泉二”350 MW海上风电增容项目首桩成为目前最大规格风电单桩基础，22#单桩重达2 218 t等。

4. 锻造大国重器，助力国家重大项目

中国重型机械工业协会会员企业聚焦国家战略，勇担重任，持续锻造大国重器，助力国家重大项目实施。如二重装备完成了“人造太阳”大科学装置核心部件的研制，掌握了人造太阳核心部件整体制造关键技术；太原重型机械集团有限公司（简称太重集团）制造的“功勋塔架”——921发射塔架成功托起“神舟一号”到“神舟十四号”系列载人飞船；卫华集团有限公司（简称卫华集团）在“神舟十五号”发射任务中为酒泉卫星发射中心提供多台电气防摇摆自动精准定位起重机，大大提高了火箭吊运过程中的稳定性和精准度；浙江通力传动科技股份有限公司（简称通力科技）的关键配套减速器助力北京冬奥会开幕式主火炬提升系统完美运行。

5. 坚持“专精特新”，持续特色发展

重型机械行业企业坚持走专业化、精细化、特色化发展道路，不断提升产品技术水平和质量水平，专精特新成果不断涌现，企业竞争力持续增强。2022年，中国重型机械工业协会发布了《重型机械行业专精特新成果目录（2022)》，这些成果在行业发展中发挥了显著的补链、固链、强链和延链作用。

二、存在的主要问题

1. 行业效益下降，亏损面增大

从主要经济指标看，2022年重型机械行业营业收入、利润总额增速均同比下降，营业收入同比下降4.4%，利润总额同比下降2.9%。行业亏损面为19.3%，较2021年同期扩大4.2个百分点。

2. 应收账款持续增加，现金流问题突出

2022年，行业应收账款总额为4 381亿元，同比增长5.7%，远高于同期营业收入增速。应收账款居高不下和回收难是困扰制造业企业的痼疾，行业企业普遍存在应收账款过高的问题。

3. 需求不足，增长乏力

国家统计局数据显示，2022年重型机械行业主要涉及的通用设备制造业和专用设备制造业产能利用率分别为79.2%和77.6%，较2021年分别下降1.8和2.4个百分

点。行业主要服务的领域中，除煤炭开采和洗选业产能利用率（74.9%）较2021年略有增长（增加0.4个百分点），黑色金属冶炼和压延加工业、有色金属冶炼和压延加工业、非金属矿物制品业产能利用率分别为76.3%、79.3%、67.0%，较2021年分别下降2.9个、0.2个和2.9个百分点。

4. 外贸出口压力犹存

全球供应链仍未修复至疫情前水平、俄乌冲突持续发酵、通胀大幅上升，海外主要银行大幅收紧货币政策，贸易保护主义冲击等因素给全球经济增长带来严峻挑战，行业出口贸易也将面临较大压力。

三、2023年重型机械行业发展预测及主要任务

1. 行业发展预测

当前国际政治经济环境复杂多变，地缘冲突不断加剧，对全球经济发展造成较大压力。2023年，我国一系列稳经济政策措施效应进一步显现，市场信心恢复。新冠肺炎疫情影响消退等有利因素，企业复工复产、复商复市加快，我国经济景气水平继续回升。

根据当前整体形势分析，重型机械行业2023年将呈现低位开市、年初延续下降；震荡前行、年中逐渐趋好；全年估计增长2%左右，总体好于2022年，但困难依然很大。

2. 行业发展的主要任务

（1）强化创新驱动，培育壮大特色产业。科技是第一生产力，创新是第一动力，在技术快速发展的形势下，行业要全面梳理自身的难点、弱点、堵点和优势强点，积聚力量进行原创性、引领性科技攻关，强化创新驱动、加大科技研发投入，抢抓发展机遇，激发企业内生动力、发展活力，培育壮大自身特色优势产业，向“专精特新”方向迈进。

（2）聚焦数字赋能，加快智能升级。全国工业和信息化工作会议提出，实施先进制造业集群发展专项行动，支持制造业高端化发展；统筹抓好智能制造工程、制造业数字化转型行动和中小企业数字赋能行动，出台促进装备数字化政策措施；加强绿色低碳技术改造，支持制造业绿色化发展。

推动制造业高端化、智能化、绿色化发展，既是未来推进新型工业化的重要任务，也是实现中国式现代化的有力支撑。重型机械行业属于单件小批量生产行业，智能升级难度较大，数字经济赋能起步晚、进展慢，在技术快速变化的今天与整个机械制造业发展速度和国民经济发展水平不相适应，行业、企业必须加快步伐，在核心基础、重点领域和关键节点上打好攻坚战，聚焦数字赋能与智能升级，锻造新的产业竞争优势。

（3）推进绿色发展，开拓节能低碳大市场。国家发展改革委等联合发布了《高耗能行业重点领域节能降碳改造升级实施指南（2022版）》，各部委、各地方政府、各行业、各大型中央企业集团都陆续论证编写了行动方案，对钢铁、有色、化工、能源等行业提出了产业升级的限时达标要求。国家的“双碳”目标将催生新的大市场，各企业要利用自身资源条件积极投身其中，围绕节能、低碳、新能源、资源节约及综合利用等，研发新技术、研制新产品、开拓新市场，形成企业新的增长点。

（4）强化质量支撑，提升效益水平。国务院印发的《质量强国建设纲要》指出，面对新形势新要求，必须把推动发展的立足点转到提高质量和效益上来，培育以技术、标准、品牌、质量、服务等为核心的经济发展新优势，推动中国制造向中国创造转变、中国速度向中国质量转变、中国产品向中国品牌转变，坚定不移地推进质量强国建设。

行业企业要强化质量支撑，提高质量竞争水平，打造质量发展新优势，推动产品质量升级，加强企业全面质量管理，着力提升关键环节、关键领域质量管控水平。开展对标交流，以先进企业为引领，不断提升产品可靠性、装备制造能力和质量水平，进而提升企业效益水平，打造企业质量品牌。以高质量助推企业发展，助力质量强国。

（5）坚持以人为本，创建人才高地。人才是第一资源，要加强人才梯队建设，持续优化人才结构，培养青年后备人才队伍。加大人才引进力度，深入开展员工技能培训。加大力度弘扬工匠精神，创建行业工匠工作室，加强工匠经验和技能交流活动，组织技能人才技能培训与考核竞赛，借此引导鼓励企业重视高水平技能人才培训、培育、激励和使用。培养造就一批高水平的技能人才、科技人才和高水平创新团队，为企业发展提供重要的人才保障。

〔撰稿人：中国重型机械工业协会景晓波　审稿人：中国重型机械工业协会张艳君〕

2022 年重型机械行业总体运行情况

2022 年是“十四五”规划的关键之年，面对风云多变的国际环境和复杂严峻的外部形势，重型机械行业认真贯彻落实党中央、国务院的决策部署，坚持稳字当头、稳中求进，贯彻落实疫情要防住、经济要稳住、发展要安全的要求，第一季度行业经济运行实现良好开局。第二季度以后，受国内新冠肺炎疫情反弹、俄乌冲突等因素影响，行业主要经济指标出现下滑。全年经济指标较 2021 年略有下降，但进出口贸易超预期增长，再创历史新高，行业整体运行相对平稳。

一、行业经济运行情况

1. 行业总体情况

2022 年，重型机械行业实现营业收入 12 020 亿元，同比下降 4.4%，增速分别低于全国工业和机械工业 10.3 个和 14.0 个百分点。2022 年是自 1998 年（–6.08%）以来 24 年行业首次出现负增长。2022 年行业实现利润总额 696 亿元，同比下降 2.9%，增速高于全国工业 1.1 个百分点，低于机械工业 15.0 个百分点。

2022 年，行业利润率为 5.8%，较 2021 年提高 0.1 个百分点；亏损面较 2021 年扩大 4.2 个百分点。2022 年重型机械行业及分行业营业收入增速如图 1 所示。2022 年重型机械行业及分行业利润总额增速如图 2 所示。

2. 主要产品产量情况

2022 年，国家统计局公布的重型机械行业 3 种主要产品产量中，2 种增长，1 种下降。其中，金属冶炼设备完成 87.36 万 t，同比增长 0.7%；水泥专用设备完成 41.59 万 t，同比增长 6.7%；电梯、自动扶梯及升降机完成 145.4 万台，

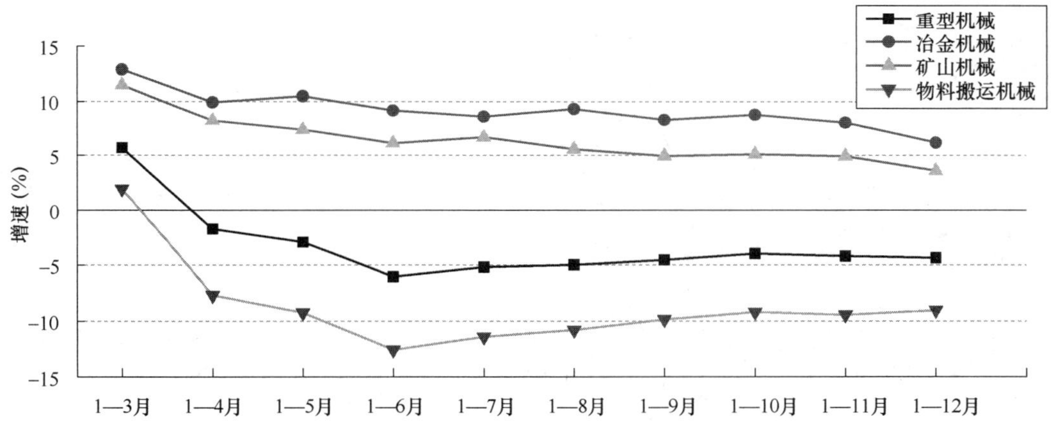

图 1　2022 年重型机械行业及分行业营业收入增速

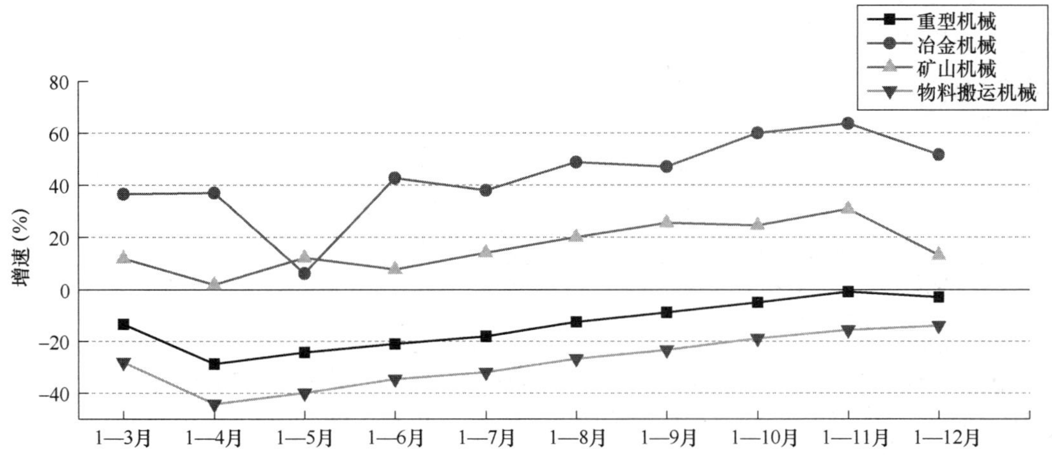

图 2　2022 年重型机械行业及分行业利润总额增速

同比下降 7.3%。2020—2022 年金属冶炼设备产量累计增速如图 3 所示。2020—2022 年水泥专用设备产量累计增速如图 4 所示。2020—2022 年电梯、自动扶梯及升降机产量累计增速如图 5 所示。

3. 应收账款、存货等情况

2022 年，重型机械行业应收账款总额 4 381 亿元，同比增长 5.7%；存货 2 913 亿元，同比增长 0.6%，其中产成品 1 038 亿元，同比增长 1.2%。2020—2022 年重型机械行业及分行业应收账款增速如图 6 所示。2020—2022 年重型机械行业及分行业库存增速如图 7 所示。2020—2022 年重型机械行业及分行业产成品增速如图 9 所示。

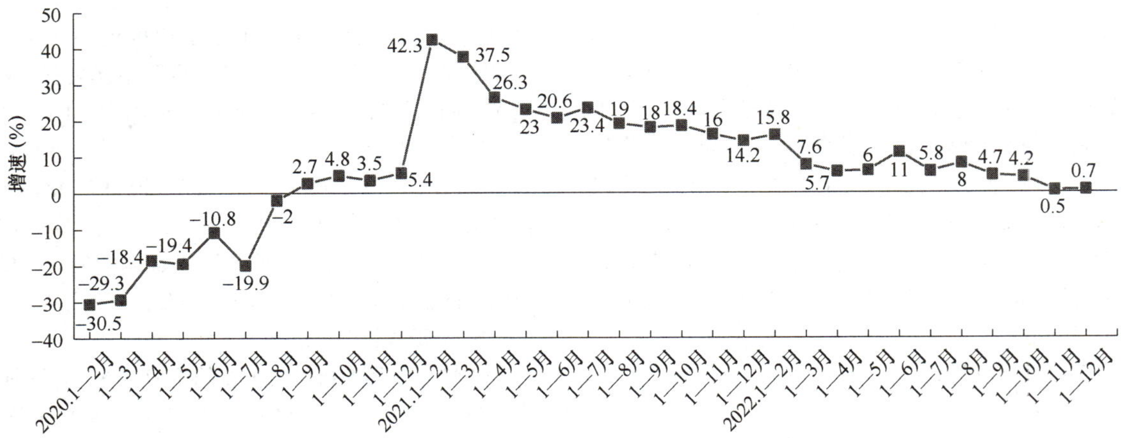

图 3　2020—2022 年金属冶炼设备产量累计增速

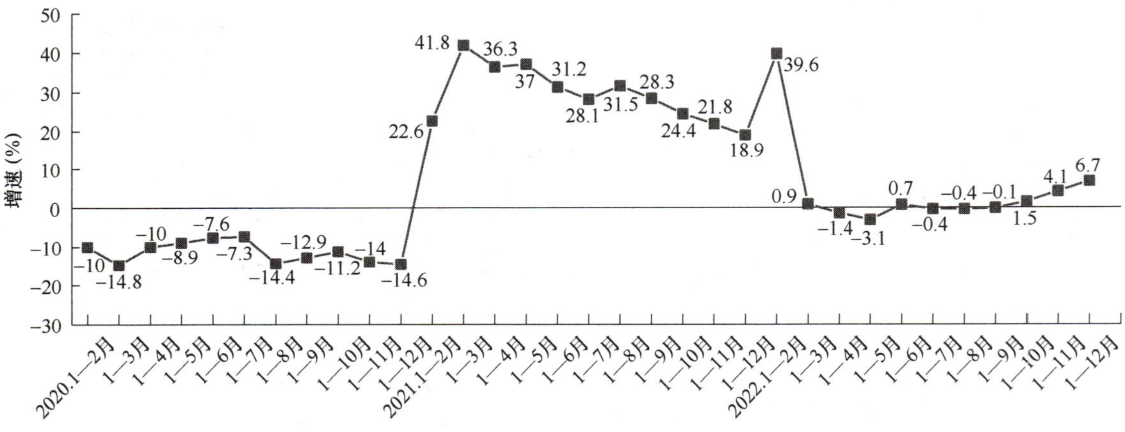

图 4　2020—2022 年水泥专用设备产量累计增速

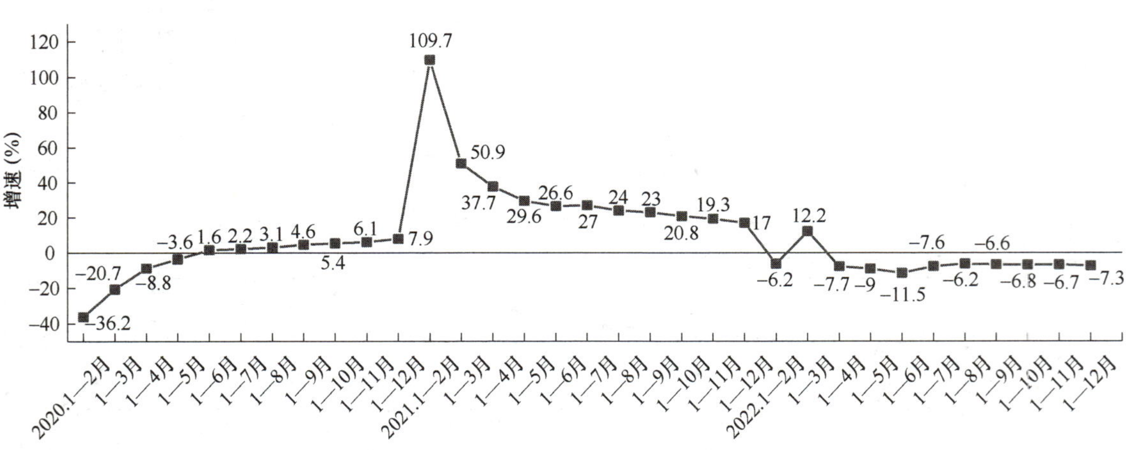

图 5　2020—2022 年电梯、自动扶梯及升降机产量累计增速

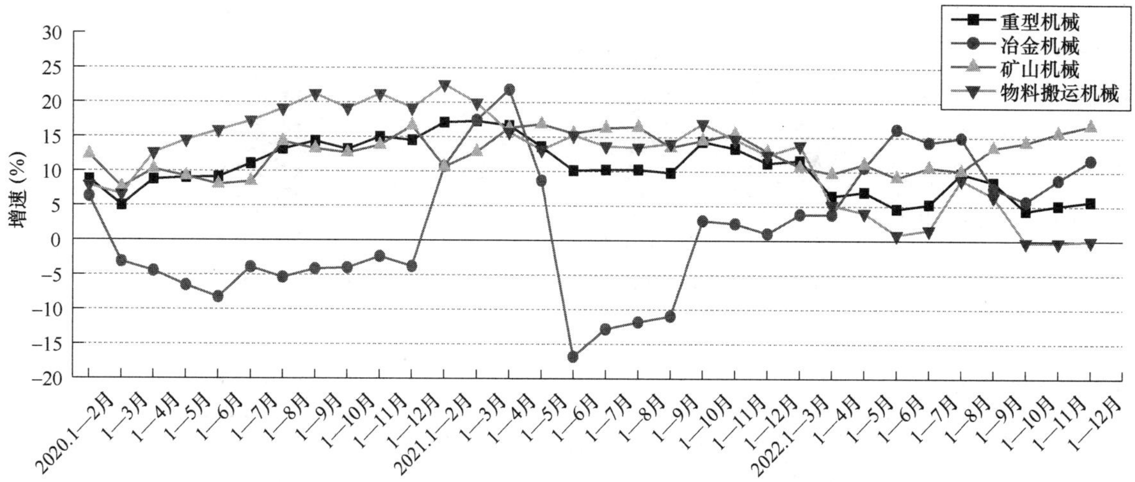

图 6　2020—2022 年重型机械行业及分行业应收账款增速

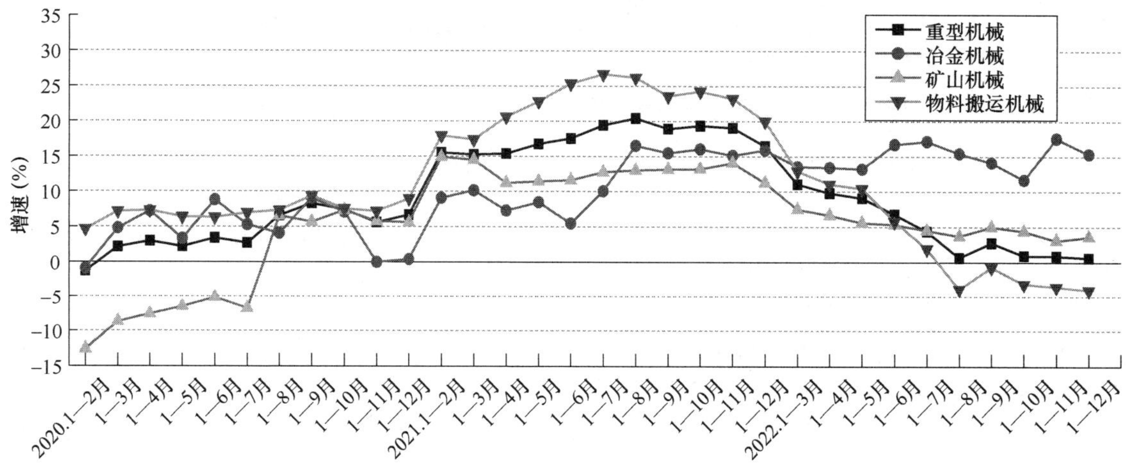

图 7　2020—2022 年重型机械行业及分行业库存增速

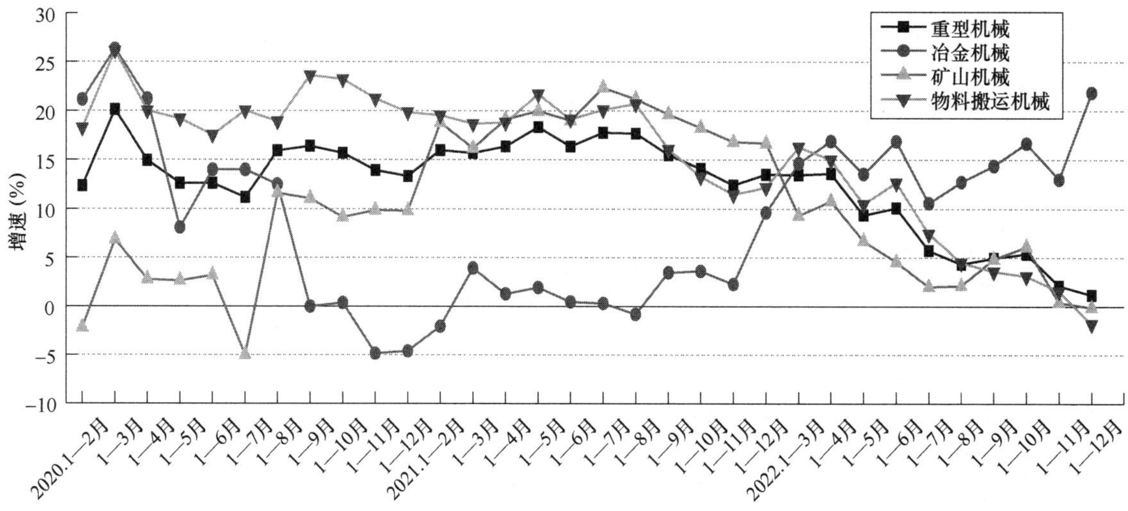

图 8　2020—2022 年重型机械行业及分行业产成品增速

4. 经济效益指标情况

2022 年，重型机械行业每百元营业收入成本、费用分别为 83.10 元、8.18 元，分别较 2021 年减少 0.32 元、0.09 元。分行业中，除物料搬运机械行业每百元营业收入费用较 2021 年（0.18 元）略有增加外，其他均较 2021 年有所减少。2021—2022 年重型机械行业及分行业每百元营业收入成本如图 9 所示。2021—2022 年重型机械行业及分行业每百元营业收入费用如图 10 所示。

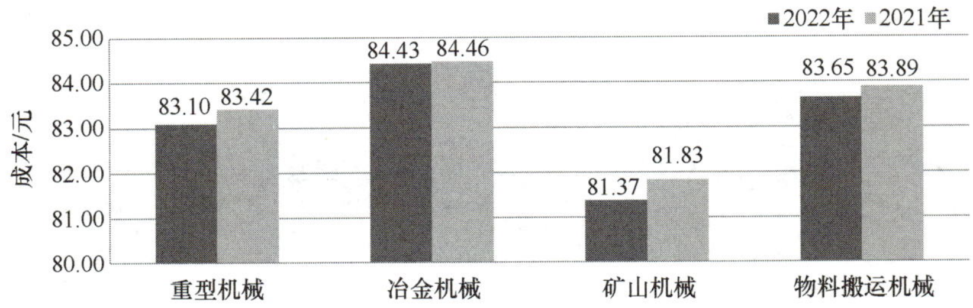

图 9　2021—2022 年重型机械行业及分行业每百元营业收入成本

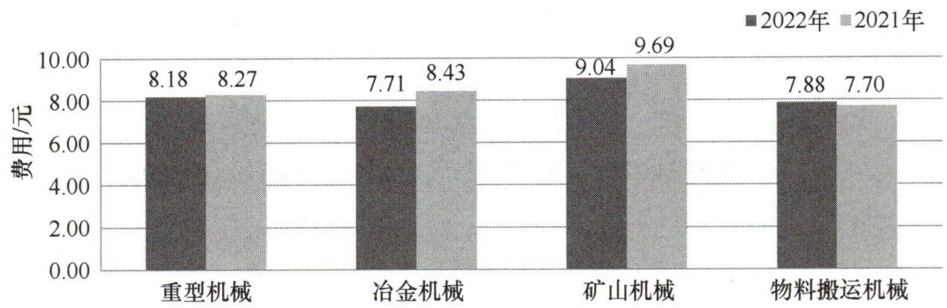

图 10　2021—2022 年重型机械行业及分行业每百元营业收入费用

5. 进出口贸易情况

2022 年，重型机械行业产品进出口贸易再创历史新高，进出口总额、出口额均首次突破 300 亿美元。全年产品进出口总额 347.58 亿美元，同比增长 20.47%。其中出口额 307.89 亿美元，同比增长 26.39%；进口额 39.69 亿美元，同比下降 11.66%；进出口顺差 268.20 亿美元，同比增长 35.00%。

（1）出口情况。2022 年重型机械产品出口到 219 个国家和地区。其中，通过一般贸易方式出口 231.95 亿美元，占出口总额的 75.46%；通过进料加工贸易方式出口 56.07 亿美元，占出口总额的 18.24%；通过对外承包工程出口货物方式出口 7.40 亿美元，占出口总额的 2.41%。

出口额排名前 5 位的国家分别是美国（33.81 亿美元，同比增长 8.39%）、印度尼西亚（20.46 亿美元，同比增长 200.30%）、俄罗斯（16.97 亿美元，同比增长 120.33%）、印度（16.34 亿美元，同比增长 102.01%）、澳大利亚（11.53 亿美元，同比增长 40.15%）。2020—2022 年重型机械行业产品出口额增速如图 11 所示。2022 年重型机械行业产品出口额排名前 10 位的国家和地区见表 1。2022 年重型机械行业产品出口额排名前 10 位的省份见表 2。

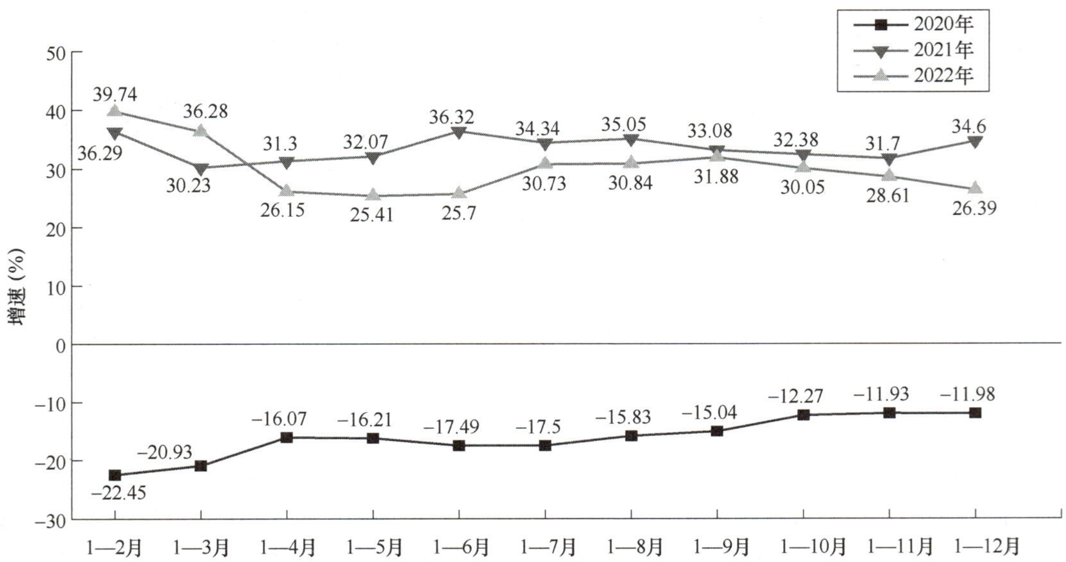

图 11　2020—2022 年重型机械行业产品出口额增速

表 1 2022 年重型机械行业产品出口额排名前 10 位的国家和地区

序号	国家和地区	出口额 / 万美元	占比（%）
1	美国	338 138.28	10.98
2	印度尼西亚	204 566.00	6.64
3	俄罗斯	169 706.59	5.51
4	印度	163 424.06	5.31
5	澳大利亚	115 285.71	3.74
6	越南	110 821.15	3.60
7	韩国	106 179.74	3.45
8	德国	80 944.66	2.63
9	马来西亚	80 750.93	2.62
10	日本	80 097.69	2.60

表 2 2022 年重型机械行业产品出口额排名前 10 位的省份

序号	省份	出口额 / 万美元	占比（%）
1	江苏省	610 810.19	19.84
2	浙江省	575 054.18	18.68
3	上海市	422 162.63	13.71
4	山东省	235 968.64	7.66
5	广东省	212 169.75	6.89
6	湖南省	147 182.29	4.78
7	辽宁省	127 974.68	4.16
8	安徽省	116 623.36	3.79
9	福建省	104 381.63	3.39
10	北京市	100 367.18	3.26

（2）进口情况。2022 年重型机械进口来自 81 个国家和地区。其中，通过一般贸易方式进口 30.36 亿美元，占进口总额的 76.49%；通过海关特殊监管区域物流货物方式进口 3.47 亿美元，占进口总额的 8.74%；通过进料加工贸易方式进口 2.70 亿美元，占进口总额的 6.80%。

进口额排名前 5 位的国家分别是德国（9.05 亿美元，同比下降 1.99%）、日本（7.53 亿美元，同比下降 8.48%）、韩国（3.94 亿美元，同比增长 11.22%）、美国（2.85 亿美元，同比增长 56.49%）、意大利（2.18 亿美元，同比下降 12.27%）。

2022 年重型机械行业产品进口额排名前 10 位的国家和地区见表 3。2022 年重型机械行业产品进口额排名前 10 位的省份见表 4。

（3）主要分行业产品进出口情况。2022 年，冶金机械行业产品进出口总额为 27.78 亿美元，同比增长 37.24%。其中，出口额为 24.15 亿美元，同比增长 44.27%；进口额为 3.62 亿美元，同比增长 3.61%；进出口差额为 20.53 亿美元，同比增长 55.01%。2022 年冶金机械行业产品进出口情况见表 5。2020—2022 年冶金机械行业产品出口增速如图 12 所示。

2022 年，矿山机械行业产品进出口总额为 37.08 亿美元，同比增长 41.55%。其中，出口额为 33.41 亿美元，同比增长 45.11%；进口额为 3.67 亿美元，同比增长 15.74%；进出口顺差为 29.74 亿美元，同比增长 49.81%。2022 年矿山机械行业产品进出口情况见表 6。2020—2022 年矿山机械行业产品出口增速如图 13 所示。

2022 年，物料搬运机械行业产品进出口总额为 281.17 亿美元，同比增长 16.51%。其中，出口额为 249.22 亿美元，同比增长 22.38%；进口额为 31.94 亿美元，同比下降 15.20%；进出口顺差为 217.28 亿美元，同比增长 30.91%。2022 年物料搬运机械行业产品进出口情况见表 7。2020—2022 年物料搬运机械行业产品出口增速如图 14 所示。

表 3 2022 年重型机械行业产品进口额排名前 10 位的国家和地区

序号	国家和地区	进口额 / 万美元	占比（%）
1	德国	90 492.11	22.80
2	日本	75 266.89	18.96
3	韩国	39 383.74	9.92
4	美国	28 543.39	7.19
5	意大利	21 822.18	5.50
6	中国台湾	21 181.68	5.34
7	奥地利	15 926.51	4.01
8	中国大陆	13 454.23	3.39
9	瑞士	11 676.00	2.94
10	法国	9 158.16	2.31

表 4 2022 年重型机械行业产品进口额排名前 10 位的省份

序号	省份	进口额 / 万美元	占比（%）
1	上海市	99 368.86	25.02
2	江苏省	72 511.75	18.27
3	广东省	40 310.48	10.16
4	北京市	38 982.36	9.82
5	浙江省	22 522.76	5.67
6	山东省	18 590.47	4.68
7	天津市	17 879.37	4.50
8	辽宁省	11 680.49	2.94
9	安徽省	11 223.32	2.82
10	福建省	10 699.56	2.69

表 5　2022 年冶金机械行业产品进出口情况

产品名称	出口额 / 亿美元	同比增长（%）	进口额 / 亿美元	同比增长（%）	进出口总额 / 亿美元	同比增长（%）	进出差额 / 亿美元	同比增长（%）
冶金机械	24.15	44.27	3.62	3.61	27.78	37.24	20.53	55.01
1. 金属冶炼设备	1.18	221.79	0.07	8.72	1.25	191.69	1.12	263.76
2. 连续铸钢设备	0.26	34.09	0.01	—	0.26	38.85	0.25	29.33
3. 金属轧制设备	6.11	47.52	1.13	2.82	7.24	38.17	4.98	63.60
4. 冶金设备零件	16.60	37.89	2.42	3.46	19.03	32.29	14.18	46.20

注：因 4 舍 5 入，合计数有微小出入。

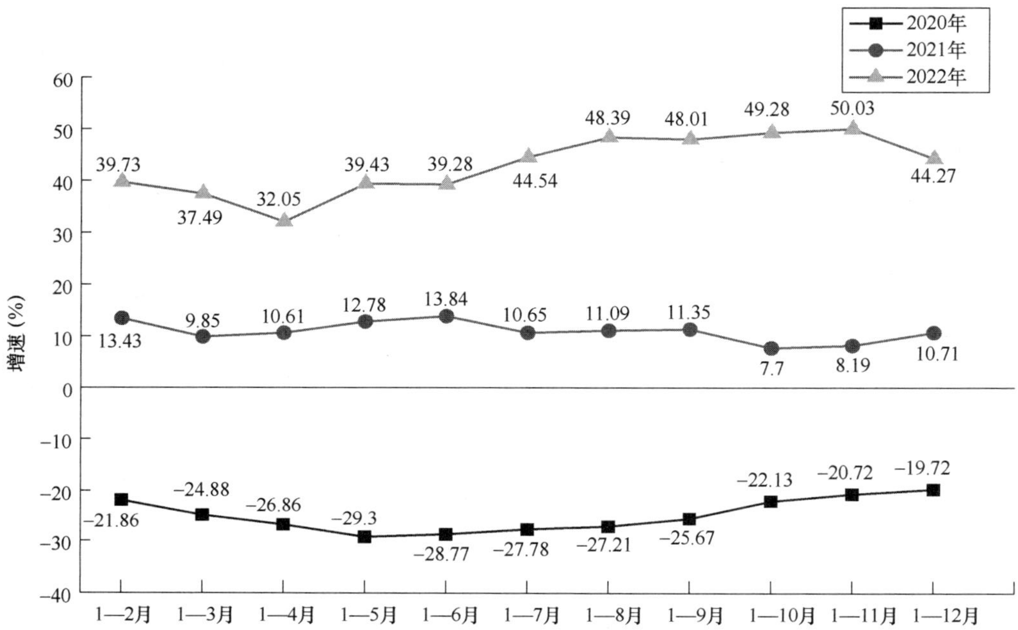

图 12　2020—2022 年冶金机械行业产品出口增速

表 6　2022 年矿山机械行业产品进出口情况

产品名称	出口额 / 亿美元	同比增长（%）	进口额 / 亿美元	同比增长（%）	进出口总额 / 亿美元	同比增长（%）	进出口差额 / 亿美元	同比增长（%）
矿山机械	33.41	45.11	3.67	15.74	37.08	41.55	29.74	49.81
1. 采掘、凿岩设备及钻机	4.63	12.32	1.48	72.18	6.11	22.64	3.15	-3.45
2. 破碎、粉磨设备	9.87	40.52	0.73	−21.92	10.59	33.20	9.14	50.10
3. 筛分、洗选设备	5.74	31.93	1.20	18.30	6.94	29.35	4.53	36.09
4. 矿山提升设备	0.21	46.85	0.02	61.63	0.24	48.20	0.19	45.21
5. 矿用牵引车及其矿车	11.84	78.81	0.17	−35.28	12.01	74.45	11.67	83.53
6. 矿山机械零件	1.13	46.87	0.07	−21.13	1.20	39.92	1.06	55.59

注：因 4 舍 5 入，合计数有微小出入。

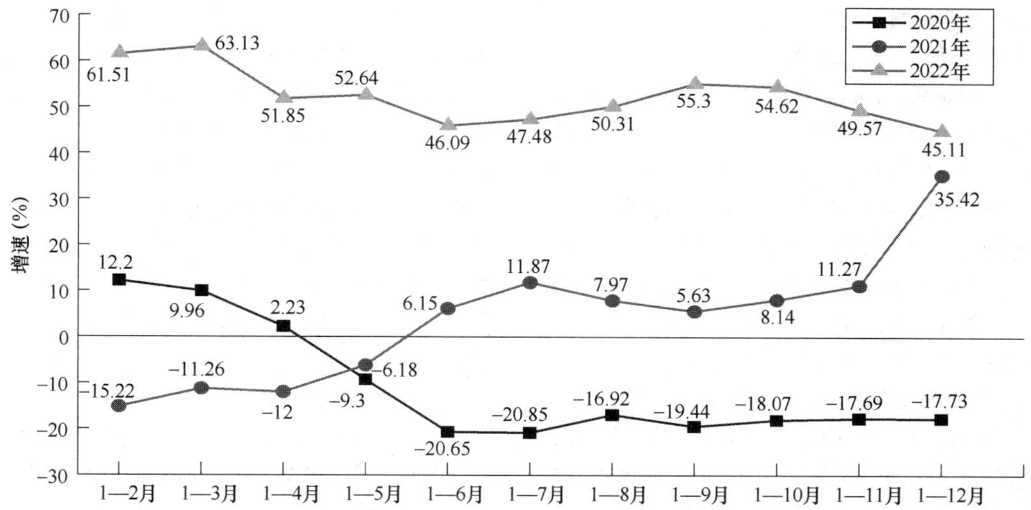

图 13　2020—2022 年矿山机械行业产品出口增速

表 7　2022 年物料搬运机械行业产品进出口情况

货物名称	出口额 / 亿美元	同比增长（%）	进口额 / 亿美元	同比增长（%）	进出口总额 / 亿美元	同比增长（%）	进出口差额 / 亿美元	同比增长（%）
物料搬运机械	249.22	22.38	31.94	−15.20	281.17	16.51	217.28	30.91
1. 轻小型起重设备	31.09	2.53	2.59	−19.10	33.68	0.46	28.50	5.08
2. 起重机	51.52	29.00	1.46	−19.97	52.99	26.85	50.06	31.35
3. 工业车辆	77.45	41.85	3.56	−16.20	81.01	37.66	73.89	46.74
4. 电梯、自动梯及升降机	34.45	9.03	1.62	−17.51	36.07	7.48	32.83	10.79
5. 连续搬运设备	24.32	17.42	8.49	−11.42	32.81	8.30	15.83	42.24
6. 其他物料搬运设备	30.38	14.78	14.22	−15.58	44.61	2.97	16.16	67.95

注：因 4 舍 5 入，合计数有微小出入。

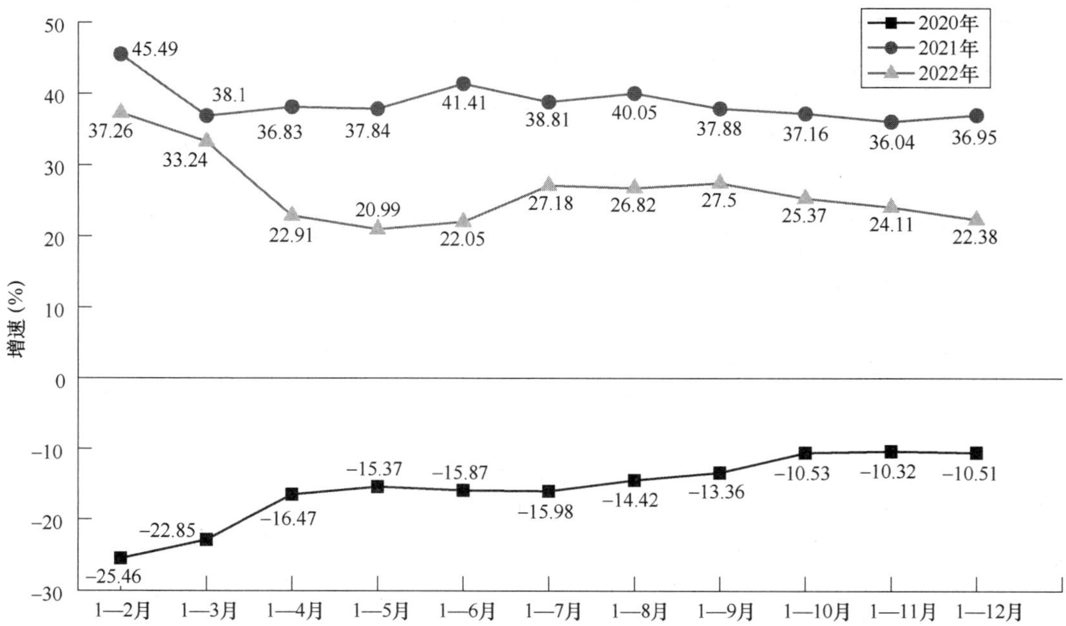

图 14　2020—2022 年物料搬运机械行业产品出口增速

二、存在的主要问题

1. 行业效益下降，亏损面增大

从主要经济指标看，2022 年重型机械行业营业收入、利润总额增速均同比下降，营业收入下降 4.4%，利润总额下降 2.9%。重型机械行业亏损面为 19.3%，较 2021 年同期扩大 4.2 个百分点。各分行业亏损面均不同程度扩大，其中，冶金机械行业亏损面较 2021 年扩大 0.5 个百分点，矿山机械行业亏损面较 2021 年扩大 4.0 个百分点，物料搬运机械行业亏损面较 2021 年扩大 5.0 个百分点。

2. 应收账款持续增加，现金流问题突出

2022 年，行业应收账款总额 4 381 亿元，同比增长 5.7%，远高于同期营业收入增速（–4.4%）。应收账款居高不下和回收难是困扰制造业企业的痼疾，行业企业仍普遍存在应收账款过高的问题。许多企业因库存增加、融资困难、商业承兑汇票冲击等多重因素影响，导致现金流不足，成为影响企业正常经营的突出问题。

3. 需求不足，增长乏力

国家统计局数据显示，2022 年重型机械行业主要涉及的通用设备制造业和专用设备制造业产能利用率分别为 79.2% 和 77.6%，较 2021 年分别下降 1.8 个和 2.4 个百分点。行业主要服务的领域中，除煤炭开采和洗选业产能利用率（74.9%）较 2021 年增长 0.4 个百分点外，黑色金属冶炼和压延加工业、有色金属冶炼和压延加工业和非金属矿物制品业产能利用率分别为 76.3%、79.3% 和 67.0%，较 2021 年分别下降 2.9 个、0.2 个和 2.9 个百分点。根据中国重型机械工业协会重点调查企业情况看，2022 年累计订货量同比下降 1.7%，多数企业在手订单不足，2023 年生产任务面临较大缺口。

4. 外贸出口压力犹存

目前，全球供应链仍未修复至疫情前水平，俄乌冲突持续发酵，通胀大幅上升，海外主要银行实施大幅收紧货币政策，贸易保护主义等给全球经济增长带来严峻挑战，行业出口贸易也将面临较大压力。

〔撰稿人：中国重型机械工业协会王淼　审稿人：中国重型机械工业协会王继生〕

2022 年中国重型机械行业荣获机械工业科学技术奖项目

2022 年 8 月 19—21 日，中国重型机械工业协会在江苏省常州市召开 2022 年度机械工业科学技术奖重型机械专业评审组评审会议，来自行业企业、高校的 26 位行业知名专家参加会议。在 2022 年度机械工业科学技术奖评审活动中，重型机械组提名 75 项，入围 54 项，其中发明类 2 项，科技进步类 52 项，涉及矿山机械、起重运输机械、冶金锻压机械等专业。与会专家对入围的 54 项成果进行了严格审查，推选出 33 项获奖项目，其中一等奖 3 项、二等奖 13 项、三等奖 17 项。

2022 年 10 月 20 日，中国机械工业联合会、中国机械工程学会以中机联科〔2022〕194 号文表彰了该批项目。2022 年度重型机械行业获机械工业科学技术奖项目见表 1。

表 1　2022 年度重型机械行业获机械工业科学技术奖项目

序号	项目名称	主要完成单位	主要完成人	获科技进步奖等级
1	超大型智能海洋半潜运载装备关键技术研究与产业化	广船国际有限公司、华南理工大学、中国船舶工业集团公司第七〇八研究所、中远海运特种运输股份有限公司、中国船级社广州分社、上海船舶研究设计院、上海船舶运输科学研究所、大连船用推进器有限公司	洪晓斌　崔　彬　仲伟东　殷华兵　蔡睿眸　石永华　刘红平　关东浩　孙　浩　谢东维　张卫文　程维杰　涂韩荣　朱　卫　朱功泉　陈远明　朱万武　王　冬　袁　梦　刘学勤　林九悦　杜冬海　范伟业　程　超　尉志源　韩　冰　李　俊　彭善航　郑凯奇　屠道刚	一等奖
2	高端精品带钢高效冷轧数智化生产关键核心技术攻关与产业化	中国重型机械研究院股份公司、东北大学、燕山大学、北京科技大学、鞍钢集团信息产业有限公司、江苏沙钢集团有限公司、宁波宝新不锈钢有限公司	计　江　孙　杰　孙建亮　张勃洋　徐利璞　张清东　彭　艳　彭　文　屈薛勇　王军生　饶志雄　麻　晗　闫成琨　钱广阔　谢　磊　刘云飞　咎水林　何天庆　杜海宪　岳重祥　王得位　辛静泰　陈　旭　刘佳伟　钱　华　刘　凯　甄永富　高朝波　魏志毅　蔡　运	一等奖
3	大型干法粉磨装备高效高可靠性设计与运维关键技术及应用	郑州轻工业大学、浙江大学、中信重工机械股份有限公司、洛阳矿山机械工程设计研究院有限责任公司、栾川龙宇钼业有限公司	李　浩　俞章法　李　客　杜文辽　万安平　郝　兵　谢贵重　王昊琪　王新昌　刘　俊　晁彦德　孙春亚　袁　龙　赵　峰　王利辉　王宏超	一等奖
4	F 级重型燃机核心转子体锻件国产化研制	二重（德阳）重型装备有限公司、上海电气燃气轮机有限公司、东方电气集团东方汽轮机有限公司	沈国劭　李　其　罗玉立　陈　杰　何　超　李连龙　朱春伟　周　斌　蔡　强　曾　杰　金　杨　秦　江　房　鑫　周　强　梁　军	二等奖
5	高可靠低功耗重载矿用挖掘机关键技术与产业化	徐州徐工矿业机械有限公司、江苏汇智高端工程机械创新中心有限公司、中国矿业大学	王春磊　孙　辉　荆宝峰　文　俊　胡　超　王　建　汪允显　李县军　丁跃进　朱明涛　刘　凯　郑　华　夏书强　渠立红　王振兴	二等奖
6	高空大载荷起重机臂架结构技术研究及其产业化	徐州重型机械有限公司、江苏省特种设备安全监督检验研究院	张正得　付玉琴　赵瑞学　孙　民　谷思生　孙　凯　陈栋梁　秦小虎　佟雪峰　王志明　张庆彬　杜　园　周　洲	二等奖
7	煤矿井下安全智能柔性自移设备列车技术创新与示范	中国煤炭科工集团太原研究院有限公司、山西天地煤机装备有限公司	闫　飞　朱天龙　张银星　宋　涛　李　刚　闫殿华　周　凯　李　莉　王　琦　刘玉波　郑　毅　郭文孝　焦宏章　马联伟　徐志刚	二等奖

（续）

序号	项目名称	主要完成单位	主要完成人	获科技进步奖等级
8	超大型炼钢转炉倾动装置关键技术研究及应用	太原重工股份有限公司、重庆大学、太原理工大学	刘　炎　董庆兵　闫俊慧　张瑞亮　赵　萍　李宏天　宇小璞　王　芳　李海平　郑龙捷　张皓天　孔令国　李永红　王兴江　张一坤　钱　宏　王强科　李春光　朱　杰　王　忠　武志斐　崔春艳	二等奖
9	华龙一号核环吊	大连华锐重工集团股份有限公司、大连理工大学	田树海　胡亚东　曹旭阳　苏　冬　周德智　董　航　杨文通　孟庆龙　吴士杰　焦方龙　刘大强　王丙文　徐　伟　周　来　张丽平	二等奖
10	石灰回转窑节能工艺装备关键技术研究与应用	中信重工机械股份有限公司、洛阳矿山机械工程设计研究院有限责任公司、洛阳师范学院	乔　斌　张　平　王文煜　耿文栋　刘晓春　姜　琳　符国胜　袁仕逵　陈文胜　张作泳　朱成章　朱玲利　代伟林　邢宏智　潘卫宁	二等奖
11	演艺场馆数字化机械成套装备集成控制关键技术	甘肃工大舞台技术工程有限公司、兰州理工大学	高耀祖　荆俊明　白彦斌　牛占海　吴圃新　林　洁　吴明胜　王卫东　郭克桥　石志孝　裴喜平　马永炜　骆东松　向德祥　侯俊杰　张凤宝　毛会永	二等奖
12	基于三维形貌感知的中厚板产线多区协同优化系统研发	东北大学、山东钢铁股份有限公司、沈阳建筑大学、唐山中厚板材有限公司、莱芜钢铁集团银山型钢有限公司、福建三钢闽光股份有限公司	李　旭　丁敬国　周　平　曹剑钊　张　田　李　涛　张阔斌　詹光曹　李庆华　于全成　黄少文　杨　恒　王丽霞　许智平　魏重增	二等奖
13	高精度管棒材斜辊矫直理论、工艺与装备开发及其应用	太原科技大学、太原恒信科达重工成套设备有限公司、太原市涌金重型机械有限公司	马立东　范沁红　马自勇　马际青　陈建勋　周　研　马立峰　郭校峰	二等奖
14	机制砂石智能工厂生产管控与智能运维关键技术研究与应用	中国科学院上海高等研究院、上海云统信息科技有限公司、上海云统创申智能科技有限公司、湖北工业大学、中国水利水电第七工程局有限公司第五分局、浙江交投矿业有限公司	吴　波　于剑峰　毛　嘉　鲁方林　孙国栋　董　斌　徐梓涵　谈安健　王振明　师忠耀　冯文斌　杨　宁　马　娜　王文瑞　王华刚　左宝仪　苏虹瑞	二等奖
15	垃圾资源化核心转运系统创制与产业化应用	北京起重运输机械设计研究院有限公司	常中龙　王正勇　邓　禹　段　勇　刘　浩　王文娟　勾　通　吴雪涛　张国银　鄢鹏程　李胜德　朱　跃　包龙飞　张志斌　陈立新	二等奖
16	ϕ114 mm精密三辊热轧管机组的研制、成套及应用	太原磬泓机电设备有限公司、林州凤宝管业有限公司、太原理工大学、太原科技大学	张国庆　梁建国　胡建华　王　琛　肖永忠　马永红　孙晓亮　张峰彬　郝艳峰　黄宇龙	二等奖
17	7 500 t大型筒节轧机研制及应用	二重（德阳）重型装备有限公司	江　浩　漆小虎　邓永泉　盛爱军　熊　明　邓正华　陈新倬　胡孟君　向金华　叶绍斌　孙　嫘　王建伟　杨　曦　王鹏刚　安开场	三等奖
18	大型复杂薄壁钛合金机匣整体结构精铸技术研究	贵州安吉航空精密铸造有限责任公司	吴光鹏　曹　建　王　正　聂胜华　张吉能　张世明　宋明静　高晓慧　陈小林　潘年锋	三等奖
19	新型智能化掘进机关键技术研究及应用	三一重型装备有限公司	刘　洋　崔玲玲　陈东宇　马喜然　张亚林　张东旭　白晓桐　贺晓龙　孙　博　苏昌奇	三等奖
20	锚运破一体化关键技术开发及装备制造	中国煤炭科工集团太原研究院有限公司、山西天地煤机装备有限公司	王　威　仇卫建　左岗永　程凤霞　张维果　闫金宝　王富强　陈明健　杨　勇　孟雯杰	三等奖

（续）

序号	项目名称	主要完成单位	主要完成人	获科技进步奖等级
21	多栈桥高稳定性旋回式半移动破碎站装备关键技术研究及应用	太原重工股份有限公司、太原科技大学、吉林大学	武建强 孟文俊 孙刚 陈泽仁 李光 岳海峰 潘丽珍 吕晓林 杜世渊 陈晓斌	三等奖
22	超长越野带式输送系统节能环保关键技术及应用	四川省自贡运输机械集团股份有限公司	何洋洋 赵星 常新志 陈建东 周铁 汤勇 夏海强 赖洪吉 张敏 梁小廷	三等奖
23	基于数字防爆特性的封闭焦化智能起重装备及AiCrane智慧管理系统开发	河南卫华重型机械股份有限公司、北京云中未来科技有限公司	韩红安 李永 李宾 张栋梁 单迎歌 孙小高 吕海乐 高春林 曹阳超 陈爱梅 杨卫铁	三等奖
24	基于5G通信的起重机箱梁智能制造关键技术研究及应用	河南卫华重型机械股份有限公司	龙宏欣 李静宇 谢保华 张杰义 吴庆富 韩艳红 孙宇航 付晓辰 刘宗元 董凯 段君飞 翟鹏宇 彭生 李永福 宋贺	三等奖
25	节能型氧化球团法铬铁生产核心工艺及关键设备	大连重工机电设备成套有限公司	刘永军 谷端玉 王波 李志峰 黄福东 徐岩 韩石 李晓桐 高红艳 王任楠	三等奖
26	高品质异型钢轧制工艺核心技术及成套装备	大连华锐重工集团股份有限公司、燕山大学	赵恒亮 谢红飙 马江涛 陈荣 刘明发 胡子瑞 贾锋 张立刚 刘学 王刚	三等奖
27	耐高温大运量超长距离带式输送成套装备	北方重工集团有限公司	高勇 王伟星 路军 敫旭东 孙宇 杨宇 谷波 崔凤平 张健 王心杨 郭向飞 宫良宵 何毅 高建华 张皓	三等奖
28	面向复杂工况的高效系列化堆垛机关键技术及产业化	南京工程学院、罗伯泰克自动化科技（苏州）有限公司	冯勇 王建兴 韩亚丽 邓俊挺 杨小兰 徐孝琴 李钢 许有雄 余国俊 邓正平	三等奖
29	易维护高效破碎设备开发及产业化	河南黎明重工科技股份有限公司、郑州大学、郑州机械研究所有限公司、郑州轻工业大学、黄河科技学院	赵大力 杨聪俐 董祥雷 陈建国 薛行雁 王伟 肖志玲 林辉 王朝华 翟言忠 王瑞利	三等奖
30	新型高端塑料模具钢的关键技术研发及应用研究	燕山大学、攀钢集团攀枝花钢铁研究院有限公司、攀钢集团江油长城特殊钢有限公司	于辉 罗许 吴欣容 肖强 王三众 王海军 蔡武 黄兆猛 刘序江 李伟	三等奖
31	适应中厚偏薄坚硬煤层高效开采的采煤机研制与应用	中煤科工集团上海研究院有限公司、中煤科工集团上海有限公司、天地上海采掘装备科技有限公司	徐卫鹏 邱锦波 刘昆民 吕晓 张传明 阚锦彪 王晓军 徐劲勇 周常飞 史春祥 陈虎 吕瑞林 贠瑞光 韩保民 翟雨生 宋相坤 郭岱 卢运鹏 魏洪清 黄秋来 方彤 张启志 林汪洋 贺新星 张黎明 安学玲 杨芸 许寄桥 沈胜超 陈鹏 宋学平 翁洋洋 张晓永 李庆亮 胡璟 魏升 顾恩洋 曹杨 胡滔 董超 王振乾 胡俊	三等奖
32	大型槽用铝电解多功能机组关键技术及应用	株洲天桥起重机股份有限公司	郑正国 吕方 谭永新 赵会娟 陈铁军 刘德春 胡馨丹 吴红丹 张华龙 罗敏	三等奖
33	高效自清分级筛关键技术与应用	鞍山重型矿山机器股份有限公司	徐文彬 黄涛 徐浩博 李素妍 高勇 英培贺 江海深 李畅 潘淼 赵环帅 贺丽丽 冯微微 刘明明 王晓枫	三等奖

〔撰稿人：中国重型机械工业协会赵雅琪　审稿人：中国重型机械工业协会王继生〕

2022 年重型机械行业新产品、新技术和重大项目

新产品、新技术

（250 t+250 t）新型桥式起重机试车成功 2022 年 1 月 24 日，株洲天桥起重机股份有限公司设计生产的（250 t+250 t）新型桥式起重机顺利通过型式试验的各项检测。该桥式起重机作为具有高新技术的双小车吊钩桥式起重机，采取了新型轻量化技术、低净空设计，有效降低轨面与厂房距离，使整机自重减轻 15% 以上，节约了制造与建筑成本；起升机构采用无小车架新型小车，六轮柔性设计，使小车运行平稳，彻底消除传统起重机因轨道面不平而产生的某个车轮离地现象，延长了使用寿命；电机采用超频设计，20% 以下轻载起升速度可扩展到额定速度的 150%，并根据起重量不同改变起升速度；电气设备采用集中控制方式，调速范围可达 1∶15 以上，使起制动更加平稳，整机性能优良。整个起重机的结构紧凑，运行平稳，节能减耗。

国内首台多轴线桁架臂起重机首吊成功 2022 年 1 月 6 日，太重集团制造的国内首台 TZX1600 多轴线桁架臂起重机在新疆哈密十三间房 50 000 kW 风电项目现场成功完成 5.0 MW 风机的首次起吊作业。这是该产品在风电吊装领域的第一次展示，首吊成功标志着 TZX1600 多轴线桁架臂起重机已经完成了从厂内试验到现场实战，产品具备了真正意义上的市场应用。

TZX1600 是太重集团针对 3.×—5.×MW 大风机吊装而研究的差异化产品，该设备底盘采用行业首创的可自行、可牵引多轴线底盘，承载能力强，搭载太重集团自主研发的新一代智能控制系统，操作更加人性化、使用更加便捷。

国内首批半圆弧大梁岸桥完工发运 2022 年 2 月 11 日，“振华 32”轮装载着海口秀英港 3 台轻型岸桥和 8 台轮胎起重机从长兴分公司发运。海口秀英港项目岸桥共 5 台设备，轨距 16 m，起升高度 22 m，外伸距 30 m，属轻型岸桥项目。轮胎起重机跨距为 29.3 m，起升高度 18 m。其中，岸桥在国内首次采用半圆弧大梁设计，能够将大梁结构所承受的风力降低到原箱型截面的 50% 以下，且具有提升设备工作效率、降低码头轮压、维修便捷等优势。

（160 t+160 t）防爆桥式起重机成功应用于世界最大推力整体式固体火箭发动机的装配、转运 2022 年 10 月，中国航天科技四院的世界最大推力整体式固体火箭发动机试车成功。豫飞重工集团新乡市起重设备厂有限责任公司研制开发的（160 t+160 t）防爆桥式起重机应用于该 500 t 大推力发动机装配、转运工作。该起重机在防爆起重机领域内单机起重量最大，填补了在航天领域应用的空白。该起重机采用新型结构，模块化设计，整机体积小，外形美观大方；综合采用变频防爆、本安防爆、顺序制动、断电保护、防摇摆、微速寸动和总线通信等技术，整机性能优越，安全可靠，为 500 t 整体式固体火箭发动机试车成功提供可靠保障。

全球首台特大型 5 m 智能立环高梯度磁选机在华特下线 2022 年 3 月 31 日，山东华特磁电科技股份有限公司自主研制的全球首台、全球最大 5 m 智能立环高梯度磁选机在山东省临朐县下线。该产品高 10 m，核心转环部件直径 5 m，总重量近 500 t，背景场强达 1.8 T，入矿处理量近 1 000 t/h，是国内外现有同类产品“最大直径 4 m 立环磁选机”处理量的 2 倍，“直径 3 m 立环磁选机”处理量的 6 倍，平均吨矿能耗节省达 50% 以上。

该产品特大型部件采用分体式结构，模块化组装；线圈采用立体绕组结构，大流量外循环散热，温升低；液位自动调节、自动润滑、压力和温度实时检测等功能，实现了智能化运行；应用物联网、云平台等技术，实时采集设备运行数据并进行分析，实现了远程运维、故障诊断和全生命周期管理；累计获授权国际、国内发明专利和实用新型专利 36 件。

国内首条物料运输及掺合系统生产线投入运行 2022 年 3 月，北方重工集团有限公司承包的双江口水电站大坝防渗土料运输项目系统全线联合试运行完成。该系统投运后，砾石土料生产能力可达 1 400 t/h，可实现少人值守、自动化生产、运输和智能化监控，是一套包含物料运输、自动掺合及堆存的综合生产系统，将用于双江口水电站大坝心墙填筑供料的自动化、智能化输送。双江口水电站大坝高 312 m，为目前在建同类型世界第一高坝，该项目的供料方式也是世界土石坝建设领域的首创。

柔性多支点大跨度飞机维修起重机投入使用 2022 年 3 月，奥力通起重机北京有限公司承制的柔性多支点大跨度飞机维修起重机在海口机场海航基地正式投入使用。该 6 支点、72 m 跨度的飞机维修起重机，采用奥力通“柔性

主梁”和“柔性吊点”专利技术，充分保证起重机在超大网架机库的平稳运行，彻底消除啃轨隐患，同时对机库网架屋顶的变形还具有良好自适应性和补偿能力。

该设备填补了国内技术空白，广泛应用于AMECO、GAMECO、国航、南航、东航、海航等众多飞机维修基地和波音、空客、商飞等大飞机制造商。

国内最大风电单桩下线 2022年4月12日，由中信重工机械股份有限公司（简称中信重工）承接制造的国家电投揭阳“神泉二”350 MW海上风电增容项目首桩下线仪式，在中信重工装备制造（漳州）有限公司举行。下线的7#单桩直径8.5~9.2 m、长度102 m、重1 924 t；22#单桩最大直径10 m、长度110 m、重达2 218 t，是国内目前最大规格风电单桩基础。

4PG1212四辊破碎机试车成功 2022年6月，山东山矿机械有限公司自主设计研发生产的4PG1212四辊破碎机试车成功。该破碎机主要由电动机、减速机、固动辊部、活动辊部、机架体部、机罩部、液压泵站及液压调整部、切削装置、安全防护罩等部分组成，辊子直径为1 200 mm，棍子长度为1 200 mm，给料粒度≤25 mm，出料粒度≤3 mm，产量约为70 t/h，具有结构紧凑、使用寿命长、破碎比大、产量较高和排料粒度大小可调等优点，广泛应用于冶金行业用于焦炭、无烟煤等细碎破碎。产品已应用到宝武钢铁、日照钢铁等国内大型钢铁集团，并出口到伊朗、印度和俄罗斯等国家和地区。

全球首台特大型2 m智能电磁浆料高梯度磁选机成功应用 2022年5月，由山东华特磁电科技股份有限公司自主研制的全球首台、全球最大2 m智能（周期式）电磁浆料高梯度磁选机成功投入应用。该产品高7 m，分选腔直径2 m，总重量达170 t，背景场强高达1.8 T，台时处理量达100 t（石英砂），是国内外现有同类产品1.5 m电磁浆料高梯度磁选机处理量的2倍，1 m电磁选机处理量的4倍，节能56%以上。

该产品采用有限元软件仿真优化，磁路设计完美；励磁线圈采用立体绕组结构，散热快、温升≤25 ℃；采用多管多点布料技术，物料均匀通过分选腔，分选效果好；励磁控制采用电流快速跟随算法，实现快速升、退磁，选矿效率高；智能人机交互界面和控制系统实现了进浆、排铁、回浆等全过程自动运行，无人值守；应用物联网、云平台技术，实时采集设备运行数据和分析，实现了远程运维、故障诊断和全生命周期管理；累计获授权国内发明专利和实用新型专利10件。

世界最大550 t铸造起重机成功发运 2022年7月11日，太重集团制造的世界最大550 t铸造起重机成功起运交付国外用户。该起重机采用了创新桥架结构形式，简化车轮布置模式，降低大车运行机构重量，为用户提供了更轻量化的产品。超大吨位铸造起重机的设计与制造，代表了冶金起重机领域的顶尖技术水平和核心竞争力。

国内首台直径14 m竖井掘进首战凯旋 2022年8月，由中信重工研发制造具有自主知识产权的、采用世界首创包络成型掘进技术的直径14 m竖井掘进机成套装备在河南驻马店—城市储油井筒项目顺利完成首次深井掘进施工。

该储油井筒直径14.5 m、深23 m，用途为油库。凭借良好的机械性能和技术加持，该掘进机实现了最大掘进速度3 m/d，比传统工法提高施工效率60%~80%，降低施工成本15%~30%，全过程实现打井不下井，施工安全性高、施工周期短、成井质量好。

不同于传统竖井掘进机依靠全断面大刀盘掘进，该装备创新性采用多刀盘自转＋公转成型，包络线覆盖全断面破岩技术，吸渣口轨迹覆盖全断面，收渣效果好，泥浆循环出渣兼有护壁和平衡地下水压的作用；减压掘进＋可控式井壁下放，成井垂直度好，适用于软土、卵石、软岩等地层，可实现掘进竖井直径10~14.5 m。广泛应用于深井智能车库、地铁竖井深隧竖井、地下物流竖井等。

W12X92DF型曲轴下线 2022年6月29日，大连重工研制的W12X92DF型曲轴在大连重工装备集团下属大连华锐船用曲轴有限公司车间内下线。该曲轴重487.978 t，由前段6缸曲轴和后段6缸曲轴对接组装而成，总长23.5 m，回转直径4 630 mm，主轴颈成品直径1 120 mm，曲拐颈成品直径1 120 mm，半冲程为1 734 mm，将被安装在由全球著名专利公司温特图尔公司设计的迄今世界缸径和功率最大的双燃料发动机上，为东方海外航运公司建造的目前全球最先进的23000标箱集装箱船提供强劲动力。

全球首例AGV无人驾驶跨境运输项目进入系统联调 2022年7月，由振华重工自主创新研制的全球首例AGV无人驾驶跨境运输项目首批12台设备进入多方总系统联调阶段。

该项目共30台设备，首批设备于2022年1月10日发运，主要用于我国和蒙古国之间的能源货物运输。该项目实施前，跨国陆路自动化运输全球无一先例，振华重工成功填补了全球自动化陆路跨境运输空白。

该项目AGV采用振华重工自主研制的柴油机＋锂电池混合动力系统，与以往油电混合动力系统项目相比有了质的飞跃。经过现场测试，柴油机排放达到国六标准，相比原混合动力国三柴油机组，每小时降低油耗约1.8~2.2 L，大大减少了二氧化碳排放，每年能为用户节省大量柴油，更加经济环保。

首支S89型风电叶片成功下线 2022年9月29日，中国一重龙申（齐齐哈尔）复合材料有限公司首支S89型风电叶片下线仪式在齐齐哈尔风电叶片制造园区举行。

S89型叶片长度89 m，单支重量超过25 t，叶根节圆直径3.2 m，首支叶片成型周期有效控制在8天以内，为后续叶片连续供货奠定了基础。S89叶片采用数字化工具进行设计，实现了叶片外形和载荷的自动迭代优化，具有提升机组发电效率和安全性能等特点，是目前黑龙江省生产的型号最大、长度最长的风电叶片。

七轴重载液压机械臂试车下线 2022年10月，我国自主研制的抓取重量最大、悬臂行程最长的矿用七轴重载液压机械臂在中信重工试车下线。该重载液压机械臂主要由行走车体总成、伸缩大臂总成、小臂总成、腕部总成、液压系统、电气控制系统等部分组成。机械手最大抓取能力可达2.5 t，采用全液压驱动，负载敏感变量，比例控制，运行效率高，操作灵活，具有工程手柄+辅助影像抓取系统（机器人视觉技术），可以实现7个关节同步运行，实现磨机内新旧衬板的运输和安装。

该机械臂能够实现7个关节的运动，包括大臂总成主梁沿着磨机中轴线进退，小臂总成连续360°水平面回转，小臂 −35°~45°的上下变幅，小臂前后伸缩，衬板夹持部的 ±75°水平面转动，+25°~−125°上下变幅，±45°立面滚摆。

目前，该系列机械臂已成功应用于太钢、普朗铜矿、西部铜业、五矿矿业、中国黄金、云南锡业等大型矿山企业，并出口俄罗斯、塞尔维亚、阿曼、几内亚、刚果（金）等国家和地区。

云中未来智慧工地整体解决方案（AISite精英版）全新面世 2022年9月，卫华集团子公司北京云中未来科技有限公司推出了智慧工地全新产品——云中未来智慧工地整体解决方案（AISite精英版）。该产品由卫华集团自主研发，集成了物联网、5G通信、AI、大数据、云计算等核心技术，可为建筑企业提供生产提效、质量可控、安全可控、成本节约的一体化解决方案。

智慧工地是立足于“智慧城市”和“互联网+”，通过云计算、大数据和物联网等技术手段，针对所收集信息的特点，结合不同需求，构建信息化的施工现场一体化管理解决方案。

云中未来智慧工地整体解决方案，能对施工现场“人、机、料、法、环”等各关键要素进行全方位实时监控，真正做到事前及时预警、事中常态检测、事后规范管理，有效解决施工现场管理难、安全事故频发、环保系统不健全等问题。

世界首台（套）最大规格的热连轧机项目通过验收 2022年9月，中国一重总承包溧阳2 680 mm不锈钢热连轧机项目顺利通过机械、流体设备验收，标志着世界单体产量最大、产品宽幅最宽的不锈钢生产线正式投产。

溧阳德龙金属科技有限公司2 680 mm高端不锈钢热连轧生产线是世界首台（套）最大规格热连轧机组，主要轧制各种系列不锈钢板材和中板产品。该生产线创新设置了粗轧机后中板下线装置，成功应用了全新节水结构除鳞系统、国内最宽热卷箱、新型精轧机工作辊弯辊及横移装置技术、节能型轧辊分段冷却技术和目前用于卷取最宽不锈带钢的强力卷取机、磨辊间轴承座翻转装置倾翻技术等多项自主研发创新成果，填补了国内多项技术空白，具有十分广泛的应用前景。

国产化首件1 000 MW超超临界机组FB2转子研制成功 2022年11月11日，二重装备研制的国产化首件1 000 MW超超临界机组FB2转子成功发运交付用户，标志着超超临界机组关键核心部件FB2高中压转子锻件实现国产化。

FB2是目前超超临界机组汽轮机应用的尖端先进材料，是机组工作参数从600 ℃向620 ℃迭代升级的核心关键，可确保机组热效率更高、能耗更低。一直以来，因材料基础研究和制造工艺技术的欠缺，成为我国发展低碳清洁能源装备的重大技术瓶颈。二重装备凭借60多年技术积淀，依托高端重型装备极限制造优势，历经多年艰苦卓绝的科研开发，通过一系列理论研究和试验工作，打破诸多关键核心技术壁垒，完全掌握了620 ℃超超临界机组FB2转子制造技术。

新型高效穿越式岸桥全球首发 2022年1月16日，中国华电自主研发的首台（套）新型高效穿越式岸桥在河北唐山全球首发。新一代高效穿越式双小车岸桥创新研发了独立运行的上下穿越式双小车新型构架、智能动态减摇系统、新型节能系统、智能控制系统、智能双小车ECS系统等系列新技术。与传统岸桥相比，具有高效作业能力、绿色节能品质、高速平稳运行、就位高效灵敏、作业模式灵活、维护保养方便等竞争优势，标志着中国华电在绿色智慧港口产业上迈出了关键的一步。

重大项目

北京冬奥会主火炬提升装置系统 北京冬奥会开幕式上，主火炬的后部支点、前部支点、托架滑动、台阶顶升等关键配套减速机均由通力科技制造。

2021年10月25日，通力科技股份有限公司接到为北京冬奥会提供配套减速机的项目。公司随即召开专题会议，要求该项目在技术支持、生产制造、服务保障等各个层面上采取全方位、全流程专项管理。从技术方案论证、设备选型到安装调试等环节处处从“绿色奥运，科技奥运，节约办奥运”的精神出发，追求卓越，精益求精。

通力科技股份有限公司通过与国内最大的文化体育装备企业大丰实业的战略合作，参与北京冬奥会的同时，也在多个环节助力杭州亚运会，还多次为中央电视台春晚舞台和南京青奥会等国家重点文体项目提供高性能的配套减速机。

中石化海南环氧乙烷反应器发运 2022年1月，由中国一重承制的中石化海南炼化100万t/a乙烯项目2台环氧乙烷反应器在前盐石化制造基地发运。该反应器采用壳牌专利技术，设备内径7 300 mm，单重1 080 t，换热管多达12 300根。

该乙烯项目是列入国家石化产业规划的重点项目，项目投产后，将很大程度上促进先进农业、绿色化工、旅游健康等下游产业发展，保障国家能源安全，带动海南省经济发展，助力海南自贸区（港）建设。

陆丰项目6号机组稳压器封头锻造成功 2022年1月，陆丰项目6号机组稳压器封头在中信重工河南洛阳总部18 500 t自由锻液压机上锻造成功。该机组此批稳压器封头共3件，锻件球径达2.8 m，壁厚达190 mm，是“华龙一号”陆丰6号机组稳压器关键部件，也是中信重工首次进行封头生产，锻造成型难度大。

沈阳地铁三号线项目盾构机顺利下线 2022年3月18日，北方重工为沈阳市政集团有限公司沈阳地铁三号线一期工程土建施工项目制造的土压平衡盾构机通过工厂验收。该盾构机将应用在甘官站至千岛湖街站区间，北方重工根据此区域的地质水文条件，结合既有沈阳地区的盾构设计经验，为该项目量身打造了一台土压平衡盾构机，整机全长约90 m。

豫飞重工助力广东阳江抽水蓄能电站建设 2022年3月，豫飞重工集团新乡市起重设备厂有限责任公司承制的QE600（300/60+300）t双小车桥式起重机助力广东阳江抽水蓄能电站最后一台转子成功吊装。该起重机额定起重量600 t，用于发电机组的定子、转子的吊装以及其他物品的吊运。整机采用轻量化和模块化设计，运用高精度同步技术、安全冗余技术、小车不等高搭接结构设计以及安全监控管理系统等，提升了整机的安全可靠性。

阳江抽水蓄能电站是国家能源局“十三五”发展规划的重点实施项目，单机容量40万kW，是目前国内单机容量最大，发电水头较高的抽水蓄能电站，是具有世界先进水平的标志性工程。

中普精密冷轧项目4台轧机投产 2022年3月，中冶陕压总包的河北中普精密冷轧项目河北普阳钢铁中普精密冷轧项目4台单机架六辊可逆轧机一次性试车成功，成功下线合格成品卷，并全部达到设计最高速度1 250 m/min。

该轧机具备绿色、高效、稳定、轧薄多项优势，轧机电气传动及自动化系统采用目前具有世界先进水平的硬件装备，控制程序采用成熟可靠的算法并根据工程应用经验进行了最新的优化，整个系统先进、可靠、低能耗。机组速度高，且具有智能升速、降速和精准停车功能，易于操作及维护，生产效率高。机组设备设计选型的高安全系数及国际、国内一流品牌的核心配套供应链，确保了整个机组的稳定运行和经久耐用。机组采用极薄带钢生产工艺技术，可将厚度3.0 mm的原料通过一个轧程（6道次），实现0.11 mm超薄带钢连续稳定生产。

印度尼西亚TJB5&6项目顺利投入运行 2022年3月15日，由华电重工参建的印度尼西亚TJB5&6 2×1 000 MW燃煤电站5号机组顺利通过性能测试，正式投入商业运营。该项目输煤系统由华电重工承建，在性能测试期间设备运行稳定，性能指标优良，为机组可靠性运行提供了坚实保障。

该项目位于印度尼西亚爪哇岛，业主方为其国家电力公司（PLN）。华电重工为该项目提供输煤系统的设计、供货和技术服务，包括9条双路带式输送机（累计长度约11.5 km），1条双路管带式输送机，栈桥，转运站钢结构、电气、控制、通风、除尘和抑尘设备，以及配套破碎、采样等工艺设备。

该项目完工后总装机容量达4 640 MW，将成为东南亚地区最大的火力发电基地，能够大幅缓解爪哇岛电力紧张状况。

刚果（金）世界级铜矿提前投产 2022年3月21日，位于非洲刚果（金）的卡莫阿-卡库拉铜矿Ⅱ期提前4个月投产。中信重工作为该项目核心装备制造商先后为该项目Ⅰ期、Ⅱ期设计、制造和安装了4台直径6.1 m×9.75 m球磨机。

在中信重工现场团队的不懈努力下，卡莫阿-卡库拉铜矿Ⅱ期年处理矿石380万t选厂已启动带料试车，Ⅱ期选厂已开始生产首批铜精矿。

该矿是非洲最大、世界成长最快、品位最高的超大型铜矿，有望成为全球第二大铜矿山，最高年产铜80多万吨。

孟加拉国加济布尔400TPH粉磨站项目通过验收 2022年4月，中国重机承建的孟加拉国加济布尔400TPH粉磨站EP项目顺利通过业主组织的24 h验收考核，各项指标均符合合同要求，电能及燃煤消耗分别低于合同要求值的8%和54%，大幅优于预期。至此该项目建设工作全面完成，转入生产管理阶段。

该项目位于孟加拉国首都达卡市东北部，建设范围包括原料输送、储存、配料、粉磨车间、包装车间和成品输送。该项目主机设备目前在孟加拉国尚属首台。

首支风电叶片成功验收交付齐齐哈尔风电叶片制造园区项目 2022年5月25日，一重龙申（齐齐哈尔）复合材料有限公司首支风电叶片下线仪式在齐齐哈尔风电叶片制造园区举行。6月15日，一重龙申（齐齐哈尔）复合材料有限公司首套风电叶片发货仪式在齐齐哈尔风电叶片制造园区举行。

该产品是一重龙申为富拉尔基10万kW风电项目制造的4.8 MW风机叶片，共20套60支。齐齐哈尔风电叶片制造园区项目是齐齐哈尔市委、市政府和中国一重集团联合打造的风力发电全产业链的重要项目，是落实“双碳”目标的重要举措。该项目2021年4月末开工建设以来，中国一重紧紧围绕黑龙江省和东北地区自然资源禀赋，按照齐齐哈尔市打造风电全产业链的总体规划，坚定不移抓好“风电集成开发”产业布局，加快风电产业核心制造能力建设。项目建成投产后将覆盖风电全产业链，形成年总装2.0 MW到6.25 MW等多种型号风机600台、制造塔筒400套、风机叶片500套、风机轴850支的生产制造能力，每年可满足200万kW以上的风电装机需要。

广东凤铝铝业有限公司200 MN挤压机正式投产 2022年4月19日，由中国重型院为广东凤铝铝业有限公司（简称凤铝）成套供货的200 MN正向挤压机投产仪式在凤铝三水基地隆重举行。

该挤压机最大挤压力为200 MN，可实现1×××~8×××系列铝合金大规格管、棒、型材一次挤压成形。

生产的型材最大截面尺寸为 1 100 mm × 400 mm，管材最大外接圆直径 700 mm。产品可广泛应用于航空航天、新能源汽车、轨道交通、船舶交通、光伏发电、5G 通信、能源化工、建筑等诸多领域。

200 MN 正向挤压机是凤铝成为高端铝型材“一站式”高效能解决方案供应商的关键设备，肩负着生产高性能、大截面高端铝型材产品的使命，助力凤铝成为国内为数不多的集大型工业铝型材研发、生产、深加工于一体的智能化生产企业。

宝钛股份 6 300 t 合金挤压生产线热负荷试车成功 2022 年 5 月，中国重型院锻压工程事业部为宝鸡钛业股份有限公司（简称宝钛股份）成套供货的 6 300 t 钛合金挤压生产线一次性热负荷试车成功。该生产线运转平稳，系统控制精准，各项技术性能指标及产品质量均达到合同要求，是宝钛股份高品质钛锭、管材型材生产线建设项目的核心设备，也是目前国内最大的钛合金挤压装备。项目采用了蓄势器油压传动高速挤压电液控制技术、机器人智能化辅助系统等多项新技术，实现钛合金挤压高可靠性自动化生产，制品质量优良。其可挤制的钛合金无缝管材最大外径 325 mm，钛合金型材最大截面积 5 000 mm^2。

该项目填补了我国高性能大截面复杂结构钛合金型材挤压成型装备及技术的空白，实现大截面钛合金型材的自主生产，可从根本上满足我国航空航天领域对大截面高性能复杂结构型材的需求。

福建大东海 1 850 mm 热连轧试车成功 2022 年 5 月 14 日，中国一重自主设计制造的福建大东海 1 850 mm 热连轧生产线一次性热负荷试车成功。该生产线应用了板带热轧生产线全流程智能化设计软件系统技术、强力大压下量粗轧机技术、新型精轧机工作辊弯辊及横移装置技术、精轧机工作辊全自动快速换辊技术、新型安全电压有轨滑触线式钢卷运输线技术等多项自主研发创新成果，同时采用了国际先进的工艺及设备配置，设计年产量 420 万 t，产品涵盖了厚度 1.5~20 mm、宽度 900~1 700 mm 的各种钢卷。

老挝南俄 4 水电站 1 号机组进入总装阶段 2022 年 5 月 28 日，中国重机承建的老挝南俄 4 水电站 1 号机组转子顺利吊装就位，标志着该项目 1 号机组安装进入最后的总装阶段。老挝南俄 4 水电站装机容量 240 MW，安装 3 台混流式机组。转子组装后直径 4 734 mm，装配后总重约 167 t。在转子组装过程中，中国重机与业主、监理积极配合，精心组织。吊装作业前，中国重机会同施工单位科学部署，提前制定了吊装方案，对相关作业人员进行了安全技术交底，并对主厂房桥式起重机、吊具等设备进行了认真检查和检修。转子吊装过程井然有序，检查、找正、调整、吊装等工序一气呵成，准确吊装至安装位置，各项质量控制指标均达到图样和标准要求，赢得业主和监理的一致好评。

我国在运最大核电站全面投产 2022 年 6 月 23 日，辽宁红沿河核电站 6 号机组试运行实验圆满完成，正式具备商业运行条件，总装机容量超过 671 万 kW，标志着我国在运装机容量最大的核电站全面投产。核电站 5 号、6 号机组环形起重机由太重集团生产制造。

红沿河核电站是我国东北地区首座核电站，也是我国在运最大核电站，为满足核电设备特殊需求，太重集团为红沿河 5 号、6 号机组研制的环形起重机，采用特殊缠绕、多级制动等方法，提高了起升机构的安全性；开发了智能控制及监控系统，实现了特殊位置精确定位，确保环形起重机安全、可靠运行。环形起重机自安装调试以来，运行稳定可靠，质量和性能指标达到预期水平，圆满完成机组建设期间的重大设备吊装任务，为项目全面安全、高效投运提供了有力支撑。

新疆八一钢炼铁厂烧结料场封闭项目举行开工奠基仪式 2022 年 6 月 20 日，华电重工承接的新疆八一钢铁炼铁厂原料分厂烧结料场（混匀区域）封闭项目举行隆重的开工奠基仪式。该项目是华电重工与新疆八一钢铁股份有限公司近 3 年合作的第 2 个料场封闭项目，采用管桁架 + 膜结构形式，是目前全疆最大的管桁架 + 膜结构棚式全封闭料仓。

该项目长 500 m、宽 120 m，面积约 6 万 m^2，可堆存物料约 30 万 t，封闭料仓内采用远程超细射雾系统进行降尘。项目建成投运后，将有效降低炼铁厂前区的粉尘颗粒物污染，大幅提升企业环保治理水平，基本实现“物料全部进仓，运输全部封闭”的环保目标。

广西盛隆 2 250 mm 热轧项目主体设备全面完成 2022 年 7 月，二重装备制造的广西盛隆 2 250 mm 热轧项目主体设备全面完成。该项目是广西盛隆重点升级改造工程，设计年产各种规格热轧带钢卷 550 万 t。产品涵盖优质碳素结构钢、低合金结构钢及现代高强度钢，可广泛应用于汽车、建筑、船舶、桥梁、压力容器、工程机械、管线等领域。

竖井施工用超高扬程门式起重机完成交付 2022 年 6 月，卫华集团自主研发设计生产的两台竖井施工用 190 m 超高扬程门式起重机顺利通过验收取证，交付中国水利水电第十四工程局的使用。

该竖井施工用超高扬程门式起重机采用轻量化设计，具有自重轻、轮压小、净空低的特点，可满足各种隧道口施工要求；起升高度可达 190 m，起升速度快，效率高；采用折线卷筒，确保钢丝绳整齐排列，避免乱绳；全车采用数字化变频调速，可有效控制同步速度与精度；安全性能高，机构设置三级制动，副小车起升机构采用双绳系冗余设计，在其中一绳系故障时另一套绳系均能独立运行确保吊笼升降安全，安全系数达到电梯级标准。配有独立的无线信号传输系统，在竖井工况下保证传输 1 000 m，实现信号传输的连续性，保证信号传输质量。

该批产品共计两台，均为排风竖井专用超高扬程门式起重机 ME10 t+3 t，服务于中国水利水电第十四工程局浙江缙云抽水蓄能电站主体土建及金属结构安装工程，将助力抽水蓄能电站主体工程和配套工程的建设，推动丽水市首个单体百亿级投资项目落地。

2 000 t 轨道式龙门起重机成功交付 2022 年 7 月，卫华集团研制的 2 000 t 轨道式龙门起重机在国内最大的海上风电母港——陆丰海洋工程基地成功交付。

该起重机为卫华集团首次研制，起升总高度达 90 m，跨度达 62 m，采用双小车设计，并在生产制造环节采用 AWS 标准，可保障在极端情况下将吊装重物安全降至地面，实现各机构零速制动，使冲击造成的载荷降为零，保证运行机构、起升机构的平稳性，满足设备安装精度的要求。针对海上风电设备的特殊工况及要求，该起重机还配置了行业领先的起重机管理安全监控 5G 数据信息管理系统，可实现数据整体统计、产品工况实时监控、历史数据查询、产品故障快速维修、设备预测性维护等功能。

陆丰海洋工程基地水工工程（码头）项目位于广东省汕尾市陆丰市碣石镇内，项目总投资约 7.5 亿元，拟建设 2 个码头、1 座防波堤，码头设计建造包括 8 000 t 重件泊位、5 000 DWT 重件泊位和运维泊位各 1 个，防波堤总长度为 1 355 m，码头建成后年设计通过能力 144.4 万 t，是汕尾陆丰海洋工程基地的重要支撑性工程。汕尾陆丰海洋工程基地是广东省重点项目，项目用地面积约 149 hm^2，总建筑面积约 32 万 m^2，用海面积约 45 hm^2，按年均 75 万 kW 配套设备能力规划设计，是目前国内最大的海上风电母港。

山东钢铁集团 50+50 t 板坯夹钳起重机正式投入使用 2022 年 8 月，河南矿山为山东钢铁集团日照精品基地承制的 50+50 t 板坯夹钳起重机正式投入使用，该起重机采用电动调节定位板坯夹钳作为吊具，搭配多种监测、传感系统、数字调速系统及自动化控制技术，为生产钢铁按下加速键，实现产量、效益双丰收。

首钢 2 160 mm 精轧立辊改造项目顺利投产 2022 年 8 月，中国一重承揽的首钢迁安 2 160 mm 热连轧生产线精轧立辊增设改造项目，一次性热负荷试车成功，投产后设备运行稳定。

该项目是首钢 2 160 mm 热连轧生产线设备技术升级和产品质量提升计划的重要一环。原有生产线由 SMS 公司技术总负责，于 2006 年投产，如今工艺及设备配置已无法满足现阶段市场对产品边部及表面质量的更高要求。此次改造内容主要包括新增精轧立辊和新制液压翻盖式精除鳞机。

由于原生产线精轧除鳞机紧邻精轧 F1 轧机，没有预留精轧立辊位置空间，给此次升级改造工作带来极大挑战。大连工程技术热轧装备设计研究院多次深入现场实地考察研究，通过反复论证和多次方案优化，最终在全面满足客户要求的前提下制定出个性化改造系统解决方案。同时，新增精轧立辊还采用了高强度整体式机架设计、尼曼蜗杆传动等先进技术，有效提升了设备的可靠性，未来将在用户产品质量提升等方面发挥重要作用。此次 2 000 mm 以上宽幅带钢热连轧机新增精轧立辊的升级改造，在国内尚属首次。

攀达冷轧工程 1 450 mm 酸轧联合机组热负荷试车成功 2022 年 9 月，中国一重总承包的攀达冷轧工程 1 450 mm 酸轧联合机组热负荷试车成功，顺利进入试生产阶段。

机组入口采用双通道全自动开卷及激光焊机，工艺段采用浅槽紊流酸洗技术，有效提高了机组的运行效率，并为轧机段提供板型及表面质量良好的酸洗板带，采用新型高精度转塔圆盘剪，能够保证带材切边质量，有效降低带钢切边宽度提升成材率；轧机段采用了中国一重自主开发设计的新型 VCMS 六辊轧机、螺旋剪刃重型飞剪和高精度同心轴式转盘卷取机等核心设备，能够有效改善板型并提升产品成材率；同时机组配有除尘和排雾净化等环保设备，实现达标绿色排放。

湖南攀达冷轧工程是中国一重自主承揽的全流程总承包项目，旨在以先进的技术和优质的服务为用户奉献精品工程。

宝武鄂钢 4 300 mm 宽厚板粗轧机成功投产 2022 年 9 月 13 日，由二重装备自主设计制造的宝武集团鄂城钢铁有限公司（简称鄂钢）4 300 mm 宽厚板粗轧机一次热负荷试车成功，投产运行。这是继宝武宝钢 5 000 mm、宝武重钢 4 100 mm、宝武宝湛 4 200 mm 等 10 余套轧机项目后，二重装备再次为中国宝武提供的超大型高端重型冶金装备。

鄂钢 4 300 mm 宽厚板粗轧机可生产用于高端化工、桥梁、特种工程等领域的高标准、高技术含量、高附加值的钢铁产品。项目建成后，将进一步提升鄂钢的经济效益和市场竞争力，推进长板材产品结构优化和精品化转型升级，是推动鄂钢产线提档升级、推进高质量发展的一项战略性工程。

万利新能源智慧陆港起重机交付 2022 年 8 月，河南矿山集团有限公司承制的鄂尔多斯市万利新能源智慧陆港（简称万利陆港）项目轨道式集装箱门式起重机交付使用，将助力万利陆港实现 500 万 t 年吞吐量。

该项目起重机全车采用施耐德变频调速和西门子 PLC 控制系统，具备远程监控 RCMS 与操作功能，同时配置了防摇摆系统和集卡防吊起系统，通过自动寻箱和智能控制，实现吊具归零监测、吊具自动引导，保证了集装箱吊运的精准定位；适应复杂吊运工位，有效提高了装卸集装箱的效率，满足万利陆港对日常搬运吊装的需求。

该智慧陆港项目是“十四五”期间，以鄂尔多斯陆港为核心打造的鄂尔多斯能源数据平台，将带动新兴物流、装备制造及相关配套产业集群发展。河南矿山集团有限公司为万利陆港量身定制的轨道式集装箱门式起重机，将以优质的产品服务和出色的集装箱堆场装卸作业，极大提升陆港的集装货运能力，为其整体作业提供技术和装备支撑。

印度尼西亚青丰不锈钢板坯连铸机热试一次成功 2022 年 9 月，由中国重型院总包的印度尼西亚青丰 220 mm × 1 600 mm 不锈钢板坯连铸机热试一次成功。这是继印度尼西亚广青、青山、苏拉威西连铸机项目后，中国重型院为青山集团在印度尼西亚提供的第 5 台不锈钢连铸机，该连铸机的投产标志着永青集团在印度尼西亚投建的 500 万 t/a 不锈钢的现代化钢厂正式建成。

火箭转运吊装起重机电气防摇摆自动定位控制系统 由卫华集团为酒泉卫星发射中心提供的多台起重机，承担了火箭转运吊装的关键环节，高精度完成了火箭在厂房内的搬运、翻转、检测、测试。这些起重机，搭载了卫华集团自主研发的电气防摇摆自动定位控制系统，大大提高了火箭吊运过程中的稳定性和精度。

该系统可把摇摆的幅度降低 95%，控制精度达 2 mm，为神舟十五号飞天提供了“河南造”的设备支持。这项世界首创的技术填补了该领域的技术空白，成功服务于国内四大卫星发射基地，助力神舟系列飞船、天宫系列空间实验室、嫦娥系列月球探测器、长征系列运载火箭、墨子号、实践 13 号卫星等成功飞天。

鲁南制药集团高端智能立体库 2022 年 12 月，由北京起重运输机械设计研究院有限公司（简称北起院）承建的鲁南制药集团山东新时代药业自动化物流仓库系统项目正在施工建设中。该项目包含 1 套 AS/RS 货架系统（20 060 货位）、1 套堆垛机系统、3 套托盘输送系统、4 套托盘提升机系统、1 套中药车间一楼内包输送系统、1 套箱输送系统、3 套码垛入库系统、3 套自动拆码垛机械手系统、1 套 AGV 系统、1 套计算机硬件系统、软件系统及辅助设备。

项目建成后，将成为集入库、存储、拣选、出库等功能为一体的先进、高效、可靠的高架库自动化物流输送系统，同时也将成为北起院打造高端智能制造、可视化管理作业的又一示范性项目。

石油炼化行业示范性立体库正式上线 2022 年 12 月，北起院首个石油炼化行业立体库项目完成调试，进入上线试运行阶段。该项目硬件系统包含 1 套 AS/RS 货架系统、21 504 个货位、8 台双工位双深位堆垛机系统、2 套托盘输送机系统、28 台环形车系统，软件系统由 WMS 系统、WCS 调度平台及数字孪生系统组成。

该项目集成大规模环形车系统，依托北起院自主研发的 WCS 调度平台进行统一管理，实现 WMS 下发的批量出入库任务与生产线包装频率完全吻合。面对新冠肺炎疫情防控下的严峻形势和紧迫的项目进度，北起院成立高级技术专家项目组，攻坚克难，用一个月的时间完成所有设备的联合调试，满足了业主提前上线的需求。

为了更好地服务于石油炼化行业客户，北起院自主研发了高性能、负载能力强的环形穿梭车系统，并通过多设备集群调度满足系统效率需求。该项目的成功实施将成为北起院在石油炼化行业的示范性项目，在石油炼化行业的生产、销售等环节发挥巨大作用。

DCY80 型液压模块运输车助力星河动力一箭五星成功发射 星河动力于酒泉卫星发射中心成功发射谷神星一号（遥四）运载火箭，顺利将“吉林一号”星座的 5 颗卫星送入太阳同步轨道。郑州新大方自主研发的 DCY80 型液压模块运输车在此次发射任务中承担着重要的角色。

该运输车的主要结构由车架、悬架、驱动桥、从动桥、转向机构、驾驶室、动力系统、制动系统、液压系统、控制系统、电气系统等组成，具有汽车行驶、八字转向、斜向行驶、中心回转、摆转（摆头、摆尾）、90° 横向行驶等多种工作状态。运输车于 2022 年 9 月完成空载、重载试验，行驶振动试验，无线遥控试验和快速精确对位试验等工作，并通过最终验收测试，各项技术指标均满足要求。

DCY80 型液压模块运输车不仅具备转运功能，还可以与发射架结合，组成转运发射车，可直接将火箭起竖系统及火箭从厂房转运至发射阵地，执行快速发射任务。该转运发射车具备环境温度控制、机动转场运输、快速起竖发射等功能，进一步降低了对发射区射前保障的要求，将发射准备时间由 4 h 压缩至 1 h，可有效解决火箭发射准备时间长、发射频次低的问题，将为谷神星一号商业火箭的批量化发射交付提供地面支撑。

〔供稿单位：中国重型机械工业协会〕

重型机械行业数字化转型发展的研究报告

一、重型机械行业概况及发展现状

1. 重型机械行业概况

重型机械是机械工业的重要组成部分，产品包括冶金机械、重型锻压机械、矿山机械、物料搬运（起重运输）机械、大型铸锻件制造 5 大类，32 小类，近 4 200 个品种。近几年全行业营业收入占我国 GDP 的 1% 左右，属于较大规模的专业领域。主要为原材料加工、能源电力、交通运输、节能环保、资源循环利用等基础工业提供重大装备和关键零部件。

重型机械行业制造的装备主要用于下游企业进行才

物开采、选矿、焙烧、冶炼、加工与深加工、搬运与输送等，同时也为核电、风电、航天、船舶和国家大科学装置等提供大型制造设备及大型铸锻件。因此，重型机械行业是关系到国民经济命脉和国家安全的重要产业，是国家实力的体现，是重大技术装备的主力军。

2. 重型机械行业发展现状

20 世纪 80 年代，重型机械行业抓住“引进技术、合作生产”的时机，坚持消化吸收先进制造技术和管理，产品技术和企业管理水平得到大大地提高。通过几十年的“消化吸收”，自主创新步伐加快，重型机械行业跻身世界同行前列，取得了重大成就。如开发的煤炭井下智能化综采成套设备得到推广；散料料场堆取料机实现了现场无人智能作业，并出口到国外大型港口；在钢厂钢坯、成品钢材库采用桥式起重机 +AGV 运输车智能进出库成套设备；大型露天矿使用的 300 t 矿用自卸车，实现了无人操作运行；港口集装箱码头无人装、卸、运、堆成套设备；一键存取车的城市立体停车设备；无人值守的特大型物流仓储系统；矿山或矿井无人自动巡检机器人等。同时，重型机械企业从传统的单机制造向成套装备的提供商和全生命周期系统解决方案供应商发展，机、电、液、控集成化水平得以快速发展。因此，数字化赋能与智能化升级要求迫切、任务艰巨。

当前重型机械行业智能制造还存在诸多不足，装备智能化与工艺结合还需加深；装备制造企业信息化系统散而乱，各系统各自为政，缺少顶层设计，形成若干信息孤岛，无法实现数据共享和深度挖掘应用，生产协同组织效率不高、生产制造成本难以有效控制、精益生产难以落地，同时存在数据安全风险。

3. 重型机械行业特点

（1）重型机械企业是典型的高度离散型制造企业，产品特点是低速重载、超重超限、非标定制、单件小批难以量化生产，处于机械化、自动化、数字化并存阶段，产业基础薄弱，系统解决方案供给能力不足，数字化转型难点多。

（2）重型机械装备的生产流程长、工序多，炼钢、铸造、锻造、热处理、焊接、机加工、装配等生产环节大而全，零件品种多、产品结构复杂，数字化、智能化转型环境复杂。

（3）城市停车设备、大型仓储物流系统等对运行效率、安全保障等要求越来越高，没有数字化赋能的智能化升级无法满足发展要求。

（4）重型机械行业整体“大而不强”，有些关键核心技术“受制于人”。市场需求多样化，需要制造商更加灵活应变，采用数字化的设计生产组织手段，提升核心技术自主创新能力、有效节省资源、控制制造成本、高效组织生产、缩短制造周期，保持最高的质量和运营效率。

（5）装备能效水平较低，需在高效、绿色、节能方面创新发展，推动重型装备及装备制造高质量发展。

（6）企业内部各部门信息化、智能化、数字化发展不平衡，信息孤岛多，整体协同效率有待提高。

重型机械产品的高度复杂性、高度离散性、高度定制化、生产周期长等典型特征，导致装备制造企业的管理远比其他行业的管理复杂得多。设计方案、报价会根据客户的需求不断地调整修改；生产过程追溯管理困难，很难做到透明化生产；物料齐套管理难度大，经常会因为个别物料的短缺导致发货延迟，影响产品交付；设计、生产、质量、交付等多部门协同困难；客户现场交付安装进度不可控，售后维护成本高；同时企业还面临着客户高质量、低成本、短周期的要求。这些都成为重型装备企业更高效发展的障碍。

二、重型机械数字化转型的问题与建设原则

1. 数字转型的问题

从“信息化”“数字化”到“数字化转型”是一个以信息技术赋能不断进化的过程。信息化指的是从模拟信息向数字信息转变，以数字形式提供和获取信息；数字化则是在信息化的基础上，在流程中应用数字化信息，让工作数字化、标准化。相较于信息化，数字化强调基于信息数据反哺业务，业务进一步促进系统迭代优化。数字化转型，则侧重于基于数字化创造新的商业概念，诞生新的商业模式，促进整个行业层面的转型升级。

重型机械企业组织、业务、产品和价值链的复杂性，给企业的数字化转型带来诸多障碍。事实上，数字化转型不是单项技术的应用，也不仅仅是一个技术命题，更是一个战略和管理命题。因此，行业企业需要深度剖析数字化转型的需求和突破口，建立明确的数字化转型路线图。如果没有清晰的数字化转型战略，把各种时髦的数据库、互联网、物联网相关技术“囫囵吞枣”地应用，不仅达不到真正提升企业核心竞争力的效果，还有可能投资巨大，收益甚小，甚至“搬起石头砸了自己的脚”。

重型装备制造业数字化转型发展，就是依靠云计算、大数据、物联网、工业互联网、区块链、人工智能、虚拟现实和增强现实等新兴数字化技术，紧扣制造业高质量发展要求，以智能制造为主攻方向，以重型机械研发设计、工艺、生产制造、经营管理、市场服务等环节为核心，以数据为基础，依托制造单元、车间、工厂、供应链等载体，构建虚实融合、知识驱动、动态优化、安全高效、绿色低碳的数字化制造系统，培育发展个性定制、柔性制造等新模式，推动重型机械制造业实现数字化转型、网络化协同、智能化变革，赋能传统产业转型升级。企业数字化转型模型如图 1 所示。

通过先进的物联网技术采集智能装备产品的海量运行数据，围绕重型机械装备领域，建设数字化车间和智能工厂，构建面向重型装备全生命周期的数字孪生系统，应用工业互联网、大数据技术，推进基于模型的系统工程（MBSE）规模应用，提升产品性能，实现产品全生命周期的预测性维护与健康状态管控。通过制造、服务一体化，实现由生产型企业向服务型企业方向转型发展。

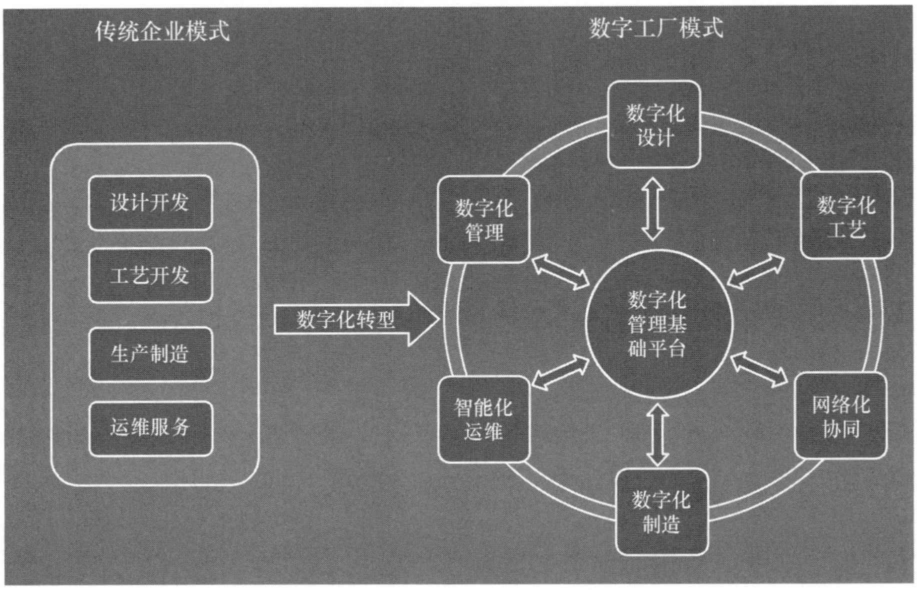

图1 企业数字化转型模型

具体来说，重型机械企业推进数字化转型需要注意以下问题。

（1）企业领导层没有意识到数字化转型的必要性和复杂性，观念还停留在部署常用的IT系统。实际上数字化转型远远不是IT部门能够实现的，必须由企业的决策层引领，自顶向下推进。

（2）企业已经应用了诸多信息系统，但是孤岛纵横，基础数据不准确，编码体系不统一，推进数字化转型无从下手。

（3）不少企业认为推进自动化系统能够更加立竿见影，普遍存在重自动化、轻数字化的状况。很多企业更加重视产线的自动化和少人化，造成设备联网和数据采集的基础差。

（4）企业的利润率较低，推进数字化转型缺乏足够的投入资金。企业投资推进数字化转型没有取得显著效果，制约了企业进一步推进数字化转型的动力。

（5）重型机械的各个细分行业差异很大，处在各个产业链中不同位置的企业个性化很强，数字化转型的突破口也各不相同，没有可以直接照搬的模板。

2. 数字化转型原则

重型机械行业要推进数字化转型，必须明确数字化转型战略，制定数字化转型规划，然后落实各项措施并使规划的目标落地。应遵循以下原则：

（1）紧扣制造＋服务的转型发展思路，按照企业产品全生命周期服务的理念统筹规划产品生产制造全流程的各个数字化模块，使其形成系统高效、精益控制、应变快捷的高效数字化集成系统。

（2）重型机械企业数字化转型是长期的、高投入的提质增效活动，必须以优质、高效、少人化、无人化、无纸化、低碳化生产为目的，坚持整体规划、软硬结合（软件和硬件同步适配）、循序渐进、分步实施的原则，依托智能制造单元、智能产线、智能车间、智能工厂、智能供应链逐步推进，切忌对不合企业实际“高大上”的盲目追求。

（3）根据企业产品制造特点，从整体的角度优化产品制造流程，加强顶层设计规划，企业内部设计、工艺、财务、营销、生产、计划、采购、人力资源、设备管理等主要业务系统模块要求统一规划、统一建设、统一标准、统一接口，实现业务协同和数据共享。

（4）建立统一的企业基础数字化技术平台，建设统一的企业级数据中心、企业级专家知识库，进一步提高各项数据的处理能力和分析利用效率，利用云平台、云计算等技术支撑公司核心业务稳定运行。

（5）开展资源能源和污染物在企业设计、生产、使用流程全过程动态监测、精准控制和优化管理，推动碳减排，助力实现“碳达峰、碳中和”。

（6）重视企业供应链数字化管理，形成供应商、制造商、代理商、物流服务商、终端客户共赢的全新模式。变革现有“低价中标”的规则，实现整体供应链可视化、管理信息化、整体利益最大化、管理成本最小化，从而提高产品质量和服务水平。打造数据互联互通、信息可信交互、生产深度协同、资源柔性配置的供应链。

（7）开展“工业互联网＋安全生产”建设，加大工业互联网建设投入，加快安全生产要素的网络化连接、平台化汇聚和智能化分析。构建安全生产快速感知、全面监测、超前预警、联动处置、系统评估的新型能力体系。

（8）根据企业特点和重型机械行业发展要求，建立符合行业数字化转型发展要求的重型机械行业数字化标准化体系和数据治理体系，构建符合企业特色的信息安全立体防护体系，为数字化转型筑牢安全防线。

三、重型机械数字化转型建设方案

重型机械制造企业主要业务涉及科技研发与服务、先进装备制造、工程承包与供应链等。重型机械数字化转型建设主要有两个方面：①采用数字化技术对重型装备制造流程重塑，高效制造出高性能的重型装备，更好地服务于国家关键重点行业。②采用数字化设计手段研制出达到世界先进水平的、高质量的、国家急需的重大技术装备，满足国民经济发展需求，解决国家“卡脖子”的重大技术难题。重型装备制造行业智能制造解决方案，通过将新一代信息技术与重型装备制造行业的先进制造技术进行深度融合，实现研发、工艺、制造、管理的一体化理念，为重型装备制造业信息化和工业化的深度融合不断提供理念、组织、方法和工具，并不断提升企业的产品质量、效益、服务水平，推动企业的创新、协调、绿色、开放、共享发展。

1. 重型机械数字化工厂

重型机械制造业数字化工厂集成系统主要由数字化管理基础平台、数字化研发设计平台、数字化工艺设计平台、数字化管理平台、网络化协同系统、数字化制造管理平台（MES 系统）和智能化企业及产品运维平台等组成。

（1）数字化管理基础平台。数字化管理基础平台是企业数字化管控的中心和大脑中枢，承担全公司海量数据（产品技术数据、管理数据、财务数据、视频数据、专家知识库数据）的采集、管理、储存、更新、挖掘调用、分析计算、可视化计算及调用、授权访问、安全备份等功能。一般采用私有云平台，利用虚拟化、云计算、数字孪生等技术支撑公司核心业务稳定运行，保证各项数据的处理能力和效率。

产品技术数据：设计图样、仿真试验、工艺、加工、质量、物料管理、产品运维等过程的技术指导文件。

管理数据：产品研发管理、生产计划、加工制造、经营销售、储存运输、设备管理、人力资源管理形成的数据。

财务数据：经营活动中所有有关财务需要的中间财务数据及实时财务数据。

视频数据：企业运行有关现场管理、安全管理等监控视频数据。

企业知识库数据：与企业设计、工艺、管理、产品服务有关的国家标准、规范、制度、经验知识、企业内控指标等。

（2）数字化研发设计平台。针对重型机械行业定制化设计、产品结构复杂、项目设计参与人员多、异地协同设计等特点，打造适合重型机械行业的数字化设计平台，采用二维 / 三维设计技术开展产品的设计、仿真 / 试验研究分析，采用产品数据管理系统 PDM（Product Data Management）实现所有产品相关信息（包括零件信息、配置、文档、二维 / 三维图样文件、结构、权限信息、研发云平台等）管理、产品设计过程管理（零部件管理、图文档管理、产品 BOM 表管理、远程协同设计、研发计划管理、设计变更状态管理），为实现产品的全生命周期管理准备基础数据，最终实现车间无纸化和生产一体化设计。数字化研发设计平台如图 2 所示。

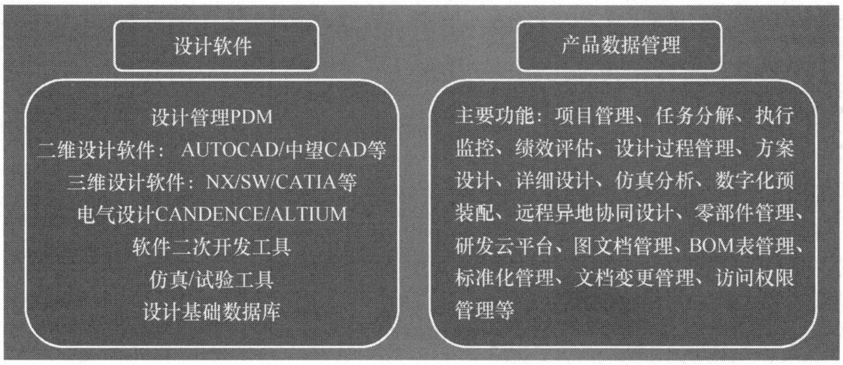

图 2 数字化研发设计平台

依托工业互联网平台，实现高水平高效率的轻量化设计、并行设计、敏捷设计、交互设计和基于模型的设计，变革传统设计方式，提升研发质量和效率。发展平台化、虚拟化仿真设计工具，培育平台化设计新模式，推动设计和工艺、制造、运维的一体化，实现无实物样机生产，缩短新产品研发周期，提升产品竞争力。

（3）数字化工艺设计平台。数字化工艺设计平台，与设计平台紧密配合，基于产品的三维模型，充分利用工艺知识专家库，对产品的制造与装配工艺过程进行仿真分析，提高设计、制造协同效率与质量，为下步工序提供结构化、可视化的三维工艺数据，并以三维工艺来指导生产现场的加工与装配，为生产制造等内部业务系统的数字化和智能化提供支撑。通过数字化工艺平台，可以有效组织企业生产工艺过程卡片、零件蓝图、三维数模、刀具清单、质量文件和数控程序等生产作业文档，实现车间无纸化生产。数字化工艺设计平台如图 3 所示。

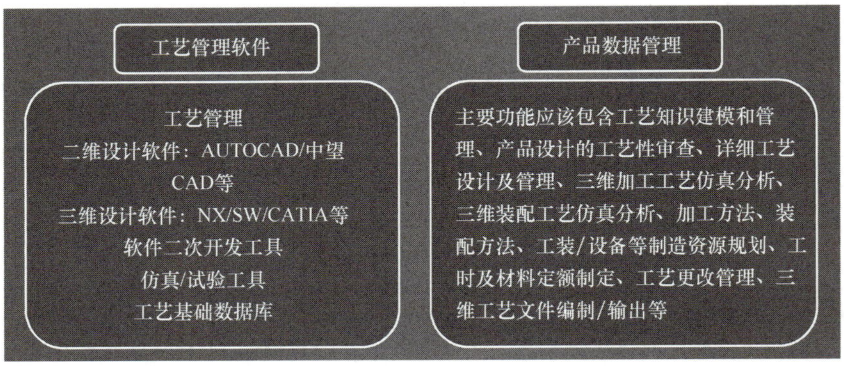

图 3　数字化工艺设计平台

（4）数字化管理平台。数字化管理平台是由企业产品设计、工艺、ERP、OA 办公、MES 系统、供应链、财务管理系统组成的企业管理平台，是对企业物料流、资金流、信息流进行全面一体化管理的数字化管理系统。它将企业设计工艺、生产控制、物流管理、财务管理、人力及设备资源管理等所有分系统，通过标准统一的接口有机整合集成在一起，利用大数据分析技术对海量数据分析、评估，为企业决策提供依据。对于不同的管理角色设置相应的数据访问权限，可以调用、查看、分析权限内的相关数据、实时报表等，监控相关经营活动，及时调整生产经营策略。数字化管理平台如图 4 所示。

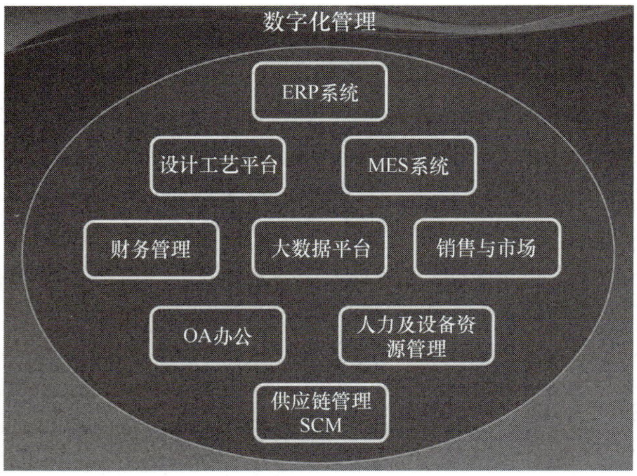

图 4　数字化管理平台

打通企业数据链，通过智能传感、物联网等技术推动全业务链数据的实时采集和全面贯通，构建数字化供应链管理体系，引导企业打造数字化驾驶舱，实现经营管理的可视化和透明化。鼓励企业基于生产运营数据重构战略布局、运营管理和市场服务，形成数据驱动的高效运营管理模式，提升智能决策、精益制造和精准服务能力。

（5）网络化协同。网络化协同主要是负责管理、控制、协调整个企业信息化系统网络的正常运行及信息安全，通过信息化网络系统，将企业科研、工艺、财务、营销、采购、制造、人力资源各子系统有机联系整合在一起，统一标准、统一接口、统一数据类型，夯实对各业务系统的支撑作用，对业务系统进行连接融合，协同联动，建设敏捷的辅助决策、精益化运营管控、数字化产品开发、智能化制造执行、集成化基础应用等执行平台，整合已有的研发、财务、营销、制造、供应链、物流、人力资源、OA 办公、企业微信等所有主营业务系统模块，优先解决“信息孤岛”“数据壁垒”“资源分散”等问题，打通业务系统底层数据，实现数据相通和资源共享，支撑集团管理数字化。

促进企业间的数据互通和业务互联，推动供应链上下游企业与合作伙伴共享各类资源，实现网络化的协同设计、协同生产和协同服务。推广云化设计软件（CAD）、云化企业资源计划系统（ERP）、云化制造执行系统（MES）、云化供应链管理系统（SCM）等新型软件工具，共享设计模型、生产数据、用户使用信息、产品数据库等，基于工业互联网提升制造资源配置效率。

（6）数字化制造管理平台（MES 系统）。重型机械企业属于单件小批订单式生产，利用基于模型的数字化企业生产制造执行系统（manufacturing execution system，MES）建立符合行业企业特点的高效精益制造模式，实现企业设备自动化、管理数字化、生产精益化、人员高效化，提升生产过程的执行性和透明化程度、提高生产资源有效配置和产品质量、减少甚至消除生产过程浪费、减少生产成本投入，提升企业的生产制造综合水平和管理能力。

通过系统的实施，生产方式发生质的变化：①生产从被动指挥向实时调度转变；②质量从事后抽检向在线控制转变；③资源从被动供应向主动供应转变；④成本从事后核算向过程控制转变；⑤管理从粗放型向质量型转变。

企业通过构建适合自身特点的 MES 系统可以实现：生产过程监控和生产实绩反馈；生产实时计划管理；设备动态管理及监控；生产调度和应急指挥系统；质量过程管

控；备件库存优化管理；物料动静态管理；能源消耗管理；成本实时管理；安全预警管理；实时报表生成；系统网络及数据安全管理。企业数字化制造管理平台架构如图 5 所示。

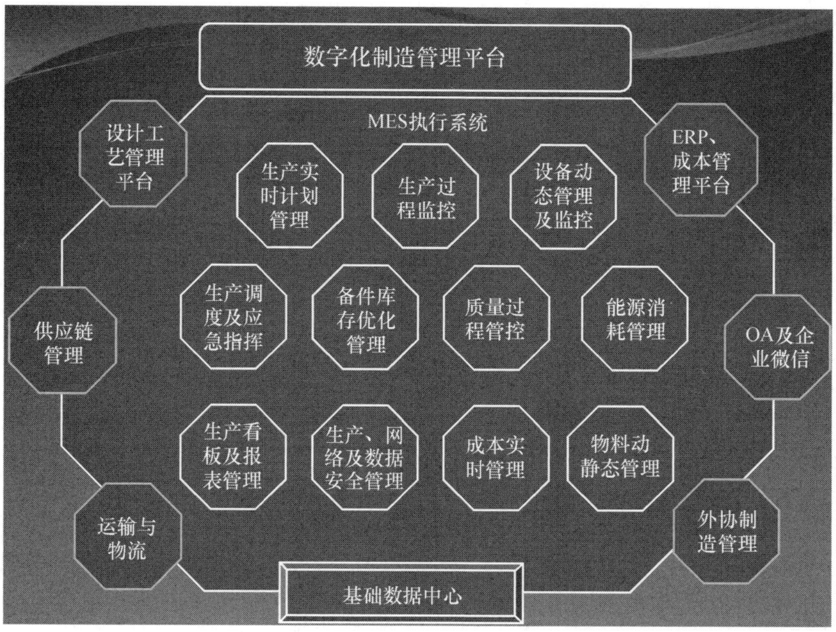

图 5　企业数字化制造管理平台架构

生产过程监视侧重于生产流程和工艺过程之间物料输送、质量指标的监控。它以生产过程的实时数据为基础，利用 MES 系统的组态技术，实现对生产车间、动力能源车间、辅料库、成品库等生产区域的生产进度、工艺质量、物料消耗情况进行实时监控。生产过程监控系统发现异常时可以按照预先设置做出报警，帮助企业的生产指挥调度部门进行生产协调、合理调度，提高生产的快速反应能力。

在生产过程监控的基础上，生产管理就是在生产计划的指导下，根据各行业生产工艺特点组织协调生产，跟踪生产过程数据，考核各项生产指标。通过数据分析，优化生产过程，实现计划的编制、跟踪，生产数据的分析以及考核管理等。管理者能够实时掌握全厂的投入和产出，优化决策，最大限度地缩短生产时间，减少失误，降低手工和重复录入数据的相关成本。生产实时管理主要功能包括生产计划管理、生产组织、车间考核和人员管理、生产数据分析等子系统。

设备动态管理与监控系统可以实现对设备资源的跟踪、优化和监控。①资源追踪。通过工厂建模实现资源定位，实现设备使用规范、安全规程的信息化管理；实现设备维修、维护管理，建立设备故障申报和维修记录，通过与 ERP 或资产管理系统的衔接完善设备故障维修和计划维修记录，实现设备维修、点检跟踪管理。②设备运行分析。使用自动化系统中设备运行状态数据，对设备的开停次数、净运行时间、运行负载分布（设备空转、低负载、正常负载、超负载的累计时长）进行统计，实现生产能力分析、设备故障率分析、设备 OEE 分析、设备运行记录统计分析、设备维修统计分析等。③设备状态监控。在设备管理基础上，实现设备状态远程监控，包括运行状态、关键参数变化趋势、设备安全、润滑、温度等，统计设备运行效率、运行成本，计算易损件更换时间等。

生产调度和应急指挥系统。①生产调度的职责是合理组织企业的生产活动，保证生产计划的实现。系统根据物料跟踪系统提供的实时信息，依据调度规则或操作人员的判断，以自动或人机交互的方式执行或修正生产作业计划，更新并下发生产指令。②应急指挥系统主要在发生事故时，为安全抢险提供应急预案查询，事故处理专家组、抢险队伍等人力资源，应急资源保障以及模拟演练等系统功能。

质量过程管控。根据质量检验标准，实时采集生产现场自动化系统的质量数据，当发现生产过程有质量问题时，MES 系统产生质量异常报警，生产管理人员根据质量控制网，找到出现问题的关键工艺环节，或者关键质量人员，缩短质量问题的分析过程，加快质量异常的处理速度，保证产品质量。MES 系统的质量管理功能包括质量标准管理、过程质量控制、检测数据采集、质量统计分析、质量指标考核等功能。

备件库存优化管理系统。备件管理的主要目标是以最低库存保证设备维修所需，以最短时间为设备现场提供维修配件，以最正规的管理提供备件全生命周期跟踪。该系统主要包括备件需求管理、备件计划管理、备件跟踪管理、备件库存管理、备件消耗分析几项功能。

物料动静态管理。①物料跟踪。MES系统可以根据生产线上采集到的实时生产数据，对在制品流动过程进行跟踪（包括物料移动、物料转换、物料拆分、物料合并、物料消耗等相关操作）。用户在MES系统可以查询在制品的位置、数量等信息。MES系统能够实现产品后溯和前溯功能。对于最终产品可以查询出使用了哪些批次的原材料、中间物料，以及该物料的数量和特征。对于原材料可以查询到哪些最终产品使用了该批物料。②物料静态管理。区域管理主要是对物料静态化的管理（包括原料计划，原料、成品和料场管理，库存管理，原料消耗管理等）。

能源管理系统。能源管理系统可以实时监控生产过程的能源状况，有效控制能源消耗，及时发现耗能症结并采取节能措施，最大限度地减少生产能耗，降低生产成本。能源管理主要实现能源信息自动化处理、能源信息表格和图形化分析、能源信息动态查询。

成本实时管理。建立以职能部门、作业区集中管理为纲，以各主控工序为驻点的纵横交错的成本控制网络，做到成本周核算、周分析，日核算、日分析，实现全方位的成本数据分析管理。以各类成本数据为基础制作各类报表，方便查询、直观地进行图表图形对比分析，保存历史数据。

安全预警管理。安全管理在不同企业中有不同的侧重要求，采用不同的设备和系统与“安全管理软件系统”共同组成一个安全管控网络，以实现安全生产。安全管理系统包括环保设施档案管理、安全隐患管理、安全考核管理、事故处理、安全培训管理、放射源管理、职业病管理等功能。

实时报表生成系统。该系统是MES各系统的输出数据，也是系统之间的数据接口，是数据源整合的重要手段。报表涵盖MES所有的业务内容，包括排程调度、设备、质量、物料、人员考核、工艺指标等（也包括MES与ERP系统之间的数据接口）。数据源主要来自MES系统数据库，通过语义层将数据库字段重组为面向用户的对象，在此基础上实现报表功能。

系统网络及数据安全管理。MES系统作为生产管理的主体将承载非常重要的生产组织任务，因此系统的安全和可靠性非常重要。该系统中主要利用如下功能达到安全可靠的目的：数据冗余存储、自动定期数据备份功能、异地容灾系统、身份认证与权限管理、高反应速度系统报警提示、系统日志提供安全记录以及防火墙和病毒隔离措施。

重型机械企业生产制造环节大而全（包括炼钢、铸造、锻造、热处理、焊接、机加、装配、现场安装、调试培训、技术服务等），具有零件品种多、产品结构复杂，单件小批难以组织量化作业等特点。通过应用三维仿真设计和工艺、柔性制造、智能仓储物流、物联网、大数据分析等技术，优化设计、工艺、制造、物流、自动加工、装配、质检等整个业务流程的资源合理均衡利用，实现重型机械装备现代化、操作自动化、设计工艺数字化、管理信息化，同时实现设备运行状态、生产过程管控、能耗等数据采集与分析。

不同企业根据自身智能制造发展水平确定自身智能制造提升策略，着力提升企业信息技术应用能力，加快生产制造全过程数字化改造，推动智能制造单元、智能产线、智能车间建设，实现全要素全环节的动态感知、互联互通、数据集成和智能管控。推动先进过程控制系统在企业的深化应用，加快制造执行系统的云化部署和优化升级，深化人工智能融合应用，通过全面感知、实时分析、科学决策和精准执行，提升生产效率、产品质量和安全水平，降低生产成本和减少能源资源消耗。

2. 重型机械装备智能化

随着钢铁、化工、基建、能源资源、物料输送、航天航空等行业数字化的迅猛发展，对重型装备的数字化、智能化提出了更高的要求。重型装备的远程运行监控、故障诊断及预警、全生命周期健康管理将成为设备的标准配置，同时针对不同的工况条件、工艺要求，开发出个性化的智能化功能，实现应用场景的少人、无人、高效、绿色、高可靠性的发展要求。

（1）矿山装备智能化。针对矿产资源采选作业工况恶劣、危险系数高，围绕矿产资源“三率”（开采回采率、选矿回收率、共伴生资源综合利用率）的提高，研究开发矿山装备的少人化、无人化、智能化、绿色化作业是矿山装备今后的发展方向，是矿山高质量发展的必经之路。

露天矿山无人驾驶矿卡可以实现铲、车配合装载、路径自动规划、自动避障、自动卸载、自动对位、坡道行驶自动加减速等功能。

无人驾驶钻机可以实现钻孔自动定位、自动钻孔、自动接卸钻杆等功能。

无人挖掘机可以实现自动识别挖掘工作面、挖掘轨迹优化、远程挖掘，最后实现无人挖掘。

综采设备三机一架实现成套控制自动化、自动定位、自动纠偏、成套装备的无人或远程操控作业、采掘路径自动优化、自动支护及推进作业等。

巷道掘进设备的掘、钻、锚三位一体机实现无人全自动作业。

矿山无人巡检机器人、维护检修机器人开发。

针对破碎选矿流程高耗能高污染状况，开展新型破碎选矿工艺流程和设备的开发研究，实现破矿、磨矿、选矿智能、高效、绿色发展，提高选矿回收率和共伴生资源综合利用率。

（2）冶金锻压装备智能化。未来若干年，我国钢铁行业将着力构建“双循环”发展新模式，深化供给侧结构性改革，调整钢铁产业结构，通过流程再造、数字化转型，走上一条从“粗放型”向“精益型”的发展道路，高附加值产品比重逐步增加，加快从产钢大国向世界钢铁强国发展。同时，加强环境保护治理，加大节能减排改造力度，着力提质增效，强化产业发展，推动行业绿色、低碳、高质量发展。

针对钢铁冶金行业数字化转型发展机遇，聚焦钢铁行业设备维护低效化、生产过程黑箱化、下游需求碎片化、环保压力加剧化等痛点，以满足新工艺为切入点，开展高性能冶金成套装备的研发，加速冶金锻压装备的智能化、数字化升级。

冶金装备主要包括炼铁设备、炼钢设备、轧制机械、铸造设备、轧辊金属专用设备零件，生产特点为成套控制、连续生产。钢铁行业数字化转型方向是设备运维智能化、生产工艺透明化、供应链协同全局化、环保管理清洁化等。

每个单台冶金设备必须满足生产线的工艺要求，因此单台冶金设备向设备状态的预知、预判、预防，现场运行的可视、可控、可管方向发展。成套设备以互动、互联、互通，打造生产线的智能运维中心、管控中心，构建数字化冶金运营服务新发展模式。

围绕钢厂智慧制造、黑灯工厂、无人库区、数字车间、一键炼钢、连铸、连轧过程智能精准调控等要求，加快成套冶金装备智能化步伐，为实现成套冶金装备与钢铁企业需求无缝衔接，提供高效智能化成套装备。

（3）起重运输装备智能化。起重运输机械是广泛应用于国民经济各行业的机械设备，主要有大吨位桥式起重机（配合炼铁、炼钢系统进行钢水的转运起吊，也用于钢厂的钢坯、钢锭、钢卷起吊转运）、门式起重机、港口用各种起重设备（港口码头集装箱装卸、散料装卸）、散料输送设备（带式输送机）、大型仓储物流系统、城市停车设备等。为了满足无人作业、高效运行和保障安全新标准要求，必须通过数字赋能实现智能化升级，在建设黑灯工厂、无人库区、数字车间、智慧工厂和自动化无人码头作业中扮演关键角色。

结合各行业的工艺作业特点要求，起重机的智能化方向主要有起吊物防摇摆自动控制、精准定位、起吊路径自主规划、自动夹装吊具、无人值守、无人操作、安全防碰撞控制、远程控制等。

运输机械广泛应用于国民经济各行业，重型机械行业主要以大型胶带输送机为主，应用于矿山、钢厂、码头等长距离、高带速、大运量的散料运输工作。

大型胶带输送机的智能化高效、安全、节能、绿色发展研制工作，主要包括无人值守、远程运行监测、运量与带速的协同节能控制、数字孪生、智能机器人巡检、滚筒打滑、胶带自动张紧、转载点防堵料、胶带防跑偏、胶带防撕裂、火灾预警、粉尘监测与控制等方面。

3. 智能化运维服务

推动工业企业产品供应和服务链条的数字化升级，从原有制造业务向价值链两端高附加值环节延伸，发展设备健康管理、产品远程运维、设备融资租赁、共享制造、供应链金融、总集成总承包等新型服务，实现从单纯出售产品向出售“产品＋服务”转变。鼓励工业领域工程服务商深化数字仿真、制造信息建模（MIM）等新技术应用，提升工厂建设和运维的数字化水平，实现从交钥匙工程向“工程建设＋运维服务”转变。

针对跨工厂跨地域远程诊断、设备维护、效率与安全提升等问题，借助在设备上加装转速、温度、振动、噪声等传感器和运行数据检测系统，通过 5G 物联网通信模块，将采集到的运行数据发送到云端，进行大数据分析。基于边缘计算、云端计算、数据分析，结合设备异常模型、专家知识模型、设备机理模型，对产品运行趋势分析后，形成产品体检报告，提出预测性维护与维修建议，构建高效运营的重型装备远程运维智慧平台。

建设企业数据库和数字化服务平台即智能化运维平台，是重型机械行业进行全生命周期管理实现服务增值的重要途径，但目前还在探索之中，许多企业投入回报没有达到预期，这是发展初期的正常现象，企业家应该有足够的信心和毅力，方能使智能运维服务得以稳健快速发展。智能化运维平台如图 6 所示。

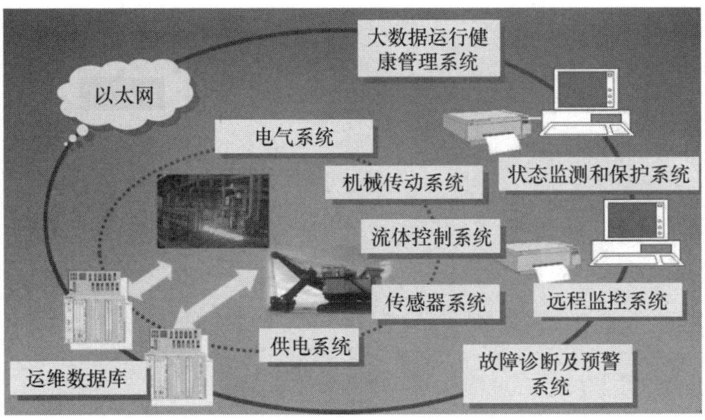

图 6　智能化运维平台

各项数字技术与制造业呈现出不同程度的融合。工业互联网与产业数字化转型发展的融合，形成了平台化设计、智能化制造、个性化定制、网络化协同、服务化延伸、数字化管理等典型融合应用模式。目前在制造业数字化赋能方面原材料工业和物流工业等领域效果显著，对于其他领域具有重要示范作用，因此，重型机械行业实现“数字产业化与产业数字化”任务艰巨但前景广阔。

〔供稿单位：中国重型机械工业协会〕

大事记

记载2022年重型机械行业发生的重大事件

Record the major events of the heavy machinery industry in 2022

2022年重型机械行业十大新闻
2022年重型机械行业大事记

大事记

2022 年重型机械行业十大新闻

1. 习近平总书记考察武汉华工激光工程有限公司

6 月 28 日，习近平总书记前往中国重型机械工业协会理事单位武汉华工激光工程有限公司考察。习近平总书记强调，高端制造是经济高质量发展的重要支撑，推动我国制造业转型升级，建设制造强国，必须加强技术研发，提高国产化替代率，把科技的命脉掌握在自己手中，国家才能真正强大起来。

2. 重型机械行业 3 位企业代表出席中国共产党第二十次全国代表大会

中国共产党第二十次全国代表大会于 10 月 16 日在北京隆重召开，来自重型机械行业的 3 位企业代表出席大会。他们是中国一重集团有限公司（简称中国一重）党委书记、董事长刘明忠，中国一重高级技师刘伯鸣和湖北三六重工有限公司副总经理范晓霞。

刘明忠：重机行业“领军者”

范晓霞：起重领域“女超人”

刘伯鸣：大国重器“锻造者”

3. 中国重型机械行业领军单位、专精特新冠军单位、金牌服务单位名单出炉

7 月 22 日，中国重型机械工业协会八届三次会员代表大会因新冠肺炎疫情原因，以线上线下结合的方式举行，会上正式公布中国重型机械行业 2021 年度领军单位、专精特新冠军单位、金牌服务单位评选结果。中国一重等 19 家企业被评为“2021 年度领军单位”；力博重工科技股份有限公司等 59 家企业被评为“2021 年度专精特新冠军单位”；张家港港新重装码头港务有限公司等 15 家企业被评为“2021 年度金牌服务单位”。

4. 弘扬工匠精神，中国重型机械行业工匠大讲堂受好评

6 月 15 日和 7 月 6 日，“中国重型机械行业工匠大讲堂”系列活动在中国重型机械工业协会官方视频号进行直播。“工匠大讲堂”先后邀请中国一重刘伯鸣、中信重工杨金安、太原重工樊志勤、二重装备黄涛、大连重工装备集团赵钰民、北方重工马超 6 位杰出工匠，从工匠故事、工匠态度、工匠贡献、工匠精神几方面分享了他们专于一技、精益求精、收获成果和工匠经验及体会等方面进行分享。线上线下共计 5 000 多人听讲。

5. 坚持创新，一批重大技术成果填补国家空白

中国一重总承包的溧阳 2 680 mm 不锈钢热连轧项目顺利通过机械、流体设备验收，标志着世界单体产量最大、产品幅宽最宽的不锈钢生产线正式投产。

中信重工研发的国产抓取重量最大、悬臂行程最长的七轴重载液压机械臂，最大抓取能力可达 2.5 t，采用全液压驱动，主要由行走车体总成、伸缩大臂总成、小臂总成、腕部总成、液压系统、电气控制系统等部分组成，打破了国外技术垄断。

太重集团制造的世界最大 550 t 铸造起重机成功起运交付。该起重机采用了创新桥架结构形式，简化车轮布置模式，降低大车运行机构重量，实现了产品的轻量化。

二重装备研制的首件 1 000 MW 超超临界机组 FB2 转子发运，标志着超超临界机组关键核心部件 FB2 高中压转子锻件实现国产化，我国百万千瓦级超超临界汽轮机组实现完全国产化。

中国华电自主研发的首台（套）新型高效穿越式岸桥全球首发。该装备由华电重工研发设计及制造，多项技术在国内外首次使用，创新研发了独立运行的上下穿越式双小车新形构架、智能动态减振系统、新型节能系统、智能控制系统、智能双小车 ECS 系统等系列新技术。

大连重工研制的 W12X92DF 型曲轴成功下线，该曲轴重量达 487.978 t，由前段 6 缸曲轴和后段 6 缸曲轴对接组装而成，总长 23.5 m，回转直径 4 630 mm，主轴颈成品直径 1 120 mm，曲拐颈成品直径 1 120 mm，半冲程为 1 734 mm。

华特磁电自主研制的全球首台、全球最大 5 m 智能立环高梯度磁选机下线。该产品高 10 m，核心转环部件直径 5 m，总重量近 500 t，背景场强达 1.8 T，入矿处理量近 1 000 t/h。

北方重工承包的双江口水电站大坝防渗土料运输项目系统全线联合试运行完成。该系统砾石土料生产能力可达 1 400 t/h，是一套包含物料运输、自动掺合及堆存的综合生产系统。

中信重工承接制造的国家电投揭阳“神泉二”350 MW 海上风电增容项目首桩下线，其中，22# 单桩最大直径 10 m，长度 110 m，重量达 2 218 t，是国内目前建成的最大规格风电单桩基础。

奥力通起重机承制的柔性多支点大跨度飞机维修起重机在海口机场海航基地正式投入使用。该 6 支点、72 m 跨度的飞机维修起重机，采用奥力通“柔性主梁”和“柔性吊点”专利技术，充分保证起重机在超大网架机库的平稳运行，彻底消除啃轨隐患，同时对机库网架屋顶的变形还具有良好自适应性和补偿能力。

豫飞重工集团开发的（160 t+160 t）防爆桥式起重机应用于世界最大推力整体式固体火箭发动机装配、转运工作。该起重机是防爆起重机领域内最大单机起重量装备，填补了在航天领域应用的空白。

振华重工自主创新研制的全球首例 AGV 无人驾驶跨境运输项目首批 12 台设备进入多方总系统联调阶段。该项目主要用于中国和蒙古国之间的能源货物运输。在该项目实施前，跨国陆路自动化运输全球无一先例，振华重工成功填补了全球自动化陆路跨境运输空白。

中国煤科开采研究院联合太原研究院研发制造的首套钻锚一体化智能快掘成套装备成功下线。

6. 大国重器，助力国家重大项目

二重装备完成了“人造太阳”大科学装置核心部件的研制，通过 125 t 电渣重熔炉等装备完成了新材料工艺开发与性能测试等研制内容，实现了该类新材料整体锻件的成功研制，掌握了人造太阳核心部件整体制造关键技术。

太重集团制造的“功勋塔架”——921 发射塔架成功托起“神舟一号”到“神舟十四号”系列载人飞船，为飞船成功发射提供了强力支撑。

中信重工从“神舟一号”到“神舟十五号”连续 15 次成功护航飞船顺利升天。中信重工为神舟系列运载火箭逃逸舱（逃逸塔）系统及发动机壳体研制提供了专用高强度金属铸锻件。

卫华集团在“神舟十五号”发射任务中为酒泉卫星发射中心提供多台起重机，承担了火箭转运吊装的关键环节。卫华集团自主研发的电气防摇摆自动定位控制系统，大大提高了火箭吊运过程中的稳定性和位置精度。

郑州新大方自主研发的 DCY80 型液压模块运输车助力谷神星一号（遥四）运载火箭发射成功，将“吉林一号”星座的 5 颗卫星送入太阳同步轨道。

通力科技助力北京冬奥会主火炬提升系统完美运行，主火炬的后部支点、前部支点、托架滑动、台阶顶升等关键配套减速机均由通力科技制造。

7. 聚焦专精特新，行业板块强链补链效果显著

8 月 30 日，工业和信息化部第四批专精特新“小巨人”企业名单完成公示，山东山矿机械有限公司、常熟通润汽车零部件股份有限公司、湖南长重机器股份有限公司、法兰泰克重工股份有限公司、杭州杰牌传动科技有限公司、浙江通力传动科技股份有限公司等 75 家行业企业入选。

11月29日，中国重型机械工业协会正式发布《重型机械行业专精特新成果目录（2022）》。目录共收编成果106项，其中冶金机械领域成果16项，矿山机械领域成果20项，起重运输机械领域成果52项，新能源装备成果3项，通用设备成果15项。此次收录成果均经过实际应用验证，在行业发展中发挥了显著的补链、固链、强链和延链作用。

8. 26家行业企业获评国家第七批制造业单项冠军

行业26家企业入选第七批制造业单项冠军企业（产品）名单。其中：江西华伍制动器股份有限公司等10家企业获评单项冠军示范企业；矿用机械正铲式挖掘机（太原重型机械集团有限公司）、客运脱挂架空索道（北京起重运输机械设计研究院有限公司）、煤矿快速掘进成套装备（山西天地煤机装备有限公司）等16家企业产品获评单项冠军产品。

9. 行业33项成果荣获机械工业科学技术奖

11月9日，经机械工业科学技术奖专业评审组和评审委员会评审，机械工业科学技术奖管理委员会批准，决定表彰2022年度机械工业科学技术奖奖励项目446项。中国重型机械行业获奖33项，其中一等奖3项、二等奖13项、三等奖17项。一等奖项目包括高端精品带钢高效冷轧数智化生产关键核心技术攻关与产业化、超大型智能海洋半潜运载装备关键技术研究与产业化、大型干法粉磨装备高效高可靠性设计与运维关键技术及应用。

10. 《重型机械标准》（2021）正式出版发行

重型机械行业权威标准化工具用书《重型机械标准》（2021）正式出版发行。该书由中国重型院牵头，联合二重装备、中国一重、太原重工、大连重工、中信重工、北方重工等多家国内重型机械骨干单位，历时两年编撰完成，汇集了国际知名企业和国内行业最新专业技术标准。

〔供稿单位：中国重型机械工业协会〕

2022年重型机械行业大事记

1月

1日，《区域全面经济伙伴关系协定》（RCEP）正式生效。振华重工成为上海关区首家“经核准出口商”。

6日，2021第二届全国机械工业设计创新大赛获奖项目名单公布，共表彰获奖项目220项，其中金奖27项、银奖43项、铜奖69项、优秀奖81项；表彰优秀指导老师30名；表彰突出贡献奖2项、优秀组织奖12项、优秀合作企业奖1项。山河智能装备股份有限公司、中铁工程装备集团有限公司、杭州杰牌传动科技有限公司、湘电重型装备有限公司等行业企业获奖。

6日，太重集团制造的国内首台TZX1600多轴线桁架臂起重机在新疆哈密十三间房5万kW风电项目现场成功完成5.0 MW风机的首次起吊作业。

6日，株洲天桥起重机股份有限公司与中南大学自动化学院面向“金属冶炼场景的天车机器人关键技术研究及产业化”项目达成签约合作。

6日，大连重工下属大连重工环保工程有限公司与上海东硕环保科技股份有限公司在大连总部举行了战略合作协议签约仪式。

7日，2021“华中数控”杯全国机械工业产品质量创新大赛获奖名单公布，共有167项产品质量创新项目获奖，其中金奖 21 项、银奖 58 项、优秀奖 88 项。重型机械行业共有 14 家企业获奖，中国重型机械工业协会在大赛中获优秀组织奖。中信重工机械股份有限公司、江苏恒立液压股份有限公司、太原重工股份有限公司、二重（德阳）重型装备有限公司、共享智能装备有限公司获金奖。北京起重运输机械设计研究院有限公司、山东华特磁电科技股份有限公司、山东华成中德传动设备有限公司获银奖。北方重工集团有限公司、潍坊新力超导磁电科技有限公司、河南省矿山起重机有限公司、河南威猛振动设备股份有限公司、浙江双鸟机械有限公司、中钢集团邢台机械轧辊有限公司获优秀奖。

12 日，长重机器重钢斗轮堆取料机智能化系统项目顺利通过验收。

20 日，中国重机老挝南俄 4 水电站 1 号机组发电机定子成功吊装入基坑。

月内，振华重工研发的新一代双 40 ft（1 ft=0.304 8 m）岸桥吊具上架成功应用于上港盛东码头岸桥项目。

月内，卫华集团港口机械成套设备助力河南省最大综合性单体港口——信阳港淮滨中心港正式开航，为区域融合发展提供了重要平台，将推动河南省内河航运与“海上丝绸之路”无缝衔接，进一步推动河南省融入“一带一路”建设。

月内，太重集团“基于 5G 远程操作挖掘机”被评为 2021“创响山西”最具投资价值产品。

月内，太重集团为西藏巨龙铜业一期项目提供 12~45 m^3 多种机型高原型电铲和半移动破碎站。

月内，中国一重总承包的湖南攀达 1 450 mm 冷轧全流程项目 1# 彩涂机组全线热负荷试车成功。

月内，中机一院成功中标 2021 年合肥市“智能工厂”及“数字化车间”建设顶层设计方案编制项目。项目的服务内容包括编制企业智能工厂和数字化车间建设顶层设计方案，完成企业信息化顶层设计方案编制与培训指导，促进企业从基础应用、单项应用向集成应用、创新应用、产业链协同应用转变，实现智能工厂与数字化车间的建设目标。

月内，大连重工中标澳大利亚某矿业公司某港口项目 1 台 10 000 t/h 桥式双斗轮取料机和 1 台 10 000 t/h 固定式装船机供货合同，其中万吨级桥式双斗轮取料机为大连重工新产品机型。

月内，淄博大力专利“一种带有气压传动控制系统的装岩机”（ZL201620530860.0）被评为淄博市高价值专利。

月内，沈阳隆基电磁科技股份有限公司赤泥尾渣提铁固废利用生产线研制成功。

月内，中国兵器北重集团北方股份公司成功中标中铁七局、中铁九局以及中铁七局与中铁九局联合体共计 3 个标段的 TR100A 矿用车采购项目，中标总金额近 3 亿元。该批矿用车将应用于刚果（金）洛钼项目和刚果（金）中铁资源项目。

月内，大连重工下属大连华锐铸业有限公司与国内外风电知名企业签订了 4 亿元的批量供货协议，供货范围包含风机轮毂、主机架等核心铸件。

月内，由中国一重承制的河北鑫海化工集团有限公司 260 万 t/a 渣油加氢项目锻焊渣油加氢反应器在大连前盐石化装备制造基地码头发运。

月内，二重装备所属二重储能自主研制的绿色环保产品——方舱式飞轮储能不间断电源系统顺利交付用户中国一拖，并一次性通过联合验收。

月内，由二重装备研制的河北安丰 1 450 mm 热轧项目顺利实现全线一次过钢。

月内，由中国一重承制的中石化海南炼化 100 万 t/a 乙烯项目 2 台环氧乙烷反应器在前盐石化制造基地发运。该反应器采用壳牌专利技术，设备内径 7 300 mm，单重 1 080 t，换热管多达 12 300 根。

月内，中信重工中标位于广东省阳江市阳西县附近海域的明阳阳江青洲四海上风电项目导管架基础及基础钢管桩制作，项目金额约 8.54 亿元。

月内，由中国一重为湖南中创空天新材料股份公司设计制造的 100 MN 油压机一次性热负荷试车成功。

月内，通力科技助力北京冬奥会主火炬提升装置系统，主火炬的后部支点、前部支点、托架滑动、台阶顶升等减速器关键配套设备均由其制造。

月内，济南重工与山东省某化工公司签订 3 台中心传动 MQS-34 × 140 水煤浆磨机合同，用于 24 万 t/a 高端聚碳酸酯用双酚供汽配套工程项目。

2 月

2 月 28 日—3 月 4 日，河南矿山承制梅钢 160 t 冶金铸造桥式起重机通过由上海梅山钢铁股份有限公司等组成的梅钢项目 A 检。

月内，太重集团风电主轴锻件成形成性一体化制造关键技术研究及应用、TZL750 全地面桁架臂起重机研制及应用、大口径直缝焊管辊式成型柔性生产关键技术及成套装备 3 个项目荣获山西省科技进步奖二等奖。

月内，太重集团轨道公司通过了德国铁路公司重点开展的供应商审核及质量 Q2 评级审核。

月内，二重装备签订 3 台 1 000 兆瓦级超超临界发电机组转子合同。二重装备为哈尔滨电气集团达拉特项目提供 1 台 1 000 MW 超超临界发电机组转子锻件；为东方电气集团华能正宁项目提供 2 台 1 000 MW 超超临界发电机组转子锻件。

月内，川润股份动力设备有限公司成功中标江苏中圣园科技股份有限公司废气废液一体式焚烧锅炉项目。

月内，中国一重大连核电石化有限公司的“华龙一号”核反应堆压力容器制造技术项目荣获辽宁省科学技术进步奖一等奖。

月内，二重装备完成了“人造太阳”核心部件的研制。该项目研制充分发挥大型高端锻件极限研发制造优势，系统统筹冶炼、锻造、热处理专业工艺研究与开发，按照新材料所需求的化学成分、无损探伤以及常温下的力学性能、磁导率等严苛的技术要求，充分发挥 125 t 电渣重熔炉等装备优势，进行新材料工艺开发与性能测试等内容研制，最终经全面检测，各项质量数据均达到技术要求，掌握了“人造太阳”核心部件整体制造关键技术。

月内，中机一院中标上海中联旋挖钻机装配线 EPC、滁州永强 LNG 装备采购、张家港中集圣达因 LNG 气瓶生产线 EPC 3 个总承包项目。

月内，中机一院先后签订徐工消防应急救援装备智能制造产业化项目、科大国创智慧能源基地建设项目（一期)、淮南清洁能源储运装备制造产业园项目、自贡庞源智能塔机建设项目等工程设计项目。

月内，中国一重与普锐特冶金技术日本株式会社签订巴西盖尔道 2 200 mm 炉卷轧机改造项目采购订单。

月内，太重集团出口乌兹别克斯坦的 WK-20C 矿用机械挖掘机投产，运行情况良好。

3 月

1 日，由振华重工为三峡集团建造的 3 000 t 变幅式全回转起重机项目下支撑从振华重工装货顺利发运。

3 日，河南矿山集团有限公司获“长垣市放心消费创建示范企业”荣誉称号。

4 日，北方股份设计生产的国家电投内蒙古公司北露天矿首批 NTE200 矿用车正式投入生产运行。

6 日，振华重工顺利完成厦门嵩屿集装箱码头 2 台岸桥的港内搬迁，此次搬迁的岸桥重 2 000 t，采用模块车搬迁方案，此重量的岸桥采用模块车搬迁尚属国内首次。

12 日，在山东港口青岛港自动化码头“日邮维纳斯”轮作业中，由振华重工提供的岸桥单机作业效率达 52.7 自然箱 /h，第 8 次刷新装卸效率世界纪录。

15 日，由华电重工参与建设的印度尼西亚 TJB5&6 2×1 000 MW 燃煤电站 5 号机组项目顺利通过性能测试，正式投入商业运营。

16 日，太重集团与山西晋南钢铁集团有限公司签署战略合作协议。双方将在焦化、起重、轧钢、原材料等多领域开展深层次合作，全面提升企业核心竞争力，加快推动企业高质量高速度发展。

16 日，中信重工为北京建龙重工集团本溪龙新矿业思山岭铁矿一期 750 万 t/a 采选项目研制的 GM220-180 高压辊磨机、直径 6.4 m×11.15 m 球磨机、CSM-2250 立式搅拌磨完成工厂试车并交付客户。

16 日，昆明重工与江阴某企业成功签订直径 420 mm/980 mm×1 000 mm 铜带轧机合同。

17 日，济南重工与山东省路桥集团有限公司签署“战略合作暨盾构机采购合同”协议。

18 日，全球最大单体氧化铝项目主体设备“MQY6095 溢流型球磨机”在济南重工集团有限公司下线。

18 日，北方重工为沈阳市政集团有限公司沈阳地铁三号线一期工程土建施工项目制造的土压平衡盾构机通过工厂验收。

18 日，济南重工与中铁十局集团第一工程有限公司正式签订战略合作协议。双方就盾构机的存储、维保、拆装、上下井组装等工作进行探讨，并就盾构机再制造、周转料和机械设备仓储基地等项目进行了深入交流。

20 日，新乡市起重设备厂有限责任公司研制的 600 t 新型桥式起重机助力广东阳江抽水蓄能电站最后一台转子成功吊装。

21 日，位于非洲刚果（金）的卡莫阿 - 卡库拉铜矿Ⅱ期提前 4 个月投产。中信重工作为该项目核心装备制造商先后为该项目Ⅰ期、Ⅱ期设计、制造和安装了 4 台直径 6.1 m×9.75 m 球磨机。

29 日，北方重工乌干达 Busia 矿区日处理 5 000 t 金矿球磨机总包项目成功签订，北方重工产品再次进入非洲市场。

31 日，山东华特磁电科技股份有限公司自主研制的全球首台、最大 5 m 智能立环高梯度磁选机在山东省临朐县下线。该产品高 10 m，核心转环部件直径 5 m，总重量近 500 t，背景场强达 1.8 T，每小时入矿处理量近 1 000 t，是国内外现有同类产品“直径 4 m 立环磁选机”处理量的 2 倍，“直径 3 m 立环磁选机”处理量的 6 倍，平均吨矿能耗节省达 50% 以上。

月内，太重集团完成 600 MW 示范快堆核电工程试制件，并与南阳防爆集团签订 4 套飞轮体锻件产品合同。

月内，中国一重成功中标三宝集团热轧特殊钢卷板项目，开启了中国一重与三宝集团的新一轮合作。

月内，中国一重大连工程技术锻压装备设计研究院自主研发的 7 000 t 高速冲压线研制与应用项目获黑龙江省科技进步奖二等奖。

月内，由中机一院负责总体规划设计的山东金雷新能源重装有限公司海上风电核心部件数字化制造项目正式开工。

月内，河南矿山承制的鑫阳钒钛钢铁 360 t 铸造起重机交付。该设备在投产过程中运行平稳、安全精准。

月内，中国重型院炼钢工程事业部冶金所承担的福建青拓镍业有限公司 1# 板坯连铸机升级改造项目一次性热试成功。

月内，太重集团生产的 TZ4100 大型履带板顺利发往澳大利亚。

月内，北方股份成功中标国家能源集团神华北电胜利能源有限公司的百吨级运输设备保养项目，承担 48 台百吨级矿用运输设备的日常维修保养工作，承包期限 3 年。

月内，中国重型院管棒型材工程事业部管棒所成套供货的山东南山铝业股份有限公司 40 MN 及 10 MN 高精度铝合金板材拉伸机项目通过验收。该项目首次实现了板材拉伸机自动上料、一键拉伸和自动下料的智能化生产，效率高达 12 片 /h。

月内，由中国重型院总承包的新疆华兴玻璃有限公司玻璃窑炉烟气全干法超净排放改造项目顺利投产，并完成 168 h 试运行。

月内，北方重工集团有限公司承包的双江口水电站大坝防渗土料运输项目系统全线联合试运行完成。该系统投运后，砾石土料生产能力可达 1 400 t/h，可实现少人值守、自动化生产、运输和智能化监控，是一套包含物料运输、自动掺合及堆存的综合生产系统，将用于双江口水电站大坝心墙填筑供料的自动化、智能化输送。

月内，中国重型院高端精品带钢高效冷轧数智化生产关键核心技术攻关与产业化、智能化钢包精炼炉（LF）一键精炼关键技术开发与应用两项科技成果经中国机械工业联合会组织的鉴定，总体技术达到国际领先水平。

月内，中机一院中标宁国港口生态产业园生物质热电联产项目 EPC 总承包工程。

月内，二重装备核电石化公司中标中海油大榭石化馏分油五期 150 万 t/a 2# 加氢裂化装置加氢反应器和 220 万 t/a 蜡油加氢处理装置加氢反应器项目。

月内，大连重工下属大连华锐重工铸业有限公司中标国内某知名企业 100 套 10 MW 海上风电铸件，合同金额超过 1 亿元。

月内，大连重工下属电控装备厂中标中科院某所第四代先进光源装置超低温冷却控制系统项目合同。

月内，奥力通起重机承制的柔性多支点大跨度飞机维修起重机在海口机场海航地基正式投入使用。该 6 支点、72 m 跨度的飞机维修起重机，采用奥力通“柔性主梁”和“柔性吊点”专利技术，充分保证起重机在超大网架机库的平稳运行，彻底消除啃轨隐患，同时对机库网架屋顶的变形还具有良好自适应性和补偿能力。

月内，中国航天科技四院自主研制的世界最大推力（500 t）整体式固体火箭发动机试车成功。豫飞重工集团新乡市起重设备厂有限责任公司研制开发的（160+160）t 防爆桥式起重机应用于该 500 t 大推力发动机装配、转运工作。该起重机在防爆起重机领域内单机起重量最大，填补了在航天领域应用的空白，通过了 2021 年河南省首台（套）重大技术装备认定。

月内，中信重工的石灰回转窑系统窑外预分解装备与技术、CCS895 圆锥破碎机开发与关键技术研究项目顺利通过科技成果鉴定。石灰回转窑系统窑外预分解装备与技术项目针对石灰行业窑外和窑内燃烧的合理分配技术难题，发明了可控分解率的窑外预分解炉装置，使石灰石的预分解率大幅提高，煅烧系统的热耗大幅降低，项目整体技术达到国际先进水平，其中可控分解率的窑外预分解炉装置达到国际领先水平。该项科技成果大幅提高了国产石灰回转窑技术的竞争实力，对我国石灰行业碳减排和系统节能具有重大促进作用。CCS895 圆锥破碎机开发与关键技术研究项目研制的高功率密度特大型圆锥破碎机，整体达到国际先进水平。基于负载压力和功率的自适应智能控制系统填补了国内技术空白，提高了大型破碎机的运行效率和可靠性，破碎效率得到大幅度提高，特大型圆锥破碎机在金属矿山的首次成功应用，对我国矿山装备的技术进步具有重要意义。

4 月

1 日，“振华 27”轮装载着 2 台斯里兰卡岸桥和 3 台印度轮胎起重机发运。斯里兰卡项目 2 台岸桥轨距 20 m、起升高度为 41 m、外伸距 52 m、后伸距 20 m，吊具下 65 t，采用 EZ 西门子电控系统。印度 ADANI 轮胎起重机共 9 台设备，此次首批发运 3 台。设备额定负载 41 t，轨距 23.47 m、起升高度 21 m、采用滑触线 415 V 供电，使用 EZ 西门子电控。

2 日，“振华 12”轮装载 2 台孟加拉吉大港岸桥轮胎起重机发运。2 台轮胎起重机额定负载 40 t、跨距 23.5 m、起升高度 20.75 m。

7 日，中国一重与中国出口信用保险公司签订战略合作协议。

11 日，川润股份助力开发的国内轨道交通行业首台具有完全自主知识产权的兆瓦级“飞轮储能装置”，在青岛地铁 3 号线万年泉路站完成安装调试，顺利并网应用。

12 日，中信重工承接制造的国家电投揭阳“神泉二”350 MW 海上风电增容项目首桩下线，其中 22# 单桩最大直径 10 m，长度 110 m，重 2 218 t，是国内目前产成的最大规格风电单桩基础。

16 日，卫华集团承制的 320 t、跨度 31 m 的四梁四轨大型铸造起重机发车。

16 日，河南矿山集团有限公司与南京高精齿轮集团有限公司签订了 2022 年度战略合作协议。双方就起重机产业发展、产业链供应链稳定、战略合作等有关方面达成了高度共识。

19 日，由中国重型院为广东凤铝铝业有限公司成套供货的 200 MN 正向挤压机正式投产。

19 日，中国重机与印度尼西亚 KLM 公司以视频方式签署了年产 4 万 t 湿法锌冶炼厂项目采购和施工承包交钥匙合同。

21 日，卫华集团 4 台新中式门式起重机集中发往印度尼西亚，正式服务于印度尼西亚某钢铁集团钢坯生产制造项目。

30 日，华电重工承建的福建可门电厂卸储煤项目 TT-7 转运站实现主体结构封顶，顺利完成项目重大节点目标。

月内，振华重工为宝胜长飞建造的一艘 1 200 t 自升式风电安装平台和一艘 4 000 t 全回转起重船重装开工。1 200 t 自升式风电安装平台，船长 90 m、型宽 40.8 m、型深约 7.5 m，最大作业水深 50 m。4 000 t 全回转起重船为非自航起重船，船总长 182 m、型宽 48 m、型深 15 m。

月内，济南重工 EPR4969 土压平衡矩形顶管机和 JZS6250H 泥水平衡盾构机顺利通过“济南市首台（套）技术装备及关键核心零部件项目”认定，并获得济南市工业发展扶持专项项目资金。

月内，由沈阳隆基生产的出口南美洲的 8 台磁悬浮精选机完成安装调试，正式进入运行阶段。

月内，由二重装备牵头承担的首个国家重点研发计划项目“航空、核电及石化等领域超大构件高效率低成本增材制造技术的应用示范”顺利通过科学技术部高技术研究发展中心综合绩效评价。

月内，川润股份动力首次与航天长征展开合作，成功中标航天氢能有限公司与河北正元氢能科技有限公司共同开发建设的“河北正元氢能科技有限公司煤炭清洁高效综合利用”项目下的低温甲醇洗绕管换热器子项目。

月内，黎明重工作为主要承担单位参与申报的低碳机制骨料新工业体系关键技术及产业化应用项目荣获 2021 年度河北省科学技术进步奖一等奖。

5 月

1 日，济南重工制造的“黔进 21 号”盾构机助力贵阳地铁 3 号线一期工程茶店站—顺海站盾构区间左线顺利贯通。

9 日，中国重型机械有限公司与尼日利亚 LEBRUNI AGRO LTD. 公司以视频的方式签署了日处理 500 t 大豆和 300 t 棕榈仁食用油生产线设计及供货合同。

14 日，由中国一重自主设计制造的福建大东海 1 850 mm 热连轧生产线一次性热负荷试车成功。

18 日，中国一重荣获“齐齐哈尔市功勋企业”称号，中国一重党委书记、董事长刘明忠荣获“齐齐哈尔市功勋企业家”称号。一重集团（黑龙江）重工有限公司党委书记、董事长刘轶荣获“齐齐哈尔市经济发展突出贡献人物”称号。

20 日，山东华特磁电科技股份有限公司位列全国中小企业股份转让系统（新三板）发布“关于 2022 年第二次创新层进层决定公告”名单，成功晋级新三板创新层。

23 日，华电重工承建的山西华电武乡 100 MW 光伏项目主变压器顺利安装就位，标志着该项目升压站核心设备陆续进入安装阶段，对实现项目并网发电意义重大。

25 日，一重龙申（齐齐哈尔）复合材料有限公司首支风电叶片下线仪式在齐齐哈尔风电叶片制造园区举行。

25 日，北京起重运输机械设计研究院有限公司的面向固废协同处置的多功能组合机群上料系统关键技术装备与工程应用项目顺利通过成果鉴定。专家组一致认为该科技成果满足了固废协同处置领域关键技术与装备的需求，填补了国内空白，总体技术达到国际先进水平。

27 日，中国重机与福建永福电力设计股份有限公司签署战略合作协议。双方表示，将利用各自优势，在清洁能源、国际市场开发和投资等领域开展全方位的深度合作。

27 日，为助力沈阳地铁三号线一期工程甘官站—千岛湖街站区间盾构机施工顺利始发，北方重工根据该区域的地质水文条件，结合在沈阳地区的盾构设计经验，为该项目量身打造了一台直径 6 440 mm 土压平衡盾构机，整机全长约 90 m，具有良好的地形适应能力。

29 日，沈阳隆基的全自动磁悬浮精选机获辽宁省“专精特新”产品（技术）认定。

31 日，太重集团与大同市政府签署新能源产业高质量发展战略合作协议。

月内，由山东华特磁电科技股份有限公司自主研制的全球首台、全球最大 2 m 智能（周期式）电磁浆料高梯度磁选机成功投入应用。该磁选机高 7 m，分选腔直径 2 m，总重量 170 t，背景场强高达 1.8 T，台时处理量达 100 t（石英砂），是国内外现有同类产品 1.5 m 电磁浆料高梯度磁选机处理量的 2 倍，1 m 电磁选机处理量的 4 倍，可节能 56% 以上。

月内，大连重工下属大连华锐国际工程有限公司与国内某大型央企签订 7 台 120 t 智能金属料运输车设备供货合同。

月内，黎明重工主导申报的易维护高效破碎设备开发及产业化项目，荣获 2021 年度河南省科学技术进步奖三等奖。

月内，大连重工下属港口机械制造事业部为广西防城港研制的 3 台 2 500 t/h 卸船机在泉水基地码头顺利完成发运。

月内，中国重型院成套供货的承德建龙特殊钢有限公司直径 114.3~339.7 mm 和攀钢集团长城特殊钢有限公司直径 76~245 m 水压试验及通径设备均一次性热负荷试车成功，顺利投入生产。两套设备液压系统均采用了伺服控制系统，比传统控制系统节能 50% 以上，噪声降低 40%，大大改善了用户现场的生产环境。

月内，大连重工下属大连大重机电安装工程有限公司先后续签某钢厂营口公司全厂起重机械设备维护项目和山东某电厂输煤燃料系统运维项目协议，两个项目协议均为 3 年框架协议，合同总金额近 1 亿元。

月内，中国重型院锻压工程事业部为宝鸡钛业股份有限公司成套供货的 6 300 t 钛合金挤压生产线一次性热负荷试车成功。6 300 t 钛合金挤压生产线是宝钛股份“高品质钛锭、管材型材生产线建设项目”的核心设备，是目前国内最大的钛合金挤压装备。

6 月

1 日，大连重工装备集团有限公司举行成立挂牌仪式，大连重工·起重集团与大连橡胶塑料机械有限公司、大连金州重型机器集团有限公司实施重组整合，成立大连重工装备集团。

6日，山东山矿机械有限公司成功入选2022年济宁市工业企业“一企一技术”研发中心企业。

6日，卫华集团成立三十四周年庆典大会以“现场+网络会议”的形式召开。

7日，大连重工与山西美锦能源集团有限公司举行7.65 m焦炉机械设备签约仪式。

8日，河南矿山牵头组建的新乡市首批产业研究院集中授牌仪式在新乡市市政府举行。

11—12日，天桥起重印度尼西亚国家铝业电解系列升级改造项目出口产品铝电解多功能机组整车齐发。

14日，河南矿山在智能产业园召开“向产品瑕疵宣战”现场会。现场将价值11.7万元带有瑕疵的产品“就地报废”。河南矿山创始人、党委书记崔培军说河南矿山决不允许有瑕疵的产品出厂！

15日，一重龙申（齐齐哈尔）复合材料有限公司首套风电叶片发货仪式在齐齐哈尔风电叶片制造园区举行。该产品是一重龙申公司为富拉尔基10万kW风电项目制造的4.8 MW风机叶片，共20套60支。

20日，华电重工承接的新疆八一钢铁炼铁厂原料分厂烧结料场（混匀区域）封闭项目举行隆重的开工奠基仪式。该项目采用管桁架+膜结构形式，是目前新疆最大的管桁架+膜结构棚式全封闭料仓。

28日，华电重工承接的云南大为制氨有限公司煤堆场改造EPC总承包项目举行隆重的开工典礼。该项目位于云南省曲靖市沾益区，主要施工内容为汽车卸煤沟、带式输送机系统及栈桥、转运站、悬臂式堆料机、骨架式膜结构全封闭储煤场、回煤暗道等及相应附属设施。

月内，大连重工下属大连重工机电设备成套有限公司与内蒙古某化工企业签订了4台81 MVA电石炉设备总承包合同。该设备单机设计产能12万t/a，比当前市场上的40.5 MVA电石炉主流设备在产能方面提升60%。

月内，大连重工大吨位起重机大型结构件智能焊接工作站投用。该工作站主要由2台9轴龙门自动焊机和2台变位机组建而成，最大可满足长35 m、宽2.2 m、高2.2 m的箱梁焊接需求，单根梁焊接仅需7 h，效率较人工焊接提高1倍以上，且焊材、能源消耗同比降低20%以上。

月内，沈阳隆基电磁科技股份有限公司出口北美的磁悬浮精选机完成远程指导安装及调试，顺利运行。

月内，山东山矿机械有限公司自主设计研发生产的4PG1212四辊破碎机试车成功。

月内，二重装备为哈尔滨汽轮机厂有限责任公司研制的都市环保和宁州项目10件超超临界机组高铬转子相继完成研制，批量交付用户。与此同时，双方再次携手，成功签订粤电惠州和光明项目10件超超临界机组高铬转子订单。

月内，卫华集团自主研发重型真空钢板吸盘吊具全新上市。该吊具适用于多种类板材转运，具备大口径真空吸盘，大功率进口真空泵，液压调节吸盘高度。密封性好，压力检测及真空蓄能装置确保安全。

月内，中国一重成功中标哈汽三门4号1 000 MWe核电汽轮机组全部转子锻件，三门4号1 000 MWe核电汽轮机组转子锻件是机组核心部件之一，其中整锻低压转子最具代表性。产品最大直径达2.8 m。

月内，川润动力成功中标中科院主导的CiADS装置的配套压力容器项目。

月内，中机第一设计研究院有限公司工业工程三院中标山东能源集团兖矿能源智慧制造园区规划设计项目。

月内，中国一重荣获“2022年黑龙江省技术创新示范企业”称号。

月内，中钢邢机与本溪北营钢铁（集团）股份有限公司成功签订了1 780热轧线、1 780平整线全轧线轧辊功能计价供货合同。

月内，卫华自主研发设计生产的2台竖井施工用190 m超高扬程门式起重机顺利通过验收取证，交付中国水利水电第十四工程局使用。该设备起升高度可达190 m，起升速度快，效率高。

月内，卫华集团旗下卫特机器人公司自主研发的50 t重载AGV交付客户，标志着卫华集团在智能搬运机器人领域迈上新台阶。凭借大尺寸、高承载以及领先的技术优势和智能化特征，卫华重载AGV可以完成其他AGV无法完成的大型物体加工制造、搬运等操作。

月内，山东山矿设计制造的HCSC15超重型环锤式破碎机试车成功，将发往老挝国家用户现场。该设备转子直径为1 600 mm，转子长度为2 540 mm，入料粒度≤400 mm，出料粒度≤25 mm，每小时能够破碎约1 500 t物料，用于对中等硬度及脆性物料的细碎。

月内，大连重工下属大连华锐重工集团股份有限公司冶电设备制造事业部与国内某钢铁企业签订了二机二流200 mm×1 020 mm板坯连铸设备总包合同。

7月

11日，太重集团制造的世界最大550 t铸造起重机成功起运交付国外用户。该起重机采用创新桥架结构形式，简化了车轮布置模式，降低了大车运行机构重量，为用户提供了更轻量化的产品。超大吨位铸造起重机的设计与制造，代表了冶金起重机领域的顶尖技术水平和核心竞争力。

13日，株洲天桥起重机有限公司被评为湖南省省级优秀企业技术中心。

15日，太重集团与中煤平朔集团签署框架合作协议，双方将在加强绿色矿山建设方面进行合作。

16日，由振华重工承建的佛山市顺德区南国东路延伸线顺德大桥项目首张钢板点火切割，标志着该项目正式开工。

16 日，山东华特磁电科技股份有限公司完成的特大型智能立环高梯度磁选机、粗粒湿式预选立环高梯度磁选机和细粒级尾矿回收用盘式磁选机 3 项科技成果通过由中国冶金矿山企业协会组织的专家鉴定。专家委员会通过审阅相关资料，质询和讨论形成一致意见：特大型智能立环高梯度磁选机系列产品整体达到国际领先水平；粗粒湿式预选立环高梯度磁选机、细粒级尾矿回收用盘式磁选机系列产品达到国际先进水平。

17 日，卫华集团与河南科技学院签署长期战略伙伴合作协议，双方将本着“优势互补、资源共享、互惠双赢、共同发展”的原则，在人才培养、科技研发、产业交流等方面构建持续发展的战略合作。

17 日，由振华重工为江苏龙圣海工建造的 4 000 t 全回转起重船项目顺利实现全船贯通。

19 日，中冶陕压总承包的孟加拉 JML 公司 1 380 mm 六辊单机架冷轧机组首卷成功下线。

19 日，中冶陕压总承包建设的宝钢黄石新港二期 1 450 轧机正式投产。

21 日，振华重工与中交产投合资的中交光伏科技有限公司在上海市临港新片区注册成立。

22 日，12 m 以上隧道掘进机主驱减速箱研发及产业化项目通过专家组验收，该项目以南通传动为主体申报，为 2020 年度江苏省关键核心技术（装备）攻关项目。

23 日，中冶陕压总承包的新天钢冷轧板业 1 150 单机架六辊轧机正式投产。该机组采用中冶陕压新一代高速超大压下率单机架六辊轧机技术，具有高速、稳定、轧薄、大压下率等特点，综合技术标准达到国内先进水平。

24 日，振华重工与立洋海工签订 5 000 t 全回转自航式起重船建造合同。

26 日，“振驳 18”轮搭载着为上港振东码头制造的 6 台轮胎起重机从南通分公司发运。该轮胎起重机额定负载 41 t，跨距 23.47 m，起升高度 15.24 m，采取柴油机组 + 锂电池 + 高架滑触线供电，满足环保要求。

27 日，济南重工与罗克韦尔自动化签订战略合作协议。

28 日，振华重工系统总承包的广州南沙四期全自动化码头正式投入运行，标志着粤港澳大湾区首个全新建造的自动化码头迈入新的里程。

28 日，“振华 27”轮装载着长荣高雄七柜码头首批 4 台岸桥和 1 台轨道起重机从长兴分公司发运。

30 日，华电重工与国家电投联合总承包的揭阳神泉一（二期）海上风电项目首台风机顺利完成吊装，该项目装机总容量为 91 MW。

30 日，中信重工装备制造（漳州）有限公司在福建漳州开发区举行揭阳神泉二 350 MW 海上风电项目增容项目Ⅱ标段单桩制作收官仪式。此次中信重工漳州公司共承制 25 根单桩累计完成入库产量 5.3 万 t，其中最大的 48 号单桩重量达 2 299.4 t，长度为 106.2 m，相当于 38 层楼高，是国内当前市场上产出的重量最重的单桩之一。

30 日，振华重工与海建新能源签订 1 600 t 自升自航式一体化海上风电安装平台 EPC 合同。该平台总长 123.95 m，型宽 48 m，型深 9.5 m，设计吃水 6.5 m，定员 118 人，入级中国船级社。该平台按照中国船级社规范对无限航区的最新标准进行设计，满足中国海域、欧洲北海及东南亚海域作业需求。

31 日，华电重工承建的可门电厂卸储煤项目 4# 仓卸料线开始重载调试、3# 仓中心柱顺利完成吊装。

31 日，华电重工承建的连云港项目（BG1B、BG2B 管式输送机，BC1B、BC2B、BC3B 带式输送机及附设设备）开始重载联调。管式输送机、带式输送机运行稳定，沿线设备全部投用，设计能力稳步提升，保护装置投入率 100%，全程实现 100% 自动控制启停。

月内，中国一重机电液总承包的乾钢 1 150 mm 酸轧机组全线热负荷试车成功，进入试生产阶段。

月内，大连重工下属大连重工环保工程有限公司与抚顺某公司签订 60 t VD 炉机械真空泵改造 EPC 总包合同，实现了在该类产品 EPC 业绩“零”的突破。

月内，大连重工下属装卸机械制造事业部为河北某钢铁企业研制的 4 套“C 型”三车翻车机设备顺利通过验收，具备投运条件，产品综合性能指标达到设计要求。

月内，卫华股份 500 t 超大型冶金起重机主体结构成功下线。该起重机将服务于唐山港陆钢铁有限公司的冶金车间，吨位 500 t/90 t/15 t，跨度 20.7 m，工作级别 A8，是卫华股份完全自主研发的省内首台 500 t 四梁六轨冶金领域起重机产品。

月内，由大连重工下属大连华锐国际工程有限公司专揽制造的澳大利亚西罗伊山尾矿 1.5 期项目已经顺利通过罗伊山铁矿公司监理团队的现场调试验收，成功进入试运行阶段。

月内，中国重型院与乌兹别克斯坦 AMP 公司举行了 200 万 t 炼钢工程电炉 - 精炼 - 连铸生产线工厂设计及成套供货项目签约仪式。该项目是“一带一路”沿线中亚地区首个百万吨级短流程炼钢工程项目，包含电炉 - 精炼 - 连铸生产线的工厂设计及机组成套设计供货、安装指导及现场调试等服务。

月内，卫华集团 2 000 t 轨道式龙门起重机在国内最大的海上风电母港——陆丰海洋工程基地成功交付。该起重机为卫华集团首次研制，起升总高度 90 m，跨度 62 m，采用双小车设计，并在生产制造环节采用 AWS 标准，配置了行业领先的起重机管理安全监控 5G 数据信息管理系统。

月内，振华重工与新加坡港务集团旗下沙特达曼环球码头签订 3 台岸桥供货合同。

月内，由振华重工自主创新研制的全球首例 AGV 无人驾驶跨境运输项目首批 12 台设备进入多方总系统联调阶段。该项目共30台设备，主要用于我国和蒙古国之间的能源货物运输。

月内，由华工激光参与完成的面向电子行业超薄材料超快激光加工装备研发与产业化项目荣获湖北省科学技术进步奖二等奖。经过多年"产学研用"联合攻关，项目组在激光器、工艺调控、稳定性控制等方面取得多项创新成果，申请相关专利94项，获授权发明专利21项。

月内，大连重工下属大连重工机电设备成套有限公司与内蒙古某用户就颗粒硅及配套工业硅项目签订了6台33 MVA工业硅电炉设备供货及安装合同，合同额超1亿元。

月内，大连重工下属通用减速机厂中标了112台某海洋工程装备公司两座SJ220VRM海工平台用全部升降齿轮箱项目，首次实现了海工平台升降齿轮箱成套供货。

月内，昆明重工与江西某公司签订12套四辊可逆精轧机合同，合同金额超1.2亿元。

月内，大连重工下属大连华锐国际工程有限公司中标澳大利亚某公司料场扩建总承包项目。项目供货范围包含带式输送机、固定漏斗车和转运站等设备，涵盖项目现场的土建施工及设备调试等。

月内，由中信重工研发制造具有自主知识产权的、采用世界首创包络成型掘进技术、直径14 m竖井掘进机成套装备在河南省驻马店市一个城市储油井筒项目顺利完成首次深井掘进施工。该竖井直径14.5 m、深度23 m，用途为油库。最大掘进速度3 m/d，施工效率比传统工法提高60%~80%，施工成本降低15%~30%。

8月

1日，由振华重工承建的JSD6000深水起重铺管船顺利完成称重倾斜试验。

2—3日，中国重型院与包钢西创集团签订战略合作协议。

3日，振华重工为韩国浦项钢铁公司制造的1台桥式抓斗卸船机从长兴分公司发运。该卸船机为2 000 t/h的桥式抓斗卸船机，外伸距42 m，后伸距28 m，轨上起升高度29.3 m，轨下21 m。

5日，内蒙古北方重型汽车股份有限公司在澳大利亚新南威尔士州MTW矿山南维修区设备组装场地进行首批NTE360A电动轮矿用车交付仪式。

10日，攀钢集团四川鸿舰重型机械制造有限责任公司自主研发设计转化并制造的B750-20辊窄钛带轧机轧制的0.1 mm×500 mm宽幅钛箔材，经过第三方检测机构认定，其性能指标达到GB/T 3622—2012《钛及钛合金带、箔材》国家标准要求。

14日，卫华集团180 t冶金铸造起重机、90 t+90 t加料半门式起重机、100 t桥式起重机等共7台多系列起重机集中发往哈萨克斯坦，应用于哈萨克斯坦某钢铁集团项目。

15日，太重集团与鄂托克旗建元煤焦化有限责任公司举行7.25 m捣固焦炉设备合作签约仪式。这是继6.25 m捣固焦炉设备后，太重集团为该公司提供的第7套分体捣固焦炉设备。

19日，"华龙一号"漳州核电项目主泵6号泵壳在二重装备研制成功，发往用户。

17日，华电重工承建的福建华电可门发电厂卸煤系统和储煤场扩建工程#3圆仓进仓C13A栈桥的顺利吊装完成，标志着卸储煤项目#3圆仓输煤线路全线贯通。

18日，湖南长重机器股份有限公司自主研发制造的首台净重700 t、回转半径50 m的大型斗轮堆取料机（应用于三宁化工项目）顺利完成发运。

23日，太重集团与山东省冶金设计院股份有限公司签署战略合作协议。

29日，中冶陕压总包的新天钢1380六辊可逆冷轧机热负荷试车，顺利投产。

月内，中国重机签约孟加拉水泥热风炉供货项目。

月内，由豫飞重工集团新乡市起重设备厂有限责任公司设计生产的多台80 t/40 t门式起重机成功应用于铜陵有色金属集团股份有限公司金冠铜业分公司。

月内，中国一重承揽的首钢迁安2 160 mm热连轧生产线精轧立辊增设改造项目，一次性热负荷试车成功，投产后设备运行稳定。该次改造新增精轧立辊，采用高强度整体式机架设计、尼曼蜗杆传动等先进技术，有效提升了设备的可靠性，将在用户产品质量提升等方面发挥重要作用。该次2 000 mm以上宽幅带钢热连轧机新增精轧立辊的升级改造，在国内尚属首次。

月内，由中国一重总承包的鞍钢集团朝阳钢铁有限公司1 700 mm热轧生产线新型精轧机组弯辊及横移装置改造项目，一次性热负荷试车成功。

月内，河南矿山为山东钢铁集团日照精品基地承制的50 t+50 t板坯夹钳起重机正式投入使用。

月内，河南矿山承制的鄂尔多斯市万利新能源智慧陆港项目轨道式集装箱门式起重机交付使用。该设备助力万利陆港实现年吞吐量500万t。

月内，浙矿重工的硬岩机制砂石高效加工成套装备技术收录于《矿产资源节约和先进适用技术目录（2022年版）》。

9月

12日，由振华重工参与建设的厦门第二东通道（又称翔安大桥）主桥成功合龙。

12日，华电重工承建的越南中鼎Van Phong 2×660 MW电厂输煤系统项目顺利完成两台卸船机的滚装上岸。

13日，由二重装备自主设计制造的宝武集团鄂城钢铁有限公司4 300 mm宽厚板粗轧机一次热负荷试车成功，并投产运行。

14 日，中国重机老挝南俄 4 水电站 2# 机组转子顺利吊装就位，2# 机组安装进入最后的总装阶段。

18 日，华电重工首个海外海上风电项目——越南金瓯海上风电首台风机吊装完成。

20 日，二重装备成功浇注陕西汉中钢铁集团有限公司 3 500 mm 四辊可逆式轧机操作侧机架，钢水总重量达到 652 t。

月内，华特磁电承建的陕西省 30 万 t/a 的石英砂选厂生产线顺利投产。

月内，卫华集团两台 40 t 门式轮胎起重机顺利抵达“一带一路”沿线国家——也门，应用于联合国对也门粮食援助计划中也门码头的粮食运输及集装箱堆码。

月内，二重装备成功中标东方电机两件 1 000 MW 超超临界火电机组发电机转子锻件合同。

月内，由二重装备铸锻公司为山西太钢不锈钢股份有限公司制造的两件单支重量 197 t 的特大型支承辊安全运抵用户现场，与前期运抵的两件 R1 支承辊组成“矩阵”，为太钢不锈股份有限公司 4 300 mm 宽厚板轧机生产线智能化改造项目建设提供强力支撑。

月内，太重集团首次生产制造的 Cr5 支承辊辊坯试制成功并完成交付后，又接连签下该用户后续两个支承辊订单，有效巩固了太重板坯轧机用 Cr5 支承辊锻件市场。

月内，太重集团中标某新用户两台 280 t 铸造起重机项目。

月内，中国一重总承包的攀达冷轧工程 1 450 mm 酸轧联合机组热负荷试车成功，顺利进入试生产阶段。

月内，中国一重总承包的溧阳 2 680 mm 不锈钢热连轧项目顺利通过机械、流体设备验收，标志着世界单体产量最大、产品幅宽最宽的不锈钢生产线正式投产。

月内，华电重工承建的国能宁夏灵武煤场扬尘治理改造项目圆满竣工。

10 月

17 日，中国重机签订马绍尔群岛光伏系统钢结构项目和马绍尔依拜走廊光伏系统钢结构项目的供货合同。

18 日，振华重工为景德镇市海建新能源工程有限公司建造的 1 600 t 自升式风电平台在振华启东海工顺利举行开工仪式。

24 日，由华电重工物料输送工程事业部建设的唐山港曹妃甸港区煤码头三期工程条形仓项目顺利完成彩板封闭。

31 日，华电重工承建的越南金瓯 1B 标段 T40 风机叶轮顺利组对到位，标志着华电重工首个海外海上风电项目主体工作顺利完成。

31 日，国家知识产权局发布了《关于确定 2022 年新一批及通过复核的国家知识产权示范企业和优势企业的通知》，河南矿山荣获“2022 年国家知识产权示范企业”荣誉称号。

月内，太重集团与“一带一路”沿线国家的新用户签订 3 台 WK-20C 矿用挖掘机订单。

月内，由中国重型院承担的福建鼎信实业有限公司圆、板、方连铸项目基本设计审查会在福建鼎信实业召开。该项目是中国重型院首次承接的直径 650 mm 不锈钢圆坯连铸机，此台铸机能够兼容生产直径 160 mm 不锈钢圆坯、190 mm × 190 mm 不锈钢方坯和 300 mm × 810 mm 工 / 模具钢板坯。

月内，川润股份成功中标印度尼西亚新建的两个 4 万 t 低冰镍有色冶炼余热发电项目。项目分别位于印度尼西亚小 K 岛纬达贝工业园与南加里曼丹产业基地，是川润股份与“一带一路”沿线国家携手合作的重要项目，标志着川润股份在海外有色冶炼高端装备制造领域迈进了一大步。

11 月

1 日，大藤峡水利枢纽工程右岸首台机组（1 号机组）投产发电。该工程是国务院确定的珠江流域关键控制性工程，共配备 8 台国内最大的轴流转桨式水轮发电机组，总装机 160 万 kW，年均发电量可达 60.55 亿 kW · h。川润股份为电站全部 8 台水轮发电机组提供全套油压设备及系统解决方案，为机组提供连续、洁净、恒定的压力油源，保障机组系统压力和流量控制稳定、安全。在已投产发电的 4 台机组试运行过程中，设备表现优异，一次性通过验收。

7 日，鞍山重型矿山机器股份有限公司与江西省贵溪市人民政府正式签署“碳酸锂冶炼建设项目投资协议”，拟在贵溪市投资建设产能 5 万 t/a 的碳酸锂冶炼生产线。其中，一期拟建设 2.5 万 t 冶炼生产线，计划用地面积约 389 亩（1 亩 =666.6 m^2）；二期拟建设 2.5 万 t 冶炼生产线，计划用地面积约 339 亩。

7 日，北方股份公司 13 台 NTE240 矿用车成功交付蒙古国塔本陶勒盖煤矿。

10 日，工业和信息化部公布 2022 年国家技术创新示范企业名单，共 65 家企业上榜。协会会员单位株洲天桥起重机股份有限公司、南京高速齿轮制造有限公司入选。

月内，中信重工首台直径 5.5 m 提升机在山东莱州三山岛金矿副立井现场顺利安装。该设备为 JKZ-5.5 × 3P 型提升机，是用户超深立井施工示范项目的核心关键设备，可满足用户 1 900 m 以上超深立井施工对提升能力的需求。该提升机最大静张力为 500 kN，配置两台 2 500 kW 电动机双向驱动运行，实现了双电动机双减速器传动，所配的双机的高压变频电控及提升机房无人值守功能，均首次应用于国内外凿井工程。

月内，中国一重顺利通过职业健康安全、环境（ES）

认证审核。

月内，中国一重承担的黑龙江省“百千万”工程科技重大专项“大规格高品质模具钢制造技术开发与产业化应用”项目，顺利通过科技成果评价。评审专家委员会一致认为，该项目面向国内高品质大规格热作模具钢需求，首次开展了直径 1 200 mm 圆坯及 1 000 mm 宽阶梯模块等高品质大规格热作模具钢研究，突破了模具钢大型化制造技术难题，拥有自主知识产权，填补了国内大规格热作模具钢制造空白，综合技术指标国内领先。

月内，中国一重大连核电石化承制的 4 台山东裕龙项目渣油加氢反应器在前盐生产制造基地完工发运。

月内，山东山矿承建的鄂尔多斯唐家会煤矿煤矸石处理项目一次性空载试车成功。这是继鄂尔多斯红庆河煤矿井下回填治沙项目成功运行后的又一次全新突破。

月内，二重装备与中钢设备有限公司签订 3 500 mm 宽厚板轧机特大型支承辊供货合同。合同包含 8 件直径 2 100 mm、长度近 10 m，单件重量 140 t 的高铬锻钢特大型支承辊。该支承辊外形设计尺寸、技术质量要求极高，属极限制造。

月内，中国重型院“陕西省金属先进成形技术与装备中试基地”成功获批。

12 月

2 日，昆明重工为江西某企业生产制造的直径 400 mm/900 mm × 800 mm 四辊粗轧机牌坊，在制造公司顺利立正进入装配阶段。

14 日，川润股份与东方锅炉签订战略合作协议。

20 日，河南省民营经济高质量发展大会在郑州市召开，卫华集团被授予“河南省杰出民营企业”之“行业领军型”荣誉称号。

17 日，湖南华电平江一期 2 × 1 000 MW 煤电项目 1# 机组顺利完成 168 h 试运工作。

月内，四川川润动力设备有限公司被认定为“四川省企业技术中心”。

月内，大连重工下属冶电设备制造事业部成功中标国内某钢厂 3 800 mm 特厚板滚切式双边剪区域设备总包合同。

月内，北起院浙江天正电气乐清智能园区自动化物流中心项目顺利通过终验收。

〔撰稿人：中国重型机械工业协会赵雅琪　审稿人：中国重型机械工业协会王继生〕

行业与市场篇

从生产发展情况、市场及销售、产品进出口、科技成果及新产品等方面记载重型机械各分行业2022年的发展情况，记录了矿山机械智能化发展概况

Record the development of each sub-industry of heavy machinery in 2022 from the aspects of production development, market and sales, product import and export, scientific and technological achievements and new products, and record the general situation of intelligent development of mining machinery

综述
大事记
行业与市场篇
企业篇
统计资料
标准与质量
附录

中国重型机械工业年鉴 2023

行业与市场篇

冶金矿山机械

冶金矿山机械行业是以提供炼焦、烧结、冶炼、轧制、矿山开采、矿井提升、破碎粉磨、煤矿采掘、筛分洗选、竖井及隧道挖掘、水泥、重型锻压等大型成套设备及相关产品，并为能源、原材料、化工、造船、军工、机械等部门提供所需大型铸锻件为主导产品的机械制造行业。该行业的主要产品多为重大基本建设项目所需的核心设备，因此该行业不仅在国民经济建设中占有十分重要的地位，而且是体现国家制造实力的重要表征。

行业概况 2022 年，冶金矿山机械行业规模以上企业年末数由 2 161 家增长到 2 369 家，实现营业收入 4 591 亿元，同比增长 4.3%；完成营业成本 3 775 元，同比增长 3.9%；利润总额 273 亿元，同比增长 21.5%。尽管受新冠肺炎疫情反弹等因素影响，但行业盈利水平较 2021 年有所提高。行业资产负债率为 61.7%，2021 年为 62.5%；成本费用利润率为 6.5%，2021 年为 5.6%。

主要产品进出口 2022 年，冶金矿山机械行业产品进出口总额为 64.86 亿美元，其中：出口额为 57.56 亿美元，进口额为 7.30 亿美元，进出口顺差 50.26 亿美元。

冶金机械产品进出口总额为 27.78 亿美元，其中出口额为 24.15 亿美元，进口额为 3.63 亿美元。

矿山机械产品进出口总额为 37.08 亿美元，其中出口额为 33.41 亿美元，进口额为 3.67 亿美元。

2022 年冶金矿山机械行业主要产品进出口情况见表 1。2018—2022 年冶金矿山机械行业产品进出口额走势如图 1 所示。

经济效益指标情况 2021—2022 年冶金矿山机械行业经济效益指标见表 2。

表 1 2022 年冶金矿山机械行业主要产品进出口情况

产品类别	出口额 / 亿美元	同比增长（%）	进口额 / 亿美元	同比增长（%）	进出口总额 / 亿美元	同比增长（%）	进出口差额 / 亿美元	同比增长（%）
冶金矿山机械	57.56	44.76	7.30	9.38	64.86	39.68	50.26	51.89
冶金机械	24.15	44.27	3.63	3.61	27.78	37.24	20.53	55.01
1. 金属冶炼设备	1.18	221.79	0.07	8.72	1.25	191.69	1.12	263.76
2. 连续铸钢设备	0.26	34.09	0.01	—	0.26	38.85	0.25	29.33
3. 金属轧制设备	6.11	47.52	1.13	2.82	7.24	38.17	4.98	63.60
4. 冶金设备零件	16.60	37.89	2.42	3.46	19.03	32.29	14.18	46.20
矿山机械	33.41	45.11	3.67	15.74	37.08	41.55	29.74	49.81
1. 采掘、凿岩设备及钻机	4.63	12.32	1.48	72.18	6.11	22.64	3.15	−3.45
2. 破碎、粉磨设备	9.87	40.52	0.73	−21.92	10.59	33.20	9.14	50.10
3. 筛分、洗选设备	5.74	31.93	1.20	18.30	6.94	29.35	4.53	36.09
4. 矿山提升设备	0.21	46.85	0.02	61.63	0.24	48.20	0.19	45.21
5. 矿山用牵引车及其矿车	11.84	78.81	0.17	−35.28	12.01	74.45	11.67	83.53
6. 矿山机械零件	1.13	46.87	0.07	−21.13	1.20	39.92	1.06	55.59

注：因 4 舍 5 入，合计数有微小出入。

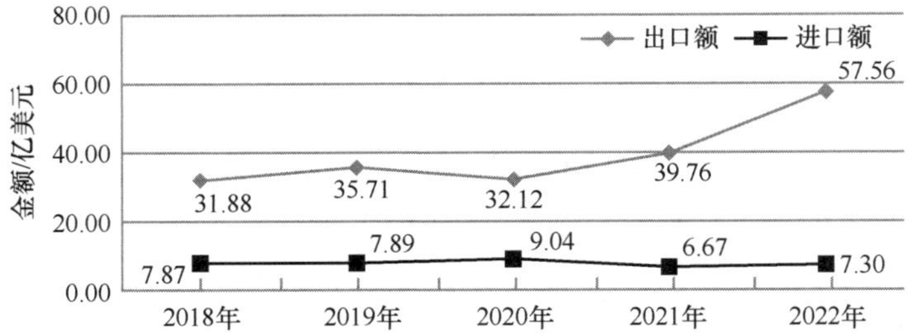

图 1　2018—2022 年冶金矿山机械行业产品进出口额走势

表 2　2021—2022 年冶金矿山机械行业经济效益指标

行业分类	每百元营业收入成本 / 元		每百元营业收入费用 / 元	
	2021 年	2022 年	2021 年	2022 年
冶金矿山机械	82.54	82.21	9.35	8.67
冶金机械	84.46	84.43	8.43	7.71
矿山机械	81.83	81.37	9.69	9.04

重点企业情况

1. 冶金机械行业

2022 年统计产值指标的重点企业有 8 家，累计完成工业总产值 506.82 亿元，同比增长 4.02%；完成工业销售产值 508.42 亿元，同比下降 1.65%。

2022 年统计产量指标的重点企业有 10 家，覆盖 5 大类产品。其中，8 家企业累计完成冶炼设备 15.58 万 t，同比下降 3.78%；6 家企业累计完成轧制设备 22.20 万 t，同比增长 39.01%；2 家企业完成冶金专用设备配套件 16.84 万 t，同比增长 21.18%。

2. 矿山机械行业

2022 年统计产值指标的重点企业有 18 家，累计完成工业总产值 420.40 亿元，同比增长 8.02%；完成工业销售产值 397.96 亿元，同比增长 10.57%。

统计产量指标的 16 家行业重点企业，覆盖 7 大类产品。其中，1 家企业完成采掘凿岩设备 143 台，同比下降 19.21%；1 家企业完成矿山提升设备 5 197 t，同比下降 11.86%；4 家企业完成矿物破碎机械 8 151 t，同比增长 5.47%；4 家企业完成矿物粉磨机械 2.50 万 t，同比增长 34.70%。

〔撰稿人：中国重型机械工业协会王森　审稿人：中国重型机械工业协会景晓波〕

冶 金 设 备

冶金设备行业是为冶金工业提供重大成套技术装备的行业。冶金设备是指金属冶炼、锭坯铸造、轧制及其专用配套设备等生产专用设备，包括黑色冶金设备和有色冶金设备两大类，是冶金工业发展所需的重要基础装备。

冶金压延设备主要指金属轧制设备（包括板带材热、冷轧机，管轧机，型钢轧机，线材轧机，有色金属轧机）和金属精整及后处理设备（酸洗机组，热镀锌机组，热镀锡机组，热镀铝机组，冷、热平整机组，连续退火机组）等，其技术先进性和发展水平决定了冶金压延行业的综合竞争力及高质量发展水平，是衡量一个国家经济和技术实力的重要标志之一。

2022 年，国际地缘政治冲突频发、能源资源供应紧张、大宗商品价格上涨，国内新冠肺炎疫情多点散发，工业经济运行面临下行压力，工业生产一度放缓。第一季度行业经济运行实现良好开局；第二季度受国内新冠肺炎疫情反复及其引发的交通物流不畅影响，下行压力陡然增加，行业主要经济指标开始下滑；第三、四季度由于新冠肺炎疫情反复与外需市场下滑，增速有所放缓。2022 年全国工业产能利用率为 75.6%，比 2021 年下降 1.9 个百分点，其中黑色金属冶炼和压延加工业产能利用率为 76.3%，比 2021 年下降 2.9 个百分点；有色金属冶炼和压延加工业产能利用率为 79.3%，比 2021 年下降 0.2 个百分点；专用设备制造业产能利用率为 77.6%，比 2021 年下降 2.4 个百分点。另外，2022 年黑色金属冶炼和压延加工业固定资产投资额同比下降 0.1%，而有色金属冶炼和压延加工业固定资产投资同比上涨 15.7%，专用设备制造业固定资产投资同比上涨 12.1%[㊀]。

2022 年，国内主要冶金压延设备供应商积极顺应钢铁行业高质量发展要求，加大研发创新力度、开展关键核心技术攻关，大力支撑钢铁行业正在推进的三大钢铁改造工程，助力钢铁装备迭代升级，相继签订了普阳钢铁 1 780 mm 热连轧机组、三宝集团 1 780 mm 热连轧机组、福建龙钢 1 380 mm 热连轧机组、印尼海洋钢铁 1 450 mm 热连轧机组、河北敬业 3 800 mm 宽厚板轧机、陕钢汉中钢铁 3 500 mm 宽厚板轧机、赤峰远联 850 mm 酸轧机组、安丰二期 1 450 mm 酸轧机组、柳钢中金 850 mm 不锈钢十八辊三机架黑皮轧制机组、河北太行 1 号～4 号 1 150 mm 六辊单机架冷轧机组等先进设备。

行业运行情况

1. 综合效益情况

2022 年，受需求收缩、供给冲击和预期走弱的三重压力及原料价格上涨的影响，钢铁行业经济效益明显下滑，直接导致冶金设备生产企业在销售、履约和组织生产方面出现困难，虽然冶金设备行业营业收入延续上年增长态势，但增幅有所下降。2022 年，冶金设备行业实现营业收入 1 261 亿元，同比增长 6.2%；利润总额 74 亿元，同比增长 51.6%；利润率 5.9%，较 2021 年提高 1.8 个百分点；亏损面较 2021 年扩大 0.5 个百分点[㊁]。

2022 年，重型机械行业每百元营业收入成本、费用分别为 83.10 元、8.18 元，较 2021 年分别减少 0.32 元、0.09 元。冶金设备行业每百元营业收入成本、费用分别为 84.43 元、7.71 元，较 2021 年分别减少 0.03 元、0.72 元。2021—2022 年冶金设备行业效益质量指标见表 1。

表 1　2021—2022 年冶金设备行业效益质量指标　（单位：元）

指标名称	2021 年		2022 年	
	重型机械行业	冶金设备行业	重型机械行业	冶金设备行业
每百元营业收入成本 /100 元	83.42	84.46	83.10	84.43
每百元营业收入费用 /100 元	8.27	8.43	8.18	7.71

注：数据来源于中国重型机械工业协会《2022 年重型机械行业经济运行报告》（2023 年 5 月）。

2. 主要产品进出口情况

根据《重型机械主要产品进出口年报 2022》统计数据，2022 年，冶金设备进出口总额为 27.78 亿美元，同比增长 37.24%。其中，出口额为 24.15 亿美元，同比增长 44.27%；进口额 3.62 亿美元，同比增长 3.61%；进出口顺差 20.53 亿美元，同比增长 55.01%[㊂]。

2022 年，我国冶金设备出口贸易中，一般贸易方式占据主导地位，达 21.05 亿美元，占全年出口总额的 87.16%。我国冶金设备出口贸易额排名前 3 位的省（市）分别是江苏省（4.81 亿美元，占比 19.92%）、河北省（2.56 亿美元，占比 10.60%）、北京市（2.45 亿美元，占比 10.14%）。2022 年我国冶金设备出口到 168 个国家和地区，出口额排名前 3 位的国家分别是印度（3.19 亿美元，占比 13.21%）、印度尼西亚（2.74 亿美元，占比 11.34%）、土耳其（1.85 亿美元，占比 7.66%）。

2022 年，一般贸易方式仍然是我国冶金设备进口贸易的主要方式，达 3.11 亿美元，占全年进口贸易总额的 85.91%。我国冶金设备进口贸易额排名前 3 位的省（市）分别是江苏省（1.09 亿美元，占比 30.11%）、上海市（0.50 亿美元，占比 13.81%）、安徽省（0.40 亿美元，占比 11.05%）。2022 年我国冶金设备从 48 个国家和地区进口，进口额排名前 3 位的国家分别是德国（1.04 亿美元，占比 28.73%）、日本（0.72 亿美元，占比 19.89%）、美国（0.59 亿美元，占比 16.30%）。

2022 年，冶金设备产品进出口主要有金属冶炼设备、连续铸钢设备、金属轧制设备和冶金设备零件等。

出口产品中，冶金设备零件出口额为 16.60 亿美元，占总出口额的 68.73%；金属轧制设备出口额为 6.11 亿美元，占比为 25.30%；金属冶炼设备出口为 1.18 亿美元，占比为 4.89%；连续铸钢设备出口额为 0.26 亿美元，占比为 1.08%。

㊀ 数据来源：国家统计局，中国钢铁工业协会。

㊁ 数据来源：中国重型机械工业协会《2022 年重型机械行业经济运行报告》（2023 年 5 月）。

㊂ 因 4 舍 5 入，合计数有微小出入。

进口产品中，冶金设备零件进口额为2.42亿美元，占总进口额的66.85%；金属轧制设备进口额为1.13亿美元，占比为31.21%；金属冶炼设备进口为0.07亿美元，占比为1.93%；连续铸钢设备进口额为0.01亿美元，占比为0.27%㊀。

3. 国内市场占有率情况

2022年，我国钢铁工业大型冶金设备国产化率达95%以上（按重量计算），在大型冷、热连轧产线领域，国内钢铁企业均选择国产设备，说明国内设备供应商在设计水平、制造能力、设备质量和精度、性价比、自动化水平和系统解决问题能力等方面能够较好满足国内钢企的需求。

供给侧结构性改革以来，钢铁行业加大淘汰落后产线的力度，进行大规模技术改造和重建，根据各地公示公告的钢铁产能置换项目信息，截至2022年12月，各地计划新建钢铁产能4亿t，已建成2亿t，在建1亿t，建成后将停产4.5亿t。

科技成果及新产品 2022年冶金设备行业始终坚持创新驱动，以市场为导向，不断提高自主创新能力、加快关键核心技术攻关，自主设计研发了多项具有自主知识产权的重大装备新产品，使我国冶金装备的多项新产品和工艺技术水平接近或达到国际先进水平。从获奖情况可以看到，我国冶金设备行业自主研发成为主流，自主创新能力显著提升，获奖成果已成为引领我国冶金设备科技进步的重要导向，成为我国冶金设备赶超世界先进水平的重要标志。

1. 企业主要科技成果

中国一重集团有限公司（简称中国一重）坚持创新驱动发展战略，把科技创新放在企业发展战略的核心位置，以科技规划、产品发展规划、专项发展规划为引领，创新成果持续涌现，荣获“2022年黑龙江省技术创新示范企业”称号。2022年，下属全资子公司一重集团大连工程技术有限公司自主研发的“大型热连轧机改进型弯辊横移装置”获中国重型机械行业专精特新成果奖。该装置为一种创新结构的弯窜辊系统，使精轧机的轧制稳定性显著提高，成功轧制出业界最薄（0.85 mm）产品，实现了窜辊精度和窗口精度、弯辊系统响应显著提高，目前已应用于30多条热轧生产线，打破了国外技术垄断，解决了“卡脖子”问题。此外，一重集团大连工程技术有限公司2022年还被评为辽宁省省级服务型制造示范企业。

二重（德阳）重型装备有限公司（简称二重装备）以国家战略需求为导向，积聚力量进行原创性引领性科技攻关，2022年自主完成的“新疆湘晟2 450 mm钛板热轧机研制及应用项目”获四川省机械工业科学技术奖三等奖。该项目是国内目前自主设计制造的第一个高端稀缺有色专用钛板轧机项目。二重装备青春智胜QC小组独立完成的“降低冷轧机组活套运行故障率”获第五届中央企业QC小组成果发表赛二等奖，该产品通过优化活套结构，确保了冷轧机组运行高效稳定，提升了轧制质量，总体技术达到行业领先水平；二重装备独立完成的“基于TRIZ理论的宽幅板热连轧新工艺设备优化设计”获德阳市第七届企业创新方法大赛二等奖。

中国重型机械研究院股份公司（简称中国重型院）积极应对制造领域生产工艺和生产装备升级的需求，聚焦产业链供应链关键核心技术，促进科技成果加速转化，以众多的创新成果服务国家重大战略需求。2022年，中国重型院与东北大学、燕山大学、北京科技大学、鞍钢集团信息产业有限公司、江苏沙钢集团有限公司、宁波宝新不锈钢有限公司共同完成的“高端精品带钢高效冷轧数智化生产关键核心技术攻关与产业化”项目通过2022年中国机械工业联合会组织的科技成果鉴定，获机械工业科学技术奖一等奖。该项目解决了厚度—板形协调优化、板形高精度控制、薄硬带材高速稳定轧制等系列关键共性技术难题，项目成果已成功推广应用到国内多家大型骨干企业，经济效益和社会效益显著，总体技术达到国际领先水平。中国重型院与衡阳华菱钢管有限公司联合研发的“高品质钢管多功能高效淬火技术与装备”获机械工业科学技术奖三等奖。该项目填补了国内空白，打破了高品质钢管依赖进口的现状，已成功推广9套相关技术和设备。中国重型院与燕山大学联合研发的“精品带钢精整生产线核心装备的研制及工业化生产技术的开发”获陕西省科学技术进步奖二等奖和重型机械行业专精特新成果奖。该技术通过工作辊水平位移、辊端压靠、轧辊磨损等非常态化生产对板形与机械性能的规律变化与板面粗糙度及色差预报与控制模型，实现了板形精度、带钢表面质量的综合控制。中国重型院自主研发的“高效耐腐蚀双金属复合管液压胀形工艺装备”获重型机械行业专精特新成果奖，该装备主要用于批量生产高品质的耐腐蚀液胀双金属复合管，钢管全长无间隙自动抱持复合管成形模具系统的研发属国内首创，其装机水平、产品质量、自动化程度及各项技术指标均达到国际先进水平，打破了国外技术封锁，填补了国内空白。中国重型院参与完成的“大断面连铸坯生产百米长尺重载钢轨关键技术研究与应用”获冶金科学技术奖二等奖，该项目对我国冶金技术和钢铁材料的自主创新与发展具有示范引领作用。此外，中国重型院成功获批“陕西省金属先进成形技术与装备中试基地”。

太原重型机械集团有限公司（简称太重集团）始终坚持科技创新，以SBU、技术质量攻关、“卡脖子”技术和管理提升项目为抓手，加强体制机制创新，加大科研投入，不断提升公司核心竞争力。2022年，太原重工股份有限公司主持完成的“薄板连铸连轧机油膜轴承”获重型机械行业专精特新成果奖，该设备应用于各类大型轧机，攻克了油膜流体域极高偏心率下几何尺寸跨尺度时网格划分的技术难题，填补了国内对于极高偏心率液体滑动轴承CFD仿真领域的空白。此外，太重集团荣获“2022中国卓

㊀ 因4舍5入，合计数有微小出入。

越钢铁技术与服务供应商（机构）品牌”称号。

大连华锐重工集团股份有限公司（简称大连重工）与燕山大学联合开发的“高品质异型钢轧制工艺核心技术及成套装备”获机械工业科学技术奖三等奖。该设备主要创新点有：全新的“2+6”轧制工艺布局，保证终轧温度高于 820 ℃，有效提高了成材率及轧制效率；构建“孔型设计 + 轧制模拟 + 孔型修正”三位一体的数字化模型，完成了异型钢系统性孔型设计，实现了孔型设计“输入 – 输出”双循环和全方位覆盖，满足了 5 大类典型异型钢 37 个品种的生产需求；构建微张力轧制模型，开发多机架连轧自动控制系统，有效消除了腹板波浪、腿外侧压等质量缺陷，解决了复杂断面连续轧制的不均匀变形、表面质量差、尺寸精度低等突出问题；开发出设备故障诊断与轧制过程在线监测系统，对故障高发区、频发停机点等重要区域实现了全时段实时监控，该项目成果在异型钢轧制等精品钢生产领域具有广泛的应用前景，综合性能指标达到国际同类产品先进水平。

中冶京诚工程技术有限公司（简称中冶京诚）凭借自身长期的技术积累，联合多家单位，组成产学研研发团队，对难变形金属的热加工问题进行技术攻关，牵头完成的“难变形金属材料高效轧制技术和装备开发与应用”获冶金科学技术奖一等奖。项目主要创新点有：开发了温度波动范围在 ±50 ℃内的近恒温轧制方法，以及最短轧制间歇 4 s 和最优速度控制技术和装备，开创难变形金属“一火成材”高效轧制新模式；创新提出大规格难变形金属材料“免锻直轧”的高效轧制生产模式，创造了最大直径 900 mm 圆锭轧出直径 85~350 mm 成品的世界纪录，实现了大规格产品“以轧代锻”的新突破；开发出世界最大的 850 横移可逆轧制成套装备和全流程智能电控系统。中冶京诚参与完成的“超大规格高品质能源用钢板高效低耗制造技术创新及应用”获冶金科学技术奖一等奖。该项目首创世界最大规格 450 mm × 2 600 mm 直弧形连铸成套装备和工艺技术，开发出适用于 450 mm 直弧形连铸坯的行业最小压缩比并保证心部低温韧性的组织性能定量调控技术，采用直弧形连铸坯，率先完成了同类工艺国际最大厚度 142~200 mm 的高心部质量系列能源用钢板的产品研发和推广应用，项目总体达到国际领先水平。为响应国家“碳达峰、碳中和”可持续发展的战略目标，中冶京诚与沙钢、美国纽柯钢铁公司三方合作，共同参与国内首条、全球第三条国际最先进的短流程铸轧生产线的开发设计。该生产线将传统的热轧薄带生产线的长度从 800 m 压缩至 50 m 左右，机组能耗仅为传统热连轧机组的 1/5，二氧化碳排放量减少到传统生产线的 1/4，创造了国内乃至全球绿色钢铁厂建设的典范，打破了国外对铸轧飞剪的技术封锁，开发出一套具有完全自主知识产权的飞剪产品——C-RDSD-600 高性能飞剪，经中国冶金科工集团技术评价，其技术达到国际领先水平。

中冶南方工程技术有限公司（简称中冶南方）自主研发的“硬质带材垂直辊系冷轧机的研发与应用”获冶金科学技术奖三等奖。该项目创新开发了系列化小辊径六辊冷轧机，可在绝大多数场合替代 20 辊冷轧机生产硬质带材，具有辊系结构简单、生产效率高、成本低的优势，项目成果已成功应用于新钢、沙钢、青山集团和印度 Chromeni 等多家大型钢铁企业。中冶南方主要参与完成的“重型异型坯连铸装备及关键技术的研发与应用”获冶金科学技术奖三等奖。该项目创新研发的异型坯和板坯兼容生产技术，有效提高了铸机作业效率。生产的 1 200 mm × 500 mm × 120 mm 最大断面异型坯成功应用于云轨轧制，创造了显著的经济效益和社会效益。

中冶赛迪集团有限公司（简称中冶赛迪）牵头完成的“超高强钢高质高效复合矫直平整成套装备关键技术与应用”获冶金科学技术奖三等奖。项目开发了多辊矫直强力平整复合工艺，使带钢平整极限屈服强度达到 1 200 MPa。研制出国内外首台（套）满足屈服强度 800 MPa 以上的超高强钢矫直平整机组，该技术产品能力覆盖 1.2~12.7 mm 厚度全规格系列，板形控制偏差小于 5 IU，整体技术达到国际先进水平。项目开发的 1780、1880、2050、2150、2250 五大系列热轧平整机产品，在宝武、河钢、鞍本、越南台塑等国内外十余家超大型钢铁企业应用，取得重大经济效益。

中冶陕压重工设备有限公司（简称中冶陕压）自主完成的“日鑫—单机架轧机项目工程设计”和“河钢宣钢 2 050 mm 热轧工程钢卷运输设备项目工程设计”均荣获 2022 年度冶金建设行业工程勘察、设计和计算机软件优秀成果奖二等奖，展现了中冶陕压在金属轧制设备、板带材精整及处理线设备等领域的高质量、高水平设计实力。

中钢集团邢台机械轧辊有限公司（简称中钢邢机）依托国家轧辊研究所、国家级企业技术中心、国家轧辊复合材料重点实验室“3C”国家轧辊科研平台，针对冷轧板带轧机各机架对轧辊性能的需求差异，与燕山大学共同设计研发的“冷轧板带全线锻造高速钢轧辊特色化设计及产业化应用”获冶金科学技术奖三等奖。项目覆盖冷轧板带工作辊、中间辊的全线锻造高速钢轧辊，开发了 15 种冷轧锻造高速钢轧辊专用材料，突破了锻造高速钢轧辊制造及应用关键技术，攻克了大型锻造高速钢轧辊内应力、裂纹、晶粒度控制等制造难题，首次实现了冷轧板带的全线锻造高速钢轧辊应用，成功填补了国内空白。中钢设备有限公司（简称中钢设备）自主研发的“双高速棒材高效高精度控制轧制成套装备及关键技术”获 2022 年冶金科学技术奖二等奖。该产品结合了切分棒和单高棒的优点，集成自主研发的低碳热机轧制工艺，实现了大产量、高精度、低成本双高速棒材生产技术的规模应用，在柳钢防钢基地双高棒项目、涟钢双高棒项目、广西盛隆双高棒项目、钦州广钢高棒项目、福建三钢高棒项目等实现应用。

泰尔重工股份有限公司（简称泰尔重工）一直致力于冶金装备技术研发和制造，打造了自己的技术研发平台、核心制造平台、服务平台、大数据平台，形成了完整的产业链、价值链和核心竞争力。2022 年，泰尔重工独立完成的"热连轧粗、精轧用机械传动系统"和"2 300 mm 单机架冷轧机组用开卷取机"获重型机械行业专精特新成果奖。"热连轧粗、精轧用机械传动系统"对粗轧主传动超重载型十字轴万向联轴器和精轧硬齿面鼓形齿式联轴器进行了结构、材料及工艺等方面的创新与优化，有效提高了产品的抗冲击能力和使用寿命，主要技术性能已领先国内同类产品水平，接近国外先进水平。"2 300 mm 单机架冷轧机组用开卷取机"核心结构卷筒创新性采用棱锥轴结构高精度卷筒，有效提高了卷筒抗弯曲能力，具有运转平稳、润滑充分、洁净、无污染、寿命长等优势，主要技术性能指标达到国际先进水平。同时，泰尔重工荣获工业和信息化部"第六批制造业单项冠军"示范企业和国家级工业产品绿色设计示范企业称号，并入选 2022 年"安徽工业精品"名单。

中重科技（天津）股份有限公司（简称中重科技）经过 20 多年潜心研发，在型钢工艺和装备方面处于国内领先地位，国内型钢装备市场占有率第一，研发的第五代短应力线万能轧机，具有刚度好、精度高、弹跳小等优点，津西、日照原进口 H 型钢生产线新增备机均采用中重科技第五代短应力线万能轧机替代进口设备，中重科技牵头承担了"十四五"国家重点研发计划"超大规格 H 型钢高性能热轧成形技术"项目，将实现世界最大规格 HN1700 × 500 高性能热轧 H 型钢工艺及装备产业化应用全产业链技术的突破。

2. 行业获奖情况

2022 年冶金设备行业获奖情况见表 2。

表 2　2022 年冶金设备行业获奖情况

序号	项目名称	奖励类别	获奖等级	主要完成单位
1	高端精品带钢高效冷轧数智化生产关键核心技术攻关与产业化	机械工业科学技术奖	一等奖	中国重型机械研究院股份公司、东北大学、燕山大学、北京科技大学、鞍钢集团信息产业有限公司、江苏沙钢集团有限公司、宁波宝新不锈钢有限公司
2	《重型机械通用技术条件（GB/T 37400.1~16）》	机械工业科学技术奖	二等奖	中国重型机械研究院股份公司、二重（德阳）重型装备有限公司、一重集团大连工程技术有限公司、北方重工集团有限公司、太原重工股份有限公司、大连华锐重工集团股份有限公司、中信重工机械股份有限公司
3	高品质钢管多功能高效淬火技术与装备	机械工业科学技术奖	三等奖	中国重型机械研究院股份公司、衡阳华菱钢管有限公司
4	高品质异型钢轧制工艺核心技术及成套装备	机械工业科学技术奖	三等奖	大连华锐重工集团股份有限公司、燕山大学
5	精品带钢精整生产线核心装备的研制及工业化生产技术的开发	陕西省科学技术进步奖	二等奖	中国重型机械研究院股份公司、燕山大学
6	2 450 mm 钛板热轧机研制及应用项目	四川省机械工业科学技术奖	三等奖	二重（德阳）重型装备有限公司
7	难变形金属材料高效轧制技术和装备开发与应用	冶金科学技术奖	一等奖	中冶京诚工程技术有限公司、北京京诚嘉信长材工程技术有限公司、北京程瑞达电气工程技术有限公司、陕西天成航空材料有限公司、钢铁研究总院有限公司、山西太钢不锈钢股份有限公司
8	超大规格高品质能源用钢板高效低耗制造技术创新及应用	冶金科学技术奖	一等奖	江阴兴澄特种钢铁有限公司、中冶京诚工程技术有限公司、钢铁研究总院有限公司
9	大断面连铸坯生产百米长尺重载钢轨关键技术研究与应用	冶金科学技术奖	二等奖	攀钢集团攀枝花钢铁研究院有限公司、攀钢集团攀枝花钢钒有限公司、北京科技大学、中国重型机械研究院股份公司、中冶南方连铸技术工程有限责任公司、攀钢集团研究院有限公司、成都先进金属材料产业技术研究院股份有限公司
10	双高速棒材高效高精度控制轧制成套装备及关键技术	冶金科学技术奖	二等奖	中钢设备有限公司、中钢集团工程设计研究院有限公司

（续）

序号	项目名称	奖励类别	获奖等级	主要完成单位
11	冷轧板带全线锻造高速钢轧辊特色化设计及产业化应用	冶金科学技术奖	三等奖	中钢集团邢台机械轧辊有限公司、燕山大学
12	硬质带材垂直辊系冷轧机的研发与应用	冶金科学技术奖	三等奖	中冶南方工程技术有限公司
13	重型异型坯连铸装备及关键技术的研发与应用	冶金科学技术奖	三等奖	河北津西钢铁集团股份有限公司、中冶南方连铸工程技术有限责任公司
14	超高强钢高质高效复合矫直平整成套装备关键技术与应用	冶金科学技术奖	三等奖	中冶赛迪工程技术股份有限公司、中冶赛迪技术研究中心有限公司、中冶赛迪上海工程技术有限公司、中冶赛迪装备有限公司、广西盛隆冶金有限公司
15	大型热连轧机改进型弯辊横移装置	重型机械行业专精特新成果		一重集团大连工程技术有限公司
16	高效耐腐蚀双金属复合管液压胀形工艺装备	重型机械行业专精特新成果		中国重型机械研究院股份公司
17	薄板连铸连轧机油膜轴承	重型机械行业专精特新成果		太原重工股份有限公司
18	精品带钢精整生产线核心工艺装备	重型机械行业专精特新成果		中国重型机械研究院股份公司
19	热连轧粗、精轧用机械传动系统	重型机械行业专精特新成果		泰尔重工股份有限公司
20	2 300 mm 单机架冷轧机组用开卷取机	重型机械行业专精特新成果		泰尔重工股份有限公司
21	日鑫—单机架轧机项目工程设计	2022 年度冶金建设行业工程勘察、设计和计算机软件优秀成果奖	二等奖	中冶陕压重工设备有限公司
22	河钢宣钢 2 050 mm 热轧工程钢卷运输设备项目工程设计	冶金建设行业工程勘察、设计和计算机软件优秀成果奖	二等奖	中冶陕压重工设备有限公司
23	降低冷轧机组活套运行故障率	第五届中央企业 QC 小组成果发表赛	二等奖	二重（德阳）重型装备有限公司
24	基于 TRIZ 理论的宽幅板热连轧新工艺设备优化设计	德阳市第七届企业创新方法大赛	二等奖	二重（德阳）重型装备有限公司
25	板带精整与表面处理安全技术条件	西安市标准创新奖	一等奖	中国重型机械研究院股份公司

3. 热试投产和新增产线情况

中国一重近年来在冷、热连轧关键工艺及装备技术方面持续发力，自主设计制造的国内外大型冷、热连轧成套工艺设备的综合装机能力方面已达到了国际领先水平，荣获“2022 中国卓越钢铁技术与服务供应商（机构）品牌”称号。2022 年，中国一重总承包的溧阳 2 680 mm 不锈钢热连轧项目顺利通过机械、流体设备验收，标志着世界单体产量最大、产品幅宽最宽的不锈钢生产线正式投产，该生产线创新性设置粗轧机后中板下线装置，成功应用全新节水结构除鳞系统、国内最宽热卷箱、新型精轧机工作辊弯辊及横移装置技术、节能型轧辊分段冷却技术和目前用于卷取最宽不锈带钢的强力卷取机等多项自主研发创新成果，填补了国内多项技术空白。中国一重总承包的湖南攀达 1 450 mm 冷轧全流程项目全线热负荷试车成功，该项目是中国一重自主承揽的第一条冷轧全流程工程总承包项目；由一重集团大连工程技术公司总承包的凌钢 880 mm 中宽带大修改造项目顺利过钢，该项目采用最佳化的“2+7”工艺布置方案，增设了立辊轧机和一架 F0 精轧机，使整个机组生产薄规格产品的极限厚度由 4 mm 降至 2 mm，产能由 120 万 t/a 提高至 145 万 t/a，改造中将 AGC 自动厚度控制功能、精轧机工作辊弯辊、低惯量液压活套、短行程控制入口导卫以及剪叉式工作辊换辊机等多种先进装备技术应用其中，生产线装机水平显著提升；中国一重自主设计制造的江苏德龙 1 780 mm 热轧退火酸洗机组 2# 线是不锈钢热轧黑皮卷进行后续冷轧深加工的重要生产线，该机组配备先进的大涨缩径开卷机，实现黑皮卷与返洗卷的双向“自由”切换，酸洗工艺段采用了先进的“硫酸 + 双氧水、氢氟酸”的混酸酸洗方案，能够实现全系列不锈钢卷高速、高质量稳定生产，卷取区域通过优化设计，实现全规格钢卷处理的自动化控制，有效提高了机组的生产效率和自动化水平；中国一重自主研发的新型精轧机工作辊弯辊及窜辊装置技术，目前已实现 1 250~2 550 mm 规格产线全覆盖，该技术能够有效提升产品精度、延长设备使用寿命，有力推动产品设计高强度、轻量化、绿色化发展。2022 年，中国一重总承包的新型精轧机组弯窜装置改造项目——鞍钢集团朝阳钢铁有限公司 1 700 mm 热轧生产线、沧州中铁装备制造材料有限公司 1 250 mm 和 1 780 mm 热轧生产线等，均一次性热负荷试车成功。2022 年，中国一重新签的主要冷、热轧成套设备有：河北普阳钢铁 1 780 mm 热连轧机组、福建三宝 1 780 mm 热连轧机组、唐钢 1 580 mm 热连轧搬迁改造、巴西盖尔道 2 200 mm 炉卷轧机改造、陕西钛普 3 800 mm 钛板轧机、赤峰远联二期 850 mm 酸连轧机组、梧州鑫峰 950 mm 不锈钢冷连轧机组等。

2022 年，二重装备自主设计制造的 1 780 mm 热连轧生产线在盛隆冶金热试投产。二重装备承担的攀钢集团攀钢钒 1 450 mm 热轧生产线技术改造项目热负荷试车成功。该项目是攀钢钒“十四五”规划的重点工程，项目投产后能够制造出高品质、高强度、低成本的钢材，将高效提升攀钢轧钢设备的产品精度，提高生产线使用寿命。二重装备承制的中唐特钢 1 450 mm 热连轧产线、金海 1 050 mm 不锈钢全连轧、河北安丰 1 450 mm 热连轧机组和鄂钢 4 300 mm 宽厚板粗轧机均一次热负荷试车成功。二重装备签订的主要冷、热连轧产线有陕钢集团汉中钢铁 3 500 mm 中厚板轧机、秦皇岛佰工 850 mm 优特钢轧机生产线、印度尼西亚德信 1 780 mm 热连轧、越南和发 1 780 mm 热连轧机组和福建龙钢 1 380 mm 热连轧机组。二重装备荣获“2022 中国卓越钢铁技术与服务供应商（机构）品牌”称号。

2022 年，中国重型院总包的印度尼西亚青丰 220 mm × 1 600 mm 不锈钢板坯连铸机热试一次成功，该条生产线搭载了多项领先、独有的技术，包括结晶器流动模拟技术，采用新型 NSA，tn，tp—Vc 同步控制振动模型；超长寿命振动板簧技术，消除周期性液面波动辊列技术，解决铸坯表面“压坑”的新型扇形段辊子结构，一次冷却水、二次冷却水动态控制，全线智能润滑系统，新型高效防堵喷嘴二冷技术等；中国重型院承担的福建青拓镍业有限公司 1# 板坯连铸机升级改造项目一次性热试成功，实现了最高拉速 1.5 m/min 的 190 mm × 1 550 mm^2 和 190 mm × 1 250 mm^2 双流异断面不锈钢板坯连续铸造。此外，中国重型院签订了鼎信实业圆、板、方连铸项目，该铸机能够兼容生产直径 160 mm 不锈钢圆坯、190 mm × 190 mm 不锈钢方坯、300 mm × 810 mm 工 / 模具钢板坯。中国重型院凭借在高端铜板带轧制领域精耕细作的研发创新、科学高效的项目管控、厚积薄发的品牌积淀和丰富卓越的成套经验，赢得了众多铜加工行业用户的信赖，与安徽众源新材料股份有限公司签订了 800 mm 铜带粗、中、精轧机组设备成套供货合同，包含四辊粗轧机、四辊中轧机、四辊中精轧机和六辊精轧机各 1 台，涵盖铜带全流程冷轧生产线（粗轧 - 中轧 - 中精轧 - 精轧）全部机组的设计及成套供货。中国重型院荣获“2022 中国卓越钢铁技术与服务供应商（机构）品牌”称号。

2022 年，大连重工冶电设备制造事业部（简称冶电事业部）与秦皇岛佰工签订了二机二流 200 mm × 1 020 mm 板坯连铸设备总包合同，这是冶电事业部时隔 11 年后再次中标连铸线设备总包合同，为继续拓展国内板坯连铸机设备总包增量市场夯实了基础；冶电事业部成功中标国内某钢厂 3 800 mm 特厚板滚切式双边剪区域设备总包合同，这是企业签订的首台自主设计的大型滚切式双边剪区域总包合同。

中冶陕压致力于打造为国民经济提供重大装备的国内一流、国际知名的专业化冶金设备及大型成套设备的研发、制造基地，自主研发生产的第九代绿色高效宽幅精密轧机，提高了国内原有六辊轧机的轧制能力，满足了超大压下率轧制工艺要求，实现了 96% 的超大压下率轧制。构建了标准化、系列化产品研发设计体系，形成 1 000 mm、1 050 mm、1 150 mm、1 250 mm、1 380 mm、1 450 mm、1 500 mm 及 1 780 mm 宽度为主要代表的产品系列。“单机架六辊可逆冷轧机组”成功入选第七批国家级制造业单项冠军产品名单。2022 年，中冶陕压总包的二重科技物流冷轧 1# 1 150 mm 六辊轧机、新天钢 1 380 mm 六辊可逆冷轧机、河北普阳钢铁中普精密冷轧项目 4 台单机架六辊可逆轧机和宝钢黄石 1 420 mm 六辊轧机改造工程顺利投产。作为国内六辊单机架冷轧机组第一品牌，中冶陕压积极响应“走出去”战略，大力开拓“一带一路”沿线国家冷轧市场，总包的孟加拉 JML 公司 1 380 mm 六辊单机架冷轧机组热试投产。该机组采用中冶陕压最新研发的新一代高速超大压下率单机架六辊轧机技术，轧机速度可达 1 250 m/min 以上，碳钢轧制最薄成品厚度可达 0.12 mm 以下，一个轧程压下率可达 96% 以上。

2022 年，中冶京诚 EPC 总承包的临沂钢铁投资集团特钢有限公司 270 万 t/a 优特钢项目全工艺流程Ⅰ系列工程实现全线贯通、全面热试投产，该项目是国内近十年新建的规模最大的长流程优特钢生产基地；宝武集团鄂城钢铁宽厚板厂新增粗轧机项目顺利投产，该项目是中冶京诚负责的中厚板轧机领域第五个总承包项目，意味着中冶京诚的总承包业绩实现了从 3.5 m 到 5 m 的全系列规格全面覆盖。2022 年，中冶京诚热试交付的产线还包括河钢邯钢老区退城整合项目 3 500 mm 中厚板工程、山东仁泽 1 150 mm 六辊可逆冷轧机组、山西建龙 1 500 mm 六辊可逆冷轧机组、山西晋钢冷轧工程、河北中普 80 万 t 推拉式酸洗机组等。乌兹别克斯坦亚洲金属型材有限公司（AMP）酸洗、冷轧单机架项目是中冶京诚在 2022 年签订的服务“一带一路”沿线国家的海外项目，也是我国首套在海外全过程采用“中国标准”的最大型酸连轧机组，填补了当地高档宽幅薄带冷轧装备的空白；唐山全丰薄板有限公司连续酸洗平整机组及配套工厂设施 EPC 总承包项目是中冶京诚首次承接年产量 140 万 t 的高速酸平生产线，机组工艺段速度达到 350 m/min，为国内在建类似工程的最高速；2022 年，中冶京诚还签订了敬业钢铁 3 800 mm 特种钢宽厚板设计项目、河北安丰镀锌项目 5 条处理线、安丰二期 1 450 mm 酸轧机组、敬业二期 1 450 mm 酸轧机组、唐山旭启金属材料有限公司 950 mm 高强钢酸轧联合机组及河北敬业集团 1 450 mm 镀锌机组设备供货合同等。

2022 年，由中重科技机电液总负责的山西建邦集团热轧优质合金带钢生产线一次性热负荷试车成功，该产线采用全连轧生产工艺，全线水平轧机均具备液压 AGC 厚度自动控制功能，立辊轧机采用 AWC 宽度自动控制和 SSC 短行程控制，具有 L1 基础自动化和 L2 过程自动化；中重科技承接的云南玉昆钢铁集团 300H 型钢项目，为国内设计标准最高、覆盖产品范围最广的一条中小 H 型钢生产线，产品覆盖中小规格 H 型钢、工字钢、槽钢、角钢以及优质圆钢，具有“坯型少、产品规格多、成材率高”等优点；印尼海洋钢铁集团公司 1 450 mm 热轧带钢生产线是中重科技投资“一带一路”的典型业绩，该产线采用 1+7 半连轧布置，可生产（1.5–14.00）mm ×（800–1 250）mm 的高质量热轧卷板，投产后将填补印度尼西亚在该领域的空白。

中钢国际工程技术股份有限公司（简称中钢国际）坚持以科技创新为引领、绿色发展为方向、数字化智慧化为能力基础，聚焦工程总承包和工业服务主业，在低碳冶金、矿业工程、节能安全环保等领域实现多元化发展，荣获“2022 中国卓越钢铁技术与服务供应商（机构）品牌”称号。2022 年，中钢国际与山西宏达钢铁集团有限公司签订了绿色低碳 100 万 t/a 薄带铸轧项目，联手打造国内第一条拥有自主知识产权的薄带铸轧生产线。作为备受关注的前沿技术，薄带铸轧工艺技术具有流程短、能耗低、排放少等优势，其吨钢能耗仅为常规热连轧的 1/5，二氧化碳排放仅为常规热连轧的 1/4，该项目采用的是中国宝武自主研发的薄带铸轧技术。中钢设备签订了铜陵景昌钢制品有限公司 3 500 mm 宽厚板项目 EPC 总承包合同，该项目的自动化控制系统由中钢设备自主研发，中钢设备提供完备的轧制策略模型和生产节奏控制模型，结合控制算法，在产品质量最优化和产量最大化的基础上实现节能降耗。

行业工作情况

1. 行业标准

2022 年，由中国重型机械研究院股份公司、二重（德阳）重型装备有限公司、一重集团大连工程技术有限公司、北方重工集团有限公司、太原重工股份有限公司、大连华锐重工集团股份有限公司、中信重工机械股份有限公司等多家企业联合制定的国家标准《重型机械通用技术条件》荣获机械工业科学技术奖二等奖。该标准由中国重型院组织重型机械行业骨干企业成立起草工作组，并牵头完成标准制定工作，是重型机械行业大、中型装备制造中重要的基础工艺标准，以检验和质量要求为总纲，以产业链专业分工为框架，设置产品检验、火焰切割件、焊接件、铸锻件材料及检测方法、切削加工件、装配、涂装和包装以及液压系统等共 16 个部分。

一重集团大连工程技术有限公司负责《重型机械通用技术条件》第 4 部分铸铁件、第 5 部分有色金属铸件、第 8 部分锻件以及第 11 部分配管标准的制定。目前该标准已经成功应用在中钢土耳其 1 800 mm 热连轧机、湖南攀达 1 780 mm 热连轧、建龙集团马来西亚东钢 1 450 mm 热连轧等项目中。

中国重型院主持制定的国家标准 GB/T 35976—2018《板带精整与表面处理装备安全技术条件》荣获西安市标准创新奖一等奖。该标准以 79 项自主知识产权为支撑，系统融合了中国重型院在板带精整与表面处理领域获得的国家和省部级 18 项科技成果以及 250 多条板带精整与表面处理生产线所积累的工程经验，首次提出了 8 项创新技术，达到了国际先进水平。

中冶陕压参编了工业和信息化部批准并发布的行业标准 YB 6035—2022《金属带材开卷机卷筒与卷取机卷筒修复技术规范》。

2. 行业学术期刊

2022 年，《重型机械》通过提升编辑服务意识，瞄准重大项目策划专题专栏，加强与行业内的专家学者主动约稿，提升学术交流活动的策划和组织能力，不断加强与优秀期刊的学习与交流。与中国机械工业联合会共同主办 2022 年首届钛材料及技术装备国防军工行业应用会议，并出版论文集。协助中国重型机械工业协会组织“中国重型机械装备智能制造与低碳发展高峰论坛”论坛。与中国重型院团委共同主办中国重型院第二届青年科技论文大赛，《重型机械》得到了西安交通大学、重庆大学、太原科技大学等高校国内知名教授的肯定与支持。另据 2022 中国科技期刊引证报告，《重型机械》影响因子持续上升，复合影响因子从 0.519 提升至 0.635，行业影响力和学术地位持续提升。

《一重技术》致力于反映机械、冶金、化工各类企业的科技、设计、加工、运行、维护、管理等方面的经验和研究成果，2022 年完成全年 7 期（含 1 期专刊）的编辑出版工作，刊登论文 120 余篇，约 100 万字。

〔撰稿人：中国重型机械工业协会冶金压延机械分会段婷婷　审稿人：中国重型机械工业协会冶金压延机械分会孙韶辉〕

矿 山 机 械

矿山机械行业是为固体原料、材料和燃料的开采和加工提供装备的重要基础行业，除服务于黑色和有色冶金、煤炭、建材、化工、核工业等重要基础工业部门，还广泛应用于交通、铁道、建筑、水利水电等基础部门的基本建设中。

矿山机械产品包括采掘、凿岩设备及钻机，破碎、粉磨设备，筛分、洗选设备，矿山提升设备，矿山用牵引车及其矿车和矿山机械零件等，其先进性决定了矿山资源科学开发和综合利用的水平，从而成为衡量一个国家工业实力的重要标志之一。

2022 年，全国工业产能利用率为 75.6%，比上年下降 1.9 个百分点。其中，采矿业产能利用率为 76.8%，比上年上升 0.6 个百分点；煤炭开采和洗选业产能利用率为 74.9%，比上年上升 0.4 个百分点；专用装备制造业产能利用率为 77.6%，比上年下降 2.4 个百分点。采矿业、煤炭开采和采选业及专用设备制造业等固定资产投资实现正增长。

2022 年，重型机械行业遭遇需求收缩、供给冲击、预期转弱三重压力叠加，行业下行压力凸显，给稳增长带来巨大挑战。重型机械行业全年实现营业收入 12 020 亿元，比上年下降 4.4%，增速分别低于全国工业和机械工业 10.3 个和 14.0 个百分点；实现利润总额 696 亿元，同比下降 2.9%，增速高于全国工业 1.1 个百分点，低于机械工业 15.0 个百分点；行业亏损面为 19.3%，较上年同期扩大 4.2 个百分点；应收账款持续增加，现金流问题突出。

2022 年是“十四五”规划实施的关键之年。国内各主要矿山机械制造企业积极顺应矿山、煤炭、冶金、砂石、建材等行业的发展趋势，全力应对新冠肺炎疫情的冲击和严峻复杂的市场环境，紧跟世界装备先进技术，积极整合科技资源，加大科研投入力度，大力开展关键核心技术攻关，相继研发出我国首套钻锚一体化智能快掘成套装备、国内首套露天边帮开采成套装备、国内首套 500 m SGZ 1000/5000 型智能刮板输送成套装备、GM 220-180 高压辊磨机、CSM-2250 立式搅拌磨、直径 11 m × 5.4 m 半自磨机、直径 7.9 m × 13.6 m 球磨机、GPYJ900-12W 盘式过滤机、新一代螺旋立式磨机、“中铁 1200 号”硬岩掘进机、SWE650FB 履带式液压挖掘机、MG 2 × 200/921-WD 智能型电牵引采煤机、SWDE152I 5G 智能钻机、SID（G）-300 高原型智能干选机、直径 8.8 m 复合式硬岩掘进机、全球首台 CY-UMD6i 智能型地下潜孔钻机、全球首台 SLon-5000 磁选机、全球首台大型 5 m 智能立环磁选机、全球首台特大型 2 m 智能电磁浆料高梯度磁选机、MSF 新型高效制砂楼等一大批技术先进、具有自主知识产权的重大技术装备，部分科研成果填补了领域空白，获国家、省、行业的奖励。

科技成果及新产品

1. 行业科技成果及获奖情况

中信重工机械股份有限公司（简称中信重工）把创新作为第一动力，深耕重型装备、工程成套、新能源装备、新兴业务四大产业领域，以“内涵式增长 + 外延式发展”双轮驱动，推动企业高质量发展。2022 年，由中信重工牵头、西安交通大学、上海大学、河南科技大学和郑州机械研究所有限公司（简称郑机所）等单位联合实施的国家重点研发计划“制造基础与关键部件”重点专项——“基础制造热加工工艺数据库”项目通过中期检查。中信重工采用国际标准、国际规范自主研发的 GM 220-180 高压辊磨机、CSM-2250 立式搅拌磨、直径 11 m × 5.4 m 半自磨机、直径 6.4 m × 11.15 m 球磨机、直径 7.9 m × 13.6 m 球磨机等先进装备完成工厂试车并交付客户；自主研发的国内抓取重量最大、悬臂行程最长的七轴重载液压机械臂，最大抓取能力达 2.5 t，打破了国外技术垄断，达到国际先进水平；自主研制的、目前全球最大的 GPYJ900-12W 盘式过滤机试车成功，标志着中信重工尾矿干堆过滤机在矿山应用领域取得了新突破；自主研发的大功率低速直联双绕组同步电动机高压变频器，在山西紫金主井提升项目现场完成全载全速试车。凭借矿物磨机的卓越表现，中信重工通过了工业和信息化部、中国工业经济联合会组织的“制造业单项冠军企业”复核，继续保持在矿物磨机领域的领先地位。公司申报的“大型矿用磨机全寿命周期可靠性提升”案例（基于产品的可靠性解决方案）是河南省唯一入选“工业和信息化部 2022 年制造业可靠性提升优秀案例”。公司与重庆大学、山东大学、北京科技大学、河南科技大学、中建地下空间有限公司等单位合作完成的液压重载机械臂关键技术研究与应用、LK3000 液压打桩锤、14 m 城市地下空间竖井掘进装备、CCS895 圆锥破碎机开发与关键技术研究、石灰回转窑系统窑外预分解装备与技术等多个项目通过河南省机械工程学会组织的科技成果鉴定，整体技术达到国际先进水平。中信重工主持或参与研发的多个项目获河南省和行业的奖励。其中，发明专利“一种用于大型自磨机的新型衬板结构”获第三届河南省专利奖一等奖；大型能源装备关键部件高性能制造技术及应用项目获 2022 年度河南省科技进步奖一等奖；大型干法粉磨装备高效高可靠性设计与运维关键技术及应用获2022年度机械工业科技进步奖一等奖。公司研发的CSM-2250立式搅拌磨、直径14 m城市地下空间竖井掘进装备、固废处理用大型高压辊压机等先进装备入选中国重型机械工业协会发布的《重型机械行业专精特新成果目录2022》。

北方重工集团有限公司（简称北方重工）瞄准高端技术装备领域，通过技术升级和科技研发，不断推出新产品。2022年，北方重工在MLL1200螺旋立式磨机的基础上，研发了新一代螺旋立式磨机。该机采用轻量化设计理念，整体重量较上一代减轻10%以上，占地面积进一步缩小，同时维持了较低的能耗和较大的产能。MLL1200螺旋立式磨机、EQC5970矿用全断面掘进机和RSM1250自移式伸缩环形堆料机等入选中国重型机械工业协会发布的《重型机械行业专精特新成果目录2022》。其中，MLL1200螺旋立式磨机打破了国外技术垄断，实现了我国铁矿再选技术的新突破。该设备较传统磨矿设备节能30%~50%，具有研磨高效、粒度细、流程简化、无人值守、操作自动化、噪声小、介质消耗低、安装费用低、维修便捷等优势；EQC5970矿用全断面掘进机填补了我国煤矿岩巷智能化全断面掘进装备空白，整体技术达到国际先进水平，实现了绿色、安全、低碳的全新作业工法，综合掘进效率达到每月600 m，工作效率是传统工法施工的20倍；RSM1250自移式伸缩环形堆料机填补了国内空白，各类指标均达到国际一流水平，使我国在该类产品的研制上处于世界领先地位。此外，北方重工主导起草的刮板取料机行业标准，通过全国连续搬运机械标准技术委员会专家的评审。

中国煤炭科工集团太原研究院有限公司（简称太原研究院）瞄准国际前沿技术，不断推动国内首台（套）技术装备的落地。长期以来，由于回收技术发展滞后，以中煤平朔安太堡煤矿为代表的国内400多座露天煤矿普遍存在边帮位置大量遗存被弃采的“呆滞煤”问题。太原研究院自主研制的我国首套露天边帮开采成套装备具备远程集控采煤、设备精确导航、系统安全可靠等技术优势，在安太堡露天煤矿实现了边帮压煤的“安全、高效、绿色、智能”开采，不仅为解决我国露天矿边帮压覆资源回收难题提供了有效技术路径，而且具备了在大型露天矿全面推广的条件。该院研发的无轨胶轮综采成套搬家系列装备在中煤集团新疆矿区综采工作面安装作业中投入使用，开创了新疆矿区首次大规模、全系列使用井下辅助运输新模式的先例。该系列车型包括55 t铲板式煤机搬运车、50 t重型支架搬运车、19座人员运输车、5 t物料运输车等国三排放防爆车辆，涵盖综采成套搬家、人员运输和物料运输全系列装备。相比于采用传统辅助运输方式的同类矿井，井下辅助作业人员减少了50%，工作面的安装效率提升了70%以上，有效缩短了工作面搬家倒面周期，减轻了工人劳动强度。此外，太原研究院研发的连续采煤机短壁开采成套技术装备、掘支运一体化快速掘进关键技术与装备、全自动锚索钻进支护技术、掘进机机载锚杆钻机及配套支护技术、矿用分布式电驱重型铰接车辆转矩协同控制关键技术等多项先进适用技术入选自然资源部《矿产资源节约和综合利用先进适用技术目录（2022年版）》，对煤矿智能化掘进技术的发展和提高煤矿生产效益起到了重要的促进作用。

矿冶科技集团有限公司（简称矿冶集团）与山东黄金矿业（莱州）有限公司三山岛金矿、北京北矿智能科技有限公司、北矿机电科技有限责任公司合作完成的滨海深部金属矿产资源智能开采关键技术与装备项目获2022年山东省科学技术进步奖一等奖。该项目通过产学研用结合，针对滨海深部金属矿产资源智能开采关键技术与装备开展联合攻关，研发了地下深部金属矿智能开采关键技术、智能装备、车辆无人自主行驶控制及智能作业、多装备集群控制及生产实时调度、移动车辆高精度定位与智能导航、井下泛在信息采集与高带宽高可靠无线通信等智能开采成套关键技术，构建了滨海深部金属矿产资源智能开采技术体系。项目成果在三山岛金矿的成功应用不仅对黄金矿产资源的开发具有重大推动作用，同时也为整个金属矿产资源领域提供了示范与借鉴，对我国固体矿产资源绿色、智能、安全、高效开采起到了很好的示范和引领作用。矿冶集团主持或参与研发的工艺矿物学参数自动分析系统、难选铜硫矿高质量回收关键技术与装备、铅锌选矿废水处理与回用技术、金属矿选矿过程智能检测与控制关键技术、井下无线通信技术等先进适用技术入选自然资源部《矿产资源节约和综合利用先进适用技术目录（2022年版）》。其中，金属矿选矿过程智能检测与控制关键技术通过在线智能检测仪表、专家系统、流程建模和数字孪生技术，实现了选矿装备、工艺、自动化与信息化的深度融合，提高了选矿过程的稳定性，提升了生产操作的自动化、智能化程度，稳定和优化了生产流程工艺技术指标，达到了减员增效、提高技术和经济指标的目标。

中煤科工集团上海有限公司（简称上海煤科）研发的新一代大采高单滚筒短壁采煤装备暨MG300/395-NWD型采煤机2022年完成出厂试验。该机具备双层“机身”、双牵引、双级摇臂等诸多结构创新，同时采用液压马达驱动摇臂、多臂联动、落差式双箱液压系统、单刀分层开采等多项新技术和新工艺，填补了5 m采高的短壁采煤机空白，可广泛应用于“三下”特厚难采煤层，超长大采高工作面开机窝、大型煤柱回收和非规则边角煤开采及急倾斜特厚煤层水平分层开采，对提高煤矿资源回收率和实现中小煤矿高产高效具有重要的意义。公司研发的大功率高压防爆多点永磁直驱智能带式输送机、模块化组合式无基础永磁滚筒可伸缩带式输送机关键技术与装备、高压防爆永磁直驱系统等项目通过中国煤炭工业协会组织的科技成果鉴定，达到国际领先或国内领先水平。其中，大功率高压防爆多点永磁直驱智能带式输送机项目针对塔山煤矿井下1070西翼集中运输大巷实际条件，研制出DTL200/600/G4×1600+2×1600型大功率高压防爆多点永磁直驱智能带式输送机，运量6 000 t/h，长度6 450 m，带速4.5 m/s，驱动功率 4×1 600 kW+2×1 600 kW，解决了重载启动困难，提高了传动效率，降低了系统运行能耗。项目成果在山西晋能控股煤业集团塔山煤矿、马道头煤矿使用，运行稳定可靠。模块化组合式无基础永磁滚筒可伸缩带式输送机关键技术与装备项目对新型模块化可组合永磁滚筒驱动、高效拆装无基础结构、协同控制和智能监测等关键技术进行攻关，研制出了 DSJ140/250/3×400 型无基础可伸缩带式输送机，运量 2 500 t/h，带宽 1.4 m，长度 1 500 m，带速 4 m/s，驱动功率 3×400 kW。项目成果在山西朔州山阴金海洋水泉煤业 49 104 胶运顺槽进行了工业性试验，效果良好。公司研发的新一代内转子集成永磁驱动滚筒完成出厂试验。该产品具有低速大转矩、高效率、高可靠性、安装方便等特点，兼顾性价比与便捷维修，特别适用于大运量、长距离、多点驱动带式输送机与无基础顺槽带式输送机，用户无须开拓驱动硐室或减少驱动硐室的开拓量，大大降低了巷道施工成本。

南昌矿机集团股份有限公司（简称南昌矿机）针对传统机制砂生产过程中存在的砂石级配不合理、粒型不达标、成砂率低、含粉量高以及污染环境等问题，结合自身丰富的振动筛、破碎机生产经验，开发出 MSP 系列新型高效制砂楼设备。其中，MSP200 制砂楼配备了自行研发的 VSD 系列双腔立轴破碎机和 HFS/V 系列液压高频筛，成砂率和筛分效率更高、更稳定。与普通立轴破碎机相比，VSD 系列双腔立轴破碎机的成砂率可提高 25.4%，粒径小于 5 mm 的砂中含粉率下降 2.6%；HFS/V 系列液压高频筛的高频振动器直接作用在筛网上，筛分细料时的处理能力是普通圆振动筛的 2.5~3 倍。同时，根据来料不同，MSP200 制砂楼拥有先筛后破和先破后筛两种生产工艺供自由选择且不需改变整体布置，可有效利用系统中各设备的生产能力，同时避免制砂过粉现象，减低系统的负荷。该装备获 2022 年度江西省优秀新产品奖一等奖。公司开发的破碎筛分工艺流程设计软件 Flowsheet Designer 可用于模拟计算破碎筛分过程，计算产能、产品粒度分布曲线，提供通过各节点矿物的级配分布及比例数据表，为客户提供专业的解决方案。公司获批设立博士后科研工作站，将进一步提升科技创新能力和竞争力。参与建设的绿色矿山技术与智能装备浙江省工程研究中心获批，该中心是浙江省首个绿色建材矿山技术与装备研发及成果转化平台，也是全国首个围绕绿色建材矿山全过程开发利用开展共性、关键技术研发和成果转化的省级科技创新基地。此外，公司研发的液压高频筛设备技术和大型单缸液压圆锥破碎机技术入选自然资源部《矿产资源节约和综合利用先进适用技术目录（2022 年版）》；开发的 HPF2060 棒条振动给料机和 2MOS3675 双轴自同步椭圆振动筛分获 2022 年度“利君杯”第十六届全国建材机械行业技术革新奖技术开发类一等奖、二等奖；制造的 CC800 大型单缸液压圆锥破碎机入选中国重型机械工业协会《重型机械行业专精特新成果目录 2022》。

煤炭掘进与回采是煤炭生产的两个基本环节，巷道是煤矿运输、通风、行人的必要通道。目前，我国巷道掘进技术明显落后于采煤技术，已成为制约煤矿安全、智能开采的瓶颈。支护是当前影响煤巷快速成巷的最主要因素，且目前国内外煤巷自动化支护关键技术整体发展缓慢，现有的支护施工工艺繁琐，尚未有本质的突破。开展煤巷快速掘进关键技术与装备研发，实现自动化减人已成为煤矿高产高效的必然要求。中煤科工开采研究院有限公司（简称开采研究院）联合太原研究院研制出世界首套钻锚一体化智能快掘成套装备，成功应用于陕煤曹家滩矿业有限公司，实现了数十年来巷道支护的技术变革，将煤矿掘进设备的自动化、智能化水平推向了新高度。其技术创新点包括：①钻锚一体化锚杆施工工艺、装备及技术，将现有施工工艺的 6 道工序简化为 1 道工序，开发出新型的泵注式锚固剂，取得了国内首个煤矿安全认证；研制了新型的施工装备，实现了锚杆施工自动化作业。②喷涂支护材料与系统，开发出高性能喷涂支护材料，研制了六自由度自动化喷涂系统，实现了巷道自动化喷涂支护。③研发出巷道随掘变形动态监测系统，从硬件、软件和原理等方面进行了原创性研发，针对煤巷特殊环境，实现了巷道掘进过程中围岩变形的随掘动态监测。该装备被评为“2022 年度央企十大国之重器”，并入选“北京市首创产品”“2022 年煤炭科技十大新闻”。

郑州煤矿机械集团股份有限公司（简称郑州煤机）牵头建设的河南省煤矿智能开采装备产业研究院 2022 年揭牌成立。该院将围绕煤矿智能开采装备开展关键共性技术和前沿技术攻关，重点突破综采工作面高端智能装备及关键元件的研究与应用、基于高精度组合导航装置的工作面直线度控制研究与应用、矿用机器人技术及装备研究与应用、基于虚拟现实技术的三维可视化设计、评审平台开发、综采装备智能控制与数字孪生研究、智能开采支持系统研发与应用、智能开采工业大脑平台研发与应用等领域的核心技术。公司制造的 CT150 成套化机组以线上方式通过国外用户验收，其中液压支架、采煤机、刮板运输机均为郑州煤机自主研发制造。采煤机采用提高块煤率、双电缆供电、低机身高过煤空间等特殊设计，解决了拖缆装置易出电缆槽的隐患以及最低支架高度时采煤机难以通过的难题，保障了开采的高产高效；刮板运输机优化了铲煤板角度、紧链方式和中部槽布置方式，增设了不同宽度的调节槽，可满足工作面长度变化的需求，提升使用体验；运输设备通过贴覆耐磨板、增加耐磨槽、采用硬质合金块镶嵌等技术，大幅提高了使用寿命；液压支架除适应沿空留巷开采工艺之外，立柱采用特殊处理工艺，安全阀采用新结构，可有效降低故障率、提高使用寿命。公司针对成套市场专门研制的标准机组—CT100-1.1 成套化机组通过联调验收。该机组以高产高效为配套原则，选用设备均为企业成熟稳定机型，适用于薄煤层综采工作面，采高 1.1~1.4 m，工作面倾角 ≤35°，具备 100 万 t/a 的生产能力。包括 MG2×100/460-AWD 型采煤机、ZY4000/07/15D 型液压支架、SGZ730/400 型刮板输送机、ZE0704 型智能操作系统，具有可靠性高、适应性强、操作检修布局合理、智能化操作等特点，通过记忆割煤、自动跟机、成组推溜，大幅减少操作人员数量、降低工人劳动强度。公司研制的大伸缩比液压支架综采技术装备，是行业破解中厚煤层到厚煤层跨限高开采难题的全新技术方案。ZYA12000/18/50D 超大伸缩比液压支架应用了新型等压平衡式三伸缩立柱、超薄顶梁前部机构装置以及双位平衡机构等关键核心技术，极大地提高了液压支架的伸缩比和适应性，破解了中厚煤层到厚煤层跨限高开采难题，填补了复杂煤层开采技术及装备的空白，通过了国家能源集团宁夏煤业有限责任公司的批量工厂验收。

江西理工大学（简称江西理工）和安徽庐江龙桥矿业股份有限公司合作完成的铁矿多段磨矿工艺中精确化磨矿技术及其工业应用项目 2022 年通过中国冶金矿山企业协会组织的科技成果评价，技术水平达到国际领先。项目首创了磁选粗精矿再磨工艺中应用瓷球和钢球混合磨矿介质、铜硫混合粗精矿再磨工艺中应用全瓷球作为磨矿介质的新技术、新方法，解决了磨矿过程电耗高、钢耗高、过粉碎、铁质污染等磨矿工艺难题；开发的重磁拉磁选机预先抛废联合细筛回收细粒共伴生铜硫矿物新工艺，解决了含铜硫磁铁矿预先抛废中铜硫矿物损失大的技术难题，提高了球磨机台时处理能力和磨矿效率。项目成果在龙桥铁矿选矿厂经过 3 年的工程应用，实现了磨矿大幅度节能降耗和降本增效。该项目获 2022 年冶金矿山科学技术奖一等奖。

中煤科工西安研究院（集团）有限公司（简称西安研究院）研制的国内首台（套）ZDY25000LDK 型履带式大功率深孔自动化定向钻机在山西肖家洼煤矿通过验收。该钻机采用电液一体化控制和遥控操作，具备大转矩输出，适用于大直径近水平深孔定向钻进施工。通过机械手实现自动加卸钻杆控制，可采用全遥控操作钻进施工，也可通过液控操纵台实现钻机操作，具有自动化程度高、容错机制强、操作简单、劳动强度低、安全系数高等优点；技术性能先进、输出能力大、工艺适应性强、移动搬迁方便；钻机配套大流量、高压力履带式泥浆泵车，为大直径深孔定向钻进提供了稳定可靠的供液需求，实现了孔底螺杆马达高效破岩钻进和孔内高效排渣的需要。该院研制的 ZDY4500LFK 型煤矿井下智能钻机实现了规模化应用。该钻机一次携带 200 根钻杆，可不间断施工 150 m，具备自主导航功能，可自主行驶至作业面。根据钻孔设计信息，钻机可完成全自动稳固和智能调姿。所采用的分布式电液控制系统可实现关键传感器的工作状态监测和故障自诊断，先进的集中控制及交互系统实现了地面、井下对钻机集群的集中管理。该钻机还具有自适应钻进功能，可大大提高钻进效率和孔内安全性。该装备的成功应用提高了钻孔施工的自动化水平，降低了工人的劳动强度，提高了人均钻孔施工效率，起到减人增效的作用。此外，西安研究院研发的矿山灾害地面救援通道快速构建技术与装备入选中国重型机械工业协会《重型机械行业专精特新成果目录 2022》。

山东华特磁电科技股份有限公司（简称华特磁电）自主研发的全球首台大型 5 m 智能立环磁选机，高 10 m，核心转环部件直径 5 m，总重量近 500 t，背景场强达 1.8 特斯拉（T），每小时入矿处理量近 1 000 t，是国内外现有同类产品“直径 4 m 立环磁选机”处理量的 2 倍，“直径 3 m 立环磁选机”处理量的 6 倍，平均吨矿能耗节省 50% 以上。其创新点有：特大型部件采用分体式结构，模块化组装；线圈采用立体绕组结构，大流量外循环散热，温升低；具有液位自动调节、自动润滑、压力和温度实时监测等功能，可实现智能化运行；应用物联网、云平台等技术，实时采集设备运行数据并进行分析，实现了远程运维、故障诊断和全生命周期管理。2022 年入选中国重型机械工业协会《重型机械行业专精特新成果目录 2022》。公司自主研发的全球首台特大型 2 m 智能电磁浆料高梯度磁选机，高 7 m，分选腔直径 2 m，总重量达 170 t，背景场强高达 1.8T，台时处理量达 100 t（石英砂），是国内外现有同类产品 1.5 m 电磁浆料高梯度磁选机处理量的 2 倍，1 m 电磁选机处理量的 4 倍，节能 56% 以上。其创新点有：仿真优化，磁路设计合理；励磁线圈采用立体绕组结构，散热快、温升 ≤25 ℃；多管多点布料，使物料均匀通过分选腔，分选效果好；励磁控制采用电流快速跟随算法，实现了快速升、退磁，选矿效率高；采用智能人机交互界面和控制系统，实现了进浆、排铁、回浆等全过程无人值守自动运行；应用物联网、云平台技术，可实时采集、分析设备运行数据，实现了远程运维、故障诊断和全生命周期管理。公司自主完成的特大型智能立环高梯度磁选机、粗粒湿式预选立环高梯度磁选机和细粒级尾矿回收用盘式磁选机 3 个项目通过中国冶金矿山企业协会组织的科技成果评价，其中特大型智能立环高梯度磁选机系列产品整体上达到国际领先水平；粗粒湿式预选立环高梯度磁选机、细粒级尾矿回收用盘式磁选机系列产品达到国际先进水平。此外，华特磁电生产的除铁器被认定为 2022 年山东知名品牌（产品）；制造的电磁浆料高梯度磁选机入选中关村绿色矿山产业联盟（简称中绿盟）发布的《绿色矿山百项先进适用装备（技术）目录》。

中煤科工集团重庆研究院有限公司（简称重庆研究院）自主研发的煤矿安全监控预警关键技术研究及产业化项目，获第七届中国工业大奖表彰奖。项目构建了煤矿灾害“认知、感知、预警、防控”基础理论体系，形成了成套技术装备，实现了煤矿安全监控从“监测报警控制”到“分析预警联动”的技术飞跃，有效防范了煤矿瓦斯、水害、火灾、粉尘等灾害事故的发生，对行业技术发展具有示范引领作用；破解了关键器件依赖进口的“卡脖子”问题，攻克 23 项技术难题，填补 8 项行业技术空白，取得了一系列标志性成果，促进了系列标准的修订与发布，推动完成全国煤矿安全监控系统升级改造，大幅提升了系统的稳定性、可靠性。研究成果广泛应用于全国大中小型煤矿，为煤矿安全形势的持续稳定好转发挥了不可或缺的作用。该院研制的大直径定向长钻孔钻进技术及装备，在多个煤矿现场试验中取得新突破，实现一次性成孔 200 mm 直径煤、岩石钻孔，成孔效率较常规“先导孔 + 扩孔”分级成孔工艺技术提高 50% 以上，降低了工人劳动强度，提升了工作效率和安全性。该技术具有完全自主知识产权，经重庆市科学技术委员会鉴定，达国际领先水平，“以孔代巷、一孔一工程”由此迈进新时代。重庆研究院研发的具有图像识别功能的 KJ526（A）煤矿图像监视系统，在国内率先取得安全标志证书。该系统能准确识别综采工作面、掘进工作面、带式运输、辅助运输、行车不行人、区域限员、人员行为监管、钻场监钻、电子封条、车场、选煤厂等应用中的四十余种典型场景，图像识别检测率 ≥ 90%，误检率 ≤ 5%，实现了煤矿视频图像从“看得见”向“看得懂”转变，引领煤矿图像识别向精准化、规范化、智能化方向发展。

中国中铁旗下中铁工业与贵州黑拉嘎科技装备公司联合共建的“中铁 1200 号”（凉都号）硬岩掘进机（TBM）是世界首台矿用机动型硬岩掘进机，用于贵州省聚鑫煤矿副平硐及运顺底抽巷施工。该装备整机长 35 m，开挖直径 4.53 m，最小水平转弯半径 80 m，具有整机长度短、机动灵活、转场便捷等优点。其搭配的超前地质预报系统、孔内探地雷达技术及深孔超前钻机系统，实现了巷道施工从“盲挖”到“可视透明化掘进工作面”的转变，解决了探放水、瓦斯抽采等难题；配置的全断面刀盘、液压系统及推进系统，实现了硬岩巷道的快速高效施工；采用灵活的铠式结构及高效的支护设备，实现了软岩地层的高效、安全掘进，比传统综掘施工效率提高了 3~4 倍；上下可伸缩、可作为临时支护的盾体，与设备掘进平行支护作业，使巷道支护更加及时、高效、智能。此外，“凉都号”还搭载了可开门式刀盘，新型底部清渣装置，主机振动监测、刀盘红外监测，渣片智能识别等多种创新性、智能化技术，进一步增强了装备的针对性及适应性，为煤矿巷道安全、优质、高效施工保驾护航。“凉都号”是国产高端装备及创新技术应用在煤矿巷道项目上的又一次重要突破，对提升我国煤矿建设机械化、智能化水平具有十分重要的意义。

张家口煤矿机械有限责任公司（简称张煤机）自主研发的国内首套 500 m SGZ1000/5000 型智能刮板输送成套装备交付使用。该产品首次突破 500 m 长运距工作面智能刮板输送技术“瓶颈”，采用大功率变频一体智能传动系统等关键技术和控制系统，实现了自动感知、智能运行、智能监测，国产化率达 100%，主要技术参数和性能指标达到国际领先水平；全生命周期平均输送能力达 3 000 t/h，能满足单一工作面 1 000 万 t/a 的配套开采需求，整机寿命产能超过 5 000 万 t，设备的投资收益比、吨煤设备损耗率大幅降低，综采工作面数量可缩减约 30%。该产品的应用将减少巷道开拓、巷道支护、开采设备和相关工作人员配备的资金投入，使生产效率和资源回收率显著提高。公司研发的运输设备运行远程故障诊断与评估技术研究、重载刮板输送机高强耐磨板研究与应用两项成果入选工业和信息化部“2022 年制造业可靠性提升优秀案例名单”。其中，运输设备运行远程故障诊断与评估技术研究立足于煤矿智能化建设需求，实现了复杂环境下工况感知监测、数据采集远程通信、评估模型机理分析等多项前沿技术突破，提出了输送设备远程故障诊断方法并搭建了软硬件平台，解决了严酷条件下矿山设备性能可靠性评估难题。重载刮板输送机高强耐磨板研究与应用提出了基于 TiC 颗粒硬质点的马氏体钢新材料合成方法并研制了高耐磨性 ZM4-13 钢板，形成了焊接、切割、机加工、冷成型技术标准规范及服役性能评价体系，经批量验证，寿命超过相同硬度传统优质耐磨钢板的 1.5 倍，实现了输送设备关键承载件的稳定可靠运行。此外，张煤机研发的刮板输送机运行分析系统软件，进一步提升了刮板输送成套装备智能化水平，获国家版权局颁发的计算机软件著作权证书。

浙江双金机械集团股份有限公司（简称浙江双金）自主设计研发的高效破碎设备 SJ.V.1100 颚式破碎机性能优越、操作简单、运行稳定。该机采用“V 形深腔、大冲程、高转速”的设计理念，比传统的 PE 系列普通颚式破碎机优势明显；V 腔形设计，增大了动颚水平和垂直的行程比，下料更快，提高了产量；优化的破碎结构，使啮合角和冲程达到最佳，提高了破碎比；更高的转速，提高了通过量和物料破碎次数，大大增加了产能。该公司根据用户现场反馈意见，对 SK.Y.1500 单缸液压圆锥破碎机、SJ.Y.K.30.72 振动筛等老机型实施了改造升级。其中，改进型 SK.Y.1500 单缸液压圆锥破碎机加大了偏心距，采用大冲程，高转速；优化了腔型设计，将破碎冲程、破碎速度以及层压破碎原理相适应的破碎腔型完美结合，大大提高了生产能力和破碎效率。与原产品相比，产能提高了 15% 以上。浙江双金自主研发的由 π 型橡胶圈固定装置构成的多缸液压圆锥破碎机、石打铁破碎腔、立轴式冲击破碎机的卸料腔型等多项先进技术 2022 年获实用新型专利授权。

枣庄鑫金山智能装备有限公司（简称鑫金山）自主开发的短流程低能耗高品质砂石制备技术、砂石骨料生产智能化设计与控制技术入选自然资源部《矿产资源节约和综合利用先进适用技术目录（2022 年版）》。其中，短流程低能耗高品质砂石制备技术采用短流程低能耗工艺流程、楼站式集成处理系统和干法生产工艺，生产过程环保，无污水粉尘排放。其创新点包括：创新研发了新型大产量低能耗锤式破碎机、RV 制砂机和制砂楼站；工艺和设备的优化组合，模块化设计，保证了成品砂石的粒形优，颗粒级配合理，石粉含量可控；系统高度集成，从前端预处理到成品仓储装生产工艺全面涵盖并纳入统一智能控制系统；运用模块化、集成化理念开发的楼站式高品质制砂系统布局，节能降耗、减排效果突出。该技术获 2022 年度山东省机械工业科学技术奖一等奖，入选“2021—2022 年建材行业智能制造数字转型优秀解决方案”。砂石骨料生产智能化设计与控制技术以破碎、筛分、输送和除尘设备智能化为基础，运用集成可视化、物联网大数据和5G等新技术，实现生产线的远程智能监控、故障预测和诊断、可持续性维护及生产大数据的汇总分析，再通过智能化装车系统、智能进料系统和工厂综合管理系统，将工厂的设备运行数据、生产经营数据、环境数据和监控视频等传输到“工业云平台”，打造出随时随地可视化的砂石智能工厂，实现工业化与信息化的完美融合，具有高效、节能、环保、智能等特点。此外，鑫金山自主研发的台时3 000 t砂石同出生产线获2022年度山东省装备制造业科技创新奖一等奖；新型单段锤式破碎机入选中绿盟《绿色矿山百项先进适用装备（技术）目录》；参与起草的GB/T 14684—2022《建设用砂》和GB/T 14685—2022《建设用卵石、碎石》，2022年11月1日起正式实施。

赣州好朋友科技有限公司（简称好朋友科技）2022年自主创新研发的基于人工智能机器视觉的矿石高效分选技术应用项目通过中绿盟组织的科技成果鉴定，并入选自然资源部《矿产资源节约和综合利用先进适用技术目录（2022年版）》。项目基于人工智能机器视觉技术，一方面，通过智能化预选抛废，全面提高矿石的入选品位，促进边界品位矿产资源的开采，延长矿山的开采寿命，提高矿山资源利用率，减少了后续生产的运输成本、水电资源、化学剂品资源的浪费；另一方面，提高了矿石分选效率，人工智能机器替代人工作业，生产效率实现了质的飞跃。此外，通过对低品位尾矿、废石堆的处理，充分解决了固废排放问题，变废为宝，既提升了经济效益又提高了社会生态环境效益。项目成果可广泛应用于钨、锡、锑、铅锌、铜、钼、金等有色金属、黑色金属和非金属矿山，相关设备在紫金矿业、湖南有色、恒裕矿业、俄罗斯龙兴矿业、塔吉克斯坦塔中矿业等多个国内外矿山企业使用，助力矿山企业提高生产力。好朋友科技研制的智能选矸机器人入选工业和信息化部办公厅、农业农村部办公厅、国家卫健委办公厅、国家矿山安监局综合司4部委联合发布的“农业、建筑、医疗、矿山领域机器人典型应用场景名单”。

山东山矿机械有限公司（简称山东山矿）2022年自主研制的4PG1212四辊破碎机试车成功。该产品为液压调整的四辊破碎机，由电动机、减速机、固动辊部、活动辊部、机架体部、机罩部、液压泵站及液压调整部、切削装置、安全防护罩等组成，辊子直径1 200 mm，长度1 200 mm，入料粒度≤25 mm，出料粒度≤3 mm，产量约为70 t/h，具有结构紧凑、使用寿命长、破碎比大、产量较高和排料粒度大小可调等优点，可用于破碎脆性、中等硬度以下的物料，如烧结矿、煤、焦炭、炉渣、页岩、石灰石等，尤适用于冶金行业炉前原煤和分级前的破碎。公司自主设计研发的HCSC15超重型环锤式破碎机成功试车。该机转子直径1 600 mm，转子长度2 540 mm，入料粒度≤40 mm，出料粒度≤25 mm，产量约为1 500 t/h，用于对中等硬度及脆性物料的细碎。此外，山东山矿研发的环保型输送与储煤系统获山东省机械工业科学技术奖三等奖，并入选中国重型机械工业协会《重型机械行业专精特新成果目录2022》；带自除尘卸料系统的环保型带式输送机获山东省装备制造业科技创新奖二等奖；主导产品“带式输送机”被评为2022年山东知名品牌（产品）；“物料输送与破碎VIP服务”被评为2022年山东知名品牌（服务）。

辽宁三三工业有限公司（简称三三工业）2022年度设计制造的直径8.8 m复合式隧道掘进机通过工厂验收。该机刀盘直径8.8 m，机身长度94 m，重量约1 000 t，针对施工区的地质特点，在密封耐压、耐磨性、防泥饼、防喷涌及高效掘进方面进行了整体性、针对性设计，配置了超大驱动功率和先进激光导向系统，优化了PLC电气系统、液压系统等，实现了安全快速掘进。公司研发的煤矿岩巷全断面掘进技术及装备为煤矿“绿色化、数字化、信息化、智能化”发展提供了重要的装备支撑，带来了安全、高效、节能、环保的社会效益，入选自然资源部《矿产资源节约和综合利用先进适用技术目录（2022年版）》。该技术用于井工煤矿，利用全断面刀盘一次破岩成洞，将TBM掘进机与煤矿运输、支护等特殊施工要求相结合，集掘进、出渣、支护、喷浆、通风、导向、防爆技术于一体，掘进机整机水平转弯半径小，转向灵活，适合矿山地层的多变性。

西安煤矿机械有限公司（简称西煤机）抢抓国家煤矿智能化建设机遇，聚焦智能化综采技术与装备、高效智能掘进技术与装备两大主攻方向，加大关键核心技术研究与攻关。目前国内采高2~3 m煤层工作面设计长度为300 m左右，矿井年产能不超过600万t。综采超长工作面所用采煤机多为进口设备，普遍存在设备投入成本高、主机及备件供货周期长等问题。针对国内没有2~3 m煤层实现450 m超长工作面高效智能化采煤机这一难题，西煤机从生产效率、截割系统、牵引系统、液压系统、电控系统及可靠性等方面进行分析，在高速传动系统冷却设计、液压系统可靠快速响应、整机可靠性及易维护性、电控系统稳定性及智能化等关键技术上取得了实质性突破，其自主研制的MG750/1980-WD采煤机在小保当矿业公司首个国产2~3 m煤层450 m超长智能综采工作面实施应用中创下了采高2.8 m、单日最高割煤超20刀、日产量超4.5万t、月产超100万t的佳绩，标志着2~3 m煤层450 m超长智能综采工作面采煤装备实现了完全国产化，为未来中厚煤层高效智能开采提供了一种新的方案与模式，对提升我国煤机装备业在国际上的竞争地位，促进煤炭工业的发展具有重要意义。公司研发的首台纵轴悬臂式EBZ260型智能化掘进机在山西凯嘉集团义棠煤业有限公司通过验收。该机具备无线遥控、姿态定位导航系统、截割断面监视及自动截割、设备联动、视频采集传输监控、语音对讲系统、环境信息监测、危险区域预警、井下集中监控、地面远程控制、一键启停等功能，完全可以满足矿井巷道掘进的智能化要求。此外，西煤机研发的煤矿掘进作业机器人入选工业和信息化部办公厅等4部委联合发布的“农业、建筑、医疗、矿山领域机器人典型应用场景名单”；合作完成的护盾式煤矿巷道智能掘进机器人系统、MG1100/3030-GWD 型特大采高采煤机关键技术研究与应用、基于透明地质大数据的智能精准开采技术研究与示范 3 个项目分别获得中国煤炭工业协会 2022 年度科学技术奖一等奖、二等奖；制造的交流电牵引采煤机入选 2022 年第七批国家级制造业单项冠军产品。

洛阳大华重工科技股份有限公司（简称洛阳大华）2022 年度推出 DHM1000/625 高压辊磨机和 450 t/h 橄榄石履带式移动破碎站等新产品。其中，DHM1000/625 高压辊磨机是一款高效细碎和超细碎设备。其创新点包括：采用高压破碎理论，使设备破碎效率更高、破碎比更大、适应性更广；液压自动调节辊面间隙，保持设定的破碎力恒定，使产品粒型更细；采用高抗磨合金材料，镶嵌式辊面衬板结构，使其寿命更长，且无须拆机更换；配置了性能可靠的专用液压系统，使设备具有过铁、过载保护功能；根据使用工况条件不同，可设定不同的工作压力，能满足不同行业的使用；破碎辊对物料施加恒定的非冲击性破碎压力，达到噪声低、粉尘少、能量利用率更高的节能环保效果。该设备可用于建筑、矿山、冶金等多个领域多种物料的细碎破磨作业，可生产多种规格的细颗粒产品；还可用于多种冶金渣的细粒破磨加工，简化了冶金渣处理工艺，使尾渣更细，更便于后续的研磨加工。450 t/h 橄榄石履带式移动破碎站可实现远程控制，自由行走，完成标准化、低成本化作业，可用于建筑垃圾、废料、混凝土砖块的破碎与回收，砂石骨料生产，路桥、房屋、地基、钢筋混凝土拆除，各种冶炼炉、焙烧窑耐火砖、碳块等的破碎和拆除。

中煤北京煤矿机械有限责任公司（简称北煤机）研发的基于 MDG 标准的高端产品超高疲劳寿命试验及方法项目获第七届中国工业大奖提名奖。项目依托北煤机自主研制的超高疲劳寿命 BMJ 品牌智能化液压支架，通过分析研究并深度融合国内外矿用支护装备标准，建立、形成了《高端液压支架超高疲劳寿命试验及方法》（企业标准），多项创新技术属国内首创，整体技术水平及标准高于国内外同行，具有可操作性和实用性，支撑了产品的高端化、高质量发展。项目成果还实现了国产液压支架实验体系升级，提高了国家认证认可监督管理委员会 CNAS 实验室的检测能力。公司研制的智能尘源跟踪喷雾降尘系统完成首次功能验证。该系统由智能喷雾主控箱、喷雾分控箱、无线遥控器、跟踪喷雾模块、架间喷雾杆及清水管路等组成，通过实时采集采煤、移架和放煤作业设备的运行位置，实现主控箱无线自组网发送指令给每个分控箱，并将煤壁预湿喷雾、采煤跟踪喷雾、架间喷雾、放煤喷雾、全断面封堵喷雾、充填喷雾控制合为一体，无须人工干预，根据现场需求可自动开启和关闭喷雾，实现采煤工作面的高效除尘，从而有效减少了粉尘事故造成的人员伤害及财产损失，达到保障煤矿安全生产、保障工作人员身心健康、提高智能化监管水平等目标。公司研发的新一代 BMX 电控系统首次将分布式网络架构（多主多从）作为新一代电控系统的整体架构，可实现人机远程互联，为井下工作面智能化、无人化开采提供了装备保障。此外，公司制造的“液压支架”入选了 2022 年第七批国家级制造业单项冠军产品。

常熟市龙腾特种钢有限公司（简称龙腾特钢）等单位共同完成的 LT 耐磨钢球与半自磨 / 球磨时空置换靶向降耗节能研究项目通过中国冶金矿山企业协会组织的科技成果评价，总体技术达到国际领先水平。其创新点包括：研制了高纯净度、高均匀性的 LT 耐磨钢球冶炼技术，首创大断面、高压缩比轧制技术、机器人热模压耐磨球和电液锤自由锻 + 精整规圆锻造耐磨球工艺；LT 耐磨钢球具有硬度高、内外硬度一致性好，冲击韧性高、耐磨性好，球形圆整度高、破碎率和失圆率低等优势，大幅降低了磨矿球耗、性价比高；发明了半自磨机时空动态加球法，制定矿石磨矿难易程度（软、中、硬）的判断准则，创建科学合理的动态加球时段及加球节点制度，实现了球耗及电耗的大幅度降低；发明了球磨机时空延时加球法，获得了球磨机钢球最佳充填率，降低了球磨机运行功率；充分利用球磨机有效磨矿容积，实现球耗、电耗的大幅度降低；提出了不同钢球充填率与半自磨台效、不同直径钢球与半自磨台效的函数关系的经验公式，并在实践中成功应用。项目成果已成功应用于乌山铜钼矿、白象山铁矿、巨龙铜矿、巴西淡水河谷等矿山，降耗节能效果明显。

中煤科工集团沈阳研究院有限公司（简称沈阳研究院）研发的矿用机器人智能人员识别检测联合方案是国内首套基于矿用机器人边缘计算模块的智能人员识别检测方案。该方案针对井工矿场景应用最为广泛的人员目标检测模型进行模型训练、转化与布置，可在高粉尘 / 水雾、低照度与网络不可靠等不利条件下发挥极大优势，满足煤矿井下视觉检测的高准确性要求，同时在防爆本安机器人的空间限制与功耗限制上，解决了传统工控机 + 显卡的部署难题，进一步提高了事故预防及分析能力。该院研发的挂轨巡检机器人“风行者 1”主要应用在煤矿行业，可代替人工完成各种设备的巡检作业。该机器人装备了高清摄像头和红外热像仪，可识别仪表读数、开关位置、设备状态和热量图像；配备了多种传感器，对环境中的危险气体含量变化、设备异响、噪声等进行感知和测量；搭载了鸿蒙系统，对收集的各种信息进行存储和解析，并将结果通过无线网络实时发送给上位机，再由上位机对数据进行统计分析，通过和历史数据比较，对设备运行状态的趋势作出判断，提前发现问题或风险。沈阳研究院和光力科技股份有限公司合作完成的煤矿安全监控系统检测检验关键技术与装备研究项目获 2022 年度中国质量协会质量技术奖项目奖二等奖。项目通过本质安全设备配接检测新技术、先进传感检测检验新技术、抗电磁干扰检测检验新技术、煤矿安全监控系统检测检验新装备等专项研究，成功解决了煤矿安全监控系统检测检验的诸多难题，建立了煤矿安全监控系统检测检验标准支撑体系，为煤矿安全监控系统的矿山准入和在安全生产中发挥重要作用提供了技术装备支撑。此外，沈阳研究院研发的煤矿井下巷道巡检机器人技术、高速重载永磁耦合传动技术及装备入选自然资源部《矿产资源节约和综合利用先进适用技术目录（2022年版）》；厂区巡检机器人、压风机房巡检机器人入选工业和信息化部办公厅等4部委联合发布的“农业、建筑、医疗、矿山领域机器人典型应用场景名单”。

北矿机电科技有限责任公司（简称北矿机电）等单位完成的铁矿磨前预选超大型高速干选机项目通过中国有色金属工业协会组织的科技成果评价，整体达到国际领先水平。该项目针对国内铁矿石磨前大规模干式预选抛废工艺中存在的关键问题，开发了多项关键技术，研制出超大型高速干选装备，在国内外进行了产业化推广应用，满足了低贫磁铁矿大规模干式预选抛废需求。

太重煤机有限公司（简称太重煤机）研发的新一代高端智能型MG2×200/921-WD智能型电牵引采煤机，采用模块化设计，机身采用三段式预应力结构，配套适应性强，通过变换外牵引结构，能实现850 mm/1 015 mm两种机面高度，采高范围1.3~2.6 m，配套刮板机从730~800 mm，装机功率571~921 kW，其中截割功率最大为2×200 kW，牵引功率最大为55 kW。配置重型破岩滚筒，能够满足薄煤层综采工作面夹矸多、断层、陷落柱十分发育等复杂地质条件。公司研发的MG450/1050-WD智能型采煤机在山西高平科兴南阳煤业首个超长智能化综放工作面三机联合成功试运转。该装备打破了传统框架式采煤机结构，采用三段式预应力结构，大直径销定位，长拉杆+液压螺母连接，连接可靠性提升25%；整体模块化设计，极大地提升了配套适应性，通过结构改进、材料提升、工艺优化等多种措施，在结构强度和关键部件寿命等方面大幅提升；具备基于自由曲线的自适应截割、状态感知、预测性诊断等功能，可实现采煤机自主定位、自主截割智能化常态开采，减少井下作业人员配置，改善作业人员的工作环境。

唐山神州机械集团有限公司（简称神州机械）专注于干法选煤技术和装备的研发、应用与推广。2022年研发的干法矿物高效分离技术入选自然资源部《矿产资源节约和综合利用先进适用技术目录（2022年版）》。该技术采用阶梯式分离原理，根据不同阶梯区间的分选功能，实现自生介质不同程度流态化，各区间同时配合不同程度的激振力，形成振动流化床与阶梯分离的综合力场，实现了物料按密度分层，使高低密度物料在不同分离区间分别越过溢流堰而完整分离。该技术有效解决了水煤泥难处理、污染严重的难题，综合节能和二氧化碳减排能力巨大，是推动煤炭清洁高效利用的创新技术。公司承担的露天矿褐煤资源洁净利用技术和成套设备研究项目通过唐山市科技局验收。项目在攻克基于分离床体振动力、风力组合、智能检测与控制技术基础上，通过不同技术装备的综合集成和模块化设计，在国内外首次实现了露天矿褐煤资源干法分选，满足了煤炭企业对煤炭综合加工处理的迫切需求。项目开发的易泥化煤干法分选系统，实现了300 mm以下易泥化煤全粒级分选，单系统处理量达到500 t/h，数量效率>95%，分选精度Ep值0.13~0.23，真正实现了选煤不用水、工艺简化、耗电量低，避免了湿法分选、煤粉参与分选引起的水资源浪费和煤粉、煤泥造成的严重环境污染，环保效果好，煤炭回收率高。此外，神州机械与中国煤炭加工利用协会合作建设的煤炭行业干法选煤工程研究中心唐山神州实验室揭牌。该实验室致力于为行业内干法分选工程项目提供标准化、精准化的煤质检测和设备工艺性能评价，为干选技术的推广应用提供有力的数据支撑。

中煤科工集团南京设计研究院有限公司研发的基于数字孪生的选煤厂智能管控平台获评“数字科技（元宇宙）创新应用优秀成果”。该平台以选煤工艺为脉络，以数据互联互通为原则，以信息整合利用为核心，打破了选煤厂原有“孤岛式”的生产方式，实现了选煤厂数据的“采集—分析—管控—决策”全周期管控，实现了选煤厂生产现场可视化、选煤信息精细化、管理决策智能化的深度融合，可方便快速有效解决现场实际问题，实时监控生产状态，预测生产结果，助推选煤厂“安全、节能、环保、高效”的智能化建设。

长沙矿山研究院有限责任公司（简称长沙矿山研究院）不断推动机器人技术在矿业领域的高效应用，发明专利“一种深海富钴结壳矿区采矿实验车”获2022年度湖南专利奖一等奖。依托该专利技术成果，长沙矿山研究院解决了深海复杂地形条件下的低贫化问题和连续高效开采富钴结壳的关键技术难题；研发的国际首台富钴结壳采矿试验车，填补了国际相关领域的技术空白，整体技术达到国际领先水平。针对近年来在矿难等事故应急抢险过程中安全系数有待增强、物资运输与人员撤离效率亟待提升的重大问题，该院设计研发了具备全地形通过能力、高承载量、智能跟随、智能调度、无线通信及语音交互等功能的矿区应急运输机器人，可实现灾后恶劣环境下被困人员自主搜寻、抢险作业无人化、紧急救援物资运输高效化等应用目标，打通了救援通道“最后一公里”，入选工业和信息化部办公厅等4部委联合发布的“农业、建筑、医疗、矿山领域机器人典型应用场景名单”。长沙矿山研究院承担的电镍智能化加工包装机组研发与应用项目2022年通过中国有色金属工业协会组织的科技成果评价，技术水平达国际先进。该项目主要运用了视觉定位、表面检测、机器人、AGV、5G、工业互联网、云平台、远程监控等技术，实现了镍板的智能分片、表检、定位剪耳、堆摞、配重，转运、整形、压平、称重、喷码、打捆、绕膜、对中、入库等工程和电镍加工包装的无人化、自动化、智能化，强化了5G+互联网等新一代信息技术与传统产业的融合发展。

宁夏天地西北煤机有限公司（简称西北煤机）和上海煤科共同研发的快速掘进铰接式自移机尾与视频监测遥控关键技术与装备项目通过中国煤炭工业协会组织的科技成

果鉴定，技术达到国际先进水平。其创新点包括：研制的铰接式可伸缩机身单元满足整卷（100 m）输送带一次接续的需求，可实现连续掘进 50 m 不停机，满足了快速掘进后的配套需求；发明的伸缩机身牵引装置，以输送带为导向和支点，不易出现跑偏，输出牵引力大，可连续高效推动伸缩机身移动；研制的视频监测遥控系统，可实现自移机尾遥控与机尾运行状态的实时监测，避免了安全隐患。项目成果解决了目前掘进巷道“掘运”比例失调的技术难题，提升了区域煤机装备的品牌效应，引领了我国井工运输装备的发展，推动了我国煤炭行业向高质量发展的进程。公司研制的国内首套可伸缩带式输送机用远程控制自牵引伸缩机身装置，在陕西煤业化工集团孙家岔龙华矿业有限公司创造了月度回采 500 m 的好成绩。该装置可实现远程控制，具备 web 发布、远程 PLC 下载等功能。其中，伸缩机身可自动伸展或压缩单元机身，减少补充或拆除单元机身的频次，有效提高工作效率；牵引机构爬坡能力强，局部巷道倾角可超过 ±8°。

湖南创远高新机械有限责任公司（简称创远高新）、湖南创远矿山机械有限责任公司、中南大学、紫金矿业新疆哈巴河阿舍勒铜业股份有限公司等单位完成的地下天井与切割槽高性能智能钻机研发项目通过中国有色金属学会组织的科技成果评价，产品技术达到国际领先水平。项目创新点包括：开发的动态插板、比例接卸杆和自动寻位技术，可一键完成接卸钻杆作业，实现天井钻机作业机械化与自动化；采用钻机一体化行走系统、液压支柱快速定位系统，大幅度减少转场立机时间，实现即达即用，显著提升施工作业效率；研发的高压智能液压系统、新型钻杆螺纹结构、高强度钻杆材料和热处理工艺，可显著提高钻具强度、优化钻机工作参数，实现天井钻机全岩性破岩作业；研发的钻机专用 RCS3.0 智能控制系统，具有安全保护、自主作业、数据存储、故障诊断、远程监测等功能，为智慧矿山提供技术支撑；采用先进的机电液及智能化技术，解决了硬岩作业工人劳动强度高、转场运输困难、智能化程度低等问题，实现了天井装备全岩性、大井径、高机动性、智能化高效作业。该装备已在国内多家矿山龙头企业及塞尔维亚、墨西哥、俄罗斯等多个国家成功应用，设备运行稳定，性能可靠。为满足“本质安全、资源集约、绿色高效”智能矿山建设的需求，创远高新结合传统潜孔钻机的特点，采用模块化设计，应用云计算、大数据、物联网、5G、裸眼 3D、智能驾驶、人工智能等新一代信息技术，研发的全球首台 CY-UMD6i 智能型地下潜孔钻机，实现了采矿过程的自规划、自感知、自决策和自运行。

宁夏天地奔牛实业集团有限公司（简称天地奔牛）围绕矿用输送装备的关键技术与产品服务，大力实施技术创新，不断为煤机行业、煤矿用户提供“最佳解决方案”。研制的新一代智能化产品——450 m 超长工作面智能刮板输送机 2022 年在陕煤集团小保当矿业有限公司成功运行。该装备设计长度 480 m，可满足中厚煤层一次采全高超长工作面安全、可靠、高效、智能的生产要求，具有长运距、智能化、高可靠性、长寿命等特点，标志着我国中厚煤层开采水平迈上了一个新台阶。公司自主研发的沿空留巷成套挡矸支架和智能自适应单元支架，在国家能源集团宁夏煤业金凤煤矿成功应用，较传统沿空留巷效率提高了 46%，有效提升了矿井开采的安全性和开采效率。其中，挡矸支架采用创新设计方案，较传统留巷工艺顶板下沉量减少 15%，有效减缓采空区煤矸对揉模墙的冲击，形成长 6 m 的安全防护缓冲空间；工作面日进尺提高 30% 以上，单班人员减少 20%，劳动强度大幅降低，达到工作面减人增效的目的；智能自适应单元支架创新性地采用自适应、自复位机构，支护强度更加安全可靠，实现了煤矿井下巷道的安全、高效支护。

北京霍里思特科技有限公司（简称霍里思特）致力于 X 射线智能分选系统的研发。2022 年度，公司研发的光电智能分选技术通过中绿盟组织的科技成果鉴定，达到国际先进水平。其创新点：①高灵敏 X 射线探测器。研发了全系列不同分辨率和不同能量谱段的射线探测器；可根据不同的矿石性质定制不同 X 射线探测器，提高分选精度；识别系统及核心探测器硬件完全自主研发。②Ⅲ类射线装置。射线源采用低电压小功率、一体式风冷自屏蔽系统射线装置，射线源结构简单，可靠性高。③多光谱融合识别。针对特定矿种、难选矿种，采用多光谱融合的物料识别方法，X 光发射器和线阵相机分别采集待识别物的图象并发送给识别系统，两种光谱采集的数据共同作用，适用范围更广。④ AI 智能算法软件。采用 AI 算法，矿物识别率高，可以自动检测处理量、流量、抛废率；可实现设备远程监控，能实现预警预报，一旦原矿有变化，能快速响应。⑤高速、自清洁分选执行机构。分选机执行机构采用高频电磁阀控制气路通断，实现矿石的空间分离；电磁阀响应速度亚毫秒，喷嘴采用整体式结构设计，有效避免了数百个气管和接头的大量故障点难题，具备自清理功能。研究成果在有色金属矿、黑色金属矿、非金属矿、放射性矿、煤矿选矿环节进行了示范应用，具有重要的推广应用价值。公司制造的 K104 分选机实现了萤石矿行业首例智能分选，可同时完成精矿、中矿、尾矿产品分选并分仓排料，集收精、抛废于一体，缩短了工艺流程，突破了萤石选矿只能依靠浮选、重选等传统生产方式，为我国低品位萤石的开发利用开辟了新途径。

山河智能装备股份有限公司（简称山河智能）研发的 SWE650FB 履带式液压挖掘机、SWDE152I 5G 智能钻机、SWA22JE 曲臂式高空作业平台等多款产品荣登 CMIIC2022 明星产品榜单。其中，SWE650FB 履带式液压挖掘机在性能、稳定性、工作装置、防护等方面全面升级，配备液压油独立散热系统、377 kW 五十铃 6WG 发动机，采用 70 吨级矿山重载型底盘和四轮一代系统，高效匹配 210 破碎锤，更加高效、可靠、安全。SWDE152I 5G 智能钻机不仅具有普通钻机的人工控制操作功能，还可在遥控仓远程控制、程序自主控制两种独立操控模式下，通过采用 5G+ 远程遥控监控、北斗高精度定位、大数据处理、自动驾驶等控制技术，精准实现远程布孔、自动定位、轨迹规划、远程值守、电子围栏、共底控制和报表输出等，同时能够进行多机协同和自主作业。公司推出的国四款 SWDE152BF 一体式潜孔钻机广泛应用于煤、金属、石灰石和砂石骨料矿山的钻孔作业。该装备孔径范围达 115~165 mm，最大孔深达 36 m；配备的凿岩自适应控制系统，可根据岩石状况，自动输出作业参数，有效应对复杂地层，并根据开孔、接卸杆自适应匹配，有效预防卡钻，提升钻孔效率。此外，山河智能自主研制的旋挖钻机入选 2022 年第七批国家级制造业单项冠军产品。

赣州金环磁选设备有限公司（简称赣州金环）研发的世界首台 SLon-5000 磁选机刷新了立环脉动高梯度磁选机应用的新纪录。该机适用于 –1.3 mm（–200 目占 30%~100%）的微细粒氧化铁矿（赤铁矿、褐铁矿、镜铁矿等）、锰矿、钛铁矿、黑钨矿等弱磁性金属矿物的湿式分选，也可用于石英、长石、霞石矿、滑石、高岭土等非金属矿物的除渣提纯和氧化铝赤泥选铁、尾矿综合回收、矿渣选矿等二次资源的综合回收。其创新点：首创大型船型磁系结构设计；首创框架式、模块化的大型电磁磁轭结构和活动轮毂双键连接分体式分选环结构；智能化控制与物联网平台；整机能效设计国际领先，单机日处理量达 2.3 万 t，单位电耗仅 0.27 kW · h/t。

顺达重矿集团（简称顺达重矿）在引进国外先进圆锥破碎机技术的基础上，研发的 H9 高能圆锥破碎机实现了矿石的多碎少磨、节能降耗，打破了国外企业在该领域的垄断，推动了我国圆锥破碎机向大型化和高能化方向发展。该装备主要应用在矿山和骨料行业中矿石粉碎作业的第二和第三段破碎，最大产量 2 000 t/h，最大给料粒度 380 mm，最大驱动功率 750 kW。技术创新点：采用先进的高能化设计思路，具有高动锥悬挂、高偏心套转速、大偏心距，高输入功率等特点，在体积规格相同的条件下，该设备重量更轻、产量更大、输入功率更高、产品粒形更好、产品中高价值粒度物料占比更大；融合了液压和自动化技术，可提供自动、实时的过铁保护功能，操作简单的清腔功能和自动调整排矿口功能；针对金属矿山和骨料矿山设计的专用衬板腔型，可根据客户需要定制设计，保证金属矿山多粉量、骨料矿山多碎石。2022 年，H9 圆锥破碎机在砂石等行业的应用项目获辽宁省建筑材料科学技术奖一等奖。顺达重矿制造的 MYQ4080 溢流型球磨机适用于金属矿、化工、建材等领域。该机操作简单，调整和维修方便，具有先进的过载保护、自动监测和故障预测等能力，可实现可靠、稳定、经济、高效运行，时产量 350~400 t，年产量 250 万 t。

蒲白煤矿机械有限公司（简称蒲白煤机）自主研发的 SGZ1250/4800 超重型智能化刮板输送机 2022 年度获“中国煤炭机械工业优质品牌产品”称号。该装备设计长度 450 m，输送能力 4 500 t/h，装机功率 4 800 kW，采用先进的集中控制、智能驱动、链条自动张紧、煤量监测、设备运行状态监测及故障诊断等智能化功能，可满足智慧化矿山无人、少人及高产高效矿井生产的使用需求。蒲白煤机研制的 SGZ800/2 × 700、SGZ764/400 刮板输送机成套运输设备通过用户验收。

天津美腾科技股份有限公司（简称美腾科技）针对煤炭生产加工过程中，因仓储离析、煤质变化等原因造成选煤厂入料质、量不稳，生产组织和产品指标控制难度大等痛点难点问题，研发了原煤统配与负载均衡系统。该系统利用精准检测的底层原煤粒度组成和实时带料量的前馈数据，通过模糊控制、时间序列 PID++、机器学习、神经网络预测控制算法，实现了给煤机启停的自主管理、开启数量的智能调配、设定频率的自动调节等影响原煤统配的多因素综合控制，有效解决了原煤统配不均造成的后续洗选系统“胀肚子”或“吃不饱”等入选量波动难题，实现了原煤统配过程的无人值守，达到了入选均衡以及生产效率的最大化。公司与安徽中科光电色选机械有限公司合作完成的基于 X 射线的煤矸干法分选技术入选自然资源部《矿产资源节约和综合利用先进适用技术目录（2022 年版）》；其发明专利“干选机的分选参数控制方法、装置、设备及存储介质”获天津市专利优秀奖；制造的 XRT 智能光电分选机入选中绿盟《绿色矿山百项先进适用装备（技术）目录》。

云南凯瑞特重工科技有限公司（简称凯瑞特重工）研发的 KJ-3545 履带移动颚式破碎站广泛用于矿山、冶炼、建材、公路、铁路、水利等领域，适用于鹅卵石、花岗岩、玄武岩、石英石、铁矿石、石灰石、建筑垃圾的破碎。产品特点包括：主机电动机采用变频启动，启动、停止更加平稳，有效地提高了电动机的使用寿命，极大地降低了运行成本；主机设置有卸料板，大幅降低了皮带被金属划伤或者被石料砸伤的风险；主电控柜有一级整体减振和二级分体减振，三级防尘措施，并配置风机，散热除尘，防尘效果更好；配有完善的除尘系统，可通过水泵进行喷雾、降尘，环保效果显著，改善了作业环境。凯瑞特重工制造的高效筛分设备 KS-1303 履带移动筛分站，采用履带驱动行走方式，工作主机为圆振筛，可实现重载、中级和精细筛分，主要应用于采石场、矿山、建筑拆除碎片处理、表层土处理、物料再生利用、沙砾筛分、煤矿和骨料筛分等工程，也可供选矿、电力及化工等行业的物料分级使用。

江苏嘉轩智能工业科技股份有限公司（简称江苏嘉轩）主要从事工业智能滚筒技术、散状物料输送系统维护和智能工业电机应用技术的研发和应用。江苏嘉轩与南京宝地梅山产城发展有限公司矿业分公司、安徽马钢矿业资源集团建材科技有限公司合作完成的高效智能永磁直驱滚筒关键技术及产业化项目获 2022 年度冶金矿山科学技术奖一等奖。该项目突破了我国传统带式输送传动系统占地面积大、能耗高、转矩低、效率低、冲击大、故障率高、运行成本高等一系列技术难题，首创了低速大转矩外转子永磁电动机的高转矩密度设计方法，建立了基于深度学习的低速外转子永磁直驱滚筒智能运维技术，开发了低速外转子永磁直驱滚筒的深度学习诊断算法，以创新科技推动矿山迈入智慧运输发展快车道。生产应用表明，该设备运行可靠性增加 20%，人机分离概率降低 20%，降低安全风险 10% 以上。此外，公司研发的永磁智能工业电机（永磁电机）入选《国家工业节能技术装备推荐目录》《国家工业节能技术应用指南与案例》和中绿盟《绿色矿山百项先进适用装备（技术）目录》。

沈阳隆基电磁科技股份有限公司（简称沈阳隆基）完成的干磨干选工艺技术、全流程干选工艺线开发两项研发成果入选辽宁省企业技术创新重点项目。研究成果可部分或全部代替常规湿式选矿工艺，实现全干法选矿，干选铁精矿品位达到同等湿选品位的技术指标，破解了选矿水污染难题，可大幅节约水资源，对环境保护及资源综合利用具有重要的意义。公司研发的全自动磁悬浮精选机获辽宁省专精特新产品（技术）认定。该机采用“四周给矿，中心溢流”的创新结构设计，分选区采用微流磁控精选技术，提品降硅能力更强，精矿回收率更高，节水节能。同时实现了无人化作业，可远程监控设备运行，远程就地无缝切换，大幅降低了选厂的运行成本。沈阳隆基与东北大学联手打造的隆基运维智能管理系统上线试运行。该系统整合物联网、云计算、大数据等新一代信息技术，拥有设备实时数据采集、运行状态深度透视、异常检测及预警、配件服役年限提醒、远程维护等核心功能，从简单的数字呈现升级到数据分析和诊断，为客户提供更及时、更便捷的服务。此外，系统还能帮助企业解决远程维修的难题，技术人员可即时指导排除故障，提高维保效率。沈阳隆基将智能化技术融入单晶硅除尘器的研发中，研制出单晶硅全自动除尘器。其创新点有：拉晶过程中可实现除尘，确保拉晶全程炉压稳定，降低干泵频率，提升拉晶品质；灰尘单独氧化，延长滤袋使用寿命，减少运维成本；全自动除尘，清灰过程标准化，避免人工误操作带来的危险。此外，公司研制的智能磁微流控精选机入选《辽宁省工业企业创新产品目录（2022 年度）》；制造的立式转环感应式湿法强磁选机入选中绿盟《绿色矿山百项先进适用装备（技术）目录》。

济南重工集团有限公司（简称济南重工）针对济南复杂地质条件，完成的泉域复杂条件下土压平衡盾构智能装备与应用项目突破了泉域复杂条件下密封难、刀具破损严重、智能监控无人化等技术难题，是济南市隧道掘进施工的代表性成果。公司研制的 JZS6250H 泥水平衡盾构机获山东省第四届“省长杯”工业设计大赛金奖。该装备设计了刀盘冲刷系统、泥水环流系统、新型泥水排浆舱门锁紧结构等，整机搭载地质预报、地层特征感知、气体环境检测、滚刀实时监测、同步注浆检测和辅助决策支撑等智能装备系统，更有效地适应复杂多变的施工环境和高标准的技术要求。公司研制的国内煤化工行业目前最大规格水煤浆棒磨机 MBS4765 一次试车成功。该磨机具有节能、环保、高效等特点，特别是在进料端采用了具有自主知识产权的锥形橡胶密封 + 三层返水环的双重组合密封结构，合理补偿磨损量，彻底解决了产品进料漏浆现象，实现了绿色环保生产。

河南黎明重工科技股份有限公司（简称黎明重工）与郑机所合作完成的硬岩骨料绿色制备工艺与智能控制技术入选自然资源部《矿产资源节约和综合利用先进适用技术目录（2022 年版）》。该项技术采用挤压破碎原理，通过将颚式破碎机、圆锥破碎机、立轴冲击式破碎机、振动筛等设备进行组合设计，形成粗中细碎的柔性生产工艺。原料经粗碎设备（颚式破碎机）后通过带式输送机将破碎物料输送至缓冲仓，之后通过带式输送机将破碎物料输送至中碎设备（中碎圆锥破碎机），中碎破碎后的物料通过带式输送机输送到振动筛，将经过筛分的物料进行分层出料。不合格的物料再次经过细碎、超细碎后生产出合格产品。该技术提高了硬岩骨料的破碎效率，降低了硬岩机制碎石针片状颗粒的含量，优化了产品级配，同时促进了尾矿废料的重复综合利用。该技术成果可广泛应用于机制砂建筑骨料行业，具有广阔的推广前景。公司起草的标准 JC/T 1013—2022《冲击式制砂机》2022 年度批准发布，于 2023 年 4 月 1 日实施。标准规定了冲击式制砂机的型式、型号和基本参数、技术要求、试验方法、检验规则及标志、包装、运输和贮存，适用于对抗压强度不大于 350 MPa 的各种矿石或岩石物料进行破碎的冲击式制砂机。此外，公司研发的 HPT 多缸液压圆锥破碎机、VSI6X 立轴冲击式破碎机和立式辊磨机清洁煤粉制备成套设备入选中绿盟《绿色矿山百项先进适用装备（技术）目录》。

目前，在选矿企业物料传送转运过程中，普遍通过人工操作布料小车，劳动强度大，伤亡事故时有发生，现场危害极其严重。南京鼎尔特科技有限公司（简称鼎尔特科技）开发的集互联网、自动化控制、激光检测、RFID 和无线数据图传等先进技术于一体的全自动智能布料机器人，可完全替代人工现场操作，有效规避生产伤亡事故的发生，极大地减少了现场危害的覆盖面，增强了人员及设备的安全性以及上下游运行的均衡性、及时性，降低了企业运营成本，提高了产能。该产品 2022 年度通过中冶有色技术平台 AAA 级技术评定，入选中绿盟《绿色矿山百项先进适用装备（技术）目录》。

北京科技大学、北京君致清科技有限公司和鄂尔多斯市君致清环境科技公司合作完成的低贫磁铁矿资源高效预选设备入选自然资源部《矿产资源节约和综合利用先进适用技术目录（2022 年版）》。其创新点有：通过应用磁力分选理论，借助矿物比磁化系数差异，设计出特殊磁系快速磁翻转高场强干式磁滚筒。工作状态下磁系和带式滚筒异向旋转，不同磁性物料在复合多力场（磁力、离心力和重力）的作用下，实现高效分选。该技术应用于低贫磁铁矿石、高炉渣、钢渣等含铁固体废弃物选铁，不仅实现了低贫磁铁矿的开发利用，降低了超贫磁铁矿工业利用品位下限、增加了可利用铁矿资源储量，而且减少了磨选作业负荷，实现了低成本经济利用。

中煤天津设计工程有限责任公司（简称天津设计公司）完成的煤矿智能掘进工作面建设关键技术研究项目针对煤矿掘进工作面现行的施工方法、工艺流程、装备配套等方面存在的问题，围绕智能化掘进中存在的装备自主定位与导向、自适应截割、自动高效锚护、掘 - 支 - 运 - 辅系统同步智能协同、掘进进度 - 围岩 - 瓦斯联动等技术难题，研发、构建了“以工作面自动控制为主，集控中心远程干预为辅”的智能掘进模式，达到提升安全保障能力、减少作业人员数量、降低劳动强度的目标，为煤矿井下智能、安全、高效掘进提供可靠的技术保障。天津设计公司参与完成的煤炭洗选工程 CPIM 三维可视化全生命周期管理平台、一体化智能浮选机的研制、煤炭全煤流防破碎机理研究与应用等多项科技成果通过中国煤炭工业协会组织的验收，技术达到国际先进水平。其中，煤炭洗选工程 CPIM 三维可视化全生命周期管理平台以 BIM 为核心，实现了煤炭洗选工程规划设计、施工建设到生产运营的全生命周期三维可视化管理应用。该平台完成了国产关键软硬件的自主可控适配，建立了煤炭洗选行业数字化建设标准体系，突破了煤炭行业数字化核心技术，提升了大型能源类企业管理效率，推动了煤炭行业数字化转型发展，对国家能源信息安全具有战略意义。一体化智能浮选机的研制使煤泥浮选系统成为一个整体，实现了煤泥浮选的无人值守、远程控制的智能化生产，是国内煤泥浮选装备智能化发展的重大技术突破，对推动我国选煤厂细粒选煤的发展，提高选煤厂生产技术指标，促进选煤厂经济效益和资源综合利用具有重大的意义。公司自主研发的首台带式机分料设备是国内选煤厂领域首次采用过流式带式分料器，融合堆形三维扫描技术，减少刮板机配料环节，直接实现根据配煤比例需求多点卸料、精准控制分料功能，可大幅提高作业效率、降低生产能耗，达到节能减排的效果，为全煤流增值服务和煤炭行业效益整体提升提供新的技术支撑，具备良好的市场推广应用价值。公司研发的国内首套无人值守智能压滤系统投入使用，填补了我国相关领域的空白，具有极强的推广示范效应。公司主编的《干法选煤工程设计规范》通过终审，对提升行业技术水平具有重要的意义。

河南中誉鼎力智能装备有限公司（简称中誉鼎力）2022 年研发了 DLHCS 反击式破碎机、DLLXS 螺旋式洗砂机、DLXSH 细砂回收脱水一体机、DLBW 板式给料机、DLGS 滚轴筛、DL 组装式廊道等多款新品，扩大了产品系列。其中，DLHCS 反击式破碎机是中誉鼎力在传统反击破碎机的基础上改进而成，具有结构简单、出料粒形均匀、液压调控、易损件方便更换、转子使用时间长等特点，适用于河卵石、花岗岩、石灰石等抗压强度在 320 MPa 以下的矿石破碎，处理能力达 400~600 t/h，进料粒度≤300 mm。DLLXS 螺旋式洗砂机主要用于机制砂生产线，清洗砂石表面覆盖的泥土和粉尘等杂质，具有故障率低、洁净度高、节约水资源和使用成本低等优点，进料粒度≤10 mm，处理能力 70~210 t/h。此外，公司研发的石灰岩破碎装备关键技术及智能控制系统项目获河南省装备制造业科学技术奖二等奖；砂石骨料行业工业互联网平台项目被评为“2021—2022 年建材行业工业互联网项目”。河南中誉鼎力智能装备工业设计中心被评为河南省第五批省级工业设计中心。

埃里斯克矿山工程机械有限公司（简称埃里斯克）研发的高效能环保矿料破碎技术入选自然资源部《矿产资源节约和综合利用先进适用技术目录（2022 年版）》。该技术的创新点包括：根据圆锥破碎机的控制机制、作用原理及运行性能，设计研发出智能控制系统，实现圆锥破碎机排料口自动调节、过铁保护、过载保护等功能，保证设备的安全运行及稳定产出，提高产出效率，同时延长使用寿命；在破碎机架体位置增设风压通道，利用智能正压环境调节技术，确保破碎系统中润滑油路及运作系统的内部清洁环保；利用压差原理，在出料口附近设置了自动喷淋装置，便于散逸尘粒的沉降与收集。该技术实现了产能最大化，破碎效果好，产品合格率高，提高了经济效益，有效降低了生产成本，改善了作业环境，提高了智能化水平，对在选矿领域内构建高效智能生产线具有重要的实践意义，推广应用前景良好。公司研发的 CS 系列筛分机获 2022 年度绿色矿山科学技术奖（矿业装备质量奖）银奖；MH 高效节能环保液压圆锥破碎机入选中绿盟《绿色矿山百项先进适用装备（技术）目录》。

航天重型工程装备有限公司研发的矿山无人运输作业系统成功应用在国家能源集团准能集团、国家能源集团大雁公司、江西铜业集团城门山铜矿等大型露天矿山，填补了矿山设备无人化技术领域的多项空白，在国内相关领域起到了示范引领作用。该系统由矿用载货车无人驾驶车载系统、无人驾驶地面控制系统、矿区装备及辅助车辆协同作业系统、V2X 智能路测与数据通信系统等组成，主要应用于特大型露天煤矿、大吨位无人驾驶矿用载货车的研发、分析和试验，可实现大规模无人驾驶矿用载货车的批量应用，提高设备生产效率、减少设备因人为操作不当造成的损耗、大幅度节约人工成本，达到矿区减人、降本、增效的目的。

玉溪大红山矿业有限公司、中冶长天国际工程有限责任公司、昆明理工大学、中国矿业大学（北京）合作完成的磨矿分级专家控制系统关键技术，入选自然资源部《矿产资源节约和综合利用先进适用技术目录（2022 年版）》。该技术整合了大量具有丰富磨矿分级作业经验的操作人员、工艺专家和控制专家的生产经验和技术知识，形成了分布式磨矿分级专家控制系统、磨矿分级作业智能优化控制技术、磨矿分级控制系统协同控制技术等特色技术，具备了指导磨矿分级控制过程的专家级别的知识、经验和处理问题的能力，能通过合理的分析和推理，有效解决工艺复杂、矿石原料因素不确定等选矿控制问题。在玉溪大红山矿业有限公司成功应用中，原矿处理量提高 8.01%，电耗降低 15.01%，钢耗降低 20.85%，铁回收率提高 1.01%。

石家庄煤矿机械有限责任公司（简称石煤机）研制成功首台用于开掘隧道的 320 kW 大功率掘进机。该机具备快速移机、一运出渣效率高、电缆自动收放、专用高效除尘、截割部转速可调等优良性能，主要用于地质条件复杂的地铁隧道施工。公司和河北科技大学承担的智能型悬臂式掘进机研制及示范应用项目入选“2022 年河北省中央引导地方科技发展资金项目”，获得科技成果转移转化方向的资金支持。该项目以机器人技术、视觉测量、现代控制技术为基础，解决掘进过程中的定位与自主导航、自动截割、远程监测与控制等问题，并构建数字孪生驱动的掘进机智能交互控制系统，为远程控制提供可视化智能检测与控制支撑。

辽宁工程技术大学为中煤华晋公司王家岭矿研发的带式输送机不停机更换托辊机器人，是国内首台更换带式输送机托辊的专业设备，填补了国内更换托辊机械设备的空白，解决了煤矿带式输送机不停机更换托辊的难题，提高了煤炭生产效率。该装备由行走机构、调整平台、支撑皮带平台、前机械手、后机械手、液压控制系统、电气控制系统组成。整机行走机构采用液压马达、履带结构，最大程度上保证了行驶的稳定性和可靠性；调整平台自带动力系统，采用机电液压控制，由液压缸进行驱动，每个动作都采用单独控制按钮，可以有效控制每个结构的独立运行，同时设有长按和点动两种功能，便于设备进行细微调整，极大提高了调整的精确率。

北京天玛智控科技股份有限公司（简称天玛智控）依托无人化智能开采控制技术、高水基液压技术两大核心技术，专注于煤矿智能化开采技术和装备的研发创新。研发的 Longwallmind5.0 新一代软件平台是综采工作面智能化控制的中枢，通过丰富的组态功能，将 SAC 电液控、SAM 自动化、SAS 采煤机、SAV 视频等系统有机融合，具有完整的数据采集、存储、控制、显示、通信功能，为操作人员在地面进行远程操作提供了可靠支撑。基于工业以太网的智能开采控制系统深度整合原有电液控制系统和综采自动化系统的技术优势，突破了控制系统对不同地质条件和工况适应性不强的技术“瓶颈”，提升了支架跟机移架效率，在全国多处煤矿实现常态化应用，提升了煤矿安全生产水平。矿用电液阀智能制造体系利用独创的技术工艺开发智能化专机，实现了关键工序制造设备的国产化。智能开采高端装备关键控制元部件智能工厂项目通过北京市认定，实现了减人提效，提升了我国高端煤机装备的国际竞争力和影响力，为煤炭行业智能制造树立了典型示范标杆。公司建设的煤炭机械工业智能开采工程技术研究中心通过中国煤炭机械工业协会验收，可为智能开采关键技术及装备提供可靠的研究、孵化平台；主持完成的无人化智能开采关键控制技术研究与系统研制、电磁先导阀关键工艺与智能装配生产线研发等多项成果通过中国煤炭工业协会组织的科研成果鉴定，达到国际领先水平或国际先进水平；研发的 SAM2.0 新一代自动化智能开采控制系统入选中绿盟《绿色矿山百项先进适用装备（技术）目录》；联合完成的智能开采高端装备关键控制元部件智能工厂和鑫岩煤矿智慧矿山建设项目获煤炭行业两化深度融合优秀项目奖。

浙矿重工股份有限公司（简称浙矿重工）主持开发的硬岩机制砂石高效加工成套装备技术项目通过中国砂石协会组织的科技成果鉴定，整体技术达到国内领先水平，其中圆锥破碎机的轴承式偏心套机构、立轴冲击式破碎机的深腔转子结构达到国际先进水平。项目主要创新成果包括：高转速旋回破碎机采用重型滚动轴承替代传统铜套，可大幅提高锥体摆动次数，显著提高物料处理能力；模块化设计的颚式破碎机提高了破碎机的耐冲击性能；通过开发自动加油装置，实现关键部位的定时定量润滑；通过排料口调节装置的研发和改进，实现对颚式破碎机排料口尺寸的精确控制。研发的圆锥破碎机轴承式偏心套机构，通过减小偏心套与机架支撑以及偏心套与动锥主轴之间的摩擦系数，提升圆锥破碎机的工作效率和产量；通过独立的液压系统和自动控制技术，实现过铁保护和排矿口开度控制，提高圆锥破碎机的运转可靠性；设计的双曲面破碎腔形，提高了破碎力与石料裂隙扩展方向一致的概率，实现了“选择破碎”；设计的稀油循环喷射润滑方式及顶部轴承回油孔，提高了润滑效果，降低了摩擦产生的热量，延长了设备的使用寿命；开发出立轴冲击式破碎机的深腔转子结构，提高了转子转速和破碎机生产能力；优化了主轴电磁加热装配工艺和稀油润滑结构，避免出现主轴“包死”现象；开发的一种高强度、高分选率振动筛，通过提高筛分效率，延长了使用寿命；开发出一种智能化管理系统，运用大数据和物联网技术，实时有效预防和减少各类损耗，大幅提高产能、提升矿山现场管理的效率和数字化水平。该项目成果已在国内外矿山、水泥、公路、电力、冶金等行业广泛应用，取得了显著的社会、经济和生态环保效益。该项目技术入选自然资源部《矿产资源节约和综合利用先进适用技术目录（2022 年版）》。此外，公司研发的采矿设备智能化管理解决方案入选工业和信息化部《2022 年工业互联网 APP 优秀解决方案》。

山东天河科技股份有限公司（简称山东天河）致力于煤矿巷道掘进等高端矿用装备的研发和生产，制造的 EBZ 系列掘锚机被评为 2022 年山东知名品牌。该产品是山东天河自主研发的高效智能化掘进装备，集掘进、临时支护、锚杆锚索支护、钻探等功能于一体，结构设计紧凑，综合机械化程度高，拥有多项自主知识产权，技术达到国际领先水平。公司研制的矿用智能高效干式除尘装置具有除尘效率高、无水污染、免维护等特点，综合除尘效率 ≥ 99.5%，呼吸性粉尘除尘效率 ≥ 90%，尤其适用于岩巷、半煤岩巷综掘工作面粉尘治理，在山东能源集团等企业的应用，取得良好的效果。该装置入选《山东省能源领域新技术、新产品、新设备目录（2022 年度）》。此外，山东天河研发的矿山动力灾害安全分析系统 V1.0 入选山东省首版次高端软件产品名单。

上海山美环保装备股份有限公司（简称上海山美）推

出PP系列四位一体轮胎移动站。该移动站集给料、破碎、筛分于一体，主机设备包括振动给料机、颚式破碎机、圆锥破碎机（反击式破碎机）、振动筛等，具有设计先进，性能优良，生产效率高，使用、维修方便，运营费用经济，工作稳定可靠等特点，适用于各种坚硬、中等硬度以上的矿石、岩石以及建筑垃圾等物料的处理，可“一站”解决多个行业的破碎筛分需求。与固定式移动站相比具有以下优势：安装方便快捷，无须打桩，节省安装时间和基建费用；破碎、运输、筛分一体，省去物料转运环节，节省运输费用；采用智能控制系统，单人即可操控一条生产线，作业效率高，节省人工成本，提高了生产效率。此外，上海山美参与的“十三五”国家重点研发计划“建筑垃圾资源化全产业链高效利用关键技术研究与应用”项目2022年度结题。

力博重工科技股份有限公司（简称力博重工）、武穴市长江矿业有限责任公司合作完成的矿山松散物料永磁驱动带式输送装备与技术入选自然资源部《矿产资源节约和综合利用先进适用技术目录（2022年版）》。该装备由低速大转矩永磁直驱电动机、直线段和转弯段机架、输送带、托辊、滚筒、张紧装置、逆止装置、断带抓捕装置、智能化控制系统等组成，以低速大转矩永磁直驱电动机作为驱动装置，替代传统的异步电动机+减速机的驱动方式，能适应矿山复杂地形，实现大角度上下坡和空间转弯输送，是建材、煤炭、冶金、电力等行业散状物料输送用节能环保装备。此外，力博重工获批设立博士后科研工作站，这对企业提高技术创新能力、推进科技成果转化具有重要意义。

四川明宇盛达科技有限公司2022年度推出HXDG定量给料机、YKQ3675系列振动筛等新产品。其中，HXDG定量给料机拥有定量给料、自动计量和累计等功能，能自动按照预定程序，以恒定的给料速率连续不断地输送散状物料，具有给料精度高、适应能力强、可靠性高等特点，可广泛用于建材、化工、矿山、冶金等行业。YKQ3675系列振动筛处理能力达180~1 500 t/h，入料粒度≤150 mm。其主要特点有：电控系统互锁、自动化程度高，留有远程（PLC）控制端口；采用块偏心结构，拆卸运输方便，振幅可调；大机型采用双激振器，筛分效率高、处理量大；采用双电动机，通过传动轴传动，挠性片连接，设备运行更平稳；内部密封采用性能优异的高硬度油封环，可有效保护主轴且维护方便。外部密封采用机械密封，有效防止外部粉尘进入，避免造成污染；采用橡胶复合弹簧，确保设备启动、停机平稳。

徐州中矿大传动与自动化有限公司专注于AI智能识别技术、载荷辨识技术、故障预诊断、大数据分析等关键技术，致力于矿井提升机控制系统智能化和无人化的研究。其研发的矿井提升智能化控制系统入选自然资源部《矿产资源节约和综合利用先进适用技术目录（2022年版）》。该系统的技术创新点包括：采用高精度传感器如振动、声音、无线测温及热成像、AI智能分析手段，结合电机智能分析系统（稳定性分析）、轴承智能分析系统（稳定性分析）、天轮智能分析系统（稳定性分析）、提升机载荷检测系统（防止箕斗二次装载）、AI视觉分析（提升关键部位或监控盲区）、罐道巡检（声音侦听）、远程诊断技术等，对提升机运行系统进行“无死角”、全方位的实时在线监控；出现故障或运行趋势变化较大时，能进行声光报警，并将信息发送至相关人员的手机或计算机网页上；通过整合装卸载系统和操车系统，形成主井无人值守+副井电梯化运行的智能提升系统，不仅减少了操作人员数量，降低了维护人员的劳动强度，实现了减人增效，而且提升了系统运行的安全性、可靠性。目前矿井提升机电控领域还有很大一部分直流矿井提升电机，这些电动机电控系统仍采用老式可控硅（SCR）控制技术，一直无法解决能耗高、噪声大、功率因数低、容易对电网造成冲击等问题。该公司研发的IGBT全控PWM直流调速电控系统在不更换原直流电动机的情况下，可大幅提升功率因数，有效降低能耗，减少设备启停对电网的冲击，降低噪声，确保设备运行更高效、安全。该系统成功应用于范各庄煤矿等多个现场，运行功效大幅提升。

中煤科工集团北京华宇工程有限公司（简称北京华宇）研发的露天煤矿采选排一体化技术2022年度首次成功应用。该技术针对复杂煤层增设坑下移动式智能干法选煤系统，创造性地将智能干选机置于露天煤矿作业环境下，采用X射线智能干法分选技术，实现高寒条件下煤和矸石的有效分离，是国内首次针对高灰分、高水分褐煤煤质进行干法分选技术，成功实现了褐煤资源有效回收、矸石直接回填坑下。同时，通过在露天煤矿坑下采用起重机和集装箱移动方式，有效解决了智能干选设备的移动问题，为露天煤矿“采选排一体化”建设提供科学工程实例。该技术的应用对研究大型露天煤矿复杂结构煤层的提质增效方案，以智能化替代传统人工操作选采工艺具有现实意义，对促进我国干法选煤在低阶褐煤分选领域的技术进步，推动我国煤炭清洁利用战略实施具有重要的推广价值。

目前，砂石骨料产品质量参差不齐，高质量砂石占比较小，其中很大一部分是由于砂石生产过程中传统筛分设备“筛不清、分不净”造成的。功力机器有限公司（简称功力机器）在消化吸收国际先进技术的基础上，研发出高性能筛分装备——TS系列三轴水平筛。该水平筛以水平方式安装，采用椭圆形的筛分轨迹和冲浪式筛分原理，可产生更高的振动加速度，确保砂石骨料筛分分级效果，适用于复杂的工作环境，特别是在应对传统筛分设备糊筛网和堵筛网时，筛分效果更加优异。其产品优势包括：产量高，同等筛分面积下，通过量提升两倍；筛分率高，筛分效率提高35%；能耗低，与同等规格斜筛相比，吨筛分能耗降低30%，筛网使用寿命延长两倍；易维护，有效减少维护保养工作量；结构紧凑，可降低筛分车间整体高度，节省来料带式机长度，减少筛分车间占地面积；高品质，设备寿命比传统筛分设备延长3倍。

成都大宏立机器股份有限公司（简称成都大宏立）开发的环保智能砂石破碎工厂，采用花园式工厂设计理念，以智能化、半地下生产为手段，具有集约成套化、智能信息化、环保节能化、高效稳定等优势，设计了时产 1 000 t、1 500 t、2 000 t 和 3 000 t 等多种工厂模式，可满足客户的多样化需求。公司研制的同步水平筛，与传统设备相比，兼顾了倾斜式圆振动处理量大和直线振动筛分效率高的优点，占地面积减少 5%~10%，输送带长度相应缩短 5%~20%，筛网使用寿命是传统筛网的 3 倍，广泛应用于采石场、矿山、建材、电力、煤矿及化工等行业进行物料分级。此外，公司生产的 PYY 系列单缸液压圆锥破碎机入选中绿盟《绿色矿山百项先进适用装备（技术）目录》。

采用湿法生产工艺的人工砂石生产线，主要问题是细砂（0.16 mm 以下颗粒）流失严重，不但损失产能，而且严重影响机制砂的级配要求，造成细度模数偏大，大大降低了机制砂的产品质量。针对上述问题，湖州恒通机械设备有限公司（简称恒通机械）研发的 TS 系列 2455 脱水筛，通过和旋流器、渣浆泵组合使用，可有效解决细砂回收问题，广泛应用于煤炭、冶金、砂石、建材等行业的脱水、脱泥、脱介等。该设备具有以下技术特点：箱体采用重型矩形梁结构，提高了承载力；矩形梁表面增加保护板，可防止横梁因过早磨损而断裂；箱体与矩形梁采用高强度不槽铆钉固定，无焊点，避免侧板开裂；振动器采用偏心轴+偏心块组合设计，振幅可调，且采用稀油润滑，提高了轴承使用寿命；采用挠性连接，运行平稳；筛面采用聚氨酯材料，具有高开孔率和弹性，更有利于脱水；模块化聚氨酯筛网结构，采用楔块固定+轨座式安装结构，更换方便快捷。2022 年度，“一种建筑垃圾处理工艺”和“一种建筑垃圾处理控制系统”获发明专利授权。

威海尚品机械设备科技有限公司开发的基于细化分级和模块化可装配平台的水洗、干排全流程设备集成技术项目通过中绿盟组织的科技成果鉴定，技术水平达到国内领先。项目创新点包括：通过建立模块化可装配平台，设计撬装干排模块、细砂回收模块，实现了细粒物料的脱水（干排）；设计可灵活装配的旋流站和双通旋流模块，实现固体物料的精细化分级；设计可灵活组合的洗砂模块，实现泥砂的高效分离；设计水洗筛分（输送）集成模块，实现骨料的快速预分级处理；设计工艺水循环净化模块，实现细粒物料的浓缩、脱水、干堆。项目成果适用于机制砂水洗生产线、选厂尾矿干排、选厂尾矿提砂等场景，可根据不同物料性质，实现快速设计、快速装配、快速投产。

2022 年矿山机械行业获奖情况见表 1。

表 1　2022 年矿山机械行业获奖情况

序号	项目名称	奖励类别	获奖等级	主要完成单位
1		第七届中国工业大奖	表彰奖	郑州煤矿机械集团股份有限公司
2	煤矿安全监控预警技术研究及产业化	第七届中国工业大奖	表彰奖	中煤科工集团重庆研究院有限公司
3	基于 MDG 标准的高端产品超高疲劳寿命试验及方法	第七届中国工业大奖	提名奖	中煤北京煤矿机械有限责任公司
4	一种用于大型自磨机的新型衬板结构	第三届河南省专利奖	一等奖	中信重工机械股份有限公司
5	大型能源装备关键部件高性能制造技术及应用	河南省科技进步奖	一等奖	中信重工机械股份有限公司、河南科技大学、洛阳中重铸锻有限责任公司、洛阳市兴荣工业有限公司、河南前进重工铸锻有限公司
6	液压支架高强钢中厚板结构件机器人高效拼焊技术开发及应用	河南省科技进步奖	二等奖	郑州煤矿机械集团股份有限公司、河南工业大学
7	新型节煤减碳石灰回转窑系统工艺装备研发及应用	河南省科技进步奖	三等奖	中信重工机械股份有限公司、洛阳矿山机械工程设计研究院有限责任公司、洛阳师范学院
8	绿色高效制砂关键技术及应用	河南省科技进步奖	三等奖	河南黎明重工科技股份有限公司、世邦工业科技集团股份有限公司、河南城盾智能科技股份有限公司、郑州机械研究所有限公司
9	H9 圆锥破碎机在砂石等行业的应用	辽宁省建筑材料科学技术奖	一等奖	沈阳顺达重矿机械制造有限公司
10	滨海深部金属矿产资源智能开采关键技术与装备	山东省科学技术进步奖	一等奖	山东黄金矿业（莱州）有限公司三山岛金矿、矿冶科技集团有限公司、北京北矿智能科技有限公司、北矿机电科技有限责任公司
11	短流程低能耗高品质砂石制备技术	山东省机械工业科学技术奖	一等奖	枣庄鑫金山智能装备有限公司

（续）

序号	项目名称	奖励类别	获奖等级	主要完成单位
12	大型矿山智能化带式输送机用高端减速器关键技术研发及产业化	山东省机械工业科学技术奖	一等奖	山东华成中德传动设备有限公司
13	矿用带式输送机低速永磁直驱同步电机关键技术及应用	山东省机械工业科学技术奖	一等奖	力博重工科技股份有限公司、山东欧瑞安电气有限公司、力博工业技术研究院（山东）有限公司
14	HSLQ—ZK 型智能化建筑骨料生产线	山东省机械工业科学技术奖	一等奖	山东黑山路桥机械科技有限公司
15	MC-150IS 履带反击式移动破碎站	山东省机械工业科学技术奖	二等奖	山东铭德机械有限公司
16	环保型输送与储煤系统	山东省机械工业科学技术奖	三等奖	山东山矿机械有限公司
17	大倾角顺槽顶板自适应型单元支架的研究与应用	山东省机械工业科学技术奖	三等奖	山东塔高矿业机械装备制造有限公司
18	粘性粉矿储装运系统的研发及应用	山东省机械工业科学技术奖	三等奖	山东泰安煤矿机械有限公司
19	智能化矿山大数据综合管控平台	山东省机械工业科学技术奖	三等奖	济宁矿业集团花园井田资源开发有限公司
20	自动成巷超前切缝钻机	山东省机械工业科学技术奖	三等奖	山东兖煤黑豹矿业装备有限公司
21	智慧化矿山平台的构建及应用研究	山东省机械工业科学技术奖	三等奖	汶上义桥煤矿有限责任公司
22	大型干法粉磨装备高效高可靠性设计与运维关键技术及应用	机械工业科学技术奖（科技进步类）	一等奖	郑州轻工业大学、浙江大学、中信重工机械股份有限公司、洛阳矿山机械工程设计研究院有限责任公司、栾川龙宇钼业有限公司
23	大型矿井提升传动系统安全运行控制理论研究及其应用	机械工业科学技术奖（科技进步类）	二等奖	上海交通大学、上海理工大学、上海电机学院、中国矿业大学
24	煤矿井下安全智能柔性自移设备列车技术创新与示范	机械工业科学技术奖（科技进步类）	二等奖	中国煤炭科工集团太原研究院有限公司、山西天地煤机装备有限公司
25	石灰回转窑节能工艺装备关键技术研究与应用	机械工业科学技术奖（科技进步类）	二等奖	中信重工机械股份有限公司、洛阳矿山机械工程设计研究院有限责任公司、洛阳师范学院
26	大型装备耐磨部件高可靠性再制造关键技术研究及应用	机械工业科学技术奖（科技进步类）	二等奖	郑州机械研究所有限公司、中信重工机械股份有限公司、郑州大学、中国矿业大学
27	重型机械通用技术条件（GB/T 37400.1~16）	机械工业科学技术奖（科技进步类）	二等奖	中国重型机械研究院股份公司、二重（德阳）重型装备有限公司、一重集团大连工程技术有限公司、北方重工集团有限公司、太原重工股份有限公司、大连华锐重工集团股份有限公司、中信重工机械股份有限公司
28	机制砂石智能工厂生产管控与智能运维关键技术研究与应用	机械工业科学技术奖（科技进步类）	二等奖	中国科学院上海高等研究院、上海运统信息科技有限公司、上海运统创申智能科技有限公司、湖北工业大学、中国水利水电第七工程局有限公司第五分局、浙江交投矿业有限公司
29	大吨位破碎液压挖掘机关键技术及产业化	机械工业科学技术奖（科技进步类）	二等奖	山东临工工程机械有限公司
30	新型智能化掘进机关键技术研究及应用	机械工业科学技术奖（科技进步类）	三等奖	三一重型装备有限公司

（续）

序号	项目名称	奖励类别	获奖等级	主要完成单位
31	锚运破一体化关键技术开发及装备制造	机械工业科学技术奖（科技进步类）	三等奖	中国煤炭科工集团太原研究院有限公司、山西天地煤机装备有限公司
32	多栈桥高稳定性旋回式半移动破碎站装备关键技术研究及应用	机械工业科学技术奖（科技进步类）	三等奖	太原重工股份有限公司、太原科技大学、吉林大学
33	耐高温大运量超长距离带式输送成套设备	机械工业科学技术奖（科技进步类）	三等奖	北方重工有限公司
34	易维护高效破碎设备开发及产业化	机械工业科学技术奖（科技进步类）	三等奖	河南黎明重工科技股份有限公司、郑州大学、郑州机械研究所有限公司、郑州轻工业大学、黄河科技学院
35	适应中厚偏薄坚硬煤层高效开采的采煤机研制与应用	机械工业科学技术奖（科技进步类）	三等奖	中煤科工集团上海研究院有限公司、中煤科工集团上海有限公司、天地上海采掘装备科技有限公司
36	高效自清分级筛关键技术与应用	机械工业科学技术奖（科技进步类）	三等奖	鞍山重型矿山机器股份有限公司
37	硬岩骨料制备成套设备关键技术及应用	建材机械行业科技奖	一等奖	河南黎明重工科技股份有限公司、世邦工业科技集团股份有限公司、河南城盾智能科技股份有限公司、郑州机械研究所有限公司
38	新型机制砂立磨系统技术的研制与应用	建材机械行业科技奖	二等奖	中材（天津）粉体技术装备有限公司、天津水泥工业设计研究院有限公司
39	VU 高效楼式骨料制备成套设备	建材机械行业科技奖	三等奖	世邦工业科技集团股份有限公司、河南黎明重工科技股份有限公司、郑州机械研究所有限公司
40	干选机的分选参数控制方法、装置、设备及存储介质	天津市专利奖	优秀奖	天津美腾科技股份有限公司
41	RXLS-EX102 防爆轮式巡检机器人	2022 年中国优秀工业设计奖	铜奖	中信重工开诚智能装备有限公司
42	高端综采液压支架中厚板结构件自动拼焊关键技术开发及应用	河南省装备制造业科学技术奖	特等奖	郑州煤矿机械集团股份有限公司
43	绿色高效制砂关键技术及应用	河南省装备制造业科学技术奖	特等奖	河南黎明重工科技股份有限公司、世邦工业科技集团股份有限公司、河南城盾智能科技股份有限公司、世邦工业科技集团修武产业园有限公司
44	高效易维护颚式破碎机	河南省装备制造业科学技术奖	一等奖	河南黎明重工科技股份有限公司、太原科技大学、世邦工业科技集团股份有限公司、河南城盾智能科技股份有限公司、世邦工业科技集团修武产业园有限公司
45	基于国产化光纤惯导的煤矿综采工作面调直系统	河南省装备制造业科学技术奖	一等奖	郑州煤矿机械集团股份有限公司
46	石灰岩破碎装备关键技术及智能控制系统项目	河南省装备制造业科学技术奖	二等奖	河南中誉鼎力智能装备有限公司、新乡市中誉鼎力软件科技股份有限公司
47	电磁直喷热交换系统	河南省装备制造业科学技术奖	三等奖	河南威猛振动设备股份有限公司
48	大型露天矿旋回式半移动破碎站成套装备关键技术研究及应用	山西省科技进步奖	二等奖	太原重工股份有限公司、太原科技大学、吉林大学
49	掘进机机载锚杆钻机及配套支护技术研发	山西省科技进步奖	三等奖	中国煤炭科工集团太原研究院有限公司、山西天地煤机装备有限公司

（续）

序号	项目名称	奖励类别	获奖等级	主要完成单位
50	悬臂式掘进机自主导航定位方法研究	山西省科技进步奖	三等奖	山西天地煤机装备有限公司
51	基于动力主体传动平台可扩展立井用铰接式运输车	山西省科技进步奖	三等奖	山西天地煤机装备有限公司、中国煤炭科工集团太原研究院有限公司
52	智能化煤矿巨系统关键技术装备研发与示范应用	中国煤炭工业协会科学技术奖	特等奖	陕煤集团神木张家峁矿业有限公司、中煤科工开采研究院有限公司、陕西陕煤陕北矿业有限公司、辽宁工程技术大学、北京龙软科技股份有限公司、北京华宇工程有限公司、西安科技大学
53	护盾式煤矿巷道智能掘进机器人系统	中国煤炭工业协会科学技术奖	一等奖	陕西小保当矿业有限公司、陕西陕煤榆北煤业有限公司、西安科技大学、西安煤矿机械有限公司
54	MG1100/3030-GWD 型特大采高采煤机关键技术研究与应用	中国煤炭工业协会科学技术奖	一等奖	西安煤矿机械有限公司、国能神东煤炭集团有限责任公司、中国矿业大学
55	煤矿超长斜井全断面掘进智能化建井关键技术与装备	中国煤炭工业协会科学技术奖	一等奖	陕西延长石油（集团）有限责任公司、陕西延长石油矿业有限责任公司、天地科技股份有限公司、中国铁建重工集团股份有限公司、中煤第三建设（集团）有限责任公司市政工程分公司、中铁十五局集团城市轨道交通工程有限公司、中煤西安设计工程有限责任公司、西安科技大学
56	2~3 m 煤层千万吨级 450 m 智能化综采工作面关键技术及成套装备	中国煤炭工业协会科学技术奖	一等奖	陕西陕煤榆北煤业有限公司、陕西小保当矿业有限公司、天地科技股份有限公司、宁夏天地奔牛实业集团有限公司、北京天玛智控科技股份有限公司
57	千米深井超长工作面智能化开采技术与装备研发	中国煤炭工业协会科学技术奖	一等奖	中煤科工开采研究院有限公司、天地科技股份有限公司、中煤新集能源股份有限公司、山东科技大学、中煤新集阜阳矿业有限公司、天地宁夏支护装备有限公司
58	基于数据分析的提升系统无人化控制研究与应用	中国煤炭工业协会科学技术奖	一等奖	永城煤电控股集团有限公司、中国矿业大学、徐州中矿大传动与自动化有限公司、河南省正龙煤业有限公司城郊煤矿
59	煤炭洗选工程 CPIM 三维可视化全生命周期管理平台	中国煤炭工业协会科学技术奖	一等奖	中煤（天津）地下工程智能研究院有限公司、中煤天津设计工程有限责任公司、中煤华晋集团有限公司、中煤陕西榆林能源化工有限公司、中能建北京洛斯达科技发展有限公司、中电科大数据研究院有限公司、深圳图为技术有限公司
60	煤矿岩巷小转弯全断面掘进机关键技术装备研发与应用	中国煤炭工业协会科学技术奖	二等奖	晋能控股煤业集团有限公司、辽宁三三工业有限公司、矿山深井建设技术国家工程研究中心
61	5G+煤炭安全精准开采关键技术与工程应用	中国煤炭工业协会科学技术奖	二等奖	安徽理工大学、内蒙古智能煤炭有限责任公司、中国移动通信集团有限公司内蒙古公司、中国矿业大学、华为公司煤矿军团、合肥综合性国家科学中心能源研究院
62	煤矿岩巷敞开式 TBM 快速掘进技术及装备	中国煤炭工业协会科学技术奖	二等奖	江苏神盾工程机械有限公司、中国矿业大学、淮北矿业（集团）有限责任公司、西山煤电（集团）有限责任公司

（续）

序号	项目名称	奖励类别	获奖等级	主要完成单位
63	自适应智能超前支护技术与装备	中国煤炭工业协会科学技术奖	二等奖	中煤科工开采研究院有限公司、天地科技股份有限公司、山东科学技术大学、西安科技大学、辽宁工程技术大学、华北科技学院、山西新元煤炭有限责任公司
64	煤矿巷道边掘边锚快速掘进成套技术及装备	中国煤炭工业协会科学技术奖	二等奖	山东科技大学、中国煤矿机械装备有限公司、中煤电气有限公司、山东能源北斗天地股份有限公司、辽宁工程技术大学
65	智能化 SGZ1250/4000 型刮板输送机	中国煤炭工业协会科学技术奖	二等奖	中煤张家口煤矿机械有限责任公司
66	综采顺槽交替循环超前支护运载智能成套装备技术创新与应用	中国煤炭工业协会科学技术奖	二等奖	中国煤炭科工集团太原研究院有限公司、山西天地煤机装备有限公司
67	煤矿 5G 网络技术应用与研究	中国煤炭工业协会科学技术奖	二等奖	潞安化工集团有限公司、山西新元煤炭有限责任公司、华为技术有限公司
68	基于数字孪生的采掘工作面智能化监测与控制技术研究	中国煤炭工业协会科学技术奖	二等奖	中国煤矿机械装备有限责任公司、山东科技大学
69	深井提升系统机电液一体化智能监控系统	中国煤炭工业协会科学技术奖	二等奖	黑龙江龙煤鹤岗矿业有限责任公司、中国矿业大学、徐州中矿华信科技有限公司
70	基于 5G 技术的智能化开采成套装备及控制技术研究与应用	中国煤炭工业协会科学技术奖	二等奖	中国煤矿机械装备有限责任公司、中天合创能源有限责任公司、鄂尔多斯市伊化矿业资源有限责任公司、中煤陕西榆林大海则煤业有限公司
71	煤矸智能高效分选成套技术装备研制与工程示范	中国煤炭工业协会科学技术奖	二等奖	河南中平自动化股份有限公司、机器人视觉感知与控制技术国家工程研究中心、河南科矿智能科技有限公司、中国平煤神马能源化工集团有限责任公司、河南平宝煤业有限公司
72	国产兆瓦级高性能四象限直流 PWM 调速系统	中国煤炭工业协会科学技术奖	二等奖	开滦（集团）有限责任公司、中国矿业大学、徐州中矿大传动与自动化有限公司、开滦能源化工股份有限公司范各庄矿业分公司
73	S-3GHMC 型系列超级无压给料重介质旋流器的研发与应用	中国煤炭工业协会科学技术奖	二等奖	北京国华科技集团有限公司、唐山国华科技国际工程有限公司、淮北矿业股份有限公司临涣选煤厂
74	一种煤矿井下采煤工作面用自适应智能刮板输送机	中国煤炭工业协会科学技术奖	二等奖	宁夏天地奔牛实业集团有限公司
75	适应 1.3~1.8 m 煤层高效开采智能化采煤机研制	中国煤炭工业协会科学技术奖	三等奖	中煤科工集团上海有限公司、天地上海采掘装备科技有限公司、天地科技股份有限公司上海分公司
76	ZYWL-6000Y 煤矿用自动化钻机	中国煤炭工业协会科学技术奖	三等奖	中煤科工集团重庆研究院有限公司
77	一体化智能浮选机的研制	中国煤炭工业协会科学技术奖	三等奖	中煤（天津）地下工程智能研究院有限公司、中煤天津设计工程有限责任公司、中煤（天津）矿山科技有限责任公司
78	一种露天矿端帮开采连续采煤机	中国煤炭工业协会科学技术奖	三等奖	中国煤炭科工集团太原研究院有限公司、山西天地煤机装备有限公司
79	一种煤矿用窄机身全工况定向钻机	中国煤炭工业协会科学技术奖	三等奖	中煤科工集团重庆研究院有限公司

（续）

序号	项目名称	奖励类别	获奖等级	主要完成单位
80	HPF2060 棒条振动给料机	第十六届全国建材机械行业技术革新奖	一等奖	南昌矿机集团股份有限公司
		绿色矿山科学技术奖（科技进步类）	三等奖	
81	2MOS3675 双轴自同步椭圆振动筛	第十六届全国建材机械行业技术革新奖	二等奖	南昌矿机集团股份有限公司
		绿色矿山科学技术奖（科技进步类）	三等奖	
82	大型矿山振动设备系列轴承关键技术研发及应用	山东省装备制造业科技创新奖	一等奖	山东凯美瑞轴承科技有限公司、大连工业大学
83	台时 3 000 t 砂石同出生产线	山东省装备制造业科技创新奖	一等奖	枣庄鑫金山智能装备有限公司
84	3TS3082 三轴椭圆振动筛	山东省装备制造业科技创新奖	二等奖	功力机器有限公司
85	履带反击式移动破碎站	山东省装备制造业科技创新奖	二等奖	山东铭德机械有限公司
86	面向复杂地质形貌的系列成套带式输送机智能高效运输关键技术及装备	山东省装备制造业科技创新奖	二等奖	山东能源重装集团鲁南装备制造有限公司
87	高质量精品砂洗选关键技术与一体化集成设备的研发与应用	山东省装备制造业科技创新奖	二等奖	威海市海王旋流器有限公司、威海市海王科技有限公司
88	带自除尘卸料系统的环保型带式输送机	山东省装备制造业科技创新奖	二等奖	山东山矿机械有限公司
89	轮齿式双齿辊破碎机在井下矸石破碎系统中的研究及应用	山东省装备制造业科技创新奖	三等奖	山东莱芜煤矿机械有限公司
90	超音速涡旋磨粉机	山东省装备制造业科技创新奖	三等奖	山东鑫海矿业技术装备股份有限公司
91	煤矿安全监控系统检测检验关键技术与装备研究	中国质量协会质量技术奖项目奖	二等奖	中煤科工集团沈阳研究院有限公司、光力科技股份有限公司
92	矿山安全监测与风险预警标准化服务平台开发与应用	中国质量协会质量技术奖项目奖	二等奖	矿冶科技集团有限公司
93	高瓦斯低渗透煤层改性压裂增透关键技术与装备研究	第十一届中国技术市场协会金桥奖	突出贡献项目奖	中煤科工集团沈阳研究院有限公司
94	高效智能永磁直驱滚筒关键技术及产业化	冶金矿山科学技术奖	一等奖	江苏嘉轩智能工业科技股份有限公司、南京宝地梅山产城发展有限公司矿业分公司、安徽马钢矿业资源集团建材科技有限公司
95	铁矿多段磨矿工艺中精确化磨矿技术及其工业应用	冶金矿山科学技术奖	一等奖	安徽庐江龙桥矿业股份有限公司、江西理工大学、景德镇百特威尔新材料有限公司
96	高压辊磨机和塔磨机直连高效粉碎关键技术与应用	冶金矿山科学技术奖	二等奖	沈阳盛世五寰科技有限公司、东北大学、辽宁五寰特种材料与智能装备产业技术研究院有限公司、塞尔姆（北京）科技有限责任公司
97	特大型智能立环高梯度磁选机	冶金矿山科学技术奖	二等奖	山东华特磁电科技股份有限公司、临朐县计量测试所
98	绿色节能长距离带式输送技术与装备的研发及产业化	中国有色金属工业科学技术奖	一等奖	力博重工科技股份有限公司、山东科技大学、力博工业技术研究院（山东）有限公司、山东欧瑞安电气有限公司、泰安英迪利机电科技有限公司

（续）

序号	项目名称	奖励类别	获奖等级	主要完成单位
99	基于智能分选与高效充填的无尾矿山关键技术与应用	中国有色金属工业科学技术奖	一等奖	深圳市中金岭南有色金属股份有限公司、赣州好朋友科技有限公司
100	地下天井与切割槽高性能智能钻机研发	中国有色金属工业科学技术奖	一等奖	湖南创远高新机械有限责任公司、湖南创远矿山机械有限责任公司、中南大学、新疆哈巴河阿舍勒铜业股份有限公司
101	系列大型高效自吸气浮选装备及联合配置关键技术	中国有色金属工业科学技术奖	一等奖	矿冶科技集团有限公司、黑龙江多宝山铜业股份有限公司、北矿机电科技有限责任公司
102	选矿工艺在线激光光谱分析系统开发及应用	中国有色金属工业科学技术奖	一等奖	矿冶科技集团有限公司、北矿检测技术股份有限公司、云南磷化集团有限公司
103	面向复杂严苛磨损工况的硬韧耐磨合金钢制备与应用	中国有色金属工业科学技术奖	二等奖	广东省科学院新材料研究所、广州有色金属研究院新丰耐磨合金材料有限公司、中山市广重铸轧钢有限公司、广东中天创展球铁有限公司、桂林鸿程矿山设备制造有限责任公司、广东越科新材料有限公司
104	高磁力复合挤压磁路磁选机的研制与应用	中国有色金属工业科学技术奖	二等奖	北矿机电科技有限责任公司、昆明理工大学、南京宝地梅山产城发展有限公司矿业分公司、矿冶科技集团有限公司
105	基于多光谱融合物料识别及高压流体喷射分选相结合的智能矿用分选系统（设备）	中国有色金属工业科学技术奖	二等奖	北京霍里思特科技有限公司、湖州霍里思特智能科技有限公司
106	PYF 系列多缸液压圆锥破碎机	浙江机械工业科学技术奖	三等奖	浙江武精机器制造有限公司
107	大型智能电磁浆料高梯度磁选机	非金属矿科学技术奖科技进步类	二等奖	山东华特磁电科技股份有限公司
108	湿式强磁板式磁选机	非金属矿科学技术奖科技进步类	三等奖	山东华特磁电科技股份有限公司
109	高性能多缸液压圆锥破碎机	绿色矿山科学技术奖（科技进步类）	一等奖	世邦工业科技集团股份有限公司、河南黎明重工科技股份有限公司、郑州机械研究所有限公司、郑州大学、河南城盾智能科技股份有限公司
110	矿用高低压带电场景防爆自主巡检机器人研究	绿色矿山科学技术奖（科技进步类）	二等奖	中煤科工机器人科技有限公司、中煤科工集团沈阳研究院有限公司
111	高效智能永磁直驱滚筒关键技术	绿色矿山科学技术奖（发明类）	二等奖	江苏嘉轩智能工业科技股份有限公司、安徽马钢矿业资源集团建材科技有限公司、安徽马钢矿业资源集团桃冲矿业有限公司冶金熔剂分公司
112	煤矸智能分选系统推广应用	绿色矿山科学技术奖（科技进步类）	二等奖	山西兰花科技创业股份有限公司、深圳市时维智能装备有限公司
113	干法深度筛分关键技术及装备	绿色矿山科学技术奖（科技进步类）	三等奖	鞍山鞍重矿山机械有限公司
114	高性能多缸液压圆锥破碎机	绿色矿山科学技术奖（矿业装备质量奖）	银奖	世邦工业科技集团股份有限公司、河南黎明重工科技股份有限公司、河南城盾智能科技股份有限公司
115	矿用智能永磁同步电动滚筒	绿色矿山科学技术奖（矿业装备质量奖）	银奖	江苏嘉轩智能工业科技有福有限公司、安徽马钢矿业资源集团建材科技有限公司
116	无动力膏体仓储浓密机	绿色矿山科学技术奖（矿业装备质量奖）	银奖	长沙矿山研究院有限责任公司

（续）

序号	项目名称	奖励类别	获奖等级	主要完成单位
117	天元系列矿石智能分选设备	绿色矿山科学技术奖（矿业装备质量奖）	银奖	赣州好朋友科技有限公司
118	104 系列智能分选机	绿色矿山科学技术奖（矿业装备质量奖）	银奖	北京霍里思特科技有限公司、湖州霍里思特智能科技有限公司
119	CS 系列筛分机	绿色矿山科学技术奖（矿业装备质量奖）	银奖	埃里斯克矿山工程机械有限公司、宁波思通矿业有限公司、诸暨市越兴矿业有限公司
120	MSP200 制砂楼	江西省优秀新产品	一等奖	南昌矿机集团股份有限公司
121	一种深海富钴结壳矿区采矿实验车	湖南省专利奖	一等奖	长沙矿山研究院有限责任公司
122	一种桩架及其安装方法	湖南省专利奖	二等奖	山河智能装备股份有限公司
123	轨道式带式输送机	第四届山东省专利奖	三等奖	力博重工科技股份有限公司
124	HC 大型高效磨粉装备智能成套技术与产业化	广西科学技术奖	二等奖	桂林鸿程矿山设备制造有限责任公司、合肥学院、桂林理工大学、广西贺州市科隆粉体有限公司
125	JZS6250H 泥水平衡盾构机	山东省第四届“省长杯”工业设计大赛	金奖	济南重工集团有限公司
126	矿用消防灭火侦察机器人	山东省第四届“省长杯”工业设计大赛	银奖	山东国兴智能科技股份有限公司
127	适应最小采高 1.3 m 煤层大功率自适应采煤机关键技术研究及应用	上海市科学技术奖	三等奖	中煤科工上海有限公司、天地上海采掘装备科技有限公司、天地科技股份有限公司上海分公司

资料来源：第七届中国工业大奖获奖名单，河南省人民政府关于第三届河南省专利奖励的决定，2022 年河南省科学技术奖授奖项目目录，2022 年山东省科学技术进步奖获奖项目名单，2022 山东省机械工业科学技术奖目录，2022 年度辽宁省建筑材料科学技术奖目录，2022 年度机械工业科学技术奖授奖项目目录，2022 年度建材机械行业科技奖获奖项目名单，2022 年度山西省科学技术奖目录，2022 年天津市专利奖名录，2022 年中国优秀工业设计奖名录，2022 年河南省装备制造业科学技术奖目录，2022 年度中国煤炭工业协会科学技术奖获奖项目，第十六届全国建材机械行业技术革新奖获奖项目，2022 年度山东省装备制造业科技创新奖获奖项目名单，2022 年度中国质量协会质量技术奖项目奖获奖名单，第十一届中国技术市场协会金桥奖突出贡献项目奖获奖名单，2022 年冶金矿山科学技术奖获奖项目，2022 年度中国有色金属工业科学技术奖获奖项目目录，2022 年度浙江机械工业科学技术奖奖励项目名单，2022 年度“非金属矿科学技术奖”获奖项目，2022 年度绿色矿山科学技术奖获奖名单，2022 年度江西省优秀新产品名单，2022 年度湖南专利奖获奖名单，第四届山东省专利奖表彰名单，2022 年度广西科学技术奖获奖名单，山东省第四届“省长杯”工业设计大赛获奖作品名单，2022 年度上海市科学技术奖名单。

2. 主要新产品

2022 年矿山机械行业的主要新产品见表 2。

表 2　2022 年矿山机械行业的主要新产品

产品名称	制造企业
GM220-180 高压辊磨机、直径 6.4 m × 11.15 m 球磨机、CSM-2250 立式搅拌磨、直径 11 m × 5.4 m 半自磨机、直径 7.9 m × 13.6 m 球磨机、新一代七轴重载液压机械臂、GPYJ900-12W 盘式过滤机	中信重工机械股份有限公司
新一代螺旋立式磨机	北方重工集团有限公司
钻锚一体化智能快掘成套装备	中煤科工集团开采研究院有限公司、中煤科工集团太原研究院有限公司
新一代 BMX 电控系统、智能尘源跟踪喷雾降尘系统	中煤北京煤矿机械有限责任公司
PP 系列四位一体轮胎移动站	上海山美环保装备股份有限公司
XE5600 矿用挖掘机、XDR80TE 纯电动矿车	徐工集团工程机械股份有限公司
SLon-5000 型立环脉动高梯度磁选机	赣州金环磁选设备有限公司
中铁 1200 号（京都号）硬岩掘进机	中铁高新工业股份有限公司、贵州黑拉嘎科技装备公司

（续）

产品名称	制造企业
MG300/395-NWD 型采煤机、新一代内转子集成永磁驱动滚筒	中煤科工集团上海有限公司
露天边帮开采成套装备、无轨胶轮综采成套搬家系列装备	中煤科工集团太原研究院有限公司
Longwallmind5.0 新一代软件平台、基于工业以太网的智能开采控制系统	北京天玛智控科技股份有限公司
ZDY25000LDK 型履带式大功率深孔自动化定向钻机、ZDY4500LFK 型煤矿井下智能钻机	中煤科工集团西安研究院（集团）有限公司
320 kW 大功率掘进机	石家庄煤矿机械有限责任公司
MSP 新型高效制砂楼	南昌矿机集团股份有限公司
ZYA12000/18/50D 超大伸缩比液压支架、CT150 成套化机组、CT100-1.1 成套化机组	郑州煤矿机械集团股份有限公司
“风行者 1”挂轨巡检机器人	中煤科工集团沈阳研究院有限公司
H9 高能圆锥破碎机	顺达重矿集团
4PG1212 四辊破碎机、HCSC15 超重型环锤式破碎机	山东山矿机械有限公司
50 000 kN 全球最大液压支架整机实验台	兖矿东华重工有限公司
TS 系列 2455 脱水筛	湖州恒通机械设备有限公司
MG2 × 200/921-WD 智能型电牵引采煤机、MG450/1050-WD 智能型采煤机	太重煤机有限公司
450 m 超长工作面智能刮板输送机、沿空留巷成套挡矸支架、智能自适应单元支架	宁夏天地奔牛实业集团有限公司
全自动智能布料机器人	南京鼎尔特科技有限公司
电镍智能化加工包装机组	长沙矿山研究院有限责任公司
超大型高速干选机	北矿机电科技有限责任公司
带式输送机分料设备、无人值守智能压滤系统	中煤天津设计工程有限责任公司
SGZ1000/5000 型智能刮板输送成套装备	张家口煤矿机械有限责任公司
5 m 智能立环磁选机、2 m 智能电磁浆料高梯度磁选机	山东华特磁电科技股份有限公司
直径 8.8 m 复合式 TBM	辽宁三三工业有限公司
SID（G）-300 高原型智能干选机	中国煤科集团唐山研究院有限公司
SJ.V.1100 颚式破碎机、改进型 SK.Y.1500 单缸液压圆锥破碎机、改进型 SJ.Y.K.30.72 振动筛	浙江双金机械集团股份有限公司
SGZ800/2 × 700、SGZ764/400 刮板输送机成套运输设备	蒲白煤矿机械有限公司
PP 系列四位一体轮胎移动站	上海山美环保装备股份有限公司
矿用隔爆兼本安型纵撕检测机器人	中信重工开诚智能装备有限公司
MG750/1980-WD 采煤机	西安煤矿机械有限公司
CY-UMD6i 智能型地下潜孔钻机	湖南创远高新机械有限责任公司
SWE650FB 履带式液压挖掘机、SWDE152I 5G 智能钻机、SWDM1280 旋挖钻机	山河智能装备股份有限公司
可伸缩带式输送机用远程控制自牵引伸缩机身装置	宁夏天地西北煤机有限公司
DHM1000/625 高压辊磨机，时产 450 t 履带颚式破碎站	洛阳大华重工科技股份有限公司
108 系列智能分选机	北京霍里思特科技有限公司
MBS4765 水煤浆棒磨机	济南重工集团有限公司
SLon-5000 磁选机	赣州金环磁选设备有限公司
隆基运维智能管理系统、单晶硅全自动除尘器	沈阳隆基电磁科技股份有限公司
KJ-3545 履带移动颚式破碎站	云南凯瑞特重工科技有限公司
矿用智能高效干式除尘装置、矿山动力灾害安全分析系统 V1.0	山东天河科技股份有限公司
TS 系列三轴水平筛	功力机器有限公司

（续）

产品名称	制造企业
环保智能砂石破碎工厂	成都大宏立机器股份有限公司
原煤统配与负载均衡系统	天津美腾科技有限公司
DLHCS 反击式破碎机、DLLXS 螺旋式洗砂机、DLXSH 细砂回收脱水一体机、DLBW 板式给料机、DLGS 滚轴筛、DL 组装式廊道	河南中誉鼎力智能装备有限公司
WSF1213-300 履带式移动破碎站、WSYZR-3072 同步振动筛、WSDG1500x800 对辊破碎机	河南万仕衡通智能装备有限公司
ME105W 轮式挖掘机、ME10M 三节臂轮式挖掘机	广西美斯达集团有限公司
TS 系列 2455 脱水筛	湖州恒通机械设备有限公司
HXDG 定量给料机、YKQ3675 系列振动筛	四川明宇盛达科技有限公司
PT Pro C-20ES 履带式移动圆锥破碎站，SPG5065 旋回破碎机	韶关市韶瑞重工有限公司
IGBT 全控 PWM 直流调速电控系统	徐州中矿大传动与自动化有限公司
节能环保智能化特大型超导磁选机	潍坊新力超导磁电科技有限公司
智能矿石分选装备	湖南军芃科技股份有限公司
新型超高干带式压滤机	山东创新华一环境工程有限公司
井下履带式探测机器人	山东国兴智能科技股份有限公司
HC3000 超大雷蒙磨粉机	桂林鸿程矿山设备制造有限责任公司

产品进出口 2022 年，是自 2008 年结束的我国矿山机械进出口逆差的第 15 个顺差年。

根据中国重型机械工业协会的《重型机械主要产品进出口年报 2022》，2022 年，我国矿山机械进出口总额为 37.03 亿美元，同比增长 41.44%。其中，出口额为 33.35 亿美元，同比增长 44.94%；进口额为 3.68 亿美元，同比增长 16.09%；进出口顺差 29.67 亿美元，同比增长 49.62%。2019—2022 年我国矿山机械进出口额见表 3。

表 3 2019—2022 年我国矿山机械进出口额 （单位：亿美元）

年份	出口额	进口额	进出口总额	进出口顺差
2019	16.88	4.05	20.92	12.83
2020	13.86	4.04	17.90	9.82
2021	23.01	3.17	26.18	19.83
2022	33.35	3.68	37.03	29.67

注：数据来源于《中国重型机械工业年鉴》和中国重型机械工业协会的《重型机械主要产品进出口年报 2022》。由于 4 舍 5 入，数据有微小出入。

1. 产品进出口情况

2022 年我国矿山机械各类产品进出口情况见表 4。

表 4 2022 年我国矿山机械各类产品进出口情况

产品名称	出口量 / 台	出口额 / 万美元	进口量 / 台	进口额 / 万美元	进出口总额 / 万美元	进出口顺差 / 万美元
矿山机械		333 503		36 774	370 277	296 729
1. 采掘、凿岩设备及钻机	101 040	46 204	574	14 808	61 012	31 397
（1）采煤、凿岩机及隧道掘进机	51 381	38 969	544	13 666	52 634	25 303
自推进的采（截）煤机	15	2 478	8	3 297	5 775	–820
自推进的凿岩机	1 895	3 657	6	520	4 177	3 137
自推进的隧道掘进机	188	30 774	16	5 561	36 334	25 213
非自推进的采煤、凿岩机及隧道掘进机	49 283	2 061	514	4 287	6 348	–2 227

（续）

产品名称	出口量 / 台	出口额 / 万美元	进口量 / 台	进口额 / 万美元	进出口总额 / 万美元	进出口顺差 / 万美元
（2）矿用电铲	57	2 120	1	704	2 825	1 416
（3）采矿钻机	405	660	4	345	1 004	315
牙轮直径在 380 mm 及以上的采矿钻机	6	8	0	0	8	8
其他采矿钻机	399	651	4	345	996	307
（4）工程钻机	49 197	4 456	25	93	4 549	4 362
钻筒直径在 3 m 以上的非自推进工程钻机	13	43	0	0	43	43
其他非自推进工程钻机	49 184	4 412	25	93	4 506	4 319
2. 破碎、粉磨设备	131 826	98 464	514	7 306	105 770	91 159
（1）齿辊式破碎设备	45 054	6 390	32	1 423	7 813	4 967
（2）球磨式粉磨设备	6 759	23 694	52	337	24 032	23 357
（3）其他破碎或粉磨设备	80 013	68 380	430	5 546	73 926	62 835
3. 筛分、洗选设备	124 496	57 208	3 537	12 032	69 240	45 176
4. 矿山提升设备	4 731	2 141	12	236	2 377	1 905
（1）电动矿山提升设备	2 427	1 992	2	7	1 999	1 985
（2）非电动矿山提升设备	2 304	149	10	229	378	−80
5. 矿山用牵引车及其矿车	10 496	118 214	58	1 707	119 921	116 508
（1）电动轮非公路用货运自卸车	644	14 665	0	0	14 665	14 665
（2）其他非公路用货运机动自卸车	9 852	103 549	58	1 707	105 256	101 843
6. 矿山机械零件（t）	23 355	11 271	269	686	11 957	10 586

注：数据来源于中国重型机械工业协会的《重型机械主要产品进出口年报 2022》。由于 4 舍 5 入，数据有微小出入。

2022 年，破碎、粉磨设备，采掘、凿岩设备及钻机，筛分、洗选设备和矿山用牵引车及其矿车 4 类产品是我国矿山机械产品进出口的重点，这 4 类产品进出口额分别占当年矿山机械出口贸易额的 95.98%、进口贸易额的 97.29%。

（1）出口情况。2022 年，我国矿山机械出口到 198 个国家和地区，其中，出口额排名前 3 位的国家和地区分别是印度尼西亚（5.11 亿美元，占比 15.31%）、俄罗斯联邦（3.04 亿美元，占比 9.13%）和刚果（金）（2.83 亿美元，占比 8.50%）。

2022 年，我国矿山机械出口产品中，矿山用牵引车及其矿车出口额为 11.82 亿美元，占当年出口总额的 35.44%；破碎粉磨设备出口额为 9.85 亿美元，占比为 29.54%；筛分洗选设备为 5.72 亿美元，占比为 17.15%；采掘、凿岩设备及钻机为 4.62 亿美元，占比为 13.85%。

2022 年，一般贸易方式在我国矿山机械产品出口贸易中仍然占据主导地位，达 18.18 亿美元，占当年出口贸易总额的 81.23%。我国矿山机械出口额排名前 3 位的省份是山东省（5.37 亿美元，占比 16.10%）、辽宁省（3.49 亿美元，占比 10.48%）和江苏省（3.17 亿美元，占比 9.52%）。

（2）进口情况。2022 年，我国从 31 个国家和地区进口矿山机械，其中，进口额排名前 3 位的国家和地区是韩国（0.76 亿美元，占比 20.77%）、奥地利（0.65 亿美元，占比 17.57%）和德国（0.61 亿美元，占比 16.64%）。

2022 年，我国矿山机械进口产品中，采掘、凿岩设备及钻机进口额为 1.48 亿美元，占当年进口总额的 40.22%；筛分洗选设备为 1.20 亿美元，占比为 32.61%；破碎粉磨设备为 0.73 亿美元，占比为 19.84%；矿山用牵引车及其矿车为 0.17 亿美元，占比为 4.62%。

2022 年，一般贸易方式依然是我国矿山设备进口贸易的主体，达 3.36 亿美元，占当年进口总额的 91.46%。我国矿山机械进口额排名前 3 位的省份是北京市（1.19 亿美元，占比 32.29%）、上海市（0.81 亿美元，占比 22.14%）和天津市（0.36 亿美元，占比 9.66%）。

2. 典型装备进出口情况分析

从进出口产品的结构看，2022 年采掘、凿岩设备及钻机中的采煤、凿岩机及隧道掘进机，破碎、粉磨设备中的其他破碎或粉磨设备（所属税号：84742090），筛分、洗选设备（所属税号：84741000）和矿山用牵引车及其矿车中的其他非公路用货运机动自卸车（所属税号：87041090）是我国矿山机械产品出口的重点，同时也是进口的重点。2014—2022 年采煤、凿岩机及隧道掘进机进出口情况见表 5。2014—2022 年其他破碎或粉磨设备进出口情况见表 6。2014—2022 年筛分、洗选设备进出口情况见表 7。2020—2022 年其他非公路用货运机动自卸车进出口情况见表 8。

表 5　2014—2022 年采煤、凿岩机及隧道掘进机进出口情况

年份	出口			进口		
	数量 / 台	金额 / 万美元	平均单价 / 万美元	数量 / 台	金额 / 万美元	平均单价 / 万美元
2014	27 423	25 428	0.93	126	16 801	133.34
2015	29 842	33 821	1.13	1 121	11 128	9.93
2016	20 279	28 189	1.39	216	5 157	23.88
2017	22 423	31 868	1.42	336	4 289	12.76
2018	36 854	40 872	1.11	408	10 074	24.69
2019	39 965	44 542	1.11	441	8 279	18.77
2020	60 329	34 047	0.56	321	13 275	41.36
2021	52 419	33 625	0.64	304	8 116	26.70
2022	51 381	38 969	0.76	544	13 666	25.12

注：数据来源于《中国重型机械工业年鉴》和中国重型机械工业协会的《重型机械主要产品进出口年报 2022》。

表 6　2014—2022 年其他破碎或粉磨设备进出口情况

年份	出口			进口		
	数量 / 台	金额 / 万美元	平均单价 / 万美元	数量 / 台	金额 / 万美元	平均单价 / 万美元
2014	25 234	50 900	2.02	865	11 216	12.97
2015	41 443	46 730	1.13	490	5 806	11.85
2016	31 723	40 005	1.26	857	6 051	7.06
2017	32 136	39 872	1.24	1 047	6 421	6.13
2018	36 942	42 179	1.14	1 087	12 656	11.64
2019	45 972	43 018	0.94	1 733	15 089	8.71
2020	101 678	38 647	0.38	1 088	11 005	10.11
2021	128 741	47 843	0.37	704	7 114	10.10
2022	80 013	68 380	0.85	430	5 546	12.90

注：数据来源于《中国重型机械工业年鉴》和中国重型机械工业协会的《重型机械主要产品进出口年报 2022》。

表 7　2014—2022 年筛分、洗选设备进出口情况

年份	出口			进口		
	数量 / 台	金额 / 万美元	平均单价 / 万美元	数量 / 台	金额 / 万美元	平均单价 / 万美元
2014	27 278	40 265	1.48	2 414	13 382	5.54
2015	35 754	25 007	0.70	1 704	9 441	5.54
2016	31 812	23 155	0.73	1 569	6 326	4.03
2017	49 920	30 338	0.61	1 541	7 163	4.65
2018	92 967	35 991	0.39	1 947	8 647	4.44
2019	266 253	41 958	0.16	2 409	11 199	4.65
2020	104 293	32 257	0.31	1 744	9 677	5.55
2021	110 009	43 423	0.39	3 253	10 168	3.13
2022	124 496	57 208	0.46	3 537	12 032	3.40

注：数据来源于《中国重型机械工业年鉴》和中国重型机械工业协会的《重型机械主要产品进出口年报 2022》。

表 8　2020—2022 年其他非公路用货运机动自卸车进出口情况

年份	出口			进口		
	数量 / 台	金额 / 万美元	平均单价 / 万美元	数量 / 台	金额 / 万美元	平均单价 / 万美元
2020	4 113	30 028	7.30	61	2 390	39.18
2021	5 674	54 709	9.64	89	2 630	29.55
2022	9 852	103 549	10.51	58	1 707	29.42

注：数据来源于中国重型机械工业协会的《重型机械主要产品进出口年报 2022》。

综合分析表 5~ 表 8 可以看出：

（1）采煤、凿岩机及隧道掘进机，其他破碎或粉磨设备，筛分、洗选设备和其他非公路用货运机动自卸车的年出口量和出口额均远远超过当年的进口量和进口额，多年保持贸易顺差。产品主要出口到印度尼西亚、俄罗斯联邦、印度、马来西亚、越南、刚果（金）等国家和地区。

（2）采煤、凿岩机及隧道掘进机，其他破碎或粉磨设备和筛分、洗选设备这 3 类国产装备的出口平均单价长年处于低位，且远低于进口平均单价。2022 年，采煤、凿岩机及隧道掘进机，其他破碎或粉磨设备，筛分、洗选设备的进出口平均单价倍数（进口装备平均单价 / 出口装备平均单价）分别是 33.05 倍、15.18 倍和 7.40 倍。间接说明以上国产装备处在中低端领域，具有明显的成本优势，具备较强的出口竞争力。

（3）其他非公路用货运机动自卸车 2022 年出口额高达 10.35 亿美元，占当年矿山机械全部产品出口贸易额的 31.03%。自 2020 年以来，出口量和出口额实现了连续增长；出口平均单价呈增长趋势，进口平均单价呈下降趋势，进出口平均单价倍数呈下降趋势。2020—2022 年的进出口平均单价倍数分别为 5.37 倍、3.07 倍、2.80 倍。

以我国矿山机械进出口重点产品之一的采煤、凿岩机及隧道掘进机为例，对其名录下所含的自推进的隧道掘进机（所属税号：84303130）和非自推进的采煤、凿岩机及隧道掘进机（所属税号：84303900）两类装备 2014 年以来的进出口情况进行分析。2014—2022 年自推进的隧道掘进机进出口情况见表 9。2014—2022 年非自推进的采煤、凿岩机及隧道掘进机进出口情况见表 10。

表 9　2014—2022 年自推进的隧道掘进机进出口情况

年份	进出口差额 / 万美元	出口			进口		
		数量 / 台	金额 / 万美元	平均单价 / 万美元	数量 / 台	金额 / 万美元	平均单价 / 万美元
2014	16 829	59	21 942	371.90	13	5 113	393.31
2015	26 538	58	30 390	523.97	11	3 852	350.18
2016	23 126	66	24 468	370.73	4	1 342	335.50
2017	29 513	133	29 694	223.26	5	180	36.00
2018	34 793	127	36 874	290.35	9	2 081	231.22
2019	37 342	160	39 797	248.74	22	2 455	111.59
2020	17 421	85	25 349	298.22	26	7 928	304.92
2021	22 095	99	28 232	285.17	20	6 138	306.90
2022	25 213	188	30 774	163.69	16	5 561	347.56

注：数据来源于《中国重型机械工业年鉴》和中国重型机械工业协会的《重型机械主要产品进出口年报 2022》。

表 10　2014—2022 年非自推进的采煤、凿岩机及隧道掘进机进出口情况

年份	进出口差额 / 万美元	出口			进口		
		数量 / 台	金额 / 万美元	平均单价 / 万美元	数量 / 台	金额 / 万美元	平均单价 / 万美元
2014	–3 678	24 998	2 476	0.10	69	6 154	81.19
2015	–1 857	27 617	1 810	0.07	1 059	3 667	3.46
2016	–1 017	18 302	1 178	0.06	173	2 195	12.69
2017	–1 939	19 983	853	0.04	313	2 792	8.92
2018	–4 057	34 538	1 741	0.05	382	5 798	15.18

（续）

年份	进出口差额 / 万美元	出口			进口		
		数量 / 台	金额 / 万美元	平均单价 / 万美元	数量 / 台	金额 / 万美元	平均单价 / 万美元
2019	−3 169	37 421	1 811	0.05	407	4 980	12.24
2020	−1 877	56 915	1 470	0.03	267	3 347	12.53
2021	168	48 267	1 746	0.04	278	1 578	5.67
2022	−2 227	49 283	2 061	0.04	514	4 287	8.34

注：数据来源于《中国重型机械工业年鉴》和中国重型机械工业协会的《重型机械主要产品进出口年报 2022》。

从表 5、表 9 和表 10 可以看出：

（1）随着国产自推进的隧道掘进机技术的不断进步以及国产化替代步伐的加快，近年来已极少进口该产品，2022 年仅进口 16 台。该产品的年出口量自 2014 年以来总体呈递增趋势。2022 年，虽然继续受到新冠肺炎疫情以及市场环境复杂多变等多种不利因素的影响，仍出口 188 台、出口额达 30 774 万美元，超过同受疫情影响的 2021 年、2020 年的出口指标（99 台、28 232 万美元，85 台、25 349 万美元），年出口量和出口额实现增长。自推进的隧道掘进机在采煤、凿岩机及隧道掘进机历年的出口总量中，所占比例极低，以 2022 年为例，仅占采煤、凿岩机及隧道掘进机当年出口总量的 0.37%（比 2021 年仅高出 0.18 个百分点），但其出口平均单价长期处于高位，成为采煤、凿岩机及隧道掘进机实现年进出口顺差的重要支撑。2022 年，自推进的隧道掘进机出口贸易额对采煤、凿岩机及隧道掘进机年出口贸易额的贡献率达 78.97%。需引起关注的是：①自推进的隧道掘进机出口平均单价近年来波动明显，且总体呈下降趋势。② 2015—2019 年，进口平均单价低于出口平均单价，2017 年进口平均单价为近年来的最低值。但自 2020 年以来，进口平均单价超过出口平均单价，进出口平均单价倍数呈明显上升趋势，2020—2022 年进出口平均单价倍数分别为 1.02 倍、1.08 倍和 2.12 倍。

（2）国产非自推进的采煤、凿岩机及隧道掘进机自 2014 年以来，每年出口量巨大，即便在新冠肺炎疫情影响下的 2022 年，出口仍高达 49 283 台，占采煤、凿岩机及隧道掘进机当年出口总量的 95.92%（比 2021 年高出 3.84 个百分点），远远超过同类装备当年进口量（514 台），是同类装备当年进口量的 95.88 倍。该产品主要出口到孟加拉国、俄罗斯联邦、也门、智利、印度尼西亚、厄瓜多尔、越南等国家和地区。但年进出口贸易额在经历了 2021 年的首个顺差后，2022 年度重回逆差状态（−2 227 万美元）。原因是装备的进口价格和出口价格差距悬殊。2022 年度，装备进口平均单价为 8.34 万美元，出口平均单价为 0.04 万美元，进出口平均单价倍数高达 208.5 倍。自 2017 年以来，出口平均单价过低、进出口平均单价倍数过高的状况始终未得到有效改善，在一定程度上反映了出口的非自推进的采煤、凿岩机及隧道掘进机附加值较低。同时也说明，国产装备的升级之路仍然漫长，国产化还有很大的潜力。

综上所述，在中低端领域，国产装备在国际市场上具有较强的竞争力，但出口主要集中在印度尼西亚、俄罗斯联邦、刚果（金）、越南、印度、马来西亚等经济欠发达国家和地区。在高端领域，除自推进的隧道掘进机等少数国产装备具有一定的市场竞争能力以外，整体技术水平与国外相比，差距依然明显。所以，我国矿山机械行业仍需夯基础、补短板、破“瓶颈”、快提升。

固定资产投资 相关数据显示，2022 年全国固定资产投资（不含农户）为 572 138 亿元，比 2021 年增长 5.1%。工业投资比 2021 年增长 10.3%。其中，采矿业投资增长 4.5%，制造业投资增长 9.1%，其中，专用设备制造业比 2021 年增长 12.1%。2015—2022 年全国采矿和煤炭采选业固定资产投资增速见表 11。

表 11 2015—2022 年全国采矿和煤炭采选业固定资产投资增速 （单位：%）

年份	采矿业	煤炭采选业
2015	−8.8	−14.4
2016	−20.4	−24.2
2017	−10.0	−12.3
2018	4.1	5.9
2019	24.1	29.6
2020	−14.1	−0.7
2021	10.9	11.1
2022	4.5	24.4

注：数据来源于国家统计局官方网站和中国煤炭工业协会《2022 煤炭行业发展年度报告》。

从表 11 可以看出，2015—2017 年，全国采矿业的固定资产投资处于收缩、低迷状态；2018—2019 年，行业固定资产投资情况出现好转；2020 年，行业固定资产投资再度陷入收缩、低迷状态；2021—2022 年，行业固定资产实现正增长。

矿山机械的发展与矿产资源开发以及基础设施建设息息相关，矿业经济以及基础设施建设的繁荣程度间接地成为矿山机械行业发展的晴雨表和风向标。低碳革命的深入推进以及煤炭、冶金、建材等传统行业结构的进一步调整，将会对矿山机械行业未来几年的固定资产投资前景产生较大的影响。

行业工作情况

1. 行业标准

2022 年度，全国矿山机械标准化技术委员会（SAC/TC88，简称全国矿机标委会）根据国家标准委员会《2021 年国家标准立项指南》、《2022 年国家标准立项指南》、工业和信息化部及中国机械工业联合会标准化工作要点的要求，组织完成《矿用车载灭火系统　安全技术要求》等 10 项国家标准计划项目申报；组织完成 22 项机械行业标准计划项目申报。累计完成两批次共计 21 项标准报批工作，其中国家标准 1 项、行业标准 20 项。

2022 年度，国际标准化组织矿业技术委员会（ISO/TC82）正式确认我国提交的两项国际标准提案《采矿术语　第 6 部分：矿井提升设备》和《矿井提升机和矿用提升绞车　安全要求》通过立项投票。

2. 行业检测

国家矿山机械质量检验检测中心（国家安全生产洛阳矿山机械检测检验中心）是国家授权的第三方法定检验机构，主要从事矿山、水泥、冶金、港口等行业机电设备测试、安全性能分析评估、故障诊断，新产品鉴定、仲裁检验及型式试验，矿用产品安全标志检测检验及在用设备安全状态评估，设备钢结构故障诊断及结构稳定性分析、矿山机械国家产品质量监督抽查等服务活动，服务领域覆盖采掘设备、提升储运设备、破碎粉磨设备、港口机械、起重机械、工程机械、建材机械、矿山辅助设备和零部件等。

2022 年度，国家矿山机械质量检测检验中心完成了 42 台（套）大型煤炭装卸设备检验和 102 台大型矿用自卸汽车产品性能测试；完成 10 台盾构机、15 台破碎机的检验。完成相关矿山在用设备的检验工作，包括煤矿提升系统 136 台（套）、钢丝绳检验 206 条、提升系统主轴及连接装置 112 套、罐笼 23 台（套）、防坠器 46 台（套）、摩擦衬垫 41 份；完成安全标准检验 79 家 111 台产品。

3. 行业学术期刊

2022 年度，《矿山机械》杂志社完成了 12 期杂志的编辑、出版工作，刊登论文 190 余篇；杂志社微信公众号（ksjxbjb）及时向广大读者推送杂志最新内容和行业前沿动态，分享优秀科技文章。

矿山机械智能化发展概况

从矿山自动化到数字矿山，再到如今的智慧矿山，数字经济时代，有关未来矿山建设与实现方式的概念不断被刷新。借助数字技术赋能，以数据流驱动物资流、技术流、资金流、人才流，变革矿业生产方式，重塑矿业产业链、供应链、创新链，打造韧性生产、柔性供应的新型工业形态，对实现矿业的高质量发展具有重要的意义。

国际知名咨询公司德勤（Deloitte）在其公布的《智能矿山——创造真正的价值》报告中指出，矿业企业实施数字化转型将获得若干效益。首先，基于证据的洞察能使企业提升工作质量，减少执行过程中的损耗，改善率可达 10%~20%。第二，技术有助实现流程自动化，改进系统决策。这方面的改善率预计可达 20%~30%。第三，通过整合并优化价值链上的所有技术，可推动矿业公司的整体转型，预期改善率将可达 50% 以上。

受新冠肺炎疫情影响，矿业行业更加快了数字化转型的步伐。物联网、大数据、人工智能、5G 无线通信、远程自主操控、先进传感器等前沿技术的应用，不仅引领企业进入提高生产力、效率、安全性和盈利能力的新发展阶段，更使企业在面对新冠疫情等突发事件时具备了灵活应对和快速反应的能力。

在“智能矿山”建设领域，国内外很多企业在智能矿山整体架构、核心技术攻关、技术单点突破等方面，都取得了一系列的进展，在各个矿山的不同应用场景取得了丰硕成果。

1. 国外智能矿山发展概况

乌兹别克斯坦积极推进矿山数字化建设，发布的《数字乌兹别克斯坦 2030 战略》是发展数字经济和各行业实现数字化转型的纲领性文件。文件明确，在乌兹别克斯坦各地区社会经济发展领域推广 400 多个信息系统、电子服务和其他软件产品；在生产、物流等实体经济企业中推广 280 多种自动化管理软件。乌兹别克斯坦纳沃伊采矿冶金联合体股份公司按照国家战略要求，已实现几乎所有生产过程的数字化运行和管理，包括从地质勘探到终端产品的加工和生产，有效地降低了企业生产运营和管理成本，提高了生产效率，提升了企业竞争力。欧盟赞助的 NEXGEN SIMS 可持续智能采矿系统项目，旨在重点开发“零碳”排放的自动采矿技术，从而提高采矿效率和可持续性。同时，通过引入矿山自动安全巡检等新技术，提高未来矿山工作人员的安全性和生产力。其合作伙伴包括瑞典安百拓凿岩技术公司、瑞典 AFRY 工程集团 ÅF 数字解决方案公司、芬兰 Agnico Eagle 矿业、瑞典 Boliden 矿业、爱立信、波兰 KGHM 公司、德国钾盐集团、瑞典吕勒奥理工大学、LTU 商业、瑞典 Mobilaris MCE、澳大利亚 OZ 矿业和德国亚琛工业大学等。必和必拓 2022 年 1 月宣布，将对 South Flank 铁矿进行无人驾驶升级，分阶段改造为 5 个无人驾驶作业区，计划到 2023 年 9 月完成整个矿卡机队 41 台小松 930E 矿用载货车的无人化升级，以及约 180 台采矿机械和辅助设备（包括挖掘机、推土机、前端装载机、洒水车和现场车辆）的无人化改造。2022 年 3 月，力拓集团在北京成立中国技术与创新中心，将聚焦数字化与智能矿山、流程优化与废物处理等 5 个方向，通过合作驱动创新，推出矿业可持续发展的技术解决方案。淡水河谷启动企业风险投资计划“淡水河谷风投基金”，为针对采矿和金属行业挑战的颠覆性解决方案提供支持，使淡水河谷与有助于改变未来的创新技术和商业模式保持同步。罗伊·希尔（Roy Hill）采矿公司初步实现了自动爆破钻孔机的应用，通过运用数据互联解决方案，远程操控距离珀斯（该公司总部所在地）1 600 km 外的机器。山特维克通过收购 Deswik 矿业咨询公司，将 Deswik 公司首屈一指的软件套件与山特维克的数字化和自动化产品相结合，填补了山特维克在采矿和岩石解决方案产品领域的价值链空白，扩大了上游采矿覆盖范围，并为端到端优化解决方案提供机会，从而打造采矿数字化解决方案领域的全球领导者。Insig Technologies 公司致力于探索未来矿山高新技术，其研发的 Genesis Digital Mine 数字矿山模型集成平台，采用模块化设计，充分利用了 IIoT 技术，集成状态监测、维护计划、执行控制、可靠性、资产管理等功能，并连接到报告平台，可以为运营商提供矿山全景视图。陶朗集团继续在采矿领域构建矿石分选云数据平台。该平台可辅助预测故障或凸显潜在的运营改进领域，协助矿企提高运营效率。Nalco Water 公司基于技术服务和数字工具推出 Flotation 360 浮选解决方案。方案结合先进的化学知识、技术专长、数字创新和可实施的预测性认识，实现最高水平的浮选优化。除提高整体回收率和品位外，方案具有的实时和预测分析功能可以帮助客户提高运营水平，例如减少浮选槽阀门故障，减少故障排除时间以及优化化学试剂用量等。海克斯康矿业部门推出的 HxGN MineMeasure Detect 矿石破碎块度分析系统，进一步巩固了该公司在矿石破碎块度监测分析方面的领先地位。该系统由三维相机硬件、软件和数据解决方案组成，可进行自动化数字图像分析，通过对破碎矿石体积、块度和颜色进行连续、准确和快速地测量分析，从而实现选厂生产的实时优化。美卓奥图泰自主研发的 VGX 立式磨机吸收最新的环保与智能化技术，具有磨矿效率高、占地面积小、安装成本低、维护要求少、介质消耗低以及衬板磨损小等特点。与传统球磨机相比，可节约能耗 30%~50%，广泛应用于二段磨矿、三段磨矿、再磨、超细磨和石灰熟化应用中。同时，将智能专家系统植入磨矿系统控制中，通过专家系统对工况条件的预判，实现及时响应，可对工艺和磨机运行参数进行快速有效的调整，在保证产品细度的同时，实现产量的最大化。

2. 我国出台的支持智能矿山发展的政策、措施

矿山智能化建设是一项系统工程，离不开政策、科技、资金、人才等全要素的支撑。近年来，国家在顶层设计上开启网络强国战略、国家信息化发展战略、国家大数据战略、“互联网 +”行动计划、促进新一代人工智能产业发展三年行动计划等一系列重大战略和行动，有力地推动了我国智能矿山建设的发展；多地积极响应并出台相关政策、措施；各产学研机构也不断加大资金投入和研发力度，扎实推进智能矿山的建设步伐。采矿这一传统行业正在从信息时代的“虚实对立”向智能时代的“虚实交互”演进，矿山也逐渐发展成为“生物人矿工”“数字人矿工”“机器人矿工”相结合的前沿人工智能技术应用场景。

（1）国家和部委层面政策。2022 年 1 月，国务院印发《“十四五”数字经济发展规划》。提出，立足不同产业特点和差异化需求，推动传统产业全方位、全链条数字化转型，提高全要素生产率。加快推动智慧能源建设应用，促进能源生产、运输、消费等各环节智能化升级，推动能源行业低碳转型。《规划》明确了加快能源领域数字化转型等 7 项重点行业数字化转型提升工程。其中，在加快能源领域数字化转型方面，提出推动能源产、运、储、销、用各环节设施的数字化升级，实施煤矿、油气田等领域设备设施、工艺流程的数字化建设与改造。国务院印发《关于支持贵州在新时代西部大开发上闯新路的意见》。提出，实施“科技入黔”，加强智能采掘、公共大数据等领域的关键核心技术攻关。

2022 年 4 月，国务院安全生产委员会印发《“十四五”国家安全生产规划》。提出，全面推进智能化煤矿建设，推进小型金属非金属地下矿山机械化建设，建立完善非煤矿山安全风险监测预警机制和监测监控系统，研发应用非煤矿山智能感知装备及综合监控装备。推广使用非煤矿山在线监测监控预警、无人机巡查监察系统、采空区及井下冲击地压监测监控、尾矿充填、井下老空水监测监控、井下近矿体帷幕注浆等先进适用技术和装备。

2022 年 10 月，习近平总书记在党的二十大报告中指出：积极稳妥推进“碳达峰”“碳中和”，立足我国能源资源禀赋，坚持先立后破，有计划分步骤实施“碳达峰”行动，深入推进能源革命，加强煤炭清洁高效利用，加快规划建设新型能源体系。实施产业基础再造工程和重大技术装备攻关工程，支持专精特新企业发展，推动制造业高端化、智能化、绿色化发展。

2022 年 12 月，中共中央、国务院印发《扩大内需战略规划纲要（2022—2035 年）》。纲要提出，加强能源基础设施建设，优化煤炭产运结构，推进煤矿智能化、绿色化发展，优化建设蒙西、蒙东、陕北、山西、新疆五大煤炭供应保障基地。

2022 年中央经济工作会议提出，围绕制造业重点产业链，找准关键核心技术和零部件薄弱环节，集中优质资源合力攻关，保证产业体系自主可控和安全可靠，确保国民经济循环畅通。

（2）各相关部委层面政策。2022 年 1 月，国家发展改革委、国家能源局印发《“十四五”现代能源体系规划》。提出，加快能源产业数字化智能化升级，实施煤矿系统优化工程，因地制宜开展煤矿智能化示范工程建设，建设一批少人、无人示范煤矿。国家能源局综合司印发《2022 年能源行业标准计划立项指南》，将“煤矿智能化、数字化”纳入立项领域，重点围绕“煤矿智能装备、智能化煤矿大数据建设、矿用通信信息系统建设和管理”等方向开展 2022 年能源行业标准计划立项工作。国家能源局召开新闻发布会，提出将继续发挥八部门煤矿智能化发展协调机制作用，搭建科技创新平台，完善政策和标准体系，构建智能感知、智能决策、自动执行的煤矿智能化体系，为能源领域“新基建”稳步推进提供基础。国家能源局综合

司、国家矿山安监局综合司公布第一批煤矿智能化专家名单，将其纳入国家煤矿智能化专家库管理，旨在贯彻落实《关于加快煤矿智能化发展的指导意见》，加强智能化示范煤矿的验收管理。国家矿山安监局和华为技术有限公司（简称华为）签订战略合作框架协议。国家矿山安监局鼓励和支持华为积极参与矿山数字化、网络化、智能化基础建设，促进矿鸿操作系统等新一代信息与通信技术在矿山智能化建设、标准制定以及矿山监管监察信息化建设等方面的推广应用。

2022 年 2 月，国家矿山安监局印发《关于加强非煤矿山安全生产工作的指导意见》。提出加快非煤矿山升级改造。非煤矿山企业要积极落实《金属非金属矿山新型适用安全技术及装备推广目录（第一批）》安监总管〔2015〕12 号，不断提高安全生产科技保障能力。中小型非煤矿山要加快推进凿岩、撬毛、支护、铲装、运输等机械化改造，大型非煤矿山要加快推进自动化、智能化改造和井下重点岗位机器人替代。非煤矿山中央企业和国有重点企业要率先开展智能化建设。教育部公布 2021 年度普通高等学校本科专业备案和审批结果，河南理工大学申报的“智能采矿工程”等面向国家战略性新兴产业的新工科本科专业获批建设。

2022 年 3 月，国家能源局印发《2022 年能源工作指导意见》。提出夯实能源供应保障基础，加强煤炭煤电兜底保障能力，以示范煤矿为引领，加快推进煤矿智能化建设与升级改造。国家矿山安监局安全基础司组织召开推进智能化工作面建设视频座谈会，河北、山西、内蒙古、山东、河南等 15 个重点省份省级局负责人和相关处室负责人参加了会议。会上各省级局汇报了各自所在地区智能化工作进展及下步工作计划，交流经验并提出意见和建议；安全基础司通报了全国矿山智能化建设进展，分析了存在问题，对推进三年专项行动智能化工作面建设等工作做了部署。

2022 年 4 月，应急管理部（简称应急部）印发《“十四五”应急管理标准化发展计划》。提出在矿山安全生产领域，结合国家矿山安全监管检查体制改革，优化整合煤矿和非煤矿安全生产标准。以矿山重大灾害防治、矿山智能化开采、矿山集约高效绿色发展、矿山安全监管为重点，开展煤矿和非煤矿山安全生产标准制定。国家能源局综合司、工业和信息化部办公厅下发《关于征集能源领域 5G 应用优秀案例的通知》，开展能源领域 5G 应用优秀案例征集遴选工作，推动能源领域 5G 应用规模化落地。其中，在智能煤矿 +5G 方向，利用 5G 技术赋能智能化煤矿，融合管控平台、企业云平台和大数据处理中心等基础设施，重点开展井下巡检和安防、无人驾驶等系统建设和应用，探索智能采掘及生产控制、环境监测与安全防护、虚拟交互等场景试点应用。应急部政策法规司就《生产设备安全防护设计总则》（征求意见稿）向社会公开征求意见。此次修订既考虑了目前生产设备的特点，又兼顾了未来生产设备的发展趋势，增加了智能化、远程控制等方面的内容，充分体现了标准在技术上的先进性和合理性。由工业和信息化部主办的第五届“绽放杯”5G 应用征集大赛正式启动。大赛以“5G 赋能数字化，扬帆助力新征程”为主题，面向全社会征集基于 5G 的智能采矿相关创新解决方案和应用实践。包括利用 5G 等技术，实现矿山智能化的解决方案和应用实践，如矿山工业互联网平台、无人化采掘、矿用机械远程控制、井下高清 AI 视频监测、井下融合组网、无人矿用载货汽车作业、矿山大数据智能应用等。

2022 年 5 月，中国人民银行宣布增加 1 000 亿元支持煤炭清洁高效利用专项再贷款额度，专门用于支持煤炭开发使用和增强煤炭储备能力，具体支持煤炭安全生产和储备领域，以及煤电企业电煤保供领域。支持项目包括现代化煤矿建设、绿色高效技术应用、智能化矿山建设、煤矿安全改造、煤炭洗选、煤炭储备能力建设等。

2022 年 6 月，国家矿山安监局印发《矿山安全先进适用技术装备推广与落后技术装备淘汰目录管理办法（试行）》，办法规定：国家矿山安监局根据矿山安全科技装备发展水平和矿山安全生产迫切需求，结合矿山安全生产实际，适时面向社会开展矿山安全先进适用和落后技术装备征集工作；与矿山安全生产发展水平相适应，能够在矿山安全智能化建设、灾害防治、监测预警、监管监察、应急救援、减人增效、绿色低碳等方面发挥重要作用的技术、工艺、材料、装备，均可申请列入推广目录。生态环境部、国家发展改革委、自然资源部、水利部联合印发《黄河流域生态环境保护规划》。提出促进绿色矿业发展，积极推进矿产资源绿色勘查开采，从理念、制度、技术、监管四个方面推动资源绿色勘查开采，将绿色发展理念贯穿于矿产资源利用与保护全过程。新建矿山按照绿色矿山标准进行规划、设计、建设、运营管理，生产矿山加快升级改造，逐步达标。工业和信息化部办公厅公布“2021 年物联网示范项目名单”，旨在进一步发挥物联网在推动数字经济发展、赋能传统产业转型升级方面的重要作用，国家能源集团新疆能源有限责任公司的基于煤矿智能化的设备智能健康管理技术研究与示范、沈阳研究院的基于工业物联网的全生产过程信息化系统研究与实践等项目入选。国家矿山安监局印发《关于批准建设第一批重点实验室的通知》，依托陕西陕煤黄陵矿业有限公司、应急部信息研究院、天地科技股份有限公司（简称天地科技）建设的煤矿安全智能开采国家矿山安全监察局重点实验室入列。应急部与俄罗斯环境、技术和原子能监察署举行视频研讨会，就煤矿少人化无人化智能开采及风险防控进行了深入交流。

2022 年 7 月，应急部、国家矿山安监局印发《“十四五”矿山安全生产规划》，提出推动建立矿山智能化技术规范与标准体系，推动出台与煤共（伴）生金属非金属矿山、型材矿山开采等矿山安全地方标准；加强矿山智能化关键技术的研发，重点突破精准地质探测、矿岩识别、透明地质、设备精准定位、复杂条件智能综采和快速掘进、辅助运输环节无人驾驶、固定场所少人化或无人化值守等制约矿山智能化发展的关键技术和装备，提升智能装备的成套化和国产化水平，重点研发和推广安全防控、侦查巡检、应急救援等矿山机器人。推广应用智能化成熟技术装备，重点推进采掘智能化、辅助系统无人化、井下固定岗位无人值守或远程监控、巡检机器人的应用，推进机器人替代重点岗位、危险作业人员。适时更新先进适用技术及装备推广、落后设备及工艺淘汰目录，不断提高矿山装备水平，实现机械化、自动化、信息化、智能化迭代升级。推进非煤矿山凿、铲、运等工艺装备高端化、控制智能化，强化矿山装备制造、使用、维护、检测、报废等全生命周期管理，提高设备安全可靠程度，消除因设备故障引发的生产安全事故。

2022年8月，科技部印发《关于支持建设新一代人工智能示范应用场景的通知》，智能矿山入选首批支持建设的十个示范应用场景。《通知》要求，针对我国矿山高质量安全发展需求，聚焦井工矿和露天矿，运用人工智能、5G通信、基础软件等新一代自主可控信息技术，建成井工矿“数字网联、无人操作、智能巡视、远程干预”的常态化运行示范采掘工作面，开展露天矿矿车无人驾驶、铲运装协同自主作业示范应用，通过智能化技术减人换人，全面提升我国矿山行业本质安全水平。财政部、应急部、国家矿山安监局印发《安全生产预防和应急救援能力建设补助资金管理办法》。明确煤矿及重点非煤矿山重大灾害风险防控支出用于支持地方矿山安全监管部门履行属地管理责任，提升矿山数字化、智能化安全生产预防和监管水平，推动矿山安全监管监察模式向远程化、智能化、可视化以及“互联网＋监管”方式转变。工业和信息化部办公厅、农业农村部办公厅、国家卫健委办公厅和国家矿山安监局综合司4部门公布“农业、建筑、医疗、矿山领域机器人典型应用场景名单”，矿山领域机器人典型应用场景共有20个项目入选。其中，矿山作业机器人及系统方向4个，矿山安控机器人及系统方向6个，矿山运输、分拣、清理机器人及系统方向4个，矿山应急救援机器人及系统方向2个，其他机器人及系统方向4个。由国家发展改革委、科技部、工业和信息化部与黑龙江省人民政府共同主办的2022世界5G大会成功举办。大会设置了国际合作、技术前瞻、5G及数字产业、5G+行业应用四大板块共14个分论坛（研讨会），涵盖智慧矿山、智能机器人、“碳达峰”“碳中和”等热点行业应用领域。其中，5G与智慧矿山论坛围绕矿业智能化与高质量发展、5G赋能矿业智慧化、智慧矿山与安全等议题进行了研讨。工业和信息化部办公厅印发《5G全连接工厂建设指南》，旨在指导各地区各行业积极开展5G全连接工厂建设，带动5G技术产业发展壮大，进一步加快“5G+工业互联网”新技术新场景新模式向工业生产各领域各环节深度拓展，推进传统产业提质、降本、增效、绿色、安全发展。其中，重点针对采矿行业降低事故危险、保障作业人员健康、工作面少人化无人化需求，促进生产单元模拟、远程设备操控、设备协同作业、无人智能巡检、生产现场监测等典型场景的普及应用。国家能源局综合司印发《关于组织开展煤矿智能化建设先进典型案例征集工作的通知》，旨在梳理汇总形成不同类型煤矿典型建设范式，系统总结成熟经验做法，运用先进科技手段和管理方式，推广安全智能清洁高效的设计、建设、生产、运行模式，推动煤矿智能化建设在全国范围迅速展开，进一步夯实煤炭安全稳定供应保障基础。国家矿山安监局综合司开展《矿山安全先进适用技术装备推广与落后技术装备淘汰目录》征集工作。其中在矿山安全先进适用技术装备领域，主要征集与矿山安全发展水平相适应，能够在矿山安全智能化建设、灾害防治、监测预警、监管监察、应急救援、减人增效、绿色低碳等方面发挥重要作用的技术、工艺、材料、装备。自然资源部公布《矿产资源节约和综合利用先进适用技术目录（2022版）》，涵盖了矿产勘查、采矿、选矿、综合利用、绿色低碳、数字化、智能化等方面的先进适用技术，旨在加快矿产资源节约和综合利用先进适用技术推广应用，切实发挥技术政策的引导作用，神东煤炭的8.8 m超大采高综采工作面关键技术与装备、山西天地煤机的掘支运一体化快速掘进关键技术与装备、三三工业的煤矿岩巷全断面掘进技术及装备等一大批先进适用技术入选。由国家矿山安监局安全基础司组织召开的第一次矿山智能化建设专家委员会全体会议，研究讨论了政策标准、科技攻关、装备通信、推广应用和人才培养等方面的煤矿智能化建设工作，明确了各专委会工作职责，研究制定了2023年工作计划。

2022年9月，工业和信息化部科技司就《有色行业智能制造标准体系建设指南（2022版）》（征求意见稿）向社会公开征求意见。意见稿明确了有色金属行业智能制造标准体系建设的指导思想、基本原则和建设目标，提出到2025年，基本形成有色金属行业智能制造标准体系，累计制定40项以上有色金属行业智能制造领域标准，基本覆盖智能工厂全部细分领域，满足有色金属企业数字化生产、数据交互和智能化建设的基本需求，实现关键技术标准在行业示范应用。标准体系框架分为基础综合、智能装备、智能工厂及评价等4个部分，并向下分解。工业和信息化部科技司印发《关于征集制造业可靠性提升优秀案例的通知》，聚焦机械、电子等重点行业关键核心产品，广泛征集并遴选基于可靠性工程技术、可靠性管理、质量与可靠性工具等6类解决方案。教育部印发《关于2022年度教育部工程研究中心建设项目立项的通知》，依托中国矿业大学（北京）建设的“厚煤层绿色智能开采教育部工程研究中心”获批。人力资源和社会保障部发布新修订的《中华人民共和国职业分类大典》，其中，煤炭行业新增煤矿智能掘进员、煤矿智能开采员、采矿安全监控系统值班员等5个工种。国家矿山安监局综合司面向全国征集矿山智能化建设和煤矿隐蔽致灾因素普查治理典型经验，旨在充分发挥先进典型示范引领作用，推进矿山智能化建设工作和煤矿隐蔽致灾因素普查治理常态化，提升煤矿灾害防治能力和安全保障能力，涉及人工智能应用、矿山机器人研发应用、智能化科技攻关以及智能化、数字化建设，优化生产和安全管理等方面。自然资源部矿产资源保护监督司下发《关于开展〈智能矿山建设规范〉贯标试点工作的函》，旨在形成一批特色鲜明、优势突出的示范企业，引领带动产业高质量发展。国家矿山安全监察局安全基础司到鄂尔多斯市调研指导煤矿智能化建设工作，提出，煤矿智能化建设是当前煤炭行业发展的方向，要坚定信心、毫不动摇地推动煤炭行业智能化和产业升级。

2022 年 10 月，工业和信息化部、教育部、文化和旅游部、国家广播电视总局和国家体育总局印发《虚拟现实与行业应用融合发展行动计划（2022—2026 年）》。提出加速多行业多场景应用落地。其中，针对虚拟现实 + 工业生产场景，围绕重点垂直行业领域，推动虚拟现实和工业互联网深度融合，支持虚拟现实技术在设计、制造、运维、培训等产品全生命周期重点环节的应用推广，强化与数字孪生模型及数据的兼容，促进工业生产全流程一体化、智能化。国家发展改革委就《煤矿安全改造中央预算内投资专项管理办法（修订征求意见稿）》向社会公开征求意见。主要修订内容包括：调整资金安排方式；细化资金补助标准；优化资金重点投向，鼓励引导专项资金更多投向煤矿智能化建设、煤炭绿色开采、改造提升煤矿存煤能力等项目，加快推进煤炭生产方式变革，提升煤矿本质安全水平等。国家矿山安监局、财政部联合印发《煤矿及重点非煤矿山重大灾害风险防控建设工作总体方案》。提出以遏制矿山重特大事故为目标，以防范化解重大安全风险为主线，充分利用新一代信息技术，实现煤矿及重点非煤矿山关键地点、重点部位重大安全风险的实时识别、监测和精准研判，推动矿山安全监管监察模式向远程化、智能化、可视化以及“互联网 + 监管”方式转变，提高矿山安全监管监察执法效能，不断提升矿山数字化、智能化安全生产水平。国家能源局综合司印发《关于建立〈“十四五”能源领域科技创新规划〉实施监测机制的通知》。提出根据《规划》总体目标，明确重点任务，征集《规划》任务实施依托项目，建立集中攻关、示范试验实施监测项目库。健全实施监测项目信息报送、定期评估和动态调整机制。其中，在煤炭清洁低碳高效开发利用技术领域，包括了煤矿智能开采关键技术与装备、煤矿重大灾害及粉尘智能监控预警与防控技术、煤炭精准智能化洗选加工技术、煤矿数字化智能化技术等煤炭绿色智能开采技术；在能源系统数字化智能化技术领域，包括了智能传感与智能量测技术、特种智能机器人技术、能源装备数字孪生技术、人工智能与区块链技术、能源大数据与云计算技术、能源物联网技术等基础共性技术。国家能源局综合司、国家矿山安监局综合司公布煤矿智能化专家增补名单，将他们纳入国家煤矿智能化专家库管理。

2022 年 11 月，工业和信息化部、国家发展改革委和生态环境部印发《有色金属行业碳达峰实施方案》。提出加快产业数字化转型，统筹推进重点领域智能矿山和智能工厂建设，建立具有工艺流程优化、动态排产、能耗管理、质量优化等功能的智能生产系统，构建全产业链智能制造体系。探索运用工业互联网、云计算、第五代移动通信（5G）等技术加强对企业碳排放在线实时监测，追踪重点产品全生命周期碳足迹，建立行业碳排放大数据中心。工业和信息化部公布《国家工业和信息化领域节能技术装备推荐目录（2022 年版）》，旨在加快推广应用先进适用节能技术装备，促进企业节能降碳、降本增效，推动工业和信息化领域能效提升。“智能化矿物干法深度分选技术”“自卸车全电驱动技术”等先进技术装备入选。工业和信息化部、国家发展改革委、生态环境部、住房和城乡建设部印发《建材行业碳达峰实施方案》。提出以数字化转型促进行业节能降碳，加快推进建材行业与新一代信息技术深度融合，通过数据采集分析、窑炉优化控制等提升能源资源综合利用效率，促进全链条生产工序清洁化和低碳化。国家矿山安监局综合司印发《关于征集 2022 年矿山安全生产科研攻关项目的通知》，申报范围主要包括矿山智能化开采、煤矿灾害的预防和治理等先进技术。国家矿山安监局综合司下达的《2022 年煤炭行业标准制修订计划项目》《煤矿井下人员位置监测系统使用与管理规范》《煤矿感知数据联网接入规范》《煤矿数据采集与传输技术要求》等多项煤矿数据联网标准被纳入修订计划。国家矿山安监局就《矿山安全标准化工作管理办法（征求意见稿）》向社会征求意见，旨在进一步加强矿山安全标准化工作，充分发挥标准对矿山安全高质量发展的支撑作用。《意见稿》规定，对于矿山安全信息化、智能化、矿山重大灾害防治、矿山安全科技装备设施材料以及矿山安全监管监察工作急需的标准，予以优先立项。工业和信息化部就《建材工业鼓励推广应用的技术和产品目录（2022 年本）》（征求意见稿）公开征求意见，“智能矿山综合解决方案”及“机制砂石工厂智能制造系统解决方案”入选意见稿。

2022 年 12 月，全国矿山智能化建设和安全发展推进视频会召开。会议强调，坚持以人为本、科技兴安，深入推进矿山智能化建设，持续提升本质安全水平，以更大力度推动矿山行业安全发展和高质量发展。会议指出，坚持安全第一、预防为主，进一步健全机制、压实责任，不断完善政策保障、标准规范、资金投入和科技支撑，加快灾害严重矿山、非煤矿山等智能化建设进度，全面提高安全风险智能防控和监管监察能力。国企、央企要发挥表率作用，加快打造安全高效的智能化矿山，夯实企业安全发展基础。工业和信息化部、国家发展改革委、住房和城乡建设部、水利部印发《关于深入推进黄河流域工业绿色发展的指导意见》。提出实施降碳技术改造升级，围绕黄河流域煤化工、有色金属、建材等重点行业，通过流程降碳、工艺降碳、原料替代，实现生产过程降碳。加强绿色低碳工艺技术装备推广应用，提高重点行业技术装备绿色化、智能化水平。推动数字化智能化绿色化融合，采用工业互联网、大数据、5G 等新一代信息技术提升黄河流域能源、资源、环境管理水平，深化生产制造过程的数字化应用，赋能绿色制造。国家矿山安监局印发《非煤矿山安全监管监察信息化总体发展规划（2022—2024 年）》。

提出到2023年年底，基本建成覆盖重点非煤矿山的感知网络；到2024年年底，实现非煤矿山安全监管监察系统在全国范围内的全面推广和深度应用，形成非煤矿山安全监管监察信息化体系，实现感知网络全域覆盖，探索人工智能、机器学习、工业互联网等新技术在风险监测预警和远程监管监察中的创新应用。国家能源局综合司公示拟纳入《2022年度能源领域5G应用优秀案例集》的案例，潞安化工集团山西新元煤炭有限责任公司的煤矿5G网络技术应用与研究、中煤陕西榆林能源化工有限公司的基于5G在煤矿深部复杂环境下的智慧安全开采研究和应用、河南平宝煤业有限公司的平宝公司5G智慧矿山等优秀案例入选。

（3）地方政府层面政策。2022年1月，山西省人民政府办公厅印发《山西省加快5G融合应用实施方案》。明确通过布局5G融入产业数字化、智慧化生活、数字化治理三大领域，推进“5G+智能煤矿”等十大工程。其中，针对“5G+智能煤矿”工程，提出提升“5G+智能煤矿”建设能力和水平，实现煤矿开拓、采掘（剥）、运输、通风、洗选、安全保障、经营管理等过程的智能化运行，提升煤矿安全生产水平；扩大“5G+智能煤矿”应用范围，积极在山西省内大型煤炭企业复制推广“5G+智能煤矿”建设模式；推进5G+煤机装备研发制造，研发融合5G的煤矿综采面和煤机装备数字孪生平台，实现生产实时可见、数据实时监控、场景实时可视、故障提前预判；建设煤机装备5G+工业互联网平台，打通煤机行业供应链上下游企业，实现人、设备、数据互联。山西省能源局印发《2022年度全省深入推进煤矿智能化建设工作方案》，明确以采掘智能化工作面建设为重点，加快山西省煤矿智能化建设，推进煤矿向本质安全方向迈进。2022年新建成20座智能化煤矿，建设1 200处智能化采掘工作面（新建设500处、上年度结转700处），力争建成850处，推动30座煤矿开展5G场景应用，全面推进煤矿固定场所无人值守，关键环节机器人替代。山西省能源局组织发布《山西省煤矿智能化建设指导手册》。《手册》叙述了煤矿智能化建设的目标、内容、技术路径、实施步骤及基本原则、主要依据；并根据山西省实际情况和影响矿井智能化建设的主要因素，从矿井类型、生产能力、服务年限、地质因素等方面，提出了煤矿智能化建设可行性分级分类的建议指标。河南省工业和信息化厅印发《河南省2022年煤矿安全生产工作要点》。提出着力加快推进智能化建设，全面落实《河南省煤矿智能化建设三年行动方案（2021—2023）》目标任务，确保到2022年年底前，河南省累计建成10~15处智能化示范煤矿、50个以上智能化采煤工作面和100个以上智能化掘进工作面，煤矿主通风机房、变电所、水泵房、主井绞车、主输送带等各类机房硐室和大型固定设备基本实现无人值守或集中控制，持续改善安全生产条件。冲击地压煤矿新建采掘工作面、采深超1千米煤与瓦斯突出矿井新建有突出危险的采掘工作面，全部实现智能化。积极构建煤矿智能化创新支撑体系，大力培育煤矿智能化人才队伍。严格智能化考核验收标准，加大考核力度和智能化建设投入，试点建设“环境安全、现场可视、监控齐全、设施智能、行为受控、应急可靠”的无人少人智能化煤矿，强化常态化管理，全面推动河南省煤矿智能化体系建设再上新台阶。浙江省智能化绿色矿山建设试点工作验收会召开。会议强调，要把智能化绿色矿山建设要求贯彻到矿山的全生命周期，长期坚持、持续创新，实现绿色矿山质量再提升、系统平台再整合、应用场景再融合、体系建设再迭代、制度流程再重塑、双碳领域再创新、指导服务再加强，形成浙江经验，交出高分报表。

2022年2月，内蒙古自治区人民政府办公厅印发《内蒙古自治区“十四五”能源发展规划》。提出推进“云大物移智链”等现代信息技术、先进通信技术在能源生产领域的应用，实现能源生产质量效率优化。推动能源开采岗位机器人替代、生产过程智能控制、供应链智能决策，全面建设智慧煤矿、智慧电厂、智慧油气田；产能300万t/a以上大型煤矿全部实现智能化改造，煤矿井下高危岗位机器人替代达到1/3以上；依托重要能源基地建设，重点在井下机器人开采、矿区无人驾驶等领域建设一批创新示范工程，提高能源科技自主创新能力和装备制造水平。山西省工业和信息化厅印发《山西省传统装备制造业改造提升2022年行动计划》。提出加快传统装备制造业转型，实现内涵集约发展，推动传统装备制造企业全面迈过“生存线”，力争达到“发展线”。《计划》确定了煤机装备、重型机械、铸锻造等领域的发展重点。其中，在煤机装备领域，以智能、高效和绿色煤炭开发为重点任务，着力研发煤炭开采、掘进、提升、运输、通风、排水6大智能化装备，为山西省煤炭数字化转型提供技术支撑。河南省工业和信息化厅、国家矿山安监局河南局印发《河南省深化煤矿安全专项整治三年行动推进治本攻坚实施方案》，提出推进智能化建设。坚持系统智能化、智能系统化，推动人员行为管理、采掘和主要生产系统、重大灾害预警预报、风险隐患管控等智能化。煤矿要编制智能化建设（发展）方案，新建煤矿和60万t/a及以上改扩建煤矿按智能化建设要求投产，灾害严重及“大班次”等矿井要倒排工期、加快推进。内蒙古自治区能源局印发《内蒙古自治区“十四五”能源数字转型规划》，提出实现数字化技术与煤炭、电力、油气等能源行业较好融合。到2025年年底，产能300万t/a以上大型煤矿全部实现智能化改造，重点露天煤矿实现矿用车无人驾驶技术规模化应用，井工煤矿采掘面全部实现智能化作业，煤矿井下高危岗位机器人替代达到1/3以上。内蒙古自治区能源局印发《内蒙古自治区煤炭工业发展“十四五”规划》，提出制定智能化建设实施方案和技术规范、标准和验收办法，开展智能煤矿建设示范，引导煤矿企业积极开展煤矿智能化建设。按照总体推进、一次设计、分步建设、按期达标的工作要求，全面完成智能化建设三年行动工作任务。对服务年限不足5年难以实现全过程、全时态智能化的煤矿，结合自身条件和经济效益，因地制宜开展智能化技术改造，积极推进局部智能化。鼓励跨领域合作，引导社会资本参与煤矿智能化装备研发及产业化应用。建设煤矿智能开采装备制造园区，大力发展智能采煤机、井下机器人、露天煤矿无人驾驶等装备制造产业，打造全国煤矿智能化成套装备与关键零部件生产基地，将市场优势转化为产业优势，培育经济新增长点。到2025年，具备条件的大型正常生产煤矿全部智能化实现率达100%。陕西省通信管理局、发展改革委、中共陕西省委网络安全和信息化委员会办公室、教育厅、科技厅、工业和信息化厅、公安厅、财政厅等20个部门印发《5G应用“扬帆”行动计划（2021—2023年）》。提出推进“5G+智慧采矿”应用，加快可适应采矿环境具有防爆等要求的5G通信设备研制和认证，推进露天矿山和地下矿区5G网络系统、智能化矿区管控平台、企业云平台等融合基础设施建设。推动大型煤矿智能化改造，打造绿色智能煤矿集群。广泛应用5G、工业互联网、物联网等先进信息网络技术，构建以万兆网为骨干、混合无线接入的安全高速通信网络；推动露天矿山和地下矿区的安全生产检测、管理调度、办公应用的全面移动化升级；推广5G在能源矿产、金属矿产、非金属矿产等各类矿区的应用；建设一体化能源化工大数据中心，推动各系统数据汇聚、融合、共享和应用；提升能源资产资源规划、建设和运营全周期管控能力，提高集成调度、远程操作、智能运维水平，实现能源企业全业务链协同创新、高效运营和价值提升；推进基于5G的能源开采智能协同控制平台建设与井上、井下的终端应用，重点开展智能采掘及生产控制、高精度定位及井下巡检、露天/地下矿山无人驾驶、基于虚拟交互的远程专家协助、环境监测与安全防护等场景试点应用，促进智能煤矿建设，提升能源开采智能化水平。青海省人民政府办公厅印发《2022年青海省促进数字经济发展工作要点》，提出全面推进5G网络在智慧矿山、智慧电力等领域的深度融合创新应用。

2022年3月，黑龙江省人民政府印发《黑龙江省“十四五”数字经济发展规划》，提出以鸡西、鹤岗、七台河、双鸭山四个煤城为重点，构筑煤炭资源城市数字化转型基地，建设一批智能制造、智慧矿山、智慧能源、产业转型示范，创新实践数字化转型发展新路径。加快试点推广绿色矿山，推动矿山等能源行业生产、运输、消费等各环节数字化智能化改造。陕西省安全生产委员会办公室印发《全省深化煤矿安全专项整治三年行动推进治本攻坚实施方案》。提出加快推进煤矿智能化建设，坚持系统智能化、智能系统化，推动人员行为管理、采掘和主要生产系统、重大灾害预警预报、风险隐患管控等智能化。督促市县管理部门明确智能化建设任务，制定智能化建设时间表、进度图，对灾害严重、“大班次”等矿井倒排工期、加快推进，力争2022年年底前全省特大型煤矿和灾害严重煤矿基本实现采、掘智能化。河南省发展改革委印发《2022年河南省数字经济发展工作方案》，明确优化提升融合基础设施，新建智能化示范煤矿5个以上。山东省能源局印发《2022年全省能源工作指导意见》，提出聚焦煤炭等重点领域，加快智能化升级改造，提升本质安全水平。深入推进煤矿智能化建设，建成鲍店、付村等首批国家级智能化示范矿井，年生产能力90万t以上煤矿全部实现智能化开采，山东省煤矿智能化开采产量达到75%以上。内蒙古自治区能源局印发《内蒙古自治区“十四五”能源技术创新发展规划》，提出推动化石能源清洁低碳的高效开发利用，研究智能化开采技术。推动智能化煤矿建设，通过5G+高清摄像+智能识别等智慧化安全高效开采技术，开展煤矿智能载货汽车无人驾驶、智能化采煤工作面、掘进工作面、主运输系统在线监控、辅助运输系统精准定位、井下固定岗位无人值守与远程操控等示范建设。推动应用综采设备精准定位与导航、综采设备群智能自适应协同推进等关键技术装备，推动应用各类煤矿条件的快速掘进智能化成套装备，促进煤炭开采过程的智能化，减少作业人员。河南省工业和信息化厅举办全省煤炭行业装备制造及先进技术推广交流会。会议指出，各企业要着力突破关键技术、补齐建设短板、提高运行质量，推动煤矿智能化建设快速健康发展。会议强调，煤炭行业和装备制造业要提升科技创新和研发能力，壮大研发队伍，加强创新平台建设，着力在煤机装备制造、煤矿机器人应用、煤矿风险分级管控和隐患排查治理、新一代信息技术应用等方面加大攻关力度。安徽省人民政府办公厅印发《安徽省煤炭工业发展“十四五”规划》，提出持续推进煤矿的“四化”建设，进一步提升采煤和掘进机械化水平，大力推广应用智能化技术装备。到2025年，除资源枯竭外的正常生产矿井均达到省级及以上智能化煤矿验收标准，煤矿智能化发展迈上新台阶。全面开展智能化煤矿建设、煤矿智能化成套装备制造、煤矿智能化工业软件开发、煤炭分质分级高效利用、矿井资源综合利用、大数据平台建设六大示范工程建设，初步形成创新驱动发展的新格局，为安徽省煤炭行业高质量发展提供强劲引擎。安徽省能源局印发《关于商请推荐安徽省煤矿智能化建设验收专家的通知》，旨在建立安徽省煤矿智能化建设验收专家库，充分发挥专家在煤矿智能化建设中的技术支撑作用，规范开展安徽省级智能化煤矿建设和验收工作。国家矿山安监局河北局召开推进智能化工作面建设专题会议，就推动矿山智能化建设工作进行安排、部署。

2022年4月，辽宁省人民政府办公厅印发《辽宁省绿色矿山建设三年行动方案（2022—2024年）》。提出积极引导科技创新，推进数字化矿山建设。坚持创新驱动，推动建立企业为主体、市场为导向、产学研相结合的科技创新体系，加快探、采、选、冶、应用、回收等领域的理论研究以及先进工艺、先进设备、关键技术的研发，提高科技成果转移转化成效，促进新技术产业化、规模化应用。推动数字化矿山建设，鼓励矿山企业采用计算机和智能控制等技术建设智慧矿山，逐步实现矿山开采机械化、选矿工艺自动化和关键生产工艺流程数控化。提高矿山企业在地质测量、资源储量、采选、运输、节约与综合利用、生态环境保护等方面信息化管理水平。云南省人民政府印发

《云南省数字经济发展三年行动方案（2022—2024 年）》。提出实施 5G 应用“扬帆”计划，促进“5G+”工业互联网、智慧矿山等创新应用落地，到 2024 年，建成 3 个“5G+ 智慧矿山”省级试点示范项目。山西省应急管理厅、地方煤矿安全监督管理局印发《关于严格管控煤矿采掘接续紧张、有效防范化解煤矿系统性重大安全风险的通知》。要求注重科技赋能，积极推进矿山智能化建设，实现智能化采煤、智能化掘进、智能化治灾。要积极应用快速掘进装备、综采支架快速刷扩工艺，以及地面区域治理和“以孔代巷”灾害治理技术等，缓解采掘接续紧张，杜绝靠增头增面、搞人海战术提高产量。贵州省工业和信息化厅、财政厅、发展改革委、能源局、大数据发展管理局联合印发《支持工业领域数字化转型的若干政策措施》，加大对工业领域数字化转型的支持力度。提出支持煤矿企业智能化改造。按照《贵州省能源结构调整专项资金管理办法》规定，对煤矿机器人研发应用项目，以机器人购买价格的 30% 且不超过 150 万元 /（台、套）进行补助；鼓励煤矿企业先行先试，对列入首批国家级智能化示范煤矿、首批省级示范智能煤矿的项目，给予每矿 600 万元的奖励；对其他符合《贵州省智能煤矿评定办法（暂行）》条件的智能煤矿项目，给予每矿 450 万元的奖励。贵州省能源局、国家矿山安监局贵州局印发《贵州省煤矿智能化系统监督管理暂行办法》。办法要求煤矿应切实履行智能化系统运行维护管理的主体责任，不断提升智能化水平。煤矿智能化系统应符合《煤矿智能化建设指南（2021 年版）》（国能发煤炭规〔2021〕29 号）、《智能化示范煤矿验收管理办法（试行）》（国能发煤炭规〔2021〕69 号）、《贵州省煤矿智能机械化建设与验收暂行办法》（黔能源科技〔2017〕158 号）、《贵州省智能煤矿建设指引（试行）》（黔能源科技〔2020〕123 号）、《贵州省煤矿智能化数据交换技术要求（2020 版）》（黔能源科技〔2020〕59 号）等相关标准，并与“贵州能源云”进行数据交换。福建省发展改革委、财政厅、自然资源厅联合印发《福建省推进资源型地区高质量发展“十四五”实施方案》。提出大力推进绿色矿山建设，加大已有矿山改造升级力度，新建、扩建矿山按绿色矿山建设要求进行建设；推动战略性矿产资源开发与下游行业耦合发展，支持资源型企业的低碳化、绿色化、智能化技术改造和转型升级，提高矿渣资源综合利用水平。江西省 5G 发展工作领导小组办公室印发《江西省 5G 应用“扬帆”行动计划》。提出推进 5G 规模化应用。其中，针对 5G+ 智能采矿领域，推进露天矿山和地下矿区 5G 网络系统、智能化矿区管控平台、企业云平台等融合基础设施建设。拓展采矿业远程控制、无人驾驶等 5G 应用场景，重点推进井下核心采矿装备远程操控和集群化作业、深部高危区域采矿装备无人化作业、露天矿区实现智能连续作业和无人化运输。河南省工业和信息化厅印发《关于建立河南省煤矿智能化技术创新联席会议机制的通知》，着力实施煤矿创新驱动发展战略，搭建共性技术研发推广平台，培育煤矿智能化高端人才，推动智能化技术与煤炭产业深度融合。联席会议由有关行业协会、煤炭企业、装备制造企业、科研院所组成，在河南省工业和信息化厅、省国资委、省能源规划建设局、国家矿山安监局河南局指导下开展工作，包括：调研煤矿智能化发展状况，反映煤矿智能化建设方面存在的问题；指导煤炭企业制定和实施煤矿智能化发展规划，助力矿井加快智能化建设进程；共建技术创新研发平台，开展煤矿智能化基础理论研究和关键技术研发攻关，解决煤矿智能化建设中的“瓶颈”问题；加强煤矿智能化相关学科建设，培育具备专业知识技能的复合型人才；引导推动煤炭企业建设智能化数智平台，为煤矿智能管理、智慧决策奠定基础。

2022 年 5 月，山西省政府办公厅印发《关于促进全省煤炭绿色开采的意见》。提出在确保安全的前提下，持续探索煤炭绿色开采技术路线，积极应用成熟技术，高标准建设不同类型的示范煤矿。推进智能绿色深度融合，将智能化、云计算、5G 和物联网技术与绿色开采充分融合，提高绿色开采效率，降低绿色开采成本，提高市场竞争力。新疆维吾尔自治区人民政府印发《加快新疆大型煤炭供应保障基地建设　服务国家能源安全的实施方案》，提出加大煤矿生产投入，大型煤矿和灾害严重煤矿基本实现智能化等 6 方面总体目标，同时提出强化规划引领、加强煤炭资源绿色开发、强化煤矿安全生产、加大科技创新力度等 11 个方面的重点任务。宁夏回族自治区科技厅印发《宁夏能源转型发展科技支撑行动方案》。提出开展关键核心技术攻关，针对煤炭开采，开展关键核心技术攻关和重大科技成果转化。包括研发特殊煤层开采装备、智能自适应协同推进的综采设备群、适应各类煤矿巷道条件的智能化快速掘进成套技术装备、高端液压支护装备、井下智能网联系统与无轨辅助运输等智能煤矿先进技术与装备；开发重介质分选、界面调控增强浮选、自适应全流程智能控制等精准智能化洗选加工技术；开展煤矿透明开采、综合一体化管控、灾害预警与智能通风、井下视频智能分析等智能化矿山成套技术的规模化集成应用示范。贵州省能源局、科技厅印发《贵州省能源科技创新发展“十四五”规划》。提出形成现代化煤炭智能绿色开发利用体系，推动煤炭工业与大数据、人工智能等技术深度融合，初步形成符合贵州实际的智能化煤炭开采技术体系。开展煤矿智能化开采、绿色开采、井下机器人等研究，为贵州省煤炭资源的安全高效绿色智能开发利用提供基础支撑。辽宁省自然资源厅发布《菱镁矿绿色矿山建设规范》，弥补了国内尚无菱镁矿绿色矿山建设规范的不足。《规范》对科技创新和数字化矿山提出了明确要求：建设数字化、生产集约化、管理现代化的智能矿山；建立矿山自动化集中管控平台，能够将自动控制系统、远程安全监控系统等集中统一显示；建立数字化资源储量模型，进行矿产资源储量动态管理和经济评价，实现地质矿产资源储量利用的精准化管理。国家矿山安监局内蒙古局召开煤矿智能化建设工作专班座谈会。会议对内蒙古煤矿智能化建设的新形势、新情况、新经验进行了全面梳理和分析研判，指明了下一步内蒙古煤矿智能化建设的方向，针对煤矿企业智能化建设的急难痛点，做出了一系列部署安排。

2022 年 6 月，云南省安全生产委员会印发《云南省“十四五”安全生产规划》。提出强化安全生产科技支撑，以产业转型升级为契机，在煤矿、非煤矿山等重点行业领域开展“机械化换人、自动化减人、机器人换岗”示范建设，推动工业机器人、智能装备在危险工序和环节的广泛应用。由甘肃省人民政府、中国有色金属工业协会主办，以“创新、融合、携手共建新金川”为主题的第 24 次金川科技攻关大会召开，正式启动新一轮科技联合攻关。安徽省政府与中国联通签署战略合作框架协议。根据协议，在矿山、钢铁等行业重点企业中，中国联通将参与建设智能车间和智慧工厂，打造“5G+ 工业互联网”示范园区，推动建设行业 5G 融合应用技术创新中心，进一步丰富“5G+ 工业互联网”应用场景，形成示范样板。浙江省自然资源厅、经济和信息化厅、科技厅、财政厅、生态环境厅、水利厅、应急管理厅和市场监督管理局联合印发《浙江省绿色矿山管理办法》，鼓励矿山企业积极开展智能化绿色矿山建设。由国家矿山安监局内蒙古局、内蒙古自治区能源局联合编制的《露天煤矿生产技术与安全管理规定》正式发布。《规定》包括露天煤矿边帮压煤回收技术与安全管理、露天煤矿开采技术参数与设备管理、露天煤矿智能化建设、露天煤矿应急管理、露天煤矿消防管理等 7 个部分，适用于内蒙古范围内露天煤矿的设计、生产和建设。河南省工业和信息化厅召开全省煤矿智能化掘进现场推进会。会议要求，针对智能化掘进存在的认识不到位、建设进度慢、发展不平衡、后期运维差等突出问题，各地各煤炭企业要严格落实河南省委、省政府决策部署，主动担当作为；要强化支撑保障，充分发挥河南省煤矿智能化技术创新联席会议机制、煤矿智能化建设创新中心等创新平台、研发主体的作用，加快研究解决困扰智能化掘进的“瓶颈”问题；要注重人才培育，打造一支素质过硬的智能化专业队伍；要坚持系统思维，持续优化煤矿智能化系统架构，改进提升智能装备运行效能，推动智能化建设与生产布局优化、施工工艺创新等多方面共同发力，实现科技创新与产业升级协同发展。山西省能源局举办《山西省煤矿智能化建设指导手册》解读培训班，旨在加快推进《手册》的宣传、推广和应用，夯实山西省煤矿智能化建设的基础。会议强调，各单位要统一思想、明确思路、立足长远，加快推进煤矿智能化建设，完成好智能化建设的任务目标。贵州省大数据发展管理局、省通信管理局启动贵州省 2022 年上半年 5G 应用场景示范项目评选工作，旨在发挥 5G“一业带百业”的作用，推动贵州省 5G 建设和应用的良性发展。

2022 年 7 月，山西省人民政府与中煤集团签署全面战略合作框架协议。双方将发挥各自优势，在煤炭绿色智能安全高效开采、煤炭分级分质深度转化、多能互补的清洁能源建设、高端装备制造和综合能源服务等方面开展全方位、宽领域、多层次的地企合作，共同为保障国家能源安全、实现“碳达峰”“碳中和”目标愿景做出新贡献。新疆维吾尔自治区人民政府与自然资源部中国地质调查局共同主办的新疆绿色矿业发展院士论坛，以“践行‘两山’理论推动绿色矿业发展”为主题，就新疆矿业绿色可持续发展、矿产勘查开发及地质科技创新、地质人才培养等进行了交流。河南省应急管理厅印发《河南省非煤矿山智能化建设实施方案（试行）》，加速推进河南省非煤矿山智能化建设工作，全面实现非煤矿山行业安全、高效、绿色、高质量发展。提出 2022 年年底前，初步建成第一批 5 家智能化非煤矿山，矿山开拓设计、地质保障、生产、安全等主要环节的信息化传输、自动化运行技术体系基本形成。井下变电所、水泵房等固定岗位实现无人值守与远程监控。2023 年年底前，建成第二批 15 家智能化非煤矿山，基本实现矿山开拓设计、地质保障、采掘、运输、通风、机电等系统的智能化决策和自动化协同运行。2025 年年底，河南省非煤矿山基本实现智能化，金属、非金属矿山生产系统显著优化，入井作业人数大幅减少，生产效率大幅提升，安全生产水平全面提升。贵州省能源局、发展改革委印发《贵州省煤炭工业发展“十四五”规划》。围绕“安全、高效、绿色、智能”四大发展方向，提出发展目标，推动贵州煤炭产业高质量发展，打造西南地区煤炭保供中心。开展采掘智能机械化试点示范，加快煤矿智能发展，持续加强关键技术攻关，加大示范项目的推广力度，促进大数据与行业融合，加强全生命周期运维服务和人才培养。到 2025 年，生产煤矿综采、综掘工作面基本实现智能化，建设一批智能煤矿。黑龙江省煤炭生产安全管理局召开全省煤矿智能化建设现场推进会。会议深入贯彻落实国家和省煤矿智能化建设工作要求，总结煤矿智能化建设工作成效、推广先进技术和先进经验。会议强调，要认真分析研判煤炭企业未来发展所面临的形势和任务，进一步加快推进黑龙江省煤矿智能化建设步伐，努力提高黑龙江省煤矿智能化建设水平，全面提升煤矿安全生产保障能力。山西省工业和信息化厅、能源局等共同举办“晋阳湖·数字经济发展峰会之智能矿山建设论坛”，旨在进一步推进以 5G、人工智能、物联网、云计算、大数据为代表的新一代智能化信息技术与煤炭产业深度融合发展，构建“智能 + 绿色”为主的智能低碳、安全高效的现代煤炭开发利用体系，大力促进煤炭产业数字化、智能化转型升级，驱动能源行业结构性变革、推动能源行业低碳绿色转型，最终实现山西省煤炭行业的高质量发展。山西省通信管理局、山西省工业和信息化厅印发《山西省“5G+ 工业互联网”典型应用案例汇编》，涉及智能采矿、工业互联网等多个领域，旨在着力做好落实“5G+ 工业互联网”“512”工程、完善产业生态、加强政策引导等工作，有力支撑山西省内工业企业高质量发展。晋能控股集团同忻矿的“5G 智慧矿山”、阳泉市冀东水泥有限责任公司的“5G+ 无人驾驶”等多个案例入选。

2022 年 8 月，黑龙江省人民政府印发《黑龙江省科技振兴行动计划（2022—2026 年）》，提出科技助力新旧动能转换，传统优势产业领域攻关取得新突破。开展煤炭资源安全高效智能开发、矿山及地下工程重大事故应急救援抢险、煤炭洗选及工业智能化等关键技术的研究，加快低品位能源充分利用和高效供应。内蒙古自治区人民政府印发《内蒙古自治区矿产资源总体规划（2021—2025 年）》。提出强化煤炭基地资源保障作用，加快推动煤矿智能化发展，井下机械化程度基本达到 100%，全面完成智能化建设三年行动工作任务，到“十四五”期末，具备条件的大型正常生产煤矿全部实现智能化，提升内蒙古煤炭保障能力。新疆维吾尔自治区人民政府印发《新疆维吾尔自治区矿产资源总体规划（2021—2025 年）》，提出 2025 年固体矿产大中型矿山比例达到 40% 以上，先进适用技术全面推广应用，绿色勘查、绿色矿山建设和矿山智能化水平不断提高；到 2035 年，大中型矿山比例提高至 50% 以上，矿业开发集聚效应、规模效应进一步显现，矿山智能化水平全面提升，绿色、安全、创新、协调的矿产资源保障体系基本建立。贵州省自然资源厅、发展改革委印发《贵州省矿产资源总体规划（2021—2025 年）》。提出提高开发利用技术水平，推广矿产资源节约和综合利用先进适用技术，鼓励矿山企业通过“大数据”和智能信息技术的应用，建设智慧矿山。河北省自然资源厅印发《河北省矿产资源总体规划（2021—2025 年）》。提出绿色矿山建设稳步推进，新建矿山按照绿色矿山标准进行规划、设计、建设，生产矿山绿色矿山建设水平不断提升，河北省绿色矿业发展成效更加凸显。山西煤炭工业互联网和智能化建设工作座谈会召开。会议指出，推进煤炭工业互联网和智能化建设，是山西省落实能源革命综合改革试点的重要抓手，是构建支撑高质量发展现代产业体系的战略举措。要按照山西省委、省政府部署要求，把煤矿智能化建设摆在重要位置，完善顶层设计，强化示范引领。要加强煤炭工业互联网建设，充分发挥华为等头部企业的引领作用，加速培育煤炭智能化生态产业集群。省属煤炭企业要当好智能矿山建设排头兵，积极推进创新平台和应用场景建设。相关部门要加快制定实施方案，修订技术标准，出台激励政策，推动煤炭工业互联网和智能化建设提速增效，为能源产业率先转型提供有力支撑。河南省国资委和中央企业数字化发展研究院共同举办河南省国资国企数智赋能三年行动启动会。会议强调，要数智赋能，助推产业转型升级。以经营管理数字化提高运营效率，实现生产、业务、管理、决策的数字化。以生产制造数字化推动转型升级，提高工艺革新、装备升级、管理优化和生产过程智能化水平。以“迁云上云用云”放大倍增效应，推动全业务、全链条、全层级数字化转型。

2022 年 9 月，河南省人民政府办公厅印发《河南省大数据产业发展行动计划（2022—2025 年）》。提出推动大数据行业应用。结合重点行业特点和需求，加快建设行业大数据平台，打造数据驱动应用场景和解决方案，以数据赋能带动产业价值链升级。支持钢铁、有色、建材等原材料企业综合运用设备物联、生产经营和外部环境等数据，建立分析模型，提升资源勘探、开采、加工、储存、运输等全流程智能化、精准化水平，实现工艺优化、节能减排和安全生产。支持装备制造企业打通研发、采购、制造、管理、售后等全价值链数据流，发展基于大数据技术和数据驱动的产品研发、仿真优化、智能生产、预测性维护、精准管理、远程运维等新业态新模式。青海省人民政府办公厅印发《青海省矿产资源总体规划（2021—2025 年）》。提出，坚持绿色勘查与地勘工作“同研究、同部署、同设计、同实施、同检查、同考核”，强调规模化、集约化开采，矿山按照绿色矿山标准开展矿山设计、建设与改造，建设绿色矿山，并按照“边开采、边治理”的原则，落实矿山企业生态保护主体责任，在保护生态环境的前提下，推动矿业绿色发展。甘肃省人民政府印发《甘肃省矿产资源总体规划（2021—2025 年）》。提出推动智能矿山建设。探索矿山生产管理与遥感探测、大数据、物联网、5G 通信技术、云计算、人工智能等现代信息技术的深度融合与集成创新，推动矿山自动化和智能化，鼓励有条件的企业先行先试、示范引领，加强对共性关键技术的研究，推进矿山智能系统、资源储量动态三维模型、井下机器人等技术装备的研发和应用，探索可复制的智能化开采模式、成套装备、管理经验等，加快资源开发利用方式升级换代。山东省自然资源厅、发展改革委、工业和信息化厅、财政厅、生态环境厅、水利厅、应急管理厅、能源局联合印发《山东省矿产资源总体规划（2021—2025 年）》。提出打造智能矿山。具备建设条件的金矿、煤矿开展矿山数字化、信息化、智能化建设，充分借助云计算、物联网、大数据、人工智能和 5G 新技术，建设智能矿山，实现矿山安全、绿色、高效的智能化管理。其中煤矿到 2025 年，建设一批 100 人以下智能化矿井，打造一批国家级示范煤矿井。金矿到 2025 年，建设 3 个智能矿山。陕西省自然资源厅和发展改革委印发《陕西省矿产资源总体规划（2021—2025 年）》。提出推进煤炭绿色开采，推动大型煤矿智能化改造，打造绿色智能煤矿集群；加强先进适用技术研究与推广，加快推进非煤矿山机械化、自动化、信息化建设，推广新型适用技术装备，提升非煤矿山安全开采水平；强化数字智能新方法应用，以打造数字地质、智能矿山为目标，依托大数据、物联网、云计算、5G 应用等信息技术，全面推进地勘单位、矿山企业数字化基础建设。加强引导人工智能、虚拟现实、大数据平台、物联感知、地质云等一批智能技术应用，推动产业数字化、智能化技术升级，提升发展质量效益水平。浙江省自然资源厅、科技厅、生态环境厅、应急管理厅、市场监督管理局和国家税务总局浙江省税务局印发《关于全面推进矿山数字化建设的通知》。通知要求充分运用数字化理念、数字化技术、数字化手段，全面推进矿山数字化建设，逐步实现矿山企业生产要素数字化、应用场景可视化、管理决策智控化，加快浙江省矿业数字化转型，打造一批全国一流水平的标杆型智能化绿色矿山。到 2023 年 3 月底，完成第二批 15 家智能化绿色矿山试点建设，10 月底完成全省生产矿山基础数字化建设；到2025年年底，完成浙江省生产矿山数字化建设迭代升级，累计建成智能化绿色矿山50家以上，树立一批全国一流的标杆型绿色矿山。宁夏回族自治区人民政府办公厅印发《宁夏回族自治区能源发展“十四五”规划》，提出加快煤炭先进产能建设，优化煤炭生产结构，推进煤炭绿色智能开采，加强煤矿安全生产，充分利用数字化、信息化、智能化新技术，全面提高灾害预防和综合治理水平。广东省自然资源厅印发《广东省矿产资源总体规划（2021—2025年）》，提出以先进绿色矿山为示范，以点带面，推动广东省绿色矿业发展，在部分大型矿山探索开展基于5G技术的绿色智能化矿山建设；加快推进深部矿产资源探测技术攻关，支持复杂难采矿床矿山安全高效开采、地下金属矿智能开采、复杂有色金属矿高效采选等技术创新。山西省工业和信息化厅印发《山西省“十四五”信息化和工业化深度融合发展规划》，提出重点推动钢铁、有色金属、煤化工等行业企业加快建设和完善智能控制系统，推动制造流程优化、核心装备状态智能监测、故障智能诊断、系统安全防护等技术应用，培育系统解决方案，促进生产管理方式数字化、网络化、智能化变革，促进原材料行业向绿色化、循环化、高端化发展。重点推动煤机制造装备等领域技术创新、工艺集成、技术软件化等研究，集成开发一批智能化成套设备。开展智能制造诊断服务，面向装备研发、制造、运维等重点环节开展数字化管理、智能化生产转型。河南省发展改革委公布《2022年河南省产业创新中心名单》，其中，河南省智能矿山装备产业创新中心由中信重工牵头建设。河南省举行第三批省实验室、首批省创新联合体集中揭牌仪式，河南省煤矿智能开采创新联合体、河南省智能矿山装备创新联合体揭牌成立。创新联合体以解决制约产业发展的关键核心技术问题为目标，以承担实施重大科技项目为主要任务，采取多种合作形式，开展关键核心技术研发和产业化应用，提高科技成果转移转化成效，形成高效强大的共性技术供给体系，解决制约产业发展的关键核心技术、共性技术和“卡脖子”技术，提升产业技术创新能力和核心竞争力。河南省煤矿智能化技术创新联席会议机制启动会议召开。会议要求，各煤炭企业要将智能化建设作为“一把手工程”常抓不懈，加大资金投入、抢抓建设进度，及时分析解决存在问题，确保按时完成建设任务；要做好顶层设计，科学制定方案，充分研究论证，严格施工标准，高质量完成建设目标。会议讨论了联席会议机制工作方案，组建成立智慧矿山总体规划、智能采掘等八个专业技术工作组。辽宁省工业和信息化厅联合丹东市政府组织召开辽宁省智慧矿山建设工作现场会议。会议指出，各地区、各部门、各企业要进一步统一思想，强化共识，坚持企业主导与政府引导相结合、统筹规划与分步实施相结合、因矿施策与典型示范相结合、重点突破与全面推进相结合、创新推动与合作共享相结合，高标准高质量推进智慧矿山建设，逐步实现“机械化换人、自动化减人、信息化少人、智能化无人”的目标，提高全省矿山智能化水平，促进矿山行业数字化转型升级，实现矿山行业高质量发展。山西省工业和信息化厅、发展改革委、教育厅、科技厅、财政厅、人力资源和社会保障厅、市场监督管理局、国资委、能源局印发《山西省“十四五”智能制造发展规划》。规划提出，要加快矿山智能化改造，探索非煤矿山智能化路径和方案，重点围绕山西省煤矿，编制煤矿智能化建设指导手册，制定智能化煤矿建设评定标准，将5G技术引入智能矿山建设，推动煤机装备产业向智能化、高端化发展。山西省能源局召开智能化示范煤矿验收评定工作现场推进会。会议要求，山西省属煤炭集团公司要认清形势、主动加压，切实在“两个转型”和“煤炭产业和数字技术融合发展”上带好头、做表率，加强要素保障，加快建设进度，确保完成全年智能化建设任务，为山西省煤炭行业高质量转型发展提供坚实保障。贵州省大数据发展管理局、通信管理局公布“贵州省2022年第一批5G应用场景示范项目”，此次评选的5G应用场景示范项目包含智慧矿山、智慧园区等行业的18个项目，所有项目均满足创新性、先进性、实用性、推广性、效益性要求，河南能源贵州豫能新田煤矿5G+智慧矿山项目入选。

2022年10月，贵州省能源局和大数据发展管理局印发《贵州省能源数字化“十四五”规划》及《贵州省能源数字化“十四五”规划实施方案》，提出推动数字技术与煤炭行业融合，构建煤炭数字化体系。在煤矿“两化”改造基础上，优化煤炭资源布局，加强煤炭基础能源产业与大数据、计算机辅助建模、实时监控监测、机器人、5G井下工业环网、物联网等数字技术深度融合，推动煤矿开采向智能化方向发展，实现井下井上智能化煤矿开采联动，提升煤矿安全生产保障、保供能力，构建煤炭数字化体系，打造西南地区煤炭保供中心。规划期内重点推进毕节、六盘水、黔西南智能煤矿建设。到2025年，新建智能煤矿50座，比“十三五”增加63%。云南省自然资源厅、发展改革委、工业和信息化厅、财政厅、生态环境厅、商务厅、能源局印发《云南省矿产资源总体规划（2021—2025年）》，提出要推进煤炭节约集约利用，生产原煤实现应选尽选，加快智能矿山建设，建成多种类型和模式的智能化示范煤矿，推进集约化发展，大力提升煤炭企业规模，单井产能（建设规模）30万t/a以上。到2025年，云南省原煤产量达到9 000万t。辽宁省自然资源厅印发《辽宁省矿产资源总体规划（2021—2025年）》，提出统筹推进绿色矿山建设。新建矿山全部按照绿色矿山标准进行规划、设计、建设和运营管理，积极推动生产矿山加快升级改造，逐步达到绿色矿山标准。重点加快菱镁矿山、大中型建筑用砂石土矿山和辽东绿色经济区内符合条件的生产矿山绿色矿山建设。湖北省自然资源厅印发《湖北省矿产资源总体规划（2021—2025年）》。提出加快矿山绿色发展。加强行业技术改造和新一代信息技术的运用，建立完善矿山智能管理系统，不断推动科技智慧矿山建设。福建省自然资源厅、发展改革委、工业和信息化厅、财政厅、生态环境厅印发《福建省矿产资源总体规划（2021—

2025年)》，提出推进矿山数字化建设，聚焦绿色矿业转型，利用先进技术手段，实现矿山生产管理数字化、智能化。以矿区为单元，形成矿产资源大数据，按照“探、储、采、治、查”等全生命周期，构造集成调查、规划、勘查、开发、保护、修复等数据信息和闭合管理链条。山西省人民政府办公厅成立省煤矿智能化建设工作专班，统筹推进山西省煤矿智能化建设，推动山西省煤矿智能化信息产业集群发展，研究审议重大事项，协调解决重大问题，对年度工作目标和重点工作进行安排部署。

2022年11月，内蒙古自治区人民代表大会常务委员会公布《内蒙古自治区煤炭管理条例》。条例鼓励自治区在煤炭生产、经营、管理中推广应用先进技术和装备，推动智能化技术与煤炭产业融合发展，提升煤矿智能化水平。新建煤矿应当按照智能化煤矿标准进行设计、建设；已建成的煤矿应当通过升级改造，限期达到智能化煤矿标准。鼓励企业加大研究开发投入力度，联合科研机构、高等院校在煤矿自动化、数字化、智能化升级改造，煤矿重大灾害防治以及煤炭绿色开采、矿区生态环境保护等领域开展基础研究、科技创新，推动先进技术和产品的示范与应用、推广，促进产业化发展。内蒙古自治区能源局、国家矿山安监局内蒙古局、自治区通信管理局印发《关于调整〈内蒙古自治区推进煤矿智能化建设三年行动实施方案〉的通知》，将29处煤矿调出智能化建设范围，10处煤矿调入智能化建设范围，新增第四批建设煤矿。吉林省能源局印发《吉林省能源科技装备“十四五”规划》，提出持续推进煤炭智能化开采和清洁高效利用。强化企业与科研院所的联合，推动煤矿智能化技术开发和应用模式创新，提高企业智慧化建设技术的核心竞争力；推进煤矿智能化开采，实现智能化由采掘工作面向矿井全系统延伸，实现井下危险区域、高危岗位少人或无人作业；开展煤矿智能装备和煤矿机器人的创新研发，探讨多网多系统融合条件下的数据协同与大数据深度开发利用技术，形成煤矿生产管理大数据专业服务平台；推进煤炭洗选和提质加工，完善煤炭洗选设施，提高原煤入选比重和煤炭质量，促进煤炭清洁高效利用。河南省自然资源厅印发《河南省矿产资源总体规划（2021—2025年)》，提出引导开展智能矿山建设。鼓励矿山企业在勘探、建设、生产至闭坑全生命周期过程中，对矿山地质、测量、矿产资源储量、采矿、选矿（加工)、资源节约与综合利用、生态环境保护等生产经营各要素实现数字化、自动化和协同化管控，实现其运行系统具备感知、分析、推理、判断及决策能力，推进现代化矿山建设。湖南省应急管理厅、财政厅，国家矿山安监局湖南局印发《湖南省煤矿及重点非煤矿山重大灾害风险防控建设工作实施方案》。方案明确，要充分利用新一代信息技术，实现煤矿及重点非煤矿山关键地点、重点部位重大安全风险的实时识别、监测和精准研判，推动矿山安全监管监察模式向远程化、智能化、可视化以及“互联网+监管”方式转变，不断提升矿山信息化、智能化安全生产水平。福建省应急管理厅、国家矿山安监局福建局、福建省财政厅印发《福建省煤矿及重点非煤矿山重大灾害风险防控建设工作实施方案》，切实加强福建省煤矿及重点非煤矿山重大灾害风险防控工作，不断提升全省矿山数字化、智能化安全生产水平。国家矿山安监局辽宁局、辽宁省通信管理局、辽宁省发展改革委、辽宁省工业和信息化厅、辽宁省应急管理厅、辽宁省地方煤矿安全监管局、中国工业互联网研究院共同举办2022辽宁5G赋能·智慧矿山系列活动。活动以“5G领航·智赋矿山”为主题，举办“1+1+1”系列活动，即一场“2022辽宁5G赋能·智慧矿山峰会”、一场“5G+工业互联网+矿山行业数字化转型应用展示”以及一场“矿山数字化转型与智能矿山技术/产品展”，旨在进一步推动通信行业与矿山领域的紧密合作，充分发挥5G在经济主战场上的数字赋能作用，深耕应用场景，挖掘智慧赋能，为“数字辽宁、智造强省”建设做出新贡献。

2022年12月，贵州省人民政府印发《贵州省推动煤炭产业结构战略性调整实施方案》。提出推进煤矿智能开采，加快推进机械化、智能化升级改造，推动大数据、人工智能、5G等新技术与传统采矿技术深度融合，推动实施智能煤矿建设示范工程，建设一批综合机械化、采掘智能化矿井。到2025年，煤矿基本实现综合机械化开采，综合机械化掘进工作面占比65%以上，累计建成智能煤矿50座以上。到2030年，煤矿全部实现综合机械化开采，综合机械化掘进工作面占比90%以上，基本实现智能化采掘作业，累计建成智能煤矿100座以上。山西省人民代表大会常务委员会公布《山西省煤炭清洁高效利用促进条例》，鼓励和支持煤炭生产企业推行绿色、智能生产方式，根据实际采用充填开采、保水开采、煤与共伴生资源共采等开采技术和装备。新建煤矿应当同步建设配套的煤炭洗选设施，采用先进煤炭洗选技术工艺及装备，提高原煤入洗率和煤炭质量。山西省人民代表大会常务委员会公布《山西省数字经济促进条例》。条例规定县级以上人民政府应当加快煤炭产业与数字技术一体化融合发展，推进智慧煤矿、智能电网、能源互联网建设，以数字化转型驱动能源领域综合改革；加强智慧矿山建设，开发智慧矿山产品，推进智慧矿山装备制造；推进制造业数字化转型，加强智能制造支撑服务体系建设，推动制造业重点领域实现智能化制造，形成钢铁、有色、化工、装备制造等智能化产业集群。山西省人民政府办公厅印发《山西省“十四五”自然资源保护和利用规划》，提出升级矿山开采、选矿、加工工艺技术装备，推进能源清洁生产和推广先进适用的采、选、冶新技术、新工艺、新设备。江苏省应急管理厅、财政厅，国家矿山安监局江苏局印发《江苏省煤矿及重点非煤矿山重大灾害风险防控建设工作实施方案》。方案提出以遏制矿山重特大事故为目标，以防范化解重大安全风险为主线，充分利用新一代信息技术，实现煤矿及重点非煤矿山关键地点、重点部位重大安全风险的实时识别、监测和精准研判，推动矿山安全监管监察模式向远程化、智能化、可视化以及“互联网+监管”方式转变，提高矿山安全监管监察执法效能，不断提升矿山数字化、智能化安全生产水平。江西省工业强省建设工作领导小组办公室印发《江西省推进大数据产业发展三年行动计划（2023—2025年）》。行动计划提出，推动大数据在工业领域的深度应用、工业企业深度上云和数字化改造。开展工业大数据平台建设专项行动，鼓励龙头企业搭建工业互联网平台，推进工业产品研发、生产制造、运维管理、销售经营等各环节数据采集、汇聚、分析、挖掘、应用，拓宽工业大数据应用场景，力争在有色金属、装备制造等领域创建一批国内有影响的行业大数据平台。国家矿山安监局湖南局召开非煤矿山远程监察系统建设项目启动会，旨在加快推进“互联网＋监管”系统建设应用，对促进安全监管监察效能提升、推动矿山企业高质量发展，具有重大的政治意义和社会效益。西藏自治区举办2022年“5G+工业互联网”智慧矿山线上交流会，旨在推动西藏产业数字化、数字产业化，提升西藏“5G+工业互联网”建设水平，促进工业互联网快速向好发展，加快新一代信息技术赋能工业产业，推动矿业智慧化转型升级，实现节能降耗、提质增效。

3. 行业协会、骨干企业、高科技公司及高校院所等开展的智能化探索

2022年1月，中国砂石协会发布《关于开展2021年度中国砂石行业大型绿色砂石基地遴选的通知》，旨在为全国各地大型砂石企业绿色发展、智能建设和实现双碳目标提供实施路径，引导砂石行业不断提高绿色化和智能化水平，进一步推进砂石行业实现智能化、绿色化、质量高、管理好的发展目标，为保障砂石行业高质量发展和健康有序发展提供理论依据和实施路径。受自然资源部有关司局委托，中国砂石协会作为砂石行业推荐单位，组织开展新一轮矿产资源节约和综合利用适用技术目录评选更新工作，将对加速推进砂石行业矿产资源节约和综合利用、绿色矿山建设等提供重要技术支撑，对砂石行业的高质量发展具有重要意义。杭州建德海螺水泥有限公司洞山石灰石矿、湖州新开元碎石有限公司、浙江交投矿业有限公司大皇山建筑用石料矿3家试点矿山企业通过浙江省自然资源厅验收，成为浙江省首批智能化绿色矿山。3家试点矿山以企业安全生产、经营管理的需求为导向，开拓创新，形成了特色成果。其中，湖州新开元碎石有限公司在数据可视化方面，创新性地提出了“四量四率”概念，面向砂石开采、加工和销售过程中的量化指标，为砂石科学管理提供整套解决方案；杭州建德海螺水泥有限公司首次应用中子活化瞬发伽马分析技术，实现了在线对皮带上的石灰石进行成分检测；浙江交投矿业有限公司大皇山建筑用石料矿在质量控制方面运用了粒径在线分析仪等设备，实现矿山骨料生产检测智能化。山东能源集团（简称山东能源）与华为成立联合创新中心，将在工业互联网、智能矿山建设等关键领域，攻克一批行业创新引领技术、研制一批行业数字化标准、培养一批数字化创新人才，推动能源行业数字化转型，支撑以山东能源为代表的国有企业高质量发展。《智能化矿山数据融合共享规范》编制工作专家指导小组第一次会议在应急管理部信息院召开。与会专家针对《规范》体系框架以及数据编码、采集、治理、安全、应用等专题展开深入讨论，提出具体的建设性意见。由湘煤集团周源山矿业公司、郴州移动、中兴通讯股份有限公司合力打造的湖南省煤业集团有限公司周源山矿业公司5G智慧矿山正式运行，成为湖南省乃至南方地区煤矿行业首个正式运行的5G智慧矿山。该矿山通过资源整合、多平台共享，建成湖南省第一个安全生产智慧调度指挥中心，实现了全视频调度通信，全自动监测监控；通过建立矿井安全、电力监控以及人员、水文监测，建成湖南省第一个煤矿主要设备自动化控制及运输系统全过程集中控制系统，实现了煤矿主要设备远程监控无人值守，矿井机电设备高效运行，运输系统安全通畅；建成湖南省第一个智能化工作面，可一键启停，实现远程控制，矿井采掘更加安全可靠。国家能源集团国神公司首个煤矿智控指挥中心在三道沟煤矿正式启用，标志着国神公司煤矿智能化建设迈出了关键的一步，具有里程碑意义。指挥中心实现了生产、安全、视频等业务功能的有机融合，在异常、报警情况下，可根据既定策略实现井下应急调度、应急演练，有效提升了矿井的应急响应能力。通过数据集成手段接入地质数据、生产数据、安全数据等相关数据，在同一张图上进行集成展示，可增强数据更新的时效性，降低设备维护的工作量，有效地提高生产管理水平和协同管理能力，改变生产分散管控模式，对开采、运输、筛分、通风、供电、排水各生产环节实现远程集中监测与控制，全面提升煤矿安全生产智能化水平，实现减人提效和降本增效。国家能源集团印发《国家能源集团煤矿智能化建设指南（2022版）》《国家能源集团煤矿智能化建设验收评级及奖励办法（试行）》等，为国家能源集团2022年实现“五个100%”，即煤矿智能化技术及建设100%覆盖、采煤工作面100%实现智能化、掘进工作面100%实现智能化、选煤厂100%实现智能化、固定岗位100%实现无人值守的建设目标保驾护航，标志着国家能源集团煤矿智能化建设迈入加速期。中国平煤神马集团为推进企业数字化建设，保障“智慧平煤神马”建设有效落地，举办了数字化转型专题讲座。讲座分别从数字化转型时代背景、概念解读、指标体系、实施路径等多个方面做了专题报告。中煤科工集团信息技术有限公司与国能神东煤炭集团有限责任公司、国能榆林能源有限责任公司、西安科技大学等单位联合起草的国内首部“黑灯”选煤厂智能化企业标准《选煤厂智能化标准》正式实施，从智能原煤准备系统、智能先选系统、智能装车系统、智能运输系统、智能煤质分析系统、数据智能分析与处理系统等10个方面系统规范了选煤厂智能化建设标准，为打造新一代“黑灯”选煤厂奠定了坚实的基础。上海伯镭科技有限公司和腾讯云签署合作协议，双方将在智慧矿山领域展开深度合作，探索实时音视频、5G专网、边缘计算等产品与技术的创新应用，实现无人矿车、挖掘机、电铲等矿山作业机械的远程操控。

山东能源掘进专业智能化建设现场推进会召开。会议分析了企业当前智能掘进需要解决的困难和问题，进一步统一思想、凝聚共识，制定切实可行的措施，加快智能化建设工作。

2022 年 2 月，河南理工大学申报的面向国家战略性新兴产业的新工科本科专业——“智能采矿工程”获批建设。“智能采矿工程”专业是在该校传统优势特色专业采矿工程的基础上，结合人工智能专业知识，利用人工智能、大数据、云计算、物联网等高新技术，对传统采矿工程专业进行的重塑改造升级，致力于培养并造就掌握智能化知识及应用的高级矿业领域人才。国家能源集团神东煤炭建成世界采矿行业最大企业级 5G 专网，实现跨三省井上区域全覆盖、11 个选煤厂全覆盖、年产 1 600 万 t 上湾井工矿全覆盖，并完成其他矿井 10 个综采面、4 个掘进面、3 类数十台机器人等 5G 全覆盖。淮北矿业集团召开矿井智能化建设推进会，强调要科学制定方案，精心组织实施，充分发挥好智能化效能，促进矿井高质量发展。会议要求，要动态调整完善，分阶段实施智能化矿井建设目标；围绕“保安全、提效益、减人员”目标，充分发挥好智能化效能，促进煤矿高质量发展。陕煤集团彬长矿业公司和中国电信咸阳分公司签署“5G+ 智慧矿山”人才培养战略合作协议，将在彬长矿区建立全国首个“5G+ 智慧矿山”培训基地，打造全国一流培训成果输出基地、“5G+ 智慧矿山”技术人才培训中心、全国“5G+ 智慧矿山”技术人才中转站，分门别类开展 5G+ 智慧矿山、智慧园区、智能传感、智能控制等专业领域培训，提升煤矿智能化从业人员专业技能和实操能力，夯实彬长矿区智能化建设向行业一流标杆迈进的路径和根基，树立行业智慧矿山培训新标杆。西煤机公司研发的首台纵轴悬臂式智能化掘进机在山西凯嘉集团义棠煤业有限公司通过验收。该掘进机具备无线遥控、姿态定位导航系统、截割断面监视及自动截割、设备联动、视频采集传输监控、语音对讲系统、环境信息监测、危险区域预警、井下集中监控、地面远程控制、一键启停等功能，完全可以满足矿井巷道掘进的智能化要求。国家能源集团神东煤炭寸草塔煤矿成功应用全国首款 5G 工业防爆智能 AR 头盔。该智能 AR 头盔使用“5G+AR”技术，让员工在井下和地面均可利用 AR 穿戴设备，实现虚拟与现实安全生产场景的交互，为矿井智能快速发展提供科技支撑。金鼎矿业与卡奥斯 COSMOPlat 旗下海智造平台达成合作意向，双方共同建设基于铁矿开采、安全、管理一体化的数字孪生可视化集中管控平台，在助力金鼎矿山实现精益生产、降本增效的同时，填补非煤矿山数字孪生实景化管理的空白。山东省煤炭机械工业协会主办的煤机设备金属材料应用与加工工艺培训班开班，培训内容涵盖高端煤机材料应用、焊接工艺、智能化生产等方面，旨在为山东省煤炭机械工业协会会员单位及技术研发人员提供学习提升、沟通交流平台，为山东省高端煤机产业高质量发展奠定基础。

2022 年 3 月，中国煤炭工业协会发布《2021 煤炭行业发展年度报告》，指出 2022 年是煤炭行业推进高质量发展的深化之年、关键之年。全行业应着力提升科技创新支撑能力，以煤炭安全绿色智能化开采和清洁高效低碳集约化利用为主攻方向，加强基础理论研究和关键核心技术突破，加强核心装备自主研发，推动不同类型煤矿立足自身实际开展智能化改造升级。中国砂石协会发布《2021 年中国砂石行业运行报告》，这是我国砂石工业首次发布的年度运行报告。《报告》提出，智能化、绿色化、质量高、管理好、效益佳、规模化是砂石行业未来发展趋势，砂石工业已全面进入以绿色低碳为标志的高质量发展新阶段。河南能源化工集团印发《数字化转型战略实施方案（2022—2025 年）》，对重点工作进行安排部署。其中，煤炭产业将加快推进智能煤矿建设。按照产能 120 万 t/a 及以上的煤矿到 2025 年年底建成智能化煤矿，其余煤矿到 2030 年年底建成智能化煤矿的总体目标（剩余可采年限不足 5 年的除外），新建煤矿和 60 万 t/a 及以上的改扩建煤矿按智能化建设要求投产，重点推动煤与瓦斯突出、水文条件复杂与极复杂、冲击地压 3 类灾害严重煤矿开展智能化建设。同时，同步开展“数智”管控平台升级建设。2025 年前，完成覆盖到煤业公司和所有产能 120 万 t/a 及以上生产矿井（除资源储量少于 5 年）的集团级安全生产“数智”管控平台升级建设。河南省煤矿智能开采装备产业研究院揭牌。该院是由郑州煤机牵头建设，联合产业链上下游企业及相关高校院所等多家单位共同参与的多元化、多层次产业研究院，旨在聚焦产业、重点突破，围绕煤矿智能开采产业发展需求，以实现煤矿智能开采技术创新和提高研发效率为核心，整合行业创新资源和人才，建立涵盖多方要素的开放共享协同组织，搭建地方政府、高校院所及企业等多方联合共商共建、共治共享的机制，互动合作，协同创新。龙煤集团召开煤矿智能化建设工作推进（视频）会。会议强调，各煤炭生产公司要高标准高质量推进煤矿智能化建设工作，充分发挥安全高效作用，为全集团“四化”建设上水平、建设新时代现代化新龙煤提供强有力技术支撑。晋能控股集团召开智能化推进会，要求加快建设智能化采掘工作面和智能化矿山，确保完成各项工作任务。中国平煤神马集团举办煤矿数字化转型（视频）讲座，帮助干部职工深化对企业数字化转型的认识，增进对数字化建设的系统了解，提升推动企业数字化转型的能力。浪潮集团有限公司联合中国煤炭工业协会、煤炭工业合肥设计研究院、山东能源新矿集团在线上举办浪潮云 ERP 行业云端研讨会之智慧矿山专题。研讨会聚焦智慧矿山“安全、高效、绿色、智能”新模式，探讨如何以数字技术助推矿山企业数字化、智能化建设。上海伯镭智能科技有限公司研发的“露天矿山智能化解决方案”获第三届中国工业互联网大赛·“工业互联网 + 智能网联汽车”专业赛一等奖。该方案利用行业领先的 L4 级自动驾驶全栈技术，打造了一个包含自动驾驶系统、车辆线性控制系统、5G 远程控制系统及云端智能调度系统在内的露天矿山智能作业平台“伯镭多运”，可实现矿车、挖掘机、装载机等各类矿用工程机械的互联互通和集群化智能作业。北京华宇与澄合矿业公司签署战略合作协议，将共同搭建产学研用合作交流平台，着力围绕渭北复杂地质条件下煤矿智能化建设开展精准攻关，破解技术难题，为澄合绿色、低碳、数智化发展提供技术支撑。北方股份公司与内蒙古电投能源股份有限公司签署合作协议，共同开发百吨级氢燃料与锂电池混合动力矿用自卸车，并计划在南露天煤矿建立包含氢能源矿用车、氢气储运、加注的氢能源矿用车综合应用示范场景。沈阳北方交通重工集团有限公司和沈阳新松机器人自动化股份有限公司联合主办煤矿大型智能化装备项目专家论证会，双方将通过深度合作，推动我国煤矿大型智能化机械装备技术进步，促进煤矿安全高效和绿色发展。神东首套 4.5 m ZQ4000/20.6/45 型单元式超前支架在锦界煤矿投运。该支架是神东智能矿山升级示范工程项目的重要组成部分，其成功应用，彻底取代了沿空留巷传统的“一梁四柱”工艺，达到减人增效、保证安全的目标。由天地奔牛研制的 SGZ1100/4800 超长工作面智能刮板输送装备通过中国煤炭工业协会组织的专家评议。该成套输送装备具备满足 2~3 m 厚煤层、450 m 长工作面年产千万吨的能力，具有长运距、智能化、高可靠性、长寿命等特点，可完全替代同规格进口产品。国家能源集团宁夏煤业公司与中国电信宁夏分公司签署战略合作协议。双方将在宁煤化工园区信息化建设、智慧矿山建设、人才培养等方面进一步深化合作，推动煤炭、煤化工产业数字化转型升级。中国移动山西公司联合大同同忻煤矿、华为、上海创力、上海山源，在同忻煤矿成功试车掘进机井下 5G 远控，操作时延稳定在 15 ms 以内，摆脱了以往井下光缆传输控制的束缚，创国内先例。由国家能源集团神东煤炭牵头研发的履带运输机器人在补连塔煤矿通过验收，实现了智能化搬运首次在矿井一线落地，为智能化采掘工作的推进添砖加瓦。该机器人主要用于采掘工作面倒运 3 t 以下材料或配件，适合在狭窄处作业。整车柴油机驱动液压泵，通过性强，稳定性高，可节约 2~3 个人力，工作效率提高 30% 左右。山东国兴智能科技股份有限公司自主研发的矿用消防灭火侦察机器人和矿用消防侦察机器人通过煤安认证与矿安认证。这两款机器人适用范围广，可有效解决救援安全问题。

2022 年 4 月，中国煤炭工业协会在山东能源举办以煤矿智能化为主题的首期煤炭高质量发展技术交流会。会上解读了《智能化示范煤矿验收管理办法（试行）》，交流了煤矿智能化先进适用技术，讨论了煤矿智能化技术的研发与应用。华阳集团、山西移动、华为签署煤矿 5G 创新合作协议。三方将进一步优化升级 5G 下井技术，加快 5G 融合基础设施建设，推进具有防爆等要求的 5G 通信设备研制和认证，全面构建“安全绿色智能化开采”现代煤炭生产模式，全方位推动煤炭行业高质量发展。应急管理部信息研究院组织召开《智能化矿山数据融合共享规范》编制工作推进会。会议强调，强化组织领导，创新工作方法，加大资源投入，落实任务分工，加快推进编制工作，确保按期完成。煤矿灾害预防与处置重点实验室（正式）、煤矿智能化与机器人创新应用重点实验室（创建）等应急管理部重点实验室揭牌成立。各实验室将依托人才、成果等优势基础，解决应急管理重大科技和行业共性关键技术难题，为国家应急管理与安全生产事业发展提供有力支撑。中煤西北能源有限公司和中国矿业大学（北京）共同完成的蒙陕深部矿井复杂煤层智能化综采工作面关键技术与应用项目通过中国煤炭工业协会组织的成果鉴定，达到国际先进水平。该项目建立了集遥感、遥测、遥控和集控于一体的综采工作面智能控制技术体系，实现了采煤机精准定位、程序割煤，液压支架自动找直、自动跟机，带式输送机、设备列车自移，设备故障预警、视频监控，实现了典型中厚煤层综采工作面的智能化监测与移动目标跟踪定位。华为煤矿军团与皖北煤电集团举行智能化矿山建设对接会。双方将协同共建，打通产业链、创新链、人才链、政策链、资金链，优化创新环境和创新生态，走出一条生态优先、安全高效的智能矿山发展之路。中煤华利公司所属和翔公司申报的露天矿无人驾驶智能矿山自卸车项目获新疆维吾尔自治区科技厅立项批复，标志着该公司露天矿无人驾驶项目正式进入编组实验阶段，该项目的研究及应用将有效提高生产效率、节省运营成本，降低安全隐患。开滦集团红树梁矿通过内蒙古自治区智能化矿井验收。该矿按照智能化矿井标准设计、建设，采掘生产、机电运输、综合调度和安全生产等“六大系统”全部采用自动化、智能化高端装备和前沿技术，矿井装备水平、智能化程度、科技含量均处于行业领先水平。国家能源集团神东煤炭第四套“太空舱”式智能综合控制中心在寸草塔某矿安装调试完毕。该中心通过远程智能化控制，将有效减少作业人数、提高综采工作面的安全生产水平。天津设计公司承揽的大海则选煤厂智能压滤系统正式投入使用。该系统在国内首次实现了压滤机工作全流程无人值守，填补了我国相关领域的空白，具有极强的推广示范效应。由中信重工开诚智能装备有限公司承建的窑街煤电集团“智慧煤矿”项目完成整体建设。该项目综合利用数字孪生、虚拟现实、智能控制、云计算和大数据等新一代信息技术，构建了全面感知、实时互联、分析决策、自主学习、动态预测、智能预警的智能矿山管控平台，将助推传统煤企向绿色、安全、高效、智能型煤矿转型升级。重庆研究院研发的具有图像识别功能的 KJ526（A）煤矿图像监视系统在国内率先取得安全标志证书，引领煤矿图像识别向精准化、规范化、智能化方向发展，实现了煤矿视频图像从“看得见”向“看得懂”的转变。天玛智控自主研发的 ZXG12 型矿用轨道式巡检装置取得矿用产品安全标志证书，成为国内首套可以“奔跑”在综采工作面的巡检装置，标志着综采工作面作业由“无人操作、有人巡视”向“无人操作、无人巡视”迈出了重要一步，有力促进了煤矿无人化智能开采技术的发展。由山东能源研发制造的世界首台承压达到 50 000 KN 的液压支架整机试验台在兖矿东华重工智能制造公司建成并投入使用。该试验台多项性能指标均为世界之最，填补了超 10 m 大型液压支架加载试验空白，为打造山东能源研制世界高端液压支架产业链打下了坚实的基础。国家能源集团与武汉大学签订战略合作协议。双方将在智能矿山等领域深化科研合作，打通基础研究、技术开发、成果转移与产业化通道，促进学科、人才、技术、资本与产业深度融合。河南能源与河南理工大学举行战略合作签约仪式。双方将充分发挥各自优势，全面深化战略合作，进一步推动双方在科研、成果转化、平台建设、人才培养等方面的交流，共同打造创新高地。创远高新与贵州福麟矿业有限公司签订战略合作协议，共同建设磷化工行业首个智能示范矿山。双方将在矿山智能装备、关键技术研发和制造等方面探索创新，深入开展合作，推进矿山无人化开采、降低生产经营成本、提升生产效率、降低安全风险。

2022 年 5 月，由中国煤炭工业协会信息化分会会同国家能源集团、中煤能源集团、山东能源、晋能控股集团、陕煤集团、山西焦煤集团、开滦集团、华阳集团、淮河能源集团、淮北矿业、中国平煤神马集团、河南能源集团和华为 13 家单位联合编制的《煤炭企业信息化基础设施建设白皮书 2022 版》正式发布。白皮书提出了煤炭企业信息化基础设施建设应遵循“顶设引领，适度超前；双轮驱动，因矿施策；合规达标，安全优先；统一标准，灵活适配”的基本原则，根据新一代信息技术在煤炭行业应用发展趋势，结合典型煤炭企业和煤矿的实践经验，在遵从现有政策、标准、规范前提下，提出了基于工业互联网的煤炭企业信息化基础设施的建设原则、整体构架、功能及可靠性要求等，为煤炭企业相关顶层设计提供了参考。天津设计公司、中煤地下工程智能研究院研发的一体化智能浮选机的研制、煤炭洗选工程 CPIM 三维可视化全生命周期管理平台等多个科技成果通过中国煤炭工业协会组织的验收，达到国际先进水平。新田煤矿完成的煤矿智能化关键技术研发及应用项目通过贵州省煤炭学会组织的技术成果鉴定，总体达到国际先进水平，其中在动态地质保障和透明地质智能信息建模方法方面具有国际领先水平。该项目通过煤矿空间数据、地质数据、生产数据、安全数据、监测数据和管理数据等信息的深度融合，实现了瓦斯灾害预警、采矿设计、采掘计划编制、矿井通防、输配电、生产调度等的智能分析和服务计算，解决了矿山中部分决策依靠人工干预为主的问题，实现了安全生产的全过程智能管控、矿井信息资源的有效开发和利用，提高了数据共享度及利用率和对瓦斯等灾害的快速反应能力，降低了决策风险，为保障矿山安全、高效、低耗、健康和绿色开采提供了可持续发展能力，有力推动了矿井智能化发展，具有重要的社会和经济效益。由西安科技大学主办，西安科技大学机械工程学院、陕西省矿山机电装备智能监测重点实验室承办，中国工程机械学会矿山机械分会、陕西省安全产业高质量发展专家委员会、西安市机械工程学会矿山机械分会、西安重工装备制造集团有限公司、宁波和利时智能科技有限公司、西安合智宇信息科技有限公司、西安华创马科智能控制系统有限公司协办的第二届西部煤矿智能化学术论坛开幕，旨在搭建西部煤矿智能化学术交流平台，探讨交流煤矿智能化发展战略和煤矿机电装备智能化、机器人与智能系统、故障诊断与智能运维等方面的关键技术。全国首套国产中厚煤层 450 m 超长智能综采工作面成套装备在陕煤集团小保当矿业公司成功联合试运转，为国内中厚煤层超长智能化开采及煤炭装备制造业转型升级提供了可借鉴、可复制的经验，对我国能源供给和能源安全具有重要意义，对破解世界中厚煤层智能高效绿色低碳开采难题起到引领作用。由铁建重工研制的塞尔维亚首台双护盾掘进机顺利始发，标志着我国自主研发的掘进机走出国门，首次应用到海外矿业领域。该机整机长 310 m、重 1 600 t，用于塞尔维亚紫金铜业波尔河环境综合治理项目。冀中能源集团召开煤炭转型升级高质量发展专题交流会，研讨老矿区转型发展，交流矿井智能化升级改造中急需的开采、供电、地质保障等技术，同时为集团转型升级建言献策。中国移动联合华为、上海山源等在高河能源开通全国首个“智矿通”网络，依托高河能源的实践，实现了将 5G、人工智能、工业物联网、云计算、大数据等现代化新技术与煤炭行业深度融合，形成了通信网络下井、安全关怀下井、管理能力下井、服务能力下井、产业生态下井的五大场景应用，智慧煤矿实现了更透彻的感知、更深度的互联、更高度的共享、更智能的服务和更直观的展现。中国联通成立九大行业十大军团。其中，智慧矿山军团以山东联通和山西联通为载体，以建设“安全、高效、绿色、智能”矿山为使命，坚持“全面态势感知保安全、设备远程无人促智能、设备联动协同提效率、能耗智慧洗选保绿色”理念，聚焦安全生产、智能管控、数据分析、环境感知、经营管理等场景，厚植“网络 5G 化建设、设备智能化改造、矿用智能化管控”三大解决方案能力，自主研发“矿用智能综合管控平台”，持续推动矿山智能化转型升级，加快矿山产业向安全绿色、智能高效发展。全国矿业学科数字信息化产教联盟成立，同期发布矿业学科数字信息化教学平台。该联盟由重庆大学资源与安全学院、煤矿灾害动力学与控制国家重点实验室、重庆大学矿山开采与安全国家级虚拟仿真实验教学中心发起成立，以矿业工程学科教学发展与企业需求为导向，结合国家“互联网 +”、大数据、新一代人工智能等发展需求，推进了全国矿业学科优质教育教学资源共建共享与产教协同创新，加强了各高校及相关企业矿业工程学科发展的联合协作，实现了矿业工程学科教育教学方法与成果互享，为推进矿山智慧化与数字化的深度融合、加快高等教育数字化转型提供了平台支撑。

2022 年 6 月，中国冶金矿山企业协会举办智能矿山万里行线上活动。与会专家解读了行业标准《智能矿山建设指南》，分享了“井下智能采矿解决方案”“选矿专家系统的重要条件及解析”等先进技术。中国煤炭工业协会下达 2022 年度第一批团体标准制定计划项目，《煤矿井下无人搬运车监控系统》《智能化采煤工作面数字孪生技术建设规范》《综采工作面交替循环超前支护技术规范》等煤矿智能化和煤机高端装备领域的 58 项团体标准入列。中国煤炭机械工业协会与华为煤矿军团举行座谈，就推动工业互联网在煤机行业的应用、促进智能化技术在煤机行业落地等问题进行了深入交流。双方将发挥各自优势，着眼行业痛点，促进煤机产业的智慧化转型升级。依托陕煤黄陵矿业有限公司、应急管理部信息研究院、天地科技建设的煤矿安全智能开采国家矿山安全监察局重点实验室获批建设。该实验室将围绕煤矿智能化建设协同创新，致力于关键协同技术突破、安全生产风险识别防控、数据规范统一标准、智能化建设管理模式等方面的研究和成果推广。由太原研究院负责实施的国家能源集团新疆矿区掘进工作面智能化建设项目通过新疆维吾尔自治区的验收，标志着新疆矿区首个智能化掘进工作面建成。该矿区为国内特殊的大倾角急倾斜特厚煤层，属于复杂煤层构造，项目实现了自动截割、记忆截割、自主导航、一键启停、远程控制、故障诊断等功能，为掘进工作面的智能化提供了技术支持与保障，不但提高了该矿的智能化水平和开采效率，也为新疆其他矿区树立了智能化建设的典范和先例，对新疆能源开发具有重要的意义。宝日希勒能源公司的极寒型复杂气候环境露天矿 5G+ 无人驾驶载货汽车编组安全示范工程项目获全国设备管理与技术创新成果奖特等奖。项目填补了当前极寒地区矿山设备无人化技术领域的多项空白，研究成果达到国际先进水平，在国内相关领域起到了示范引领作用。天玛智控主持完成的 7 项科技成果通过中国煤炭工业协会组织的科研成果鉴定。其中，无人化智能开采关键控制技术研究与系统研制、电磁先导阀关键工艺与智能装配生产线研发项目达到国际领先水平，煤矿高效能大流量远距离智能配送水基动力系统成套装备项目整体达到国际先进水平，部分达到国际领先水平；综采工作面复杂场景图像识别关键技术研究与应用、综采工作面智能巡检机器人、智能化综采超大流量液压系统及核心元部件的研制、低功耗电磁先导控制的手自一体换向技术及装置 4 个项目达到国际先进水平。由创远高新、湖南创远矿山机械有限责任公司、中南大学、紫金矿业新疆哈巴河阿舍勒铜业股份有限公司等单位完成的地下天井与切割槽高性能智能钻机研发项目通过中国有色金属学会组织的科技成果评价，整体技术达到国际领先水平。该项目全球首创动态插板、自动寻位、钻杆自动输送等技术，国内首创天井钻机一体化行走系统、液压支柱快速定位系统，国内率先突破天井钻机全岩性破岩技术，配备钻机专用的 RCS3.0 智能控制系统。研究成果成功应用于系列化智能型天井钻机，实现了天井钻机全环节、全场景的智能化自主作业。山西省煤炭学会组织开展“煤矿智能化建设技术”专题培训。培训围绕智能化建设的目标、路径、关键技术和基本要求与评分办法，以及煤矿智能化技术的整体框架、技术标准、信息基础设施、井下供电技术、综采系统建设等多个专题内容展开。山西焦煤召开 2022 年度技术创新工作会暨新接收矿井技术创新全覆盖推进会。会议要求，围绕制约煤矿发展的技术难点、堵点，围绕煤矿智能化建设、瓦斯治理、水害防治等方面开展重大技术攻关，切实促进煤矿技术水平的不断提升，实现向技术创新要效益。由开采研究院牵头负责，天地科技、煤炭科学研究总院、煤炭工业规划设计研究院等单位共同承担的中国工程院重点咨询项目“煤炭工业数字化发展战略研究”启动。项目设“煤炭工业数字化发展现状分析与战略蓝图研究”“煤炭工业数字化发展关键技术需求研究”和“促进煤炭工业数字化发展的政策措施研究”3 个课题，对于我国构建数字经济与煤炭工业深度融合发展新格局，加快新旧动能转换，推动煤炭工业高质量发展，发挥煤炭作为我国现代能源体系的“稳定器”和“压舱石”作用，具有现实意义。河南省煤矿绿色智能开采高峰论坛召开，论坛围绕河南省煤矿灾害防治、智能开采等主题，分享和探讨了煤矿绿色智能开采领域最新科研成果、前沿尖端技术、未来发展方向，促进了成果共享、灾害共治、生态共建、发展共赢，推动了河南省煤炭行业产学研用的融合发展。以“创新、融合、携手共建新金川”为主题的第 24 次金川科技攻关大会召开。与会人员围绕提高科技创新能力、推进新能源及配套产业、研究开发国家急需的镍钴新产品、建设智能工厂等议题进行了深入的研讨。安标国家中心成立防爆与电气安全技术标准研究院。该院定位为行业公益性研究机构，围绕煤矿智能化、数字化、绿色低碳发展，将重点开展矿用设备电气与非电气防爆、矿山 5G、井下机器人等领域的安全技术基础性问题研究，突破制约新技术下井的安全共性难题，着力打造集理论研究、安全分析、成果转化、标准制定和国际技术交流等于一体的国内领先、国际一流的矿用设备安全技术研究平台。山东能源与浪潮集团签署战略合作协议，依托在云计算、大数据、应用软件（云 ERP）、工业互联网等方面的核心技术，基于在智慧企业建设的深厚实践沉淀，浪潮集团将围绕数字化转型、矿业及化工智能化建设、信息产业发展、联合科技创新、人才培养等领域与山东能源开展深度战略合作。中国平煤神马集团与河南移动签订战略合作框架协议。双方将聚焦智能矿山、智慧工厂建设目标，发挥各自优势，形成倍增效应，广泛开展合作交流，深入实施科研攻关，共同打造 5G 行业应用新标杆，构筑数字经济发展新高地。山东黄金集团与华为签署深化战略合作协议，双方就共同推进矿业有色行业企业数字化转型、矿山智能化、产业链协同发展等建立战略合作伙伴关系。山东黄金和浪潮集团签署战略合作协议。双方将利用自身资源和行业优势，深化合作空间、放大合作成果，加快提升山东黄金智能智慧矿山建设水平，促进双方企业高质量发展。国家能源集团神东煤炭与国兴智能联合研制的井下履带式探测机器人交付。该机器人针对井下可能存在的有毒有害气体、冒顶片帮造成的井下通信不畅等情况，运用仿生学原理和多传感器技术，携带甲烷、一氧化碳、二氧化氮、温度、湿度、风速等检测传感器及摄像头、拾音头等声像装备，可实现大范围有毒有害物质的快速检测、环境侦测，并将目标区域环境参数、图像等数据实时传到远端控制中心，以便救援人员指挥或辅助井下应急救援。国家能源集团神东煤炭与中煤科工集团联合打造的智慧培训中心在大柳塔煤矿建成。中心采用 VR/AR 虚拟现实、增强现实技术、裸眼 3D、三维可视化、AI、数字孪生等技术，将复杂的煤矿技能知识和安全警示教育转换成沉浸式、交互式、协同式的体验教育，创新性打造了行业领先的一体化“煤矿智慧培训中心”，其建设成效受到了广泛关注。创远高新与中南大学战略合作框架协议签约仪式暨研究生联合培养基地授牌仪式举行。双方将共同开发世界领先的地下智能化凿岩和自动驾驶运输关键技术并落地应用，建立地下非煤矿山无人工作面，以创新驱动赋能我国矿山行业高质量发展。西安重装集团与中国电信陕西分公司签署煤矿智能装备数据融合战略合作协议。双方将通过战略合作，加快突破一批前沿关键技术，推进 5G、人工智能、工业物联网等高新技术在煤矿装备的融合应用，打造陕西煤炭行业智能化产业新高地。华为煤矿军团全球总部项目落户太原。这是华为基于山西在矿山行业发展的重要地位作出的战略决策，对助推山西煤矿产业智能化转型具有重要意义。开滦集团召开煤炭产业升级、减人提效研讨推进（视频）会。会议明确，要创新思路举措，积极探索产业升级的实践路径；聚焦智能化建设，持续加大装备自动化升级改造力度，确保矿井高效稳定生产。西安重装集团汇集国内智能化矿山机电装备研究、综采智能控制系统研究设备工程、煤机监造等领域的顶尖专家，建立集团专家库，旨在充分利用国内外优秀智力资源，加快培育创新集群、加速布局创新平台矩阵，加大新装备、新技术、新应用的研发培育力度，在智能化装备研发、高端绿色煤矿装备、煤炭工业互联网等新技术方面实现重点突破。海螺集团的水泥智能矿山矿车无人驾驶系统的开发与应用项目通过验收，标志着全球露天矿山行业首个石灰石无人运输项目在海螺集团正式建成投运。项目采用人工智能领域最新技术，整合 5G、北斗定位等先进系统，与水泥矿山开采工艺深度融合，突破了自适应全尺度检测技术“瓶颈”，做到了水泥矿山典型目标的全覆盖感知；发明了基于异构信息配准的局部地图实时更新方法，突破了全局 - 局部动态耦合的铲装区路径规划技术，大幅提高了矿车与铲装设备的协同作业精度；针对运输调度指令与石灰石配矿需求匹配度较低、冲突区域车辆运行风险高的问题，提出了基于干扰管理模型的多模态调度方法和基于冲突区域危险评估模型的非信控道路管控策略，实现了矿山运输环节的全无人化。中国平煤神马集团选煤厂智能化建设培训及推进会召开，旨在开阔视野、学习先进，统一思想、坚定信心，坚决推进选煤厂智能化建设。与会专家介绍了煤矿智能化选煤的发展历程和典型案例，参会人员针对智能化建设提出了建议和意见。《采煤机智能化技术》由机械工业出版社出版。该专著设计了采煤机智能控制系统的总体架构，深入探讨了采煤机惯性导航精确定位、采煤机煤岩截割模式识别、综采工作面煤岩识别、采煤机截割路径优化、综采工作面煤壁片帮识别等采煤机智能化关键技术，为提升煤矿智能化开采水平提供了坚实的理论基础。

2022 年 7 月，2022 年厚煤层绿色智能开采国际会议暨纪念中国综合机械化放顶煤开采 40 周年学术会议召开。会议由中国矿业大学（北京）、中国煤炭学会和开采研究院主办，联合国内外多家著名矿业类高等学校共同协办，旨在总结厚煤层开采理论与技术的学术成果与工程经验，探讨厚煤层开采未来发展方向，推动全球煤炭工业的低碳、绿色、智能、高质量可持续发展。与会人员围绕厚煤层绿色智能化开采技术与装备、中国煤矿智能化发展、采矿方法中的前沿科学问题等议题进行了探讨、交流。第十一届中国充填采矿技术与装备大会暨第九届中国矿山安全技术装备与管理大会召开。大会以“绿色低碳、美丽中国，安全高效、和谐发展”为主题，由中国有色金属学会采矿学术委员会、长沙矿山研究院、湖南省有色金属学会等联合主办，旨在加强行业间技术交流、提升技术水平、共享技术成果，促进矿山智能低碳、高效安全、和谐发展。“科创中国”2022 年智能矿冶加工技术和装备高端论坛开幕。论坛由中国有色金属学会、全国有色金属智能制造联盟和山东省科学技术协会联合主办，泰安市科学技术协会、力博重工、中南大学、矿冶集团、中国恩菲工程技术有限公司、长沙有色冶金设计研究院有限公司、中色科技股份有限公司、长沙迪迈数码科技股份有限公司等单位承办，以“绿色低碳智能制造”为主题，涵盖智能矿山、绿色矿山、数字采矿、绿色冶金、智能工厂、智能监测、智能装备、资源循环、环境保护、材料加工等领域，旨在搭建交流平台，促进我国有色金属智能矿冶加工技术与装备迈上新台阶。由中国自动化学会智慧矿山专业委员会主办，山东科技大学、开采研究院承办的中国自动化学会智慧矿山专业委员会成立大会暨智慧矿山创新发展论坛开幕。专委会将致力于推动煤炭、金属矿山行业技术创新和高质量发展，把握绿色智能发展等方面的机遇，积极发挥专委会桥梁纽带作用，加强学术交流，服务于智慧矿山行业的技术创新和发展。第十二届新疆国际矿业与装备博览会召开。博览会聚焦“智慧矿山”“碳达峰、碳中和”等热点话题，设有智慧矿山与矿山安全、创新技术与装备发布等专题板块，旨在深入落实“碳达峰、碳中和”在矿业领域的生产实践，促进智慧矿山建设与矿山安全水平提升。2022（第二届）全国矿业采购与供应商大会暨矿业新装备新技术发展论坛开幕。大会由矿库网联合中国机电产品流通协会智能化矿山分会、中国林业与环境促进会绿色矿山推进会、中国高科技产业化研究会矿业增值服务联盟、中国稀土产业大数据平台、中国矿权资源网、四川省有色矿冶科技有限公司、学府信息技术咨询（广州）有限公司等联合主办。会议梳理了当下国家矿业发展的问题，提出了绿色矿业发展的主题，讨论了国内矿业行业智能发展、绿色发展的落实方向。由新疆矿业联合会、丝路矿业合作论坛秘书处主办的 2022 年新疆推进中亚矿业发展论坛开幕。论坛围绕南疆矿产资源开发情况、智慧矿山建设成果，有关技术及装备在智慧矿山建设中的应用等议题展开交流，旨在进一步推动新疆矿业科技创新、协助有关企业深入南疆市场推广先进技术与装备运用，提升中国新疆与丝路沿线国家与地区在矿业资源领域的技术交流与合作。由中国煤炭机械工业协会主办，陕西省煤炭工业协会、陕西煤业股份有限公司、陕西小保当矿业有限公司、陕西陕煤曹家滩矿业有限公司承办的“2022 年首期全国煤矿安全高效建设和智能采掘技术装备应用高级研修班”开班。与会专家阐述了煤矿安全高效建设和智能采掘技术装备推广应用的现状，介绍了煤矿巷道快速掘进与支护技术在陕煤小保当和曹家滩煤矿的应用，分析了当前我国智能化建设工作存在的不足和短板，提出了下一阶段研究发展方向，对推进全国煤矿智能化建设和现代化进程具有深远意义。中绿盟云南代表处组织专家对《云南永善金沙矿业有限责任公司大兴金沙炎山矿段Ⅱ6 Ⅱ8 矿智能矿山设计方案》《中化云龙有限公司云朗矿业没租哨磷矿智能矿山（万兆环网（设计方案））进行评审。此次评审为推动云南省绿色矿山的建设树立了榜样，为云南省智能化矿山建设统一了思想，引领了方向。中国煤炭工业协会和华阳集团组织召开了煤矿 5G 研发应用研讨会。与会代表围绕煤矿 5G 与工业互联网研发应用进展、煤矿 5G 相关标准、白皮书和测试方案、煤矿 5G 未来发展方向等议题进行了交流、研讨。煤炭行业工业互联网数字化转型促进中心揭牌成立。中心由中国信通院、安标国家中心和中国煤科信息公司联合发起成立，旨在聚焦行业数字化转型需求，以智慧矿山、工业互联网标识解析为切入点，打通煤炭行业供给端、消费端、服务端全产业链，推动煤炭行业工业互联网发展，搭建煤炭行业工业互联网综合服务平台，构建煤炭行业数字化人才培养体系，赋能煤炭行业数字化转型。神州机械与中国煤炭加工利用协会合作成立的煤炭行业干法选煤工程研究中心唐山神州实验室揭牌。该实验室依托神州集团干选技术装备中试、新技术测试的平台优势，致力于为行业内干法分选工程项目提供标准化、精准化的煤质检测和设备工艺性能评价，为干选技术的推广应用提供有力的数据支撑。山东能源与中国煤科签订战略合作框架协议。双方将拓展全方位、深层次的战略合作，特别是加快在智能化矿山建设、煤机智能制造、科技研发、高端人才培养等方面的全面合作。神东煤炭第九届科技大会召开。会议强调，推进关键核心技术攻关，推动智能化发展数字化转型，全面构建智能感知、智能决策、自动执行的煤炭工业互联网智能化体系，为煤炭行业数字化转型，贡献“神东经验”。神东煤炭与辽宁工程技术大学签署战略合作协议。双方将围绕深化科技创新深层次合作，破解企业技术创新难题，探索联合创新新模式，加强在矿鸿工业互联、人工智能、数据价值挖掘方面的创新。淮北矿业结合“十四五”发展规划，印发《淮北矿业集团关于碳达峰碳中和工作的实施意见》。该《意见》是淮北矿业首次就“碳达峰、碳中和”工作专门发布的政策性文件，为各矿厂实践“碳达峰、碳中和”工作提供了行动指引。《意见》明确指出，煤炭采选板块要大力推广智能化矿井、智能化选煤厂建设，持续推进采煤、洗选过程中的节能降耗。由鞍钢矿业公司牵头完成的金属露天矿智能开采基础关键技术与应用研究项目通过中国冶金矿山企业协会组织的科技成果评审，项目整体达国际先进水平，部分技术国际领先。该项目瞄准露天矿开采的整体智能规划和跨环节的共性技术薄弱环节，开展了露天矿智能开采基础理论及智能感知、智能决策、智能控制等技术研究，提出了五大环节的智能开采总体模式，并成功研发了钻机远程遥控系统、电铲斗齿智能检测系统、载货汽车主动防碰撞系统、矿用机车辅助驾驶系统，解决了金属露天矿山在开采过程中穿孔、铲装、汽运、铁运等环节智能化升级面临的技术难题，形成了系统化的金属露天矿智能开采关键技术，为确保铁矿石高效开发利用提供了技术支撑。应急部管理信息研究院举办《智能化矿山数据融合共享规范》编制工作中期推进会。与会专家听取了各专题汇报，查阅了各专题规范（稿），提出了修改意见和建议。由中国科学院沈阳自动化研究所与鞍钢集团矿业有限公司等单位联合申报的“鞍钢矿业智慧采选工业互联网平台”入选 2022 年度工业互联网融合创新应用十大典型案例。该成果实现了智能采矿、选矿及一体化协同生产管控，有效提高了鞍钢矿业的生产效率和产品质量，促进了数字化、智能化转型。华特磁电完成的特大型智能立环高梯度磁选机、粗粒湿式预选立环高梯度磁选机和细粒级尾矿回收用盘式磁选机 3 个项目通过中国冶金矿山企业协会组织的科技成果评价，特大型智能立环高梯度磁选机系列产品整体技术达到国际领先水平；粗粒湿式预选立环高梯度磁选机、细粒级尾矿回收用盘式磁选机系列产品达到国际先进水平。由开采研究院联合太原研究院研发制造的全球首套钻锚一体化智能快掘成套装备下线。该成套装备突破了钻锚一体化锚杆及自动化施工系统，开发出自动喷涂支护工艺、材料及设备，研发出巷道随掘变形动态监测三大核心技术，将煤矿掘进设备的自动化、智能化水平推向新高度，标志着我国煤炭行业快速掘进技术与装备水平迈上新台阶。由太原研究院自主研制的国内首台露天矿边帮智能开采成套装备在安太堡露天煤矿成功应用，标志着我国边帮煤炭开采工艺技术体系日趋成熟，为解决我国露天煤矿边帮压覆资源回收难题提供了最有效的技术路径。宝通科技公司发布数字孪生智慧矿山系统。系统基于 AR 和 VR 智能设备、裸眼 3D 混合现实空间等数字化产品，构建了矿山应用场景的数字画像，加速了矿山各生产环节的智能协同。西部矿业成功打造国内首条 5G 全自动智能化锌冶炼熔铸产线。这是国内首条在机器人、5G、视觉分析等技术支持下，实现上线运行的 5G 全自动智能化锌冶炼熔铸产线，为青海省乃至整个行业提供了数字化转型成功经验。由辽宁工程技术大学研发的带式输送机不停机更换托辊机器人在中煤华晋公司王家岭矿成功应用，填补了国内更换托辊机械设备的空白。该机器人是国内首台更换带式输送机托辊的专业设备，解决了煤矿带式输送机不停机更换托辊的难题，提高了煤炭生产效率，为煤矿智慧矿山建设增添了亮点。

2022 年 8 月，中国科学技术协会公布 194 个首批“科创中国”创新基地认定名单，国家能源集团神东上湾煤矿 8.8 m 超大采高创新基地成功入选创新创业孵化类创新基地。中国钢铁工业协会发布《钢铁行业智能制造解决方案推荐目录（2022）》，由攀钢集团矿业有限公司、华为、中国移动通信集团四川有限公司、成都星云智联科技有限公司联合申报的冶金露天矿 5G 远程智能化采矿项目入选“智能工厂建设（改造）类项目”推荐名单。该项目开创了国内冶金矿山采矿先河，实现了世界首创冶金矿山车铲钻现场作业无人化，车铲协同、世界首创 5G 云网融合应用于矿山采场无人化作业，国内首创高温电磁环境矿山采场无人化作业 3 个“首创”，以及有人无人车铲混合编组作业，电铲、钻机自动卷缆装备综合应用 2 个国内“领先”，为解决全国冶金露天矿山采矿作业痛点和难点积累了宝贵经验。由中国煤炭工业协会指导，中国煤炭机械工业协会主办的 2022 中国（泰山）国际矿业装备与技术展览会召开，同期举办“煤矿智能化技术与装备发展高峰论坛”。论坛围绕“煤巷智能快掘与围岩控制”“打造高可靠性智能装备，助力智慧矿山建设”“无人化智能开采技术发展与实践”“智慧矿山建设实践：设备全生命周期管理及 5G 远程控制”“基于 TGIS 的智能化煤矿管控平台关键技术研究与应用”等主题深入研讨了矿业领域科学发展新思路、新模式，总结了煤炭行业和煤矿智能化技术装备发展经验，展示了发展成果，探讨交流了“十四五”发展思路及相关问题，深入研究了矿业领域科学发展新思路、新模式，为国内设备制造厂商和用户搭建了贸易洽谈和技术交流的平台。由中国砂石协会主办的，以“加强科技创新构建产业生态服务国家建设”为主题的第九届全国砂石骨料行业科技大会召开。与会代表围绕 2022 版国家标准修订要点与思考、砂石行业绿色工厂认证及标准解读、固废资源化利用、矿山及产线智能化绿色化规模化建设、砂石矿山生态修复、绿色节能生产工艺及装备等议题进行了交流分享。由中绿盟联合中国恩菲工程技术有限公司主办，山东金鼎矿业有限公司、镇雄县鑫源煤矿有限责任公司、矿冶固废污染防控与治理创新引智项目组协办，中绿盟云南代表处、云南绿盟矿山治理技术有限公司承办的第五届全国绿色矿业发展大会召开。大会以“科技创新推动矿业进步，绿色设计带动绿色发展”为主题，与会人员围绕绿色矿山的发展新动态、发展新思路、建设新模式以及前沿新技术等开展了交流、研讨。2022 第二届中国（郑州）砂石及尾矿与建筑固废展暨 2022 中国绿色智能矿山建设及固废处理与矿山修复高峰论坛召开。砂石展以“绿色智能、合作共赢”为主题，围绕砂石生产企业全面市场竞争形势下的应对策略、精品砂石生产线成套设备的实际应用、绿色高效的软岩骨料制备工艺等进行了研讨交流。由中国煤炭学会主办，重庆研究院承办的煤矿智能清洁高效洗选技术装备与工程实践交流研讨会召开。与会代表围绕煤炭智能开采技术进展、选煤厂技术现状及展望、智能化选煤厂建设等议题展开了交流。由中国黄金协会、河南省黄金协会联合主办，三门峡市人民政府作为支持单位，三门峡市工信局、灵宝市人民政府、河南中原黄金冶炼厂有限责任公司、国投金城冶金有限责任公司、灵宝黄金集团股份有限公司、三门峡金渠集团有限公司、嵩县山金矿业有限公司、栾川县栾灵金矿有限公司协办的第二届全国黄金行业科技创新与新技术应用交流大会开幕。与会人员围绕智能采矿技术及场景应用、绿色选冶技术与生产等议题进行了交流和分享。由中材矿山建设有限公司、中材（南京）矿山研究院有限公司等单位共同举办的第九届金属非金属矿采选运营实用技术与装备大会召开，旨在通过搭建高端平台，交流矿山开采、装备的前沿技术和趋势，增强矿业企业和装备制造商的密切联系，推进采矿行业的发展。由矿山采掘装备及智能制造国家重点实验室（太重煤机有限公司）主办，太原理工大学院士科创基地、煤矿综采装备山西省重点实验室协办的“高端可靠　数智赋能”煤矿综采装备发展学术交流会召开，旨在分享现代煤矿综采装备共性关键技术，促进我国煤矿智能、绿色、低碳高质量发展，推动山西数智赋能融合行动的开展。中绿盟公示《绿色矿山百项先进适用装备（技术）目录》，枣庄鑫金山的新型单段锤式破碎机、埃里斯克的 MH 高效节能环保液压圆锥破碎机等多个厂家制造的先进适用装备入选。由安标国家中心主办的智能、绿色煤矿安全论坛开幕。论坛围绕我国煤矿智能化绿色安全发展、智能化设备科技创新与安标管理等开展研讨，取得了良好成效，为安标国家中心进一步服务和支撑我国煤矿智能化设备科技创新和安全监管监察提供了重要参考。河南省露天矿山智能化建设座谈会召开。与会人员围绕《河南省非煤露天矿山智能化建设技术规范》展开了深入交流，并结合河南省非煤露天矿山智能化建设情况，初步确定了河南省非煤露天矿山智能化建设的有关标准与要求，为加快推进河南省非煤露天智能化建设进程奠定了基础。中煤集团与华为签署深化合作协议，双方将在科技创新、煤矿智能化建设、数字化转型等方面开展深入合作。龙煤集团与华为签署深化合作协议，集团将以华为先进技术和高水平专家团队为依托，优化矿山智能化设计，推动现有煤矿智能化建设提档升级。华阳集团和山西联通签署战略合作协议。双方将联合推进 5G 通信技术、人工智能、大数据、云计算、物联网等技术与安全生产、现代管理的深度融合，形成全面感知、实时互联、分析决策、自主学习、动态预测、协同控制的智能系统，实现生产过程少人化、无人化，管理过程数字化、数智化，达到安全管控目的。同时，深入探索智慧工厂、智慧矿山、智慧华阳、互联网 +、5G+，以及区块链、大数据等多个高新技术创新应用领域的合作，助力山西省全方位高质量发展。上海煤科与江煤贵州矿业集团有限责任公司签署战略合作协议。双方将成立专班、对接工作，加快推进高产高效安全生产装备及技术在智慧矿山建设的运用。中国有色集团科技创新研讨会暨中国有色集团、有研集团、矿冶集团战略合作签约仪式举行。三方将共同搭建平台，在绿色矿山、智能矿山、安全环保以及新能源材料等领域进一步深化合作，在科技创新、成果转化、人才培养与交流等方面拓展合作的深度与广度，不断增强对有色金属关键资源和核心环节的掌控能力。中国煤炭工业协会组织编写的新版《煤矿安全规程》暨煤矿智能化建设验收指南动漫解读发布。通过全面解读国家政策，助力企业深度掌握规范要求，指导煤矿智能化建设，推动企业完成智能化升级改造及验收工作。国家能源集团煤矿智能化办公室组织编制的《煤矿智能化建设指南》（2022 版）由中国矿业大学出版社出版。《指南》包括信息基础设施、井工煤矿、露天煤矿、选煤厂四部分及配置建议表，重点介绍了智能化采煤、智能化掘进、智能化采剥、智能化穿爆、智能化选煤厂等初、中、高级建设内容，为国家能源集团煤矿智能化提供了可借鉴、可复制、可推广的建设方案，是提高煤矿智能化技术水平和规范智能化建设的引导性文件，对集团全面推进煤矿智能化建设具有重要的意义。中国煤科成功举办 2022 年度中澳采矿科技论坛。论坛以“智能与可持续采矿”为主题，围绕“采矿前沿技术”等议题进行了精彩分享和深入交流，为进一步深化中国煤科与澳大利亚科研机构的科技合作奠定了基础，对推动中澳煤炭科技进步具有重要的意义。国家能源集团准能集团首创的无人驾驶矿山数字孪生系统稳定运行一年。该系统可实时模拟无人驾驶载货汽车现场运行画面，并实时显示车辆的运行速度、载重数值和运行状态，实现了真实物体与虚拟物体的同步运行，填补了国内采矿行业的技术空白。陕煤集团首套国产 8.0 m 超大采高智能化综采成套设备联合调试在张家峁矿业公司举行。该综采成套设备配套 MG1100/3030-GWD 型采煤机 1 台、掩护式液压支架 152 台、SGZ1400/3 × 1600 型刮板输送机 1 台、SZZ1600/700 型转载机 1 台、PCM700 型破碎机 1 台、设备列车 43 节，具备 4 500 t/h 的最大生产能力，能实现综采工作面设备工况、数据监测及集中控制，综采工作面一键启停自动化割煤，工作面设备与采煤工艺整体联动协调控制，为张家峁矿业公司创建世界一流智慧煤矿注入了强大动力。项目的实施不仅实现了特厚煤层的安全、高效、智能、绿色开采，而且对煤炭行业的高质量发展起到了十分重要的经验支撑、推动作用和指导意义。张煤机自主研发的国内首套 SGZ1000/5000 型 500 m 智能刮板输送成套装备交付使用。这是我国首台（套）满足中厚煤层的 500 m 超长工作面开采需求的全国产化煤矿输送设备，其主要技术参数和性能指标达到国际领先水平。创远高新自主研发的全球首台智能型地下潜孔钻机 CY-UMD6i 成功下线，将满足我国矿山机械化、智能化的发展需求，有效提高矿山的生产效率和安全水平。重庆研究院的煤矿井下大功率定向钻进技术与装备、ZYWL-4000 型煤矿井下全自动钻机、山西天地煤机的掘支运一体化快速掘进关键技术与装备、中国神华能源股份有限公司神东煤炭分公司的 8.8 m 超大采高综采工作面关键技术与装备等一大批先进适用技术入选自然资源部《矿产资源节约和综合利用先进适用技术目录（2022 年版）》，将切实发挥先进适用技术的引领作用。

2022 年 9 月，2022（第 24 届）中国国际矿业大会全线上开幕。本届大会以“可持续的矿业，为了可持续的经济增长”为主题，就国内外矿产品供需形势、矿业资本市场、矿产品交易市场等举办多场论坛，旨在通过振兴矿业提升资源安全保障能力，促进经济可持续增长。大会倡议，落实可持续发展目标，共同为经济增长提供资源要素保障；大力推动矿产资源勘查开发新理论、新技术、新方法、新工艺、新装备的研发、应用和融合，携手加强重点领域合作。由中冶有色技术平台、江西省矿业工程重点实验室、稀有金属分离与综合利用国家重点实验室、共伴生有色金属资源加压湿法冶金技术国家重点实验室、江铜集团、矿物加工科学与技术国家重点实验室、镍钴资源综合利用国家重点实验室、省部共建复杂有色金属资源清洁利用国家重点实验室、低品位难处理黄金资源综合利用国家重点实验室、高品质有色金属特种冶金国家工程研究中心、陕西省矿产资源综合利用工程技术研究中心、江西省矿冶环境污染控制重点实验室、江西省钨资源高效开发与利用重点实验室等单位共同主办、江西理工大学资源与环境工程学院、北方中冶（北京）工程咨询有限公司共同承办的“第五届全国低品位矿产资源高效利用新技术交流会”召开。会议围绕资源开发技术发展的重大需求，以及涉及的多学科复杂的技术问题，特别是针对低品位、难处理开发利用过程中选矿、冶金和环保领域中的技术难题、前沿技术，共性关键技术以及新工艺、新技术进行了技术交流。由中国建筑材料工业规划研究院、中国建材工业经济研究会、浙江省矿业联合会指导，砂石骨料网、中国交通建设股份有限公司、浙矿重工股份有限公司主办的“东海论坛 - 第二届中国砂石高质量发展峰会”召开。峰会以“低碳 · 智能 · 品质 · 融合”为主题，深入剖析行业成熟的生产工艺，探讨分析最新政策及区域市场变化，找寻砂石企业高质量发展路径，聚焦提高砂石品质工艺，探讨降低生产能耗相关举措，促进“双碳”目标实现。由中国煤炭学会主办，中国矿业大学（北京）协办，华为赞助支持的第一届全国煤炭行业矿山 AI 模型大赛开赛。大赛以矿山智能化场景创新为核心，面向全国征集智能 AI 应用场景，以期为实现矿山“少人无人、安全、高效”的目标搭建一个技术交流、人才培养、机遇共创的建模平台，汇聚矿业领域智能化人才，迸发创新思想。由中冶有色技术平台、中冶有色技术网、北方中冶（北京）工程咨询有限公司主办的“金属矿山采矿设备供应商大会”召开。会议以“高效智能化　绿色标准化”为主题，围绕相关技术装备研究进展、标准规范、工程应用实例、技术需求开展交流互动，切实解决当前本领域内关注的热点、焦点和难点问题。2022 年安徽省“5G+ 工业互联网”十大创新应用发布。铜陵有色矿业 5G+ 智慧矿山、全椒海螺 5G+ 智能工厂和安徽矿机 5G 助力煤机装备“四化”升级等项目入选。其中，“铜陵有色矿业 5G+ 智慧矿山”项目基于 5G 网络高带宽、低时延等特性，通过 5G 自动巡检机器人，打造了井下 1 000 m 水泵房 5G 无人值守应用，实现了井下水泵房无人化；将车载摄像头、PLC 等终端统一接入井下有轨运输无人驾驶系统，实现了电机车自动运行、自动保护、自动调度、自动装卸矿，打造了智能化、自动化、高效生产的智慧矿山，提高了生产水平，实现了减员增效。“全椒海螺 5G+ 智能工厂”围绕智能工厂“端 + 网 + 云 + 用”为核心体系，融入 5G、AI、云等 ICT 技术，打造了高带宽、低时延、大连接的 5G 网络，实现了矿区无人机巡检、水泵房数据采集、VR 远程参观、工厂生产流程 AI 辅助监测等场景，打造了“智慧水泥”行业新样板。中国煤炭工业协会信息化分会发布《煤炭企业网络安全工作指南》和《煤炭信息技术产业发展报告（2022）》。其中，《煤炭企业网络安全工作指南》由中国煤炭工业协会信息化分会牵头，联合国能信息、华为、中兴、新华三、天融信、深信服等共同编制，是煤炭行业首部网络安全领域的工具书，为各类煤炭企事业单位开展网络安全工作提供对策参考和方案建议。《煤炭信息技术产业发展报告（2022）》汇总分析了 53 家服务于煤炭行业的信息公司规模、经营、资质、研发、人才等指标数据，依据营业收入等相关数据进行了煤炭信息技术产业排名，首次较为全面地反映了当前煤炭行业信息技术产业发展现状及趋势。中国建筑材料联合会发布《建材工业“十四五”发展实施意见》，构建了“十四五”时期建材行业加快绿色低碳安全高质量发展的工作体系和工作路径，将对建材行业、企业加快绿色低碳发展，组织开展转型升级相关工作提供具体指导。《意见》以实现建材行业碳达峰目标为统领，以有效贯彻落实《“十四五”原材料工业发展规划》为目标，围绕绿色低碳安全高质量发展主线，提出了 6 个方面、24 项具体任务，包括推进制造过程智能化、推动工业互联网应用、夯实数字化支撑基础，推动产业数字化，为高质量发展赋能等。依托中国矿业大学（北京）建设的“厚煤层绿色智能开采教育部工程研究中心”得到批复成立。中心将以煤炭柔性保供、能源安全国家重大能源战略需求为目标，整合矿业工程一流学科优势资源，通过学科交叉、集成创新、引进吸收等解决厚煤层绿色智能开采领域的理论与技术难题，形成具有自主知识产权的煤炭智能化开采技术及装备体系，加快成果落地转化和工程应用，助力煤炭行业高质量发展，为加速推进学校“双一流”建设提供有力支撑。华夏建龙本溪龙新矿业有限公司、武钢资源集团大冶铁矿有限公司，马钢矿业南山矿业公司、安徽马钢张庄矿业有限责任公司、山东金鼎矿业有限责任公司、西藏玉龙铜业股份有限公司、西部矿业股份有限公司锡铁山分公司、浙江交通集团交通资源集团浦新矿业公司等多家矿企入选《智能矿山建设规范》贯标试点单位。入选单位将按照要求，全面推进智能化建设，打造绿色智能矿山新标杆，带动产业的高质量发展。潞安化工集团高河能源公司通过Ⅰ类中级智能化示范建设煤矿现场验收，成为山西省第一家开展国家示范煤矿验收的单位。该公司建设完成 5G+“一张网”融合通信平台、云数据中心、智能管控平台，多个智能化综采、掘进工作面和 N 个智能化子系统，全面提高了矿井安全管理水平、经营运营水平，实现了“降本增效、减人提效、提效增效”的目标。淮北矿业组建的“安徽省煤炭智能开采工程研究中心”通过安徽省发展改革委认定。该中心自组建以来，深度融合互联网 + 技术，以及人工智能、自动控制、高新科技与煤炭开采技术，实现了精准开采、智能开采和安全高效开采，促进煤炭工业在高质量发展进程中迈出新步伐。陕煤集团柠条塔矿业公司的智能化煤矿机器人集群应用关键技术创新与示范项目通过中国煤炭工业协会组织的成果鉴定，整体达到国际领先水平。该项目实现了矿井多源异构数据集成与跨域融合，在国内首次实现煤矿机器人集群运行与矿井作业一体化管控，打通了机器人个体间信息交互壁垒，破解了井下机器人动力系统虚实映射与智能控制的数字孪生难题；创新研发了煤矿井下重载机械臂高精度控制技术，实现了重载机器人的“人机协同 + 云边协同 + 集群协同”控制；创建了包含智能掘进、智能采煤、智能运输、智能安控等的“1 支撑 1 平台 6 中心”的煤矿机器人应用集群；实现了多岗位机器人替代，建成了全国首个全矿井机器人应用集群，为我国智能化煤矿机器人应用提供了示范。新田煤矿“5G+ 智慧矿山”项目入选贵州 2022 年第一批 5G 应用场景示范项目。该矿以 5G 为依托，智能 AI、5G 巡检机器人作为承载终端，实现了地面 5G 覆盖，井下主要巷道和重点岗位 5G 覆盖，井下 WiFi 全覆盖等，实现了安全生产的全过程智能管控、矿井信息资源的有效开发和利用，提高了数据共享度及利用率，对企业进一步加强产学研交流与合作创造了一个更为广阔的平台。中国平煤神马集团携手中兴打造的“5G 煤矿智能分选数字星云平台”上线。该平台依托中兴通讯数字星云平台，叠加神马集团自主研发的智能高效分选成套装备，通过 5G 赋能，实现了煤矿智能洗选设备的实时监测、远程控制、智能分选。山东黄金联合华为在焦家金矿建成了国内首个矿山 Wi-Fi6 易联网（Wi-Fi6 Mesh），并在该组网环境下完成了井下大型铲运设备远程控制应用，打造了“好用、易用、耐用”的井下 WiFi 无线作业网络。国家能源集团与中国中车集团签订战略合作协议。双方将以智能重载铁路装备为基础，推动拓展智能矿山装备制造、智慧运维、绿色能源及环保等战略性产业重点领域的合作。中国煤科与中兴签订战略合作协议，将开展联合创新，共同推进我国煤矿智能化建设。陕煤集团与陕西移动签订战略合作协议，将在 5G 网络、基础通信、应急保障、信息化管理、综合能源服务等领域开展深度战略合作。冀中能源峰峰集团公司与河北工程大学签订战略合作框架协议。双方将围绕煤矿智能化建设、安全保障技术、人才培养等，在 12 个领域携手进行全方位战略合作，通过产学研深度融合推动共同发展。中国移动海南公司与昌江华盛天涯水泥有限公司签约，携手共建“5G 智慧矿山无人驾驶项目”。双方将深入开展智慧矿山建设，延伸智慧平台、拓展智慧功能，打造数字化、生态化、人性化俱全的智慧矿山。河南省智能矿山装备产业创新中心由中信重工牵头，联合河南科技大学、郑州轻工业大学、白银有色集团股份有限公司、金堆城钼业汝阳有限责任公司、郑机所 5 家单位共同建设。该中心将建成矿山智能装备及绿色工艺平台、矿山装备智能制造支撑平台、矿山工业互联网智能服务平台、协同创新成果转化平台 4 大创新平台；打造技术成果孵化转化基地和人才培养建设基地。北京大学与鄂尔多斯市人民政府签约，共建北京大学鄂尔多斯能源研究院。该院研究方向包括：智能化矿山系统的研究与设计、透明化矿山理论、技术和装备研发、智能综采工作面 / 掘进工作面技术优化与应用、矿山生态环境监测与修复工程和智能化矿山示范应用。由中国矿业大学（北京）、鄂尔多斯市人民政府、鄂尔多斯高新技术产业开发区管理委员会合作共建的中国矿业大学（北京）内蒙古研究院挂牌。该院将瞄准煤炭及能源科技前沿，面向国家能源发展重大需求，围绕智慧矿山、矿山生态修复、煤炭清洁高效利用、能耗“双控”等重点领域开展技术攻关和成果转化，将研究院打造成现代能源科技创新基地、产业发展基地和高水平人才培养聚集地。开采研究院与陕西陕煤曹家滩矿业有限公司合作成立的智能采掘与岩层压裂研究中心揭牌。该中心旨在探索曹家滩煤矿多层厚硬顶板下强矿压致灾机理，实现顶板灾害的智能预警预测及“采 - 支 - 运”的联动防控，形成基于岩层压裂为基础，适用于曹家滩煤矿特厚坚硬顶板下强矿压综合防治技术，研发出 10 m 超大采高智能开采成套装备，保证工作面安全高效智能开采。由中绿盟组织的绿色矿山规划设计研究启动会暨首次研讨会召开，旨在探索绿色矿山规划设计的技术要求，推动绿色矿山规划设计示范工作，从源头上描绘出建设绿色矿山的路径和方法，降低后期绿色矿山建设的成本，为企业绿色发展和转型升级提供指导。华为煤矿军团联合晋城市能源局举办“晋城市煤矿智能化‘金种子’培训”。培训围绕企业数字化转型、矿山智能化建设、智能矿山综合解决方案、华为矿鸿操作系统解读及应用场景、基于 aPaaS 的智能运用及编排、智能辅助系统的智能运用及编排等内容，就如何释放煤矿智能化建设核心价值、快速编排井下作业流程，实现作业风险、质量全过程可控，解决智能化最后一公里等问题进行了讲解、交流。宁夏煤业洗选中心自主研发的 +200 mm 大块矸石排矸装置的研究与应用项目通过宁夏煤业的验收。该智能排矸系统在干法分选技术的基础上，采用 X 射线对不同物质穿透力强弱不同的原理，识别判断 200 mm 以上粒度级煤块和矸石，可根据煤和矸石占比，选择主动引导选矸、主动引导选煤、被动引导选矸、被动引导选煤等排矸模式，自动排矸效率可达 90% 以上，处理能力达到 20 t/h 以上。西安研究院研制的国内首台（套）ZDY25000LDK 型大功率自动化定向钻机在山西肖家洼煤矿通过验收，将带动山西地区煤矿瓦斯抽采技术装备水平迈上新台阶，拉开煤矿井下复杂顶板岩层直径 200 mm 一次成孔钻进施工新序幕，为“以孔代巷”施工技术的推广示范打开新局面，进一步推动煤矿安全生产和顶板高位钻孔瓦斯高效抽采，助力煤矿智能化和智慧煤矿发展。

2022 年 10 月，中国砂石协会正式发布《砂石工业“十四五”发展实施方案》，提出加快智能制造技术应用，提升矿山开采、砂石生产等生产现场的数字化、自动化和智能化水平；加快智能制造标准编制，以标准提升推动产业转型升级；打造一批智能、安全、高效、绿色的数字矿山，进一步推进砂石行业的现代化、集约化、规模化、标准化、生态化和智能化发展。中国矿业联合会发布《关于推进〈5G 全连接工厂建设指南〉实施及开展矿冶设备上云优秀解决方案遴选活动的通知》，旨在进一步推进“5G+ 工业互联网”在矿冶行业的深度拓展应用。同时，通过面向煤炭、钢铁、有色、建材等矿冶企业组织开展矿冶设备上云优秀解决方案遴选及智能制造典型案例征集活动，切实带动“5G+ 工业互联网平台”规模化应用，引导企业加快重点工业设备上云用云，推动矿冶行业数字化、网络化、智能化发展。由北京科技大学牵头，联合矿冶集团、中钢集团马鞍山矿山研究总院股份有限公司、沈阳研究院、中南大学、中国矿大（北京）、中国矿大、西安科技大学、北矿智能科技有限公司、首钢滦南马城矿业有限责任公司 10 家单位共同申报的超大型深井矿山高效绿色开采技术与智能装备项目获科技部批准立项。项目以解决千米深厚大矿体千万吨级超大规模绿色开采面临的重大理论与共性关键难题，创新形成以高效智能为核心、安全保障为前提、绿色低碳为要求的千米深千万吨级金属矿开采新模式，创建新理论、新技术、新装备。由中国煤科大数据研究院牵头研发的煤炭行业“煤智云”工业互联网平台通过国务院国资委“中央企业行业领域公有云建设项目”申报。“煤智云”是由中国煤炭工业协会发起、中国煤科承建的煤炭行业工业互联网平台，旨在将煤炭产业链资源统一汇聚、互联互通，形成煤炭行业数字生态，实现煤炭产业链从资源规划、矿井设计、装备制造、安全生产、洗选运销、技术服务、客户市场等全过程数字化。由国家能源集团、安标国家中心和华为联合申报的矿鸿工业互联创新重点实验室获国家矿山安全监察局批准建设。该实验室以国产操作系统在工业领域的应用、自主可信工业通信协议、矿山行业大数据标准体系、煤炭行业 5G+ 工业互联网架构体系等为主要研究方向，通过 5G+ 工业互联网架构的建设，实现矿山智能化水平的提升。国内首个矿用导航技术实验室在太原研究院建成。作为煤矿采掘机械装备国家工程实验室的子实验室，该实验室拓宽了国家工程实验室的科研创新领域，增强了矿用导航技术在系统级和核心部件级动静态特性测试能力，提高了矿用导航产品在工程应用中的可靠性，加快了行业高端导航技术与装备的研发与应用。煤矿智能化创新联盟组织编撰的《中国煤矿智能化发展报告（2022 年）》由应急管理出版社出版。《报告》全面总结分析了近两年来我国煤矿智能化发展概况，系统介绍了煤矿智能化理论、技术与装备研发新进展，从技术研发和现场实践相结合的角度分析了煤矿智能化顶层规划与系统架构，列举了智能化示范煤矿建设实践和经验，详细阐述了煤矿智能化标准规范建设方面的现状、发展方向以及智能化煤矿分类、分级技术条件与评价指标体系。淮北矿业杨柳煤矿智能化示范矿井通过国家级智能化矿井验收，达到Ⅱ类中级智能化示范煤矿建设水平。这是安徽省首座国家级智能化示范矿井。该矿通过推广应用新技术、新工艺、新装备，建成了智能化采煤系统、地面35 kV变电所机器人巡检及单轨起重机无人驾驶等10大类38项智能化项目，全面提高了矿井安全管理水平、经营运营水平，实现了“减人、提效、增安”的目标。国内首个全矿大型矿卡无人驾驶批量应用项目——国家能源集团神延煤炭西湾露天煤矿矿用载货汽车无人驾驶项目通过安全评审。评审组认为矿用载货汽车无人驾驶系统在行为安全、功能安全、信息安全、操作安全、环境安全、机制安全6个维度都遵循了IEC61508、ISO26262等标准，设计流程规范，实现了露天煤矿无人驾驶系统多编组常态化生产作业，现场运行安全稳定，起到了行业引领示范作用。该项目的实施，形成了一套智能矿山（露天）标准体系，提升了集团内部露天板块的整体竞争力，达到了减员增效、绿色安全的效果，全面提升了管理水平，带动了我国露天煤矿的智能化应用。山东莱州联通与山东黄金莱州三山岛金矿联合打造的“5G+人工智能”远程操控无人驾驶凿岩台车通过测试，三山岛金矿进入5G无人化智能采矿时代。此次投入运行的无人采矿机车采用“5G+人工智能”技术为基础的无人化采矿整体解决方案，由凿岩台车无线通信、视频传输进行自动化控制，应用5G网络通信技术实现了实时采集和上传采矿车各种运行数据，并进行远程无线遥控工作。第二届中煤智能创新联盟发展高峰论坛开幕。论坛以“共聚云端智享未来，打造协同创新合作典范”为主题，聚焦党的二十大报告提出的积极稳妥推进碳达峰碳中和、加快实施创新驱动战略以及煤炭行业数字化、智能化转型等内容开展了交流、研讨。山西焦煤加快推进以太原选煤厂为代表的太原地区选煤企业数字化转型和智能化建设专题会召开。会议结合太原选煤厂实际，就5G环网、数据中心、集控中心、天眼工程、数据监测监控等智能化系统建设架构、方案规划等工作进行了交流讨论。煤科院协同神东煤炭、华为、中国电信榆林分公司联合宣布，在神东乌兰木伦煤矿12407综采面完成的大上行测试中，100 MHz小区带宽，上行总吞吐率达到2.2 Gbps，标志着煤矿5G上行传输速率再攀高峰，“煤科智慧”引领“5G+智能矿山”前沿创新与关键技术实现新突破。神东煤炭榆家梁煤矿建成首个无人工作面，实现了生产期间井下无人监护。该矿通过中央“智慧大脑”集控系统进行集中控制，更快速、更智能地完成采煤作业和生产运行全过程监测。在减少井下作业人员安全风险的同时，实现了无人则安的安全管控目标。山东能源旗下的云鼎科技股份有限公司与华为签署框架合作协议。双方将以能源产业数字化和数字产业化发展为突破口，充分发挥各自业务及技术创新优势，协同推进物联网、大数据、人工智能、区块链、5G等新一代信息技术在全要素、全产业链、全价值链中的深度融合。亚钾国际公司与华为签署战略合作协议。双方将在数字化转型咨询、ICT（信息通信技术）基础设施建设、智能矿山建设、数字化人才培养等方面进行合作，共同推动钾矿开采业务的数字化和智能化。山西焦煤与国家开发银行山西省分行签署战略合作协议。双方将进一步密切合作关系，重点围绕山西焦煤煤矿先进产能建设、获取整装后备资源、煤炭产业绿色发展、先进制造业企业等领域开展合作。川煤集团与四川联通签订战略合作协议。双方将在国企数字化转型、5G+智慧矿山、网络安全及信创、基础通信等领域开展合作。《数字江铜顶层设计》发布。该文件体现了前瞻性、先进性、统一性、安全性、可复制5大原则，明晰了“1393”的数字化转型战略目标，制定了“118N”的实施路径，统一了江铜集团工业互联网平台架构、数据标准，构建了8大数字化转型板块，打造了转型创新生态的N个智能场景，明确了转型时间：2022年，立足打基础，重点推进“数字江铜顶层设计”和各单位建设规划落地；2023—2024年，重在出成效，通过打造板块大脑，推动50%的核心企业数字化转型；2025—2026年，为大发展时期，通过打造产业大脑，完成核心企业数字化转型，赋能江西省工业和有色行业数字化转型。中铁贵能智能矿山研究院揭牌暨“中铁1200号”（“凉都号”）硬岩掘进机（TBM）下线仪式举行。中铁贵能智能矿山研究院将在持续推进矿用TBM产品迭代与技术升级的基础上，联合开发掘锚护一体机、竖井掘进机、反井钻机等矿山系列化、智能化成套装备，助力矿山工程智能建设与高质量发展。西煤机自主研发的MG750/1980-WD采煤机在陕煤集团小保当矿业公司首个国产2~3 m煤层450 m超长智能综采工作面实施应用中，创下采高2.8 m，单日最高割煤超20刀，日产超4.5万t、月产超100万t的纪录，标志着2~3 m煤层450 m超长智能综采工作面采煤装备实现了完全国产化，将助力煤企中厚煤层开采实现“一面一人年产千万吨”的目标。上海煤科研发的新一代大采高单滚筒短壁采煤装备暨MG300/395-NWD型采煤机完成出厂试验。该机填补了5 m采高的短壁采煤机国内外空白，可广泛应用于“三下”特厚难采煤层，超长大采高工作面开机窝、大型煤柱回收和非规则边角煤开采及急倾斜特厚煤层水平分层开采，对于提高煤矿资源回收率和实现中小煤矿高产高效具有重要意义。中信重工自主研制的国内抓取重量最大、悬臂行程最长的新一代七轴重载液压机械臂下线。该装备主要应用于矿山领域磨机衬板的更换，最大抓取能力达2.5 t，采用全液压驱动，负载敏感变量，比例控制，运行效率高，操作灵活，具有工程手柄+辅助影像抓取系统（机器人视觉技术），可以实现七个关节同步运行，打破了国外技术垄断，达到国际先进水平。商汤科技正式发布智能矿山AI传感系统，以领先的人工智能技术和产品赋能传统煤矿生产和开采领域，加速煤炭企业智能化转型升级。神东首套皮带AI智能监测系统上线运行。该系统实现了对皮带损伤接缝以及锚杆异物等高速运动目标进行自动捕捉与智能跟踪拍摄的功能，为主运输系统胶带探伤监测、定点停机检修提供了有力支持。中煤能源集团面向高校、科研机构、科技型企业等，发布首批“揭榜挂帅”项目公告，包括5大榜单，涉及资金5 000余万元。其中，应用数字孪生技术的矿山智能巡检机器人系统创新应用项目主要是面向矿山输煤皮带和室外变电站两种典型巡检场景，研发新一代矿山智能巡检机器人系统，推动矿山安全生产的数字化转型以及相关关键技术快速发展，项目研发经费700万元。新华三集团联合IntelMining智能矿业共同举办“HI·智慧矿山”智能化建设线上系列技术沙龙（第4季），探讨煤矿智能化建设的应用与创新实践。《煤矿智能化综采技术研究及应用》由应急管理出版社出版。该专著是北京天地华泰矿业管理股份有限公司对王家塔煤矿智能化工作面项目建设、运行、维护等的总结分析，主要从国内外智能化综采工作面建设发展现状、智能化综采生产工艺、王家塔煤矿工作面自动化系统及关键设备、智能化开采保障系统等方面进行研究，对相似煤矿的智能化采煤具有借鉴意义。

2022年11月，中国黄金协会印发《黄金行业“十四五”发展规划》。提出，推进黄金产业与新一代信息技术深度融合，推动产业链条拓展延伸，补齐产业链短板，促进黄金产业高端化、智能化、低碳化发展，全面推进绿色矿山、智能工厂建设；到2025年，基本形成高端化、智能化、低碳化黄金产业体系，建立面向黄金生产车间的数字化矿山标准体系，行业数字化、网络化、智能化水平显著提高，重点企业关键工序数控化率70%以上。2022年中国5G+工业互联网大会智慧矿山分论坛开幕。论坛由中国联通联合煤矿智能化技术创新联盟、中国自动化学会智慧矿山专业委员会、能源电力国际标准和技术联盟共同主办，中国联通智慧矿山军团具体承办。论坛以“5G+工业互联网赋能矿山数字化转型，推动矿业绿色低碳发展、共赢智慧矿业数字经济”为主题，紧扣当前产业和企业数字化转型和高质量发展的浪潮，共同探讨5G+工业互联网如何与矿业进一步深入融合创新。2022中国矿业高质量发展论坛暨中国绿色生态研究基地研讨会召开。会议提出，推动矿业绿色高质量发展，用数字化、智能化推动矿山企业转型升级，通过绿色矿山建设示范引领作用赋予现代矿业更多动能，推动实现“碳达峰、碳中和”目标。2022年中国有色金属行业信息化年会暨有色金属工业智能制造发展论坛开幕。会议由中国有色金属工业协会主办，江西用友软件有限责任公司特邀协办，江西钨业控股集团有限公司、杉数科技（北京）有限公司、北京金山办公软件股份有限公司、中冶赛迪信息技术（重庆）有限公司、宁波兴业盛泰集团有限公司协办。此次会议是有色金属行业为响应“十四五”规划中关于信息化和工业化深度融合发展的号召，以加快有色金属行业数字化转型步伐，并进一步推动有色金属行业智能制造发展而召开的重要会议。与会人员就有色金属数字化、智能化转型等进行了交流、探讨。由宏大爆破工程集团有限责任公司主办的第四届“宏大论坛”召开，旨在响应国家智能矿山发展重大需求，加快矿山行业转型升级，促进高质量发展。参会人员聚焦智能爆破科技创新，以智能矿山建设中的关键技术和核心装备运用为主题，结合华润水泥肇庆项目智能化场景建设，就如何打造全生产链智能矿山进行了研讨与交流。由中国建筑材料联合会提出并归口，中国砂石协会、北京建筑大学、黎明重工、北方重工、南昌矿机、江苏山宝集团有限公司、世邦工业科技集团股份有限公司、枣庄鑫金山等单位共同修订的《建设用砂》（GB/T 14684—2022）、《建设用卵石、碎石》（GB/T 14685—2022）正式实施，将对促进新形势下我国砂石产品质量提升以及砂石行业高质量发展提供重要的支撑。矿山充填安全开采国家矿山安全监察局重点实验室揭牌。实验室将围绕矿山充填安全开采，开展矿山充填开采减灾理论、工艺、材料及智能装备；矿山开采岩层运动、沉陷机理与防控方法；矿山采空区灾害致灾机理、监测预警与应急响应；矿山塌陷区地面-井下协同治理与生态环境修复等方面开展研究。“辽宁省数智矿山产业共同体”成立。该共同体由中国工业互联网研究院联合14家信息通信企业和矿山企业发起成立，旨在深化新一代信息技术在矿山行业的融合应用，推动“工业互联网+安全生产”走深向实。中国煤科组织召开煤矿智能化标准体系研讨会，旨在加快推动我国煤矿智能化产业规范化、标准化发展。与会人员围绕煤矿智能化标准体系的总体架构、主要内容及实施路径等展开了研讨，从煤矿智能化关键技术攻关、成果推广应用、技术迭代升级等方面对煤矿智能化标准体系建设提出了建议。新田煤矿的国家首批智能化示范煤矿通过国家能源局组织的现场验收，成为贵州省首家通过智能化验收矿井，也是河南能源首家。该矿运用5G、F5G、智能AI、机器人、云计算、大数据分析、数据融合等相关技术，建成了信息基础设施、地质保障系统、掘进系统、采煤系统、主煤流运输系统、辅助运输系统、通风与压风系统、供电与供排水系统、安全监控系统、智能化园区与经营管理系统等，形成了新田煤矿智能化矿山保障体系，智能化建设走在了贵州省行业前列。煤科院研发的矿用5G融合通信关键技术及装备项目通过中国煤炭工业协会组织的科技成果鉴定，项目成果达到国际领先水平。项目针对传统矿用通信系统无法满足智能矿山信息传输需求、矿用异构信息通信系统独立建设无法互动联动的关键技术问题，突破了矿用5G无线通信关键技术，研发了矿用5G无线通信系统及融合通信平台，构建了矿用5G融合通信测试验证能力。项目成果对于打造智能矿山高速信息传输通道、构建智能矿山信息基础设施融合统一平台具有重要意义。金川集团与华为签订合作协议，同期成立金川—华为有色行业数字化转型联合创新中心及金川—华为有色行业数字化转型联合运营中心。双方将以企业数字化转型、有色行业工业互联网平台与体系建设、智能矿山与智能工厂、信息基础设施建设、数据治理规划与实施、智能化场景应用、标准体系建设、智慧园区、人才培养等为方向，共建“智慧金川”，并通过联创联营中心共同打造有色行业数字化解决方案，推动有色产业链互联互通，引领有色行业数字化变革。安徽理工大学与中钢集团马鞍山矿山研究总院签署战略合作协议。双方将致力于推进矿山智能化、职业健康、通风安全和环境保护等领域的科技创新与进步，为企业安全、绿色、智能发展转型提供科技支撑。华为全联接大会（HUAWEI CONNECT 2022）在深圳和线上举办。会议以“释放数字生产力”为主题，探讨行业数字化的发展方向和未来机遇。会议期间，华为联合行业伙伴发布了智能矿山融合 IP 工业网解决方案 2 大本安型新品，包括万兆本安路由器 NetEngine A831 E、本安 Wi-Fi 6 AP AirEngine 5761-11EI，助力煤矿企业夯实 ICT 基础，提升智能化水平。江苏省句容台泥水泥有限公司携手迪迈科技、希迪智驾、三一重装举行智能化矿山项目启用仪式，标志着公司句容厂矿区率先实现无人驾驶纯电动矿车全矿区覆盖。该项目是全国水泥建材行业内首个全矿山前装量产自动驾驶项目。江苏句容台泥水泥有限公司、迪迈科技和希迪智驾签署深化合作战略协议，宣告未来将共同投入资源在海内外推广基于资源综合利用为主导的“数字矿山＋全矿区无人驾驶新能源矿车运输”的智能化矿山解决方案。乌海能源智能化物联大数据平台上线运行。该平台可实现矿井数据实时采集，一处采集多处可用，对煤矿设备状况实施周期性或持续性监测，为管理人员实时查看矿井生产运营情况提供了基础工具。淮北矿业信湖矿“数字化调度指挥中心”完成升级改造并投入使用。该中心建成了立体化的通信网络，实现了生产、通信、监控数据的高速、可靠与多元化传输，为该矿生产调度和指挥提供了强大数据支撑及感官依据。神东煤炭首套国产 3.5 m 综采成套设备在榆家梁煤矿 52305 工作面正式投入使用，这是神东煤炭中厚煤层成套设备第一次全部国产化。该综采成套设备采用智能化设计思路，通过远程操作实现支架自动调直、成组自动移架和推溜，液压支架可与采煤机、刮板运输机配合进行自动化割煤。无线通信功能可无线接收工作面设备的数据并传输，通过支架控制系统记录支架的工作状态。人员接近闭锁系统具备工作面自动化区域识别的功能，可设置危险区域范围和支架闭锁数量，紧急情况时可停止采煤机运行、运输机推溜等动作。中国中铁旗下中铁工业自主研制的硬岩掘进机“矿建号”在山西代县尾矿输送平硐工程项目现场顺利完成掘进任务，标志着我国首次应用于铁矿建设领域的硬岩掘进机取得成功，相较于传统工法，高度机械化的 TBM 工法具有掘进效率高、适用范围广、自动化程度高等优点。青海省首套煤矿 ICS 智能干选系统在海拔 3 100 m 以上的鱼卡矿区建成并正式投入使用。作为智慧矿山建设的重要组成部分，该系统的建成，标志着青海省智慧矿山建设又迈出了重要一步，地面筛分煤炭拣选进入了智能化时代，人工选矸成为历史。中国煤科唐山研究院攻克了高海拔、极寒、空气稀薄恶劣环境下的选煤技术难题，其自主研制的 SID（G）-300 高原型智能干选机在新疆阳光煤矿干法选煤厂带煤试车成功，实现干法选煤技术的新突破。天地科技举办“走进天地科技”主题宣传日活动，公司管理层围绕煤矿智能化发展趋势、新产品新技术研发等方面与投资者进行了交流。

2022 年 12 月，中国煤炭工业协会发布 2022 年煤炭行业标杆煤矿、标杆案例和标杆模式，沙曲选煤厂重介智能分选系统研究与应用、曹家滩公司智慧矿山建设研究与应用和小保当公司护盾式煤矿巷道智能掘进机器人系统研究与应用等入选标杆案例。中国建筑材料联合会发布《建材行业标准化工作三年行动方案（2023—2025）》，提出推动行业数字化智能化转型，实施智能制造标准提升行动。开展数字孪生技术、系统集成技术、可视化运维技术、关键技术装备、智能制造装备等标准制定，促进行业企业数字化智能化转型。在水泥、玻璃、建筑卫生陶瓷、玻璃纤维、混凝土及水泥制品、防水材料、石膏制品、耐火材料、建筑密封材料等领域制定一批智能化工厂评价标准，培育行业智能化工厂示范企业。推进数字化智能化技术与绿色低碳、清洁生产、节能、节水、资源综合利用等标准的融合，促进建材行业数字化、智能化转型发展。由建筑材料工业信息中心主办的 IEEE P3179《数字矿山建设推荐规程》（《Recommended Practice for Digital Mine Construction》）工作组成立会议暨标准编制启动会在线上召开，参会人员就数字矿山建设关键要素相关内容进行了分享，对标准制定提出了建议和意见，为标准编制工作的开展打下了基础。该标准的制定，将有效指导、规范、引领智能矿山建设，推动矿山企业数字化转型，提高智能矿山的生产运营效率，提升智能矿山标准的国际化水平。由中国有色金属学会指导，长沙矿山研究院主办，矿研期刊出版（长沙）有限公司、金属矿山安全技术国家重点实验室、《矿业研究与开发》编委会、《矿业研究与开发》理事会、中国有色金属学会采矿学术委员会、湖南省有色金属学会采矿专业委员会、中国绿色智能矿业平台承办的第二届矿业研究与开发前沿论坛开幕。与会专家围绕绿色安全、高效智能、低碳开采等议题，分享了最新成果和成功经验并提出未来的创新思路。由中国煤炭学会、中国煤科院、世界煤炭协会技术委员会共同主办的 2022 年煤炭安全智能绿色开采地质保障国际学术交流会召开。大会聚焦“煤炭安全智能绿色开采”，为推动煤炭安全智能绿色开采地质保障技术发展提供新思路、探索新路径、贡献新智慧。由中国煤炭学会开采专业委员会主办，山东能源承办，中国矿大矿业工程学院、煤炭资源与安全开采国家重点实验室、深部煤炭资源开采教育部重点实验室、江苏省矿山地震监测工程实验室、中国矿大智能化开采研究中心、山东省充填开采工程技术研究中心、山东康格能源科技有限公司、《煤炭科技》编辑部、《煤矿现代化》编辑部等单位协办的 2022 年全国煤矿科学采矿新理论与新技术学术研讨会在线上召开，与会专家围绕“智能开采”进行了研讨交流。研讨会的举办对支撑构建煤炭绿色智能开发的发展新格局，推动煤炭绿色低碳转型和高质量发展起到了积极的推动作用。2022 中国非金属矿产业技术发展与绿色矿山建设高峰论坛开幕。论坛以“科技引领、绿色发展”为主题，由河南省科学技术协会、国家非金属矿资源综合利用工程技术研究中心、中国矿物岩石地球化学学会主办，河南省硅酸盐学会、黄淮学院承办，中国粉体技术网、河南省蓝翎防水防护院士工作站、河南省化学学会、河南省计量测试学会、河南省塑料协会、河南省标准化协会协办。与会人员围绕非金属矿高效利用、非金属矿产业绿色低碳发展等领域前沿及热点问题、产业领域的基础性、引领性、突破性成果等进行了研讨和交流。中绿盟启动“百项装备进万家矿山”活动，旨在为技术找市场、为资金找项目、为专家找课题，推动先进技术装备的推广应用，活动得到了众多矿山企业和装备制造企业的高度关注和积极响应。长沙矿山研究院承建的国家矿山安全监察局湖南局非煤矿山远程监察系统平台项目正式启动。该项目将率先利用互联网、物联网、智能化视频识别、数据采集等技术，实现 50 处试点非煤矿山数据联网接入、6 处试点非煤矿山远程数据采集分析、10 处试点非煤矿山 AI 智能识别分析，从而实时监测分析矿山生产作业状态、安全现状等情况，自动生成、分级推送报警信息，实现全天候远程监测。同时，基于大数据和人工智能技术，实现基于矿山安全生产相关数据的挖掘分析、风险研判，为远程监察提供辅助决策。陕西煤业携手华为打造的行业首个三级架构（总部 - 矿业 - 矿井）工业互联网平台入选由《通信产业报》发布的 2022 年度第十六届通信产业榜——工业互联网 100 佳榜单。该平台是煤炭行业首个三级架构工业互联网平台，承载了陕西煤业《煤矿智能化建设‘十四五’规划》提出的“构建‘一朵云、两张网、三平台、N 个应用模块’的煤炭板块智能化综合协同管理系统”，落实了“煤矿智能化系统之间互联、互通、协同控制的要求，实现陕西煤业煤矿智能化统一建设、统一运维、统一管理”的集约化建设及高效管理目标。在低速无人驾驶（LSAD）产业联盟、深圳市新战略传媒有限公司主办，新战略低速无人驾驶产业研究所、《低速无人车》杂志社承办的 2022 中国低速无人驾驶产业发展年会上发布了《矿区无人驾驶行业发展蓝皮书（2022 版）》。该蓝皮书全面梳理了我国矿区无人驾驶行业的发展脉络。中国煤科沈阳研究院完成的煤矿井下重载辅助作业机器人关键技术研究项目通过中国职业安全健康协会组织的科技成果鉴定，达到国际领先水平。项目攻克了煤矿井下低光照、高粉尘、非结构化地形条件下重载履带行走机器人混合式精准导航定位技术，实现了重载辅助机器人自主行走；提出了高精度三维场景识别算法，解决了煤矿井下目标图像动态识别精度低的难题；突破了液压驱动重载机械臂位姿重复定位精准控制技术，研制了煤矿井下重载辅助作业机器人，有效降低了井下作业人员劳动强度，大幅提升了作业效率及安全性，助力煤矿智能化建设。依托天玛智控建设的煤炭机械工业智能开采工程技术研究中心通过中国煤炭机械工业协会验收，将为智能开采关键技术及装备提供可靠的研究、孵化平台。湖州南方矿业有限公司大煤山矿通过浙江省自然资源厅组织的智能化绿色矿山建设项目验收，正式成为实现生产要素数字化、管理决策智控化、应用场景可视化的央企智能化绿色矿山，此举也表明湖州绿色矿山建设开始迭代升级。中国有色矿业集团有限公司召开专题会议，传达学习全国矿山智能化建设和安全发展推进视频会议精神，研究部署矿山智能化建设等相关工作，力争用 2~3 年时间将 50% 的矿山建设成为智能化矿山。中绿盟组织专家对华电煤业下属的甘肃万胜矿业有限公司甜水堡煤矿和内蒙古华通瑞盛能源有限公司兴旺露天矿的绿色矿山建设进行远程指导服务，提出改进意见和方向。由数智公司牵头编制的基于区块链的《无人值守可信煤炭化验室通用技术要求》（T/ZSA 137.2—2022）团体标准正式发布，并于 2022 年 12 月 31 日开始实施。该标准的发布填补了国际国内空白，为无人化验室的发展谱写了新的篇章。招金矿业与紫金矿业开启全面战略合作，共同推动中国黄金矿业高质量发展，建设世界一流绿色智能高标准矿山。山西冀中能源与山西科达自控联合成立矿山智能化创新联合实验室。双方将围绕智慧矿山相关业务的顶层设计、规范化和科研项目等进行深度合作。浙江华东工程建设管理有限公司、绿色矿山技术与智能装备浙江省工程研究中心与海康威视签署战略合作协议，携手推进矿山行业智能化、高质量发展。湖北三宁矿业有限公司、东风商用车有限公司与武汉理工大学联合研发的湖北首台地下矿山无人驾驶载货汽车在宜昌市夷陵区樟村坪镇投入试运行，标志着我国智慧矿山和平安矿山建设取得了新突破。

4. 我国智能矿山建设取得的成果

在国家顶层设计、各部委、各地方相关政策措施的引导、支持和推动下，在各行业协会、骨干企业、高校院所、高科技公司等的协同努力下，在 5G、大数据、云计算、人工智能和工业物联网等新一代信息技术的支撑下，“机械化换人、自动化减人、信息化少人、智能化无人”在矿业行业正一步步成为现实。2022 年，我国矿山智能化建设速度达到了新高度，矿业高质量发展的格局正在形成。

煤炭行业作为我国重要的传统能源行业，是我国国民经济的重要组成部分，是国家能源安全稳定供应的“压舱石”，是实现“四个革命、一个合作”的国家能源发展战略的重要环节。煤矿智能化建设既是煤炭行业高质量发展的核心技术支撑，也是实现高质量发展的新机遇，更是直接关系到我国国民经济和社会生产智能化的进程。

随着煤矿智能化进入快速发展阶段，我国煤矿智能化建设呈现出重视程度明显提高、推进力度显著加大、法规标准更加完善、技术装备取得突破、融合发展汇聚合力 5 大特征，煤矿智能化技术创新形成了一大批成果，走在了全国矿山领域的前列。

2022 年，煤矿智能化建设在基础理论研究、关键技术攻关、重大装备研制、实践应用等方面取得了突破性进展，煤矿智能化发展跑出了“加速度”。2022 年煤矿智能化重大进展发布会发布的年度 12 项煤矿智能化重大进展是煤矿智能化基础理论体系研究取得重要进展、斜井 TBM 全断面掘进智能化建井关键技术与装备、具有自主知识产权的惯导技术在智能化采煤工作面常态化应用、硬岩高效掘进技术攻关及产业化推广、工业以太网智能开采控制系统与关键产品智能制造体系、450 m 超长工作面智能高效开采工程示范、较薄煤层无人化智能开采技术示范、基于多信息感知及视频图像识别的智能安控系统、煤矿机器人集群关键技术与应用、智能化洗煤厂及采制化机器人系统应用、煤炭洗选工程三维可视化全生命周期管理平台、钻锚一体化智能快掘成套技术与装备。

2022 年，全国煤矿智能化采掘工作面，从 494 个增加到 1 019 个，同比增加 42%。智能化煤矿由 242 座增加到 572 座，产能由 8.5 亿 t 增加到 19.36 亿 t。25 个省份出台了财税支持保障措施。全国智能化煤矿建设投资累计达到 1 000 亿元，提前实现了煤矿安全专项整治三年行动建设 1 000 个智能化采掘工作面的目标。在 2022 年能源保供工作中，智能化矿井累计释放近 6 亿 t 产能，228 座非煤矿山在破碎、运输、给水排水、在线监测监控与研判等核心生产环节实现了智能化。

国家能源集团、中煤集团、陕煤集团、山东能源等国有大型煤炭企业煤矿智能化建设更是走在了行业的前列。国家能源集团探索形成“1235”智能化建设新模式，实现了煤矿智能化技术及建设、采煤工作面智能化、掘进工作面智能化、选煤厂智能化、固定岗位无人值守“五个 100%”目标，建设了 9 座国家级首批智能化示范煤矿，携手华为研发的“矿鸿系统”实现了国产操作系统工业化应用，煤矿智能化“减人、增安、提效”取得了显著成果。山东能源建成 172 个智能化采掘工作面、27 个 5G+ 智能矿山应用场景、9 处国家级首批智能化示范矿井。中煤集团建成 6 座国家首批智能化示范煤矿、86 个智能化采掘工作面，9 个智能化选煤厂，煤矿智能化技术及建成覆盖率达 78%，智能化开采量超过 60%。陕煤集团建成智能矿井 28 处，智能化采煤工作面 50 个，其中全国首批智能化示范煤矿 7 座；建成黄陵矿业等 5 个智慧矿区、“5G+ 智慧矿山”培训基地和“矿山工业互联网平台”，实现智能化从单一系统向全过程延伸、从单个煤矿向全矿区拓展新突破。

5. 我国矿山机械装备向高端化、智能化、绿色化转型

2022 年，国内各矿山机械制造企业积极向高端化、智能化、绿色化转型，科技攻关涌现新突破，一大批先进适用技术装备研发应用成果不断落地。远程设备操控、设备协同作业、机器视觉识别、无人智能巡检、生产效能管控等典型场景在采矿行业布局、应用，助力矿企实现提质、降本、增效、绿色、安全发展。

中信重工采用国际标准、国际规范自主研发的 GM220-180 高压辊磨机、直径 6.4 m × 11.15 m 球磨机、CSM-2250 立式搅拌磨、直径 11 m × 5.4 m 半自磨机、直径 7.9 m × 13.6 m 球磨机完成工厂试车并交付客户；自主研发的新一代七轴重载液压机械臂打破国外技术垄断；自主研制的国内最大盘径尾矿专用 GPYK240-4 矿用过滤机顺利投产；合作完成的液压重载机械臂关键技术研究与应用、CCS895 圆锥破碎机开发与关键技术研究等多个项目的整体技术达到国际先进水平。

开采研究院联合太原研究院研发的全球首套钻锚一体化智能快掘成套装备将煤矿掘进设备的自动化、智能化水平推向了新高度，标志着我国煤炭行业快速掘进技术与装备水平迈上了新台阶。

北方重工瞄准高端技术装备领域，在 MLL1200 螺旋立式磨机的基础上，采用轻量化设计理念，研发了新一代螺旋立式磨机，整体重量较上一代减少 10% 以上，占地面积进一步缩小，在此基础上维持了较低的能耗和较大的产能。

上海煤科研发的 MG300/395-NWD 型采煤机对于提高煤矿资源回收率和实现中小煤矿高产高效具有重要意义，完成的大功率高压防爆多点永磁直驱智能带式输送机、模块化组合式无基础永磁滚筒可伸缩带式输送机关键技术与装备等多个项目达到国际领先或国内领先水平。

郑州煤机研制的 ZYA12000/18/50D 超大伸缩比液压支架极大地提高了液压支架的伸缩比和适应性，破解了中厚煤层到厚煤层跨限高开采难题，填补了复杂煤层开采技术及装备的空白。

南昌矿机开发的 MSP 新型高效制砂楼，成砂率高、产量大，成品砂品质优良、颗粒级配合理，生产过程节能降耗、绿色环保，循环量少、生产成本低，人力投入少，经济效益高，适应面广。

西安研究院研制的国内首台（套）ZDY25000LDK 型履带式大功率深孔自动化定向钻机提高了钻孔施工自动化水平，实现了减人增效的目标。

华特磁电研发的特大型智能立环高梯度磁选机、粗粒湿式预选立环高梯度磁选机和细粒级尾矿回收用盘式磁选机 3 个项目通过鉴定，技术达到国际领先或国际先进水平。

中铁工业与贵州黑拉嘎科技装备公司合作研发的“中铁 1200 号”硬岩掘进机是世界首台矿用机动型硬岩掘进机，是国产高端装备及创新技术应用在煤矿巷道项目的又一次突破。

张煤机自主研发的 SGZ1000/5000 型智能刮板输送成套装备是我国首台（套）满足中厚煤层的 500 m 超长工作面开采需求的全国产化煤矿输送设备，其主要技术参数和性能指标达到国际领先水平。

浙江双金在自主研发高效破碎设备 -SJ.V.1100 颚式破碎机的同时，对原 SK.Y.1500 单缸液压圆锥破碎机、SJ.Y.K.30.72 振动筛等老产品实施改造升级，实现了产品的创新迭代。

北煤机通过实施“基于 MDG 标准的高端产品超高疲劳寿命试验及方法”，形成了企业标准《高端液压支架超高疲劳寿命试验及方法》，获第七届中国工业大奖提

名奖。

龙腾特钢等单位完成的 LT 耐磨钢球与半自磨 / 球磨时空置换靶向降耗节能研究项目总体达到国际领先水平，研究成果成功应用于乌山铜钼矿、白象山铁矿、巨龙铜矿、巴西淡水河谷等矿山，降耗节能效果明显，经济效益显著。

鑫金山自主研发的短流程低能耗高品质砂石制备技术获山东省机械工业科学技术奖一等奖，台时 3 000 t 砂石同出生产线获山东省装备制造业科技创新奖一等奖。

太原研究院研制的我国首套露天边帮开采成套装备在安太堡露天煤矿实现了边帮压煤的“安全、高效、绿色、智能”开采，标志着我国边帮开采工艺技术体系日趋成熟。

好朋友科技研发的基于人工智能机器视觉的矿石高效分选技术应用项目极大地促进了矿产生产过程的节能减排，为用户带来巨大的经济和社会效益。

西煤机自主研制的 MG750/1980-WD 采煤机实现了完全国产化，将助力煤企中厚煤层开采实现“一面一人年产千万吨”的目标，对提升我国煤机装备在国际上的竞争地位，促进煤炭工业的发展具有重要意义。

山东山矿坚持走创新发展之路，自主研发了 4PG1212 四辊破碎机、HCSC15 超重型环锤式破碎机等先进装备，持续完善企业产品结构和系列型谱。

三三工业不断开发出复合型盾构机、超大直径泥水盾构机、垂直盾构机、煤矿巷道全断面掘进机、智能快速掘进成套装备等新品，达到国际领先水平。

重庆研究院研制的大直径定向长钻孔钻进技术及装备实现一次性成孔 200 mm 直径煤、岩石钻孔，“以孔代巷、一孔一工程”由此迈进新时代。

江西理工等单位完成的铁矿多段磨矿工艺中精确化磨矿技术及其工业应用项目达到国际领先水平，实现了磨矿大幅度节能降耗和降本增效，创造了显著的经济效益和社会、环境效益。

北矿机电等单位完成的铁矿磨前预选超大型高速干选机项目达国际领先水平，对推动我国磨前大规模集约化预选抛废技术进步、保证战略性资源安全、助力国家绿色矿山建设具有重要的意义。

太重煤机研发的新一代高端智能型 MG2 × 200/921-WD 智能型电牵引采煤机实现了自主定位、自主截割智能化常态开采，减少了井下作业人员配置，极大改善了作业人员的工作环境。

神州机械完成的露天矿褐煤资源洁净利用技术和成套设备研究项目通过装备的综合集成和模块化设计，在国内外首次实现了露天矿褐煤资源干法分选，为我国煤炭洗选行业提供了新的技术途径。

长沙矿山研究院设计研发的矿区应急运输机器人可实现灾后恶劣环境下被困人员自主搜寻、抢险作业无人化、紧急救援物资运输高效化等应用目标，打通了救援通道“最后一公里”。

西北煤机等单位研发的快速掘进铰接式自移机尾与视频监测遥控关键技术与装备项目达到国际先进水平，解决了目前掘进巷道“掘运”比例失调的技术难题，引领了我国井工运输装备的发展。

沈阳研究院研发的矿用机器人智能人员识别检测联合方案是国内首套基于矿用机器人边缘计算模块的智能人员识别检测方案，可在高粉尘 / 水雾、低照度与网络不可靠等不利条件下，满足煤矿井下视觉检测的高准确性要求

创远高新研发的全球首台 CY-UMD6i 智能型地下潜孔钻机实现了采矿过程的自规划、自感知、自决策、自运行，一举突破了国外对无人矿山关键技术和装备的技术封锁。

天地奔牛研制的 450 m 超长工作面智能刮板输送机可满足中厚煤层一次采全高超长工作面安全、可靠、高效、智能的生产要求，标志着我国中厚煤层开采水平迈上了一个新台阶。

霍里思特制造的 K104 分选机实现了萤石矿行业首例智能分选，突破了萤石选矿只能依靠浮选、重选等传统生产方式，为我国低品位萤石的开发利用开辟了新途径。

山河智能研发的 SWE650FB 履带式液压挖掘机、SWDE152I 5G 智能钻机等多款产品荣登 CMIIC2022 明星产品榜单。

赣州金环研发的世界首台 SLon-5000 磁选机刷新了立环脉动高梯度磁选机应用的新纪录，节能优势突出，集约化生产效率高，单台设备最高处理能力超过 2 万 t/d。

顺达重矿研发的 H9 高能圆锥破碎机实现了“多碎少磨、节能降耗”，打破了国外技术垄断。

蒲白煤机研发的 SGZ1250/4800 超重型、智能化刮板输送机可满足智慧化矿山无人、少人及高产高效矿井生产的使用需求，获“中国煤炭机械工业优质品牌产品”荣誉称号。

洛阳大华研发的 DHM1000/625 高压辊磨机可用于建筑、矿山、冶金等多个领域多种物料的细碎破磨作业，降低了粉磨作业的功耗及钢耗，助力用户降本增效。

石煤机研制的 320 kW 大功率掘进机，具备快速移机、一运出渣效率高、电缆自动收放、专用高效除尘、截割部转速可调等优良性能，主要用于地质条件复杂的地铁隧道施工。

美腾科技研发的原煤统配与负载均衡系统实现了原煤统配过程的无人值守，达到了入选均衡以及生产效率的最大化。

江苏嘉轩等单位合作完成的高效智能永磁直驱滚筒关键技术及产业化项目突破了我国传统带式输送传动系统占地面积大、能耗高、效率低、故障率高、运行成本高等一系列技术难题。

沈阳隆基完成的干磨干选工艺技术和全流程干选工艺线开发等研究成果可部分或全部代替常规湿式选矿工艺，实现全干法选矿，对环境保护及资源综合利用具有重要的意义。

天津设计公司承担的煤矿智能掘进工作面建设关键技术研究项目构建了“以工作面自动控制为主，集控中心远程干预为辅”的智能掘进模式，为煤矿井下智能、安全、高效掘进提供了可靠的技术保障。

上海山美研制的PP系列四位一体轮胎移动站集给料、破碎、筛分于一体，可“一站”解决多个行业的破碎筛分需求。

浙矿重工主持开发的硬岩机制砂石高效加工成套装备技术项目整体达到国内领先水平，其中，圆锥破碎机的轴承式偏心套机构、立轴冲击式破碎机的深腔转子结构达到国际先进水平。

天玛智控研发的Longwallmind5.0新一代软件平台、基于工业以太网的智能开采控制系统和SAM2.0新一代自动化智能开采控制系统等先进技术为煤矿的智能开采提供了有力保障。

北京华宇研发的露天煤矿“采选排一体化”技术首次成功应用，对促进我国干法选煤在低阶褐煤分选领域的技术进步，推动我国煤炭清洁利用战略实施具有重要的推广价值。

成都大宏立开发的环保智能砂石破碎工厂，创新地推出了时产1 000 t、1 500 t、2 000 t、3 000 t等多种工厂模式，满足了客户的多样性需求。

中誉鼎力推出了DLHCS反击式破碎机、DLLXS螺旋式洗砂机、DLXSH细砂回收脱水一体机、DLBW板式给料机、DLGS滚轴筛、DL组装式廊道等多款新品，进一步扩大了产品系列矩阵。

山东天河制造的EBZ系列掘锚机集掘进、临时支护、锚杆锚索支护、钻探等功能于一体，结构设计紧凑，综合机械化程度高，达国际领先水平，被评为2022年山东知名品牌。

2022年，煤矿安全监控预警技术研究及产业化、基于MDG标准的高端产品超高疲劳寿命试验及方法、一种用于大型自磨机的新型衬板结构、大型露天矿旋回式半移动破碎站成套装备关键技术研究及应用、大型干法粉磨装备高效高可靠性设计与运维关键技术及应用、大型矿井提升传动系统安全运行控制理论研究及其应用、MG1100/3030-GWD型特大采高采煤机关键技术研究与应用、煤矿超长斜井全断面掘进智能化建井关键技术与装备、2~3 m煤层千万吨级450 m智能化综采工作面关键技术及成套装备、护盾式煤矿巷道智能掘进机器人系统、千米深井超长工作面智能化开采技术与装备研发、硬岩骨料制备成套设备关键技术及应用、高性能多缸液压圆锥破碎机、5G+煤炭安全精准开采关键技术与工程应用、煤矿岩巷敞开式TBM快速掘进技术及装备、智能化SGZ1250/4000型刮板输送机、煤矿5G网络技术应用与研究等一大批创新成果获国家、省、行业的奖励。

2022年，重庆研究院的ZYWL-4000型煤矿井下全自动钻机，山西天地煤机的掘支运一体化快速掘进关键技术与装备，玉溪大红山矿业有限公司、中冶长天国际工程有限责任公司、昆明理工大学和中国矿业大学（北京）合作完成的磨矿分级专家控制系统关键技术、三三工业的煤矿岩巷全断面掘进技术及装备、神州机械的干法矿物高效分离技术等一大批先进适用技术入选自然资源部《矿产资源节约和综合利用先进适用技术目录（2022年版）》。

2022年，中信重工的大型矿用磨机全寿命周期可靠性提升、张煤机的运输设备运行远程故障诊断与评估技术研究、重载刮板输送机高强耐磨板研究与应用等典型案例入选工业和信息化部“2022年制造业可靠性提升优秀案例名单”。

2022年，各类型重载作业机器人、智能感知机器人相继研发成功，煤矿井下机器人由19种增加到31种。西煤机、中信重工开诚智能、沈阳研究院、长沙矿山研究院等研制的特种机器人在“煤矿掘进作业、智能变电所巡检、矿用皮带巡检、水泵房巡检、矿区巡检、井下消防侦查灭火、智能选矸、矿区应急运输”等多个矿山领域的应用场景入选工业和信息化部办公厅、农业农村部办公厅、国家卫健委办公厅、国家矿山安监局综合司联合发布的“农业、建筑、医疗、矿山领域机器人典型应用场景名单”。

2022年，开采研究院联合太原研究院研制的首套钻锚一体化智能快掘成套装备被评为“2022年度央企十大国之重器”，入选“北京市首创产品”“2022年煤炭科技十大新闻”。

2022年，中信重工的CSM-2250立式搅拌磨、直径14 m城市地下空间竖井掘进装备、固废处理用大型高压辊压机，北方重工的MLL1200螺旋立式磨机、EQC5970矿用全断面掘进机和RSM1250自移式伸缩环形堆料机，西安研究院的矿山灾害地面救援通道快速构建技术与装备，山矿的环保型输送与储煤系统，南昌矿机的CC800大型单缸液压圆锥破碎机，华特磁电的5 m智能立环磁选机等一大批先进装备入选中国重型机械工业协会《重型机械行业专精特新成果目录2022》。

2022年，黎明重工的HPT多缸液压圆锥破碎机、上海山美的S系列精品制砂楼、鑫金山的新型单段锤式破碎机、埃里斯克的MH高效节能环保液压圆锥破碎机、广东磊蒙智能装备集团有限公司的H900圆锥式破碎机、赣州金环的SLon立环脉动高梯度磁选机等一大批先进适用装备入选中绿盟《绿色矿山百项先进适用装备（技术）目录》。

6. 主要问题

虽然我国矿山机械装备近年来取得了不小的进步，但仍存在诸多问题。

（1）科技创新平台尚不成熟，自主创新能力不强，仍缺乏重大原创性成果，自主可控水平不高。过多依赖国外技术，多以对标仿制为主，缺乏具有国际竞争力的企业和名牌产品。设备适应性不强，可靠性、稳定性不足，部分关键核心技术“受制于人”。例如，现阶段煤矿机器人依然面临着国产感知单元低能力、传统算力平台功耗高、核心控制系统依赖进口等诸多问题，整体国产化率仅为70%

左右。

（2）矿山机械行业的市场集中度较低，企业仍以单机生产为主，无法提供成套技术装备及完整的售后服务。不同厂家、不同设备、不同系统之间的互联互通、数据共享以及协同联动能力将直接制约着矿山智能化建设的整体水平。

（3）研发投入不足，在推动技术进步、提高产品附加值等方面的跟进措施滞后于矿山智能化建设的需求。仍以煤矿机器人的研发应用为例，当前，隔爆外壳轻量化技术、煤矿机器人电磁兼容、煤矿机器人动力可靠关键技术、射频电磁能防爆安全研究、煤矿机器人功能安全、运移与越障、重载执行机构等多项共性关键技术亟需突破。

（4）领军型人才、创新型人才、复合型人才和高技能人才仍然匮乏，无法满足发展需要。

（5）相关标准及标准配套体系尚不健全，仍需深入推动行业间的业务协同，强化标准架构设计，推进新型标准体系的建立。

7. 发展方向

党的二十大报告提出，实施产业基础再造工程和重大技术装备攻关工程，支持专精特新企业发展，推动制造业高端化、智能化、绿色化发展。2022 年中央经济工作会议指出，围绕制造业重点产业链，找准关键核心技术和零部件薄弱环节，集中优质资源合力攻关，保证产业体系自主可控和安全可靠，确保国民经济循环畅通。《“十四五”数字经济发展规划》明确，将加快能源领域数字化转型等 7 项重点行业数字化转型提升工程，推动能源产、运、储、销、用各环节设施的数字化升级，实施煤矿等领域设备设施、工艺流程的数字化建设与改造。《“十四五”国家安全生产规划》提出，全面推进智能化煤矿建设，研发应用非煤矿山智能感知装备及综合监控装备，推广使用非煤矿山在线监测监控预警、无人机巡查监察系统等先进适用技术和装备。《扩大内需战略规划纲要（2022—2035 年）》提出，加强能源基础设施建设，推进煤矿智能化、绿色化发展。《“十四五”现代能源体系规划》提出，加快能源产业数字化智能化升级，因地制宜开展煤矿智能化示范工程建设，建设一批少人、无人示范煤矿。《2022 年能源工作指导意见》提出，以示范煤矿为引领，加快推进煤矿智能化建设与升级改造。《“十四五”矿山安全生产规划》提出，推动建立矿山智能化技术规范与标准体系，加强矿山智能化关键技术的研发。《有色金属行业碳达峰实施方案》提出，加快产业数字化转型，统筹推进重点领域智能矿山和智能工厂建设。《机械工业“十四五”发展纲要》提出，在能源、原材料领域，为推进煤炭等矿产安全绿色开采，矿山自动化、数字化、智能化技术装备等将广泛应用。《中国重型机械行业“十四五”发展规划纲要》提出，通过攻关研究，为实现少人无人、绿色、安全、高效的智慧矿山提供升级换代装备。

国内各矿山机械制造企业要紧紧围绕国家战略和行业规划，抢抓发展机遇，进一步完善创新机制，强化以企业为主体、市场为导向、产学研用深度融合的技术创新体系；不断凝聚创新人才，加强人才工程建设，加快培育具备矿山开采、信息技术等专业知识的各类人才；拓宽研究视野，拓展研究链条，整合各方力量，开展“瓶颈”技术攻关、全流程技术攻关，锻长板、补短板、强基础，扎实前行，推动产品结构转型和迭代升级，以高质量理念引领企业实现高质量发展。

〔撰稿人：洛阳矿山机械工程设计研究院有限责任公司沈剑峰　审稿人：洛阳矿山机械工程设计研究院有限责任公司杜波〕

破碎粉磨设备

行业运行情况　破碎粉磨设备主要应用于矿山、建筑、水泥、化工、冶金等行业。这些设备用于将物料破碎和分级，并按要求粒度进行筛分。其中，矿山行业（包括金属矿山和非金属矿山）是该设备的主要应用领域之一。

金属矿山行业目前发展较为成熟，市场空间很大。一方面，近年来受国际贸易摩擦、新冠肺炎疫情、局部军事冲突等因素影响，导致国际铁、锂、铝等重要矿石价格大幅上涨，使得国内金属矿山企业扩产积极性提高；另一方面，随着新能源汽车产业的蓬勃发展，国家一系列支持锂、钴、锡等金属矿山发展政策陆续出台，未来金属矿山会迎来一个较为强劲的复苏期。

固废环保领域破碎设备行业处于发展初期，发展速度快，行业发展空间大，初步测算，我国建筑垃圾处理行业的市场规模超过千亿元。

从破碎粉磨设备应用的新能源和固废处理行业来看未来增长空间巨大，但主要行业矿山、建筑、水泥、化工、冶金还是要靠房地产和基建拉动，2022 年受新冠肺炎疫情和房地产低迷影响，中国重型机械工业协会破碎粉磨专业委员会（简称破磨专委会）会员企业都受到影响，业绩有不同程度下滑。

破磨专委会共有会员单位 74 家，其中 46 家企业从事破碎粉磨设备主机生产，24 家企业从事专业配套件生产 4 家从事破碎粉磨研究的科研院校。2022 年破碎粉磨设备行业部分企业主要经济指标见表 1。2022 年破碎粉磨设备行业主要企业产品出口情况见表 2。2022 年破碎粉磨设备行业主要企业分类产品国内销售收入见表 3。

表 1　2022 年破碎粉磨设备行业部分企业主要经济指标

序号	企业名称	工业总产值		工业增加值（万元）	销售收入		产品销售税金及附加 / 万元	利润总额 / 万元
		当年价 / 万元	比上年增长（%）		金额 / 万元	比上年增长（%）		
1	四川矿山机器（集团）有限责任公司	21 055	3.0	32	26 905	4.4	121	-180
2	山东山矿机械有限公司	52 062	-11.8	10 933	50 017	15.5	1 207	1 256
3	南昌矿机集团股份有限公司	53 940	-9.0	16 459	86 366	19.1	723	14 190
4	浙江矿山机械有限公司	16 052	10.6	3 398	15 626	7.6	590	1 078
5	山东大通机械科技有限公司	6 500	-5.8	-400	6 500	—	268	195
6	河南龙佰智能装备制造有限公司	86 765	79.6	19 996	87 958	38.1	592.1	7 840
7	桂林矿山机械有限公司	7 258	11.0	721	5 977	—	57.1	141
8	上海电气上重碾磨特装设备有限公司	95 797	26.9	20 332	94 783	—	374.2	311
9	湖北枝江峡江矿山机械有限责任公司	14 310	5.0		12 886	—	178	1 060
10	哈尔滨和泰电力设备有限公司	5 135	21.3	997	5 135	21.3	367	49
11	华创重工工业（大连）有限公司	20 096	263.0	5 904	20 096	263.0	1 257	3 367
12	松滋市金津矿山机械股份有限公司	5 500	10.0	990	4 735	—	227	222
13	广西南宁深远矿山机械有限责任公司	3 500	30.0	483	1 650	—	6	165
14	浙江海马传动科技股份有限公司	6 182	9.8	410	6 073	—	15.2	540
15	天津院常熟中材装备分公司	—	—	—	11 500	14.0	—	—

表 2　2022 年破碎粉磨设备行业主要企业产品出口情况

序号	企业名称	出口国家（地区）	出口量 / 台	出口额 / 万美元
1	山东山矿机械有限公司	俄罗斯、老挝、印度、印度尼西亚、土耳其、越南	31	376.7
2	南昌矿机集团股份有限公司	南非、俄罗斯、塞拉利昂	7	
3	浙江矿山机械有限公司	尼日利亚、安哥拉、印度尼西亚、柬埔寨、非洲	11	295.0
4	松滋市金津矿山机械股份有限公司	格鲁吉亚、贝宁		35.7
5	桂林矿山机械有限公司	伊朗、俄罗斯、中国台湾、越南		39.3
6	广西南宁深远矿山机械有限责任公司	南非、越南		65.3

表3　2022年破碎粉磨设备行业主要企业分类产品国内销售收入　（单位：万元）

序号	企业名称	总销售收入	其中：破碎机械	其中：粉磨机类
1	四川矿山机器（集团）有限责任公司	26 905	364	0
2	山东山矿机械有限公司	41 199	6 560	4 065
3	南昌矿机集团股份有限公司	83 080	63 084	0
4	浙江矿山机械有限公司	14 600	13 280	1 320
5	上海电气上重碾磨特装设备有限公司	95 221	0	60 600
6	山东大通机械科技有限公司	6 500	6 150	350
7	河南龙佰智能装备制造有限公司	87 958	57	2 724
8	湖北枝江峡江矿山机械有限责任公司	12 886	9 098	
9	哈尔滨和泰电力设备有限公司	5 135	812	89
10	松滋市金津矿山机械股份有限公司	4 496	4 496	
11	桂林矿山机械有限公司	5 697	12	5 322
12	浙江海马传动科技股份有限公司	1 653.37	2 570.1	1 849.7
13	华创重工工业（大连）有限公司	20 096	5 564	0
14	广西南宁深远矿山机械有限责任公司	1 150	240	760

技术创新

1. 企业科技创新

天津院常熟中材装备分公司2022获授权实用新型专利8项，并实现成果转化。完成LPF20.25反击式破碎机和LPC16.16细碎机总体方案及部分部件的设计。完成5项产品改进升级，分别为LPF1116.30破碎机壳体改进、熟料破轴承座改水冷、突尼斯项目双转子篦子由机械调节改为液压调节、中板链条优化和自润滑板模块化以及LPC2014.12S驱动部分优化。

河南龙佰智能装备制造有限公司的新产品试制和鉴定工作有序进行，研制的5 m×95 m还原钛回转窑经鉴定属国内领先。海绵钛蒸馏加热管产品在生产海绵钛提纯中替代美国进口设备已实现产业化生产；目前已获得授权专利56项，其中发明专利2项。

上重碾磨公司加大科技投入，在新产品、新材料和新工艺的研究方面取得了一定的成果。上重碾磨公司进行的HP663~HP563系列磨煤机动态分离器研制工作，通过对动态分离器工作原理、流体流场分析、传动结构、组成部分、配套件选型、与碾磨系统配合等分析，设计开发出全新小规格动态分离器。截至2022年12月，已完成全部研究工作。

桂林矿山机械有限公司自主开发的GK1620A型、GK1720A型、GK2150型和GK2500型摆式磨粉机，被列为2019年、2021年广西壮族自治区工业和信息化厅技术创新项目，多项技术属国内首次成功应用，已通过广西壮族自治区工业和信息化厅新产品新技术鉴定验收，整体技术达到国内领先水平。

哈尔滨和泰电力设备有限公司拥有专利48项（其中1项发明专利、47项实用新型专利），专利已全部转化成果应用，另有6项发明专利申请审核中。

华创重工工业（大连）有限公司生产的TRSM系列半移动式破碎站（型号SMC3000），是国内第一台（套）自主产权运能达到每小时3 000吨级（满足20%长期超载）客户认可的智能化一级破碎站，产品填补国内露天采矿破碎及输送设备系统领域空白，是产业链自主发展不可或缺的产品和技术。2022年，公司成功研发出TRSM系列5 000 t/h半移动式破碎站，并进行技术成果的实用转化。2022年8月产品在新疆准东地区开始安装调试，于2023年8月正式投产。随着SMC5000半移动式破碎站研发成功，华创重工的技术能力已经达到国际先进水平，煤炭单位处理能力达全球首位。在自主设计、研发出3 000 t/h以上级半移动式破碎站、半移动式机头站、半固定式翻带装置等设备后，公司申请发明型专利4项、实用新型专利22项，登记软件著作权5项。

江苏国茂减速机股份有限公司高度重视技术进步和科技创新，建有江苏省减速机传动机械工程技术研究中心、江苏省企业技术中心、常州市工业设计中心3大研发机构。目前拥有23项发明专利、98项实用新型专利。其中发明专利防漏密封减速机齿轮箱（专利号：ZL201611144746.5）体现了公司在密封产品方面的技术布局。

2. 新产品和新技术

（1）山东山矿机械有限公司。公司环保型输送与储煤系统被评为2022年山东省首台（套）技术装备，主要技术性能：管径800 mm、带速5 m/s、输送量3 600 t/h。项目成果获授权发明专利2项、实用新型专利5项。

带自除尘卸料系统的环保型带式输送机获山东省机械工业科学技术奖三等奖、山东省装备制造业协会技术进步奖二等奖。主要技术性能：生产能力≥750 t/h，带宽1 600 mm，驱动功率132 kW，水平机长279 m，提升高度5.4 m，带速2.5 m/s。项目成果获授权发明专利1项实用新型专利 4 项。

控制地表沉陷的离层注浆充填系统，矸石处理量≥300 万 t/a。项目成果获授权发明专利 2 项、实用新型专利 4 项。

PEY30×1300 智能检测液压颚式破碎机最大进料粒度达 250 mm，排料口调整范围 20~90 mm；生产能力 16~105 t/h。项目成果获授权实用新型专利 2 项。

4PGC1000×900 四齿辊破碎机上辊直径达 1 000 mm，下辊直径达 1 100 mm；辊子长 900 mm；生产能力达 170 t/h；进料粒度≤300 mm；出料粒度≤8 mm。获授权实用新型专利 3 项。

HSZ1210 环锤破碎机的入料粒度≤80 mm；出料粒度在 0~3 mm，其中<3 mm 的占 85% 以上；生产能力为 40 t/h；公称直径 1 200 mm；破碎段公称长度 1 000 mm。

2PGCQ0710 强力双齿辊破碎机辊子直径 700 mm；辊子长度 1 000 mm；辊子转速 134 r/m；生产能力 100~150 t/h；给料粒度≤300 mm；产品粒度≤30 mm。

（2）南昌矿机集团股份有限公司。公司升级型单缸液压圆锥破碎机 CC400i 采用新一代独立防尘系统，防尘效果稳定可靠；过载保护装置由蓄能器升级为电控溢流阀，提高了过载能力和相应速度；全新设计的小齿轮总成，彻底解决骨架油封密封的问题；配备了监控臂架衬套温度的传感器、AutoRun 智能控制系统，可进一步提高设备的智能控制。

升级型 YKR 筛分机。该产品通过探究筛分机的振幅、频率、筛面倾角等各振动参数对筛分能力的影响规律，找到提高筛分机的单位面积处理能力的方法。目标是相同规格、在相同使用工况下的普通振动筛，在不大幅提高设备成本和重量的前提下，保证筛分效率不小于 90%，处理量能够至少提高 30%。

DC1500 惯性圆锥破碎机。该产品是在传统圆锥破碎机上发展起来的新型超细碎设备，依靠偏心转子高速旋转产生的惯性力破碎物料。与传统圆锥破碎机相比，该破碎机具有以下显著优点：破碎腔是挤满给料，通过向物料层施加严格定量的由惯性力造成的压力，实现“料层粉碎”和物料的“选择性破碎”；破碎比高达 30，可带负荷启动和停车；由于传动系统与动锥无刚性连接，即使有不可破碎物体进入破碎腔内，也不会造成机构的损坏，无需过载保护装置，在破碎硬物料以及超硬物料（如烧结钢渣、铜渣等）方面更具优势；振动挤压式破碎原理，在简化工艺流程路线、加大破碎比、降低产品粒径、提高产品细度模数含量方面效果明显。

MT1100JC+ 软岩履带移动式破碎站。该破碎站采用履带行走底盘，配置柴油发电机组或动力模块、液压站总成及电控系统，装备破碎机、给料机、筛分机、输送机等设备。适用于矿山、砂石、建筑垃圾、冶金、煤炭、建材、河卵石等行业的物料破碎、筛分作业。履带移动破碎站在项目现场可重复利用，移动灵活、安装方便，可大大节省基建投资或设备迁址的费用。

MC800 多缸液压圆锥破碎机。该产品结构紧凑、坚固，通过优化破碎速度和增大冲程，使破碎机拥有最大破碎比和破碎力，实现在相同排料粒度下更高的产量，或在相同产量下更细的排料产品粒度。该产品荣获“AAAA 级有色金属矿山设备产品评定证书”。

CC1000 单缸液压圆锥破碎机。该产品采用新一代独立防尘系统，确保防尘效果稳定可靠；过载保护装置由蓄能器升级为电控溢流阀，提高过载能力和相应速度；全新设计的小齿轮总成，彻底解决骨架油封密封的问题；配备了监控臂架衬套温度的传感器，进一步提高设备的智能控制；配备 AutoRun 智能控制系统。

齿辊破碎机。该产品独有的齿形设计，可准确控制产品粒度，具有破碎、分级的双重功效。破碎齿采用高锰合金钢，其破碎强度可达 200 MPa；破碎齿具有高强度、高耐磨性、齿部抗磨损能力强、寿命长，磨损后易修复，维修费用低等特点。采用模块化设计，互换性好。标准件采用品牌产品，确保了设备的可靠性和机械性能。先进的溢流阀系统控制，可有效控制主机和液压系统压力，更好保护主机；通过高压力溢流阀设定，既保证了正常的蓄能器过载释放，又可以在非正常情况下更好地保护主机。

升级型颚式破碎机（复摆式颚式破碎机）。其工作原理是电动机提供动力，经 V 带带动偏心轴转动，由偏心轴、动颚、肘板、机架构成四连杆机构，使做周期性往复运动的动颚和定颚组成破碎腔破碎物料。

新一代制砂机设备。该设备具有生产效率高、成砂率高、粉含量低、节约能源等优点，很好地解决了小料难以破碎的问题。该双腔立轴破碎机的工作方式为：物料从上部进入三爪分料斗再进入转子体，在中部腔进行第一次破碎，破碎后的小物料再进入到下部线速度更高的转子体，在下部腔进行第二次破碎。

矿用筛分产品研究。椭圆振动筛兼有圆运动和直线运动筛分机的优点，因为椭圆运动轨迹的长轴可以用于物料运输，短轴有利于物料的翻滚透筛；比圆振动筛有较大的物料运送速度；比直线振动筛有较好的翻滚效果，可防止物料堵孔；箱式振动器结构有利于筛分机的大型化；变角度的筛面设置有利于筛面布料均匀，增大处理能力。大型箱式振动器椭圆香蕉筛可使用在 CC800 或 CC1000 后面，能替代目前市场上大多数大型振动筛。

环保破碎筛分机。该产品收尘系统采用一体化设计，不仅适用筛分机和破碎机的收尘，还适用胶带机的收尘，单机收尘系统的电动机功率控制在 5.5 kW 或 7.5 kW，收尘系统小巧，可以灵活布置在筛分机、破碎机或者胶带机的产尘点，解决了筛分机、破碎机收尘系统的密封问题，标准化设计，操作简单，漏风率低、便于检修。

GC4265 旋回破碎机。该破碎机是在 GC5065 基础上优化的产品，目标是达到国外同规格类型旋回破碎机的同等技术性能水平。根据市场调研，现在砂石骨料和矿山行业朝大型化方向发展，产量要求在 1 500 t/h 以上，粗碎来料 900 mm 以下。GC4265 旋回破碎机比大型颚破具有破碎比大、能耗低，维修保养时间少等优势；比 GC5065 价格便宜，主轴受力更好，更能发挥其工作效率。GC4265 旋回破碎机荣获“AAAA 级有色金属矿山设备产品评定证书”。

400TPH 制砂楼工艺。该项工艺采用高频筛做主要分级设备，精确分级；双腔立轴做主要破碎设备，破碎效率高；分布式吸粉除尘，配合筛下选粉、破碎机选粉，在保证选粉效率的同时有效控制细砂流失；采用钢结构布置的方式，将所有设备布置在一整栋钢结构楼里面，设备集成化程度高。将所有设备的控制集成到中控室，设备自动化程度高，操作方便，安全可靠。设备配有多个电动调节装置和变频设备，可对机制砂质量实现在线精准调节。

（3）上海电气上重碾磨特装设备有限公司。HP663~HP563 系列磨煤机动态分离器研制依托国能濮阳热电有限公司 1×50MW 背压机组供热改造项目，磨煤机型号 GSI-HP663/Dyn。项目研究成果申请 1 项发明专利（一种通过调整变频电机频率来实现不同煤粉细度的产品，申请号：202211618314.9）。

（4）湖北枝江峡江矿山机械有限责任公司。超大型旋涡反击式破碎机关键技术研发及产业化。项目获省级奖励金额 50 万元。获得发明专利 1 项、实用新型专利 5 项。该破碎机给料口尺寸 1 400 mm，最大进料粒度 1 300 mm；排料口调整范围：30~80 mm；产量：750~1 100 t/h。

（5）哈尔滨和泰电力设备有限公司。环锤式破碎机 T 型减振平台的研制。该项目是解决土建设计紧凑、破碎机旁近距离有土建柱时，矩形减振平台无法正常布置的问题。

环式给煤机驱动补偿装置的研制。此补偿装置结构设计相对巧妙，可自动调节，实现了驱动装置对环式给煤机犁料车和卸料车工作面的实时跟踪，性能稳定，可提高环式给煤机运行稳定性。

火车煤沟清理蓬煤设备的研制。一种火车煤沟清理蓬煤设备，可避免人工清理蓬煤和下煤沟去疏通蓬煤工作，消除了人工疏通煤沟蓬煤作业的安全隐患。

截齿螺旋卸车机一种新螺旋结构的研制。一种具有过载保护装置的新螺旋结构，可有效解决螺旋卸车机螺旋卸料时遇到大块物料、煤矸石、木块、草袋等杂物导致螺旋体堵转，引起驱动电动机烧毁或将螺旋叶片撕裂等问题，可保证设备的稳定运行，提高设备可靠性。

双侧叶轮给煤机新结构的研制。一种叶轮给煤机落料调节装置，结构设计相对巧妙，便于安装、拆卸更换及维修。

一种新型火车清扫机的研制。一种新型火车清扫机，可实现不需要专职操作人员时刻值守，通过遥控或远程实现对设备的控制，使设备能自动进行清扫作业。

（6）华创重工工业（大连）有限公司。5 000 吨级半移动式破碎站的产量可达到 5 000~5 600 t/h；采用集尘系统开发，达到环保、低碳的目的；低温条件下防冻粘性能提升。该项目取得发明专利 2 项（一种出料均匀的颚式破碎机、一种矿产煤块二级破碎系统），申请专利 3 项〔一种矿山用半固定受料装置（实用新型）、5000TPH 级模块化半移动式破碎站（实用新型）和一种双支撑挡土墙（发明）〕。

3 000~5 000 吨级重型板式给料机。这两种规格给料机分别可以达到 3 600 t/h、5 800 t/h 的产量；重型板的耐磨性可提高 30%。该项目申请 1 项专利（一种 5 000 t/h 级重型板式给料机）。

（7）沈阳顺达重矿机械制造有限公司。H9 圆锥破碎机在层压破碎、设备结构、智能化等方面集成创新；采用大偏心距、高转速、高悬挂点，实现了装备的远程操控、设备故障预警、设备维护等功能。

SD72118 旋回破碎机采用一字横梁结构，确保大块物料可以快速滑入破碎腔，降低堵矿概率。动锥部和偏心套部等易损件可实现新、旧零件无差别互换。耐磨衬板提供更高的破碎效率和更长的使用寿命。经过多年实践的腔形调整和优化设计，适用于各种矿石和岩石的破碎，并能够根据用户工况，进行优化改进设计。优选合金铜套材质，寿命更长。铜套在振动大、粉尘多的破碎环境里能够提供更大的负载能力。与液压缸串联的平衡缸提供安全可靠的保护能力。定制的液压系统可提供动锥快速升降能力。鼓齿联轴器与加长轴联轴器配合，实现快速检修。自动化程序实时显示衬板剩余寿命，并提示衬板更换预警。设备空转过程中可随时对排矿口进行调整，不影响设备的稳定运行。美标铜套作为偏心套衬套，寿命更长更强，在有冲击载荷或更恶劣工况的条件下，负荷更高。如果蓄能器缺气无法保护液压件和破碎机，自动故障保护液压系统可使结构过载降到最低。弧齿锥齿轮，3.1 倍服务系数，带来更长的使用寿命、更高可靠性和更小的噪声。在不牺牲衬板耐久性的前提下，偏心距、动锥速度和衬板腔型的独特组合提供最大的破碎性能和最大的通过量。

HC1380 圆锥破碎机具有高悬挂点、大冲程、更大的破碎力和产能。独特的衬板锁定装置可在 2 h 内完成衬板更换。耐磨衬板提供更高的破碎效率和更长的使用寿命。优选美标铜套材质，寿命更长。铜套在振动大、粉尘多的破碎环境里能够提供更大的负载能力。全液压双作用拉紧系统和定锥锁紧系统，提供安全可靠的过铁保护能力和定锥锁紧能力。自动化程序实时显示衬板剩余寿命，并提示衬板更换预警。设备空转过程中可随时对排矿口进行调整，不影响设备的稳定运行。释放液压缸的活塞杆末端朝下安装，减少活塞杆划痕、密封损坏和灰尘污染。如果蓄能器缺气无法保护液压件和破碎机，自动故障保护液压系统可使结构过载降到最低。Klingelnberg 弧齿锥齿轮，4.6 倍服务系数，带来更长的使用寿命、更高可靠性和更小的噪声。在不牺牲衬板耐久性的前提下，动锥行程和速度的独特组合提供最大的破碎性能和最好的粒形分布。顺达重矿的 5G+ 云智能技术可帮助客户实现生产远程实时控制，和全线协同运维，实时监控和反馈全系设备运行状态。

半移动旋回破碎站具有坚固、稳定、安全、高效、布局合理等优点，具有自动降尘点击播放、智能控制、合理配料、车辆管控、粒度调整、系统优化等功能特点。

（8）浙江海马传动科技股份有限公司（简称海马传动）。海马传动的专利项目见表4。

表4 海马传动的专利项目

序号	项目名称	专利情况
1	一种机车增速器用钢包铜滑动轴承	ZL201620020379.7
2	一种电梯升降机用铜包钢蜗轮	ZL201620020381.4
3	一种注塑机矿用自润滑导杆轴套	ZL201822146836.9
4	一种矿用设备自润滑铸铁轴套	ZL201820012914.3
5	一种高强度铝基合金轴套	ZL201820012459.7
6	一种 MC 铸型尼龙耐磨盘总成	ZL201820012934.0
7	一种 MC 铸型尼龙耐磨轴套	ZL201820012456.3
8	一种 MC 铸型尼龙耐磨盘的底座总成	ZL201820013331.2
9	一种 MC 铸型尼龙耐磨盘	ZL201820012931.7
10	一种铜包钢轴套	ZL201820012460.X
11	船艇增压器用钢铜复合衬套轴套	ZL202021767664.8
12	矿用齿轮箱铜钢双金属复合齿轮专利号	ZL202021767668.6
13	矿用设备钢包铜双金属复合轴轮	ZL202021794087.1
14	一种 MC 铸型尼龙耐磨上盘	ZL2010820012468.6
15	矿用石油设备钢铜双复合轴套	ZL202021793711.6
16	一种矿用套筒式永磁电机钢铜双金属复合导体筒	ZL202021784017.8
17	注塑机设备钢铜双金属复合轴套	ZL202021789159.3
18	船艇增压器用钢铜复合轴套	ZL202021767664.8
19	一种矿用套筒式永磁电机钢铜双金属复合导体筒	ZL202021784017.8
20	矿用设备钢包铜双金属复合轴轮	ZL202021794087.1
21	矿用齿轮箱铜钢双金属复合齿轮	ZL202021767668.6
22	矿用石油设备钢铜双金属复合轴套	ZL202021793711.6

（9）深圳市德颐姆科技有限公司。球磨机防尘罩申请实用新型专利。该实用新型包括装置主体，装置主体的一端焊接连接储水箱，上端螺钉连接水泵，水泵的输出端贯穿装置主体安装有软管。装置主体的内部螺钉连接有四个加固板，四个加固板之间螺钉连接有固定架，固定架的内部滑动连接有多个滑动底座，多个滑动底座的下端安装有转运水箱，转运水箱的下端螺纹连接有雾化喷头。该实用新型通过设置多个转运水箱和雾化喷头，能够更加均匀地对装置主体的内部进行清洗处理，从而提高了装置的清洗效果，通过设置限位圈和转动板，能够有效地避免频繁启停电机，从而延长了装置的使用寿命。

一种新型排矿口的圆锥破碎机。该破碎机获得实用型专利，包括保护外壳，保护外壳的上端转动连接有连接圈，连接圈的上端转动连接有进料斗，进料斗的下端且位于连接圈的周侧焊接连接有多个加固杆，加固杆的下端和保护外壳的上端通过焊接连接，连接圈的内部焊接连接有涡轮片，涡轮片的上端安装有搅拌辊，连接圈的外侧设置有第一从动啮齿圈，保护外壳上端的一端螺钉连接有第一电机，第一电机的输出端卡接连接有第一主动轮。该新型破碎机通过设置搅拌辊和涡轮片能够将原料匀速送入装置的内部，从而有效避免进料时发生堵塞现象，通过设置升降筛板能够有效地将破碎好的原料和粉尘进行分离，为使用者提供了极大的便利。

一种圆锥破碎机给料装置。该给料装置获得实用新型专利，包括装置主体和围板，装置主体的内壁焊接连接有四块底板，四底板的上端安装有液压缸，液压缸的输出端安装有液压杆，围板的周侧焊接连接有四块顶板，顶板和液压杆的上端通过螺钉连接，围板内部的一端焊接连接有承重架，承重架的内部转动连接有多个转动轴，转动轴的外侧且位于承重架的内部卡接连接有滚筒。该给料装置通过对围板进行升降，使得装置能够有效地避免运输带对圆锥破碎机进行送料时原料发生泄漏现象，通过电动机带动滚筒旋转，将原料向下拨动，消减原料对装置的冲击力，从而延长装置的使用寿命。

一种圆锥破碎机的防尘装置。该防尘装置获得实用新型专利，包括装置主体，装置主体的上端转动连接有转动圈，转动圈的外侧焊接连接有第一啮齿圈，转动圈的内侧焊接连接有第二实用新型专利啮齿圈，转动圈的上端转动连接有上壳，上壳的外侧焊接连接有多个加固条，加固条远离上壳的一端和装置主体通过焊接连接，上壳内部的下端转动连接有多个传动杆，多个传动杆的外侧均卡接连接有从动轮。该装置通过电动机带动扇叶轮旋转，将上升的灰尘向下吹动，从而防止灰尘从装置的上端飞出，通过设置套筒和涡轮片，能够匀速地将原料送入圆锥破碎机的内部，从而在进料时有效地避免发生堵塞现象。

一种耐磨损的立轴破碎机。该立轴破碎机包括保护外壳，保护外壳的内部安装有第一筛板，第一筛板的下端安装有第二筛板，内部还安装有两个支架，两支架的中间位置贯穿第一筛板和第二筛板转动连接有转动杆，转动杆的外侧且位于第一筛板和第二筛板的上端均卡接连接有拨动轮，保护外壳的外侧且位于第一筛板和第二筛板的一端均焊接连接有出料斗。通过设置第一筛板和拨动轮能够自动对破碎后的原料进行分拣筛选，提高了装置的效率；通过设置第二筛板将灰尘和破碎后的原料进行分离，使得破碎后的原料更加的干净。

一种矿场用破碎机。该破碎机包括粉碎箱，粉碎箱的一端开设有出料口，内部安装有筛板，筛板的一端安装在出料口的内部，筛板的下端焊接连接有两个滑轨，两个滑轨的内部滑动连接有多个清洁刷，多个清洁刷的下端螺钉连接有连接板，连接板下端的中间位置焊接连接有限位圈。破碎机通过第二伺服电动机带动清洁刷反复对筛板的筛眼进行清理，有效防止筛板内部的筛眼发生堵塞，通过第三伺服电动机带动第二传动轴旋转，让搅拌辊将原料从装置的内部拨出，从而避免因为装置被原料卡住而造成的损害，延长了装置的使用寿命。

（10）桂林矿山机械有限公司。基于绿色环保工艺的氢氧化钙粉体智能化生产线，通过定制化氢氧化钙粉体生产线绿色环保工艺布局的精细化设计，石灰消化器、选粉机等关键设备的研发以及中控系统多机协同的智能化开发，形成具有自主知识产权的智能化生产线新装备；实现工业化生产高活性、高比表面积的氢氧化钙粉体；生产线节能 20% 以上，效率提升 1 倍左右。该项目获授权发明专利 2 项，实用新型专利 3 项。

GK1920 型摆式磨粉机的研发。该磨粉机主机设计结构合理，运行可靠，易损件采用耐磨合金钢，减速机和磨辊装置使用可靠、维修简便、经久耐用；分级装置采用内置大叶片锥涡轮分级机，分级效率高，提高了气流通过面积；收集器采用并联双筒旋风收集器，工效提高 10%~15%；送风采用整体式高压风机，匹配合理、稳定可靠，效率高；环保系统引入减振理念，增加缓冲机构，磨辊装置摆幅小，振动小，余风口配备了脉冲除尘器，收集效率高达 99.9%。电控系统采用全变频控制、一键启动、一键停机、操作简单、省人省力；磨辊装置采用新结构，延长了加油周期。该项目获实用新型专利 1 项。

GK2150 型砂粉一体机的研发。该机型处理量大，能耗低，能同时生产出砂和粉两种物料成品，在不影响粉体产量的情况下，额外生产出同等产量的砂，在不增加能耗的前提下，处理量增加接近一倍；磨辊装置采用浮封密封，密封效果更好，有效延长了加油周期，大幅减少维护时间；设备占地面积少，节约用地；整机运行平稳，产量高、噪声低、节能、环保；智能控制，一键启动、任意调节，一键停机，故障报警，安全可靠。获得 1 项实用新型专利。

高效节能碳酸钙深加工大型摆式磨粉机关键技术研究及应用。基于碳酸钙深加工研磨工艺要求，结合企业发展的技术需求，运用自有大型摆式磨粉机、直片式分级机等专利技术，以及企业和高校现有实验设备和测试分析仪器、先进的数值分析和模拟仿真软件等，建成稳定的磨粉机专业化研发人才团队，对摆式磨粉机工作机理进行深入研究，攻克高附加值碳酸钙产量低、效率不稳定、能耗高、品质瑕疵等重大问题，优化大型摆式磨粉磨机结构设计，实现磨粉机节能降耗 30% 以上或产量提高 30% 以上。获得 2 项实用新型专利。

新型制砂系统的研发与应用。新型制砂系统含有多项专利技术，其中发明专利 3 项。该设备设计独特、性能优越，集大型化、高效率、低能耗等特点为一体，仅用一台设备在制砂的同时将尾粉同步处理，能满足国家产业政策和砂粉规模化生产的发展需求，适用于各类大型制砂生产线项目，项目产品较好地替代传统制砂工艺，获得发明专利 3 项，实用新专利 5 项。

节能高效新型砂粉一体机。该设备在不改变磨粉机系统功率的前提下，能同时生产出砂和粉两种物料成品，在不影响粉体产量的情况下额外生产出同等产量的砂，在不增加能耗的前提下处理量增加接近一倍。其性能特点为：设备处理量大、能耗低，符合环保要求，运行稳定可靠，智能化水平高等。产品获得 2 项实用新型专利。

（11）河南龙佰智能装备制造有限公司。海绵钛蒸馏加热管技术研发，2022 年申请授权专利 9 项，可替代国外产品。磷酸铁回转窑煅烧系统用于新能源电池材料制备，2022 年获授权专利 1 件。

〔撰稿人：中国重型机械工业协会破碎粉磨设备专业委员会王斌　审稿人：中国重型机械工业协会破碎粉磨设备专业委员会李志〕

物料搬运（起重运输）机械

按照国民经济行业分类标准，传统的起重运输机械统称为物料搬运机械，主要包括轻小型起重设备、起重机、生产专用车辆、连续搬运设备、电梯自动扶梯及升降机、机械式停车设备、架空索道、其他物料搬运设备 8 个类别。

基本情况　2022 年，物料搬运行业有规模以上企业 2 801 家，比 2021 年增加 267 家。受 2022 年新冠肺炎疫情反复等因素影响，物料搬运机械行业营业收入同比下降。2022 年行业实现营业收入 7 428 亿元，同比下降 9.0%；实现利润总额 423 亿元，同比下降 14.0%。全年利润率为 5.7%，较 2021 年下降 0.3 个百分点。2022 年物料搬运（起重运输）机械行业经济效益指标见表 1。

表 1　2022 年物料搬运（起重运输）机械行业经济效益指标

指标名称	2021 年	2022 年
每百元营业收入成本 / 元	83.89	83.65
每百元营业收入费用 / 元	7.70	7.88

产品进出口情况 2022年，主要产品出口均实现增长，出口额为249.22亿美元，同比增长22.38%；进口额为31.94亿美元，同比下降15.20%；进出口总额为281.16亿美元，同比增长16.51%；进出口差额为217.28亿美元，同比增长30.91%。2018—2022年物料搬运机械进出口总额如图1所示。

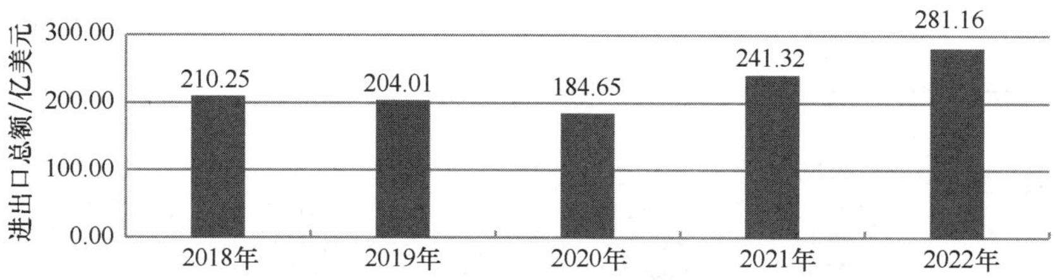

图1 2018—2022年物料搬运机械进出口总额

2022年物料搬运机械出口到219个国家和地区，其中，出口额排名前3位的国家和地区是美国（32.4亿美元）、印度尼西亚（15.4亿美元）和俄罗斯（14.2亿美元）。进口来自79个国家和地区，其中，进口额排名前3位的国家和地区是德国（7.3亿美元）、日本（6.7亿美元）和韩国（2.9亿美元）。

1. 分类产品出口额

轻小型起重设备出口额为31.09亿美元，占比为12.48%；起重机出口额为51.52亿美元，占比为20.67%；工业车辆出口额为77.45亿美元，占比为31.08%；连续搬运设备出口额为24.32亿美元，占比为9.76%；电梯及自动扶梯出口额为34.45亿美元，占比为13.82%；其他物料搬运设备出口额为30.38亿美元，占比为12.19%。

2. 分类产品进口额

轻小型起重设备进口额为2.59亿美元，占比为8.11%；起重机进口额为1.46亿美元，占比为4.58%；工业车辆进口额为3.56亿美元，占比为11.14%；连续搬运设备进口额为8.49亿美元，占比为26.57%；电梯及自动扶梯进口额为1.62亿美元，占比为5.06%，其他物料搬运设备进口额为14.22亿美元，占比为44.53%。

各业务板块运行情况

1. 轻小型起重设备

主要产品包括电动葫芦、手动葫芦及滑车、卷扬机及绞盘、千斤顶、汽车举升机等。

（1）经济效益指标。2021—2022轻小型起重设备制造企业经济效益指标见表2。

表2 2021—2022轻小型起重设备制造企业经济效益指标

指标名称	2021年	2022年
每百元营业收入成本/元	83.53	82.07
每百元营业收入费用/元	8.60	8.64

（2）产品进出口情况。2022年，轻小型起重设备进出口总额为33.68亿美元，同比增长0.46%，其中，出口额为31.09亿美元，同比增长2.53%；进口额为2.59亿美元，同比下降19.10%；进出口顺差28.50亿美元，同比增长5.08%。2018—2022年轻小型起重设备进出口总额如图2所示。

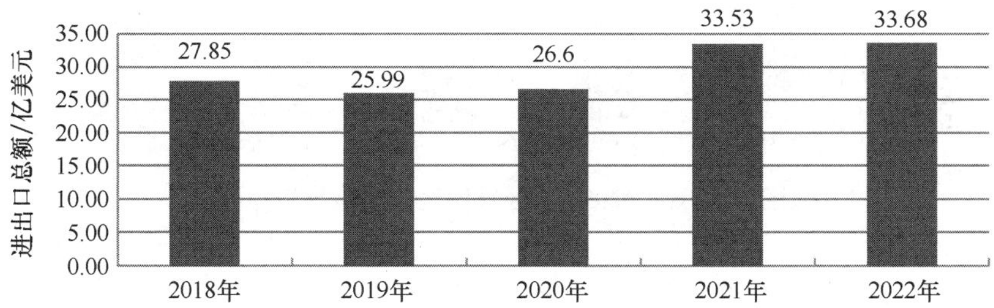

图2 2018—2022年轻小型起重设备进出口总额

5类在统计的轻小型起重设备产品出口额分别为电动葫芦2.41亿美元，同比增长13.53%；手动葫芦2.17亿美元，同比增长9.09%；卷扬机6.69亿美元，同比增长1.94%；千斤顶10.89亿美元，同比增长0.59%；举升机6.46亿美元，同比下降2.00%。

5类在统计的轻小型起重设备产品进口额分别为电动葫芦0.46亿美元，同比下降23.20%；手动葫芦0.12亿美元，同比下降46.92%；卷扬机1.46亿美元，同比下降15.36%；千斤顶0.25亿美元，同比下降8.71%；举升机0.08亿美元，同比下降4.45%。

2. 生产用起重机

主要产品包括桥式起重机、门式起重机、桥架类起重机、塔式起重机、门座起重机、未列名起重机等。

（1）经济效益指标。2021—2022生产用起重机制造企业经济效益指标见表3。

表 3 2021—2022 年生产用起重机制造企业经济效益指标

指标名称	2021 年	2022 年
每百元营业收入成本 / 元	85.61	85.95
每百元营业收入费用 / 元	6.44	6.89

（2）产品进出口情况。2022 年，生产用起重机进出口总额为 52.99 亿美元，同比增长 26.85%，其中，出口额为 51.52 亿美元，同比增长 29.00%；进口额为 1.47 亿美元，同比下降 19.97%。进出口顺差为 50.06 亿美元，同比增长 31.35%。2018—2022 年生产用起重机进出口总额如图 3 所示。

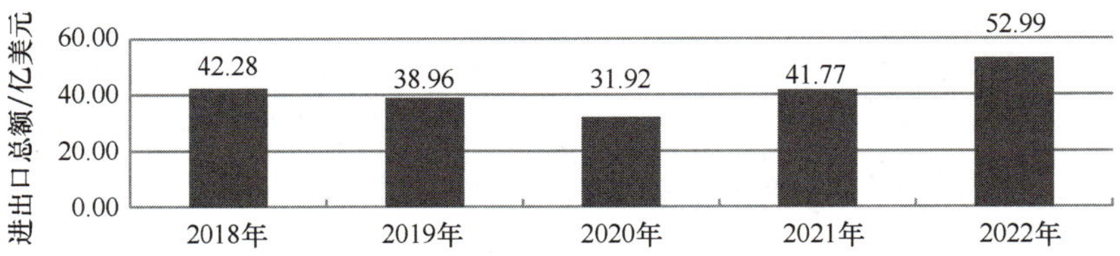

图 3 2018—2022 年生产用起重机进出口总额

在统计的 7 类生产用起重机产品出口额分别为桥式起重机 2.62 亿美元，同比增长 34.44%；门式起重机 3.43 亿美元，同比下降 18.91%；装卸桥 13.08 亿美元，同比增长 35.52%；塔式起重机 3.33 亿美元，同比增长 13.27%；门座起重机 2.07 亿美元，同比增长 138.25%；流动式起重机 23.40 亿美元，同比增长 35.49%；未列名起重机 0.49 亿美元，同比增长 5.62%。

在统计的 7 类生产用起重机产品进口额分别为桥式起重机 0.18 亿美元，同比下降 18.50%；门式起重机 0.14 亿美元，同比增长 300.69%；装卸桥 0.56 亿美元，同比增长 567.24%；塔式起重机没有进口；门座起重机 0.25 亿美元，同比下降 67.72%；流动式起重机 0.11 亿美元，同比下降 75.07%；未列名起重机 0.08 亿美元，同比下降 30.39%。

3. 连续搬运设备

主要产品包括输送机、提升机、装卸机械和给料机械等。

（1）经济效益指标。2021—2022 年连续搬运设备制造企业经济效益指标见表 4。

表 4 2021—2022 年连续搬运设备制造企业经济效益指标

指标名称	2021 年	2022 年
每百元营业收入成本 / 元	80.04	80.35
每百元营业收入费用 / 元	10.03	9.58

（2）产品进出口情况。2022 年，连续搬运设备进出口总额为 32.81 亿美元，同比增长 8.30%，其中，出口额为 24.32 亿美元，同比增长 17.42%；进口额为 8.49 亿美元，同比下降 11.42%；进出口顺差为 15.83 亿美元，同比增长 42.24%。2018—2022 年连续搬运设备进出口总额如图 4 所示。

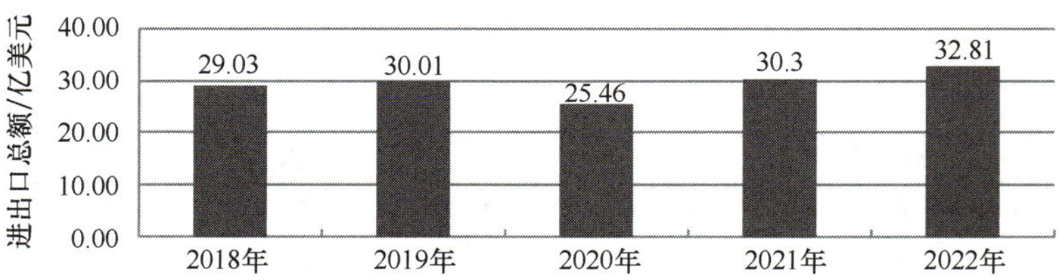

图 4 2018—2022 年连续搬运设备进出口总额

在统计的 2 类连续搬运设备产品出口额分别为输送机械 23.30 亿美元，同比增长 23.93%；装卸设备 1.02 亿美元，同比下降 46.59%。

在统计的 2 类连续搬运设备产品进口额分别为输送机械 7.64 亿美元，同比下降 14.29%；装卸设备 0.85 亿美元，同比增长 26.69%。

4. 机械式停车设备

（1）经济效益指标。2021—2022 年机械式停车设备制造企业经济效益指标见表 5。

（2）产品进出口情况。2022 年，产品进出口总额为 0.76 亿美元，同比增长 25.90%，其中，出口额为 0.76 亿美元，同比增长 31.19%；进口额为 0。进出口顺差为 0.76 亿美元，同比增长 36.95%。2018—2022 年机械式停车设备进出口总额如图 5 所示。

表 5 2021—2022 年机械式停车设备制造企业经济效益指标

指标名称	2021 年	2022 年
每百元营业收入成本 / 元	78.65	77.38
每百元营业收入费用 / 元	14.89	16.67

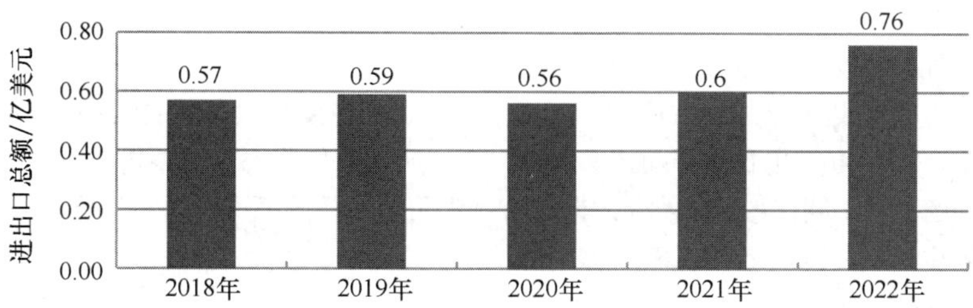

图 5　2018—2022 年机械式停车设备进出口总额

5. 架空索道

（1）经济效益指标。2021—2022 年架空索道制造企业经济效益指标见表 6。

表 6　2021—2022 年架空索道制造企业经济效益指标

指标名称	2021 年	2022 年
每百元营业收入成本 / 元	82.08	81.96
每百元营业收入费用 / 元	8.16	8.41

（2）产品进出口情况。2022 年，架空索道进出口总额为 0.06 亿美元，其中，出口额为 0.04 亿美元，进口额为 0.02 亿美元，进出口逆差 0.02 亿美元。2018—2022 年架空索道进出口总额如图 6 所示。

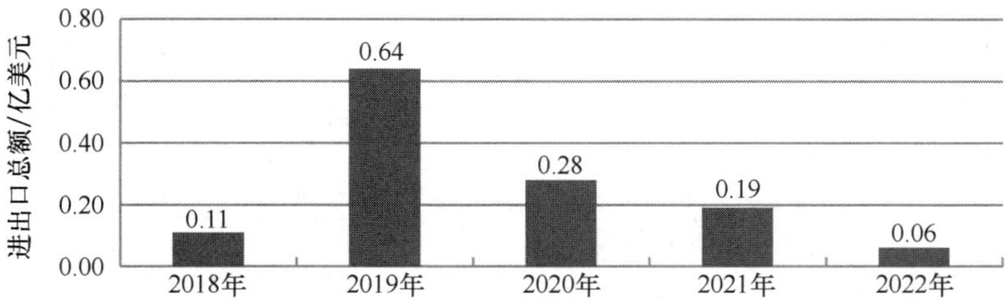

图 6　2018—2022 年架空索道进出口总额

在统计的 3 类架空索道产品出口额分别为货运索道 22 万美元，同比下降 80.36%；客运索道 101 万美元，同比增长 77.19%；其他缆车 286 万美元，同比下降 1.38%。

在统计的 3 类架空索道产品进口额分别为货运索道和客运索道进口额为 0，其他缆车进口额为 164 万美元。

6. 专用车辆

主要产品包括电动叉车、内燃叉车、短距离牵引车、固定平台搬运车等。

（1）经济效益指标。2021—2022 年专用车辆制造企业经济效益指标见表 7。

表 7　2021—2022 年专用车辆制造企业经济效益指标

指标名称	2021 年	2022 年
每百元营业收入成本 / 元	88.05	86.22
每百元营业收入费用 / 元	5.89	5.23

（2）产品进出口情况。2022 年，专用车辆进出口总额为 81.01 亿美元，同比增长 37.66%，其中，出口额为 77.45 亿美元，同比增长 41.85%；进口额为 3.56 亿美元，同比下降 16.20%；进出口差额为 73.89 亿美元，同比增长 46.74%。2018—2022 年专用车辆进出口总额见图 7。

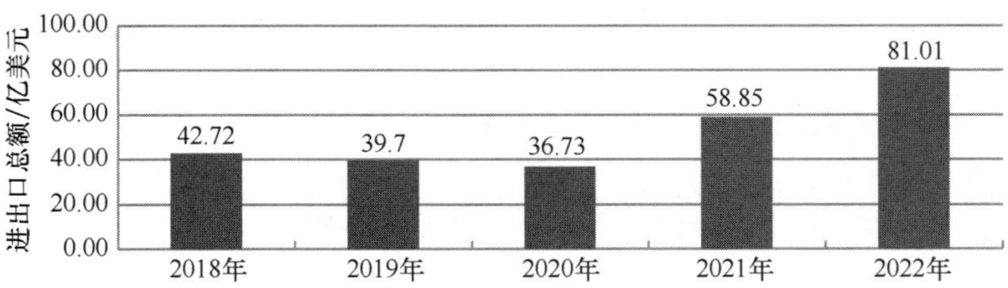

图 7　2018—2022 年专用车辆进出口总额

在统计的 5 类产品出口额分别为电动叉车 25.39 亿美元，同比增长 75.68%；内燃叉车 30.27 亿美元，同比增长 36.77%；短距离牵引车 0.47 亿美元，同比下降 1.90%；固定平台搬运车 0.96 亿美元，同比增长 51.93%；手动搬运车辆 6.11 亿美元，同比增长 31.34%。

在统计的 5 类产品进口额分别为电动叉车 1.22 亿美元，同比下降 19.02%；内燃叉车 0.49 亿美元，同比下降 31.29%；短距离牵引车 0.08 亿美元，同比下降 11.22%；固定平台搬运车 0.03 亿美元，同比下降 56.56%；手动搬运车辆 0.16 亿美元，同比增长 4.19%。

7. 电梯、自动扶梯及升降机

主要产品包括电梯、连续运载乘客输送机、升降机等。

（1）经济效益指标。2021—2022 年电梯、自动扶梯及升降机制造企业经济效益指标见表 8。

（2）产品进出口情况。2022 年，电梯、自动扶梯及升降机进出口总额为 36.07 亿美元，同比增长 7.48%，其中，出口额为 34.45 亿美元，同比增长为 9.03%；进口额为 1.62 亿美元，同比下降 17.51%；进出口差额为 32.83 亿美元，同比增长 10.79%。2018—2022 年电梯、自动扶梯及升降机进出口总额如图 8 所示。

表 8　2021—2022 年电梯、自动扶梯及升降机制造企业经济效益指标

指标名称	2021 年	2022 年
每百元营业收入成本 / 元	82.75	82.57
每百元营业收入费用 / 元	8.49	8.77

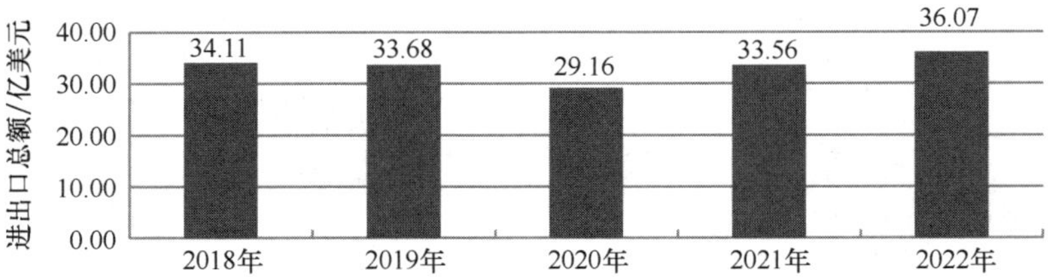

图 8　2018—2022 年电梯、自动扶梯及升降机进出口总额

在统计的 4 类产品出口额分别为载客电梯 15.88 亿美元，同比增长 5.95%；升降机 1.06 亿美元，同比增长 37.42%；自动扶梯及人行道 4.50 亿美元，同比增长 0.12%；零配件 13.01 亿美元，同比增长 14.70%。

在统计的 4 类产品进口额分别为载客电梯 0.47 亿美元，同比下降 11.53%；升降机 0.28 亿美元，同比下降 28.72%；自动扶梯及人行道没有进口；零配件 0.86 亿美元，同比下降 16.19%。

8. 其他物料搬运设备

主要产品包括立体式仓库设备、机场专用搬运设备、搬运机器人、未列名的搬运装卸机械设备等。

（1）经济效益指标。2021—2022 年其他物料搬运设备制造企业经济效益指标见表 9。

表 9　2021—2022 年其他物料搬运设备制造企业经济效益指标

指标名称	2021 年	2022 年
每百元营业收入成本 / 元	81.36	82.39
每百元营业收入费用 / 元	6.97	6.80

（2）产品进出口情况。2022 年，其他物料搬运设备进出口总额为 43.85 亿美元，同比增长 2.65%，其中，出口额为 29.62 亿美元，同比增长 14.41%；进口额为 14.22 亿美元，同比下降 15.46%。进出口差额为 15.40 亿美元，同比增长 69.85%。2018—2022 年其他物料搬运设备进出口总额如图 9 所示。

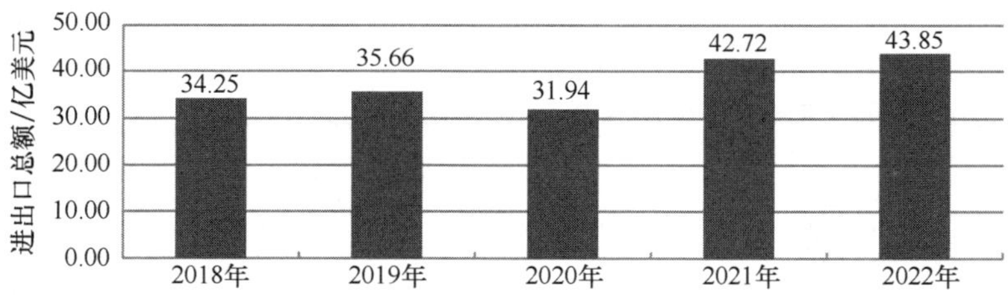

图 9　2018—2022 年其他物料搬运设备进出口总额

在统计的 6 类产品出口额分别为立体仓库设备 1.06 亿美元，同比增长 51.45%；机场专用设备 0.36 亿美元，同比增长 8.65%；矿车推进车 0.07 亿美元，同比下降 9.34%；搬运机器人 1.17 亿美元，同比下降 34.54%；未列名的搬运设备 15.01 亿美元，同比增长 8.56%。

在统计的 6 类产品进口额分别为立体仓库设备 1.17 亿美元，同比下降 26.33%；机场专用设备 0.03 亿美元；矿车推进车 0.01 亿美元，同比增长 79.15%；搬运机器人 0.66 亿美元，同比下降 49.48%；未列名的搬运设备 8.56 亿美元；同比下降 12.66%。

行业获机械工业科学技术奖情况　2022 年，物料搬运（起重运输）机械行业共有 8 个项目获机械工业科学技术奖，其中，二等奖 2 项、三等奖 6 项。2022 年物料搬运（起重运输）机械行业获得机械工业科学技术奖情况见表 10。

表 10 2022 年物料搬运（起重运输）机械行业获得机械工业科学技术奖情况

序号	项目名称	主要完成单位	获奖等级
1	高空大载荷起重机臂架结构技术研究及其产业化	徐州重型机械有限公司、江苏省特种设备安全监督检验研究院	二等奖
2	垃圾资源化核心转运系统创制与产业化应用	北京起重运输机械设计研究院有限公司	二等奖
3	超长越野带式输送系统节能环保关键技术及应用	四川省自贡运输机械集团股份有限公司	三等奖
4	基于数字防爆特性的封闭焦化智能起重装备及 AiCrane 智慧管理系统开发	河南卫华重型机械股份有限公司、北京云中未来科技有限公司	三等奖
5	基于 5G 通信的起重机箱梁智能制造关键技术研究及应用	河南卫华重型机械股份有限公司	三等奖
6	耐高温大运量超长距离带式输送成套装备	北方重工集团有限公司	三等奖
7	面向复杂工况的高效系列化堆垛机关键技术及产业化	南京工程学院、罗伯泰克自动化科技（苏州）有限公司	三等奖
8	大型槽用铝电解多功能机组关键技术及应用	株洲天桥起重机股份有限公司	三等奖

〔撰稿人：中国重型机械工业协会王淼　审稿人：中国重型机械工业协会王继生〕

轻小型起重设备

千　斤　顶

生产发展情况　千斤顶产品按工作原理主要分为液压千斤顶和机械千斤顶。按其操纵方式分为手动千斤顶和其他动力源（气动或电动等）千斤顶。千斤顶产品按市场可大致分为商用千斤顶、汽车配套千斤顶、汽车维修保养用千斤顶及特种用途千斤顶。

千斤顶是一种非常常见的轻小型起重设备，使用范围非常广泛，不仅是汽车保养、维修不可缺少的主要举升工具，在建筑、船舶、机械、冶金、铁路、桥梁、应急救援等方面也有着广泛的应用。随着我国国民经济和汽车工业的发展，汽车普遍进入百姓家庭，乘用车的产量逐年递增，汽车保有量的增长使得千斤顶的需求量日益增大。

我国千斤顶技术起步较晚，20 世纪 70 年代左右，逐步接触到国外的千斤顶工艺，当时国内厂家的技术水平和工艺参差不齐，缺少统一规划。后续经过几轮全国联合设计、行业标准及国家标准的制定，国内千斤顶生产的标准化、系列化、通用化工作得到了推广实施。以立式液压千斤顶为例，按照国家标准，共性的通用零件基本上得到了专业化生产，产量不断提升，产品成本有所降低。此外，我国千斤顶产品在承载强度、使用寿命、安全性能、成本控制等方面得到了较大的改善，产品质量逐渐接近并超过了国外的多数同类产品，进一步打开了欧美市场。目前我国出口的千斤顶系列产品门类、规格齐全，产品性能稳定，国际竞争力较强。

为了满足不断增长的新需求，生产企业特别是行业骨干企业投入了较大的人力、财力、物力开发设计出大量新产品，改变了原来比较单一的产品结构、改进了加工工艺、提高了产品安全性和操作的便利性。目前超过 600 种不同规格、不同型号的千斤顶产品极大地丰富了市场、满足了顾客需求。特种千斤顶是传统千斤顶产品的扩展和延伸，在专业维修店、道路桥梁建设、应急救援等方面应用较广，为千斤顶行业创造了新的发展空间。

市场及销售　千斤顶产品以其科学的设计、可靠的结构性强、较大的起重能量、小巧便携等特点，被广泛地应用于国民经济的各个领域，最密切相关的汽车制造行业和汽车后市场维修行业，把它作为随车与维修场所必备的起重装备。另外千斤顶也广泛应用于流动性起重作业场所，用于起重、支撑、调整水平等作业。在大型救援设备无法到达灾难现场的救援工作中，千斤顶，特别是分离式千斤顶可发挥积极的作用。

2022 年，全国各地新冠肺炎疫情多点频发，给生产、物流造成较多不确定性，同时受欧美通货膨胀的影响，民众购买力下滑幅度巨大，导致 2022 年的订单量比往年有较大幅度萎缩，千斤顶生产单位销售收入同比有不同程度下降。新冠肺炎疫情的发生使全球海运物流受阻，2020 年下半年开始出现“一箱难求”的现象，主要原因是大量集装箱滞留积压，导致海外港口严重拥堵，这使得集装箱运费一路飙涨，上海出口集装箱运价指数（SCFI）出现了惊人的涨幅。新冠肺炎疫情发生前的十年间，SCFI 指数绝大部分位于 1 000 点下方，2022 年第一季度曾达到历史高点的 5 109 点，2022 年下半年以来运价长达 6 个月走跌，到年底基本回归到新冠肺炎疫情前正常水平。2022 年，我国千斤顶出口数量较2021年有所下降，出口总量为4 457.7万台，比2021年下降8.1%，出口额为10.88亿美元，较2021年微升0.55%。主要原因是原材料涨价及汇率影响产品单价导致出口金额未同步下降。国内目前较具规模的千斤顶生产企业有70多家，主要分布在浙江、江苏、上海、安徽、山东等沿海地区，出口量及出口额分别为：浙江省为2 071.9万台，5.09亿美元，占出口金额的46.8%；江苏省1 164.4万台，2.38亿美元，占出口金额的21.9%；上海市331.2万台，0.95亿美元；山东省232.6万台，0.63亿美元；安徽省176.7万台，0.38亿美元。浙江、江苏两省份常年是千斤顶出口大省，出口数量、金额占比达七成左右，前5个省（市）合计出口数量为3 976.8万台，占总出口数量的比例达89.2%；合计出口金额为9.43亿元，占出口总额的比例达86.7%。美国依然是最大的千斤顶输入国，2022年度出口美国的千斤顶合计1 606.9万台，占比达36.0%；出口金额4.78亿美元，占比达43.9%。受美国高通胀的影响，出口数量和金额占比均有小幅下降。

千斤顶行业继续向产品质量高、规模效益好、管理成本低、国际竞争能力强的东南沿海经济发达地区的大、中型企业集中。在这些地区行业内专业化分工更加细化，千斤顶绝大部分零部件由配套企业生产，因此千斤顶质量的提升与配套企业密切相关，配套企业更应该提高生产和质量保证能力，提高规模化协作能力。但随着这些地区劳动力成本和土地成本的持续推高，以及与千斤顶生产相关的铸造、电镀加工业受到逐渐趋紧的能源、环保政策制约，这种集中的趋势有可能延缓，甚至产业区域结构有可能发生变化，中西部等相对迟发达地区业内企业应看到承接千斤顶产业转移的机会。

2022年，我国汽车产销分别完成2 702.1万辆和2 686.4万辆，同比分别增长3.6%和2.2%，继续保持增长趋势。新能源汽车持续爆发式增长，产销分别完成705.8万辆和688.7万辆，同比分别增长96.9%和93.4%，市场份额达到25.6%，逐步进入新能源汽车发展期，渗透率在逐年快速提升（以上数据按照中国汽车工业协会的统计口径）。我国作为全球汽车配套千斤顶的主要生产基地，2022年国内汽车配套千斤顶产量有所下降，主因是绝大部分新能源汽车为了提高续航里程，从减重的目的放弃了其配套千斤顶及备胎，所以配套千斤顶产量没有与汽车产量实现同步增长。2022年，全球汽车产量8 502万辆，其中5 526万辆使用汽车配套千斤顶，全球汽车配套千斤顶产量微降1.5%；我国汽车产量2 702.1万辆，其中1 702万辆使用汽车配套千斤顶，我国汽车配套千斤顶产量下降6.7%。千斤顶行业龙头企业常熟通润汽车零部件股份有限公司（2022年7月29日在上交所主板挂牌上市）生产销售汽车配套千斤顶1 172.9万台，同比微增2.2%，占全球汽车配套市场的21.2%，其中国内生产销售汽车配套千斤顶637.3万台，同比下降6.9%，占国内汽车配套市场的37.4%。另外随着国内汽车保有量的快速上升，截至2022年年底，我国的汽车保有量已经达到3.19亿辆，连续3年高居世界第一。伴随着全球汽车保有量的不断提高，汽车后市场的需求会不断提升，对千斤顶行业是个机遇。

国内千斤顶生产企业同时也面临风险和挑战。

（1）美国对中国的贸易政策，给行业的出口企业带来了很大影响，全球化产业链去中国化存在可能，还有一些企业迫于美国对中国的制裁和高关税，只能把订单交给其他国家，从而规避制裁和高关税。迫于一些美国大客户的压力，目前我国千斤顶行业的一些头部企业已经开始在东南亚国家布局，投资新的海外生产基地。另外欧美国家的高通胀和大力加息让广大民众的消费需求萎缩，需求不足是最大挑战。

（2）人民币汇率的波动也给行业出口企业带来了汇兑损益方面的考验。

（3）环保、安全生产方面的高标准、严要求，对于部分欠账企业有较大的管理压力。

（4）新能源汽车的比例在逐步提升，按照中国汽车工业协会的统计口径，2022年我国新能源汽车市场占有率（渗透率）达到25.6%，提前3年完成国家《节能与新能源汽车产业发展规划（2012—2020年）》提出的到2025年达到20%的目标，预计今后渗透率将以每年增长12%以上的速度递增，这是大势所趋。由于新能源汽车为了减重，绝大部分车型不再配备随车千斤顶及备胎，对于原始设备制造商（OEM）汽车配套千斤顶业务将有较大影响。

（5）用工成本逐年提高、小微企业融资困难等因素逐步推高企业运行成本。

（6）轻小型起重设备的生产许可证已经取消，是否会引起本行业内的无序竞争是值得思考的问题，需要引导行业内部形成一种规范，共同维护市场秩序。

（7）“双碳”目标下，企业需要改变传统制造方式，寻求绿色发展的道路，转型升级就变得越来越迫切了。从长远来看，我国要想在出口方面取得新的进步，不能一味依赖低端制造，不转型升级就无法生存。

技术、质量及标准 千斤顶标准工作组将着力研究国外先进国家的千斤顶标准体系，并不断进行我国的千斤顶行业调查，保持与上级标委会的密切联系，及时了解国内外千斤顶行业和相关行业的标准制修订和技术发展情况，进行分析研究消化，研究我国千斤顶行业的标准结构，结合实际情况，适时开展标准的制修订工作，逐步完善我国的千斤顶标准体系，从而提高千斤顶行业的整体水平，促进千斤顶行业的健康发展。

千斤顶的发展与汽车行业的发展是最密切相关的，所以千斤顶的产品设计需紧紧跟随汽车行业的动态，未来3~5年，新能源汽车将逐渐替代燃油车成为主流，相关汽车后市场应用的千斤顶产品及标准也须为之做出改变。

〔撰稿人：中国重型机械工业协会千斤顶分会陈江　审稿人：中国重型机械工业协会王继生〕

起 重 葫 芦

起重葫芦产品主要包括钢丝绳电动葫芦、环链电动葫芦、微型电动葫芦、气动葫芦、手拉葫芦、手扳葫芦和滑车等提升机械设备，是比较常用的起重工具。广泛用于工厂、矿山、农业、电力、建筑、码头、船舶、仓库的机器安装和货物起吊等方面，是量大面广的通用起重产品。

市场与销售 2022 年，中国重型机械工业协会起重葫芦分会（简称起重葫芦分会）20 家电动葫芦制造企业共生产电动葫芦（不包括单相电动葫芦）29.4 万台；11 家手动葫芦制造企业生产手动葫芦 179.8 万台。单相电动葫芦主要供应国际市场。其中八达机电股份有限公司单相电动葫芦 2022 年产量同比增长 14.5%。

进出口情况

1. 进出口数量

根据海关进出口统计数据，2022 年我国起重葫芦进出口总量为 640.38 万台，同比下降 5.45%。

电动葫芦（海关税号 84251100）进出口总量为 135.36 万台，同比下降 7.88%，进口量为 1.81 万台，同比下降 18.99%，出口量为 133.55 万台，同比下降 7.71%。

手动葫芦及滑车（海关税号 84251900）进出口总量为 505.01 万台，同比下降 4.78%，进口量为 1.82 万台，同比下降 6.81%，出口量为 503.19 万台，同比下降 4.77%。

2. 进出口金额

根据海关进出口数据统计，2022 年我国起重葫芦进出口总额为 5.14 亿美元，同比增长 4.09%。

电动葫芦（海关税号 84251100）进出口总额为 2.85 亿美元，同比增长 4.99%，其中，进口额为 0.46 亿美元，同比下降 23.20%，出口额为 2.39 亿美元，同比增长 13.01%，贸易顺差 1.93 亿美元，同比增长 27.38%。

手动葫芦及滑车（海关税号 84251900）进出口总额为 2.28 亿美元，同比增长 2.98%，其中，进口额为 0.12 亿美元，同比下降 47.28%，出口额为 2.16 亿美元，同比增长 8.70%，贸易顺差 2.04 亿美元，同比增长 15.89%。

26 家企业主要经济指标 2022 年我国起重葫芦行业主机及配件产品 26 家企业主要经济指标见表 1。

表 1 2022 年我国起重葫芦行业主机及配件产品 26 家企业主要经济指标 （单位：万元）

企业名称	起重葫芦销售收入	其他产品销售收入	工业总产值	利润	人均产值
河南省矿山起重机有限公司	82 100	846 838	928 938	51 190	197.6
浙江双鸟机械有限公司	54 546	5 300	61 048	5 380	—
凯澄起重机械有限公司	33 796	8 060	42 880	6 029	—
纽科伦（新乡）起重机有限公司	79 224	184 273	231 784	11 435	154.7
浙江冠林机械有限公司	30 354	3 582	33 936	2 723	—
浙江五一机械有限公司	9 961	3 441	13 805	265	110.4
江苏三马起重机械制造有限公司	7 990	47	8 037	439	—
江西起重机械总厂有限公司	1 025	47 500	48 525	4 286	104.3
八达机电股份有限公司	9 447	2 898	13 224	2 212	71.8
诺威起重设备（苏州）有限公司	23 689	4 649	29 320	2 283	227.2
江苏鼎力重工集团有限公司	996	12 004	15 000	900	141.5
山东聊城科顺机械有限公司	2 050	290	2 340	105	43.3
重庆凯荣机械有限责任公司	5 223	247	5 470	55	45.6
河南省飞马起重机械集团有限公司	5 452	4 618	9 664	459	79.2
南京特种电机厂有限公司	—	17 466	18 767	1 233	43.6
南京起重电机总厂	—	15 641	15 441	475	108.7
华德起重机（天津）股份有限公司	25 400	—	25 400	1 780	169.3
重庆维大力起重设备有限公司	8 700	1 800	11 000	-85	59.8
北京双泰气动设备有限公司	3 397	2 915	8 513	180	293.5
维多利科技（江苏）有限公司	7 528	1 834	9 362	270	68.5

（续）

企业名称	起重葫芦销售收入	其他产品销售收入	工业总产值	利润	人均产值
铜陵市神雕机械制造有限公司	2 550	30	2 610	259	—
浙江凯岛起重机械有限公司	8 590	1 670	10 305	419	61.3
重庆美和机电有限公司	4 000	180	4 700	110	83.9
佳力机械股份有限公司	5 900	1 100	7 000	500	87.5
南京开关厂股份有限公司	—	426	30 000	1 000	192.3
上海浦东明象机械有限公司	838	744	1 582	85	—

主要企业主营产品产量产值 2022年我国起重葫芦行业主要企业主机产品产量产值情况见表2。2022年我国起重葫芦行业主要企业配件产品产量产值见表3。

表2 2022年我国起重葫芦行业主要企业主机产品产量产值

企业名称	主营产品	产量/台	产值/万元
河南省矿山起重机有限公司	钢丝绳电动葫芦	50 332	84 135
浙江双鸟机械有限公司	钢丝绳电动葫芦	1 378	3 150
	环链电动葫芦	17 579	9 188
	手动葫芦	365 455	18 082
凯澄起重机械有限公司	钢丝绳电动葫芦	29 824	34 979
纽科伦（新乡）起重机有限公司	钢丝绳电动葫芦	38 809	58 214
	环链电动葫芦	5 216	11 475
浙江冠林机械有限公司	环链电动葫芦	39 260	11 997
	手动葫芦	386 789	21 753
浙江五一机械有限公司	环链电动葫芦	10 200	3 122
	手动葫芦	141 250	6 395
江苏三马起重机械制造有限公司	钢丝绳电动葫芦	9 550	8 250
江西起重机械总厂有限公司	钢丝绳电动葫芦	1 102	1 199
八达机电股份有限公司	环链电动葫芦	6 955	620
	手动葫芦	4 620	67
	单相电动葫芦	372 185	17 627
诺威起重设备（苏州）有限公司	钢丝绳电动葫芦	7 600	22 904
	环链电动葫芦	2 500	1 724
江苏鼎力重工集团有限公司	钢丝绳电动葫芦	447	3 400
	环链电动葫芦	4 608	1 850
山东聊城科顺机械有限公司	环链电动葫芦	432	130
	手动葫芦	60 000	1 890
重庆凯荣机械有限责任公司	手动葫芦	207 238	6 217
河南省飞马起重机械集团有限公司	钢丝绳电动葫芦	5 394	5 385
	环链电动葫芦	25	13
华德起重机（天津）股份有限公司	钢丝绳电动葫芦	7 800	25 400
重庆维大力起重设备有限公司	环链电动葫芦	600	480
	手动葫芦	220 000	7 920

（续）

企业名称	主营产品	产量 / 台	产值 / 万元
铜陵市神雕机械制造有限公司	环链电动葫芦	6 120	1 726
	手动葫芦	26 950	810
北京双泰气动设备有限公司	气动葫芦	1 650	3 410
	气动桥式起重机	2	368
	液压葫芦	15	50
维多利科技（江苏）有限公司	环链电动葫芦	2 473	894
	手拉葫芦	130 597	3 328
	手扳葫芦	103 640	2 075
浙江凯岛起重机械有限公司	钢丝绳电动葫芦	576	1 600
	环链电动葫芦	20 023	7 008
重庆美和机电有限公司	手动葫芦	120 000	4 500
佳力机械股份有限公司	环链电动葫芦	23 600	5 900
上海浦东明象机械有限公司	手动葫芦	32 400	947

表 3　2022 年我国起重葫芦行业主要企业配件产品产量产值

企业名称	配件产品名称	产量单位	产量	产值 / 万元
浙江双鸟机械有限公司	单轨起重机	台	51 791	1 946
	链条	t	19 795	16 769
	葫芦配件	t	6 410	5 411
凯澄起重机械有限公司	起重葫芦配件		—	6 336
浙江冠林机械有限公司	单轨小车	台	3 946	186
浙江五一机械有限公司	起重葫芦配件	台	25 100	595
八达机电股份有限公司	支架、零配件	台	11 332	228
诺威起重设备（苏州）有限公司	葫芦驱动	台	1 205	3 557
	其他葫芦配件		—	1 135
山东聊城科顺机械有限公司	起重葫芦配件		—	80
河南省飞马起重机械集团有限公司	起重配件	台	33 650	1 366
南京特种电机厂有限公司	起重电机	台	157 445	18 759
南京起重电机总厂	电机	台	143 042	15 441
重庆维大力起重设备有限公司	夹持器	台	4 000	2 600
	单轨小车	台	2 000	
	链条	万 m	20	
北京双泰气动设备有限公司	气动葫芦配件	台	2 355	1 650
	气动单轨吊车	台	110	2 125
	气动单轨吊车配件	台	2 250	910
维多利科技（江苏）有限公司	墙板组件	台	3 945	423
佳力机械股份有限公司	电动跑车	台	11 200	1 100
南京开关厂股份有限公司	控制柜	台	150	426
重庆美和机电有限公司	起重葫芦配件	台	60 000	200

主要企业产品出口情况　2022 年起重葫芦行业主要企业主机及配件产品出口情况见表 4。

表 4　2022 年起重葫芦行业主要企业主机及配件产品出口情况

企业名称	出口国家和地区	出口数量 / 台	出口金额 / 万美元
河南省矿山起重机有限公司	巴基斯坦	325	85
	刚果	89	25
	孟加拉国	165	48
	塞尔维亚	243	63
	印度尼西亚	580	156
浙江双鸟机械有限公司	荷兰	118 308	636
	德国	68 872	370
	美国	52 882	285
	巴西	34 211	184
	南非	30 003	161
凯澄起重机械有限公司	美国	771	445
	澳大利亚	36	18
	巴西	30	13
	日本	10	6
	印度	32	14
纽科伦（新乡）起重机有限公司	亚洲	504	913
	欧洲	200	327
	非洲	186	120
	北美洲	72	42
	南美洲	37	59
浙江冠林机械有限公司	美国	41 241	465
	加拿大	19 759	223
	日本	10 303	116
	法国	14 608	165
浙江五一机械有限公司	东南亚	46 000	300
	欧美	25 000	150
江苏三马起重机械制造有限公司	东南亚	275	51
八达机电有限公司	欧洲	85 625	608
	北美	60 122	608
	其他	54 539	302
诺威起重设备（苏州）有限公司	澳大利亚	210	160
	西班牙	120	91
	马来西亚	46	30
	巴西	22	27
	其他	162	122
山东聊城科顺机械有限公司	印度尼西亚	7 500	60
重庆凯荣机械有限责任公司	美国	100 000	250
	南美	16 000	33
	缅甸	13 050	39
	瑞典	18 550	53
	法国	10 000	28

（续）

企业名称	出口国家和地区	出口数量 / 台	出口金额 / 万美元
河南省飞马起重机械集团有限公司	印度尼西亚	25	12
	泰国	20	11
	赞比亚	37	22
	巴基斯坦	35	26
	俄罗斯	34	19
维多利科技（江苏）有限公司	墨西哥	48 095	197
	澳大利亚	5 493	22
	韩国	317	1
华德起重机（天津）股份有限公司	巴西	102	68
	智利	154	98
	哥伦比亚	82	53
	南非	68	44
	俄罗斯	90	61
重庆维大力起重设备有限公司	北美	78 000	650
	欧洲	39 000	230
	南美	38 000	204
	亚太	24 000	125
铜陵市神雕机械制造有限公司	新加坡	3 655	32
	俄罗斯	2 730	29
	匈牙利	1 970	23
	保加利亚	1 730	21
	摩洛哥	1 420	17
浙江凯岛起重机械有限公司	印度	430	30
	马来西亚	880	50
	墨西哥	985	60
	俄罗斯	1 220	80
	美国	260	17
重庆美和机电有限公司	美国	40 000	150
	德国	10 000	15
	荷兰	2 000	5
	加拿大	1 000	3
佳力机械股份有限公司	南非	2 300	730
	智利	1 730	550
	泰国	980	300
	印度	630	200
	其他	3 860	1 220
上海浦东明象机械有限公司	美国	11 012	38
	欧洲	5 326	18
	亚洲	6 038	23

主要企业专利情况 起重葫芦行业主要企业在我国申请专利情况见表5。

表5 起重葫芦行业主要企业在我国申请专利情况 （单位：项）

企业名称	发明专利	授权发明专利	实用新型专利	外观设计专利
河南省矿山起重机有限公司	70	33	525	4
浙江双鸟机械有限公司	40	19	79	25
北京起重运输机械设计研究院有限公司	86	22	220	5
凯澄起重机械有限公司	5	2	41	1
纽科伦（新乡）起重机有限公司	62	31	310	3
浙江冠林机械有限公司	49	21	49	2
浙江五一机械有限公司	7	1	31	8
江苏三马起重机械制造有限公司	6	6	19	—
江西起重机械总厂有限公司	17	2	6	—
新乡市起重设备厂有限责任公司	12	4	91	1
八达机电股份有限公司	5	5	28	14
南阳起重机械厂有限公司	1	1	7	—
象王重工股份有限公司	31	6	43	—
科尼起重机设备（上海）有限公司	1	—	40	—
诺威起重设备（苏州）有限公司	14	6	80	9
江苏鼎力重工集团有限公司	11	6	31	—
聊城五环机械有限公司	1	1	18	—
重庆凯荣机械有限责任公司	—	—	—	8
河南省飞马起重机械集团有限公司	3	2	38	—
慈溪捷豹起重机械有限公司	3	1	7	2
常州市常欣电子衡器有限公司	6	4	25	1
河南恒达机电设备有限公司	7	3	66	9
南京特种电机厂有限公司	1	1	12	—
南京起重电机总厂	4	3	42	1
南京开关厂有限公司	40	9	54	1
佳力机械股份有限公司	7	2	38	2
安徽九华机械股份有限公司	14	—	11	—
华德起重机（天津）股份有限公司	4	1	72	15
江西工埠机械有限责任公司	23	12	46	20
浙江东海减速机有限公司	1	—	48	—
重庆维大力起重设备有限公司	11	4	35	10
南京神天起重机械设备有限公司	2	—	9	—
北京双泰气动设备有限公司	8	5	28	—
维多利科技（江苏）有限公司	13	6	39	12
湖北三六重工有限公司	19	3	41	1
南京禄口起重机械有限公司	13	2	7	—
常熟海鸥起重机械有限公司	6	5	20	—
浙江手牌起重葫芦有限公司	3	1	10	—
上海万铂起重机械有限公司	—	—	2	1

（续）

企业名称	发明专利	授权发明专利	实用新型专利	外观设计专利
浙江凯勋机电有限公司	6	2	33	15
科美（杭州）机械有限公司	4	3	15	1
高博（天津）起重设备有限公司	1	1	1	—
星都起重设备（辽宁）有限公司	3	3	20	—
四川合能起重设备有限公司	2	1	33	—
湖北蒲圻起重机械有限公司	—	—	6	—
赤壁市蒲圻起重运输机械有限责任公司	33	—	35	—
江阴市兴科起重机械有限公司	—	—	9	—
聊城市鲁润机械有限公司	—	—	17	—
河北怀鸽起重机械集团有限公司	4	—	29	11
天津永恒泰科技有限公司	9	3	10	—
武汉合康电驱动技术有限公司	7	5	21	2
扬戈科技股份有限公司	11	2	15	13
杭州四达机械电子有限公司	—	—	8	—
江苏宇泰电器有限公司	19	—	—	—
浙江中富电气有限公司	5	5	22	3
江西飞达电气设备有限公司	23	1	48	—
辽宁国辰电子技术有限公司	6	3	17	3
南通合兴铁链有限责任公司	3	3	24	—
上海精浦机电有限公司	6	3	13	—
杭州汉乐科新材料科技有限公司	14	10	2	—
郑州市泰德尔电机厂	—	—	3	1
河北神力索具集团有限公司	1	1	13	4
上海宏欣电线电缆有限公司	2	2	57	—
重庆美和机电有限公司	4	—	21	6
铜陵市神雕机械制造有限公司	1	1	24	—
辰力集团有限公司	3	3	17	2
湖北华博三六电机有限公司	—	—	10	—
浙江维大茵特起重设备有限公司	10	6	44	—
丹东市起重机械有限公司	1	1	31	—
池州市华安起重机械有限公司	2	—	20	—
湖北恒欣传动设备有限公司	3	1	15	—
东莞市台冠起重机械设备有限公司	3	—	32	1
南通瑞金制链科技有限公司	4	2	30	—
湖南泰尔汀起重科技有限公司	1	1	11	—
浙江凯岛起重机械有限公司	2	2	19	10
太仓普兰尼特起重有限公司	—	—	1	—
广东韶铸锻造有限公司	3	—	14	—
杭州契卡拉起重机械有限公司	3	—	21	12
安徽杰特电气有限公司	49	—	13	—
河南锐思特科技有限公司	2	—	32	—

（续）

企业名称	发明专利	授权发明专利	实用新型专利	外观设计专利
如东宏信机械制造有限公司	10	6	12	—
托菲传感技术（上海）股份有限公司	5	2	37	3
安徽创新电磁离合器有限公司	38	9	55	—
苏州库力铁重工有限公司	24	—	47	—
昆山维夏机电科技有限公司	1	1	—	—
宁波红卓塑业科技有限公司	1	—	4	—
河南蒲瑞精密机械有限公司	21	9	73	—
绍兴恒辉机器人科技有限公司	—	—	3	2
和瑞新材料科技（江阴）有限公司	—	—	21	—
六安江淮电机有限公司	22	13	36	—
如东县铁链厂有限公司	—	—	12	1
山东华源索具有限公司	13	11	14	41

数据来源：incoPat，数据截止日期为 2023 年 08 月 07 日。

新产品研发、质量和标准等情况 2022 年起重葫芦行业部分企业根据行业、本企业的特点，将市场需求和本企业的技术能力相匹配，通过自主创新或合作创新，研发出不少新产品，获得不少奖项及荣誉。

1. 河南省矿山起重机有限公司（简称河南矿山）

（1）主要科技成果与奖励。2022 年河南矿山获得的奖励见表 6。

表 6 2022 年河南矿山获得的奖励

序号	荣誉名称	颁发部门	获奖时间
1	中国重型机械行业 2021 年度领军单位	中国重型机械工业协会	2022.06
2	河南省头雁企业	河南省制造强省建设领导小组办公室	2022.08
3	国家知识产权示范企业	国家知识产权局	2022.10
4	全国质量标杆	中国质量协会	2022.10
5	新一代信息技术与制造业融合发展试点示范	工业和信息化部	2022.10
6	河南省国防科技进步奖三等奖	河南省国防科工局	2022.12
7	2022 年度智能制造优秀场景	工业和信息化部	2022.12
8	河南省知识产权领军企业	河南省知识产权局	2022.12

（2）重点项目。通过具有自主感知的多用途起重机研发及产业化项目攻克吊装过程安全路径自动规划、实时避障检测、吊重摆动控制、快速准确就位、AI 图像识别等技术难点，研发成功具有感知功能的多用途智能起重机。该起重机可提高消摆效率 ≥ 100%，单台起重机工作效率可提高 30%，单台起重机操作人员可减少 80%，就位精度达到毫米级。申请发明专利 2 项、实用新型专利 10 项，申请软件著作权 5 件，发表论文 8 篇，登记科技成果 5 项。

（3）新产品研发。

1）一种电解锰阴极板智能出入槽系统及专用起重机。该项目针对现行电解锰阴极板出入槽工艺多采用半自动的出入槽方式效率低、精准度不高的状况开展研发，在阴极板转运起重机的下部设置阴极板转运吊具，出入槽车间内部设置控制系统。该控制系统自动化程度高、节省人力、工作效率高，能够保证阴极板精准入槽。该项目申请发明专利 1 项、实用新型专利 3 项，获授权专利 3 项，申请科技成果 1 项。

2）钢板输送起重机。在传统电磁挂梁起重机的基础上，研发并制造出钢板自动化搬运起重机。该起重机更安全高效，可实现自动化智能化运行，具有定位精度高、运行速度快、免维护等优点，已量产并投入使用。该设备不仅适用于钢板加工行业，也适用于其他金属板材、建筑板材、木板、玻璃等行业的生产加工。该项目申请实用新型专利 3 项，获授权专利 3 项，申请科技成果 1 项。

3）飞行员模拟用起重机。一种海上模拟救援起重机，重点解决起重机的救援模拟性能、场景模拟、抑摆、精确定位、安全等关键技术问题，适应性强、应用广泛，为我国海上救援、模拟训练等场所提供高效解决方案，填补国内模拟训练起重机领域的一项空白。该项目获授权发明专利1项，实用新型专利4项，获授权专利4项，认定科技成果1项。

4）一种堆垛用导柱起重机。该起重机设计有由上至下的刚性导柱叉臂抓具，可以实现七轴动作，仓库内货位可以布置在任意位置，且能向上方空间延伸，实现全方位立体空间储存。配合无人化管理，可以实现自动识别和储存搬运，是智能化车间的关键设备之一。项目申请发明专利1项、实用新型专利4项，获授权专利3项，申请科技成果1项。

5）洁净防爆电动葫芦双梁起重机。该产品采用轻量化设计，兼顾洁净、防爆双工况，定制化程度高；采用本安和隔爆型部件，环境适应性强，防爆级别高；变频驱动控制，运行平稳可靠，拓展一切所需智能化硬件，通用性强；配备专用粉尘回收永磁装置，耐侵蚀防静电优质涂层，免除吸附微尘污染。

（4）质量及标准。河南矿山参与了GB/T 20863.1—2021《起重机　分级　第1部分：总则》、GB/T 22437.5—2021《起重机　载荷与载荷组合的设计原则　第5部分：桥式和门式起重机》、GB/T 41098—2021《起重机　安全　起重吊具》、GB/T　41510—2022《起重机械安全评估规范　通用要求》、GB/T 41676—2022《起重机　设计通则　锻钢吊钩的极限状态和能力验证》和GB/T 41680—2022《起重机　抗震设计通则》6项国家标准的修订。

参加JB/T 14200—2022《洁净环境用电动葫芦》、JB/T 14201—2022《洁净环境用桥式起重机》2项行业标准和DB41/T 2259—2022《智能起重机通用技术要求》1项地方标准制定。

参与T/CPARK 27—2022《桥架型起重机全生命周期　通用要求》、T/CPARK 28—2022《桥架型起重机全生命周期　服务系统技术规范》、T/CPARK 29—2022《桥架型起重机全生命周期　管理工作要求》和T/CPARK 30—2022《桥架型起重机全生命周期　风险评估》4项团体标准制定。河南矿山贯标认证情况见表7。

表7　河南矿山贯标认证情况

序号	认证名称	备注
1	质量管理体系认证	有效
2	环境管理体系认证	有效
3	职业健康管理体系认证	有效
4	能源管理体系认证	有效
5	知识产权管理体系认证	有效
6	测量管理体系AAA认证	有效
7	两化融合管理体系AA认证	有效
8	武器装备质量管理体系认证	有效
9	欧盟CE认证	有效
10	服务管理体系认证	有效
11	诚信管理体系认证	有效

（5）重大投资、技改等。2022年投资建设起重生态产业链先进制造业示范园，主要生产起重机高端配套件，包括精密铸锻件、高端驱动部件和传动部件、智能化吊具、起重机智能化控制系统集成等起重机核心技术配套件。

2. 浙江双鸟机械有限公司（简称浙江双鸟）

（1）主要科技成果与奖励。2022年浙江双鸟入选工业和信息化部“建议支持的国家级专精特新‘小巨人’企业公示名单（第三批第一年）”。2022年浙江双鸟主要科技成果见表8。

表8　2022年浙江双鸟主要科技成果

成果名称	成果登记号	颁发机构	颁发时间
TC1单相电动葫芦	DJ106022023Y0033	浙江省科学技术厅	2023.01.10
便携式智能电动紧线器TW3型	DJ106022023Y0027	浙江省科学技术厅	2023.01.10
双吊点环链电动葫芦	DJ106022023Y0008	浙江省科学技术厅	2023.01.10
一拖二智能电动小车	DJ106022023Y0010	浙江省科学技术厅	2023.01.10
智能舞台葫芦C1型	DJ106022023Y0009	浙江省科学技术厅	2023.01.10

（2）重点项目。2022年，浙江双鸟开始实施高强度渗碳起重圆环链技改项目、高强度起重链轮技改项目和起重载荷控制技术研发项目。起重链条、起重链轮和载荷控制技术是手动葫芦安全性、可靠性的保证，公司以这3项关键技术为基础立项研发，制定3年计划，每年以1项发明专利的授权量为目标，带动技术原发性创新；在原有欧盟CE、GS认证基础上，增加发达国家产品认证两项；研发投入逐年上升，在原有省级企业技术中心和省级企业研究院两个研发平台基础上，继续开展校企合作，促进科技成果转化。

（3）新产品研发。2022年度立项省级新产品项目5项，与高校合作研发项目1项。

（4）质量及标准。参与JB/T 14200—2022《洁净环境用电动葫芦》行业标准制定。

3. 凯澄起重机械有限公司

（1）主要科技成果与奖励。2022年凯澄起重机主要科技成果与奖励见表9。

表 9 2022 年凯澄起重机主要科技成果与奖励

项目名称	证书号	颁发机构及奖项等级	颁发时间
一种适用于洁净环境的多功能起重机	202110-A3-28	江阴市科学技术局江阴市职工科技创新成果奖三等奖	2021.10
一种新型材料在电动葫芦滑轮上的应用建议	202110-B2-20	江阴市科学技术局江阴市职工创新合理化建议奖二等奖	2021.10

（2）重点项目。RY 型系列电动葫芦的持续开发。RY 型电动葫芦通过引进日本技术，秉着“更加轻巧、绿色环保、安全可靠、智能化、价格适中”等设计理念进行了本土化优化开发。RY 型电动葫芦工作速度快，在需要双速或慢速的场合，配置日本安川品牌的起重专用变频器进行控制。当负载小于额定载荷的 25% 时，起升自动切换为 1.5 倍高速运行，提高了葫芦的作业效率。采用成熟可靠的控制方式及电气元件，具有紧急停止、失压、防超载、防吊钩冲顶等保护功能。除了常用的单梁运行方式，也可提供双梁运行方式和固定方式等安装形式。该项目申请了 1 项发明专利和 2 项实用新型专利。

（3）新产品研发。

1）针对国内销售的 RY 型电动葫芦在变频慢速时容易产生振动等不良状况，通过与电磁制动器生产商合作，设计开发成功了适用于 RY 型电动葫芦的圆柱形电机，能效等级接近 1 级，提升了 RY 型电动葫芦的质量和产品档次。向上延伸完成了 20 t 电动葫芦产品的开发。通过与专业厂商合作，开发成功适用于电动葫芦的运行监视器，并开始在产品上应用。

2）起重机端梁的轻量化设计。通过改进端梁结构，简化车轮装置的安装与拆卸，减少了钢板拼焊的焊接工作量，有效减轻了端梁自重，并且轻量化设计的端梁装置在核电起重机上的逐步得到应用。

4. 纽科伦（新乡）起重机有限公司（简称纽科伦）

（1）主要科技成果与奖励。2022 年纽科伦主要科技成果与奖励见表 9。

表 10 2022 年纽科伦主要科技成果与奖励

项目名称	证书号	颁发机构	颁发时间
端梁 U 型冷弯成型自动生产线	9412022Y1700	河南省科学技术厅	2022.09.08
一种同步涨缩式车削装置	9412022Y1701	河南省科学技术厅	2022.09.08
一种应用于起重机操作手柄的多级菜单操作系统的构建	9412022Y1702	河南省科学技术厅	2022.09.08
自折叠轮胎门式起重机	9412022Y1703	河南省科学技术厅	2022.09.08
端梁 U 型槽冷弯成型自动生产线	2022-017	河南省装备制造工业科学技术奖评审委员会	2022.12.15
智能仓储式堆垛起重机关键技术开发及应用	2022-011	河南省装备制造工业科学技术奖评审委员会	2022.12.15
自折叠轮胎门式起重机关键技术研发及产业化	2022-012	河南省装备制造工业科学技术奖评审委员会	2022.12.15

（2）重点项目。

1）端梁 U 型冷弯成型自动生产线。该项目立足于 LD 单梁起重机的生产制造，以端梁 U 型槽为对象，通过对 U 型槽的冷弯成型工艺进行深入研究，研发一条集存料、送料、冷弯成型、成品出料各工序于一体的 U 型槽自动生产线，旨在降低劳动强度，提升产品产能，实现 U 型槽的单元化、批量化、自动化连续生产。端梁 U 型槽冷弯成型自动生产线采用自动上下料、自动定位等自动化理念，形成了集上料、送料、冷压成型、下料各工序于一体的连续自动化生产单元；采用的成型凹模为可移动结构，具有自动复位功能；上模下压采用液压系统设计，通过传感器将缸体内的液压转化为电信号传递给控制器，从而保护设备。

2）自折叠轮胎门式起重机关键技术研发及产业化。该项目整体采用新型可折叠式门架、四轮驱动轮胎式自行走特种起重机。折叠门架主梁采用六销轴可拆卸结构，实现了工作状态时的刚性连接和运输状态下的折叠；提升液压缸内置于支腿，液压站双侧布置，结构紧凑；四轮采用程序控制下的变频独立驱动，并集成了液压转向装置，行走稳定，转向灵活；行走轮采用实心轮胎设计，适用于多种复杂路况下的移动作业；四轮门式轮胎起重机原地旋转角度和速度跟随控制管理系统，可自行调节旋转角度和运行速度。开发基于电路板设计机构的电控系统及全新一代智能安全监控器，实时检测远程运维信息，性能稳定。实现了自折叠轮胎门式起重机关键结构和应用技术的突破和产业化推广应用。

3）智能仓储式堆垛起重机。随着互联网、电子商务的迅猛发展，电商企业将竞争力放在提高用户体验，提升配送效率上，一方面加快自建物流设施，另一方面“对外开放”仓储资源；同时在快递公司上市潮的资本市场推动下，仓储领域的技术和服务水平得到快速提高，对仓储系统的智能化、柔性化提出了更高的要求。

智能仓储式堆垛起重机关键技术开发及应用项目，综合运用机械防摇摆井结构设计、货叉装卸动作轨迹控制支术、三维定位技术、仓储物料管理控制技术、管理系统便捷互联技术，实现无人化、自动分配库区位置、分配物料属性以及物料归档等功能的智能化管理。

（3）新产品研发。完成电动无轨葫芦门式起重机研发。推进立体货架堆垛机、轮胎式工程施工设备、特殊工况转运设备的研发。

（4）质量及标准。2022 年纽科伦共收集 130 条质量改进意见，全部落实改进。通过 4 项 QC 项目活动的顺利开展，在全厂范围内营造了“人人关心质量”的文化氛围。通过环境管理体系、质量管理体系、职业健康安全管理体系、核工业质量管理体系、知识产权管理体系、AA 两化融合管理体系评定、武器装备质量管理体系认证。

2022 年纽科伦参与制定的行业标准《洁净环境用电动葫芦》《洁净环境用桥式起重机》均已发布。

（5）对外合作和交流。2022 年纽科伦与大连理工大学重大装备设计与制造郑州研究院达成战略合作，共同研究开发自折叠轮胎门式起重机，探索企业协同发展新模式，实现人才培养、技术服务、科研成果转化等全方位一体化链接。

（6）重大投资、技改等。2022 年纽科伦投资 1 500 万元，在原厂区基础上进行生产制造技术信息化改造。通过信息系统集成应用和生产设备数字化、智能化升级，推动生产技术创新和生产工艺、流程优化。改造主要购置有数控折弯机、焊接机器人工作站、信息化工业软件 MES 系统等。

5. 浙江五一机械有限公司

2022 年 9 月 19 日，浙江五一机械有限公司“智能大吨位群吊爬架葫芦（证书号 202209A03824-20220901-01460）”获浙江省经济和信息化厅奖励。

6. 江西起重机械总厂有限公司

（1）新产品研发。公司研发制造的 QZZN 型智能自动化抓斗起重机，入选《2022 年江西省首台（套）重大技术装备推广应用指导目录》，是目前智能化自动化程度较高的抓斗起重机。采用无齿轮直驱高效电机，无传动链消耗机械效率，耗能与负载实时匹配，综合省电 15% 以上；柔性起升、零速制动，保护负载免受冲击，延长起重机钢结构及制动器等零部件使用寿命；精准抓取，可控制抓斗的开度，自动实现额定起重量范围内任意抓取重量，每车装车重量精度控制在 1% 内；无线网络通信，能实现所有故障远程监测、诊断；能实现防摇摆、自动定位、自动识别料区物料、能自动对接用户生产管理系统，具有高可靠性、智能化、激光视觉识别、精准定位、三轴联动、动态称重、多绳平衡、深抓、精准抓取等性能。其工作效率高，安全性能好，实现无人值守，自动运行，为用户企业实现减支增效、节能环保的效果。

公司成功将二倍率八绳单起升开闭机构抓斗起重小车应用至全自动抓斗起重机上，利用开闭起升卷筒对第二连接绳进行收卷，使得抓斗本体能够进行先闭斗后提升，制动卷筒只在抓斗本体进行开斗时进行辅助，使得带动制动卷筒进行转动时电机可以选择较小功率的，因此有效降低了抓斗本体开闭机构的成本，并且降低第一连接绳的磨损。利用第一连接绳和第二连接绳对抓斗本体进行提升，使得抓斗本体和小车本体之间共有八根绳进行牵引，进而使得抓斗本体不会在提升的过程中产生旋转的现象，使得提升的稳定性更好。

（2）质量及标准。2022 年参与 GB/T 41510—2022《起重机械安全评估规范　通用要求》、GB/T 41098—2021《起重机　安全　起重吊具》、GB/T 10597—2022《卷扬式启闭机》、GB/T 208631—2021《起重机　分级　第 1 部分：总则》、GB/T 41676—2022《起重机　设计通则　锻钢吊钩的极限状态和能力验证》和 GB/T 41680—2022《起重机　抗震设计通则》6 个国家标准的起草。

7. 八达机电有限公司（简称八达机电）

（1）新产品研发。2022 年八达机电在研项目 10 余个，研发经费占营业收入的 5.14%，应用智控无刷电动机、伺服电动机和霍尔技术、微处理控制系统及数项起重算法软件等多项核心技术，研制完成无级调速、智能悬浮操控、手机端、远程控制等系列智能化电动葫芦产品。新一代智能系列产品，适用于工业、汽车、军工、养殖、工装夹具及磨具吊装、设备维护和保养、精加工调运、零部件组装、车间仓库装卸等具有重复性高频率搬运的工作。满足工业级客户群体对精准移动、智能化、数字化、产线配合、实时工况显示的需求。

项目研发形成的智能电动葫芦系列产品，申请 2 项发明专利、4 项实用新型，登记 3 项软件著作权，年销售额达到 1.2 亿元，将家用级微型电动葫芦扩展到工业级应用，实现产品的装备与软件双突破，提升了产品附加值。

2022 年研发完成智能葫芦、无级调速葫芦两款产品，满足安装于固定或移动滑轨上的吊装需求。适用于对操控速度、顺滑、重量显示、低噪声、稳定精准、悬浮控制、单手完成操作等有较高要求的作业环境中。对模具、物料配件、产品等进行起重搬运移动时，具有随心迁移、调整速度、运载物品不易磕碰等的特点。

（2）质量及标准。主导产品 PA 系列微型电动葫芦，涉及安全、耐用性能、环保卫生、加工工艺和技术要求的标准等级高，部分标准甚至高于行业标准和欧洲标准。公司产品取得了 ETL、CETL、CE、GS、EMC 等国际认证。参与修订《电动单梁起重机》和《电动悬挂起重机》两项行业标准。

8. 诺威起重设备（苏州）有限公司

（1）主要科技成果与奖励。2022 年 12 月公司被江苏省工业和信息化厅评定为江苏省专精特新中小企业（证书号 20220981）。

（2）重点项目。新一代起重机用智能电动葫芦的研发及产业化项目依托新一代信息技术，将智能化和数字化理念引入起重机的研发设计、生产管控和工艺优化等各环节，推动具有自主知识产权的高端智能化电动葫芦科技成果转化。项目研发成果申请实用新型专利 4 项、发明专利

2 项，获得实用新型专利授权 3 项，登记软件著作权 2 项。研发出新产品 1 项，新产品实现销售收入 4 000 万元。新一代起重机用智能电动葫芦技术指标见表 11。

表 11　新一代起重机用智能电动葫芦技术指标

序号	指标名称	目标值（含目标单位及数值范围）
1	能效等级	IE2
2	总谐波失真率	<5%
3	过激行为干预准确率	≥ 90%
4	地图扫描精度	≤ ± 10 mm
5	避让成功率	≥ 90%
6	重载最大搬运重量	20 t
7	三相整流最大功率	37 kW
8	四象限逆变最大功率	22 kW
9	葫芦运行速度	20 m/min

（3）新产品研发。2022 年研发了 NWH 低耗能钢丝绳电动葫芦、NCH 桥架式风电葫芦、ECO 电动葫芦、诺威多功能一体机、NWH 大吨位电动葫芦（100 t）等多款新产品，新产品产值达 6 157 万元，研发费用超 1 500 万元。

9. 河南省飞马起重机械有限公司

（1）门式起重机锚定装置研发项目研发的电动葫芦防坠落保护装置，解决了门式起重机不便于对吊装件进行更换和维修，不便于工作人员的安全使用，且在进行货物运输中，不便于对货物两侧进行固定，从而产生安全隐患的问题。项目研发时间为 2022 年 1—6 月，实际支出研发费用 67.19 万元。

（2）门式起重机防摇摆吊具的研发解决了门式起重机放线角度无法进行调整和无法进行微调的问题，克服传统起重机防摇摆装置不具有倾斜角度调节结构，使得传统起重机防摇摆装置放置在倾斜地面使用时，受地面倾斜角度影响，会令起重机防摇摆装置自身出现倾斜现象。研发时间为 2022 年 1—6 月，实际支出研发费用 65.68 万元。

（3）电动葫芦限位防撞装置的研发解决了作业环境差、操作人员无法准确看清电动葫芦的运行情况，从而造成电动葫芦损坏的问题。电动葫芦限位防撞装置的研发时间为 2022 年 1—6 月，研究取得了 1 项样品：电动葫芦限位防撞装置。研发实际支出费用 63.42 万元。

（4）电动葫芦防坠落保护装置的研发解决了起重机、龙门起重机上的吊绳、吊钩容易掉落的问题。研发时间为 2022 年 7—12 月，研发费用 75.44 万元，研究成果申请 1 项专利（一种电动葫芦防坠落保护装置，专利号 ZL202220731531.8）。

（5）单梁起重机小车限位机构的研发解决了小车在运载起重吊重物后，由于惯性大造成对防撞装置冲击大，起重吊物晃动大的安全隐患问题；解决了针对危险的极限位置缺乏警示，尤其是过于靠近晃动范围后，需要考虑对其进行降速或限制运行的位置，防止撞击发生的安全问题。研发时间为 2022 年 7—12 月，研究成果申请专利 1 项（一种单梁起重机小车限位机构，专利号 ZL202220733346.2）。实际研发费用 78.95 万元。

（6）单梁起重机端梁缓冲装置的研发解决了小车在运载起重重物后，由于惯性大，对防撞装置冲击大，起重吊物晃动大的安全隐患问题。研发时间为 2022 年 7—12 月。研究成果申请 1 项专利（一种单梁起重机端梁缓冲装置，专利号 ZL202220733334.X），实际支出研发费用 74.53 万元。

10. 南京起重电机总厂

（1）新产品开发。2022 年公司共开展 16 项科技项目，其中新品开发 7 项，工艺攻关 7 项，装备改进 2 项。

① YSTD 3.0~18.5 kW 电磁制动变频电动机。该系列电动机采用电磁制动和变频器配合使用，通过改变频率来调节运行转速，电动机在变频驱动下，效率提高 10% 左右，温升降低 20% 左右，可提高变频电动机的绝缘强度，且增加额外的散热措施。2022 年 5 月完成 YSTD 3.0~18.5 kW 电磁制动变频电动机的样机生产与装配；7 月份批量销售。

② 欧式三马电动机。该电动机由电动机加直流电磁制动器组成，具有过载能力大、机械强度高、结构紧凑、制动力矩可调、控制和使用维护方便等特点，适用于驱动欧式电动葫芦用起重机械或其他类似设备。电动机基本技术符合 IEC34-1 国际标准和 GB755 国家标准要求。2022 年 8 月完成 YSM56-4 0.65 kW、YZSM112-4 5 kW、YZSM112-4 7.5 kW、YZSM160M-4 13 kW 四个规格的批量试生产，产品已交付客户使用。2022 年度全系列产品累计销售金额为 103 230 元。

③ YZR 315-400 起重及冶金用绕线转子电动机。YZR 系列电动机已完成样机试制，投入批量生产。YZP 315-355 系列起重及冶金用变频调速电动机已完成样机试制。

YZP 系列电动机是与变频装置组成的系统能够实现无级调速，达到节能和控制自动化的目的。由于具有效率高、调速范围广、起制动运行稳定，且过载能力大等特点，特别适用于需要变频调速，短时或断续周期运行、频繁起制动的场合。

YE3、YE4 80-355 系列高效电动机已完成系列产品的生产，顺利通过 YE3 电动机三级能效认证，YE4 电动机二级能效认证，并实现批量销售。

④ 0.8~1.5 kW 软启动电动机提档升级。6 月份完成小批量样机的生产试制，型式试验检测符合设计要求，样机已发往客户进行使用。

YDEZ 系列电动机是为各种起重机的大车行走、小车行走机构配套而研制的电磁制动三相异步电动机，结构更为紧凑、体积更小巧，目前在河南市场逐步发展。

⑤ YEZS132S-4/8 3.3/2.2 建筑用双速锥形电动机开发。YEZS 系列锥形转子三相异步电动机为封闭，自扇冷式，带制动装置的笼型电动机，是专为建筑机械配套而设计的产品，具有起动转矩大、过载能力强、体积小、结构紧

凑、重量轻等特点。通过改变绕组内部线路，实现极数的变化，属于变极双速电动机。YEZS132S-4/8 3.3/2.2 kW、YEZS132M-4/8 4.5/3.0 kW 于 2022 年 11 月完成样机试制与型式试验检测，经测试性能符合设计要求，产品结构及性能已定型。

（2）工艺攻关。

① 锥形电动机定转子互换装配。目前定子嵌线已采用自动化嵌线设备，对定子铁心质量的一致性控制比较好，但转子装配仍需采用选配方式，故转子加工精度的控制更为重要。因此设计 0.4~24 kW 转子检测工装，提高转子加工精度；设计定子测量量具，不再用转子配间隙，降低了劳动强度，提高了装配效率，实现定转子互换。

② 锥形电动机手动释放装置设计。当突然发生停电时，制动轮的反向转矩存在，重物不会下落会悬在半空；当需要将吊物放下时，只有重新通电，电动机反转才会将吊物放下。故设计手动释放装置，在无通电状态下实现手动将吊物放下。

③ 连续真空浸漆设备装定子工装。定子放在浸漆筐上进行浸漆工序，当定子卧式摆放在定子筐里时，定子铁心表面漆渣清理不干净；当时定子立式摆放时，绕组端部与浸漆筐横梁直接接触，绕组端部表面接触不平整，使得浸漆后的定子变形。因此设计多种规格装定子工装，定子与浸漆筐工装的立柱表面接触，接触面积小，漆瘤漆渣少，提高定子浸漆的合格率。

④ 0.8~2.2 kW 大盘（D）锥形电动机结构改进。目前 0.8 kW、1.5 kW、2.2 kW 电动机大盘前盖在安装与使用过程中，由于前盖颈部较细，如铸件存在气孔或砂眼等，且电动机起、制动时常伴有振动，长期使用可能出现颈部断裂，发生安全事故。故重新设计 0.8~2.2 kW 大盘电动机前盖，实现结构改进。

⑤ YZR 绕线转子端部绑扎结构改进。经过对返厂故障电动机的拆检，发现有转子端部松散后与定子绕组端部刮擦故障情况，为了整形时尽量压紧端部绕组，增大线包通电部分的对地距离，改善线包的散热状况及预防飞弧，特设计一种转子端部绑扎工装。

⑥ 铝壳化锥形转子电动机。锥形电动机轻量化的目的在于将所涉及产品的自重降到最低，同时还需保证产品的功能完备，安全性与耐用性符合设计要求，将电动机的机座由原来的铸铁材质替换为铸铝材质，因铸铝的密度小，强度高，机械性能优良等优点，实现了锥形电动机轻量化。

⑦ 防爆电动机质量提档升级重点围绕电动机铸件展开。消失模铸件工艺的应用使机座表面粗糙度明显下降，具备更高的标准精度，散热效果更佳，同时铸件内部缺陷减少，刚度和强度有效增强。

⑧ 3.0~7.5 kW 锥形电动机装配线量产。为了实现锥形电动机机械化、自动化装配，开发出 3.0~7.5 kW 锥形电动机自动装配流水线，提升定子加工工艺，提高定转子等零部件的加工精度，实现锥形电动机组装由选配到互换装配，从而实现锥形电动机装配线量产。

⑨ 0.8 kW 软启动电动机自动嵌线生产线调研。公司 0.8 kW 软起动电动机生产量较大，具备批量化生产条件，而手工嵌线难以保证绕组定子铁心质量的一致性，因此开展 0.8 kW 软启动电动机自动嵌线生产线调试有助于提高嵌线生产效率，降低劳动强度，保证产品质量一致性。

（3）质量及标准。2022 年公司以 GB/T 19001—2016/ISO 9001：2015《质量管理体系　要求》进行了质量管理体系策划，建立了完整的质量管理体系。2022 年 2 月 1 日获得江苏方圆认证中心颁发的质量管理体系证书（00222Q20748ROM）。2022 年 9 月防爆产品通过了“3C”认证。

参与起草的 JB/T 7067—2020《YEZS 系列起重用双速锥形转子制动三相异步电动机　技术条件》已发布。参与起草的 JB/T 11822—20××《隔爆型锥形转子制动三相异步电动机技术条件》通过审核，待发布。

（4）对外合作和交流。2022 年与安徽信息工程学院联合开发三合一驱动装置硬齿面齿轮箱，完成图样的设计。在试制过程中跟踪收集数据，调整零件的精度，现已完成结构优化，并进行批量生产。

11. 南京开关厂股份有限公司

（1）主要科技成果与奖励。2022 年公司被江苏省科学技术厅、江苏省财政厅、国家税务总局江苏省税务局联合授予高新技术企业称号（证书号 GR202232016924）。2022 年 7 月 1 日，被工业和信息化部评定为专精特新“小巨人”企业。

（2）质量及标准。参与《起重机　检验与试验规范　第 1 部分：通则》的修订工作。

12. 佳力机械股份有限公司

（1）新产品研发。一种基于 PLC 控制的智能型电动葫芦，套筒顶部开设有注油孔，钢丝绳一端固定安装于电动葫芦主体，电动葫芦主体顶部焊接有固定块，固定块一端安装有第二转轴，第一活动杆的一端焊接于压板的一侧。本体包括移动车，有若干防撞装置，旋转杆与移动车活动连接，远离移动车的一端活动连接有连接板，连接板上活动连接有导向台，导向台上开设有活动槽，活动槽内部活动连接有若干导向轮，减振槽内部固定连接有减振弹簧，减振弹簧连接有减振条，旋转轴上活动连接有辊轮。

（2）质量及标准。公司取得了 ISO 9001—2015 质量管理体系认证，产品生产按 JB/T 5317—2016 要求执行。

（3）对外合作和交流。2022 年公司通过中国进出口商品交易会平台与东南亚、南美的多个国家和地区达成战略合作协议，引进一批高级技术人员，提高产品在市场上的竞争力。

13. 北京双泰气动设备有限公司（简称北京双泰气动）

（1）主要科技成果与奖励。2022 年北京双泰气动获得的科技成果和奖励见表 12。

表 12　北京双泰气动获得的科技成果和奖励

项目名称	证书号	颁发机构	颁发时间
知识产权试点单位		北京市知识产权局	2022.08
科技查新报告	HX2023-10173	中国化工信息中心有限公司	2023.01
防爆合格证		国家防爆产品质量检验检测中心（天津）	2022.10
中关村高新技术企业	20222090434404	中关村科技园区管理委员会	2022.06
矿用产品安全标志证书气动单轨吊 DQ30-0.5	MCM220267	安标国家矿用产品安全标志中心有限公司	2022.10
矿用产品安全标志证书气动单轨吊 DQ40-0.5	MCM220268	安标国家矿用产品安全标志中心有限公司	2022.10
矿用产品安全标志证书气动单轨吊 DQ40-0.5Y	MCM220266	安标国家矿用产品安全标志中心有限公司	2022.10
矿用产品安全标志证书气动单轨吊 DQ50-0.5	MCM220269	安标国家矿用产品安全标志中心有限公司	2022.10
矿用产品安全标志证书气动葫芦 HQ1-（3~16）	MAJ120412	安标国家矿用产品安全标志中心有限公司	2022.06
矿用产品安全标志证书气动葫芦 HQ2-（3~16）	MAJ120410	安标国家矿用产品安全标志中心有限公司	2022.06
矿用产品安全标志证书气动葫芦 HQ3-（3~16）	MAJ120409	安标国家矿用产品安全标志中心有限公司	2022.06
矿用产品安全标志证书气动葫芦 HQ5-（3~16）	MAJ120408	安标国家矿用产品安全标志中心有限公司	2022.06
矿用产品安全标志证书气动葫芦 HQ6-（3~16）	MAJ120407	安标国家矿用产品安全标志中心有限公司	2022.06
矿用产品安全标志证书气动葫芦 HQ8-（3~16）	MAJ120406	安标国家矿用产品安全标志中心有限公司	2022.06
矿用产品安全标志证书气动葫芦 HQ10-（3~16）	MAJ120411	安标国家矿用产品安全标志中心有限公司	2022.06
矿用产品安全标志证书气动葫芦桥式起重机 LHQE6+6-（4.5~22.5）	MAJ170104	安标国家矿用产品安全标志中心有限公司	2022.07
矿用产品安全标志证书气动葫芦桥式起重机 LHQE10+10-（4.5~22.5）	MAJ170102	安标国家矿用产品安全标志中心有限公司	2022.07
矿用产品安全标志证书气动葫芦桥式起重机 LHQE25+25-（4.5~22.5）	MAJ170105	安标国家矿用产品安全标志中心有限公司	2022.07
矿用产品安全标志证书气动葫芦桥式起重机 LHQE30+30-（4.5~22.5）	MAJ170103	安标国家矿用产品安全标志中心有限公司	2022.07
企业综合信用评价等级证书		中关村企业信用促进会	2022.12
北京市企业创新信用领跑企业		中关村企业信用促进会	2022.12

（2）新产品研发。大功率气动单轨起重机，已做查新报告，并投入生产，实现了成果转化。该设备是悬臂在巷道上空的特制工字钢上的起重运输设备，主要由主牵引装置、制动装置、提升装置、滑动起吊装置和气动控制系统等部分组成，具有沿轨道直线、上下俯仰、左右转弯随意运行的特点。通过双轮组驱动器以及可调节连杆的设计，一方面使得单轨起重机在不增加体积的情况下双轮组驱动器可获得更大的移动牵引力，从而满足货物在高效吊运情况下的使用需求，另一方面通过可调节连杆来调节相邻两个气动葫芦之间的间距，能够有效避免两个以上大尺寸货物在同时吊运时的相互碰撞阻挡，大大提高单轨起重机上货物的吊运效率。

（3）质量及标准。公司主编的《气动门式起重机》行业标准，2022 年年底通过初审，计划 2023 年公布。

14. 重庆维大力起重设备有限公司

（1）主要科技成果与奖励。2022 年 6 月 1 日，公司被工业和信息化部评定为专精特新“小巨人”企业。2022 年 11 月 28 日，被重庆市科学技术局、重庆市财政局、重庆市税务局授予高新技术企业（GR202251102006）。

（2）新产品研发。HD500 环链电动葫芦主要是用于风电设备的吊装，尤其是海上风电的吊装。该产品具有结构紧凑、工作安静、寿命长、操作方便、安全可靠等优点，是起吊重物、舞台吊装、风电吊装、装卸工作、维修设备、吊运货物的理想吊具。HD 型环链电动葫芦可以安装在悬空工字梁、曲线导轨及固定点上吊运重物，尤其是在不适用架桥式起重机、梁式起重机的低建筑厂房，以及选用钢丝绳葫芦体积过大的场所，HD 型环链电动葫芦有它独特的优势。由于小巧玲珑，具有多种安装方式，除固定悬挂使用，还可以配置手推小车，电动运行小车，适合在超净工作室、试验室内，也可以在单间厂房内为高精度机床、加工中心、内燃机调试检测等起吊工件。目前，HD500 环链电动葫芦实现小批生产，VP-X3~12T 紧线器实现量产。HD500 环链电动葫芦技术指标见表 13。

表 13 HD500 环链电动葫芦技术指标

序号	指标名称	指标参数
1	额定起重量	单链 0.25~0.5 t，双链为 1.0 t
2	起升速度	慢速 2.0 m/s，快速 8.0 m/s； 双链速度：慢速 1.0 m/s、快速为 4.0 m/s
3	起升高度	9 m（标准）
4	链条规格	直径 5 mm × 15 mm，T 级
5	链条总重	≤ 100 kg
6	制动器容量	≥ 1.5 倍
7	电动机功率	0.5 t 时为 0.75/0.19 kW；0.25 t 时为 0.36/0.09 kW
8	工作电压	3PAC400V ± 15%；50/60 Hz
9	工作温度	−40~50 ℃

（3）质量及标准。公司获得 ISO 9001—2015 质量管理认证证书、中国船级社型式认可证书；通过中国电力科学院产品检测和 CMA 第三方质量检测。

（4）对外合作和交流。与美国 JET 和德国 HADEF 合作定制开发手扳葫芦。

（5）重大投资、技改。机加车间普通花键铣床改造为数控铣（费用 46 万元）；链条间购置大修边焊机 1 台，校正机 1 台（费用 11 万元）；新购拉力机 1 台，改造 1 台（费用 6.3 万元）；链条车间中频机改造（12.8 万元）。

15. 重庆美和机电有限公司

（1）重点项目。2022 年，开发了适用于特种行业的特种葫芦，该系列产品为公司增加营业收入近千万元；同时 MH611 系列产品成功进入美国销售百强公司采购体系，有望成为公司新的增长点；自主研发的两款手拉葫芦领域通用工具，正式面世后有望改变手拉葫芦现有的操作方式。

（2）新产品研发。研发成功新型铝合金环链电动葫芦、360° 旋转铝合金手拉葫芦、无轻载铝合金手扳葫芦、手拉助力器、链条快速调节器、超低净空葫芦。

（3）质量及标准。公司在保持 CE、GS、BSCI 等常规认证的同时，正在与 TÜV 公司进行手动防爆葫芦的防爆认证探索。参与行业标准《手动葫芦　安全规则》的修订工作。

（4）对外合作和交流情况。公司长期与美国 CM 公司、德国耶鲁公司、日本 KITO 公司、美国 GE 公司等行业龙头企业保持技术交流和业务往来。

行业大事记

1. 2022 年 7 月 22 日，中国重型机械工业协会八届三次会员代表大会暨理事会以线上线下相结合的方式在北京召开。会议表彰了中国重型机械行业“2021 年度优秀会员单位”，起重葫芦分会的多家会员单位上榜。其中河南省矿山起重机有限公司、北京起重运输机械设计研究院有限公司、浙江双鸟机械有限公司被评为中国重型机械行业“2021 年度领军单位”。江西工埠机械有限责任公司、凯澄起重机械有限公司、华德起重机（天津）股份有限公司、浙江东海减速机有限公司、纽科伦（新乡）起重机有限公司、浙江冠林机械有限公司、诺威起重设备（苏州）有限公司、新乡市起重设备厂有限责任公司、江西起重机械总厂有限公司、南京神天起重机械设备有限公司、江苏三马起重机械制造有限公司、湖北三六重工有限公司被评为中国重型机械行业“2021 年度专精特新冠军单位”。上海宏欣电线电缆有限公司、河南恒达机电设备有限公司被评为中国重型机械行业“2021 年度金牌服务单位”。

2. 中国重型机械工业协会发布《中国重型机械科技创新成果目录》（2021 年），会员企业河南省矿山起重机有限公司的洁净防爆双梁起重机研发及应用，江西工埠机械有限责任公司的 GBM 永磁直驱起重机，浙江双鸟机械有限公司的 TC 智能环链电动葫芦，北京双泰气动设备有限公司的电气遥控气动单轨吊车、一种超低净空液压葫芦，北京起重运输机械设计研究院有限公司的大型医药工厂无人化高效仓储物流系统等成果上榜。

3. 中国重型机械工业协会起重葫芦分会四届一次会员大会（以下简称大会）于 2022 年 9 月 14—16 日在河南省开封市召开。大会按总会章程规定进行了换届选举，选举中国重型机械工业协会副理事长兼秘书长王继生为第四届理事会理事长，选举产生河南省矿山起重机有限公司总经理任海涛等 8 位副理事长；选举出国家起重运输机械质量监督检验中心总工程师陶天华等 33 位理事；选举张敏为秘书长。

大会表彰了三届理事会优秀会员，对河南省矿山起重机有限公司等 25 家荣获“2017—2021 年度起重葫芦行业优秀企业”的单位和聊城五环机械有限公司等 22 家荣获“2017—2021 年度起重葫芦行业优秀配套企业”的单位进行表彰并颁发牌匾。

4. 工业和信息化部第四批专精特新“小巨人”企业名单公示，协会会员单位南京开关厂股份有限公司、重庆维大力起重设备有限公司、河南蒲瑞精密机械有限公司等上榜。

5. 工业和信息化部、中国工业经济联合会发布了第七批制造业单项冠军企业（产品）名单，会员单位北京起重运输机械设计研究院有限公司的客运拖挂架空索道入选。

6. 2022 年 12 月 30 日，在工业和信息化部、国家发展和改革委员会、财政部、国家市场监管总局四部门公布的 2022 年度智能制造示范工厂揭榜单位和优秀场景名单中，行业企业卫华集团有限公司的“大规模个性化定制”、河南省矿山起重机有限公司的“安全风险实时监测与应急处置”“产品数字化研发与设计”“智能协同作业”场景入选。

〔撰稿人：中国重型机械工业协会起重葫芦分会张敏　审稿人：中国重型机械工业协会王继生〕

桥式、门式起重机

生产发展现状 2022 年是“十四五”规划的关键之年，面对国内外复杂严峻的经济环境、全球产业链、供应链的巨大冲击、通胀压力，以及俄乌冲突和欧洲能源危机蔓延等超预期影响，起重机行业企业积极采取措施稳妥自救，努力解决结构性、体制性、周期性等问题，全年营业状况稳中略降。

2022 年受原材料波动、人员工资上涨、国内外新冠肺炎疫情反复等影响，行业企业营业成本明显上涨，面对不稳定的经济因素及激烈的市场竞争，企业通过打价格战谋求生存，导致起重机行业利润率持续下降，盈利水平处于谷底，整体经济低位运行。

从行业层面看，传统市场需求出现萎缩，低端非智能化起重设备需求出现下行态势。国家“双碳”政策的持续推进，为传统产业绿色转型带来新机遇，存量市场智能化、信息技术与互联网融合、节能环保绿色升级等需求将长期维持旺盛态势。企业应按照需求导向重点抓好对传统低端产品的智能化升级，同时根据自身特点寻找切入点，因企施策，重点抓好产业链延伸、集成创新和服务增值，形成“制造 + 服务”双轮驱动模式，为用户提供全生命周期智能化服务产品。行业企业应持续加大研发投入，提高精益管理能力，降本控费，以降低竞争加剧带来的盈利水平下降的风险。

市场与销售 2022 年，受新冠肺炎疫情、国际冲突、原材料波动等一系列经济影响，起重机行业营业收入以第一季度增长开局，但随着全球动荡和新冠肺炎疫情的持续影响，6 月出现下降，进入第三季度后缓慢恢复，全年整体呈下降态势。

1. 营业收入

2022 年，起重机行业的营业收入为 2 264 亿元，同比下降 19.3%；利润总额 95 亿元，同比下降 37.4%。2022 年起重机行业的营业收入增速和利润增速走势如图 1 所示。

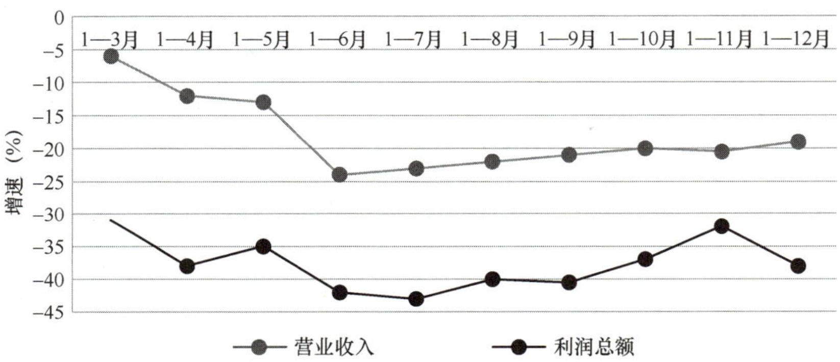

图 1 2022 年起重机行业的营业收入增速和利润增速走势

数据来源：《2022 年重型机械行业经济运行报告》。

从图 1 可以看出，2022 年起重机行业营业收入同比下降。由于市场竞争激烈，不少企业为了生存不断降价，导致利润率跌幅加剧，整个行业效益下降，亏损面增大。中国重型机械工业协会桥式起重机专委会归口管理的桥式、门式起重机销售走势与整个起重机行业基本相同。2018—2022 年桥式、门式起重机的销量、销售产值见表 1。

表 1 2018—2022 年桥式、门式起重机的销量、销售产值

年份	销量 / 万台	销售产值 / 亿元
2018	8.90	393
2019	9.80	432
2020	10.78	460
2021	11.69	472
2022	9.98	396

2. 效益质量指标

2022 年，物料搬运机械行业每百元营业收入成本、费用分别为 83.65 元、7.88 元。2022 年物料搬运行业效益质量指标如图 2 所示（数据摘自《2022 年重型机械行业经济运行报告》）。

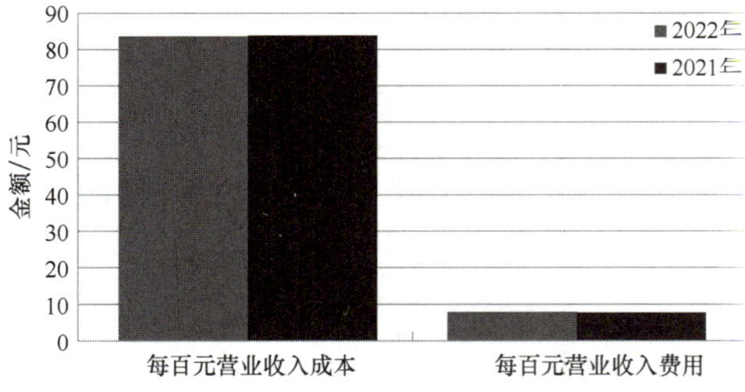

图 2 2022 年物料搬运行业效益质量指标

2022 年受新冠肺炎疫情影响，桥机专委会部分会员企业业务人员、售后服务、安装人员等外出受限制，并需按照目的地防疫要求进行隔离管控，每月实际工作天数较少，造成很多项目人手不足及项目进展缓慢，订单量减少。同时为降低企业员工出行风险，大部分出差都改为自驾，企业管理费用、成本大幅度增长，相关起重设备的每百元营业收入成本较 2021 年略有增加。

3. 产品进出口

2022 年，国家出台一系列稳经济政策，在外贸领域涉及保通保畅、加大财税金融支持力度、鼓励外贸新业态发展、支持企业保订单拓市场、不断提升贸易安全和便利化水平等方面，行业产品进出口市场比 2021 年明显回暖。2021—2022 年桥式、门式起重机进出口情况见表 2。

表 2　2021—2022 年桥式、门式起重机进出口情况

年份	出口		进口	
	数量 / 台	金额 / 万美元	数量 / 台	金额 / 万美元
2021	8 607	61 913	377	2 578
2022	14 174	60 512	225	3 198

数据来源：《重型机械主要产品进出口年报 2022》。

出口情况：桥式起重机出口额为 2.62 亿美元，出口量为 11 238 台；门式起重机出口额为 3.43 亿美元，出口量为 2 936 台。

进口情况：桥式起重机进口额为 0.18 亿美元，进口量为 205 台；门式起重机进口额为 0.14 亿美元，进口量为 20 台。

从表 2 可以看出，2022 年桥式、门式起重机的出口量明显高于 2021 年，但出口金额略低于 2021 年，再次说明国内起重机行业利润率下降的态势，盈利水平持续低迷。

4. 桥机专委会会员企业情况

2022 年，大部分会员企业起重机销售水平比 2021 年同期下降，小部分企业依托高附加值智能化高端产品销售逆势增长。桥式、门式起重机行业产值排名前 15 位企业的起重机产品销售总值约占整个国内市场 60.48% 的份额。2022 年桥机专业委员会部分企业主要经济指标见表 3。

表 3　2022 年桥机专业委员会部分企业主要经济指标

企业名称	工业总产值 / 亿元	起重机销售产值 / 亿元
河南省矿山起重机有限公司	63.17	59.87
河南豫飞重工集团有限公司	31.28	30.02
太原重工股份有限公司	80.40	18.20
法兰泰克重工股份有限公司	18.70	16.62
大连华锐重工集团股份有限公司	103.57	8.73
科尼起重机设备制造（上海）有限公司	6.30	6.21
株洲天桥起重机股份有限公司	15.86	5.87
江西起重机械总厂	4.85	4.79
山起重型机械股份公司	4.06	3.95
广州起重机械有限公司	3.04	3.01
河南豫中起重集团有限公司	2.70	2.65

注：按起重机销售产值排序。

新产品和科技成果　2022 年会员企业继续聚焦高端制造、智能制造、绿色制造、服务型制造，提高技术创新能力，加大研发投入力度，激发员工活力，推动互联网、大数据、人工智能等高端起重机的成果转化。

1. 大连华锐重工起重机有限公司（简称大连华锐重工）

（1）重大科技成果。大连华锐重工承担的辽宁省科技厅“揭榜挂帅”科技攻关计划项目——电炉加料智能起重输送系统，针对我国各大钢铁企业电炉炼钢的智能化需求，研发出电炉加料智能起重输送系统、废钢库智能管控系统与废钢料堆视觉感知系统等关键技术，对发展我国钢铁行业智能制造水平、打破国外垄断、提高国际竞争力具有重要意义。

承担大连市科技局重点研发计划项目——特大型铸造起重机智能化关键技术研究与测试。依托公司在起重机智能技术的多年积累，突破自主决策、自动感知、自主执行等关键技术，设计开发出具有完全自主知识产权的特大型智能铸造起重机（300 t 以上）。

参与地震工程领域首个国家重大科技项目——国家地震工程模拟研究配套桥式起重机研制。该项目起重机最长跨度达到 70 m，最大起重量为 500 t，是该领域起重量最大、跨度最长、技术水平最高的室内桥式起重机。项目针对重量轻、精度高、跨度大等技术难点，创新采用了自动定位、电气防摇等多项领先技术。

（2）技术创新情况。

1）智能钢板库起重输送系统。该系统可根据钢板的尺寸、材质、产地等规格信息，以及垛位垛高等场地信息，完成最多上百层垛高的钢板无人化出、入库搬运，并提供安全库存、库存周转率、长期库存预警等信息服务，提供移动 APP 等功能。

2）智能抓斗起重输送集群系统。该项目包含 6 台智能抓斗桥式起重机及智能控制系统，涵盖了生产任务决策、设备集群调度、散料识别管理等智能化前沿技术，可为客户提供包含智能起重机管控、运输车辆导引、机器视觉、安全、中控远程操作等多个子系统的整体解决方案，实现了单机智能向集群智能的跨越。

3）大吨位铸造起重机技术提升。实施精细化技术研究，完成产品技术升级，全面提升了设备的适用性、安全性和连续运行能力，打造大吨位铸造起重机精品。2022 年累计中标宝钢 460 t、港陆 450 t、冀南 380 t 等大吨位铸造起重机 24 台。

4）全流程数字化设计平台开发。以主导产品铸造起重机为对象，搭建产品数字化样机库，充分利用数字化手段，开发建设集快速报价、自动计算、参数化设计于一体的铸造起重机全流程数字化设计平台，实现设计工作全部线上开展，打造国内最先进的起重机设计开发平台，提高设计效率 30% 以上，为零部件批量组织和产品智能制造奠定基础。

5）核心零部件智能焊接工作站。围绕设计标准化、工艺流程化和制造自动化等要素形成链条式解决方案。工作站规划 10 个隔板和 2 个台车架焊接工位，配置 2 台 6 轴焊接机器人，适用于小批结构件混线生产，可实现年产 5 000 个核心零部件的智能生产能力。

6）主梁智能焊接工作站。主梁智能焊接工作站是大连重工绿色智能制造示范项目，以设计模块化为基础，重构制造工艺，打通数字化设计平台和智能焊接工作站的数据链路，攻克焊缝自动定位、姿态协调等关键技术，实现箱梁结构的智能焊接。工作站配置两台 6 轴龙门自动焊机和 2 台变位机，适用于长 32 m、宽 2.2 m、高 2.2 m 的箱梁焊接，可实现年产 200 根以上箱梁的生产能力。

（3）专利情况。2022 年大连华锐重工共申报专利 5 项，登记软件著作权 1 项；现拥有有效专利 43 项，其中发明专利 26 项。

2. 卫华集团有限公司（简称卫华集团）

2022 年，卫华集团共参与 4 项国家级项目研发。其中起重物流装备行业工业互联网平台入选工业和信息化部 2022 年新一代信息技术与制造业融合发展试点示范名单；基于个性化定制的起重装备产品研发及应用示范项目入选 2022 年新型信息消费产品与服务项目；工业互联网平台入选国家第四批服务型制造示范平台名单；卫华大规模个性化、定制化、建设化项目入选国家智能制造试点示范优秀场景。

卫华集团牵头组建的智能起重装备工业设计中心入选新一批国家级工业设计中心名单；子公司北京云中未来科技有限公司将物联网、5G 通信、AI、大数据、云计算等核心技术融入智能化产品中，助力企业数字化转型。

2022 年卫华集团先后荣获了 17 项国家（省）级荣誉，获得授权专利 201 项，登记软件著作权 50 项，获得省、部、厅级科技进步奖 20 项，通过科技成果鉴定 20 项，新增省级研发平台 6 个，市级 1 个。

3. 广州起重机械有限公司（简称广州起重）

2022 年，广州起重坚持走产学研结合的开发道路，与广东工业大学、广东技术师范大学合作创建技术合作中心，建立了广东广起智能研究院。广州起重与广东广起合作攻关的起重机金属结构件智能制造系统研究及应用项目，应用信息物理系统 CPS 技术，完成了完整的起重机金属结构件制造工段的系统级智能化建设；项目创造性应用了机构运行精确定位技术、“机械调姿 + 智能识别系统”自动定位技术，举升式重载 AGVS 系统包含的自动导向、升降和安全避障等一系列技术；图像识别、机器视觉识别、数字孪生技术；5G 远程通信技术；WMS 动态库存管理 + 工程项目协作信息化管理等技术，解决了系统研制过程中的各类问题。该项目于 2022 年 12 月通过科技成果鉴定，被认为具有显著创新性，整体技术居于同行业国际先进水平。

4. 太原重工股份有限公司（简称太原重工）

依托新园区建设，太原重工分公司首次将焊接机器人应用于大型桥式起重机主梁焊接，也是首次将变位机与机器人结合，完成主梁翻转与施焊，解决了大吨位起重机非标大型主梁机器人焊接难题。另一台大筋板机器人焊接工作站实现了国内首次将 3D 视觉识别技术应用于筋板焊接。分公司承制的太重新园区下料中心 3 台智能化程控无人起重机，能够与下料中心中控对接，自动作业率可达 99%，整机性能达到了国内同类机型的先进水平。

5. 河南省矿山起重机有限公司（简称河南矿山）

河南矿山承制的泸州鑫阳钒钛钢铁厂 360 t 铸造起重机是河南矿山精品战略中“大吨位”起重机产品代表之一。该产品性能优越，使用过程运行平稳、安全精准。

河南矿山为江苏申港制造基地承制的 6 台（套）400/100 t 新型双梁起重机，全部应用于江苏申港制造基地，其中 400 t 新型双梁起重机用于核电领域压力容器的生产制造，标志着公司研发生产的高端、绿色、低碳起重机产品得到市场认可。

2022 年河南矿山共申请专利 18 项，其中发明专利 5 项；获授权专利 17 项，其中科技成果 6 项。

6. 山起重型机械股份公司

（75 +75）t 加料起重机双小车均采用龙门钩吊具。起升机构采用单减速机、单卷筒、四联钢丝绳结构；小车轨距、起重机总宽度大大减小；大车采用 16 轮，端梁采用铰接。供电电源采用 3 kV 高压，起升机构采用定子调压调速，一用一备。大小车运行机构均采用变频调速。

（35+35）t 电磁挂梁桥式起重机。在钢厂宽厚板项目中，需要调运的板材长度不断增大，有的甚至超过 40 m，一般的板坯搬运起重机挂梁长度已不能满足要求。为满足钢厂生产需要研发的配有超长挂梁的桥式起重机具有以下创新点：挂梁最大长度 40 m，为减轻自重，挂梁本体采用空腹箱型梁结构。采用两套起升机构，两套机构高速轴之间采用刚性连接。大车运行及桥架采用平衡端梁 + 铰接中间端梁结构，铰轴处增加耐磨套，安装更换方便。起升机构采用定子调压调速，大小车运行机构采用变频调速。

2022 年共获授权实用新型专利 6 项。

7. 江西起重机总厂有限公司

公司研发制造的 QZZN 型智能自动化抓斗起重机，入选 2022 年江西省首台（套）重大技术装备推广应用指导目录，是目前智能化、自动化程度较高的抓斗起重机。其采用无齿轮直驱高效电机，无传动链消耗机械效率，耗能与负载实时匹配，综合省电 15% 以上；柔性起升、零速制动，保护负载免受冲击，延长起重机钢结构及制动器等零部件使用寿命；精准抓取，可控制抓斗的开度，自动实现额定起重量范围内任意抓取重量，每车重量装车精度在 1% 内；无线网络通信，能实现所有故障远程监测、诊断；

能实现防摇摆、自动定位、自动识别料区物料、自动对接用户生产管理系统，具有高可靠性、智能化、激光视觉识别、精准定位、三轴联动、动态称重、多绳平衡、深抓、精准抓取等功能。其工作效率高，安全性能好，可实现无人值守，自动运行，减少人工，与传统的起重机相比为用户企业达到了减支增效、节能环保的效果。

公司成功将二倍率八绳单起升开闭机构抓斗起重小车成熟应用至全自动抓斗起重机上，利用开闭起升卷筒对第二连接绳进行收卷，使得抓斗本体能够进行先闭斗后提升，制动卷筒只在抓斗本体进行开斗时进行辅助，进而使得带动制动卷筒进行转动时电机可以选择功率较小的，因此有效降低了抓斗本体开闭机构的成本，并且降低第一连接绳的磨损。利用第一连接绳和第二连接绳对抓斗本体进行提升，使得抓斗本体和小车本体之间共有八根绳进行牵引，进而使得抓斗本体不会在提升的过程中产生旋转现象，使提升时的稳定性更好。以上技术的成熟应用，解决了开闭结构的成本较高、抓斗的提升不够安全、抓斗容易因受力不平衡发生旋转的问题。

2022 年新增 15 项发明专利和 3 项实用新型专利，新增 8 项自主科研项目计划。

8. 豫飞重工集团有限公司（简称豫飞重工）

2022 年豫飞重工生产的起重机服务多项国家重点项目，除军工项目外，主要有国能大渡河金川水电建设有限公司 5 000 kN 固定卷扬启闭机，汉江孤山水电开发有限责任公司多台固定卷扬机 2 × 3 200 kN 固定卷扬启闭机和移动门式启闭机，大石峡电站 QE（300/50+300/50/10）t 双小车起重机，西安西电（250+250）t 欧式起重机，中海油多台防爆桥式起重机，广东粤海珠三角供水有限公司多台桥式起重机；上海甲佳多台洁净葫芦桥式起重机；伊莱特能源装备股份有限公司多台冶金桥式起重机；中国核电工程有限公司、中核四〇四有限公司、中国核工业二三建设有限公司等用多台数控起重机、热室起重机和环形起重机等。

2022 年豫飞重工取得发明专利 2 项，实用新型专利 7 项。参与制定标准 4 项：GB/T 41510—2022《起重机械安全评估规范　通用要求》、GB/T 41676—2022《起重机　设计通则　锻钢吊钩的极限状态和能力验证》、GB/T 41680—2022《起重机　抗震设计通则》、GB/T 10597—2022《卷扬式启闭机》。

9. 北京起重运输机械设计研究院有限公司（简称北起院）

2022 年度北起院实时关注科技部、北京市、国机集团、中关村、东城区等科技信息网站，跟踪上级科研申报指南，扎实开展科研开发工作，有效推动公司科技进步。

（1）国家重点研发计划。组织申报国家重点研发计划“国家质量基础设施体系”重点专项（NQI 专项）《起重装备领域基础关键国际标准研制》1 项；申报科技部中芬政府间科技合作项目“烟气多污染物超净排放和碳捕集一体化智能处理技术与装备”1 项。

（2）北京市自然科学基金项目。基于模糊数学的起重机桥架概率安全评估方法项目以桥式起重机桥架为对象，结合实际服役环境下的变形特点和载荷工况，开展基于模糊数学理论的概率安全评估研究，建立安全评估指标体系；基于模糊数学理论，提出一种评估桥架当前和未来安全状态的有效方法，分析影响安全状态的关键因素，以指导起重机械质量监督检验领域开展安全评估和健康维护。该项目研究可以有效解决我国桥式起重机安全评估体系不全面、缺乏寿命预测方法的难题，为监督检验技术发展提供理论支撑，更好地适应高速发展的安全评估服务新需求，推动我国起重机械向高端服务方向升级。

（3）国家市场监督管理总局（特种设备安全监察局）科研项目。申报并获批国家市场监督管理总局（特种设备安全监察局）科研项目——智能起重机检验与试验状况分析。该项目针对智能起重机应用的无人驾驶、环境感知、远程操作、无线通信、吊具防摇等新技术、新特点、新功能在现行的安全技术规范、标准等方面的缺失问题，积极开展研究，提出科学合理可行的检验试验方法及技术指标，确保智能起重机的安全运行，减少起重机安全生产事故，同时推动相关标准的立项和制定，为完善起重机械安全技术规范和标准的制修订工作提供技术支撑。

（4）知识产权工作。2022 年北起院申请专利 34 项，其中发明专利 10 项；获授权专利 22 项，其中发明专利 1 项；登记软件著作权 8 项。

2022 年桥式、门式起重机行业获奖科研项目见表 4。

表 4　2022 年桥式、门式起重机行业获奖科研项目

序号	项目名称	获奖类别	获奖等级	主要完成单位
1	高参数齿轮传动装置系列化设计制造技术研究及应用	机械工业科学技术奖（科技进步奖）	一等奖	宁波东力传动设备有限公司
2	高温热镀专用起重机的关键技术研究和产业化	河南省国防科技进步奖	三等奖	河南省矿山起重机有限公司
3	T/CPARK 4—2021《起重机用碾压车轮》	中国标准创新贡献奖		河南省矿山起重机有限公司
4	单梁起重机智能化流水线生产工艺研究	“华中数控”杯全国机械工业产品质量创新大赛	优秀奖	矿山起重机有限公司
5	三代核电大型多功能环行起重机研制	“华中数控”杯全国机械工业产品质量创新大赛	优秀奖	河南省矿山起重机有限公司

质量与标准 桥机专委会组织会员单位积极参加标准的制修订，2022年批准发布的与桥机专业委员会会员单位相关的部分标准见表5。

表5 2022年批准发布的与桥机专业委员会会员单位相关的部分标准

序号	标准编号	标准名称	发布日期	实施日期
1	ISO 23778：2022	起重机—液压油缸的能力验证	2022-09	2022-09
2	GB/T 41510—2022	起重机械安全评估规范 通用要求	2022-07-11	2023-02-01
3	GB/T 41676—2022	设计通则 锻钢吊钩的极限状态和能力验证	2022-10-12	2023-05-01
4	GB/T 41680—2022	起重机 抗震设计原则	2022-10-12	2022-10-12
5	JB/T 14198—2022	气动葫芦桥式起重机	2022-09-30	2023-04-01
6	JB/T 14199—2022	起重机用单边支撑硬齿面减速器	2022-09-30	2023-04-01
7	JB/T 13988—2020	洁净环境用电动葫芦	2022-09-30	2023-04-01
8	JB/T 14201—2022	洁净环境用桥式起重机	2022-09-30	2023-04-01

行业发展应重点关注的问题

1. 加强财务风险管控，筑牢风险防范屏障

起重机行业整体经营状况持续低迷，导致部分企业运转不畅，部分企业随着销售规模不断扩大，应收账款也逐渐加大，高于同期营业收入增速，有形成坏账烂账的风险。同时许多企业库存增加、融资困难、商业承兑汇票冲击等多重因素叠加，导致现金流成为影响企业正常经营的突出问题，企业应加强财务风险管控，持续提升风控体系运行有效性，加速处理存量风险，择优选择交易对象，谨防坏账烂账的发生。

2. 加大研发投入，突破核心技术

虽然行业内部分企业在一些领域拥有核心技术，并在部分细分行业形成领先优势，但总体上看，起重机行业在智能化等核心技术上，仍然落后于国际主流品牌。随着公司技术创新的深入，技术创新在深度和广度上都将会更加困难。企业应持续加大研发投入，同时加大对高端、综合型技术人才的引进，聚焦下游应用场景痛点进行技术研发，以智能化赋能产品功效提升，从而缩小核心技术与国际主流品牌厂商之间的差距。

3. 强化精益生产、加速效率升级

质量是企业的核心竞争力，提供“高质量合格”产品是企业立足市场最基本的要求。企业要强化精益生产及过程管理，把提供高质量理念贯彻到每一位员工的各项工作中，努力保证质量一致性和稳定性。同时为了应对竞争压力，抢占市场份额，只有降低成本和提高获利水平才是企业的立身之本。企业应把增收增效作为首要任务，挖掘每一个环节的隐含潜力，通过设计、工艺、采购、生产等全过程的增效活动争创行业先锋。

4. 谨防原材料价格波动和紧缺的风险

受需求旺盛、产能缩减、芯片加剧短缺等因素影响，起重机市场面临供需不平衡的情形。若未来上游原材料供应商持续出现供货不及时或者大幅提升原材料价格的情况，将对行业本就低迷的盈利能力产生更加不利的影响。企业应加强与供应商的战略合作，强化竞争，优化供应商结构，有效降低原材料成本；与供应商建立长期的战略伙伴关系，提前锁定订单，及时掌握行业供应动态，最大限度地保证供应链安全。

5. 谋求服务增值新路径

目前行业产品销售阶段的竞争异常激烈，为了能将产业链向多个方向拓展，企业应加强后市场化服务能力，将单一制造型企业逐步调整为“制造+服务”的服务型企业。通过互联网+新技术，实现产品的智能感知、智能控制、智能检测等后市场服务功能，探索产品全生命周期服务增值新路径。

〔撰稿人：中国重型机械工业协会桥式起重机专业委员会夏雯 审稿人：中国重型机械工业协会景晓波〕

带式输送机

行业现状 带式输送机是具有高效、节能、环保特性的输送设备。近些年，矿山、煤炭、钢铁、冶金、建材、港口、轻工业等行业的蓬勃发展促进了国内输送机械的繁荣发展。随着国内输送机械行业的发展，众多厂商在动态分析计算、智能化、物联网化、环保、节能等技术方面的研发投入也逐步增加，我国输送机械行业进入高速发展阶段。随着国家产业政策的支持和市场需求的扩大，输送机械行业的市场规模将继续扩大。目前，我国普通带式输送机市场90%以上由国产厂商占有，国外厂商如德国蒂森克虏伯、伯曼、法国雷伊、瑞典山特维克占据一些高端产品市场。

带式输送机技术继续向大型化、智能化、模块化的方向发展，绿色环保、降低能耗应用领域扩大，满足用户定制要求是带式输送机持续发展的方向。带式输送机大型化包括大带宽、高带速、长距离、高带强、大功率等方面，目前已出现由若干台组成、联系甲乙两地的“带式输送道”。不少国家正在探索长距离、大运量连续输送物料的更完善的输送机结构。智能化朝着制造数字化、制造与装备智能化、人工智能赋能等创新方向发展。模块化强调设备的通用性，要求各制造厂家生产更多的标准化带式输送机关键部件，以提高备件的互换性和二次利用，这将是带式输送机跨越式发展的机遇。

降低能量消耗以节约能源，减少各种输送机在作业时所产生的粉尘、噪声和废气排放，发展能在高温、低温条件下以及能在具有腐蚀性、放射性、易燃性物质的环境中工作的，能输送炽热、易爆、易结团、黏性物料的输送机，扩大输送机的使用范围。根据市场需求，输送机的集群（单机）满足物料搬运系统自动化智能化控制对单机提出的要求。

行业经济运行状况 通过对带式输送机行业 50 余家骨干企业的数据统计情况看，2018—2021 年，全部产品工业总产值年均约为 125 亿元，年增长率在 1% 上下波动，总体持平。从带式输送机行业统计报表看，出现了一批下降和零增长的企业。近年来带式输送机行业的利润率一直徘徊在 4%~5% 之间。

2022 年全部产品工业总产值为 124 亿元，与 2021 年持平；利润率同比增长 6%。从散料输送行业的数据分析可见，受新冠肺炎疫情影响，行业企业反复的生产—停产—复产，在一定程度上影响了企业正常运营。虽然国外市场需求减少，但国内市场需求仍然存在，工业总产值与 2021 年持平、利润有所提升主要是重点企业的拉动，特别是几家龙头企业，如上海科大重工集团有限公司、衡阳运输机械有限公司、四川省自贡运输机械集团股份有限公司、力博重工科技股份有限公司产值都在 10 亿元左右。

受新冠肺炎疫情及国内外多方面因素影响，产品出口比重降低，仅为产值的 9.5%。新产品比重略有增加，占产值的 23.8%。2022 年行业骨干企业带式输送机产品生产情况见表 1。

表 1 2022 年行业骨干企业带式输送机产品生产情况

序号	单位名称	产值 / 万元	利润 / 万元	出口产值 / 万元	产量	
					按吨计 /t	按米计 /m
1	上海科大重工有限公司	122 751	4 650	57 650	62 906	103 600
2	衡阳运输机械有限公司	115 052	4 170	5 671	40 286	82 045
3	力博重工科技股份有限公司	100 252	4 850	0	68 597	55 696
4	四川省自贡运输机械集团股份有限公司	98 956	7 985	25 622	3 210	51 221
5	宁夏天地西北煤机有限公司	87 000	1 500			24 000
6	焦作科瑞森重装股份有限公司	59 609	7 458	10 970		60 122
7	安徽攀登重工股份有限公司	58 392	3 535	302	45 791	31 449
8	江苏环宇起重运输机械有限责任公司	52 080	1 820			15 000
9	日照港机工程有限公司	47 389				30 000
10	山东山矿机械有限公司	39 732	905	6 680	21 650	47 568
11	西安重装韩城煤矿机械有限公司	39 550	5 480			
12	北方重工集团有限公司	37 231	957	926	3 154	30 120
13	中瑞重工股份有限公司	32 533	1 625	567	0	23 900
14	原平市兴盛机械制造有限公司	27 166	3 196			
15	四川东林重工科技股份有限公司	26 535	609			23 694
16	焦作鑫恒重工机械有限公司	25 707	4 116		16 328	
17	安徽科重重工股份有限公司	25 476	1 684			16 200
18	中平能化集团机械制造有限公司	23 578	2 037			3 036
19	四川矿山机器（集团）有限责任公司	21 056	−171			17 929
20	原平市兴胜机械制造有限公司	19 492				
21	淮北合众机械设备有限公司	18 615	591	0	14 582	5 650
22	安徽永生机械股份有限公司	16 547	2 573	7 801		12 163
23	自贡新华迪运输机械有限公司	16 000	800			8 000

重点应用行业与领域分析

1. 煤炭

2022年我国原煤产量为44.96亿t。煤炭行业下游的四大耗煤行业分别是电力、钢铁、建材和化工行业，合计煤炭消费量占煤炭总消费量的80%左右。从煤炭市场下游四大耗煤行业的发展和需求情况分析，2023年国内煤炭需求仍会增长。

近年来，国家相继出台了《关于加快煤矿智能化发展的指导意见》《煤矿智能化建设指南（2021年版）》和《"十四五"智能制造发展规划》等一系列行业政策，加快推进煤矿智能化转型，鼓励支持煤矿企业向智能、安全、绿色方向发展，为相关带式输送机行业提供了广阔的市场空间。

2. 建材

建设用砂石是构筑混凝土骨架的关键原料，是消耗自然资源众多的大宗建材产品。我国砂石年产量高达200亿t，是世界最大的砂石生产国和消费国，约占全球砂石消耗量的50%。随着天然砂石资源约束趋紧和环境保护要求日益增强，机制砂石逐渐成为我国建设用砂石的主要来源。目前，机制砂石生产已由简单分散的人工或半机械的作坊逐步转变为标准化、规模化的工厂生产，砂石骨料市场规模近万亿元，未来5年市场规模维持基本稳定。

加强运输保障，推进机制砂石中长距离运输"公转铁、公转水"，减少公路运输量，增加铁路运输量，完善内河水运网络和港口集疏运体系建设；有序发展多式联运，加强不同运输方式间的有效衔接，大力发展集装箱"铁公"联运，切实提高机制砂石运输能力；加快建设封闭式运输皮带廊道，逐步减少散货露天装卸量等措施都将扩大带式输送机的市场空间。

3. 港口

经过多年的建设和发展，沿海港口货物通过能力不断提高，专业化、现代化水平不断提升，基本适应港口发展需要。但各港口码头泊位建设速度和市场需求发展情况不同，仍存在地区性、结构性问题。未来，新建码头要与现有码头泊位改造相结合，要根据设备配置、装卸货类等实际情况，推动既有通用类码头进行专业化改造、能力挖潜，提高码头通过能力和专业化水平，提升港口资源利用效率。

港口码头用带式输送机带宽大，多为通用固定式带式输送机，单体项目产值高，始终是带式输送机企业重点关注领域。无人机械、智能机器等自主设备将为港口和铁路物流带来人机协同变革，实现"铁路—水路"联运的无缝对接。

4. 矿山

目前我国已经成为世界最大的矿产品生产、消费和贸易国。随着我国产业结构的优化升级，高技术产业、新兴产业迅猛发展，对钼、稀土、钴、钒、钛、铜、铅、锌等战略性矿产原材料的需求越来越大，为矿业发展提供了新的增长空间。要实现矿业的绿色发展，我国需要改变以往粗放扩张的模式，整合矿业企业资源，提升行业的集中度，提升矿业资源开采的规范化和集约化。随着"一带一路"倡议的逐步实施，我国矿业企业也加快了在全球的产业布局，尤其与"一带一路"沿线国家开展了矿产勘探、开采、加工、消费以及矿业投资、交易等方面的合作，这种合作将围绕矿业产业链进一步深化。

矿山用带式输送机要发展以提高现场生产作业安全和效率为目标的智能运输系统，以智能化运输装备为核心载体，将物联网、云计算、大数据、人工智能、移动互联等数字技术与矿山运输系统运行原理和工艺要求深度融合，建立运输系统内设备、环境、物料的自主协同高效运行体系，发展带式输送机运行控制技术、状态在线检测技术、智能巡检技术、无人化维护技术、运输系统智能管控平台，进而建立起在大范围内发挥作用的实时、准确、高效的运输综合管理系统。

科技成果与新产品 带式输送机企业贯彻创新发展理念，坚持创新驱动发展战略，持续增加研发投入，重大成果不断涌现。

1. 北方重工集团有限公司（简称北方重工）

由北方重工研制的"应用于砂石骨料生产线的带式输送机成套装备"获2022年度辽宁省建筑材料科学技术奖一等奖。"耐高温大运量超长距离带式输送机成套装备"荣获机械工业科技进步奖三等奖。"耐高温大运量超长距离带式输送成套装备"是北方重工依托湖州南方物流有限公司中转仓储及输送工程而研制的。该成套装备为南方物流仓储码头的生命线，是由我国自主设计、制造并调试的综合参数最大、工况最繁杂、技术难度最大的带式输送成套装备。该成套带式输送机系统总长度22.331 km，年输送能力1 050万t，其中最长单机距离11.75 km、最高带速4 m/s、最大运量3 000 t/h、最高物料温度175 ℃，各项参数均为目前全球运行的输送高温物料带式输送机之最。该成套装备创新性开发出托辊快速维修更换技术、耐高温托辊、特殊的输送带及接头形式、智能动态可控双张紧双储带装置、多驱动点动态平衡电机同步控制技术等新技术、新装置，解决了国内外带式输送机行业在耐高温、大运量、超长距离常规设计，极易出现驱动出力不稳定、传动轴易打滑、胶带安全系数低、设备受力过大、整机运行不稳定、维护难等技术难题。该成套装备进行了节能环保设计，利用颗粒仿真技术对转载系统进行优化设计，实现了无尘低噪声转载；运用增弹降阻理论优化输送带，降低了综合模拟摩擦系数，有效降低了整机功率消耗；采用新型低转动阻力低噪声托辊，实现了无尘低噪声运行，整机节能效果达15%以上，每年为业主节约电费300余万元。

2. 四川省自贡运输机械集团股份有限公司（简称自贡运机）

自贡运机瞄准管状带式输送机、长距离曲线带式输送机等产品市场，开发的"自然导向U型深槽型带式输送机系列"通过自贡市科技局组织的项目验收。其中"U+0组合型特种带式输送机"已投入运行，"悬索式带式输送机系统"正在安装，一系列新产品的开发和应用为公司注入新的活力。公司承担了省级创新平台建设项目——节能环保输送装备巡检平台及应用服务中心建设项目、省级工业发展资金创新主体培育资金项目——特大型散状物料密闭输送系统研发应用、省级首台（套）项目——超大型管状带式输送机系统和上下带料双向输送管带机 4 个省级研发项目。与重庆大学合作研发的“管状带式输送机巡检机器人”、与四川大学合作研发的“基于多传感器融合的管状带式输送机运行状态智能监测系统开发”均获得了国家各级专项资金的支持。

3. 力博重工科技股份有限公司（简称力博重工）

力博重工牵头研制的“矿用带式输送机低速永磁直驱同步电机关键技术及应用”获山东省机械工业科学技术奖一等奖。“大功率永磁驱动长距离空间转弯带式输送机”是面向国家资源绿色高效开发的重大需求，联合高校科研院所攻关完成的科技创新重大装备，该项目技术列入 2022 年自然资源部《矿产资源节约和综合利用先进适用技术目录（2022 版）》（2022 第 68 号公告）、2022 年中国重型机械工业协会《重型机械行业专精特新成果目录》。永磁驱动核心技术列入 2022 年工业和信息化部《国家工业和信息化领域节能技术装备推荐目录（2022 年版）》《首台（套）重大技术装备推广应用指导目录》（工信部装函〔2018〕47 号）和山东省科技厅、生态环境厅发布的《2021 年绿色低碳技术成果目录》。该项目具有节能环保、对地形适应能力强、智能化控制等诸多优势，能实现长距离连续输送、无人值守和远程运维，是适用于冶金、建材、煤炭、交通、电力等关系国计民生的基础工业领域的绿色高效重大装备，实现了我国矿山输送高端装备的跨越式发展。主要科技内容和技术指标：①长距离大运力带式输送系统永磁电机直驱、沿线张力分布式可控、空间转弯等本体关键技术，解决了传统大型带式输送系统起动力矩小、冲击大、张力波动大等问题，增强了对矿山复杂地形的适应能力。②长距离大运力带式输送系统控制与监测技术，实现了输送系统的自适应控制、实时自主巡检和事故超前预警，提高了输送系统运行的安全性与可靠性。③长距离大运力带式输送系统安全保障技术，解决了输送带反弹控制、物料防滚滑、断带抓捕保护等难题，为大型带式输送系统的重载高速运行提供了安全保障。高张力条件下最小转弯半径达 300 m；多电机功率不平衡度由 5% 降低到 2%；输送带张力波动幅度减小 30%~60%；最大上坡角度达 38°、下坡角度达 31°；带式输送机断带抓捕响应时间小于 1 s。

4. 衡阳运输机械有限公司（简称衡阳运机）

衡阳运机被评为中国重型机械工业协会 2021 年度专精特新冠军单位，入选 2022 年衡阳市民营企业 26 强榜。重点科技项目有：①中电建长崃（浠水）新材料花岗岩、片麻岩矿长距离带式输送机项目是湖北省重点项目，也是浠水县工业单体投资最大、对全县经济拉动作用最大的“一号”项目。该项目含矿山及骨料加工系统、长胶廊道和码头三大工程。其中，长胶廊道是该项目产品输出的生命线，单机长 6.5 km、带宽 2.2 m、带速 5.6 m/s，总装机容量为 7 000 kW，采用 4 × 1 400 kW（头）+1 400 kW（尾）高压变频驱动布置形式，拉紧采用塔架重锤 + 变频绞车张紧技术，运量 11 000 t/h，相当于两条国家一级公路的输送量。该项目加工区成品骨料通过全封闭长胶廊道运至码头陆域堆场，以打造全国建筑材料绿色生产基地为规划目标。项目建设采用先进的工艺流程，配置产量高、能耗低、智能化的生产设备，可实现粉尘、废水零排放。2022 年 12 月项目一期已正式投入运营。②浙能绍兴滨海热电厂四期扩建工程大倾角带式输送机带宽 1.8 m、运量 1 000 t/h、带速 2.8 m/s、总长 90 m、提升高度 40 m、倾角 47°，功率 400 kW。该输送机是国内目前带宽最大的大倾角带式输送机，输煤系统采用 DCS 控制，配高压软启动。全程采用全封闭机壳，回形检修梯及走道；胶带采用波纹挡边 K 级阻燃输送带 ST 1600-1800（T8+T6）、TCS400-360-420-1000；头、尾部铺设积料清理装置。

5. 江苏环宇汽车零部件有限公司（简称江苏环宇）

江苏环宇针对物流低成本、绿色环保及“双碳”目标，设立的研发项目——高效节能长距离带式输送机及其系统的研发及产业化，提出了高效节能长距离带式输送机及其系统是目前和未来最具竞争力的散料输送方式和发展的主要方向。该长距离带式输送机及其系统可降低压陷阻力 10%~20%，降低运营能耗 10%~15%；智能巡检小车实现主动报警和紧急制动等融合联动功能，及时控制风险，达到智能化巡检的效果；每年降低 12% 的动力消耗。主要性能指标达到国内先进水平。

6. 上海科大重工集团有限公司（简称上海科大重工）

上海科大重工被评为中国重型机械工业协会 2021 年度领军单位。上海科大重工研制的环保智能化物料长距离胶带输送系统工程为江苏天山水泥集团有限公司解决了溧阳厂区和溧水厂区之间物料的快速转运，满足两厂区智能环保、高效、自动的生产模式需要，获运程最长双向越野输送机吉尼斯世界之最。该输送机水平距离 10.08 km，上带提升高 –27.088 m，下带提升高 28.722 m，运量 1 200（上）/150（下）t/h，带速 4 m/s。该输送机具有跨度大，全程野外布置地形复杂，上下带料等特点，整体采用全封闭、大角度水平转弯、高架布置形式。总装机容量为 1 680 kW，采用 2 × 560 kW（头）+560 kW（尾）驱动布置形式。针对多点驱动长距离输送机驱动电动机位置相距远，采用 CMAC 小脑模型智能控制算法控制变频器功率平衡和功率分配。根据长距离输送机的固有特性，采用优化 S 形曲线启动输送机，控制系统根据输送机当前速度和给定目标速度自动拟合启动曲线，不同速度状态下自动算出当前最适合的加速度，消除启动过程产生的张力波。由国家能源投资集团有限公司投资建设的胜利发电厂 2 × 660 MW 机组工程位于内蒙古自治区锡林郭勒盟锡林浩特市的东北郊，是国家重点特高压输电通道的配套煤电项目之一。为了满足胜利发电厂燃煤需求，建设一条由胜利一号露天煤矿至胜利发电厂的场外输煤系统，系统全长 13.81 km，由 6 条 B=1.6 m 的带式输送机组成。该项目地

处 -42.2 ℃寒冷地区，其上下分支双向带料（上 3 000 t/h，下 500 t/h）、单机长度 8.6 km、中部驱动布置、全部封闭等几项输送机技术指标综合世界第一。该项目成功地解决了寒冷地区长距离、大运量、环保型输送机双向连续输送的创新课题，实现了寒冷地区为电厂送煤同时将电厂灰外运，产生巨大的经济效益和社会效益。为包头市大弘矿山工程有限公司设计、制造了包钢巴润采场矿岩半连续输送装备，该工程设备年输送能力 4 000 万 t，是包钢集团露天剥离重点工程，是我国最大的露天矿岩输送系统工程。输送系统由 7 条固定式、半固定式、移置式带式输送机组成。带式输送机最大带宽 3 m，最大运量 11 000 t/h，最大单机长度 1 680 m，最大运输倾角 12°，最大单机装机功率 3 × 2 000 kW。该机技术先进、性能可靠、运行稳定，具有智能、环保、节能等特点。该系统的成功应用，大大促进了我国露天矿半连续开采的工艺技术水平提高，打破了国外企业对大型露天矿专有设备的技术垄断，填补了我国在大型露天矿专有技术和装备的行业空白。

产品出口情况 据行业统计，2022 年我国带式输送机主要出口至越南、泰国、印度尼西亚、巴西、澳大利亚、非洲等地区，出口金额约为 1.75 亿美元。

随着带式输送机技术飞速发展，我国的设计制造能力、产品性能和产品质量得到了国际市场的认可，带速 6 m/s、带宽 2 000 mm、输送能力 13 000 t/h 等特大型输送机工程的实施技术已达国外先进水平。同时我国还有生产成本低的优势，除满足国内项目建设的需求外，产品已经开始批量出口。近年来我国带式输送机出口数量及金额呈增长趋势，走出去势必会给带式输送机行业带来更大的发展机遇。

〔撰稿人：中国重型机械工业协会带式输送机分会杨俊　审稿人：中国重型机械工业协会带式输送机分会李平〕

散料装卸机械

散料装卸机械是用于煤炭、矿石、水泥等大宗散状固体原料、燃料和材料转运、储运、存放、混匀、取样的重大关键设备，主要包括各式堆取料机、装船机、卸船机，以及翻车机卸车系统，广泛应用于交通、冶金、电力、建材、化工、水利等国民经济重要基础工业行业。散料装卸机械行业是我国重型机械行业的主要组成部分。散料装卸机械产品分类及主要生产企业见表 1。

表 1　散料装卸机械产品分类及主要生产企业

产品分类	主要生产企业
斗轮堆取料机、斗轮取料机、堆料机	大连华锐重工集团股份有限公司、哈尔滨重型机器有限责任公司、中国电建集团长春发电设备有限公司、湖南长重机器股份有限公司、华电重工股份有限公司、北方重工集团有限公司、上海振华重工集团股份有限公司、大连天重散装机械设备有限公司、上海电力环保设备总厂有限公司、大连通达矿冶机械有限公司
翻车机	大连华锐重工集团股份有限公司、中国电建集团武汉重工装备有限公司、华电重工股份有限公司、大连通达矿冶机械有限公司、兰州宏祥电力技术开发有限责任公司、大连三峰港口机械设备有限公司
门式、混匀式、圆形料场、侧式刮板（刮斗）、桥式刮板式堆取料机	大连华锐重工集团股份有限公司、华电重工股份有限公司、北方重工集团有限公司、哈尔滨重型机器有限责任公司、中国电建集团长春发电设备有限公司、湖南长重机器股份有限公司、大连通达矿冶机械有限公司、江阴大地机械制造有限公司、南通奥普机械工程有限公司
装船机、卸船机	上海振华重工集团股份有限公司、大连华锐重工集团股份有限公司、华电重工股份有限公司、南通奥普机械工程有限公司、杭州华新机电工程有限公司

生产发展情况 据对行业 8 家主要企业经营数据统计，2022 年共完成工业总产值 528.7 亿元，同比增长 8.1%；实现营业收入 522.2 亿元，同比增长 6.7%；实现利润总额 13.97 亿元，同比增长 19.6%。2022 年散料装卸机械行业 8 家主要企业主要经济指标完成情况见表 2。

表 2　2022 年散料装卸机械行业 8 家主要企业主要经济指标完成情况

年度	工业总产值		营业收入		利润总额	
	金额 / 万元	同比增长（%）	金额 / 万元	同比增长（%）	金额 / 万元	同比增长（%
2022	5 287 231.27	8.1	5 222 012.55	6.7	139 711.47	19.6
2021	4 890 260.69	12.8	4 891 329.15	13.0	116 724.30	46.9
2020	4 336 843.31	—	4 328 086.03	—	79 483.48	—

注：部分数据参考上市公司报告。

产品分类产量 2022年，散料装卸机械实现销售297台（套），其中堆取料机191台（套）、翻车机71台（套）、装卸船机35台（套）。市场需求依然以智能化产品、环保型产品为主，存量市场改造项目持续增长，新增整机项目小幅上涨。2022年堆取料机出口34台，装、卸船机出口4台，合计38台。2022年散料装卸机械行业主要产品销售情况见表3。

表3 2022年散料装卸机械行业主要产品销售情况

产品名称	单位	销量	其中出口	出口国家和地区
堆取料机	台	191	34	巴基斯坦、孟加拉国、加蓬、巴林、印度尼西亚
翻车机	套	71	0	
装、卸船机	台	35	4	法国、沙特阿拉伯
合计		297	38	

科技成果和新产品 2022年，专业化生产和信息网络技术给散料装卸机械制造商带来了良好机遇。散料装卸机械企业在优化产品设计结构的同时，从用户需求出发，开发新产品、新技术，变攻关为突破。以数字化、智能化为切入点，全面升级产品技术，加大研发投入，提升散料装卸机械产品的智能化、自动化水平，增加产品附加值。

大连华锐重工集团有限公司（简称大连华锐重工）2022年在散料装卸机械领域确立研发项目16项，申请发明专利12项、实用新型专利6项；获得授权发明专利17项、实用新型专利4项，完成专利密集型产品备案2项。大连华锐重工为了满足国内多家用户将现有敞车翻车机改造为敞顶集装箱及敞车两用翻车机的需求，研发出国内外首套串联式敞顶集装箱及敞车两用双车翻车机，增加了翻车机领域型谱。研发出首套可兼顾翻卸KM70底开车的敞车及集装箱两用双车翻车机，可同时兼顾翻卸铁路通用敞车C60-80，X70、NX70A铁路平车+顶开式集装箱及KM70底开车等多种车型，压车装置对于不同车辆高度的适应性更强。2022年上半年与澳大利亚MRL签订5台大型散料设备订单，其中包含1台万吨级桥式双斗轮取料机，该取料机是目前世界上能力最大的桥式取料机，具有高效、安全、智能、环保的特点。该产品完全符合澳大利亚安全标准，在整体式海陆运输、双斗轮独立智能运行、料斗自动换向等多个技术方向实现突破创新。

北方重工集团有限公司2022年立项研发项目22项，申请发明专利9项、实用新型专利12项，获授权发明专利3项、实用新型专利19项。北方重工集团有限公司研发生产的65 m大跨距、全防爆、多机共轨的智能化全封闭煤料场桥式刮板取料机，是目前桥式刮板取料机世界之最，其设计难度在国际上也属罕见。

上海振华重工（集团）股份有限公司申报的首台大运量无人值守环保型螺旋卸船机经上海市经济和信息化委员会组织多轮专家评审、企业答辩，成功入选上海市经信委公布的2021—2022年度上海市促进产业高质量发展专项高端智能装备首台突破项目支持名单。

武汉重工公司强化以市场为引领的科技研发项目的前期可行性研究，坚决遏制以科技项目投入为名的盲目投资，做到前期论证不充分不投入研发、成果研发不充分不试制样机。公司按照“一定的市场容量、一定的技术门槛、一定的技术相关”的原则，开展企业新产品开发和新技术研究。公司加大研发项目的市场开发力度，坚持产品研发和市场营销的相结合并同步推进。2021—2022年有10项新产品研发成果当年实现了成果转化，其余研发项目也都同步开展市场推广工作。适应敞顶集装箱和通用敞车的两用翻车机通过了相关机构检测，获得了运营的“身份证明”。该新型两用翻车机在承德建龙得到首台（套）应用，成为公司新的业绩增长点。轨道移动式装船机在黄梅港小池港区滨江综合码头完成安装及调试工作，设备装卸最大效率可达2 500 t/h，主要为客户提供骨料、砂石等物料的装船服务。该设备的调试成功标志着武汉重工掌握了轨道移动式装船机设计原理、工艺制作及安装调试等核心技术。该设备同时还应用于长崃项目。

长春发电设备有限公司在国家级刊物上发表论文13篇，35项专利获得授权；企业被评为“吉林省专精特新中小企业”“吉林省跨区域科技创新中心”“国家技术中心企业”。公司多项科技成果成功转化并产业化并获得显著经济效益。MQ6000新型节能环保门式斗轮取料机的研发与应用项目、散料装卸及制粉破碎设备智能健康管理系统的研发及应用项目被批准为吉林省重点研发项目。

质量及标准 在提高产品技术水平和促进行业高质量发展的同时，行业骨干企业日益重视产品质量和标准化工作，目前连续搬运机械专业领域现行有效国家标准14项、行业标准72项，共计86项，其中2022年发布5项行业标准。2022年批准发布的行业标准见表4。

表4 2022年批准发布的行业标准

序号	标准编号	标准名称	代替标准	发布日期	实施日期
1	JB/T 4149—2022	臂式斗轮堆取料机	JB/T 4149—2010	2022-09-30	2023-04-01
2	JB/T 14148—2022	滚筒式混匀取料机		2022-09-30	2023-04-01
3	JB/T 14149—2022	链斗式卸船机		2022-09-30	2023-04-01
4	JB/T 14256—2022	散料连续装船机		2022-09-30	2023-04-01
5	JB/T 14179—2022	带式输送机用托辊冲压轴承座		2022-09-30	2023-04-01

2022 年组织制修订 12 项行业标准和 2 项团体标准。其中，8 项标准已完成报批，3 项标准处于审查阶段，3 项标准处于征求意见阶段。组织完成 2 次国家标准和 3 次行业标准计划项目的申报工作，共申报国家标准计划项目 7 项，行业标准计划项目 14 项。2022 年组织制修订的标准见表 5。2022 年申报制修订的标准计划项目见表 6。

表 5　2022 年组织制修订的标准

序号	项目编号	项目名称	标准级别	制修订	标准性质	进展情况
1	2020-0900T-JB	连续延伸带式输送机	行业标准	制定	推荐	在研
2	2020-0759T-JB	气力输送系统术语	行业标准	制定	推荐	在研
3	2020-0897T-JB	可同步力矩型液力耦合器	行业标准	制定	推荐	在研
4	2020-0896T-JB	刮板取料机	行业标准	修订	推荐	在研
5	2020-0898T-JB	带式输送机　清扫装置	行业标准	制定	推荐	在研
6	2020-0899T-JB	带式输送机　输送带纠偏装置	行业标准	制定	推荐	在研
7	2020-0901T-JB	滑板式输送机	行业标准	制定	推荐	在研
8	2020-0902T-JB	带式给料机	行业标准	制定	推荐	在研
9	2021-1598T-JB	移置式带式输送机	行业标准	制定	推荐	征求意见阶段
10	2021-1537T-JB	气垫带式输送机	行业标准	修订	推荐	审查阶段
11	2021-1535T-JB	电磁振动给料机	行业标准	修订	推荐	审查阶段
12	2021-1536T-JB	惯性振动给料机	行业标准	修订	推荐	审查阶段
13	20220102	带式输送机噪声测试方法	团体标准	制定	推荐	征求意见阶段
14	20220101	输送机械　圆环链链轮	团体标准	制定	推荐	征求意见阶段

表 6　2022 年申报制修订的标准计划项目

序号	标准名称	标准级别	制修订	所处阶段
1	连续搬运机械　安全标志与危险图示通则	国家标准	制定	计划入库
2	刮板输送机　安全规范	国家标准	制定	计划入库
3	螺旋卸船机验收规范	国家标准	制定	专业处审核
4	带式输送机　安全规范	国家标准	翻译（英文）	主管部门审核
5	连续搬运机械　术语	国家标准	翻译（英文）	计划网上公示
6	输送机械　检查与维护规范　第 1 部分：带式输送机	国家标准	制定	主管部门审核
7	连续搬运机械　安全规范　通用规则（ISO 1819：1977，MOD）	国家标准	制定	主管部门审核
8	带式输送机　驱动装置技术规范	行业标准	制定	准备上专家会
9	圆管带式输送机	行业标准	修订	准备上专家会
10	桥式斗轮取料机	行业标准	修订	准备上专家会
11	带式输送机　包装技术规范	行业标准	修订	准备上专家会
12	斗式提升机验收规范	行业标准	制定	委托机构办理

行业重点发展方向

“十四五”行业对于大型化、高效化、轻量化、低碳化和智能化需求更加明显，后续对设备的“减碳”需求也会增加。散料装卸机械行业将积极开展对高端技术、前沿性技术和国内外“瓶颈”技术研究，加大轻量化、智能化、低碳化港口机械产品的研发力度。在后服务市场，用户对于企业的维保服务、售后以及备件服务的响应速度也提出了更高要求。

1. 环保和能源效率要求提高

随着国家环保政策的不断推进和能源价格的上涨，散料装卸机械行业将更加注重提高能源效率、减少污染排放和降低能源消耗。环保政策的推进对散料装卸机械行业产生了影响，一些环保政策要求企业减少散装物料的装卸和运输，这使得散料装卸机械行业的市场需求受到了一定程度的影响。这就要求散料装卸机械行业加大技术创新和设备更新力度，推动行业向更加环保和可持续的方向发展。

2. 传统和新兴市场并举

要在巩固传统优势业务领域的前提下，提高市场份额。整合资源，加强优势产业的总包成套能力，积极开发新的设备、新的项目。随着“一带一路”倡议的推进，海外项目需求增多，海外能源、矿山等项目多使用船舶装运物料，对于港口机械和其他新设备的需求也会增加。

3. 向新技术、新领域转型升级

继续加大产品转型升级力度，利用新技术提高产品技术水平，向新的领域迈进，开拓新的利润增长点。推动新产品研发，促进在新材料、新技术、新思维、新服务模式等方面的多维探索与拓展，加速推进向数字化、智能化方向的转型。

4. 提升信息化水平

国内散料装卸机械产品向智能化、人性化、大型化发展。散料装卸机械智能化的发展尤为迅速，散料装卸机械无人化操作是今后的发展方向，现代网络的飞速发展为散料装卸机械的远程操作、远程控制、远程故障诊断提供了有力的保证。改善操作人员环境、为机械设备维修人员提供便捷可靠的服务是制造企业今后重点攻关的课题。

5. 服务国家重点项目

国家3个“8 000万”火电项目的相继落地，散料搬运装置设备业发展韧性好、潜力充足、空间大的特点没有改变。集装箱两用翻车机市场需求旺盛，坚持开展以翻车机为核心的物料装卸输送上下游EPC和电厂煤场封闭的EPC总包等业务，进一步拓宽翻车机市场。

〔撰稿人：大连华锐重工集团股份有限公司孙博　审稿人：大连华锐重工集团股份有限公司赵昱棠〕

仓储机械

党的二十大报告提出，加快发展物联网，建设高效顺畅的流通体系，降低物流成本，着力提升产业链供应链韧性和安全水平。2022年政府工作报告提出发展农村电商和快递物流配送，加快国际物流体系建设。2022年5月17日，国务院印发了《“十四五”现代物流发展规划》（以下简称《规划》），将现代物流提升到推动国民经济高质量发展的“先导性、基础性、战略性”的国家战略高度，进一步凸显发展物流的重要性；《规划》是我国现代物流领域第一个国家级五年规划，对于加快构建现代物流体系、促进经济高质量发展具有重要意义。

《规划》明确，按照市场主导、政府引导，系统观念、统筹推进，创新驱动、联动融合，绿色低碳、安全韧性原则，到2025年，基本建成供需适配、内外联通、安全高效、智慧绿色的现代物流体系，物流创新发展能力和企业竞争力显著增强，物流服务质量效率明显提升，“通道＋枢纽＋网络”运行体系基本形成，安全绿色发展水平大幅提高，现代物流发展制度环境更加完善。为此，《规划》作出了六个方面工作安排，包括加快物流枢纽资源整合建设、构建国际国内物流大通道、完善现代物流服务体系、延伸物流服务价值链条、强化现代物流对社会民生的服务保障、提升现代物流安全应急能力；提出了三个方面发展任务，包括加快培育现代物流转型升级新动能、深度挖掘现代物流重点领域潜力、强化现代物流发展支撑体系；从优化营商环境、创新体制机制、强化政策支持、深化国际合作、加强组织实施等方面，对加强实施保障提出了明确要求。

2022年国家发展改革委公布建设25个国家物流枢纽和24个国家骨干冷链物流基地。到目前，累计4批共95个国家物流枢纽和2批共41个国家骨干冷链物流基地入列。2022年商务部等单位推出天津、石家庄等15个全国供应链创新与应用示范城市和菜鸟、日日顺等105家全国供应链创新与应用示范企业，引领提升产业链供应链现代化发展。

根据中国物流与采购联合会公布的数据显示，2022年我国物流业总收入12.7万亿元，同比增长4.7%。国家邮政局公布的数据显示，2022年邮政行业寄递业务量完成1 391亿件，同比增长2.7%。其中，快递业务量完成1 105.8亿件，同比增长2.1%；邮政行业业务收入（不包括邮政储蓄银行直接营业收入）完成13 509.6亿元，同比增长6.9%。快递业务收入完成10 566.7亿元，同比增长2.3%。2022年我国社会物流总额分类统计见表1。2022年我国社会物流总费用分类统计见表2。

表1　2022年我国社会物流总额分类统计

物流分类	总金额 / 万亿元	同比增长（%）
社会物流	347.6	3.4
农业品物流	5.3	4.1
工业品物流	309.2	3.6
进口货物物流	18.1	−4.6
再生资源物流	3.1	18.5
单位与居民物品物流	12.0	3.4

数据来源：中国物流与采购联合会。

表2　2022年我国社会物流总费用分类统计

物流费用分类	总费用 / 万亿元	同比增长（%）
社会物流	17.76	4.4
运输	9.55	4.0
保管	5.95	5.3
管理	2.26	3.7

数据来源：中国物流与采购联合会。

在疫情防控常态化形势下，2022年我国冷链物流发展势头强劲，随着国家骨干冷链物流基地、产地销地冷链设施建设稳步推进，冷链装备水平显著提升，我国冷链物流市场规模快速增长，根据中物联冷链委披露数据显示，2022年中国冷链物流市场规模达5 515亿元，较2021年增长5.55%。

由于新冠肺炎疫情反复造成的供应链受阻、劳动力短缺、全球“缺芯”、原材料成本上涨等因素，给国内经济发展造成了巨大冲击，2022年国内生产总值121万亿元，同比增长仅为3%，是40年来除2020年以外的最低增长年度。

在我国的物流仓储装备行业，尽管新冠肺炎疫情暴发促进了电子商务的快速发展，但2022年电子商务的发展速度已经明显不如以往。根据国家统计局数据显示，2022年全国网上零售额13.79万亿元，同比增长4%，增速比2021年下降10.1个百分点。根据已公布的数据，2022年“双十一”购物节全网的销售额为5 571亿元，比2021年“双十一”全网销售金额9 651亿元，下降了42%。这一方面固然有电商发展已经从超高速发展进入中高速发展的历史必然，但也与外部的大环境有着直接的联系，人们预期收入减少，购买力下降，消费欲望降低，也是最重要的原因。

2022年的供应链问题是影响我国的物流装备企业生产的重要因素。一方面，此起彼伏的新冠肺炎疫情，影响了相关企业的正常生产，导致外协、运输、关键零部件不能按时到位，严重影响了物流工程项目的按时交付；另一方面，进口零部件订货周期大幅度延长，并且越来越严重。进口零部件短缺既是新冠肺炎疫情导致的结果，也是中美贸易摩擦和俄乌冲突导致的结果，各生产企业都在寻求替代品，但替代品的全面应用需要时间来完善。

在资本市场，2022年我国共有10家物流企业首次公开募股（IPO）上市，比2021年减少2家。此外，2022年国内物流行业共发生了12起重要并购重组事件，比2021年减少4起。京东物流斥资97亿元收购德邦快递，成为中国快递业最大的收购案。2022年物流行业IPO情况见表3。

表3 2022年物流行业IPO情况

序号	证券名称	募资规模（拟）/亿元	上市交易所	上市日期
1	兴通股份	12.82（人民币）	上交所	2022-03-24
2	永泰运	3.91（人民币）	深交所	2022-04-29
3	井松智能	5.29（人民币）	上交所	2022-06-06
4	快狗打车	6.71（港币）	联交所	2022-06-24
5	德银天下	8.92（港币）	联交所	2022-07-15
6	科捷智能	9.89（人民币）	上交所	2022-09-15
7	昆船智能	7.5（人民币）	深交所	2022-11-30
8	宁波远洋	10.26（人民币）	上交所	2022-12-08
9	国航远洋	5.77（人民币）	北交所	2022-12-15
10	华光源海	1.8（人民币）	北交所	2022-12-29

数据来源：物流投融资网。

自动化立体库

1. 总体发展状况

2022年上半年我国物流装备市场需求比较平稳，但下半年投资欲望明显放缓。随着“电商热”的降温，电商企业物流装备的投资也大幅度下降；制造业由于受海外订单下降的影响，中小企业直接面临“断炊”的窘境；医药行业除以新冠病毒防疫为目标的药品和医疗器械外，情况普遍不乐观；白酒行业是相对比较好的领域，但总体规模有限；新能源汽车市场需求是市场难得的亮点；零售业这些年受到电商的重创，投资几乎没有增长的迹象；服装业受市场消费能力下降影响，全年一路走低；冷链需求稳健上升，尤其是农产品冷链，增长幅度较大；军事物流和应急物流由于有国家的投入，保持了一定增长，但总量有限。海外市场，尤其是东南亚市场正逐渐恢复，需求开始复苏。

2022年国内物流装备市场需求预计在800亿~1 000亿元（不包含叉车、托盘等产品），市场销售总体呈现平稳发展态势，全年销售增长超过10%，但利润率有所下降。从以下11家物流装备上市公司2022年年报数据来看，11家上市公司的营业总收入由2021年的1 536 978.8万元增长到2022年的1 799 750.48万元，增长了17.1%，但毛利率平均降低了2.7%。11家国内主要物流装备上市公司数据见表4。

表4 11家国内主要物流装备上市公司数据

企业名称	营业总收入（万元）		同比增长（%）	毛利率（%）		同比增长（%）
	2022年	2021年		2022年	2021年	
今天国际物流技术股份有限公司	241 137.61	159 712.41	50.98	22.84	20.92	9.18
科捷智能装备有限公司	166 939.70	127 740.49	30.69	20.45	21.32	-4.06
昆船智能技术股份有限公司	206 365.04	191 468.09	7.78	22.52	22.19	1.47
兰剑智能科技股份有限公司	84 969.06	53 247.28	59.57	25.47	31.39	-18.86
南京音飞储存集团	154 125.77	100 898.04	52.75	21.74	22.38	-2.89
诺力智能装备股份有限公司	329 886.02	299 840.67	10.02	20.18	20.96	-3.72

（续）

企业名称	营业总收入（万元）		同比增长（%）	毛利率（%）		同比增长（%）
	2022 年	2021 年		2022 年	2021 年	
山西东杰智能物流装备股份有限公司	65 673.62	72 948.86	−9.97	23.73	26.11	−9.12
沈阳新松机器人自动化股份有限公司	181 058.45	195 943.91	−7.60	7.00	7.16	−2.22
浙江德马科技股份有限公司	152 372.86	147 679.87	3.18	21.36	19.83	7.72
合肥井松智能科技股份有限公司	58 478.37	53 864.06	8.57	26.40	29.02	−9.05
北自所（北京）科技发展股份有限公司	158 743.98	133 635.12	18.79	17.01	16.69	1.92

数据来源：上市公司年报 / 招股说明书。

2. 技术发展情况

从产品发展看，2022 年我国物流装备产品延续了以往的基本走势，自动化和智能化产品进一步受到重视。在自动化立体库方面，托盘式立体库需求稳定，以箱为单位的存储技术需求大增，箱式自动化立体库（miniload）需求增长较快。

3. 企业发展和人才队伍

2022 年行业内新增企业的数量不明显，物流装备行业的发展进入相对稳定期，没有前几年大量新公司涌现的现象。物流装备行业增速有限，对技术人才的需求放缓，物流装备人才队伍相对稳定，这将有利于行业的长期健康发展。

4. 技术标准体系建设

2022 年我国物流仓储设备标准化技术委员会组织实施的标准项目见表 5。

表 5　2022 年我国物流仓储设备标准化技术委员会组织实施的标准项目

序号	标准 / 项目编号	标准 / 项目名称	标准等级	制定 / 修订	备注
1	20214334-T-604	物流仓储设备　术语	国家标准	制定	审查阶段
2	20221667-T-604	物流仓储设备　可靠性试验规范　第 1 部分：输送分拣设备	国家标准	制定	初稿阶段
3	2020-0915T-JB	电动密集库	行业标准	制定	已报批
4	2020-0911T-JB	物流设备剩余电流保护装置安装技术规范	行业标准	制定	已报批
5	2020-0914T-JB	地面轨道穿梭车	行业标准	制定	已报批
6	2020-0912T-JB	自动化立体仓库防爆堆垛机通用技术规范	行业标准	制定	审查阶段
7	2020-0913T-JB	货架有轨穿梭车	行业标准	制定	审查阶段
8	2021-1542T-JB	巷道堆垛机起重机　术语	行业标准	修订	审查阶段
9	2022-1911T-JB	冷库输送机　技术规范	行业标准	制定	初稿阶段
10	2022-1912T-JB	托盘四向穿梭车式密集库　设计规范	行业标准	制定	起草中
11	2022-1913T-JB	托盘转换器	行业标准	制定	起草中
12	2022-1914T-JB	往复式垂直输送机	行业标准	制定	起草中
13	2022-1915T-JB	物流仓储用载车提升机　技术规范	行业标准	制定	起草中
14	2022-1916T-JB	自动化立体仓库　设计通则	行业标准	修订	起草中

输送分拣设备

1. 总体发展状况

2022 年，受到行业大环境及新冠肺炎疫情导致的需求下降的双重影响，国内输送分拣设备行业增速大幅放缓。据业内估算，2022 年国内分拣设备市场规模约 280 亿元，年度增长率约 8%。

2. 市场需求情况

电商与快递行业在经历了快速发展后，进入一个相对缓慢的发展阶段，使高速分拣设备全年的需求量出现下滑趋势。2022 年输送分拣设备行业首次出现供需双弱的情况，行业资本支出规模下降明显，各快递企业对自动分拣设备投入明显回落，例如，“三通一达”在 2022 年上半年的资本开支共 79.24 亿元，同比下降 39.32%；顺丰速运 2022 年上半年资本开支达到 84.90 亿元，同比下降 13.18%。

3. 行业竞争态势

在国内外多重因素影响下，2022 年国内自动分拣行业面临着同质化竞争激烈、运营成本上升、行业整体利润率下降等一系列困难，行业企业采取不同的竞争策略，在努力维护和扩大自身的业务范围的同时，企业开始积极调整策略，从追求快速发展、做大规模的数量增长阶段，进入“追求可持续健康发展”的高质量增长阶段。

4. 技术发展情况

“货到人”拣选是过去 5 年发展最快的产品之一，有望成为主要的拣选方式。与之相应的技术包括多层穿梭车、四向穿梭车、快速提升机、AMR 等，也得到快速发展。随着高性能输送机、更加柔性化的可插拔的输送机单元成为市场发展的方向，高品质的滚筒受到了市场重视。

移动机器人（AGV/AMR）

1. 总体发展状况

2022 年，我国移动机器人（AGV/AMR）市场受到国内新冠肺炎疫情形势变化的影响，增速由年初的放缓转变为年末的迅速增长，特别是在新能源汽车、动力电池、光伏及离散制造等领域增速明显。尽管新冠肺炎疫情造成了一些不利影响，2022 年我国工业应用 AGV/AMR 市场仍旧呈现出高速增长的态势，尤其在一些创新的细分领域增长超出预期。其中，部分具有品类专长的创新型企业发展势头惊人，有些甚至实现了成倍增长，尤其是进军海外市场势头非常强劲，但国内市场价格战愈演愈烈。

根据移动机器人产业联盟发布的数据，2022 年度我国市场销售的工业应用 AGV/AMR 达到 93 000 台，较 2021 年增长 29.17%，市场销售额达到 185 亿元，同比增长 46.82%，显示出移动机器人行业仍然处于快速发展过程中。

2. 市场需求情况

2022 年新能源行业是 AGV/AMR 全年的需求亮点。

（1）动力电池行业。随着国内新能源汽车行业爆发式增长，市场对动力电池的需求量不断增大，AGV/AMR 在锂电池生产线上已成为一种不可或缺的关键设备。目前在锂电池前段生产工序中，主要使用激光自然导航技术的高精度举升型 AGV/AMR 用于生产线自动运输和对接卷料；在中段工序制芯过程中使用具有很高精度和稳定性的悬臂轴 AGV/AMR 用来和卷绕叠片机对接；在后段工序中，主要使用无人叉车及背负式 AGV/AMR。

（2）光伏产业。近年来，在国家绿色发展理念的指导下，国家和地方各级政府相继出台了一系列支持绿色能源发展的激励政策。根据国家能源局的数据，2022 年光伏新增装机 87.41 GW，同比增长 60% 左右。在光伏行业主产线上，从上游到下游需要用到多种不同类型的移动机器人。例如，使用叉车 AGV/AMR 对冶金级别的硅矿等原材料进行运输；采用潜伏顶升式 AGV/AMR 进行太阳能级多晶硅材料输送等。

3. 资本市场情况

2022 年国内工业应用 AGV/AMR 无论是在融资次数还是融资总金额方面，都较 2021 年有所下降，但从 2022 年资本对整个机器人行业的投入来看，工业移动机器人乃然是当前整个机器人产业中最热的赛道之一，资本方对于行业未来的前景依然看好。

根据移动机器人产业联盟发布的数据，2022 年工业应用移动机器人行业共发生 22 起融资事件，融资总额超过 30 亿元。2022 年工业移动机器人行业融资情况见表 6。

表 6　2022 年工业移动机器人行业融资情况

企业名称	城市	资金规模	轮次	主要投资方	技术路线	时间
斯坦德	深圳	数亿元	Pre-C	博华资本领投、蔚来资本跟投、奇绩创坛、源码资本加投	AMR	2022.1
仙工智能	上海	数亿元	B 轮	赛富投资基金、IDG 资本、浩澜资本	控制器、AMR	2022.2
劢微机器人	深圳	超亿元	A2 轮	创世伙伴资本 CCV 领投	叉车 AGV	2022.2
蓝芯科技	杭州	近亿元	B+ 轮	尚城投资领投、蓝驰创投等跟投	视觉移动机器人	2022.3
木蚁机器人	上海	近亿元	B+ 轮	辰韬资本、蓝驰创投等	叉车 AGV	2022.3
朗誉机器人	天津	千万元级	首轮	动平衡资本	重载 AGV	2022.4
捷象灵越	北京	近亿元	天使轮及 Pre-A 轮	红杉中国种子基金、联想之星、创新工场、线性资本等	U 形无人叉车、平台系列型搬运机器人	2022.4
未来机器人	深圳	5 亿元	C+ 轮股权融资	美团、五源资本领投	视觉无人叉车	2022.5
蓝海机器人	广州	数千万元	A 轮 A+ 轮	高瓴创投领投	AMR	2022.6
海柔创新	深圳	超亿元（美金）	D+ 轮	今日资本领投、跟投方为其顶级美元基金及老股东	箱式仓储机器人	2022.6
佳顺智能	苏州	近亿元			AGV	2022.7
牧星智能	苏州	数千万元	A2 轮	赛天资本领投、老股东拓金资本跟投	AGV	2022.7
海豚之星	苏州	数千万元		梧桐树资本	无人叉车	2022.7

（续）

企业名称	城市	资金规模	轮次	主要投资方	技术路线	时间
法睿兰达	武汉	近 5 000 万元	A 轮	博将资本	移动机器人及解决方案	2022.7
Syrius 炬星	深圳	数千万元	B+ 轮	丰年资本	AMR	2022.7
摩玛机器人	北京	千万元级	天使轮		复合移动机器人	2022.7
极智嘉	北京	1 亿美元	E1 轮	英特尔资本、祥峰成长基金、清悦资本	移动机器人	2022.8
塔斯克	广州	数亿元	三轮	亦联创投、真格基金、零一创投	托盘机器人	2022.9
朗誉机器人	天津	千万元级	A+ 轮	动平衡资本	重载 AGV	2022.10
宇锋智能	合肥	超亿元	B+ 轮	艾想投资	叉车 AGV、物流集成	2022.11
凯乐士	嘉兴	数亿元	E 轮	基石资本旗下基金领投	物流集成、AMR 等	2022.12
劢微机器人	深圳	近 2 亿元	B 轮	华业天成、金丰博润等	叉车 AGV	2022.12

4. 技术标准体系建设

2022 年全国物流仓储设备标准化技术委员会组织修订并发布了《自动导引车术语》和《自动导引车（AGV）设计通则》两项国家标准；移动机器人产业联盟组织制定发布了《工业应用移动机器人　叉车类技术规范》《工业应用移动机器人与其调度系统数据接口规范》和《工业应用移动机器人　箱式仓储机器人技术规范》3 项团体标准。

货架行业

1. 总体发展情况

2022 年我国经济受到新冠肺炎疫情散发多发等多重超预期因素影响，以及外部环境对我国进出口带来的较大冲击，与 2021 年相比，货架行业整体保持基本平稳的发展态势，从国内货架头部企业的销售情况来看，基本上稳中有增，高精度货架需求成为新的增长点。2021—2022 年我国货架头部企业的销售收入见表 7。

表 7　2021—2022 年我国货架头部企业的销售收入

企业名称	货架产品销售收入 / 亿元		同比增长（%）
	2022 年	2021 年	
上海精星仓储设备工程有限公司	20.91	19.55	6.94
浙江世仓智能仓储设备有限公司	10.20	6.16	65.58
南京音飞储存设备股份有限公司	8.48	7.01	20.97

2. 货架类型分析

2022 年自动化高层货架是市场需求的主流，市场占有率（金额）进一步提升，继续保持着较高的增长速度，而且单体项目的体量增大。传统电商类货架，近几年的需求一直在减少，2022 年更是跌到谷底。电商类货架结构简单，单价低，市场准入要求低，后续需求以社区门店、少数新店和改造维护为主。

穿梭车货架发展较好，虽然基数还不大，但是增长比例很高，2022 年估计总体市场占有率接近 10%；托盘穿梭车、箱式多层穿梭车都有非常多的项目案例，尤其是一些高层甚至超高层的穿梭车货架不断出现。

传统的横梁式、搁板式货架 2022 年的市场占有率呈下滑状态，该类货架项目一般体量小，应用行业普遍受到新冠肺炎疫情的明显冲击，再加上该类货架工期短、回款快、结构简单，所以竞争极为激烈，利润率比较低。

其他类型的货架，如驶入式、重力式、移动式等，已经基本退出历史舞台。

3. 货架市场的地域及行业分布状况

经济较为发达的华东、华南地区仍然是货架需求的主要区域；其他如华中、西南等地区，随着大量新产业的迁入，再加上这些地区的优势产业近几年发展较好，货架市场得到扩张。华北地区的货架需求一直偏低，发展略显滞后。海外市场虽然项目数量不少，但受限于新冠肺炎疫情封锁等外界因素，我国企业难以走出去，所以 2022 年海外货架市场销量有所萎缩。

在行业需求方面，2022 年医药化工行业的需求最为突出，原料和成品仓库的需求旺盛，是 2022 年货架市场保持稳定的主要助力。食品饮料、机械制造等传统强项领域的需求基本稳定。此外，新能源行业是 2022 年的一个小亮点，虽然目前该领域的市场占比还不够高，但是其增长速度十分惊人。

4. 行业企业发展情况

2022 年货架整体市场规模仅有微增，但货架企业新的制造基地却基本建设完成，产能完成跃迁，呈现产能过剩的局面，货架企业间的价格竞争相当激烈，部分企业甚至采用“超低价”手段，严重影响行业整体发展。

2022 年各头部企业均积极引进新设备、新工艺，努力提高产品质量，不少企业也在货架产品之外开辟新领域，开发新产品。

5. 技术标准体系建设

2022 年我国货架行业的标准制修订情况见表 8。

表 8　2022 年我国货架行业的标准制修订情况

序号	标准 / 项目编号	标准 / 项目名称	标准级别	制定 / 修订	备注
1	GB/T 41514—2022	钢结构货架使用安全与评估规范	国家标准	制定	2022.7.11 发布
2	T/CMIF 185—2022	箱式密集存储货架　技术规范	团体标准	制定	2022.11.1 发布
3	2020-0765T-JB	立体仓库组合式钢结构货架技术规范	行业标准	修订	已报批
4	2020-0916T-JB	重型移动式货架	行业标准	制定	已报批

工业车辆

1. 总体发展情况

2022 年我国工业车辆总销售量出现负增长。其中，国内市场处于调整期，出现近十年来较少见的 10% 以上的下降；出口市场继续前两年的增长势头，但涨幅收窄。

根据中国工程机械工业协会工业车辆分会会员单位的不完全统计，2022 年机动工业车辆总销售量是 1 047 967 台，比 2021 年的 1 099 382 台，下降 4.68%。国内市场 2022 年销售 686 426 台，比 2021 年的 783 619 台，下降 12.40%。非机动工业车辆销售量为 1 129 655 台，比 2021 年的 1 239 556 台，下降 8.87%。

2. 机动工业车辆销售情况

（1）内燃叉车销售情况。2022 年共销售内燃平衡重乘驾式叉车 373 203 台，与 2021 年的 441 595 台相比，下降 15.49%。其中，内燃平衡重乘驾式叉车中柴油叉车销量为 343 668 台，其余为汽油叉车（含双燃料）29 535 台。

（2）电动叉车销售情况。2022 年电动叉车（包括电动平衡重乘驾式叉车和各类电动仓储叉车）的销售量为 674 764 台，与 2021 年的 657 787 台相比，增长 2.58%。

1）电动平衡重乘驾式叉车。2022 年全国共销售电动平衡重乘驾式叉车 132 107 台，与 2021 年的 112 993 相比，增长 16.92%。

2）电动仓储叉车（包括电动乘驾式仓储叉车、电动步行式仓储叉车等）。2022 年全国共销售电动仓储叉车 542 657 台，与 2021 年的 544 794 台相比，下降 0.39%。

3. 各地区叉车销售情况

从 2022 年销售到国内各地区的 686 426 台机动工业车辆的流向看，以往市场份额最大的华东地区下降了 2.58 个百分点。2022 年各地区叉车销售情况见表 9。

表 9　2022 年各地区叉车销售情况

地区	销售数量 / 台	占市场份额的比例（%）
华东	308 509	44.94
华南	136 531	19.89
华中	73 747	10.74
华北	64 347	9.37
西北	30 963	4.51
西南	43 127	6.29
东北	29 202	4.26

4. 轻小型搬运车辆市场情况

2022 年国内非机动工业车辆销售量为 1 129 655 台，与 2021 年的 1 239 556 台相比，下降 8.87%。

5. 固定平台搬运车销售情况

2022 年国内固定平台搬运车销售量为 549 台，与 2021 年的 764 台相比，下降 28.14%。

6. 牵引车销售情况

2022 年国内牵引车销售量为 5 425 台（其中电动牵引车为 4 907 台，内燃牵引车为 518 台），与 2021 年的 4 410 台相比，增长 23.02%。

7. AGV 叉车销售情况

2022 年国内 AGV 叉车销售量为 1 135 台，与 2021 年的 609 台相比，增长 86.37%。其中，电动平衡重乘驾式叉车 102 台，电动乘驾式仓储叉车 378 台，电动步行式仓储叉车 655 台。

8. 锂电池及氢燃料销售情况

2022 年国内锂电池叉车（1—3 类）销售量为 433 410 台，比 2021 年的 332 640 台，增长 30.29%。其中电动平衡重乘驾式叉车的销售量为 77 452 台，占锂电池叉车总销量的 17.87%，与 2021 年的 48 412 台相比，增长 59.98%；电动乘驾式仓储叉车的销售量为 3 898 台，占锂电池叉车总销量的 0.90%，与 2021 年的 2 856 台相比，增长 36.48%；电动步行式仓储叉车的销售量为 352 060 台，占锂电池叉车总销量的 81.23%，与 2021 年的 281 372 台相比，增长 25.12%。锂电池叉车国内销售量为 170 955 台，出口量为 262 455 台。

9. 机动工业车辆出口情况

2022 年我国出口机动工业车辆共 361 541 台，与 2021 年的 315 763 台相比，增长 14.50%。其中电动叉车出口 266 522 台，占出口量的 73.72%，与 2021 年的 234 598 台相比，增长 13.61%；内燃叉车（含集装箱叉车）出口 95 019 台，占出口量的 26.28%，与 2021 年的 81 165 台相比，增长 17.07%。

2022 年我国共向世界 183 个国家和地区出口机动工业车辆，其中欧洲、美洲、亚洲是我国机动工业车辆产品的传统出口市场。2022 年出口到亚洲的机动工业车辆为 95 977 台，与 2021 年的 77 031 台相比，增长 24.60%；出口到欧洲的机动工业车辆为 129 530 台，与 2021 年的 129 327 台相比，增长 0.16%；出口到美洲的机动工业车辆为 107 974 台，与 2021 年的 87 155 台相比，增长 23.89%。

在机动工业车辆中，电动叉车出口到欧洲和美洲的台数分别占 41.56% 和 27.73%；内燃叉车出口到中美洲和亚洲的数量分别占 35.86% 和 31.06%。

托盘行业

1. 总体发展情况

2022 年因受到新冠肺炎疫情冲击、原材料成本上升、客户需求不足等大环境影响，我国托盘年产量约为 3.7 亿片，同比下降 5%，出现近几年的首次产量下滑。托盘市场保有量约为 17 亿片，同比增长 2.41%，增速较 2021 年有所放缓。托盘循环共用企业加速扩大各自托盘池规模，加快布局全国运营服务网络，推广带板运输和供应链一体化发展，2022 年我国托盘池总量超过 3 750 万片，比 2021 年增加了 350 万片，同比增长 10.29%。木托盘占有率逐年降低，塑料托盘占有率逐年提升，木托盘和塑料托盘总占有率在 90% 以上。

2. 行业政策和标准工作

（1）行业政策。2022 年 3 月，中共中央、国务院发布《关于加快建设全国统一大市场的意见》，在“推进市场设施高标准联通”部分中指出要建设现代流通网络，其中包括推动国家物流枢纽网络建设，大力发展多式联运，推广标准化托盘带板运输模式。

2022 年 9 月，国务院办公厅印发《关于进一步优化营商环境降低市场主体制度性交易成本的意见》，在“进一步规范涉企收费，推动减轻市场主体经营负担”部分中指出要推动降低物流服务收费，其中包括明确铁路、公路、水路、航空等运输环节的口岸物流作业时限及流程，加快推动大宗货物和集装箱中长距离运输“公转铁”“公转水”等多式联运改革，推进运输运载工具和相关单证标准化，在确保安全规范的前提下，推动建立集装箱、托盘等标准化装载器具循环共用体系。

2022 年 12 月，国务院办公厅印发《“十四五”现代物流发展规划》，在“推动绿色物流发展”部分中指出要深入推进物流领域节能减排，其中包括加强绿色物流新技术和设备研发应用，推广使用循环包装，减少过度包装和二次包装，促进包装减量化、再利用；加快标准化物流周转箱推广应用，推动托盘循环共用系统建设。

（2）标准工作。2022 年，中国物流与采购联合会托盘专业委员会（简称“中物联托盘委”）和全国物流标准化技术委员会托盘分技术委员会正式启动了《平托盘主要尺寸及公差》（20220568-T-602）和《托盘术语》（20220571-T-602）两项托盘基础国家标准的修订工作。

2022 年正式发布了国家标准 GB/T 31148—2022《木质平托盘　通用技术要求》，以及 WB/T 1125—2022《模压平托盘植物纤维类》、WB/T 1126—2022《塑料箱式托盘》、WB/T 1127—2022《箱式、立柱式托盘》和 WB/T 1128—2022《组合式塑料托盘》4 项物流行业标准，还有（T/CFLP 0038—2022、T/CSTE 0112—2022）《质量分级及“领跑者”评价要求　平托盘》和（T/CFLP 0039—2022、T/CSTE 0113—2022）《质量分级及“领跑者”评价要求　托盘租赁服务》两项团体标准。

〔撰稿人：中国重型机械工业协会物流与仓储机械分会纪凯　审稿人：中国重型机械工业协会王继生〕

机械式停车设备

截至 2022 年年底，全国建设机械式停车设备的城市（包括县级城市）有 805 个，建设机械泊位 892 万个，机械式停车设备在缓解城市交通拥堵、解决停车难问题方面，发挥着越来越重要的作用。

生产发展情况　2022 年，国内新增机械车库项目 1 728 个（包括汽车专用升降机），比上年下降 21.6%；新增机械泊位 587 306 个，比上年下降 24.2%；国内销售总额（包括汽车专用升降机）1 168 927.55 万元，比上年下降 22%；出口机械泊位 16 030 个，比上年下降 18.8%；出口额 30 619.02 万元，比上年下降 29.9%。

技术进步情况　截至 2022 年年底，全国停车设备行业专利申请排名前 5 位的省份分别为广东省（15 842 个）、江苏省（9 731 个）、浙江省（9 225 个）、北京市（5 625 个）和山东省（5 506 个）。按照归属申请人（专利权人）的专利数量统计排名见表 1。我国机械式停车设备行业专利申请人的类型构成见表 2。申请人申请专利的类型分布见表 3。

表 1　按照归属申请人（专利权人）的专利数量统计排名

申请人（专利权人）	专利数量 / 项
大洋泊车股份有限公司	353
SHIN MEIWA IND.CO.LTD.	304
梁崇彦	236
深圳市伟创自动化设备有限公司	209
安徽鸿杰威尔停车设备有限公司	205
深圳怡丰自动化科技有限公司	168
广东明和智能设备有限公司	157
佛山市诺行科技有限公司	154
杭州西子孚信科技有限公司	148
广东三浦车库股份有限公司	146
安徽鸿路钢结构（集团）股份有限公司	142

表 2　我国机械式停车设备行业专利申请人的类型构成

申请人类型	专利数量 / 项
企业	16 404
个人	4 795
大专院校	2 730
科研单位	148
机关团体	27
其他	13

表 3　申请人申请专利的类型分布

申请人	专利类型 / 项			
	实用新型	发明	发明授权	外观设计
大洋泊车股份有限公司	211	57	20	65
SHIN MEIWA IND. CO.LTD.	3	183	118	0
安徽鸿杰威尔停车设备有限公司	106	65	34	0
深圳怡丰自动化科技有限公司	75	74	18	1
广东明和智能设备有限公司	132	20	5	0
佛山市诺行科技有限公司	47	86	21	0
杭州西子孚信科技有限公司	58	18	7	65
广东三浦车库股份有限公司	61	51	4	30
深圳市伟创自动化设备有限公司	89	46	4	0
安徽鸿路钢结构（集团）股份有限公司	65	53	19	0

产品分类产量　2022 年，全国建设机械式停车库的城市（包括县级城市）325 个；在 325 个城市中，有 55 个城市是首次建设机械式停车泊位。首次建设机械式停车泊位的数量达到 19 098 个，占全国新增机械式停车泊位总数的 3.25%。新增机械式停车泊位排名前 10 位的省、自治区、直辖市，共计新增泊位 401 223 个，占新增机械式停车泊位总数的 68.32%。新增机械式停车泊位排名前 10 位城市的新增泊位数共 204 628 个，占新增泊位总数的 34.78%。2022 年新增机械式停车泊位排名前 10 位的省、自治区、直辖市分布情况见表 4。2022 年新增机械式停车泊位排名前 10 位的城市分布情况见表 5。2022 年新增机械式停车设备类别比较见表 6。

表 4　2022 年新增机械式停车泊位排名前 10 位的省、自治区、直辖市分布情况

省、自治区、直辖市	新增泊位 / 个	占全部新增泊位比例（%）
江苏	70 307	11.97
广东	60 129	10.24
浙江	50 870	8.66
河北	44 264	7.54
陕西	38 449	6.55
山东	35 884	6.11
湖北	27 271	4.64
上海	26 081	4.44
安徽	24 793	4.22
甘肃	23 175	3.95
合计	401 223	68.32

表 5　2022 年新增机械式停车泊位排名前 10 位的城市分布情况

城市	新增泊位 / 个	占全部新增泊位比例（%）
杭州	29 033	4.94
西安	27 524	4.69
广州	26 262	4.47
上海	26 081	4.44
北京	22 483	3.83
南京	20 724	3.53
武汉	15 719	2.68
深圳	13 803	2.35
六安	11 688	1.99
长沙	10 951	1.86
合计	204 628	34.78

表 6　2022 年新增机械式停车设备类别比较

设备类别	泊位 / 个	占全部新增泊位比例（%）	同比增长（%）
升降横移（PSH）	429 637	73.15	−23.9
简易升降（PJS）	72 716	12.38	−27.7
平面移动（PPY）	42 181	7.18	−16.8
垂直升降（PCS）	27 345	4.66	−25.9
垂直循环（PCX）	10 131	1.73	−29.8
巷道堆垛（PXD）	4 958	0.84	−7.4
水平循环（PSX）	296	0.05	−81.0
多层循环（PDX）	42	0.01	−65.5
合计	587 306		

市场及销售 机械式停车设备用户分为住宅小区、公共配套和单位自用三大类。

住宅小区配建车库新建机械式停车泊位 309 893 个，占新增机械式停车泊位总数的 52.77%。住宅小区配建机械式停车设备采用最多的类别是升降横移类，共有 238 038 个泊位，占住宅小区新增机械式停车泊位总数的 76.8%；其次是简易升降类，共有 61 808 个泊位，占住宅小区新增机械式停车泊位总数的 19.9%。

公共配套用机械式停车设备新建泊位 162 118 个，占新增机械式停车泊位总数的 27.60%。公共配套用机械式停车设备采用最多的类型是升降横移类，共有 105 404 个泊位，占公共配套新增泊位总数的 65.02%；其次是平面移动类，共有 27 771 个泊位，占公共配套新增泊位总数的 17.13%。

单位自用新建机械式停车泊位 115 295 个，占新增机械式停车泊位总数的 19.63%。单位自用机械式停车设备采用最多的类型是升降横移类，共有 86 195 个泊位，占单位自用车库新增机械式停车泊位总数的 74.76%；其次是平面移动类，共有 10 817 个泊位，占单位自用机械式停车泊位总数的 9.38%。2022 年机械式停车设备用户新增泊位情况见表 7。

表 7　2022 年机械式停车设备用户新增泊位情况

用户类型	新增泊位数 / 个	同比增长（%）	占全部新增泊位的比例（%）
住宅小区	309 893	−30.9	52.77
公共配套	162 118	−18.8	27.60
单位自用	115 295	−8.2	19.63

1. 国内销售情况

2022 年国内销售额排名前 30 位的企业总计销售车库项目 1 296 个，占上报项目总数的 75%；国内销售额共计 977 927.09 万元，占企业上报销售总额的 83.6%；其安装机械式停车泊位数 486 334 个，占国内新增机械式停车泊位的 82.81%。

2022 年机械式停车设备行业国内销售收入前 30 强企业（按公司名称字母排序）是：安徽鸿杰威尔停车设备有限公司、安徽华星智能停车设备有限公司、北京大兆新元停车设备有限公司、北京首嘉钢结构有限公司、北京鑫华源机械制造有限责任公司、大洋泊车股份有限公司、广东明和智能设备有限公司、广州广日智能停车设备有限公司、杭州大中泊奥科技股份有限公司、杭州西子智能停车股份有限公司、衡水奇佳停车设备有限公司、江苏金冠停车产业股份有限公司、江苏金三角钢结构有限公司、江苏普腾停车设备有限公司、江苏润邦智能车库股份有限公司、青岛德盛利立体停车设备有限公司、青岛茂源停车设备制造有限公司、青岛齐星车库有限公司、三浦车库股份有限公司、山东天辰智能停车有限公司、陕西隆翔停车设备集团有限公司、上海赐宝停车设备制造有限公司、深圳精智机器有限公司、深圳市伟创自动化设备有限公司、深圳怡丰自动化科技有限公司、深圳中集智能停车有限公司、唐山通宝停车设备有限公司、友嘉国际数控机床有限公司、浙江诺力车库设备制造有限公司、郑州卫莱自动化设备有限公司。

2. 产品出口情况

2022 年，机械式停车设备共出口到 41 个国家和地区，出口项目 135 个，出口机械式停车泊位总数 16 030 个，出口额为 30 619.02 万元。2022 年各类型机械式停车设备出口项目及泊位数见表 8。2022 年机械式停车设备出口的区域及数量见表 9。

表 8　2022 年各类型机械式停车设备出口项目及泊位数

设备类型	出口项目 / 个	泊位数 / 个	占全部出口泊位比例（%）
PSH	51	7 186	44.83
PPY	12	1 650	10.29
PJS	48	3 551	22.15
PCS	9	1 850	11.54
PCX	15	1 793	11.19
总计	135	16 030	100.00

表 9　2022 年机械式停车设备出口的区域及数量

出口区域	出口泊位 / 个	占全部出口泊位比例（%）
美洲	6 035	37.65
亚洲	8 299	51.77
欧洲	1 370	8.55
大洋洲	206	1.28
非洲	120	0.75
总计	16 030	100.00

〔撰稿人：中国重型机械工业协会停车设备工作委员会李仲军　审稿人：中国重型机械工业协会停车设备工作委员会张敏〕

大型铸锻件

行业运行情况 2022 年参与统计的 9 家大型铸锻件骨干企业实现营业收入 152.1 亿元，8 家实现同比增长，其中，铸件完成 25.9 亿元（统计 5 家），锻件完成 52.9 亿元（统计 5 家）；大型铸锻件新增订货 77.9 亿元（统计 6 家），新增订货金额大于 2022 年度营业收入的有 4 家。

2022 年钢液产量为 67.2 万 t（统计 6 家），基本持平有 4 家、同比增长 1 家、同比下降 1 家；铸件产量为 15.6 万 t（统计 5 家），基本持平有 3 家、同比增长 2 家；锻件产量为 34.5 万 t（统计 7 家），基本持平有 4 家、同比增长 2 家、同比下降 1 家。行业企业克服疫情和高温限电的影响，产量与 2021 年比基本持平，参与统计企业的产能利用率呆持较高水平。

行业技术升级和产品创新取得新突破，服务国家重大工程和重大技术装备的效益更加凸显，主要企业产品特色化、竞争差异化、生产专业化持续向好。2022 年大型铸锻件骨干企业营业收入见表 1。2022 年大型铸锻件骨干企业产品产量见表 2。

表 1 2022 年大型铸锻件骨干企业营业收入

序号	企业名称	总金额 / 万元	同比增长（%）	铸件 / 万元	同比增长（%）	锻件 / 万元	同比增长（%）	新增订货 / 万元	同比增长（%）
1	二重（德阳）重型装备有限公司	204 906	7.60	46 285	18.40	158 621	4.80	230 405	
2	上海电气上重铸锻有限公司	82 339	21.00	10 112	1.00	72 227	24.00	110 954	
3	洛阳中重铸锻有限责任公司	150 000	1.60	18 000	0.20	115 000	1.70	125 000	
4	太原重工股份有限公司	63 000	4.80	28 000	2.30	35 000	2.50	68 000	
5	河南中原特钢装备制造有限公司	200 000	27.50						
6	中钢集团邢台机械轧辊有限公司	315 033	24.50	156 248	14.40	148 416	51.60	62 052	
7	武汉重工铸锻有限责任公司	150 000	35.78					182 500	18.11
8	诸暨虹茂重工机械有限公司	10 000							
	合计	1 175 278		258 645		529 264		778 911	

表 2 2022 年大型铸锻件骨干企业产品产量

序号	企业名称	钢液 /t	同比增长（%）	铸件 /t	同比增长（%）	锻件 /t	同比增长（%）
1	二重（德阳）重型装备有限公司	177 115	−2.40	25 192	13.80	96 690	1.60
2	上海电气上重铸锻有限公司	36 000	−30.00	5 600	−0.10	20 000	−30.00
3	洛阳中重铸锻有限责任公司	116 000	1.30	20 500	2.10	52 000	1.40
4	太原重工股份有限公司	65 000	4.30	17 500	2.10	22 000	2.30
5	河南中原特钢装备制造有限公司	200 000	0.00			91 600	11.53
6	中钢集团邢台机械轧辊有限公司	78 106	34.10	87 003	12.30	54 007	43.10
7	武汉重工铸锻有限责任公司						
8	诸暨虹茂重工机械有限公司					9 000	
	合计	672 221		155 795		345 297	

据中国铸造协会统计，2022 年大型铸锻件铸钢件完成产量 635 万 t，同比下降 3.80%。

行业企业生产经营情况

1. 二重（德阳）重型装备有限公司（简称二重装备）

二重装备大型铸锻件实现营业收入（内销和外销）204 906 万元，同比增长 7.6%。其中，铸件 46 285 万元，同比增长 18.4%；锻件 158 621 万元，同比增长 4.8%；大型铸锻件新增订货 230 405 万元。完成钢液产量 177 115 t，同比下降 2.4%；铸件产量 25 192 t，同比增长 13.8%；锻件产量 96 690 t，同比增长 1.6%。代表性产品火电铸锻件实现产量 10 296 t。

2. 中国第一重型机械股份公司（简称中国一重）

中国一重大型铸锻件实现营业收入（外销）106 566 万元，同比下降 0.9%；核能设备实现营业收入 146 428 万元，同比增长 29.5%；重型压力容器实现营业收入 181 627 万元，同比增长 28.6%。

3. 上海电气上重铸锻有限公司（简称上重铸锻）

上重铸锻大型铸锻件实现营业收入（内销和外销）82 339 万元，同比增长 21.0%。其中，铸件 10 112 万元，同比增长 1.0%，锻件 72 227 万元，同比增长 24.0%；大型铸锻件新增订货 110 954 万元。完成钢液产量 36 000 t，同比下降 30.0%，铸件产量 5 600 t，同比下降 0.1%，锻件产量 20 000 t，同比下降 300%。代表性产品核电产品实现产量 3 626 t，火电产品实现产量 3 604 t。

4. 洛阳中重铸锻有限责任公司（简称洛阳中重）

洛阳中重大型铸锻件实现营业收入 150 000 万元，同比增长 1.6%，其中，铸件 18 000 万元，同比增长 0.2%，锻件 115 000 万元，同比增长 1.7%；大型铸锻件新增订货 125 000 万元。钢液产量完成 116 000 t，同比增长 1.3%，铸件产量 20 500 t，同比增长 2.1%，锻件产量 52 000 t，同比增长 1.4%。

5. 太原重工股份有限公司（简称太原重工）

太原重工大型铸锻件实现营业收入（内销和外销）63 000 万元，同比增长 4.8%。其中，铸件 28 000 万元，同比增长 2.3%，锻件 35 000 万元，同比增长 2.5%；大型铸锻件新增订货 68 000 万元。钢液完成产量 65 000 t，同比增长 4.3%，铸件产量 17 500 t，同比增长 2.1%，锻件产量 22 000 t，同比增长 2.3%。代表性产品火电转子锻件实现产量 6 000 t。签订 600 MW 示范快堆一回路纳泵电机辅助电机 4 套飞轮体锻件订单。

6. 河南中原特钢装备制造有限公司（简称中原特钢）

中原特钢实现营业收入 20 亿元，同比增长 27.5%。其中，外贸收入 2.3 亿元，同比增长 54.7%。主要产品中，中高合金钢连铸坯、模具钢、不锈钢、H13 锻件收入同比分别增长 72.1%、108.0%、42.6%、33.1%。钢液产量为 20 万 t，与上年基本持平；锻件产量 91 600 t，同比增长 11.53%。

7. 中钢集团邢台机械轧辊有限公司（简称中钢邢机）

中钢邢机大型铸锻件实现营业收入 315 033 万元，同比增长 24.5%。其中，铸件实现 156 248 万元，同比增长 14.4%，锻件 148 416 万元，同比增长 51.6%；大型铸锻件新增订货 62 052 万元。钢液产量完成 78 106 t，同比增长 34.1%，铸件产量完成 87 003 t，同比增长 12.3%，锻件产量完成 54 007 t，同比增长 43.1%。代表性产品冶金轧辊完成产量 14.1 万 t，冶金轧辊出口额约占营业收入的 20%。

8. 武汉重工铸锻有限责任公司（简称武汉重工）

武汉重工实现营业收入 15 亿元，同比增长 35.78%；承接合同金额达到 18.25 亿元，同比增长 18.11%。

9. 伊莱特能源装备股份有限公司（简称伊莱特）

伊莱特稳步推进经营工作，加快产出节奏，加强代表性大型锻件领域产品工艺研究和升级，细分市场取得良好的效果。

10. 诸暨虹茂重工机械有限公司（简称诸暨虹茂重工）

诸暨虹茂重工 2022 年整体比较困难，实现营业收入 10 000 万元，完成锻件 9 000 t。在外部形势困难的情况下，外拓市场内抓管理，2022 年不断有新客户的增加。

科技创新

1. 技术升级和产品创新

（1）二重装备。二重装备承担省部级以上大型铸锻件领域科研项目 16 项，其中，“800~1 000 MW 特大型水电机组核心铸件及其铸造生产技术应用示范”“630~650 ℃超超临界机组汽轮机转子锻件工程化工艺开发”2 项顺利通过验收。以 800~1 000 MW 水电关键铸件研制为依托，掌握了超大型铸件成分、性能、尺寸、内外部质量等核心技术，形成了该类型水电机组关键部件稳定的供货能力，多项专项技术可推广应用于其他产品领域。项目成果成功应用于乌东德、“一带一路”卡洛特等项目关键铸件的制造，使公司成为国内在这一高端极限制造领域能较完整地制造全部铸件的企业。以 630~650 ℃超超临界机组汽轮机转子锻件工程化为目标，掌握了该类材料 B、N 稳定控制，防锻造开裂和高强韧性的关键制造技术，为高参数超超临界机组汽轮机转子锻件自主化制造做好技术储备。

研制新产品 5 项，其中，1 000 MW 超超临界机组 FB2 材料转子锻件，突破了该材料转子锻件冶炼、锻造、热处理等全流程关键技术，实现“从 0 到 1”的突破，2022 年 11 月 11 日产品顺利发运交付用户。研制的核电汽轮机自主化低压焊接转子锻件，攻克了核电低压焊接转子锻件高纯净冶炼、大截面饼形件锻造等强韧性热处理等关键制造技术，2022 年 11 月 22 日举行首件产品鉴定会，通过中国机械工业联合会专家组鉴定，首次实现国产化；为东电研制的 2 米级大型高等级无磁护环验证件，完成交付；成功研制 F 级重型燃机燃烧室内外壳耐热铸件，突破了铸件凝固缺陷控制、热处理变形和裂纹控制技术，常规性能和高温性能均满足技术标准，属于国产化首次制造；成功研制超高压聚乙烯反应釜锻件，突破了材料设计、冶炼、锻造和热处理等关键制造技术，开发的 23Cr2Ni4MoV（SA723Gr.3cl.2）材料通过国家市场监督管理总局特种设备安全与节能技术委员会组织的评审，被批准用于国内超高压反应釜锻件制造。生产的公司成立以来最大的桥梁用锚固铸件，使用钢液量近 500 t；首次承接大型异形船用中间轴件并成功锻造；Cr10 型转子实现批量生产，近两年已交付客户 20 余根；大型核电半速转子交付 25 根。

HT700 系列耐热合金超超临界机组高温铸件研制项目突破了铁镍基材料 EF+LF（VOD）冶炼技术和铸造技术，属于冶炼技术变革。

“大型铸锻件数值模拟国家工程实验室”被纳入新的国家工程研究中心序列，优化整合为“大型铸锻件先进制造技术及装备国家工程研究中心”；700 ℃超超临界汽轮机高温铸件研制课题顺利验收；“华龙一号”示范工程福清 6 号机组 ACP1000 主管道项目获全国质量奖卓越项目奖。

成功研制出国内首件高燃耗乏燃料厂外运输容器外壳锻件；成功研制国内首件变速抽水蓄能发电机组无磁高氮奥氏体不锈钢护环验证件；完成人造太阳——CFETR 大科学装置关键部件制造；630 ℃超超临界汽轮机组铸钢件率先实现了国产化。

（2）中国一重。中国一重获三门核电 4 号机组 1 000 MWe 核电汽轮机整锻低压转子订单，转子最大直径 2.8 m；成功制造直径 6.76 m 世界最大异形加氢筒体锻件，创造了异形加氢筒类锻件单体重量、直径及壁厚 3 项最大世界纪录；完成 ϕ1 200 mm 圆坯及 1 000 mm 宽阶梯模块等高品质大规格热作模具钢研究，突破了模具钢大型化制造技术难题；研发炼钢炉渣多组分快速定量分析技术，填补国内技术空白。

“华龙一号”反应堆压力容器制造技术获辽宁省科技进步奖一等奖。

（3）上重铸锻。上重铸锻承担省部级以上大型铸锻件领域科研项目 2 项，其中 600 MW 快中子增殖反应堆示范工程用超洁净高性能关键材料研制项目突破了超洁净控氮奥氏体不锈钢电渣重熔技术、奥氏体不锈钢超低铁素体含量控制技术、超大直径奥氏体薄板锻件晶粒度控制等关键技术，基本形成 600 MW 示范快堆超纯净不锈钢锻件、板材、棒材批量制造能力。

研制新产品 7 项，成功研制出 600 MW 快堆 304、316 材料超纯净不锈钢材料，聚变堆 316LN 不锈钢材料锻件以及乏燃料转运容器用 3.5Ni 材料锻件，突破了先进核电用超纯净不锈钢材料电渣重熔等关键技术，进入了四代核电超纯净不锈钢材料、乏燃料后处理容器材料领域，属于国内首次。研制出满足技术要求的 F 级重型燃机燃烧室用 GX23CrMoV12-1 马氏体不锈钢铸件，首批产品通过验收并交付用户。

掌握关键新技术 15 项，其中聚变堆用百吨级超高洁净奥氏体不锈钢电渣重熔技术，快堆超大直径奥氏体薄板锻件晶粒度控制技术、奥氏体钢高强高耐蚀性能调控热处理技术，达到国际先进水平。

（4）洛阳中重。洛阳中重承担省部级以上大型铸锻件领域科研项目 4 项，其中，工业和信息化部项目 1 项、国家重点研发计划项目 2 项、河南省重大专项 1 项。海上作业液压打桩锤研制项目研发出打桩锤锻件专用材料 EG-8X，创新了 300 吨级大型钢锭纯净均质制备和压实锻造、精确近净成形技术，制造出 3 000 kJ 打桩锤用芯轴、砧铁、替打环等锻件产品，锤芯长度超 15 m，重量 152 t。“十三五”国家重点研发计划项目“基础制造热加工工艺数据库”成功实施了大型锻件在线测量系统；河南省重大专项“重大工程用大型特种钢制品关键技术研究及应用”项目，研发的高强度钢材料突破 2 000 MPa 强度极限，且塑韧性匹配良好。

研制新产品 13 项，成功研制出打桩锤系列锻件、核电锻件、能源装备关键部件、矿山机械关键零部件、高硬度齿轮铸件等产品，突破了锻件产品大型化、材料均质化和高强度化等技术难题，产品已在海工、核电、交通、冶金等领域应用。生产的直径 6 500 mm 砧铁、7 500 mm 替打环等锻件产品属于国内最大，其中液压打桩锤整体式超长芯轴成分和结构设计、大型锻件流线控制技术达到国际领先水平；制造出直径 13.6 m 的齿轮铸件，大型齿轮铸件控流控向浇注和有序凝固控制技术达到国际领先水平；首次完成陆丰 6 号机组稳压器封头锻造。

2022 年洛阳中重在大型铸锻件领域获省部级以上科技成果奖励项目 5 项。掌握关键技术 11 项，其中，5 项突破了行业极限（属于大型钢锭冶炼、锻造成形、热处理行业的变革技术）。

（5）大连重工第 1 000 根船用曲轴于 2022 年 6 月下线。

（6）中原特钢在大型铸锻件领域承担的 2 项河南省重大科技专项（“兆瓦级风电机组主轴关键技术研究及产业化”“大规格中高合金钢立式连铸圆坯制造关键技术及产业化”）2022 年全部完成并通过验收。

2022 年中原特钢成功研制出光伏玻璃领域用压延辊产品，产品纯净度高、内部组织均匀，有效提高了压延辊高温持久性能和抗高温热疲劳性能。高性能铁路用辙叉产品、突破了普通电渣炉“极低氢含量”控制瓶颈，使公司产品成功进入了铁路系统。

（7）中钢邢机在大型铸锻件领域承担省部级以上科研项目 1 项。研制新产品 8 项，其中，超宽幅铝热轧工作辊填补了国家空白，解决了国内超宽幅铝热带轧机轧辊 100% 进口的问题，支撑了飞机、高铁、舰艇、汽车等高端宽幅铝合金板带轧制需求。

掌握关键新技术 5 项，其中，突破了 MCCR 专用辊关键核心制造技术，保持了轧辊领域首研首发的引领地位。中钢邢机获国家技术创新示范企业、制造业单项冠军示范企业等称号。

（8）武汉重工铸锻成功研制的主管道、主蒸汽管道、军品轴系成套、军用曲轴、氢能源成套装备等产品，突破了管道冷弯技术及弯管加工等关键技术。武汉重工铸锻在大型铸锻件领域承担省部级以上科研项目 5 项，其中，超高强钢深盲孔壳体成形技术研究为国家国防科工局“工艺双百”项目，已完成研制，准备结题。

2022 年研制新产品 20 项，其中 18 个项目完成了研制任务，突破了多项技术瓶颈，掌握关键新技术 28 项。

（9）沈铸所研制的可熔铸直径 800~2 000 mm 复杂铸件的大型电渣熔铸设备入选国家“十三五”创新成果展。

（10）鞍钢重机成功锻造长 5 m、重 40 t 舵轴套筒。

（11）东方汽轮机被评定为超超临界火电机组材料生产应用示范平台。

（12）伊莱特制造出我国四代核电直径 15.673 m 的核电支承环并成功申请吉尼斯世界纪录；研制的飞机制造部件用热压罐卡箍齿法兰，直径达 7 m；10 MW 海上风电法兰交付用户；为洛轴批量制造直径为 12~14 m 的超大直径轴承环，其中最大的一件直径超过 13.8 m，为国内首台自主研发的 3 500 kJ 液压打桩锤提供替打环；交付金风科技 16 MW 样机筒体风电法兰；批量提供直径 3~8 m 的稀土钢轴承环助力我国首台（套）盾构机用超大直径主轴承成功研制；入选工业和信息化部第五批单项冠军示范企业（风电法兰）。

（13）诸暨虹茂重工。公司开发了 05Cr17Ni4Cu4Nb 转子锻件、22Cr12NiMo1W1V 轮盘锻件、核电轴瓦锻件等新产品，不断进行工艺改进，锻件合格率达 98% 以上，尤其是叶轮产品的质量得到客户高度评价。2022 年获发明专利 1 项、实用新型专利 8 项。

（14）会员单位以外相关技术动态。承德建龙新材料公司超大规格圆坯连铸机投产并热试成功，能提供直径 700~1 300 mm 圆坯；西南铝业（集团）有限责任公司生产的直径 3.5 m 铝锻环用于空间站建设；兰州兰石重型装备股份有限公司成功完成 N08810 耐蚀合金锻件全流程生产技术攻关；东方电机国内首个完全自主研发的大型冲击式转轮——金窝 150 兆瓦级冲击式水轮机转轮研制取得重大突破，有力推动了高水头大容量冲击式水力发电机组国产化进程。

2022 年大型铸锻件行业部分获省部级以上科技成果奖励项目见表 3。

表 3　2022 年大型铸锻件行业部分获省部级以上科技成果奖励项目

序号	项目名称	奖项名称	获奖等级	主要完成、参与单位
1	长寿命低成本锻模制造与再制造关键技术及应用	机械工业科学技术奖	一等奖	重庆大学、中国第二重型机械集团德阳万航模锻有限责任公司等
2	F 级重型燃机核心转子体锻件国产化研制	机械工业科学技术奖	二等奖	二重（德阳）重型装备有限公司、东方电气集团东方汽轮机有限公司等
3	7 500 t 大型筒节轧机研制及应用	机械工业科学技术奖	二等奖	二重（德阳）重型装备有限公司
4	大型装备耐磨部件高可靠性再制造关键技术研究及应用	机械工业科学技术奖	二等奖	中信重工机械股份有限公司参与
5	复杂关键铸件砂型 3D 打印成形技术	机械工业科学技术奖	二等奖	沈阳铸造研究所有限公司主持
6	关键基础件用特种合金材料技术研发及应用	机械工业科学技术奖	二等奖	重庆大学参与
7	《重型机械通用技术条件（GB/T 37400.1~16）》	机械工业科学技术奖	二等奖	中国重型机械研究院股份公司、二重（德阳）重型装备有限公司、一重集团大连工程技术有限公司、北方重工集团有限公司、太原重工股份有限公司、大连华锐重工集团股份有限公司、中信重工机械股份有限公司、上海电气上重碾磨特装设备有限公司
8	CAP1400 核电常规岛电机转子精加工架口技术	机械工业科学技术奖	二等奖	中国一重集团有限公司
9	大型三代核电厂主设备材料关键技术研究及应用	电力创新奖	创新大奖（特等奖）	中国第一重型机械股份公司、上海电气上重铸锻有限公司、二重（德阳）重型装备有限公司参与
10	大型核电站国和一号蒸汽发生器研制及应用	中国电力科学技术奖	一等奖	上海电气上重铸锻有限公司参与
11	冷轧板带全线锻造高速钢轧辊特色化设计及产业化应用	中国冶金科学技术奖	三等奖	中钢集团邢台机械轧辊有限公司主持
12	“华龙一号”核反应堆压力容器制造技术	辽宁省科技进步奖	一等奖	
13	大型能源装备关键部件高性能制造技术及应用	河南省科技进步奖	一等奖	中信重工机械股份有限公司主持
14	高品质汽车外板与高强度汽车钢用高精度冷轧辊关键技术与应用	河北省科技进步奖	三等奖	中钢集团邢台机械轧辊有限公司主持

2. 技术改造

（1）二重装备。二重装备锻造厂完成 4 台工业炉窑节能减排升级改造，降低了能耗成本，提高了产品竞争能力，总投资 1 600 万元。完成 4 台除尘设备改造，总投资 1 900 万元，大大改善现场作业环境，减少企业环保压力。

（2）中国一重。完成 150 t 电渣重熔炉、1.6 m 垂直铸机重大技改项目决策程序。

（3）中原特钢。中原特钢高品质工模具钢电渣生产线技术改造项目，新增（改造）工艺设备 24 台（套），可以年产 10 000 t 高品质工模具钢、高端高强钢、高温合金、含钛钢等。管模生产线改造升级项目，新增工艺设备 3 台（套），可提升大规格铸管模生产线精加车床工序产能，DN500-900 中大型铸管模精加工序产能增加 12 支 / 月，DN1000-2200 超大型铸管模精加工序产能增加 2 支 / 月，同时保证 3 MW、5 MW 风机主轴产能增加 68 支 / 月。

（4）武汉重工。新建大型冶炼设备，新增炼钢产能，大幅提升冶炼能力。

（5）诸暨虹茂重工。新建 1 台锻造加热炉，新增 2 台高性能热处理井炉（提高叶轮的热处理生产能力），新添 1 台超声波探伤仪（为大锻件的质量检验提供保证）。

企业发展中存在的问题

（1）数字化、智能化升级进展较慢、力量分散。大型铸锻件行业具有热加工流程长、工艺复杂的特性，智能化推动速度较慢、基础设施建设分散。

（2）行业成本控制持续高压力状态。主要体现为原材料特别是重要合金材料价格波动大、预期性差；天然气等能源成本持续攀升；用工工资成本压力持续增大。

（3）行业人才引、留困难，长期受用工难困扰。大型铸锻件企业布局以中小城市为主，近年来就业观念发生了较大变化，人员向大中城市发展，造成高端人才和重点院校毕业生引进困难。希望政府在人才引进措施上，如科研经费、住房、生活补助等方面加大扶持力度，帮助企业引进更多“高精尖缺”优秀人才；积极引导企业与高校、科研机构创新合作机制，紧密产学研深度合作。蓝领技能工人缺乏，尤其是愿意从事传统热加工行业的年轻人越来越少，加上企业地域问题和行业盈利水平问题，用工难、高技能人才后继是大型铸锻件企业长期面临的困局。

〔撰稿人：中国重型机械工业协会大型铸锻件分会余文金　审稿人：中国重型机械工业协会大型铸锻件分会尤国勋〕

基　础　件

减　速　器

当今全球经济形势复杂多变，后疫情时代保护主义抬头、地缘政治风险骤增，国际政治格局和经济环境发生了巨大变化。欧美国家纷纷实施“再工业化”促进制造业回流，并严格限制涉及高科技产品的贸易和技术转移，同时新兴市场国家以低成本优势吸引全球跨国公司投资，这些都给我国传动基础件——减速器行业的发展带来了新的挑战。

在新的发展格局下，减速器行业要进一步深化供给侧结构性改革，提高高端产品供给能力，有效满足市场高端化、品牌化、差异化、国际化的发展要求。要牢牢把握企业高质量发展这条主线，紧紧围绕产品高端化、智能化、绿色化、国际化发展方向，加快关键核心技术攻关，打造更多具有自主知识产权和话语权的创新产品和专有技术。

基本情况　近十几年，我国减速器行业实现了高速发展，固定资产投资及产品产销量均呈跳跃式增长，企业规模、综合实力及产品质量均有显著提升。中国高速传动设备集团有限公司（简称中国高速传动）、陕西法士特齿轮有限责任公司（简称陕西法士特）、重庆齿轮箱有限责任公司（简称重庆齿轮箱）、宁波东力股份有限公司（简称宁波东力）、泰尔重工股份有限公司（简称泰尔重工）、杭州前进齿轮箱集团股份有限公司（简称杭齿前进）、浙江通力传动科技股份有限公司（简称浙江通力）、江苏省金象传动设备股份有限公司（简称江苏金像传动）、江苏泰隆机械集团公司（简称泰隆集团）、江苏国茂减速机股份有限公司（简称国茂股份）等一批行业龙头企业迅速崛起，年销售额迈上一个大台阶，百亿产值不再是梦想，行业整体装备水平和实力空前增强。

企业自主开发能力明显提升，从自主开发通用系列产品，到大型轧机传动、大型球磨机传动、大型辊压机传动、大功率立磨主减速器、大功率船用齿轮箱和风电机组增速箱专用产品开发，再到各种工程车辆行走齿轮箱、工程机械变速箱，锻造操作机、掘进机、盾构机等专用减速器的开发，国内曾多年依赖进口的产品，基本实现国产化。目前，我国已能制造 9 MW 陆上风电增速齿轮箱、16 MW 海上风电增速齿轮箱，产品总体技术处于国际先进水平。国内装机的风电增速齿轮箱目前国产化率达到 80% 以上、国际市场占有率在 30% 以上。

自主研发了 6 800 kW 立磨减速器、3 200 kW 磨机中心驱动减速器，350 km/h 高铁齿轮箱已部分实现国产化；中信重工机械股份有限公司（简称中信重工）研制出齿轮传递功率达 18 000 kW 的最大磨机组。我国在自动变速器（AT）、半自动变速器（AMT）、无级变速器（CVT）、双离合变速器（DCT）和油电混合汽车变速器等方面都有自主创新成果，特别在 AT 和 CVT 领域，汽车自动变速器的产业化已进入实质应用阶段。目前，工业机器人、高档数控机床和自动化装置中的高端精密减速器主要依赖进口。经过业内企业的自主创新以及国家的大力支持，多类别的工业机器人及其他精密伺服机构用精密减速器的国产化正在推进中，未来 5 年将形成大约 100 万台的产能，将支撑我国机器人及高端精密智能装备产业的快速发展。

主要问题 与先进工业国家相比，目前我国减速器行业发展面临的比较突出的问题主要表现在以下几个方面。

（1）通用系列产品产能过剩，很多企业还处在找订单求生存的状况中，去产能需要时间。

（2）专用高精尖产品自主开发能力尚比较薄弱，如大功率高速行星传动、高端机器人减速器及高端精密伺服传动等，企业还主要是靠和国外公司合作进行产品开发。由于在高端设计分析技术及软件方面的科研力度不够，我国减速器企业要想在上述方面取得突破性进展，尚需付出艰苦努力。

（3）产品的智能化程度普遍较低，在设计理念上还没有根本性的突破。

（4）企业的专业化程度偏低，多数企业产品同构现象严重，缺乏特色和竞争力，不利于行业整体水平和竞争力的提高。

（5）基础共性技术，如新材料、基础制造工艺及共性支撑技术等基础数据库建设开发力量薄弱，投入不足，无法形成对行业更高水平发展的技术支撑，影响着行业发展和整体水平的进一步提升。

（6）产业集中度不高，缺乏具有国际影响力的知名品牌。我国减速器行业已形成了比较完整的产业链，由于中小企业多，产业集中度不高，品牌知名度不够，市场议价能力较弱，导致企业无法获得合理的利润空间，缺乏持续健康发展的动力，制约了行业向更高水平发展。

（7）生产成本不断上升，原材料价格上涨，人工成本加大，行业运行中的一些顽疾（如片面的价格竞争、苛刻的付款方式、应收账款居高不下等）还没有很好的解决办法，使得企业利润空间被压缩，影响企业的可持续发展。

上市公司业绩

1. 中国高速传动

2022 年，中国高速传动销售收入约为 210.80 亿元，同比增长 4.3%。其中，风电齿轮传动设备销售收入约为 132.74 亿元，同比增长 10.3%；工业齿轮传动设备销售收入约为 20.46 亿元，同比增长 5.3%；轨道交通齿轮传动设备销售收入约为 3.79 亿元，同比增长 2.3%；贸易业务销售收入约为 53.46 亿元，同比下降 7.2%，其他收入 3 389.7 万元，同比下降 63.7%。

2. 宁波东力

2022 年，宁波东力实现营业收入 14.68 亿元，同比下降 9.06%；实现归属于上市公司股东的净利润 3.28 亿元，同比下降 1.36%。营业成本 19.19 亿元，同比下降 4.59%。

2022 年，子公司东力传动实现营业收入 13.26 亿元，同比下降 12.43%；实现净利润 0.77 亿元，同比下降 77.48%。东力传动博士后科研工作站获批，被认定为浙江省科技小巨人企业；荣获宁波市政府质量奖、机械工业科技进步奖一等奖、浙江省技术发明奖二等奖；获授权专利 18 项，其中发明专利 3 项。

2022 年，子公司欧尼克实现营业收入 1.79 亿元，同比下降 1.07%；实现净利润 0.29 亿元，同比下降 22.16%。欧尼克通过浙江省隐形冠军企业复评；被认定为宁波市级专精特新小巨人企业；获授权专利 3 项，其中发明专利 1 项。

2022 年 7 月，为优化生产布局，扩大生产能力，提高综合竞争力，宁波东力全资子公司宁波东力传动设备有限公司以 3.8 亿元现金收购控股股东东力控股集团有限公司下属全资子公司宁波东力新能源装备有限公司 100% 股权。2022 年 8 月，相关工商变更登记手续办理完成。

3. 杭齿前进

2022 年，杭齿前进克服新冠肺炎疫情影响，实现营业收入 21.96 亿元，同比增长 2.62%；实现归属于母公司所有者的净利润 2.09 亿元，同比增长 39.62%；期间费用为 2.77 亿元，同比下降 1.50%。

公司生产和销售的主要产品有船用齿轮箱及船舶推进系统、工程机械变速箱、风电增速箱及工业齿轮箱、汽车分动器、农业机械变速箱和驱动桥、摩擦材料及摩擦片、弹性联轴器，以及上述产品铸件和配件零件。

4. 秦川机床工具集团股份公司（简称秦川机床）

2022 年，秦川机床实现营业收入 41.01 亿元，同比下降 18.83%；利润总额 2.9 亿元，同比减少 6 140 万元；归属于上市公司股东的净利润 2.75 亿元，同比减少 582 万元；基本每股收益 0.305 8 元。

5. 浙江双环传动机械股份有限公司（简称双环传动）

2022 年，双环传动实现营业收入 68.54 亿元，同比增长 27.14%；营业利润为 6.28 亿元，同比增长 66.46%；利润总额为 6.24 亿元，同比增长 64.39%；归属于上市公司股东的净利润为 5.87 亿元，同比增长 79.99%；基本每股收益 0.74 元，同比增长 60.87%。

业绩增长的主要原因：① 2022 年国家新能源汽车产业蓬勃发展，公司在技术、质量、交付能力、成本等方面不断得到市场的高度认可，增强了与下游客户合作黏性，市场占有率不断提升，行业龙头地位进一步稳固。尽管外部环境错综复杂，但新能源汽车齿轮的营业收入比 2021 年增长超过 220%。②公司持续优化内部产能结构、提升产线的自动化程度，提高了产线切换速度和柔性生产能力。同时经营团队积极实施多项降本提效措施，不断推动内部管理精细化，持续提升各方面的竞争优势，推动了业绩稳步增长。

6. 国茂股份

2022 年，公司实现营业收入 26.97 亿元，同比下降 8.41%，实现归属于上市公司股东的净利润 4.14 亿元，同比下降 10.42%。归属于上市公司股东的扣除非经营性损益的净利润 3.74 亿元，同比下降 11.76%。

技术创新

1. 太原科技大学重型机械教育部工程研究中心（简称重型机械工程研究中心）

2022 年尽管受新冠肺炎疫情影响交流受限，重型机械工程研究中心重大装备关键基础件研发团队围绕传动联接件、轴承等基础件研究，加强与企业合作，在校企产教融合方面做了一些工作。

继续在鼓形齿联轴器齿形修型等方面与江苏唐陌传动有限公司合作开展研究，已签订项目技术合同与技术协议，围绕三段弧齿形深入开展研究。

围绕热轧精轧机用大倾角鼓形齿接轴关键技术与宝钢开展合作研究，细化了鼓形齿强度校核与润滑机理方案，项目已进入方案论证阶段。

与马鞍山方圆精密轴承有限公司合作开展风电偏航与变桨轴承设计计算，帮助企业完成了轴承设计计算报告。

与洛阳轴承有限公司 LYC 进行 6.×MW 风电主轴轴承计算分析。与洛阳精联机械基础件有限公司合作完成考虑弯矩影响的双锥胀紧套数学模型的构建和计算方法的推导及大兆瓦风电锁紧盘试验台的模拟仿真分析。

为瓦房店福斯特轴承科技开发有限公司完成某兆瓦风电锁紧盘的设计计算和校核，拟围绕风电轴承的设计计算开展合作研究。

与山西大新传动技术有限公司进行长期产学研合作，共同编写《锁紧盘》国家标准中文版和外文版，目前该标准已立项。

FD840-1200 高精度重载锁紧盘和 GQCL 型万向节扭矩限制器两项研究成果获 2021 年度中国通用机械零部件工业协会技术创新奖特等奖；高精度 GCJ550 型鼓形齿联轴器获 2021 年度中国机械通用零部件工业协会技术创新奖优秀奖。

与西安交通大学、南京高速齿轮制造有限公司、重庆大学、上海交通大学、东北大学、洛阳轴承研究所等单位积极合作，聚焦新能源、新材料、智能化方面的课题，获得国家重点研发项目资助。

与诺迈士科技（杭州）有限公司、山西工程技术学院联合申报的以太原重工股份有限公司为需求方的山西省科技重大专项计划“揭榜挂帅”项目“10.×MW 海上半直驱紧凑型风力发电机组开发”被批准。

与山西大新传动技术有限公司、山西汇源有限公司等企业合作共建高校科研成果转化基地、高校科研平台拓展基地。

2. 泰尔重工股份有限公司

泰尔重工股份有限公司以智能化产品、智能化制造、智能化服务、智能化管理，打造冶金装备的技术与研发平台、核心制造平台、设备备件服务交易平台、设备大数据平台，围绕冶金智能装备、智能制造、工业服务，五大系列产品成套技术、核心设备、核心备件、表面技术再制造、产线服务覆盖全球 1 700 多条轧制生产线、工程公司、设计院和装备制造公司，不断深化产品链、技术链、服务链，以实现“国际泰尔、百年泰尔”。

建立了亚洲最大的超重载型联轴器静态试验台系统、联轴器疲劳及功率测试动态试验台系统，获得国家级 CNAS 实验室认证。设有国家级企业技术中心、博士后工作站、冶金装备再制造院士工作站。获得中国驰名商标、中国专利优秀奖、国家级守合同重信用企业、国家技术创新示范企业、国家知识产权示范企业、国家级绿色工厂多项荣誉，荣获钢铁行业改革开放 40 周年功勋企业称号，受邀参加“钢铁行业庆祝中华人民共和国成立 70 周年座谈会”，2021 年获批制造业单项冠军企业，中国欧盟商会首批会员单位。公司以数字化、信息化、智能化作为企业管理的核心抓手，实现了从单一产品到全产业布局；主持和参与起草 43 项国家标准和行业标准。

2022 年 1—6 月完成重载万向轴在线监测系统、传动轴现场故障分析系统两项新产品开发。在研新产品 15 项，包含超薄带铸辊长轴、超薄带旋转接头、风电试验台重载万向轴、高性能热轧卷筒等。

2022 年 1—6 月申请专利 51 项，其中发明专利 17 项；获授权专利 54 项，其中发明 8 项；登记软件著作权 4 项；报批行业标准 2 项。累计获授权专利 443 项，其中发明专利 62 项。

公司主要产品应用于冶金行业，受宏观经济状况、固定资产投资规模等因素影响较大。因此，公司积极加大新产品研发力度、提升产品品质和服务质量，提高客户满意度。同时，对外积极布局海外市场，对内加大管理转型力度、降本增效，以降低行业周期波动影响。公司产品主要原材料包括锻件、铸件、标准件等，原材料价格上涨是企业遇到的主要困难。由于产品生产周期较长，生产用主要原材料价格在生产期间可能发生较大变化。

3. 山西省平遥减速器有限责任公司（简称平遥减速器）

平遥减速器已有65年的制造历程，近年来公司不断革新求变，以“133中长期战略工程，即实施一个全方位细微制造、细微服务的发展战略，包括市场营销、产品研发、制造过程、客户使用和行政支撑服务等方面，每一个方面都充分突出服务，为市场、为客户服务；实现三个产品战略定位，即替代进口减速器战略定位、制造出口减速器战略定位、差异化产品战略定位；实现三个战略目标，即以在全行业实现质量的一流水平、实现经营和管理的一流水平、实现员工一流的自豪感和幸福感”为指引，逐步探索出一条制造服务型企业发展的新路。2022年度公司实现销售收入11 564万元，同比增长18%；实现税收627万元。

（1）明确市场导向，优化产品结构。面对经济下行预期压力，传统产品的销售越来越困难。3年新冠肺炎疫情期间，公司充分利用专利技术及多年机械设计经验加速创新产品的研发与传统产品的差异化研发，在部分领域实现突破，以高质量研发，实现市场领跑。

到2022年年底，差异化产品与新产品逐渐成为公司的主营产品。其中，硬齿面减速器和差异化产品以及新产品的销售收入占比达到52%。产品结构调整使公司技术研发在新的领域不断发力，取得显著成果，公司产品竞争力也得到显著提升。2021—2022年，公司研发生产的P系列行星减速器、立式磨减速器、齿轮箱物联网数据采集系统、永磁行星驱动装置、M系列模块化减速器、机电复合传动智能点检平台等产品陆续投入市场，并取得了良好效应。公司技术部主持和参与《双圆弧人字齿轮减速器》与《HR系列减速器通用技术规范》两项行业标准的制定工作；“功率可调式立轴风力发电机（POWER-ADJUST VERTICAL-AXIS WIND TURBINE）”与“一种调幅式风力发电机（AMPLITUDE MODULATION TYPE WIND TURBINE）”获得国际发明专利；获得“一种方便加工的永磁电机用齿轮箱”“一种智能减速器”等5项实用型专利授权；登记“信凯温度采集系统V1.0”软件1项，在行业权威期刊发表成果应用论文两篇。

2022年，公司在新产品的研发过程中不断有新的发展方向和新的技术突破，为今后的发展打下了坚实的基础。MLX130减速器是公司成立以来研制的吨位最大、单台产品定价最高的产品，为后续开发更大规格型号产品积累了经验。永磁行星驱动装置减速器的设计和制造向高功率、大体积方向发展，公司相继开发出400 kW、450 kW、500 kW、630 kW、800 kW永磁电动机配套减速器。开发的M系列模块化减速器共5个机座号、3种结构形式、15个规格。联合高等院校进行产学研项目的合作，设计开发出了XKDJ25机械点检平台等多项产品。在KS1-315锯机减速器、球磨机慢速驱动装置等典型产品的设计与试制过程中，掌握了大游隙轴承的应用条件、三轴联动加工空间曲面等减速器设计制造关键技术。

（2）政策引导开发通道的拓展，实现市场新的突破。产品结构的调整后，公司不断完善营销激励政策，调整内部考核措施。调整新产品营销策略，不仅关注产品配套和技术改造，更关注项目开发和跟踪科研院所。注重开拓减速器延伸产业，拓展与客户合作生产渠道。提倡承揽替代进口减速器项目，包括整机生产、维修、服务。探索代理营销等模式开拓新的市场。积极引进机电、营销专业大学生从事销售工作，形成新的销售梯队。营销人员尽管受到新冠肺炎疫情的影响，但通过相关措施的实施，销售人员出差天数和业绩均比以往有较大提升，保证既定目标的实现。

（3）深化校企合作，加快科学技术成果落地步伐。先进技术的研发和应用及成果转化，成为近年来公司新的增长亮点，也是公司高质量发展的支撑点。公司技术部先后荣获“山西省省级技术中心”以及由中华全国总工会授予的“工人先锋号”荣誉称号。为拓展自身优势由技术部牵头与山西省内高校进行项目对接，开展广泛的产学研合作。2022年与太原理工大学共同研究的重载齿轮箱用双圆弧齿齿轮磨削加工项目已完成双圆弧磨前滚刀的制作及仿形软件的开发，金刚轮的制作已进入尾声，该项研究有望打破双圆弧齿轮不能磨齿的局面，对降低双圆弧噪声、提高承载能力具有重要的意义。与太原理工大学合作的基于齿轮箱研发过程中PDM系统物料清单数据文件管理软件开发项目进入收尾阶段。与太原科技大学合作开发的减速器产品系列选型算法及模型匹配软件开发项目，可为技术人员选型设计提供更加准确的前期数据。2022年10月与山西大学签订的减速器物联网系统合作项目，目的在培养公司技术人员掌握该项技术。

技术部2022年进行了“信凯温度采集系统”及“信凯差动挂轮计算器”的软件开发，形成了公司第一个真正意义上的软件著作权证——“信凯温度采集系统V1.0”（登记证号：2022SR1456353）。

（4）创新管理，激活活力，围绕服务用户主题，形成内外发展良性循环。针对出厂质量问题反馈，董事长亲自主持每一场专题会议，每一项问题都要求技术部、质检部、事业部逐一认真分析，拿出彻底改进措施，并在第一时间重塑顾客信任。在质量控制工作中各部门认真分析、精准组织、对照落实，从产品生产的全过程、全环节进行严格的质量管控。

经过全体员工的努力，产品主项质量一次合格率达到99%，产品出厂合格率达到100%。产品质量问题反馈率逐年降低。

强化按期供货率考核机制，继续完善经营核算体系。销售部加强订货合同管理，确保订货的严谨和准确性。加强产品供货进度跟踪和订货全程管理，不断完善按期供货考核体系。各事业部对照合同要求，对每批订货都制订倒排工期计划，做到每批产品都有计划、有时间要求、有进度反馈和责任落实考核，不断提高调度管理水平。在外协管理上，针对环保压力造成的错峰生产和零件外协问题，做足提前量，对常用零件通过增加适量库存来提高供货进度，制订有效的考核和激励措施，鼓励和引导分供方按期完成各项生产任务。各事业部加强设备管理，开展设备保养竞赛，提高设备管理水平，严控设备故障停台时间。

2022 年 9 月为提升管理水平，董事长亲自组织“精益生产管理”活动，通过活动提升了公司发现和改善问题的能力。近年来公司先后建立了员工工作积分激励和记录机制、身股激励机制、契约奖激励机制。让员工在成长过程中有目标、有规划、有动力。

公司为每一位员工提供三种发展通道选择：一是技术发展通道，主要为科研、设计、工艺方向；二是技能工人发展通道，主要为高技能加工人才方向；三是管理干部发展通道，主要为企业经营管理所需要人才方向。三个通道分别设定若干级别，每个级别分为若干档次，实施不同薪酬及考核办法。不同发展通道根据业绩与表现可实现同样的收入。通过通道的拓展和明确，为员工提供职业目标和选择的机会。近年来公司吸引大批高校毕业生不断加入，为公司的可持续发展注入新鲜活力。

（5）坚持文化引领，实现企业与员工及社会的共同愿景。党支部定期组织中层干部进行述职述廉报告，召开组织生活会和民主评议会。党员和领导干部通过对照新时代党员的标准、入党誓词、革命先辈和先进人物事迹，联系实际工作进行党性分析、开展批评与自我批评。党支部组织并制定了清廉民企构架和制度文化，广泛宣传并与全体员工签订了廉洁从业承诺书。

公司持续开展积分管理，定期组织召开积分会议和职工生日座谈会。通过积分管理对员工在职业道德以及自身素养上给予正确引导，建立个人信誉档案，让员工清楚在日常工作中“应该做什么”“不应该做什么”，改变不良陋习，找到正确的做事方向和方法并形成良好的习惯；让积分高的优秀员工，优先获得学习、旅游、晋升的机会，并给予身股、补充养老金等长期激励。

4. 国茂股份

国茂股份位于江苏省武进高新区，是创建于 1993 年的国茂减速机集团有限公司的控股子公司，是集减速机研发、制造、销售于一体的高新技术企业，2019 年 6 月 14 日在上海 A 股主板上市（股票代码：603915）。公司占地面积 53 万 m^2，员工 2 200 人。主要产品为齿轮减速器和摆线针轮减速器，年产量超过 70 万台。产品广泛应用于新能源、工程机械、智能物流与仓储、工业自动化、冶金、环保、化学工业、食品轻工、游乐设备、港口机械、资源开采等通用机械行业各领域，主要客户有宝钢股份、海亮集团、徐工集团、葛洲坝集团、振华重工、宝鸡石油、景津环保等行业龙头企业，并配套出口到全球数十个国家。公司建有江苏省减速机传动机械工程技术中心、江苏省企业技术中心和江苏省高承载低噪声减速机工程研究中心研发平台，已获各类授权专利 122 项，其中发明专利 23 项（含 PCT 专利 1 项）。先后获得中国驰名商标、制造业单项冠军、国家绿色工厂、江苏省智能制造示范工厂及国家知识产权示范企业等多项荣誉。经过多年的发展，国茂股份已成为我国减变速机行业的标杆型专业制造服务企业和领军企业。

2022 年营业总收入 26.97 亿元，比 2021 年下降 8.41%；净利润 4.14 亿元，比 2021 年下降 10.42%。

5. 杭齿前进

面对复杂的市场形势，杭齿前进克服多重不利因素的影响，紧抓市场机遇，风电和粉末冶金业务取得一定幅度的增长，特种产品市场继续增长。

（1）加大市场开拓力度、创新营销策略实现营销目标。船用产品方面，运输船和作业船等不同细分市场受市场需求和行业管理政策的影响，销售总体比 2021 略有下滑。公司紧盯中大功率、特殊产品、新型电推产品订单，实现了细分市场份额的稳中有升；船用产品出口中亚市场取得突破性进展，产品销售范围不断扩大。风电产品方面，公司聚焦主流机型，通过联合开发快速提供满足客户需求产品，抓住了市场机遇，销售取得较大增长。工程机械产品方面，国内市场萎缩，出口市场提升明显，但总体上有较大幅度下滑。公司积极应对，结合行业新技术发展趋势和国产化替代需求，大力培育业务新增长点，适配静液压装载机、凿岩台车、电动装载机和铲挖一体机的新产品，销售下滑幅度低于行业水平。粉末冶金产品方面，公司充分发挥品牌优势和行业影响力，积极开发新客户、开拓新市场，销售同比小幅增长。

（2）持续加大研发投入，保持公司技术领先优势。公司 2022 年共完成新产品开发 93 项、关键零部件开发 1 项，申报受理专利和软件著作权 41 项，新获授权专利 8 项，其中发明专利 9 项。参与修订国家标准 1 项、行业标准 7 项、团体标准 3 项。完成“制造基础技术与关键部件”等 3 项国家重点研发计划和 4 个课题的验收工作。2022 年公司通过制造业单项冠军复核、浙江省科技小巨人企业认定，入选浙江省创新型领军企业培育名单，获浙江省知识产权示范企业、省级管理提升标杆企业等荣誉称号。智能控制小倾角船用齿轮箱被认定为国内首台（套）产品。船用齿轮箱产品对标国际先进水平，完成多款高功率密度齿轮箱设计开发，紧抓能源消费结构变化机遇，完善电推、混动齿轮箱产品系列，完成新型渔船、工作船、运输船等项目的主推进系统开发。工程机械产品紧抓国产化替代契机，对标行业标杆完成液力变速箱的设计开发；完成电驱变速箱开发试制，已配套装车使用。风电产品紧跟市场政策导向，加快产品迭代，以自主开发与联合开发相结合的方式完成了多个平台新产品的设计研发工作，5.× MW、6.× MW 产品完成开发并于当年批量生产；深入了解农机主机厂客户需求，农机产品重点完成 320 hp（1 hp=735.499 W）动力换挡拖拉机传动系统和三道绳打结器开发等。

标准化与科技奖励

1. 行业标准

2022 年批准发布的行业标准见表 1。

表 1　2022 年批准发布的行业标准

序号	标准名称	标准号
1	精密减速器回差测试与评价方法	GB/T 40731—2021
2	齿轮胶合承载能力试验方法	GB/Z 13672—2022
3	动车组驱动齿轮箱润滑油	GB/T 40701—2021
4	精密齿轮传动装置疲劳寿命试验方法	GB/T 40729—2021
5	闭式齿轮传动装置的零部件设计和选择　第 1 部分：通用零部件	GB/T 39545.1—2022
6	起重机用单边支撑硬齿面减速器	JB/T 14199—2022
7	系列齿轮减速三相异步电动机技术规范（机座号 71~280）	JB/T 6447—2022YCJ
8	机器人用摆线针轮（RV）减速器润滑油	NB/SH/T 6040—2021
9	机器人用摆线针轮（RV）减速器润滑脂	NB/SH/T 6041—2021
10	水泥企业开式齿轮润滑剂的使用规范	T/CCAS 013.6—2022
11	汽车用渗碳齿轮钢	YB/T 4984—2022

2. 获奖科研项目

2022 年度行业获奖科研项目见表 2。

表 2　2022 年度行业获奖科研项目

序号	项目名称	奖项名称、等级	完成单位
1	高参数齿轮传动装置系列化设计制造技术研究及应用	机械工业科技进步奖一等奖	浙江大学、杭齿前进齿轮箱股份有限公司、宁波东力传动设备有限公司等
2	复杂工况条件下风电齿轮传动系统故障诊断技术及应用	机械工业技术发明奖二等奖	浙江大学、浙江运达风电股份有限公司、杭齿前进齿轮箱股份有限公司等
3	大型矿井提升传动系统安全控制理论研究及应用	机械工业科技进步奖二等奖	上海交通大学、中国矿业大学、上海理工大学
4	大功率工程机械动力传动系统绿色节能及产业化	机械工业科技进步奖二等奖	吉林大学、广西柳工机械股份有限公司
5	对构齿轮传动	重庆市技术发明奖一等奖	重庆大学
6	高端重载齿轮高表面完整性设计制造关键技术与产业化	重庆市科技进步奖一等奖	重庆大学、陕西法士特齿轮有限责任公司、重庆望江工业有限公司、中国航发中传机械有限公司
7	双离合自动变速器高稳健性控制软件平台化开发及产业化应用	重庆市科技进步奖二等奖	重庆长安汽车股份有限公司
8	高疲劳强度超长寿命高速重载列车齿轮材料工艺关键技术及应用	江苏省科技进步奖三等奖	中车戚墅堰机车车辆工艺研究所有限公司、南京航空航天大学、江苏理工学院

〔撰稿人：中国重型机械研究院股份公司王宇航　审稿人：中国重型机械工业协会王继生〕

制　动　器

在工业装备中，各类工作机构中常用的机构停车方式包括自由停车（惯性停机）和制动停车两种形式。现代工业装备出于生产安全和效率因素等影响，绝大部分工作机构都会采用能够实现特定控制策略的制动停车方式，因而需要装设性能可靠的制动装置。制动器具有减速 - 停止制动、维持（支持）制动、紧急（安全）制动以及调速 - 控制制动等功能。制动器的功能特点见表 1。

表 1　制动器的功能特点

制动器功能	特点描述
减速 - 停止制动	制动器吸收运动系统的机械能（动能或势能）使机构或设备减速直到停止（停机）
维持（支持）制动	设备或机构解除驱动的情况下，通过制动器使物品或整机（机构）维持（支持）在某个特定位置上不动，防止其在重力、风力、其他外部作用力等载荷作用下产生运动
紧急（安全）制动	设备或机构出现操作失误、运动失控或意外超出设定参数运动时，通过手动 / 自动控制策略实施制动使机构停止运动
调速 - 控制制动	通过制动使机构或物品按设定参数（速度、时间、加速度等）运行，如控制所吊重物恒速下降

工业制动器行业的基本情况

1. 行业概况

根据工商注册信息，截至目前，在我国境内登记注册并存续运营、注册资本在 1 000 万元以上的制动器生产制造企业有 814 家。其中外商（包括港澳台商）投资企业

248家，内资企业566家。外商投资企业主要集中在汽车制动行业，达215家，其中2010年以前成立的有164家，2019年以后成立的仅有10家，其中2019年成立7家，2020年成立2家，2021年成立1家。497家内资制动器生产企业中，有汽车制动器企业209家，工业制动器企业288家。其中2010年以前成立的240家，2019年以后成立的60家，其中2019年成立30家，2020年成立20家，2021年成立7家，2022年成立2家，2023年成立1家。从地域看，外商投资的企业主要集中在东部地区，其中江苏74家、广东33家、浙江25家、上海21家、山东19家、福建16家。为了避免与外资企业的市场竞争，内资企业更多投资在工业制动器领域，其中河南81家、江苏43家、广东28家、河北22家、山东21家、安徽16家、浙江15家。值得一提的是，在河南81家工业制动器企业中，有46家集中在焦作市，计划经济时代，机械工业部唯一定点的国营制动器厂也落在焦作，因此民间曾有“焦作工业制动器之乡”的美称。

2. 生产发展情况

虽然我国内资投资的工业制动器企业达244家，但真正以工业制动器为主业的企业仅有85家。综合实力排名前15位的国内工业制动器企业见表2。综合实力排名前15位的外资及合资工业制动器企业见表3。

表2 综合实力排名前15位的国内工业制动器企业

序号	企业名称	（注册/实缴资本）/万元	成立时间/年	员工人数/人	公司类型	产能规模/亿元	主导产品
1	江西华伍制动器股份有限公司	42 009/42 009	1992	1 000	股份有限公司（创业板）	12~15	制动系统全系产品
2	成都瑞迪智驱科技股份有限公司	5 300/5 300	2009	600	有限责任公司（自然人）	3~5	电磁制动器、离合器
3	奥特林豪斯传动技术（济南）有限公司	5 819/4 763	2015	100	有限责任公司（法人）	<1	电磁、液压制动器、离合器
4	焦作市制动器有限公司	5 118/5 118	2002	100	有限责任公司（自然人）	2~3	风电制动器
5	焦作市银星制动器有限公司	3 500/3 500	2002	100	有限责任公司（自然人）	<1	鼓式制动器、防爆制动器
6	芜湖盛力科技股份有限公司	3 200/3 196	2003	300	新三板上市公司	2~3	工程机械制动器
7	黑龙江省瑞相制动装备有限责任公司	5 000/3 124	2017	50	有限责任公司（法人）	<1	石油机械闸瓦、紧急制动装置
8	焦作市液压制动器股份有限公司	3 000/3 000	2008	100	股份有限公司（自然人）	<1	工业制动器、液压设备
9	河南省中原制动器有限公司	3 000/3 000	2004	100	有限责任公司（自然人）	<1	制动器、推动器、防爆电器
10	焦作瑞塞尔盘式制动器有限公司	3 000/3 000	1996	100	有限责任公司（法人）	<1	风电制动器、电磁盘式制动器
11	焦作市精制盘式制动器股份有限公司	2 880/2 880	2001	100	股份有限公司（自然人）	<1	工业制动器、纺织机械配件
12	焦作市力创制动器有限公司	3 000/1 500	2004	100	有限责任公司（自然人）	<1	工业制动器、制动轮制动盘
13	焦作市虹桥制动器股份有限公司	3 000/612	2014	100	股份有限公司（自然人）	<1	制动器、推动器、液压夹轨器
14	石家庄五龙制动器股份有限公司	2 277/1 391	2006	100	股份有限公司（新三板）	2~3	电磁鼓式、全盘式、安全制动器
15	焦作市长江制动器有限公司	2 200/2 200	2003	50	有限责任公司（自然人）	<1	电力液压制动器、电磁制动器

注：表中数据来源于天眼查数据和企业网站。产能规模限指制动相关产品。

表 3　综合实力排名前 5 位的外资及合资工业制动器企业

序号	企业名称	注册 / 实缴资本	成立时间 / 年	员工人数 / 人	公司类型	产能规模 / 亿元	主导产品
1	万特赛传动系统（中国）有限公司	（16 261/16 261）万元	2007	150	有限责任公司（外资）	2~3	制动器、离合器、联轴器、传动轴
2	伦茨（上海）传动系统有限公司	（900/900）万欧元	2006	300	有限责任公司（外资）	2~3	电磁制动器、离合器
3	麦尔（张家港）传动技术有限公司	（630/630）万美元	2006	100	有限责任公司（外资）	1~2	电磁制动器、离合器、扭矩限制器
4	奥创动力传动（深圳）有限公司	（421/421）万美元	2007	400	有限责任公司（台港澳资）	3~5	制动系统全系产品
5	西伯瑞制动器（天津）有限公司	（1 200/1 200）万元	2004	100	有限责任公司（合资）	1~2	工业制动器、联轴器、逆止器

注：表中数据来源于天眼查数据和企业网站。产能规模限指制动相关产品。

3. 会员企业生产情况

2022 年中国重型机械工业协会传动部件专业委员会（简称传动部件专委会）会员企业，在新冠肺炎疫情散发、各地封控政策不同的大形势下，经历了 1~2 个月的停产、半停产或物流停滞期。受新冠肺炎疫情散发、需求下滑、原材料价格高涨等多种不利因素影响，行业经济运行上半年较为疲软，下半年有所恢复，企业产销状态基本稳定，全行业运行总体平稳。2022 年传动部件专委会工业制动器相关会员企业销售额为 33.25 亿元，净利润为 1.83 亿元。主要经济指标与 2021 年基本持平，净利润有所下降。2022 年传动部件专委会会员企业销售完成情况见表 4。

表 4　2022 年传动部件专委会会员企业销售完成情况

序号	企业名称	协会身份	销售额 / 万元	净利润 / 万元
1	江西华伍制动器股份有限公司	理事长单位	163 425	8 315
2	焦作金箍制动器股份有限公司	副理事长单位	破产重组中	—
3	石家庄五龙制动器股份有限公司	理事单位	20 000	1 900
4	焦作市制动器开发有限公司	理事单位	19 400	1 706
5	长沙三占惯性制动有限公司	理事单位	5 000	400
6	山西江淮重工有限责任公司	会员单位	67 400	4 125
7	焦作市制动器有限公司	会员单位	17 000	2 200
8	湖南博云汽车制动材料有限公司	会员单位	10 400	–2 150
9	石家庄纽伦制动技术有限公司	会员单位	7 380	550
10	衡水昕龙制动绝缘材料有限公司	会员单位	5 200	300
11	焦作市力创制动器有限公司	会员单位	4 100	387
12	贵阳天龙摩擦材料有限公司	会员单位	2 670	125
13	焦作市虹桥制动器股份有限公司	会员单位	2 300	230
14	焦作市液压制动器股份有限公司	会员单位	1 500	50
15	焦作市虹发制动器有限公司	会员单位	800	20
16	焦作市宏升实业有限公司	会员单位	1 700	80
17	青岛星轮实业有限责任公司	会员单位	1 530	–130
18	宁波名泰天力机械制造有限公司	会员单位	617	61
19	焦作市长江制动器有限公司	会员单位	—	—
20	焦作市江河制动器有限公司	会员单位	800	50
21	焦作市虹起制动器有限公司	会员单位	800	15
22	宁波华阳起重电器有限公司	会员单位	450	80
23	石家庄三元机电有限公司	会员单位	—	—
24	潍坊利达起重电器有限公司	会员单位	—	—

“双碳”目标的实施，促使工业制动器企业为风电行业配套的制动器产品总量稳中略有增加。

2022年工业制动器行业排名前10位的企业仍然占据制动器产品90%以上的市场份额，排名前5位的企业占据80%以上的市场份额。这种市场竞争格局在很长的时期内基本保持稳定。随着配套主机智能化水平的不断提高，工业制动技术和产品的市场需求持续向高性能、智能化、高可靠性和高质量一致性方向发展。未来占据中高端产品市场的行业头部企业的竞争优势将会更加明显。

同时，行业内小微企业融资难问题仍然存在，财务成本居高不下，影响企业的经营发展。2021年下半年以来，工业制动器企业在整机厂商面前的话语权更加微弱，甚至被迫接受整机企业超出市场健康发展规律底线的强行降价和低价政策，以求生存。大部分企业的应收账款都很高，在应收账款中，半年期以上的商业承兑汇票及云信所占比例有的超过30%，企业运营的财务成本压力巨大。

从行业发展的角度看，行业协会应对工业制动器这类细分行业倾注更多的心血，吸收更多小微企业加入协会，以开阔眼界，寻找和培养可成长为下游产业链市场地位的潜力目标。行业的从业者也应放大格局，在解决企业生存的根本问题后，能着眼更加长远的未来发展，善于借力行业协会争取政策，和会员企业抱团取暖，取长补短，争取更大的发展条件和市场空间。

在日益激烈的市场竞争环境中，规模以中小企业居多的工业制动器行业发展形势严峻，希望能从税收减免、创新资金补助、知识产权保护、技工培训、加强行业监管、提高准入门槛、精准扶植优势企业等方面得到国家相关政策扶持。

协会骨干企业现状

1. 江西华伍制动器股份有限公司（简称华伍股份，创业板股票代码300095）

华伍股份秉承“实业兴邦、技术报国”的历史使命，坚持“专注行业、技术领先、跨界融合、自主创新”的技术引领战略，作为较早一批国家级高新技术企业，通过内部建设富有创新活力和能力的创新主体——省级工程技术研究中心，配以能够激发创新活力的运营机制和制度；外部在政府一系列鼓励创新的政策引导下，充分利用科技信息服务机构、咨询评估机构、行业技术协会等社会资源，紧密结合大专院校获得人才供应、基础理论研究、前沿技术和正向传播资源等保障，营造了适于公司科技创新的生态环境。2005年组建的江西省工业制动器工程技术研究中心，于2016年获批成为省级企业技术中心。公司的技术研发队伍规模适宜、结构合理，援用教授级高级工程师、高级工程师、兼职教授等众多行业专家。公司科技创新体系的有效运行，使公司掌握了领先行业水平的核心技术和持续保持领先的较强的创新研发能力。

华伍股份完成了20多个系列新产品的开发研制，承担江西省重点新产品开发项目38项，3项被评为国家重点新产品，6项新产品被评为江西省优秀产品。获江西省科技进步奖一等奖1项、二等奖3项、三等奖5项、国家创新基金支持1项，新产品开发成果在国内处于领先地位。现已形成产品线丰富、产品结构优良、市场前景良好的多层次产品梯队，掌握了重型装备、工程机械、电力工程、海洋工程、轨道交通和军机装备领域的制动和摩擦材料核心技术。

华伍股份是我国工业制动器多项现行有效行业标准的第一起草单位，主持起草的、正在实施的国家和行业标准有GB/T 30221—2013《工业制动器能效测试方法》、JB/T 7020—2006《电力液压盘式制动器》、JB/T 7019—2013《工业制动器制动轮和制动盘》等。2014年与中国科学院温诗铸院士为首的清华大学国家摩擦学重点实验室专家团队合作成立的院士工作站，标志着企业的摩擦材料研究水平迈上一个新台阶。同时公司还借助国内其他高校、科研院所的研发能力，稳步提升公司的整体研发实力。

根据华伍股份发布的年报数据，2022年公司合并报表实现营业收入14.46亿元，与2021年（14.35亿元）基本持平；实现净利润9 000万元，同比下降38.9%。其中工业制动器版块实现营业收入9.74亿元，与2021年（9.75亿元）持平；实现净利润1.08亿元，同比下降28.5%。受风力发电机组整机价格持续下跌的影响，风电制动器产品毛利率大幅下降，因而净利润下降幅度较大。

2022年，企业研发投入总额为6 097万元，占营业收入比重达4.23%。全年新申请专利20项，其中发明申请7项；新获授权专利14项。截至2022年年底，华伍股份共拥有有效专利161项，其中发明专利48项。2022年，组织开展了“多盘湿式制动器”“电控机械制动（EMB）控制系统”“滑动轴承结构偏航制动装置”和“工业驱动传动装置”等项目研发。

华伍股份始终坚持技术创新为先，努力扩大建设上海、南京和大连研发机构，为技术队伍的扩大和更新提供保障。同时通过瑞士子公司吸纳欧洲工业制动技术的专业人才，筹划建设欧洲设计团队。

2022年，华伍股份完成并提交了1项新行业标准的报批稿，待批准发布；通过了2项行业标准的修订答辩，年底下达任务书；参与了7项行业和团体标准的制修订。截至2022年年底，已完成起草和制修订标准28项，其中国家标准7项、行业标准19项、团体标准2项。

华伍股份是振华重工集团制动器的首选供应商和国产制动器的战略合作伙伴，通过振华重工打开了工业制动器国际化交流的窗口。通过为振华重工等主机厂商配套，产品出口到92个国家和地区，经过全球用户的装机运维考验，港机制动产品成为国内同行业的技术和质量标杆。

在港口装卸、冶金矿山和水利工程等设备上，华伍股份产品成功替代德、法等国家的知名品牌产品；上市后，在风力发电领域，产品替代国外知名品牌，实现募投资金项目的预期目标；在轨道交通领域，公司的战略目标不变，仍旧是为替代国外知名品牌而努力奋斗。华伍股份市场占有率长期保持在45%以上，在冶金、矿山、海工、风电市场领域都建立了较大的竞争优势，业绩成长都来自对中高端产品的进口替代，构建了覆盖广泛的下游应用领域，已经成为国内外制动产品覆盖领域最多的企业，未来公司还将继续向更多的市场领域拓展。

华伍股份在风电领域的客户涵盖了金风科技、明阳智能、远景新能源、运达股份、上海电气、三一重能、国电联合动力等国内主要风电设备主机厂商。在海外市场，已经成功通过美国通用电气公司的客户资格审查，并开始批量向美国通用供货。同时也成为西门子 - 歌美飒风电制动系统产品的全球合格供应商。

在重型装备领域的主要客户包括振华重工、宝武钢铁、中联重科、三一重工、太原重型机械（集团）制造有限公司、大连重工起重集团有限公司等业内知名企业。为振华重工配套的港口机械产品出口到全球大部分国家和地区的大型港口。轨道交通制动系统的主要客户为中国中车集团。

公司在航空零部件业务方面有着较好的客户资源优势，安德科技及长沙天映密切跟踪各大主机厂重点型号产品配套研发，和大型主机厂建立了长期牢固的合作关系。

华伍股份自成立以来一直专注于国内中高端工业制动系统领域，通过近30年来的工艺技术积累，成为行业内少有的具备很强差异化供货能力的非标定制和系统集成综合服务商。既有能力承接和消化大批量的紧急订单，对单件小批量个性化定制的紧急订单也应付自如，其质量、效率和成本的控制水平在行业内首屈一指，持续获得业内大小客户的一致青睐和认可。

公司始终坚持以质量为生命的经营管理原则，以全面质量管理为理念，以质量零缺陷为目标，以管理精细化为准则，以生产精益化为手段，推行“6S”现场管理，建立了完备的质量管理和控制体系。通过ISO 9001、ISO 14001质量管理体系认证，欧盟CE认证，北美UL认证，中国船级社CCS入级检验证书，德国劳氏船级社的GL型式认证和美国船级社ABS入级检验证书。

公司坚持精益生产模式，持续改进生产工艺和生产流程，提高生产效率，扩大规模效益。在生产自动化、智能化、网络化、数字化等方面持续发力，在新建的车间已大量采用自动化设备以及机器人，借助TOP GP ERP管理系统，公司的财务、生产、库存等关键运营节点得以有机结合，信息化水平得到显著提高，具备了快速的订单响应能力。这些在生产工艺环节的不断投入与升级所产生的规模效益，进一步提高了公司竞争实力。在两化融合中，公司建立了具有华伍特点的MES管理系统。当前，云计算、大数据等新一代信息技术支持下的工业互联网正在推动制造业的效率提高和模式变革。华伍股份的制造能力和运营管理模式正是支持公司实现网络化协同、个性化定制、在线增值服务、分享制造这些新应用场景的坚实基础。

“华伍”注册商标被国家市场监管总局认定为中国驰名商标。2021年起，公司担任传动部件专委会第六届理事会理事长单位，承担专委会秘书处工作。2022年，华伍股份获国家级工业制动器单项制造冠军企业称号。

2. 焦作金箍制动器股份有限公司（简称焦作金箍）

2018年以来，受国内外经济发展诸多原因影响，传统制造工业的发展受到钳制，使得制动器产业受到严重影响，回款难度加大。2011年焦作金箍响应政府号召实施易地搬迁，资金压力骤然加剧，对公司的盈利能力和持续发展造成了一定阻碍，市场竞争力有所下滑。

2020年和2021年焦作金箍销售收入均维持6 000万～7 000万元之间，在焦作市、博爱县两级政府的关注和扶持下，企业顺利进入预重组状态。2022年，受新冠肺炎疫情散发、交通管控等影响，重组过程进展缓慢，尚未终局，严重影响了公司运营的恢复。

3. 石家庄五龙制动器股份有限公司（简称五龙制动）

2022年，五龙制动实现销售收入2亿元，比2021年略有增长，整体经营运行平稳。

公司推进智能制动器研制，通过直接测出制动力，覆盖了摩擦系数在不同制动工况的变化，可直接完成对制动力的自感知，突破了制动器行业的重大技术难题，为制动器行业的中国智造打下了坚实基础。在此基础上研发的制动器在线监测和故障预诊断系统可大幅度降低制动器的运行故障，提高起重机械的可靠性和安全性。

2022年五龙制动新申请专利10项，目前拥有国内外专利60余项，注册商标10余项，“五龙”商标评为河北省著名商标。2022年还承担了河南省重点研发科研项目计划——电梯制动器制动力在线监测和隐患预警技术研究。公司主持起草的《起重机械用安全制动器》行业标准报批稿完成专家审核，待批准发布。

4. 山西江淮重工有限责任公司（简称江淮重工）

2022年江淮重工实现销售收入（含制动产品）6.74亿元、净利润4 125万元。

江淮重工系中国船舶重工集团所属大型二类国有独资企业。公司地处山西省晋城市经济技术开发区，现有员工1 400余人，其中各类专业技术人员425人，高级专业技术人员50余人。拥有固定资产5亿多元，占地面积80余万m^2，主要生产设备1 000余台（套）。近年来，通过对生产线进行全面技术改造，引进世界先进国家的新设备、新工艺、新技术，建成了企业独特的铸造、机械加工、焊接、工模具设计与制造、表面处理、热处理等多条生产线，并具有先进的计量检测和理化分析手段，大大提高了企业的市场竞争能力。公司1996年通过GB/T 19001—2000质量管理体系认证，2006年通过GB/T 24001—1996环境管理体系认证和GB/T 2800—2001职业健康安全管理体系认证。

江淮重工制动器业务由制动技术公司承担，依托集团公司中国船舶集团海装风电股份有限公司风力发电机组业务的蓬勃发展，风电机组制动器业务得到快速发展和巩固。

5. 长沙三占惯性制动器有限公司（简称长沙三占）

长沙三占拥有一支由制动领域资深专家、高级工程师、高级技师和工程师等专业人员和相关院校专家教授组成的研发团队，在实战中积累了丰富的研发经验，长期和中南大学、湖南大学、武汉理工大学、长沙理工大学等高校，保持产学研的合作与交流，将长沙三占打造成一个具有行业领先研发能力的技术平台。25 年来，公司坚持以客户需求为研发方向，持续投入大量资金进行技术创新和产品研发，自开发出全球独创惯性制动器以来，已形成惯性制动技术、变频变力制动技术、电动制动技术、常规制动技术、特殊制动技术和智能制动技术等 6 大系列百余项产品。为国内主要起重设备制造厂商，港口码头，物流装卸、钢铁、电力、冶金矿山等行业用户提供优质产品。

公司一直坚持自主研发惯性制动器系列产品。近年来为适应港口装卸设备发展的需要，开发了防风装置夹轮器、夹轨器、铁鞋和变频变力制动器等电动系列产品；又扩充了常规臂盘式、鼓式制动器和安全制动器系列产品。各系列产品已广泛应用于国内外港口、造船、冶金、电力、矿山等行业。2022 年企业实现销售额 5 000 万元，与 2021 年持平。

6. 焦作市制动器开发有限公司（简称焦作开发）

焦作开发是失效保护盘式制动器、电力液压块式制动器、电磁铁制动器、推动器及起重电器研究、开发、设计、制造、销售、服务于一体的现代化专业公司。是中国重型机械工业协会桥式起重机专业委员会、传动部件专业委员会，中国工程机械工业协会建筑起重机机械分会，中国风能协会和中国农业机械工业协会风力机械分会会员单位。

公司成立于 2003 年，位于河南省焦作市武陟县，占地面积 10 万 m²。设有省级企业技术中心和焦作市风电偏航制动器工程技术研究中心，是国家高新技术企业。公司现有员工 300 余人，其中高级工程师 6 人、专业技术人员 40 人。拥有发明专利 2 项、实用新型专利 15 项。主导制定了《风力发电机组　风轮锁定销》等行业标准。公司积极响应“一带一路”倡议，以“立足国内，放眼国际”为宗旨，积极推动国际化战略，产品出口到多个亚洲和欧美国家。

公司 2007 年开始开发风电制动，是较早进入风电制动器配套市场的企业，相继为西门子歌美飒、金风科技、远景能源、中船重工重庆海装、湘电集团、上海华仪、久和能源等国内外行业知名企业提供风电产品。2016 年以来，公司抓住我国风电装机快速发展的契机，集中力量开发风电锁销和偏航制动器，市场开拓取得重大进展。2022 年实现销售收入 1.94 亿元，净利润 1 706 万元。

7. 焦作市制动器有限公司

公司占地面积 12.6 万 m^2，固定资产 1.2 亿元，员工 600 余人，中高级工程师、专业技术人员，高层管理人员 130 余人，拥有加工中心、数控车床、数控铣床、推力试验台、力矩试验台等各类加工检测设备 500 余台（套），生产各种电力液压块式制动器、电磁块式制动器、液压型、电磁型、气动型等各类盘式制动器、电力液压推动器、电力液压防风装置等二十多个系列，400 多个品种规格的产品，三条制动器流水生产线具有年产各类制动器、推动器 8 万台（套）的生产能力。

公司通过与高校建立产学研合作关系，充分利用自身的技术资源优势，自主创新，以市场为导向、以世界先进水平为目标，不断研发新技术、开发新产品，成功为中国一重、中国二重、中国进出口机械总公司、中国航空工业规划设计院、首钢重型、太原重工、大连重工、北方重工、长沙中联重科、中国重型机械研究院、核工业 22、三峡工程、奥运会体育场馆等国内众多大型知名企业和国家重点工程设计配套了各类制动器。

2004 年公司成立风电事业部，将领先的技术优势和制造能力应用于高速发展的风电领域，根据客户的特定工况及不同机型的实际空间开发制造出多款高速轴制动器、偏航制动器。2007 年至今，公司偏航制动器已配套国内 20 余家主机厂。近年来，公司还积极开发风机滑动式偏航制动器摩擦衬垫，加快了风电产品开发的速度。2022 年公司实现销售收入超 1.7 亿元，净利润 2 200 万元。

8. 贵阳天龙摩擦材料有限公司（简称贵阳天龙）

贵阳天龙是一家专注生产无石棉纤维编织制动带的公司，2022 年实现销售收入 2 660 万元。贵阳天龙注重技术研发，产品 70% 出口到欧美地区，保持了较好的利润水平。因其优质的产品质量，被军工企业采用。贵阳天龙保持自身产品特色，在细分产品领域具有较强的发展潜力

主要产品的市场应用情况

制动器产品是为整机做配套的，企业自身基本涉及不到具体的重点项目和重点产品。有些整机厂的部分重点项目会在商务订单上做备注说明，但大部分不会注明。企业大多以销定产，产能充足，所有订单基本能按合同要求交付。

工业制动器产品在不同的应用领域都经历从依赖进口到国产化替代的过程。在钢铁冶金领域，已经实现全面国产化，只有极少数重大项目，受非产品性能和质量因素影响，还存在指定国外品牌的现象；在港口装卸领域，国产品牌与国外品牌处于拉锯胶着状态；在大型土方机械和矿山机械领域，则仍是以进口品牌为主，国产化工作处于业绩积累阶段；在风力发电领域，制动器国产化程度也很高，且国外品牌的整机厂商，在成本压力下，也在大力开发国内的制动器供应商，如美国 GE 新能源就主动找到华伍股份，进行其全球风电制动器和液压锁销的供应商的开发工作，2022 年华伍股份为美国 GE 和德国西门子风电配套产品收入达 5 000 万元，产品销售范围仍在继续扩大中。

承担或参与国家重点项目

2022 年，华伍股份为 1 个大型军工项目配套了安全制动器，配合 1 个航空航天单位进行了 3 000 m 海底项目配套制动器的方案研究。

技术创新情况

2022 年传动部件专委会会员企业积极参与行业标准制

修订工作，华伍股份起草的《起重机械　隔爆型制动器》行业标准的报批稿通过专家审核；五龙制动起草的《起重机械　安全制动器》行业标准的报批稿通过专家审核。

会员企业根据自己的发展战略进行新产品研制，积极申请专利，做好知识产权保护工作。华伍股份 2022 年申请了 20 项专利，其中发明专利 7 项；五龙制动申请了 10 项专利；长沙三占申请了 2 项专利，申请注册商标 3 个。

会员企业结合自身向特点，开展产学研活动。华伍股份通过院士工作站活动，与清华大学摩擦学重点实验室进行横向合作，进行“风电机组偏航制动材料减振降噪配方优化研究”，引入上海交大博士申报江西省双千人才项目，重型电动推杆和汽车电动制动夹钳传动机构的行星滚柱丝杠项目申报江西省“揭榜挂帅”企业重大技术需求项目；湖南博云汽车制动材料有限公司利用自身在汽车行业摩擦材料的研发经验，投资研发风电用摩擦材料，和中南大学合作进行新一代风电摩擦材料的研发。

〔撰稿人：中国重型机械工业协会传动部件专业委员会谢徐洲　审稿人：中国重型机械工业协会王继生〕

油膜轴承

油膜轴承是机械工业重要的基础零部件，广泛应用于能源石化、航空航天、舰船、机械制造、武器装备等领域，是汽轮机、燃气轮机、水轮机、发电机、电动机、压缩机、风机、泵、轧钢机等旋转设备的核心部件。油膜轴承是以润滑油为介质的全液体润滑轴承。轧机油膜轴承，应用于各类热轧带钢轧机、冷轧带钢轧机、中厚板轧机上，承受轧制压力，保证轧机的高精度、低能耗运行。

生产发展情况　油膜轴承行业为冶金设备提供装备，通过技术创新和服务以满足冶金行业新需求。2022 年在国内外新冠肺炎疫情多发、全球通胀压力加大等多重因素影响下，市场震荡幅度收窄，均价下移，冶金行业利润明显收缩，冶金企业发展面临前所未有的困境。钢厂生产积极性下降、钢铁产量呈现回落态势，2022 年我国粗钢产量 10.18 亿 t，比 2021 年下降 1.7%，连续两年下降，但降幅收窄。

2022 年油膜轴承行业受冶金行业的影响，增速变缓，产量较 2021 年增长不到 10%。截至 2022 年年底，全国已建成的使用油膜轴承的轧机机架数达到 900 个，其中热轧板带轧机机架 696 个，中宽厚板轧机机架 137 个，冷轧带钢轧机机架 67 个。2022 年我国在建轧线油膜轴承规格参数见表1。2022 年我国新建投产轧线油膜轴承规格参数见表2。2022 年我国新建成套出口油膜轴承规格参数见表 3。

表 1　2022 年我国在建轧线油膜轴承规格参数

项目名称	主要技术性能
河北冀南 1780 热连轧机油膜轴承	直径 985 mm、1 115 mm；额定载荷为 35 720 kN、45 720 kN
宝钢梅刚 1422 热连轧 R1 机油膜轴承	直径 955 mm；额定载荷为 38 080 kN
安徽首矿 3500 中厚板轧机油膜轴承	直径 1 520 mm；额定载荷为 96 460 kN
山东鑫海 2250 炉卷轧机油膜轴承	直径 1 166 mm、1 127 mm；额定载荷为 57 160 kN、53 320 kN
湖南涟钢 1580 热连轧机油膜轴承	直径 945 mm、1 065 mm；额定载荷为 32 920 kN、41 660 kN
东海 1650 热连轧机油膜轴承	直径 875 mm、1 026 mm；额定载荷为 31 960 kN、44 300 kN
四川攀钢 1450 精轧机 F1-F7 改造油膜轴承	直径 1 030 mm；额定载荷为 44 300 kN
福建青拓 1780 热连轧机油膜轴承	直径 1 065 mm；额定载荷为 41 660 kN
河北普钢 1780 热连轧机油膜轴承	直径 955 mm、1 115 mm；额定载荷为 38 080 kN、45 720 kN
广西永达 1780 热连轧机油膜轴承	直径 1065 mm；额定载荷为 41 660 kN
福建龙钢 1780 热连轧机油膜轴承	直径 955 mm、875 mm；额定载荷为 28 220 kN、31 960 kN
福建三宝 1780 热连轧机油膜轴承	直径 1 115 mm；额定载荷为 45 720 kN
陕西钢铁 3500 中厚板轧机油膜轴承	直径 1 520 mm；额定载荷为 96 460 kN
欧佩德造纸机油膜轴承	直径 785 mm；额定载荷为 22 860 kN

表 2　2022 年我国新建投产轧线油膜轴承规格参数

项目名称	主要技术性能
福建大东海 1850 热连轧机油膜轴承	直径 1 115 mm；额定载荷为 45 720 kN
六安钢铁 ESP 轧机	直径 988 mm；额定载荷为 35 540 kN
山西太钢 4 300 宽厚板轧机油膜轴承	直径 1 670 mm；额定载荷为 116 440 kN
河北安丰 1 450 热连轧机油膜轴承	直径 1 065 mm、955 mm；额定载荷为 41 660 kN、38 080 kN
山东石横特钢 1 780 热连轧机油膜轴承	直径 1 065 mm；额定载荷为 41 660 kN
河北普钢 1 250 热连轧机油膜轴承改造	直径 825 mm；额定载荷为 28 220 kN
湖北鄂钢 4 300 宽厚板粗轧机油膜轴承	直径 1 515 mm；额定载荷为 109 160 kN
广西盛隆 2 250 热连轧机油膜轴承	直径 1 166 mm；额定载荷为 57 160 kN

表 3　2022 年我国新建成套出口油膜轴承规格参数

项目名称	主要技术性能
阿尔及利亚 TOSYALI1800 热连轧机油膜轴承	直径 1 090 mm；额定载荷为 49 600 kN
STEEL SUPPLY DMCC 1250 热连轧机油膜轴承	直径 875 mm；额定载荷为 31 960 kN
印尼 1450 热连轧机油膜轴承	直径 955 mm、875 mm；额定载荷为 28 220 kN、31 960 kN

市场及销售　国内制造轧机油膜轴承的专业企业有太重集团、沈冶机械、普瑞特（湖州公司）和达涅利（常熟公司）4 家。太重集团国内市场占有率超过 85%，其他 3 家国内市场占有率不到 15%。

板带按照轧钢工艺可分为热轧钢板和冷轧钢板。热轧钢板按照产品的宽度可分为窄带钢、中宽带钢及宽带钢；按照厚度可分为厚板、薄板及超薄板三大类。轧机油膜轴承一般应用在中宽带钢轧机、宽带钢轧机、中板轧机及厚板轧机上。通过近 5 年油膜轴承新建、改建项目的数据分析，油膜轴承共投产 220 机架，其中热轧带钢轧机油膜轴承投产 208 机架，约占新上项目的 94.5%；中、厚板轧机油膜轴承 12 机架，约占新上项目 5.5%。

太重集团是从事高端油膜轴承研发、设计、制造和服务的专业化企业，是我国目前能够独立开发、成套设计制造各类现代大型轧机油膜轴承的生产基地。太重集团针对各类轧机的不同轧制工况，为用户提供相应解决方案，如为新建轧机设计制造成套油膜轴承，为老旧轧机进行油膜轴承升级改造，为全球服役轧机提供可完全互换的油膜轴承备件，为油膜轴承配套设计制造动压润滑系统、静 - 动压润滑系统。同时太重集团还开展其他行业高端滑动轴承（如能源电力、海洋船舶等）材料研究及产品开发。下属油膜轴承研究所在轧机油膜轴承基础理论、动 - 静压润滑技术、密封技术、轴承材料、巴氏合金结合技术、轴承智能监控、轴承试验及技术标准等方面保持国内外领先地位。2022 年太重集团轧机油膜轴承产品产量和出口额见表 4。

表 4　2022 年太重集团轧机油膜轴承产品产量和出口额

产品名称	产量		出口额	
	数量 /t	比上年增长（%）	金额 / 万元	比上年增长（%）
油膜轴承	5 500	9.23	6 165	-22.98

行业交流　油膜轴承分会秘书处开展调研走访活动，了解行业发展变化的情况，收集会员单位有关信息，协调解决会员单位困难，加强了协会与会员单位的联系。

2022 年油膜轴承分会秘书处进一步完善油膜轴承互联网技术交流交流平台，邀请多位轧机、油膜轴承、润滑油、液压润滑系统、密封系统等技术专家和现场油膜轴承使用维护专家加入。当会员单位在油膜轴承操作及维护中出现问题，相关专家及时进行答疑解惑，为会员提供及时快捷服务。在维护互联网交流平台的同时，油膜轴承分会秘书处组织行业内相关专家进行现场服务，为用户排忧解难，促油膜轴承进行业发展。

行业创新及技术发展

1. 纸机专用油膜轴承的研发

造纸业与社会经济发展和人民生活息息相关。随着我国造纸行业的不断发展，造纸设备也从中等幅宽不断发展到较宽的幅宽，造纸机车速也不断挑战新高，而压榨部作为整个造纸机最为关键的部分之一，对轴承的要求也越来越高，原始设计采用的是滚动轴承结构，随着造纸机大型化发展，滚动轴承无论从采购成本还是使用寿命都无法满足现有大型造纸机要求，而油膜轴承恰恰可以解决这一问题。

太重集团为国内一家造纸企业专门设计的一款 ZYC785-76WJB 造纸机专用油膜轴承，可实现油膜轴承径向承载件设计技术、油膜轴承轴向承载件设计技术、油膜轴承锁紧组件设计技术、油膜轴承密封组件设计技术方面的突破，也突破分公司在造纸领域的技术瓶颈。之前造纸机辊筒全部使用滚动轴承，此造纸机专用油膜轴承的开发成功后成为国内首创。

2. 大型油膜轴承修复 / 强化用智能化激光熔覆成套装备技术及应用

太重集团以轧机油膜轴承产品的性能提升和再制造研究为目标，研制出达到国际先进水平的油膜轴承高效激光熔覆装备，零件熔覆路径算法及软件，熔覆过程在线监测系统，油膜轴承激光熔覆用合金材料及工艺，形成油膜轴承激光熔覆修复与强化成套技术体系，并在其他领域推广应用。

针对衬套、锥套、密封盖等油膜轴承零件的性能质量提升和再制造工艺开发，在设备、材料、工艺、产业化应用四方面开展技术攻关。包括：①智能化高效激光熔覆装备开发。②激光熔覆装备关键部件设计及在线监测系统研究。③油膜轴承锥套、密封盖高效激光熔覆用材料及工艺开发。④油膜轴承衬套高效激光熔覆用材料及工艺开发。⑤高效激光熔覆技术推广及效果评价。

3. 油膜轴承智能化监测及专家系统技术研究

轧机是钢铁生产过程中非常重要的设备，轧机油膜轴承作为轧钢机械的核心部件，也需要加快推进智能制造与传统制造的深度融合，进一步构建面向全生命周期的新的绿色智慧制造集成技术体系，因为其质量关系到轧机的安全运行并影响着板材质量，对轧机油膜轴承实施智能化监测，并通过专家系统分析，可及时发现处理不良状态，并与轧机相关设备形成闭环系统，实现设备参数的自主调整。

目前油膜轴承行业还未推出智能化监测技术，太重集团将是国内外第一个“吃螃蟹”的企业。监测系统上线后可为油膜轴承设计升级提供数据来源，使轧机油膜轴承装备水平达到国内领先，世界先进。同时，可以减轻用户设备人员的运维压力和工作量，最终使企业的油膜轴承管理由流程驱动逐渐向数据化、信息化驱动管理转变。

〔撰稿人：中国重型机械工业协会油膜轴承分会孙鹏程　审稿人：中国重型机械工业协会油膜轴承分会杨汇荣〕

润滑液压设备

行业运行情况　2022 年中国重型机械工业协会润滑液压设备分会（简称润滑液压分会）记录在册的会员单位共 51 家，其中理事长单位 1 家、副理事长单位 4 家、理事单位 8 家，会员单位 38 家。会员单位中有大学 3 所，分别为太原科技大学、燕山大学和北京科技大学，约占会员单位的 6%。

48 家生产制造企业中，按企业所有制性质划分：国有企业 3 家，占比为 6%；上市公司 1 家，占比为 2%；外资控股企业 1 家，占比为 2%；私人控股企业 43 家，占比为 84%。润滑液压设备行业 48 家生产企业是：四川川润液压润滑设备有限公司、太重煤机有限公司、中国重型机械研究院股份公司、常州市华立液压润滑设备有限公司、启东润滑设备有限公司、一重集团大连工程技术有限公司、江苏指南润滑液压科技有限公司、江苏南方润滑股份有限公司、上海润滑设备厂有限公司、黄山工业泵制造有限公司、北方重工集团有限公司、辽宁省机械研究院有限公司、北京瑞信长材工程技术有限公司、中色科技股份有限公司装备所、二重集团重型机械设计研究院、北京冶金设备研究设计总院、大连华锐股份有限公司液压装备厂、宁波盛发液压有限公司、江苏澳瑞思液压润滑设备有限公司、沈阳市北方润华冷却设备有限公司、淄博九洲润滑科技有限公司、温州中合润滑设备制造有限公司、温州市龙湾润滑液压设备厂、温州市三丰润滑设备制造有限公司、沈阳市大金润滑设备厂、上海澳瑞特润滑设备有限公司、启东安升润液设备有限公司、苏州宝宇液压设备制造有限公司、沈阳市北方润华冷却设备有限公司、启东中冶润滑液压设备有限公司、四平市隆百洲机电科技有限公司、启东丰汇润滑设备有限公司、沈阳三丰液压润滑设备有限公司、江苏恒泰自动化润滑设备有限公司、北京中冶华润科技发展有限公司、美润思（北京）科技有限公司、浙江海马传动科技股份有限公司、陕西中润流体装备有限公司、吉林四平维克斯换热设备有限公司、淄博市博山润丰油泵厂、南通市博南润滑液压设备有限公司、泰州市远望换热设备有限公司、重庆安特瑞润滑设备有限公司、新乡市胜达过滤净化技术有限公司、三众过滤技术南通有限公司、海林柯液压技术（北京）有限责任公司、沈阳奥信重型设备有限公司、常州智杰机械设备有限公司。

2022 年，润滑液压设备行业完成工业总产值 34.51 亿元，同比增长 4.76%；完成产品销售收入 33.40 亿元，同比增长 5.25%，其中出口产品销售收入为 1.56 亿元，同比增长 49.61%。2021—2022 年润滑液压设备行业 40 家主要生产企业经济指标完成情况见表 1。

表 1　2021—2022 年润滑液压设备行业 40 家主要生产企业经济指标完成情况

指标名称	单位	2021 年	2022 年	比上年增长（%）
工业总产值（当年价）	万元	329 404	345 073	4.76
产品销售收入	万元	317 349	333 997	5.25
其中：出口销售收入	万元	10 449	15 633	49.61
产品销售税金及附加	万元	4 766	5 335	11.94
研发投入	万元	15 508	16 958	9.35
利润总额	万元	15 652	13 842	−11.57
年末固定资产原价	万元	163 427	173 628	6.24
年末固定资产净值	万元	86 241	92 520	7.28
流动资产合计	万元	336 137	356 072	5.93
流动负债合计	万元	1 657 508	1 685 245	1.67
全员劳动生产率	元 / 人	1 126 141	975 057	−13.42
新增投资	万元	5 764	12 270	112.86

从表 1 数据看，润滑液压设备行业主营业务稳定，基本面是稳中有升，其中增幅最大的两个指标是企业新增投资和出口销售收入，体现出行业生产企业布局市场拓展和向海外延伸取得明显效果；行业降幅较大的两个指标是全员劳动生产率和利润总额，反映出市场行情走低、竞争加剧，行业统筹和企业内部管理还有很大的提升空间。

2022 年，润滑液压设备生产企业克服新冠肺炎疫情和高温限电带来的双重压力，积极主动迎接市场的挑战，开拓市场，提高企业核心竞争力，增强企业的科技创新能力，加大新产品的开发力度，加快产品结构调整，扩大产品的应用领域，提高产品的技术含量，扩大企业的市场占有率。主营业务向相关产业延伸，积极开拓国外市场，使企业转型升级能力进一步加强。2022 年润滑液压产品订货量较 2021 年有小幅增长，生产量较 2021 年有所增加，保证了润滑液压设备行业的长期健康稳定发展。2022 年润滑液压设备行业生产规模超 1 亿元的企业共 9 家，比 2021 年增加 2 家；企业销售收入总计 299 701 万元，比 2021 年增加 39 169 万元；9 家超 1 亿元企业的销售收入占整个行业销售收入的比例为 89.7%，行业生产集中度较 2021 年提高 10.2%。2022 年润滑液压设备行业销售收入超 1 亿元企业见表 2。

表 2 2022 年润滑液压设备行业销售收入超 1 亿元企业

序号	企业名称	销售收入 / 万元
1	四川川润液压润滑设备有限公司	100 005
2	常州市华立液压润滑设备有限公司	43 500
3	江苏指南润滑液压科技有限公司	44 916
4	江苏南方润滑股份有限公司	24 736
5	新乡市胜达过滤净化技术有限公司	28 544
6	海林柯液压技术（北京）有限责任公司	15 000
7	启东润滑设备有限公司	17 500
8	黄山工业泵制造有限公司	14 500
9	启东中冶润滑液压设备有限公司	11 000
	合计	299 701

主要产品产量及销量 按照使用领域的不同，润滑液压设备分为润滑产品和液压产品两大类。润滑产品根据使用介质的不同和润滑部位的不同分为稀油润滑、干油润滑、油气润滑、工艺润滑和喷射润滑五大种类。润滑、液压系统根据应用行业可分为风电新能源、石化、冶金、矿山等。润滑液压产品按部件（元件）分类主要有液压柱塞泵、螺杆泵、过滤器（含滤芯）、冷却器、分配器、液压缸及管路附件等。

润滑液压设备主要生产单位以市场为导向，积极提高企业核心竞争力，主营产品产量较 2021 年有一定幅度的增长，少部分产品类型有一定幅度的下滑。2022 年润滑液压设备行业主要产品产值产量及销量见表 3。

表 3 2022 年润滑液压设备行业主要产品产值产量及销量

产品名称	生产			销售		
	数量 /（台、套）	产值 / 万元	产值同比增长（%）	数量 /（台、套）	产值 / 万元	产值同比增长（%）
稀油站（系统）	4 557	97 688	7.52	4 355	87 538	3.62
干油站（系统）	6 473	17 961	6.70	6 222	17 393	16.11
冷却器	162 790	9 176	9.25	156 198	8 789	9.21
干油分配器	74 162	3 325	12.10	63 542	2 770	-54.92
油气润滑系统	96	2 064	1.01	77	1 713	0.01
工艺润滑站（系统）	46	6 111	37.30	46	6 111	37.37
液压站（系统）	720	31 472	8.04	690	29 817	11.92
液压柱塞泵	2 285	1 507	-1.43	2 659	1 567	-1.11
螺杆泵	43 560	31 557	-0.17	41 860	29 907	-0.43
液压缸	2 432	11 837	0.74	2 334	11 015	-17.66
风电润滑及液压	8 285	82 333	0.38	7 778	77 204	0.32
过滤器、滤芯	278 845	32 110	0.14	284 818	28 485	-0.43
其他	24 895	18 986	1.11	1 438 362	19 212	1.19
合计	609 146	346 127	4.59	2 008 941	321 521	0.29

产品进出口情况 2022 年尽管国内新冠肺炎疫情及第三、第四季度部分时段的高温限电，国内外产业链生产能力不足，行业生产整体下滑，但少部分企业润滑液压设备在随主机配套的出口量及零部件出口方面实现了增长。产品进出口贸易逆差趋势依然明显，但差距在缩小。2022 年润滑液压设备进出口情况见表 4。

表 4 2022 年润滑液压设备进出口情况

产品名称	进口		产品名称	出口	
	数量 /（件、套）	金额 / 万美元		数量 /（件、套）	金额 / 万美元
温控阀芯	14 000	80	润滑系统	60	160
齿轮泵	17 000	500	液压系统	15	30
螺杆泵	400	20	干油系统	5	85
电机	200	20	油气润滑系统	3	66
冷却器	150	20	过滤器	50	5
过滤器	200	30	仪表	50	2
阀类	500	10	高压阀块阀组	8	1
仪表	4 000	40	轮胎垂直线装置	25	3
合计	36 450	720		216	352

承担或参与的国家项目 2022 年，润滑液压设备行业企业围绕润滑液压的高端、智能、绿色加快探索步伐，积极协同主机企业或自主研发创新，参与了包含了 F 级 50 MW 重型燃气轮机国产化、全球单机容量最大的海上风电机组等 11 项国内外重要项目。2022 年度承担或参与的国家项目见表 5。

表 5 2022 年度承担或参与的国家项目

序号	项目名称	配套产品	备注
1	F 级 50 MW 重型燃气轮机国产化	润滑油系统	国内首台完全自主知识产权
2	16 MW 海上风电机组	全套水冷系统	全球单机容量最大的海上风电机组
3	白鹤滩水电站	全套油压设备	在建规模世界第一、装机规模全球第二大水电站
4	“神泉”风电项目	整套冷却系统	国内迄今量产化单体装机容量最大的海上风电项目
5	广西大藤峡水利枢纽工程	全套油压设备	国务院确定的珠江流域关键控制性工程
6	轨道交通“飞轮储能装置”	液压系统、水冷系统	兆瓦级国内首台具有完全自主知识产权
7	中海油宁波大榭	润滑油站	国内首台具有完全自主知识产权
8	中石化镇海炼化	润滑油站	国内首台具有完全自主知识产权
9	山东裕龙石化项目	润滑油站	国内首台具有完全自主知识产权
10	加蓬金克莱电站项目	螺杆泵带钟罩联轴器	国内首台具有完全自主知识产权
11	印度尼西亚巴塘水电站	螺杆泵带钟罩联轴器	国内首台具有完全自主知识产权

基本建设和技术改造 2022年，各润滑液压设备生产企业依据企业自身发展、产品发展和行业发展的情况，加大了基本建设和技术改造投入，改造完成后润滑液压行业的整体技术水平、装备水平将有明显的提高。2022年润滑液压设备企业固定资产投资情况见表6。

表6 2022年润滑液压设备企业固定资产投资情况（单位/万元）

企业名称	固定资产投资	其中：基本建设投资	其中：技术更新改造投资
四川川润液压润滑设备有限公司	2 120	1 500	620
常州市华立液压润滑设备有限公司	1 300	850	450
启东润滑设备有限公司	750	520	230
新乡市胜达过滤净化技术有限公司	1 100	800	300
黄山工业泵制造有限公司	300	200	100
陕西中润液压设备有限公司	240	150	90
海林柯液压技术（北京）有限责任公司	315	200	115
江苏南方润滑股份有限公司	1 050	750	300
南通南方润滑液压设备有限公司	1 200	800	400
合计	8 375	5 770	2 605

〔撰稿人：中国重型机械工业协会润滑液压设备分会李辉、朱强　审稿人：中国重型机械工业协会润滑液压设备分会罗永忠〕

企业篇

2022 年重型机械行业重点企业运行情况、企业经营理念、文化建设及发展规划。公布重型机械行业专精特新“小巨人”典型企业调研分析报告

The operation status, business philosophy, cultural construction, and development plan of key enterprises in the heavy machinery industry in 2022. The research and analysis report of the specialized, high-end and innovation-driven SMEs as “little giants” of the Heavy Machinery Industry

企业篇

重型机械行业专精特新“小巨人”典型企业调研分析报告

“专精特新”是国家为推进中小企业专业化、精细化、特色化、新颖化发展之路，增强自主创新和核心竞争力，提高中小企业发展质量和水平而实施的重大工程。为深度挖掘典型企业技术创新、业务模式创新和特色培育等方面的成功经验，推动行业中小企业转型升级，帮助更多企业成长为专精特新企业，促进行业高质量发展，中国重型机械工业协会（简称协会）规划并启动了专精特新“小巨人”典型企业调研活动。

协会选择在专精特新“小巨人”典型企业中极具特色，创新能力强，成绩突出，长期专注于重载构件提升移运的智能化和系统解决方案的合建卡特工业股份有限公司（简称合建卡特）作为典型案例。2022 年 2 月 8 日，协会副理事长兼秘书长王继生带领专家团队专程前往湖北武汉，对该公司进行深度调研考察，启动了协会 2022 年专精特新“小巨人”典型企业的系列调研、总结和推介活动。

一、企业概况

合建卡特成立于 2005 年，是主要从事重载构件精准位移专用设备研发及技术服务的民营高新技术企业，经过十多年的快速发展，已形成了总部在武汉、制造生产基地在武汉鄂州、控股英国多门朗技术公司（简称多门朗）的“以国内为重心，以国际为支点”发展格局。公司积极实施“专注、专业、品牌、创新”的经营战略，已成为国内外重大建设工程项目国际知名的核心供应商。

公司先后获得了国家高新技术企业、AAA 级中国质量信用企业、文明诚信私营企业、湖北省企业技术中心、武汉市企业研究开发中心等荣誉。2020 年度被评为湖北省支柱产业细分领域隐形冠军企业，2022 年入选第四批国家级专精特新“小巨人”企业。

二、市场分析

物料搬运在国民经济建设中发挥着重要作用。随着工程建设和工业生产规模不断扩大、自动化程度不断提高，对大型、高效、自动化物料搬运设备的需求量越来越大。对物料搬运进行市场细分，有一类重载构件的提升移运十分特殊，例如在桥梁架设、海工装备移运、海底隧道的沉管铺设、核电站反应堆穹顶吊装、石化大型反应器吊装、海上风电设备组装、装配式建筑的大型构件拼装、建筑物整体提升与平移等场合，所搬运的构件重量大，往往有成百上千吨甚至几万吨，吊运及安装精度要求高、危险性大、重要度高，采用通用的起重设备和传统的吊装方法根本无法完成，于是一个特殊的重载构件提升移运行业出现了。

随着技术进步和施工工艺的改进，重载构件的重量越来越大，搬运难度越来越大，要求定位精度也越来越高。提升移运从早先大量使用手动千斤顶、卷扬机、手拉葫芦发展到现在采用自动化、智能化控制的大型提升和移运设备。由于重载提升移运大多需要定制化和特殊设计，其服务对象的重要性和吊装成本的高昂使得设备制造和服务商的技术能力、经验、专业化水平及业绩成为用户主要考虑的因素，在国外已形成了重载构件提升移运的专业设备制造与技术服务商。我国经济的高速增长和大量的基础设施建设项目，对重载构件的提升移运需求大幅增加，吸引了众多国际知名的重载构件提升移运设备制造与技术服务商来到了中国，例如：总部位于荷兰的玛姆特公司（Mammoet）是全球最大的重载构件提升移运公司。该公司起步可追溯到 1807 年，1971 年开始从事重载构件提升移运业务，2019 年 7 月收购全球第三大重载构件提升移运公司 ALE 后，更加巩固了全球第一的位置。玛姆特在全球拥有超过 140 个分支机构和办事处，员工 6 217 名，销售额超过 10 亿欧元。玛姆特于 2002 年在我国设立合资公司，2003 年在上海设立代表处。玛姆特公司在我国的业务主要集中在海洋工程方面，在国内 1 万 ~3 万吨级海洋平台下水的整体滑移顶推工程中占据垄断地位，还参与国家体育馆鸟巢大型钢结构的吊装工程等。

总部位于比利时的沙伦氏公司（Sarens）是全球第二大重载构件提升移运公司，成立于 1955 年，员工 4 607 人。2021 年在 70 个国家和地区开展业务，年销售收入 5.8 亿欧元，利润 3 789 万欧元。沙伦氏公司 2015 年进入我国，参与了中国核电、海上风电、海洋工程、液化天然气等众多项目的重载构件提升与搬运。

总部位于美国的恩纳湃克公司（Enerpac）成立于 1910 年。恩纳湃克 2022 年销售收入 5.71 亿美元，利润 8 300 万美元。在销售收入中，产品收入占 79.5%、服务与租赁收入占 20.5%，在我国市场的销售收入 1 543.4 万美元。公司有员工 2 200 人，13 个制造基地，在 22 个国家设立了 28 个分公司，有 1 400 多个分销商，业务遍布 100 多个国家和地区。该公司 2008 年投资 3 000 万美元在江苏省太仓市成立了恩纳湃克（江苏）工业设备有限公司，参与了我国磁悬浮轨道梁安装、上海音乐厅顶升平移等工程。

总部位于瑞士的 VSL 国际有限公司成立于 1943 年，主要从事预应力张紧及重载构件提升移运业务，现有 4 600 名员工，在全球有 60 多个分支机构，1997 年在我国成立了合资企业威胜利工程有限公司。该公司在我国参与了南京长江第五大桥等众多大桥的建设，还参与了中海油福建漳州一期等液化天然气储罐工程。

英国多门朗的历史可追溯到 1875 年。它 1924 年开始进入桥梁建造行业，1934 年还参与了我国钱塘江大桥的建设。多门朗是世界一流的重载构件提升移运行业集设计、咨询、设备制造、租赁、服务于一体的企业，业务涉及桥梁施工、大型场馆建造、大件起重搬运。主要产品涵盖缆载吊机、钢绞线千斤顶、桥面起重机、架桥机等。2006 年，多门朗在上海成立多门朗工程技术（上海）有限公司，积极参与国内基础工程建设，为江阴大桥、苏通大桥等国内知名桥梁项目提供关键性施工设计、咨询服务和专业施工装备等。

国外这些著名的重载构件提升移运设备制造与技术服务商既定制化生产大型提升移运设备，还根据客户的需求提供设备租赁、现场吊装移运和技术服务及系统解决方案。这些企业专业性和技术性强、专注几个特定的服务领域，形成了一个特殊的设备制造与技术服务行业。

与国外有所不同，我国大型工程的施工由专业施工队伍实施，但他们大多没有设备的制造能力；而提升移运设备的制造企业又把重点放在大批量、通用型的产品制造上，无法提供单件小批及超大起重能力的特殊起重设备。我国的基本建设规模全球最大，在施工中各种大型、超大型重载构件的提升移运需求量很大，原先该类工程项目大多被外国公司所垄断，我国缺少既能定制化提供重载构件提升移运设备，又能提供系统解决方案和技术服务的企业。在此环境下，合建卡特就应运而生了。

三、重点产品分析

重载构件的提升移运有着各种各样的方法，不同的专业领域，需要针对不同的情况采用不同的方案和设备。合建卡特科学性、创造性地将其总结为“移、运、提、架”四个字，涵盖了重载构件提升移运所体现的全部专业领域和采用的所有方法。合建卡特围绕这四个字开展业务拓展、产品研发、提供系统解决方案和定制化技术服务，从公司业务构架和技术发展上体现与全球范围内其他竞争对手相比所具有的全面性、独特性和核心竞争力。

合建卡特产品应用遍布桥梁建设、电力、冶金等诸多领域，产品线梯队层次分明，有效保证了公司对市场的敏感度和应变力，降低了公司的周期性风险，是全球重载构件提升移运领域业务涵盖面最广、定制化整体解决方案提供能力最强的公司之一。

1. 智能顶推与智能三维调整系统

这是合建卡特最具核心竞争力的主导产品。该产品将先进的同步控制技术、数字监控技术、液压传动控制技术、计算机数字信号处理技术等进行整合，采用集群智能同步控制策略、模糊控制自动纠偏算法、基于数据和模型融合驱动的数字孪生技术 3 项关键技术，实现同步精度误差小于 0.5%，有效地解决了大型和超大型构件在顶升、降落、平移过程中整体同步控制的难题，实现了构件的精准到位，避免了构件因受力不均产生变形及有害内应力。该技术与产品打破了国外的技术垄断，解决了长期受制于欧美等发达国家的“卡脖子”技术壁垒，填补了国内技术空白，完全能够替代美国恩纳湃克、瑞士 VSL 等公司的产品。

合建卡特的该项技术与产品已成功应用于港珠澳大桥、殷家沟特大桥、湖南荆岳长江公路大桥等几十座大桥工程。该产品作为桥梁工程施工与技术服务领域的关键配套设备，已为中铁大桥局、中国铁建大桥工程局、中国建筑等知名企业提供大量配套。最近，合建卡特旗下的多门朗，承接了德国费马恩岛与丹麦洛兰岛之间全长 19 km 海底隧道超大型沉管水下顶推精准就位的工程项目。

21 世纪初，美国恩纳湃克公司桥梁液压顶升设备约占全球大型桥梁构件搬运设备细分市场的 75%。目前，合建卡特、柳州欧维姆、江苏凯恩特、上海耐斯特、山东山推、山东鲁顶、湖北楚天联发等一批国内企业进入了液压同步顶升顶推设备研制与技术服务市场，通过新产品研发、产业升级，逐渐打破了国外对我国桥梁施工中大型构件液压同步顶升顶推设备的技术垄断，市场占有率逐年提升。尤其是合建卡特，实现了从跟跑、并跑到领跑的跨越式发展，智能化的先进技术更是行业领先。从技术与市场综合考虑，目前国内大型构件液压同步顶升顶推设备制造与服务商列在前 3 位的是合建卡特、柳州欧维姆和江苏凯恩特。

2. 液压提升下放系统

这是合建卡特的核心产品之一。液压提升下放系统的核心是一套由承重钢绞线，上下带有楔形锚固系统的提升机具、传感检测系统、计算机控制系统和液压控制系统等组成的提升设备。通过模块化组合，被提升构件的质量和大小都不受限制，可实现超大构件地面拼装和整体提升；采用柔性钢绞线作为承重索具，只要有合理的承重支点吊点，可使提升高度不受限制，实现长距离和超高空提升；提升器锚具有逆向运动自锁性，使提升过程安全可靠，并且构件可在提升中的任意位置长期可靠锁定；提升设备本身体积小、自重轻、承载能力大，特别适合在狭小空间进行超大吨位构件的提升安装作业。目前世界上单个提升单元的最大提升能力达 1 394 t（多门朗），在实际作业时一般由数个提升单元组合，通过控制实现同步提升与下放。这种适用于大型吊装和自动化控制的先进液压提升下放系统的技术和市场原先都被国外公司垄断。

由于多门朗的液压提升下放系统（钢绞线千斤顶）具有世界领先的技术，产品极具市场竞争力，2020 年合建卡特抓住时机，果断投资控股英国多门朗技术公司，掌握了该产品的核心技术，顺利进入国际市场。该项技术和产品不仅成功应用于湖北石首长江大桥、武汉青山长江大桥等国内工程项目，还应用于土耳其 1915 恰纳卡莱大桥（世界上跨径最大的桥梁）等国外工程项目。

国内具有大型构件液压提升下放系统的企业主要有上海同新机电控制技术有限公司（简称上海同新）、合建卡特、柳州欧维姆、江苏凯恩特等。由于合建卡特拥有多门朗的品牌与技术，在国内液压提升下放系统综合实力排名中稳居第一。

3. 缆载起重机

这是合建卡特最有竞争力的产品之一。缆载起重机是建造悬索桥的主要提升设备，它以悬索桥的两根主缆作为受力支撑并在主缆上行走，能跨越悬索桥主缆索夹等障碍物，在施工作业区域将下方运输船舶上的大型桥梁加劲梁提升至指定位置，进行桥梁自身大型结构件拼装作业。缆载起重机的提升机构多采用液压提升下放系统，行走机构为液压步履式或滚轮式并带有夹持机构。在起重机内有各种电子传感元件组成的缆载起重机智慧监控系统，保证提升钢梁过程中的同步性、精度和效率，保障吊装过程的安全。缆载起重机起重量大、提升高度大，整机结构简单，在特定的条件下能发挥其他起重机械和起重技术所不能发挥的作用。世界主要的缆载起重机制造商就是英国多门朗。

合建卡特及旗下多门朗缆载起重机的产品与技术成功应用于润扬悬索桥、虎门第二大桥、武汉杨泗港长江大桥及土耳其恰纳卡莱跨海峡缆索大桥等项目。

目前，国内具有缆载起重机生产及提供技术服务的企业主要有合建卡特、柳州欧维姆、上海同新、中铁九桥等。由于合建卡特拥有多门朗的品牌与技术，在国内缆载起重机综合实力排名中稳居第一。

4. 节段拼装架桥机

这是合建卡特重点产品之一。架桥机是支撑在桥梁结构上，可沿纵向自行变换支撑位置，用于将预制桥梁梁体（包括整孔梁体、整跨梁片、节段梁体、非整跨梁片）安装在桥墩（台）指定位置的一种专用起重机。节段拼装架桥机是能够吊起和全方位调整大型、重载节段梁体，对节段梁体逐跨拼装，完成架设作业的专用架桥机。合建卡特的节段拼装架桥机采用多传感器融合自动架设技术，配备远程运维系统、故障诊断系统、安全监控系统，架梁过程中可实现自动取梁、喂梁、落梁，能够实时监测施工工况，同步分析工程建设情况。

合建卡特的节段拼装架桥机已成功应用于芜湖长江公路二桥、香港中环湾仔绕道项目、厄瓜多尔巴巴奥约河大桥、马来西亚 SUKE CA4 工程等项目。

国内节段拼装架桥机的主要生产企业有天业通联、新大方、合建卡特、中铁十一局汉江重工等。合建卡特在国内节段拼装架桥机生产企业中综合实力排名为第三。

5. 桥面起重机

这是合建卡特重点产品之一。桥面起重机是安装在施工的桥面上，将水上运梁船（或钢栈桥）上的重载预制梁段安全准确地提升至桥面进行拼装和焊接的起重机械，也可用于其他梁块或钢梁吊装。合建卡特的桥面起重机分为固定式、变幅式和塔柱式 3 种类型，还有其衍生产品岸边起重机。目前，合建卡特的桥面起重机已成功应用于平潭海峡公铁两用大桥、嘉绍大桥和鳌江特大桥等项目。

国内桥面起重机的主要生产企业有天业通联、中铁九桥、合建卡特、新大方等。合建卡特在国内桥面起重机生产企业中综合实力排名为第三。

综上所述，合建卡特在我国桥梁建设重载构件提升移运领域业绩显著，所研发的重载构件智能化精准位移专用设备技术领先，移运提架综合解决方案能力强，在国内桥梁建设重载构件提升移运领域的企业综合实力排名稳居前五位。

四、发展前景

1. 市场发展前景

合建卡特的核心技术和主要业务是重载构件精准位移专用设备研发及技术服务。重载构件提升移运在桥梁建设、海上风电安装、核电站建设、海洋石油、石化工程建设中是重要的和不可替代的环节，这些基础设施建设领域的发展规划和市场走向会影响合建卡特今后的技术、市场和可持续发展前景。

（1）桥梁建设。目前合建卡特的业务范围在桥梁建设领域占较大比例。根据国务院 2021 年印发的《“十四五”现代综合交通运输体系发展规划》，按照国家综合立体交通网“6 轴 7 廊 8 通道”主骨架布局，构建完善以“十纵十横”综合运输大通道为骨干，以综合交通枢纽为支点，以快速网、干线网、基础网多层次网络为依托的综合交通网络。全国仅长江上就要建设上百座过江大桥和过江通道。根据《长江干线过江通道布局规划（2020—2035 年）》，规划布局长江上游大桥和过江通道 121 座、长江中游 77 座、长江下游 78 座。2025 年前重点推动实施 79 座大桥和过江通道建设。此外，全国各地还要建设更多的跨越河流和海洋的大桥和水下通道。

在这些桥梁和过江通道建设中要大量用到重载构件提升移运设备，因合建卡特具备很好的业绩和市场优势，市场前景良好。

（2）海上风电。合建卡特的技术和产品非常适合海上风电的安装与施工作业。“十四五”及今后一段时期是世界能源转型的关键期，全球能源将加速向低碳、零碳方向转变，可再生能源将逐步成长为支撑经济社会发展的主力能源，我国已明确 2030 年风电和太阳能发电总装机容量超过 12 亿 kW，对可再生能源发展提出了新任务、新要求。

我国“十四五”期间海上风电开发建设重点：①海上风电基地集群，推动山东半岛等千万千瓦级海上风电基地开发建设。②深远海海上风电平价示范，在广东等资源和建设条件好的区域，结合基地项目建设，推动一批百万千瓦级深远海海上风电示范工程开工建设。③海上能源岛示范，结合山东半岛、长三角、闽南、粤东和北部湾等重点风电基地开发，融合区域储能、海水淡化、海洋养殖等发展需求，在基地内或附近配套建设海上能源岛示范工程。④海上风电与海洋油气田深度融合发展示范，统筹海上风电与油气田开发，形成海上风电与油气田区域电力系统互补供电模式，逐步实现海上风电与海洋油气产业融合发展。

海上风电建设离不开基础件、塔筒、风机等重载构件的提升移运设备，为合建卡特进一步业务拓展提供了广阔的市场。

（3）核电。核电建设离不开大型构件的提升移运。根据《中华人民共和国国民经济和社会发展第十四个五年规划和 2035 年远景目标纲要》，要安全稳妥推动沿海核电建设，“十四五”期间核电运行装机容量达到 7 000 万 kW，要建成投产辽宁红沿河 5 号、6 号，山东石岛湾高温气冷堆，“国和一号”示范项目，江苏田湾 6 号，福建福清 5 号、6 号，漳州一期 1 号、2 号，广东太平岭一期 1 号、2 号，广西防城港 3 号、4 号等核电机组。

核反应堆建设过程中有很多大型重载构件需要提升移运，例如反应堆压力容器、蒸汽发生器、核岛钢制安全壳、核岛大型模块、反应堆冷却剂系统稳压器、反应堆厂房穹顶等，为核电站建设提供重载构件安全、可靠提升移运服务具有很大的市场空间。

（4）海洋石油。随着人们对油气能源的需求量越来越大，陆地上的油气资源储量在不断减少。为了满足经济发展对油气资源的需求，我国需要加大对海洋油气资源的探索、开发和利用。我国“十四五”期间将重点发展渤中、垦利、恩平等海洋油气工程，并开展南海等地区天然气水合物试采。

开发海洋油气资源的主要设备包括潜入式钻井平台、自升式钻井平台、半潜式钻井平台和钻井船。钻井平台一般都有 50~100 m 的长度与宽度，自重达几万吨，在其建造、安装、整体下水过程中都要用到特殊的提升移运设备。目前，中国海工重载提升移运项目约有 50% 由国外公司承接。合建卡特具备在海洋石油领域拓展业务的潜在优势。

（5）石化工程。石化产业是我国国民经济的重要支柱产业，石化行业“十四五”的发展方向是在保持产业规模稳定发展的同时，着力推动结构调整和转型升级取得决定性成就，奠定由石化大国向石化强国迈进的重要基础。目前环渤海湾、长三角、珠三角合计炼油能力占全国的 70% 以上，今后沿海边的石化基地建设稳步推进，临港口的大型炼化项目和轻烃综合利用项目快速发展。

在新的形势下，炼油、乙烯产业向大型化、集约化、规模化发展。在炼油、乙烯等石化工程中，有总重量近千吨的大型换热器，重量达数千吨的蒸馏塔、反应器、再生器等需要进行提升移运，精准安装。目前，中国石化重型吊装项目 30% 由国外公司承接。合建卡特在石化工程的重载构件提升移运上具备潜在优势。

此外，在钢结构建筑、超高层建筑、装配式建筑、大型设备安装、军工、冶金、水利水电、大型门式起重机组装等都会用到重载构件的提升移运。因此合建卡特的技术、市场及可持续发展前景良好。

2. 技术发展趋势

（1）大型化与专用化。随着经济的发展和技术的提高，各行各业需要提升与移运的重载构件越来越重，相应所需要的提升移运设备也越来越大、专业化程度越来越高。例如陆基环形起重机起重量达到 5 000 t，起重量 10 000 t 的陆基环形起重机也即将面世；单门架液压提升起重机起重量达 5 000 t；单个钢绞线千斤顶起重量达到了 1 394 t，更大的 1 672 t 已完成设计。同时针对不同环境条件、不同搬运对象，使用大型、专用的提升移运设备已成为趋势。

（2）数字化与智能化。数字化、智能化技术是产品创新和制造技术创新的共性使能技术，将深刻改变制造业的生产模式和产业形态，是新的工业革命的核心技术。由于需要搬运的重载构件的大型化和超重化，要求数万吨重量的构件整体搬运及定位精准，传统的搬运方法根本无法满足需求。要使数百套顶升移运单元完全步调一致，就只能依靠数字化和智能化技术来实现。将传统的提升移运设备打造成具备自动化、信息化和智能化功能的搬运机器人，赋予提升移运以全新的概念，这会给重载构件的提升移运创造全新的、巨大的市场机会。

（3）定制化与市场细分。美国最新预测的改变未来的十大科技中，个性化定制被排在首位，该判断来自市场的变化趋势。由于用户重载构件搬运需求的多样性，传统的搬运方法已无法满足用户的需求，市场细分、特殊型定制的重载搬运系统解决方案将成为主流。个性化定制是利用模块化技术、信息技术和柔性化制造技术进行产品与服务定制的崭新模式。其核心思想是将客户作为企业最重要的资源，依照每位客户的独特需求量身定做高度细化、个性化的解决方案，提高服务水平和客户满意度。企业能否在未来市场的激烈竞争中取胜，很大程度上取决于其能否快速响应客户的需求，并迅速设计和制造出满足客户个性化需求的系统解决方案。

（4）可靠性与本质安全。大型重载构件的提升移运，可靠性与安全始终是第一位的。要保证提升移运设备安全可靠运行，其本质安全和远程监控技术成为发展重点。本质安全是指提升移运设备自身含有内在的、恒久的、能够从根本上自动防止事故发生的安全本质功能。不但设备具备多重安全保护功能，还有对环境的自适应性，并能防止操作人员的误操作造成事故灾害的发生。因此，采用系统集成技术和新型传感器技术的提升移运设备本质安全的数字化安全防护系统将会出现，安全宜人的人机操控系统也将得到应用。

五、总体评价

合建卡特主要从事重载构件精准位移专用设备的研发及技术服务，围绕“移、运、提、架”四个字开展业务拓展，全面涵盖了重载构件提升移运的作业特点与范围，特色鲜明，具有自身独特优势。

合建卡特长期专注于重载构件精准位移的智能化和提供系统解决方案，尤其在大型桥梁施工及技术服务中成果丰硕，业绩显著，具备核心竞争力。

合建卡特的智能顶推与智能三维调整系统打破了国外对我国桥梁施工中大型构件液压同步顶升顶推设备的技术垄断，填补了国内空白。

重载构件的提升移运在国家大型基础设施建设中是不可或缺的重要环节。合建卡特深耕于这个细分市场，具有广阔的可持续发展前景。

〔供稿单位：中国重型机械工业协会〕

重点企业

二重（德阳）重型装备有限公司

2022年，二重（德阳）重型装备有限公司（简称二重装备）坚持以市场为中心，着眼客户价值，科学策划、精准营销，持续加大重点项目跟踪力度，统筹紧缺生产资源，不断提升项目执行力，确保满足了用户和项目交货期要求。

1. 生产经营

2022年，二重装备实现营业收入54.35亿元，同比增长6.7%；实现新增订货67.01亿元，同比增长8.5%。机器产品产量完成11.8万t，同比增长6.45%；锻件发出量9.67万t，同比增长1.56%；铸件发出量2.5万t，同比增长13.8%。公司经营运行总体稳定向好，运营质量进一步提升。

2022年，二重装备完成生产总值62.7亿元、工业总产值40.64亿元。2022年分类产品主要经济指标完成情况见表1。2022年主要产品产销情况见表2。

表1 2022年分类产品主要经济指标完成情况

产品分类	生产总值/万元	销售总额/万元	工业总产值/万元
汽轮机及辅机制造	61 119.58	54 503.96	53 816.30
水轮机及辅机制造	14 092.29	12 369.57	12 369.70
其他原动设备制造	53 087.05	47 630.25	39 981.10
金属成形机床制造	6 248.81	4 345.80	4 345.80
其他通用设备制造	29 671.19	28 770.49	55 169.20
冶金专用设备制造	215 554.38	152 654.51	152 415.60
炼油、化工生产专用设备制造	88 896.09	79 646.62	79 646.70
其他专用设备制造	6 041.50	5 352.53	736.70

表2 2022年主要产品产销情况

产品名称	生产量/万t	销售收入/亿元
清洁能源发电设备	1.73	10.30
冶金成套设备及备件	6.20	15.27
重型石化容器	1.26	7.96
锻压及其他设备	2.62	5.00
合计	11.81	38.53

公司始终坚持以客户为中心、以市场为导向，紧紧围绕国家产业政策和公司主责主业，深耕细作、做优做强传统优势领域，持续发力、积极拓展新模式新市场，订货额持续增长。冶金成台套先后签订3 800 mm宽厚板轧机、3 500 mm中厚板轧机、1 580 mm热连轧等项目，传统冶金领域市场优势持续巩固；大型铸锻件成功中标一批燃机锻件、FB2转子、高铬转子、核电拼焊转子订单，高端产品占比进一步提升；核能石化装备成功斩获镇海炼化、大榭石化、“华龙一号”SG锻件、国核廉江2号主管道等重点项目，市场订单规模稳步增长；检验检测、工程物流等新领域持续发力，检验检测实现核电、航空航天、科研等多领域市场突破，工程物流实现国内国际多地域、多领域覆盖；精彩亮相首届世界清洁能源装备大会，展示了公司在清洁能源领域雄厚的研发和制造实力。

面对新冠肺炎疫情对生产组织及供应链的严重冲击、极端高温天气和限电限产的不利局面，二重装备综合平衡客户急需，紧盯当期整体销售以及在制产品最大化目标，做好紧缺生产资源统筹安排、四大类项目管控协同，细化计划、密切跟踪协调、大力平衡疏通瓶颈、加快技术质量问题处理节奏，着力提升项目执行力。持续推进供应链生态圈建设行动，坚持“公平、公正、公开”阳光采购，通过招标采购电子平台，大力推行采购业务实现“网上办”。持续强化与供应商的协同，将管理和技术延伸到供应商现场，促进产品质量与进度的提升，不断优化供应商队伍，构建供应链和谐生态。

2. 科技成果及新产品

2022年，二重装备宣传贯彻“十四五”科技创新规划，深入解析规划的编制思路、战略布局、目标任务以及支持保障等核心内容，分解落实科技创新重点任务，有序推进科技创新规划落地。二重装备立足新发展理念，坚定科技自立自强，强化组织和资源保障，提升科研质量和水平，取得良好成果。特异型超大构件原位精密测量关键技术及系统项目获四川省科技进步奖二等奖，F级重型燃机核心转子体锻件国产化研制项目获机械工业科学技术奖二等奖，“华龙一号”“国和一号”核电主管道研制关键技术及应用项目获四川省机械工业科学技术奖一等奖，三代核电锻造主管道关键制造技术上榜 2021“科创中国”突破短板关键技术榜单。获得授权国家专利 21 项，其中发明专利 11 项。公司还荣获中国重型机械行业“2021 年度领军单位”，钢铁产业链绿色标杆企业（装备技术领域）、中国卓越钢铁技术与服务供应商（机构）品牌（装备技术类）等荣誉。

（1）关键核心技术攻关战绩斐然。620 ℃等级 FB2 转子锻件和 650 ℃等级铸件的冶炼、铸造、锻造、热处理等关键技术取得突破，国产化首件 FB2 转子锻件成功发运。掌握了 F 级重型燃机燃烧室内外壳耐热铸件凝固缺陷控制、热处理变形和裂纹控制技术。超高压反应釜锻件材料得到国家市场监督管理总局特种设备安全与节能技术委员会批复可用于相关产品的制造。新一代强力弯窜辊装置在八钢 1 750 mm 精轧弯窜辊改造及重钢 1 780 mm 精轧弯窜辊改造项目中成功推广。完成新“华龙一号”反应堆压力容器顶盖组件模拟体的制造，并通过中国核动力研究设计院核级设备制品技术评定中心专家组的评审，标志二重装备具备承担核电反应堆压力容器顶盖组件的制造技术能力。

（2）新产品开发及推广取得关键突破。第三代核电厂高燃耗乏燃料厂外运输容器外壳锻件通过中国核能行业协会组织的成果鉴定，其制造技术达到国际领先水平。油气污染物处理设备签订试运行协议，在页岩气钻井资源化项目实现首台（套）市场突破。

2022 年二重装备重大科技成果及获省市以上科技（进步）奖项见表 3。

表 3　2022 年二重装备重大科技成果及获省市以上科技（进步）奖项

序号	项目名称	完成时间	主要性能参数及技术内容	成果水平	负责单位、参与单位
1	F 级重型燃机核心转子体锻件国产化研制	2020 年 6 月 30 日	二重装备通过自主研究攻克 30Cr2Ni4MoV 超纯净钢、10%Cr 等钢种的关键制造技术。发明了 Si、低 P、低 Al、低 O 的 10%Cr 钢电极的冶炼及密封 + 吹氩下注技术。开发了超低 Si、超低 Mn、超低 P、低 Al、低 O 超纯净钢的冶炼技术；开发了氩氮混合保护气氛稳定控制 10%Cr 钢的电渣重熔技术；开发了超低非金属夹杂物和超低偏析钢锭的控制技术；开发了轮盘锻件探伤缺陷 <ϕ0.8 mm 锻造技术；开发了轮盘锻件深冷淬火等强度热处理和残余应力（–15~+15 MPa）的精准控制技术和 12Cr10Mo1W1NiVNbN 材料透平轮盘锻件等强度热处理和残余应力（–80~0 MPa）的精准控制技术；开发了小当量无损检测技术等关键核心技术	总体技术达到国际先进水平。获 2022 年机械工业科学技术奖二等奖	二重（德阳）重型装备有限公司、上海电气燃气轮机有限公司、东方电气集团东方汽轮机有限公司
2	7 500 t 大型筒节轧机研制及应用	2018 年 12 月 31 日	该轧机采用可逆全液压立式结构、非悬臂闭式机架、大转矩独立双辊驱动、适应插辊大直径热轧辊、液压伺服非刚性同步抱辊、下辊长行程液压进给、轧件横移补偿、自动快速悬臂芯辊水平侧抽、下辊倾动等核心技术，配备有伺服控制液压系统和自动检测系统，全部轧制整形过程实现自动化程序控制，独创的筒节形状精整、尺寸控制、抱辊力位同步控制及工件跑偏控制等技术都达到国际领先水平，具有高效、高精度、成品率高和低能耗等突出优点。可轧制筒节最大外径 10 000 mm，最大高度 3 900 mm，最大壁厚 650 mm。年生产能力 4 万 t 以上，生产效率提高 50%，节能 40%，综合成本降低 30%	总体技术处于同类产品的国际领先水平。获 2022 年机械工业科学技术奖三等奖	二重（德阳）重型装备有限公司
3	GB/T 37400.1~16《重型机械通用技术条件》	2019 年 8 月 30 日	GB/T 37400.1~16《重型机械通用技术条件》包括产品检验、焊接件、铸锻件材料及无损探伤、液压系统等 16 个部分，涵盖了重型机械制造过程中的主要工艺阶段，综合技术水平达到国际先进水平。标准总结运用了重型机械行业极限制造的科技进步成果，构件的设计、主要工艺要求尺寸覆盖 20 000 mm 等级要求，焊接构件尺寸覆盖 20 000~25 000 mm 尺寸，铸钢件超声检测尺寸覆盖 600 mm 尺寸，铸锻件包含 234 种材料。标准对比国内外同类标准和先进企业标准，内容更丰富，可操作性更强，主要技术内容与国际先进水平相当的有 12 项，优于国际先进水平的有 15 项	获 2022 年机械工业科学技术奖二等奖	中国重型机械研究院股份公司、二重（德阳）重型装备有限公司、一重集团大连工程技术有限公司、北方重工集团有限公司、太原重工股份有限公司、大连华锐重工集团股份有限公司、中信重工机械股份有限公司

（续）

序号	项目名称	完成时间	主要性能参数及技术内容	成果水平	负责单位、参与单位
4	“华龙一号”“国和一号”核电主管道研制关键技术及应用	2019年6月30日	该项目依托国家06重大科技专项及228示范工程，研发了单相单电极电渣重熔交替工艺，发明了CaF_2-CaO-Al_2O_3-MgO-SiO_2五元渣系，实现了120吨级电渣重熔过程C、N等元素稳定精准控制；开发了120吨级电渣锭补缩工艺，获得了高品质的120吨级核级重熔锭。通过理论及试验研究，建立了超低碳控氮奥氏体不锈钢热塑性变形本构模型；开发了少（无）横向拉应力拔长方法，解决了大型不锈钢坯料锻造裂纹控制难题；开发了差温锻造方法，解决了大型复杂截面不锈钢坯料晶粒不均匀的难题。建立了大型厚壁承压弯管冷弯成形分析方法，揭示了成形过程管坯滑动、冷弯成形过程减薄、冷弯回弹等规律，解决了大型厚壁承压弯管冷弯精确成形难题，填补了国内外大型不锈钢厚壁承压弯管冷弯成形理论研究成果的空白	该项目总体技术达到国际先进水平，其中冷弯成型技术处于国际领先水平。获2022年四川省机械工业科学技术奖一等奖	二重（德阳）重型装备有限公司
5	长龙山抽水蓄能发电机整锻转子中心体制造关键技术及应用	2021年5月25日	研制了长龙山抽水蓄能发电机超大尺寸整锻转子中心体，研发了符合整锻转子中心体要求的380吨级超纯净大型钢锭冶炼的渣系及吹氧控制技术、中间包防二次氧化技术，解决了超大尺寸整锻转子中心体成分均匀性和纯净度控制的技术难题。提出了锻造过程中控制晶粒长大和均质性锻造的新方法，研发了多次重结晶的热处理复合工艺，实现了整锻转子中心体要求的高晶粒度、高强度、高韧性。开发了一套大型筒类零件加工工艺，发明了卧式车床柔性可调式芯轴装置和燕尾槽测量装置及测量方法，解决了超大尺寸筒类零件高精度加工难题	该项目总体技术在整锻转子中心体制造领域达到国际先进水平。获2022年四川省机械工业科学技术奖二等奖	二重（德阳）重型装备有限公司
6	60万t/a粉煤热解回转反应炉	2019年5月31日	该装置是大型工业化低阶粉煤回转热解系统核心设备，设计了内外双层炉体、连杆装置连接和可移式支撑装置等，实现了内外炉体同轴定心和全封闭间接加热，解决了870 ℃高温工况下各零部件热变形的自动补偿问题。设计了截面呈“鸭蛋形”的异型管加热系统；研发了一种内炉体的内外前后同时、组合立体的加热工艺；掌握了高温工况零部件的分析计算方法和评判准则；开发了耐高温防粘接抗烧蚀耐磨损涂层和紧固及连接件耐高温防抱死材料	总体技术达到国际先进水平。获2022年四川省机械工业科学技术奖二等奖	二重（德阳）重型装备有限公司、陕西煤业化工集团神木天元化工有限公司
7	大型铸件毛坯的智能化打磨装备研制及应用	2020年5月30日	项目针对大型铸件毛坯自动化打磨需求，开展了基于“变增益”的非线性柔性控制、视觉自主三维扫描重构、多维/多通道信息处理等关键技术研究，研制了大型铸件毛坯的智能化打磨装备，其主要技术特点和创新点：研制了长寿命平板树脂砂轮和柔性恒力打磨专用工具；提出了一种大型工件三维扫描模型重建方法；发明了基于实物定位选取加工区域的确定方法，建立了基于图像特征的打磨区域自动筛选方式；研制了由弹性支撑单元、可控伸缩式支撑单元、高精度位移传感器和DSP控制器等构成的机器人柔性减振底座	该项目成果填补国内同类产品空白，总体技术达到国际先进水平。获2022年四川省机械工业科学技术奖二等奖	四川工程职业技术学院、二重（德阳）重型装备有限公司

（续）

序号	项目名称	完成时间	主要性能参数及技术内容	成果水平	负责单位、参与单位
8	2 450 mm 钛板热轧机研制及应用	2020 年 6 月 18 日	项目研制了一套专用于高端铁及合金板材轧制的 2 450 mm 热轧机。该设备整体刚度达 9 070 kN/mm，轧机两侧的刚度差小于 50 kN/mm。开发了一套钛合金板材轧制规程软件，设计了高刚度机架、专用过渡导板、机架辊等结构，研制了专用精细化轧辊冷却装置，开发了工作辊轴承温度智能监控系统，提高了热轧机的刚度、稳定性和轧制精度，实现了 2.6~120 mm 厚度钛板的生产，产品同板差最小可控制在 0.05 mm	总体技术达到国际先进水平。获 2022 年四川省机械工业科学技术奖三等奖	二重（德阳）重型装备有限公司
9	特异型超大构件原位精密测量关键技术及系统	2019 年 12 月 31 日	项目将激光跟踪仪、工业摄影测量和手持激光扫描仪进行联合测量，采用模块化数据重组手段将上述三种设备测量数据的坐标值和误差模型进行模块化重组，使全要素测量数据在三种测量设备的配套软件中恢复误差模型，实现了测量数据的无损融合共享。实现整机测量准确度 $\pm 5\times10^{-5}L$（L：m）、部件间相对准确度 $\pm 2\times10^{-5}L$（L：m）以上。针对超大构件的原位精密测量系统精度溯源难、测量精度难以保证的现状，提出了多终端系统性溯源方法，开发了一种虚拟大尺寸可变空间多面体标准器，该标准器由多个空间摆放的标准球、4 台激光跟踪仪、数据采集及分析系统组成，其边长（即球心距）长度不确定度达到 $U=10\mu m+1\times10^{-6}L$［$L$：m（k=2）］，使测量系统能够有效溯源至国家基准（633nm 波长基准），确保了多源量值和测量结果的准确性	技术达到国内领先水平。获 2022 年四川省科学技术进步奖二等奖	中国测试技术研究院、二重（德阳）重型装备有限公司、天津大学、四川省产业计量测试研究院、华北水利水电大学

3. 产品质量及标准工作

2022 年二重装备坚持管过程，抓关键，持续强化质量管理体系能力建设，在产品实物质量控制和质量管理水平不断提升方面取得良好绩效，确保了公司质量体系的有效运行，保持了产品实物质量稳步上升的良好态势，各项质量指标稳定受控。坚持目标导向，补短板、强弱项，专项质量提升工作取得实效，提升外包质量、提高加氢及真空锭锻件 UT 合格率、降低水电铸件返修吨焊条消耗量、提高加氢石化设备焊缝质量一次合格率等专项质量提升项目顺利完成目标。认真践行“诚信为本、客户至上、造福员工、回报社会”核心价值观，在产品制造过程及交付后的活动中与用户保持有效的交流和沟通，顾客满意率进一步提升，达到94.36%。公司按照“从严内审”“三个全覆盖”的要求，通过互审互查、系统诊断、建账整改，进一步提高了体系自我诊断与改进能力，增强质量体系的覆盖性、符合性、执行性。系统推进供应商“入、控、评、考”管理，2022 年公司采购物资和外包产品质量合格率稳定在 99% 以上。大力推进质量品牌建设与创新创奖工作，取得良好业绩，二重装备“华龙一号”示范工程福清 6 号机组 ACP1000 主管道项目获得全国质量奖卓越项目奖，60 万 t 大型粉煤热解回转反应炉研制及其制造质量控制项目获得全国质量技术奖二等奖，1 项 QC 成果荣获第五届中央企业 QC 成果发表赛二等奖，两项 QC 成果入围全国机械工业优秀质量管理小组活动发表赛，1 项 QC 成果入围“巴蜀机电杯”QCC 劳动和技能大赛总决赛。

有 4 项国家标准批准发布，其中二重装备主持制定 1 项，参与制定 2 项，参与修订 1 项；6 项行业标准批准发布，其中主持制定 4 项；参与制定团体标准 9 项。

4. 技术改造

2022 年二重装备完成技改投资 14 657 万元。一批提效率、消瓶颈、降能耗、增绿色项目陆续建成投产，提升了公司关键工序和高端服务能力，降低了成本。

（1）实施了大型铸锻件先进制造技术及装备国家工程研究中心创新能力专项提升项目，提升国家工程研究中心在清洁能源领域核心装备及关键零部件材料分析测试能力，工程化工艺验证能力，铸造、锻造和热处理数值模拟仿真能力，高端冶金及锻压设备机电液联合仿真能力，项目实施后可以大幅缩小重大技术装备及关键零部件开发前期的工艺方向和工艺研究内容范围，提升攻关效率。

（2）围绕国家科技创新和产业发展重大战略需求，在涉及承担国家产业基础再造工程相关任务、补齐产业链关键领域、关键产品、关键技术的薄弱环节和短板弱项进行投资。一是新增中频弯管机设备项目，满足核电波动管制造，稳固核电管道市场优势地位。二是新增进口疲劳试验机项目，进一步提升公司航空模锻件产品的检测能力。三是改良项目陆续完工验收并投入生产，消除部分“瓶颈”，提高了生产效率和质量，降低了能耗。

（3）突出优化投资结构和传统产业转型升级，加快涉及产业链数字化智能化绿色化改造。公司积极响应国家“双碳”战略部署，加强能源消耗管理，积极推进综合能源利用，公司节能管理工作取得显著成效。2022 年，公司深入推进精益化管理及“双碳”工作，积极推进生产流程、工艺优化及设备节能改造，公司生产效率持续提升，进而提升了能源的利用效率，万元产值综合能耗同比 2020 年下降 14.26%。特别是锻造厂锻件天然气单耗同比下降 6.85%，炼钢厂吨钢水蒸气使用量同比下降 19.5%，全年累计节约天然气约 600 万 m^3，减少标煤消耗 8 000 t。

充分发挥动能分公司专业优势，取得了电力设施承装（修、试）许可四级证书，特种设备安装、维修、改造（工业管道安装 GC2）许可证书。

〔供稿单位：二重（德阳）重型装备有限公司〕

中国重型机械有限公司

一、企业发展情况

1. 生产发展

2022 年，中国重型机械有限公司（简称中国重机）实现营业收入 177 100 万元、经济增加值（EVA）11 066 万元，资产负债率等主要指标保持平稳，实现了国有资产的保值增值。

2022 年，中国重机紧跟国家战略，大力开拓国内市场，不断提升建设 - 经营 - 转让（BOT）运营水平，持续强化项目管理，抢抓机遇，砥砺奋进，在逆势中实现了全年生产经营工作稳中有序。2022 年中国重机经营发展取得新亮点，中国重机与中国银行北京分行签订上达岱水电站项目贷款协议，开工前完成获批手续。该建设项目是对柬埔寨达岱河流域的梯级开发，将为柬埔寨带来良好的经济效益和社会效益。

2. 市场经营及销售

2022 年，中国重机继续加大市场开发力度，持续深耕“一带一路”沿线重点国家，继续深挖传统市场，寻求新领域新行业的突破；积极培育新市场，不断调整优化布局。

（1）项目签约。中国重机签订尼日利亚食用油项目，在非洲成功实现新国别市场和新领域的突破。与孟加拉某集团签约水泥粉磨站项目，实现孟加拉市场连续 18 年都有项目签约。签订柬埔寨农网项目，实现与柬埔寨国家电网 12 年的务实合作。签订印度尼西亚湿法锌冶炼厂项目，项目建成后将成为印度尼西亚第一座锌冶炼厂，有助于该国降低进口依赖，提高本国锌产品使用率。签订马绍尔群岛光伏系统钢结构项目，该项目为后续进入马绍尔光伏领域打下坚实基础。

（2）积极开拓国内市场。中国重机紧抓“国内大循环”发展机遇，签订云南某游泳馆建设项目的总包合同，项目实现当年签约、当年生效、当年全部交货并验收。

（3）强化管理，项目执行稳步进行。2022 年中国重机面对新冠肺炎疫情持续蔓延、物资运输不畅带来的巨大挑战，科学统筹疫情防控和项目执行，项目人员坚守阵地，严格落实各项防疫措施，积极协调相关物资资源，有力地保障了重点项目施工进度。

3. 产品质量

2022 年，中国重机执行的孟加拉吉大港粉磨站项目、吉尔吉斯斯坦变压器供货项目等获得项目验收证书。

4. 技术改造

2022 年，中国重机按照国务院国资委、国机重装关于节能减排的总体要求和公司年初工作计划安排，结合实际、扎实开展节能减排工作。

2022 年，中国重机建立了环境管理体系，完成两次体系内部审核工作。第一季度制定 2022 年环境管理工作计划，对公司年度能源节约与生态环境保护工作进行了部署，加强对所属企业能源节约与生态环境保护工作的管理，目前体系运行正常。全年节能环保资金投入主要用于绿色植物种植、办公楼照明节能灯具更换等。工程项目的环保资金投入由土建施工及安装分包方使用管理，主要包括降尘防尘、降噪、废水处理排放、固体废物处置、绿色植物种植等方面的资金投入。

中国重机坚持绿色运营，积极向新领域转型升级。2022 年聚焦工业工程、冶金、建材、矿山、清洁能源等优势领域的同时，积极寻找新能源、环保及水处理等领域项目机会。在“双碳”政策实施、行动方案制定、项目推进等方面做了大量工作，重点工作包括持续推进达岱水电站安全运行，践行绿色低碳发展理念；建设上达岱和南俄 4 水电站，助力清洁能源跨越发展；为绿色低碳贡献积极力量。中国重机坚持清洁能源领域持续开发，尝试在多类清洁能源建设领域进行突破，积极与“一带一路”沿线国家的绿色基建、绿色能源等领域开展合作，持续推动生态环境保护与经济高质量发展。

5. 对外合作

2022 年，中国重机集中优势资源，完善团队建设，强化项目管理，促生效，强执行，使海外工程承包业务呈现较好的发展势头，合同签约额较 2021 年大幅增长。

在业务拓展方面，主动出击，继续加大开发力度。坚持海外优先，统筹国内外市场，继续推动“一带一路”沿线国家的市场开发工作，把东南亚作为公司业务发展的重点区域，在重点市场投入更多资源，对市场开发提出更高要求。继续深挖柬埔寨、老挝、印度尼西亚、孟加拉、塔吉克斯坦、巴基斯坦等传统市场，加强与客户沟通联络，实现有新项目签约；积极关注、紧盯亚洲、中东地区具备成熟市场可能性的国家，大力培育越南、泰国、土耳其、吉尔吉斯斯坦等新兴市场，寻求清洁能源、冶金、建材及矿山等工业工程领域的项目。

二、存在的主要问题

当前，全球产业链供应链紊乱、大宗商品价格高位波动、国际货币金融体系更加脆弱，经济复苏乏力，新兴市场国家和发展中国家首当其冲受到影响。能源、粮食和大宗商品价格大幅上涨，正在引发越来越严重的全球通胀甚至滞胀。部分国家债务问题不断累积，引发部分主权债务危机，我国对外承包企业普遍反映生存和发展面临突出困难与挑战，这对中国重机这类企业影响深远。

目前，实现中国重机高质量发展需要解决的瓶颈和短板依然存在。中国重机业务布局结构亟待优化，在新市场新领域突破不够，成熟市场数量、项目储备数量不足，难以支撑未来可持续发展；市场开发、项目执行等高素质人才数量依旧不足，业务人员危机感、紧迫感不足，对市场开发难度认识不够。这些问题反映出中国重机高质量可持续发展的基础还不稳固，需要增强危机意识和竞争意识

〔撰稿人：中国重型机械有限公司郭春玲　审核：中国重型机械有限公司经营管理部〕

卫华集团有限公司

一、企业概况

卫华集团有限公司（简称卫华集团）始建于 1988 年，是以起重机为主业的大型现代企业集团，目前拥有 3 个现代化生产制造基地，7 个研发中心，并成功涉足现代农业、装配式建筑相关产业领域。公司拥有总资产 117.46 亿元，占地面积 342 万 m^2，员工 6 085 人。卫华集团的桥式、门式起重机产销量蝉联全国第一，是我国制造业单项冠军示范企业，连续 10 年进入中国机械工业百强，连续 9 年进入中国民营企业 500 强。

1. 改革改制

（1）重新调整组织架构，将数字科技中心、财务管理中心、人力资源中心等重新划归集团管理，并且制定了子公司分步上市的战略规划。

（2）以河南卫华为主的智能产业园项目完成建设，正在规划建设以子公司蒲瑞公司和纽科伦公司为主导的低碳智能产业园，规划建设周期为 5 年。未来卫华集团各主板块子公司将共聚长垣起重产业园区，开启新的发展征程。

（3）郑州卫华研发中心及中试基地建设项目（郑州卫莱自动化设备有限公司）2022 年全面建设，旨在打造立体车库高端制造车间及配套办公设施，打造生产绿色化、车间智能化的国内一流智能立体车库生产核心基地。

2. 生产发展

2022 年受新冠肺炎疫情以及国际形势的影响，整体经济下行，行业前景不容乐观，在政府的支持以及全体卫华人的努力下，完成生产总值 191.1 亿元，实现营业收入 1 850 793 万元，同比增长 13.3%；国内市场占有率达 32.24%，位居第一。实现利润总额 73 179 万元，同比增长 11.6%；缴税总额 50 062 万元，同比增长 20.1%；投入研发费用 83 286 万元，占营业收入的 4.5%。

3. 市场及销售

2022 年在“一带一路”倡议及《“十四五”智能制造发展规划》等系列政策措施的影响下，起重机下游行业冶金、仓储、智慧港口等基建领域投资保持一定增速，为起重机行业带来潜在市场。在国内激烈的市场竞争环境下，国际化成为主要发展趋势，起重机出口形势良好，近几年出口总金额保持持续增长态势。卫华集团的主营产品分为起重葫芦、单梁、桥式、门式、冶金、悬臂起重机等七大类别。2022 年卫华集团主要产品产量产值见表 1。

表 1　2022 年卫华集团主要产品产量产值

产品名称	产量 /（台、套）	产值 / 万元	销售占比（%）
通用桥式起重机	21 524.00	792 998.00	47.21
门式起重机	5 491.00	160 443.00	9.52
冶金起重机	5 169.00	259 098.00	15.37
电动葫芦梁式起重机	38 012.00	158 356.00	9.39
电动葫芦	33 378.00	42 710.00	2.53
移动带式输送机	399.00	46 670.00	2.77
岸边集装箱装卸桥	211.00	162 261.00	9.62
机械式停车设备	10 920.00	60 545.00	3.59
合计	115 104.00	1 683 081.00	100.00

2022 年卫华集团与“一带一路”沿线国家签订订单较 2021 年同比增长 67%，成立欧美澳、独联体、中东非、东南亚四个海外大区，实行大区经理负责制；聚焦马来西亚、泰国、哈萨克斯坦、沙特、墨西哥 5 个重点市场，实现人员连续派驻，深耕市场；截至 2022 年年底共沉淀海外优质代理商 15 家，本年度新增活跃海外代理商共计 6 家。卫华产品远销英国、法国、澳大利亚、俄罗斯等 130 个国家和地区。

4. 科技成果及新产品情况

（1）科技成果。2022 年卫华集团共有研发课题 43 个，

获得相关科技奖项 20 项，包括机械工业科学技术奖 2 项、河南省科技进步奖 1 项、河南省国防科技奖 4 项、河南省机械工业科学技术奖 2 项，河南省装备制造工业科学技术奖 11 项。2022 年卫华集团完成科技成果鉴定 19 项，全部处于国内领先水平。2022 年卫华集团重大科技成果及获省市以上科技（进步）奖项见表 2。

表 2　2022 年卫华集团重大科技成果及获省市以上科技（进步）奖项

序号	项目名称	主要性能参数及技术内容简介	奖项名称	负责单位参与单位	完成时间
1	基于一体化设计的内转子永磁直驱起重机关键技术研究及应用示范	起重装备型号 QDxx30 t-19.5 m，采用内转子电动机与卷筒的一体化设计方案，取消了传统起升机构的减速机等机械传动件，具有重量轻、体积小、节能高效、寿命长的优点；通过专用控制系统开发和结构尺寸优化，解决了起重机用永磁电动机转矩脉动大、批量生产性能偏差大、位置检测精度低、负载大幅变化时动态响应差、永磁体失磁等行业难题	河南省科学技术进步奖二等奖	河南卫华重型机械股份有限公司	2022.02
2	基于 ASW 管理系统的多规格石墨电极智能编组及搬运成套设备开发	基于重力和视觉传感技术，同时采用重力导引、横向长距液压推进设计，开发了石墨电极智能编组装备。石墨电极毛坯散料通过连杆式液压分离器，逐个滑至取料装置，解决了多个散料在导引装置上堆积问题；研发了三位一体的空间式石墨垫片投送装置，该装置利用伺服驱动系统控制石墨垫片的下放速度，并进行实时位置检测，解决了可塑垫片易损易碎的行业难题，保障了石墨电极缠绕后的同轴度和导电性。针对石墨电极智能化转运需求，结合多吊点同步起升和防摇摆技术，开发了智能搬运装备，针对石墨电极的夹取与存放，利用激光扫描识别，采用夹钳结构，设计了具有激光自动识别及自动装夹功能的取放料系统，实现了单双列石墨电极的对正、夹紧、转运、吊取炉盖及落料等搬运全过程的智能化	河南省科学技术进步奖三等奖	河南卫华重型机械股份有限公司	2022.12
3	一种起重机大型结构机器人焊接生产线	涵盖了起重量 5~75 t，跨度 10.5~28.5 m 的新中式起重机和通用起重机主梁制造的全过程，包含了上盖板与筋板组焊、腹板加强角钢组焊、π 形梁组焊、下盖板组焊以及角焊缝焊接等主梁生产的整个工艺流程，采用机械手臂、焊接机器人等智能化制造装备，实现 1.5 h 生产一根主梁的高效、安全生产，节约人员 25% 以上	发明专利	河南卫华重型机械股份有限公司	2022.06
4	热处理用自动化起重装备	该起重机主要由桥架、起升机构、运行机构、水平轮、C 型钩吊具、电气室、刚性导向装置、栏杆附件、智能控制系统等组成。采用单驱动双卷筒结构，保证了双吊点起升的同步性；设计淬火用 C 型钩专用吊具，多个 C 型钩采用可拆装式销轴装配，将连接位置设置在侧面，维护方便，提升了吊装空间；整机配备刚性导柱和水平导向轮装置，具备防摇摆和精确定位功能；采用西门子 PLC 和 ABB 变频器实现以太网通信，配备无线遥控及地面中控，具备远程控制和全自动控制功能	科技成果	河南卫华重型机械股份有限公司	2022.01
5	基于数字防爆特性的封闭焦化智能起重装备及 AiCrane 智慧管理系统开发	根据封闭环境出焦施工的需求，结合防爆特性、智能化、高安全性等现代设计理念，开发了焦化防爆智能起重装备及 AiCrane 智慧管理系统，该装备为双箱形梁结构，主要由主梁、端梁、小车单元、运行机构、起升机构、抓斗等组成，在 AiCrane 智能管理系统指令下，采用数字防爆技术解决了封闭出焦环境的易燃易爆行业难题，同时具备智能出焦、盲抓、打堆、沥水等功能，实现全天候无人值守高效出焦。装备起重量为 10 t，跨度 31.5 m，工作级别 M5，起升高度为 16 m。开发了行业内独创的新型数字防爆技术，基于起重机运行速度与可燃气体密度关系表，利用工业计算机 C# 自编程软件分析焦池气体排放量、与计算机数据库内开发的“起重机运行速度与引爆气体密度对应表”实时比对，完成计算机调度起重机，PLC 给定变频器控制电动机转速，使起重机始终运行在非引爆速度指标以下，解决了封闭出焦环境的易燃易爆行业难题	机械工业科学技术奖三等奖	河南卫华重型机械股份有限公司	2022.04

（续）

序号	项目名称	主要性能参数及技术内容简介	奖项名称	负责单位参与单位	完成时间
6	基于5G通信的起重机箱梁智能制造关键技术研究及应用	基于箱梁焊接过程的动态仿真模拟，并结合焊接约束变形等过程的累积数据，设计了箱梁智能制造产线。针对筋板与盖板的垂直焊接及筋板与腹板的半封闭焊接等特异作业场景，设置搬运、焊接机器人及可参数化程控式吸附、夹紧和翻转工装的协同作业模式，通过调整焊接组件和焊接机械手位姿，并通过参数化编程和熔池在线监控技术进行焊接引导，解决了空间盲焊精度问题。产线涵盖派工、物料运输、组对焊接、在线及成形监测等多种信息和报表数据的传递，因此采用5G工业以太网及MSE系统，结合能管监测平台的各工位作业率分析报表对生产线7大工位的拓扑关系进行衔接调度和作业调控，有效解决了起重机箱梁柔性化生产难题	机械工业科学技术奖三等奖	河南卫华重型机械股份有限公司	2022.10
7	军工仓储等防爆场景用智能起重装备关键技术研发及应用示范	项目针对防爆场景开发了世界领先的智能化防爆起重装备及AiCrane智慧管理系统，通过数字化防爆技术等的开发和应用，实现了“毒气＋高温水雾”等防爆环境全天候无人值守高效物料搬运，在防爆场景施工的新技术革新方面起到创新引领作用。基于B/S架构的起重装备AiCrane智慧管理系统开发，采用LabVIEW语言开发出具有模块松耦合特性的起重装备AiCrane管理系统，其具备多平台多浏览器的高适应性，实现设备调度自动化、运行状态可视化、作业数据持久化。基于激光扫描和施工区域数据库的智能高效物料搬运技术开发，①利用激光超视距探测能力，通过工控机对点云数据进行构筑形成物料分布地图，开发激光扫描成像智能搬运技术，实现可视时间内的全时高效智能搬运。②利用起重机X、Y、Z方向上的位置传感器检测、PLC计算定位、计算机记录位置，数据库生成对应表，快速建立模拟地图的方式实现了无需摄像监视辨识物料位置的抓斗盲抓技术。③基于PLC控制系统，采用重量传感器，开发出智能抓取系统，可精确控制抓斗开闭及深挖功能。④根据库区实际状况在数据库建立仓库数据，通过前端VUE技术进行数字化仿真模拟实际库区地图，开发出圈选、循环作业程序	河南省国防科技奖一等奖	河南卫华重型机械股份有限公司	2022.08
8	军用起重装备箱形梁智能焊接生产线	项目基于军用起重机的特点，结合国内外先进制造工艺和方法，从主要结构件的智能化焊接装备方面进行研究，克服传统制造方法存在的各种问题，保证军用装备搬运起重机结构件高效率、高质量、高精度的生产制造，实现传统制造方法的彻底转型升级。①基于视觉机器人远距离动态跟踪及识别补偿技术，实现工件全产线流转过程中的重复定位误差小于2 mm，确保曲线焊缝的稳态焊接。②采用ANSYS对箱梁各组件焊接状态下的变形进行模拟及统计，综合原材料误差，规范设计机器人抓手、组对定位工装和产线柔性调整度。③根据箱梁盖板、筋板、加强型材及不同工位下箱梁焊接形式采用RGV、板链和辊道设计，保证定位精度及场景适用性。生产线设置有超声波及红外生物感应器，保证作业区域安全性	河南省国防科技奖二等奖	河南卫华重型机械股份有限公司	2022.03
9	一种不连续的石墨电极单双串起重机吊具装置	该装置通过上横臂与多个夹钳连接，让多个夹钳在吊运过程中保持稳定，从而防止石墨电极发生晃动；而通过滑轮组和钢丝绳将上横臂与起重机行车机构连接，能够保证上横臂在吊运过程中的运行平稳；另外，通过夹钳能够夹持双串的石墨电极，有效提高本吊具装置的吊运效率，且在夹持双串石墨电极时，平行的两根石墨电极之间通过隔条分隔、支撑，能够保证两石墨电极被稳定夹持	科技成果	河南卫华重型机械股份有限公司	2022.05

（续）

序号	项目名称	主要性能参数及技术内容简介	奖项名称	负责单位参与单位	完成时间
10	竖井施工载人多功能起重装备研发及产业化示范项目	项目研发的竖井施工用起重机主要用于地面以下竖直掘进出渣及人员、设备、材料等吊运，具有高可靠性、高智能化、超高扬程、工作效率高等特点，解决了竖井施工中效率、安全性、起升高度不能兼备的痛点。面向超深竖井施工环境，基于双卷筒结构，采用绳槽折线设计方法，配合填充和引导装置，首创超高起升技术，结合绳槽节距、槽升角及绳槽所对角度与卷筒圆周角度比值的研究优化，解决了多层缠绕时乱绳、爬绳、咬绳、扭转打结、磨损及松散的行业难题，可以实现最大 14 层的钢丝绳缠绕，缠绕钢丝绳达到 1 000 m 以上。基于吊具切换的高效转运技术研发，通过钢丝绳预设缠绕装置，开发了品钩、渣土横梁吊具、载人吊笼的自由切换技术，出渣阶段可以实现多台起重小车交替出渣，同时开发了新型底部开门料斗和大型卸渣台，采用接触传感技术，实现快速自动装渣。基于电气防摇摆，开发了具有多小车均衡负载、同步精度控制特性的多机联动技术。①针对超大吨位部件吊装需求，采用无线发射模块和无线接收模块，设置了通信单元和主控制单元，开发出多机联动控制技术，实现多台起重机共同协调作业。②针对抬品时目标物倾斜问题，采用在各起升卷筒和大小车上安装绝对位置编码器，配合吊钩上的重量传感器，开发多小车均衡负载技术，实现吊装时载荷均布。③针对空间定位误差，通过采用激光测距器（安装在小车起升滑轮梁上），配合安装在起升吊钩上的反射板装置，开发了多小车起升同步精度控制系统	河南省装备制造工业科学技术奖一等奖	河南卫华重型机械股份有限公司	2022.11
11	基于国产化控制系统的大型火箭发射用智能塔式起重装备研发项目	项目研发了起重量和起升高度大、安全性好、自动化程度高的大型火箭吊装专用塔式起重机，该类型产品成功应用于大型火箭或导弹等的整体、快速组装和吊运，解决了超重固态燃料吊装、大型火箭组装、远程控制、安全性、可靠性、运行精度以及国产化控制系统的应用等航天起重装备要求的关键技术难题。借鉴岸桥、门座结构形式，结合现场使用工况设计开发了用于大型火箭组装吊运的新型塔式起重机，产品结构主要由主、副卷扬机构，变幅小车，配重小车，牵引机构，回转机构，主体钢结构，起升和牵引缠绕系统，机器房，梯子栏杆系统，电气控制系统和其他辅助装置所组成。主、副卷扬机构和变幅全部采用牵引结构，起升机构、机房设计在塔架后方，可以兼做整机的平衡配重，减少了整机对塔架的倾翻力矩。研发了自主可控的国产化电气控制系统，起重机的执行机构采用国产 PLC，通过总线方式与驱动控制器及各个监测机构交互数据，采用可移植性强的 ST 语言进行模块程序的开发；采用国产麒麟系统设计开发出 PLC 硬件组态程序、PLC 与变频器通信程序、台控、柜控、近控运行程序等 9 个模块上位机程序，保证了系统的安全可控。研发塔式起重机配重自动变幅控制系统，通过 PLC 控制解析起重机的作业命令，采用编码器采集起升、运行位置，实时计算起吊重量与力矩臂的关系，实时调整配重小车的位置，保证整台起重机的动态平衡	河南省装备制造工业科学技术奖二等奖	河南卫华重型机械股份有限公司	2022.11

（续）

序号	项目名称	主要性能参数及技术内容简介	奖项名称	负责单位参与单位	完成时间
12	钢筋深加工行业专用智能起重机装备研究及应用项目	针对钢筋笼、网片和行架板智能化转运需求，同时基于 ANSY 数值模拟和遗传算法，结合多吊点同步起升和防摇摆技术开发了智能搬运装备；利用接近式传感器和光电开关，采用夹钳结构设计了具有自动识别及装夹功能的取放料系统，通过钢丝绳上的双目工业相机，对物料和吊具进行拍照，并计算出物料的位置坐标，将识别度控制在 2 mm 以内。堆垛和搬运装备智能化控制技术协同创新，开发出远程数字化控制和监测系统，通过可编程逻辑控制器对输入的模拟量、传感信号等进行逻辑运行判断以控制相应接触、继电完成器完成不同物料的堆垛和搬运工作；基于图像识别与数据库技术，同时在 labview 开发环境下采用 IPTCP/IP 通信协议，开发了具有自主识别堆垛物料检测系统，该利用图像识别技术，将堆垛的物料形态与数据模型对比，找出堆垛差距，控制夹钳进行初步夹取，实现堆垛物料的取放，解决了堆垛物料间隙较小、定位困难的行业难题	河南省装备制造工业科学技术奖三等奖	河南卫华重型机械股份有限公司	2022.02
13	基于集成远程控制系统的智能化集装箱设备开发项目	项目研发的集装箱起重装备智能化远程控制集成系统主要用于集装箱的装卸、搬运和堆放，具有提高堆场的作业效率，减少运行成本和人力成本的优点。该项目独创电气及十二绳复合防摇摆技术。通过钢丝绳的缠绕在小车和吊具之间的四个平面内形成六个等腰三角形，利用几何原理实现了机械性防摇摆，配合先进的电气防摇摆技术，保证了集装箱的平稳装卸，提高了安全性和装卸效率；针对港口集装箱装载散料的作业要求，结合实际作业场景，研发出一套全液压驱动集装箱倾翻吊具。该吊具包含倾翻机构、伸缩机构、箱门开闭机构等，根据使用需要即可采用单箱吊具又可以采用双箱吊具，解决了普通集装箱内散货装船作业时需要有人下舱打开集装箱门的流程，减少人机接触，保护工人身体健康，提高了装卸效率。开发远程自动化程序模块，包含扫描识别系统、自动化防摇系统、自动化运行系统。扫描识别系统需要识别出车号、箱号、库位信息，然后根据扫描的信息给出指令，起重装备根据已定程序自动运行	河南省装备制造工业科学技术奖二等奖	河南卫华重型机械股份有限公司	2022.07
14	大型冶金起重机用一字型减速机	通过对先进水平的轻量化新理论、新技术、新工艺、新产品的研究与应用，采用仿真设计、三维设计、优化技术、极限状态法、有限元分析等先进的技术和方法，对一字型减速机关键零部件、棘轮、惰轮、箱体、油路系统等进行精密的设计。改善关键零部件的力学性能，提高设备整机结构的合理性、稳定性，不仅为设计的质量提升提供了必要的条件，同时达到节能降耗、资源整合的目的。一字型减速机的布置形式采用底座式安装，通过螺栓刚性连接到主起升的小车架上，其中一端螺栓紧固，一端螺栓浮动连接，大幅降低小车架负载后的变形对减速机齿轮传动的影响；减速机采用两侧双输入，中间双输出的对称布置形式，通过四级传动，两对惰轮连接双输出轴，相比传统的三级传动减速机结构更加紧凑，外形尺寸大幅度减小、整机重量大幅度下降；一字型减速机配置棘轮、棘爪机构，保证单方向驱动，兼有反向空转的功能；油浴润滑与强制润滑相结合的润滑方式，油位较低，相比三级传动，润滑油用量大幅度减少	河南省装备制造工业科学技术奖二等奖	河南蒲瑞精密机械有限公司	2022.06

（续）

序号	项目名称	主要性能参数及技术内容简介	奖项名称	负责单位参与单位	完成时间
15	新型球铰卷筒联轴器	新型WZL球铰联轴器，一是具有轴线补偿功能，当轴线倾斜时由特殊键进行角度补偿。二是采用整体型球铰支座，提高承载能力，解决生产及装配繁琐问题。三是设计专用夹具，提高产品生产效率。四是工作噪声低，由于主要靠球铰面承受径向载荷，且球铰面尺寸较大，降低接触应力。随着我国工业技术水平提高，生产规模和效率日益提升，原有卷筒连接方式满足不了现代的工业条件。例如带齿轮连接盘形式，其承受径向载荷的轴由于受到结构尺寸限制，设计寿命满足不了使用要求，而开式齿轮则因齿轮受润滑条件限制，齿面磨损快，其安全性存在隐患。新型球铰联轴器结构优化，受力均匀，简化安装方式，提高安装精度，促进了起重机用卷筒的设计优化，有利于推进我国起重机行业的轻量化进程，提高企业产品竞争力及产品质量。同时也符合我国对起重机产品节能减排、绿色环保等要求，保证了安全生产，并且提高了生产的效率，能够取得较高的安全和经济效应。现有技术中为便于安装球铰联轴器球铰座多采用螺栓连接的上下分体或前后分体式结构，这种结构虽简化装配方法，但热处理加工后再切割分体易变形，且刚性较差承载能力不好。润滑功能设置一部分依靠在定位球上开储油腔，另一部分依靠传力块上轴向通孔与油孔连接，都可达为摩擦面润滑的目的，但前者易降低定位球强度，后者润滑面积小，仅可为定位球赤道圈提供较好的润滑功能	河南省装备制造工业科学技术奖三等奖	河南蒲瑞精密机械有限公司	2022.05
16	型材对扣结构随形定位自动焊机	该焊机包括具有焊机和焊枪的焊接机构、位移定位机构和焊枪固定机构。位移定位机构包括支撑板、连接板、连接座，支撑板顶部安装有焊机，支撑板两端均设有水平的支轴，支轴轴身一端转动连接有固定端车轮。焊机的位移定位机构具有固定车轮和移动车轮，移动车轮可以根据拉簧的张紧力进行自行移动调节，适应对扣型材的宽度及直线度的变化，通过型材的尺寸偏差导致车轮间距变化，致使拉簧的张紧力导致连接套的微量移动，进而使焊枪随之微量移动，达到焊接过程中拼缝中心和焊丝熔池中心始终保持一致的目的	发明专利	河南卫华重型机械股份有限公司	2022.05
17	一种具有自动切割吨包袋功能的卸料吊具	该吊具包含吊具承载架、连接件、袋钩和切割组件，承载架设有用于和起重机吊钩连接的连接件，用于吊取至多两个吨包袋的袋钩，以及两个能够割开吨包袋的切割组件；其中连接件通过钢丝绳与起重机的卷扬设备对应连接；两切割组件对应位于承载架的两端，所述切割组件包含驱动机构、安装杆和割刀机构，驱动机构对应安装在承载架的顶部，且驱动机构能够在水平面内旋转；驱动机构的动力输出端与安装杆的尾端对应连接，且该驱动机构能够驱动安装杆在竖直面内旋转，安装杆的头端设有用于切割吨包袋的割刀机构。此吊具能够提高卸料效率、降低卸料的人工成本，保护工人身体健康	发明专利	河南卫华重型机械股份有限公司	2022.02
18	一种起重机行车车轮的全自动监测集中润滑系统	该系统包括油罐、电动油脂泵、控制器、油分配器、电磁控制阀和多个行走车轮单元。电动油脂泵与油罐连通，且电动油脂泵通过供油主管与油分配器连通，每一个行走车轮单元均通过两个供油支管与油分配器对应的出油口连通；油分配器上安装有多个能够独立控制其对应的出油口供油开启或闭合的电磁控制阀；能够实时监测各个车轮润滑点的润滑状况从而控制润滑系统对其加油或断油，实现了对行走系统的全自动监测控制和润滑，提高运行部件的使用寿命，最大限度地减少油脂泄露，减少系统后期的维修成本	发明专利	河南卫华重型机械股份有限公司	2022.01

（续）

序号	项目名称	主要性能参数及技术内容简介	奖项名称	负责单位参与单位	完成时间
19	一种超高起重机用起升机构	该机构包含小车架、卷筒和吊钩，小车架顶部设有由电机驱动的卷筒，卷筒筒身缠绕有用于起升吊钩的钢丝绳，吊钩顶部两侧均设有动滑轮组件，还包含双滑轮排绳装置和改向组件；小车架对应卷筒的一侧设有改向组件，卷筒和改向组件之间设有双滑轮排绳装置；该装置结构简单，布绳结构合理，能够有效防止出现乱绳的现象	实用新型专利	河南卫华重型机械股份有限公司	2022.05
20	一种起重机圆筒件车削加工用的阻尼防振支撑装置	该装置包含底座、滑轨、滑座、驱动机构、支撑轮和旋转阻尼机构，底座的底部面与车床的导轨对应滑动连接，底座的顶部面设有滑轨，滑轨的轴线与车床导轨的轴线对应垂直，滑轨滑动设有两滑座，且底座设有能够驱动两滑座相向或者相背移动的驱动机构；两滑座的顶部分别设有一支撑轮，两滑座分别设有一旋转阻尼机构；旋转阻尼机构包含壳体、挤压盘和齿轮，壳体为一面开口的箱体结构，壳体的开口面与滑座侧面对应密封连接，且壳体的开口端侧面设有注油口，壳体内配合设有挤压盘，挤压盘能够向滑座方向密封滑动，齿轮位于壳体内，且与支撑轮的轮轴对应连接。此装置能够提高薄壁圆筒件加工质量	发明专利	河南卫华重型机械股份有限公司	2022.01
21	一种用于起吊捆扎圆钢的机械防摇摆桥式起重机	该起重机包含起重机桥架、安装于起重机桥架顶部用于起升捆扎圆钢的起升机构、液压伸缩装置和用于挂装捆扎圆钢的旋转吊具。起重机桥架下方设有与起升机构对应连接的旋转吊具；起升机构包含设于起重机桥架顶部两端且由同一驱动电动机同步驱动的卷筒，两个卷筒的筒身均同步缠绕有两根钢丝绳；旋转吊具设有 4 个分别与 4 根钢丝绳相对应的动滑轮组，起重机桥架设有 4 个分别与 4 个动滑轮组相对应的定滑轮组。该起重机作业效率高，同时在旋转吊具转移过程中能够避免旋转吊具发生摇晃的现象	发明专利	河南卫华重型机械股份有限公司	2022.10
22	一种起重机主梁腹板的组对焊接生产系统	该系统包含吊梁和旋转板架以及两个门式机架。两个门式机架均包含顶梁，顶梁上表面设有房车滑轨，房车滑轨上安装有房形小车，两个房形小车内均设有用于同步起吊吊梁的竖直起吊机构；吊梁的上表面设有机器人滑轨，机器人滑轨上安装有组焊机器人；吊梁的下表面两端对称固定有两个吊耳箱，两个吊耳箱的底端内侧分别与旋转板架的两端对应转动连接，旋转板架的下表面沿旋转板架轴向均匀设有多个用于吸取腹板的磁吸组件；该组对焊接生产系统能够在腹板快速精准吊装定位后，完成腹板与盖板之间纵向焊缝，腹板与筋板之间竖直方向焊缝的自动焊接	实用新型专利	河南卫华重型机械股份有限公司	2022.06

截至 2022 年年底，卫华集团共获得省、市级科技进步奖 133 项，经鉴定的科技成果 138 项，创世界纪录 1 项，填补行业技术空白 20 余项。共获得授权专利 1 417 项，其中有效发明专利 137 项，专利拥有量行业排名第一。

（2）专利。2022 年卫华集团申请专利 213 项，其中发明专利 22 项；获授权专利 203 项，其中授权发明专利 14 项。

（3）新产品情况。2022 年卫华集团持续开展技术研发，为航空航天、冶金、港口、石油焦化等多领域生产智能化起重装备，满足客户多样化需求。2022 年卫华集团研发的具有代表性新产品见表 3。

表 3　2022 年卫华集团研发的具有代表性新产品

序号	产品名称	用户单位
1	冶金桥式起重机 YZ 500/90/15 t 20.7 m A8	唐山港陆钢铁有限公司
2	冶金桥式起重机 YZ 400/75/16 t 26 m A7	唐山中首特钢有限公司
3	火箭发射专用塔式起重机	中国人民解放军某部队
4	绝缘桥式起重机 QY 35/3.5 t 32.5M A7	云南国钛金属股份有限公司
5	电解铜专用起重机 DT 30/3 t 28.5 m A7	江西铜业（清远）有限公司

（续）

序号	产品名称	用户单位
6	垃圾抓斗桥式起重机 QZLY 16 t 20.8 m A8	华新环境工程（十堰）有限公司
7	冶金门式起重机 MGY 74/35 t 36 m A8	中国瑞林工程技术股份有限公司
8	冶金半门式起重机 BMGY 60/20 t 18 m A7	青山控股集团有限公司
9	轨道式集装箱门式起重机 GJM 40.5 t 40 m A6	中铁十七局集团第五工程有限公司
10	石油焦化智能防爆桥式起重机 BQZ 10 t 22.5 m A5	中钢集团天澄环保科技股份有限公司
11	粉尘防爆电动抓斗桥式起重机 QBZ 10 t 22.5 m A5	金澳科技（湖北）化工有限公司

5. 产品质量及标准工作

（1）质量提升。卫华集团推行全面质量管理和卓越绩效管理，始终把产品质量放在企业发展战略的优先地位，先后荣获全国质量管理先进单位、全国质量标杆、中国名牌产品、河南省省长质量奖、国家绿色工厂等称号，是我国起重机行业率先实施精益管理的企业，主导项目团队启动并完成 78 个精益项目，创造直接经济收益 1.2 亿元。

（2）标准化工作。2022 年卫华集团参与制修订《卷扬启闭机》《起重机械安全评估规范》等 4 项国家标准，2 项行业标准，完成 6 项团体标准立项。

6. 技术改造情况

卫华集团制定了“高端化、绿色化、数字化、智能化、国际化”的产品发展策略。2022 年卫华集团承担 1 项中央引导地方科技发展资金项目、2 项长垣市创新示范专项、1 项中原学者工作站项目等。2022 年卫华集团承担的科技项目清单见表 4。

表 4　2022 年卫华集团承担的科技项目清单

序号	项目名称	起止时间	项目来源	项目类型	完成情况
1	内河港口散料装卸及转运成套智能化装备研发及示范应用	2022.01—2023.12	中央引导地方科技发展资金项目	自主研发	正在进行
2	超大吨位冶金起重机专用减速高效节能降噪关键技术研发	2022.01—2023.12	中原学者工作站资助项目	联合研发	正在进行
3	基于永磁电动机直驱的核废物搬运起重装备研发	2020.06—2022.06	河南省中原院士基金专项	自主研发	已结题
4	封闭内延迟焦化防爆智能起重装备研发及产业化应用示范	2022.01—2023.12	长垣市创新应用专项	自主研发	正在进行
5	自折叠新型轮胎门式起重机关键技术研究	2022.01—2023.12	长垣市创新应用专项	自主研发	正在进行
6	河南省起重装备产业集群发展研究	2021.05—2022.06	中国工程院咨询研究项目	联合研发	已结题

7. 对外合作情况

卫华集团分别与郑州大学、武汉理工大学、河南科技学院、中国水利水电第六工程局、北京 ABB 传动、施耐德电气（中国）有限公司等 10 余家合作单位签订战略合作协议，2022 年累计与战略合作单位完成 12 个项目的研究。

二、存在主要问题

1. 市场需求减弱

受经济形势以及国际局势的影响，新冠肺炎疫情过后我国并未迎来经济的快速回暖，大部分行业都面临压力，同时出口下滑、制造业景气程度下滑，起重装备与国内的经济发展密切相关，经济下滑造成起重装备的市场需求减少，企业订单量下滑，影响企业营业收入。

2. 原材料和零部件价格和供应不稳定

钢材、电动机、变频器等原材料和零部件价格波动大，部分部件存在价格上涨的情况，同时交货周期无法保证，增加了企业的生产成本和生产周期压力。

〔撰稿人：卫华集团有限公司王永强　审稿人：卫华集团有限公司李钢强〕

河南省矿山起重机有限公司

一、基本概况

河南省矿山起重机有限公司（简称河南矿山）成立于2002年，专业从事“矿源”牌桥式、门式起重机及电动葫芦三大系列110余种各类起重机及配套件产品的研发、设计、生产、销售及服务。作为一家专业的起重机及物料搬运产品制造商和服务供应商，能够为客户提供整体解决方案和全生命周期服务，致力于起重机产业的智能、绿色、高质量发展。

河南矿山是中国重型机械工业协会副理事长单位、全国起重机械标准化技术委员会委员单位，公司高级经理须雷博士任国际标准化组织起重机技术委员会（ISO/TC 96）国内技术对口专家工作组副组长。公司先后获得中国工业大奖提名奖、全国质量标杆、国家级绿色工厂、国家级绿色供应链管理企业、国家知识产权示范企业、国家制造业单项冠军产品、自主创新领军企业、河南省省长质量奖、河南省头雁企业等500多项殊荣。产品产销量、市场占有率、自动化智能化装备水平连续多年位居全国同行业前列。

2022年是河南矿山从强到精转型升级的关键之年，面对复杂的市场环境和严峻的新冠肺炎疫情形势，在各级党委政府及社会各界的支持下，全体矿山人砥砺奋进、攻坚克难、顽强拼搏，圆满完成了全年目标任务，公司经营发展稳步提升、产销两旺态势持续推进。

2022年，河南矿山申请各类专利76项，获授权专利108项，申请软件著作权30项。企业先后荣获全国质量标杆、新一代信息技术与制造业融合发展试点示范、国家智能制造优秀场景、中国标准创新贡献奖、国家知识产权示范企业、国家绿色供应链管理企业、河南省制造业头雁企业、河南省智能制造标杆、河南省知识产权领军企业等20余项国家、省部级荣誉。公司产品的市场影响力、核心竞争力不断增强。企业社会知名度、认可度不断提高。

1. 市场经营及销售

2022年，河南矿山完成工业总产值（当年价）928 938万元，其中新产品产值269 392万元；完成工业销售产值（当年价）901 069万元，其中出口交货值113 330万元；累计订货901 069万元。轻小型起重设备制造完成产值84 135万元，生产专用起重设备制造完成产值844 803万元。

（1）分类产品产量。2022年河南矿山分类产品产量完成情况见表1。

表1　2022年河南矿山分类产品产量完成情况

产品名称	产量	
	按台计 / 台	按吨计 /t
轻小型起重设备	50 332	40 950
桥式起重机	87 896	909 992
门式起重机	3 479	137 929

（2）分类产品销售收入。2022年河南矿山大力推进精品战略，发力关键技术研发，抢占科技创新制高点，增强自主创新能力，提升核心竞争力，促进企业转型升级。加快通用产品向智能化、绿色化、数字化的高端产品转型，以冶金、化工、核电、军工等高附加值产品为主导，做精单梁起重机、通用双梁桥式起重机、铸造起重机，做专智能仓储起重机、精准定位起重机、自动化集装箱门式起重机、无人化起重机等，促进产品结构向高、精、专、智能化转型，自主研发了自动化钢板搬运起重机、模拟水上救援起重机、智能化桁架机器人、自动化铸管搬运起重机、自动化吨包袋搬运起重机等一系列智能化起重机精品，全年起重机产量、销量及产值均完成了年度目标。业务拓展至巴基斯坦余热发电、刚果矿业、孟加拉电厂、塞尔维亚铜业、印度尼西亚火电等“一带一路”沿线市场。2022年河南矿山分类产品销售收入见表2。

表2　2022年河南矿山分类产品销售收入

产品名称	销售收入 / 万元
轻小型起重设备制造	68 705
生产专用起重机制造	
其中：桥式起重机	732 668
门式起重机	114 620

2. 科技成果及新产品情况

（1）2022年重大技术装备研制。

1）中国中车18台（套）高精度起重机。该批起重机全部采用全变频控制，运行平稳，节能减耗，极大提升了吊运作业过程的稳定性和安全性。在引进和融合国外先进技术的基础上，采用模块化设计，航空插头接线，安装方便快捷。以现代计算机技术为手段，具有轻量化、通用化、免维护及高技术含量等特点。

2）为日照精品基地承制的50 t+50 t板坯夹钳起重机。该起重机在设计上大量采用高强度材料，提高使用寿命。运用数字调速系统和导向装置，使起重机运行平稳、定位准确。将PLC控制、称量系统、故障显示及定位装置等多种监测、传感系统应用在起重机上，为今后的自动化控制升级提供基础条件。在提高性能的同时，从人性化角度出发，增加了多方位的免维护设计，最大限度地减轻了维护人员的工作强度。

该起重机的成功运行，符合起重机向大吨位、大跨度、高速度、自动化发展的趋势，为公司的产品线再添业绩。

3）万利新能源智慧陆港项目轨道式集装箱门式起重

机。该起重机全车采用施耐德变频调速和西门子 PLC 控制系统，具备远程监控 RCMS 与操作功能。在此基础上，配置了防摇摆系统和集卡防吊起系统，通过自动寻箱和智能控制，实现吊具归零监测和自动引导，保证了集装箱吊运的精准定位；适应复杂吊运工位，有效提高了装卸集装箱的效率，满足万利陆港对日常搬运吊装的需求。河南矿山为万利陆港量身定制的轨道式集装箱门式起重机，以优质的产品服务和出色的集装箱堆场装卸作业，极大提升了陆港的集装货运能力，为其整体作业提供技术和装备支撑。

（2）2022 年度重大科技成果和新产品。2022 年度河南矿山重大科技成果和新产品见表 3。

表 3　2022 年度河南矿山重大科技成果和新产品

序号	项目名称	项目简介	取得成果
1	一种电解锰阴极板智能出入槽系统起重机	该项目针对现有技术中常用的电解锰阴极板出入槽工艺多采用半自动的出入槽方式效率低、精准度不高的状况开展研发，在阴极板转运起重机的下部设有阴极板转运吊具，出入槽车间内部还设置有控制系统。该系统自动化程度高、节省人力、可提高工作效率，且能够保证阴极板精准入槽，是电解锰自动化装备领域的一大突破	申请发明专利 1 项、实用新型专利 3 项。获授权 3 项，申请科技成果 1 项
2	一种钢板输送起重机	在传统电磁挂梁起重机的基础上，研发并制造出钢板自动化搬运起重机。该起重机不仅更安全高效，还可实现自动化、智能化运行，同时，具备定位精度高、运行速度快、免维护等优点。现已量产并投入使用。该设备不仅限于钢板加工行业中使用，还适用于其他金属板材、建筑板材、木板、玻璃等行业的生产加工	申请实用新型专利 3 项，获授权 3 项。申请科技成果 1 项
3	一种飞行员模拟用的起重机	研发的一种海上模拟救援起重机，重点解决起重机的救援模拟性能，起重机的场景模拟、抑摆、精确定位、安全等关键技术问题。这种适应性强、应用广泛的海上模拟救援起重机，为我国海上救援、模拟训练等场所提供高效解决方案，填补了国内模拟训练起重机领域的一项空白	申请并获授权发明专利 1 项，实用新型专利 4 项。获认定科技成果 1 项
4	一种起吊电极板用起重机	该起重机可利用电控系统的自动控制，实现自主定位并抓取，提高了电极板的取出和放置效率，可实现无人化操作或者少量人员操作，是电解车间等环境恶劣场所起重机智能化的代表产品	申请发明专利 1 项，实用新型专利 3 项，获授权 3 项。申请科技成果 1 项
5	一种堆垛用导柱起重机	该起重机设计有由上至下的刚性导柱叉臂抓具，抓具可以实现七轴动作，仓库内货位可以布置在任意位置，且能向上空延伸，实现全方位立体空间储存，配合无人化管理，可以实现自动识别和储存搬运。是智能化车间的关键设备之一，应用前景极为广阔	申请发明专利 1 项、实用新型专利 4 项；申请科技成果 1 项。获授权专利 3 项

（3）2022 年获省市以上科技成果奖情况。

2022 年河南矿山获省市以上科技成果奖情况见表 4。

表 4　2022 年河南矿山获省市以上科技成果奖情况

序号	获奖项目	获奖名称	获奖时间
1	单梁起重机智能化流水线生产工艺研究	“华中数控”杯全国机械工业产品质量创新大赛优秀奖	2022.01
2	T/CPARK 4—2021《起重机用碾压车轮》	中国标准创新贡献奖标准项目奖三等奖	2022.06
3	高温热镀专用起重机的关键技术研究和产业化	河南省国防科技进步奖三等奖	2022.12

2022 年度河南矿山获得的奖项见表 5。

表 5　2022 年度河南矿山获得的奖项

序号	奖项名称	颁发部门	获奖时间
1	国家知识产权示范企业	国家知识产权局	2022.10
2	全国质量标杆	中国质量协会	2022.10
3	新一代信息技术与制造业融合发展试点示范	工业和信息化部	2022.10
4	2022 年智能制造优秀场景	工业和信息化部	2022.12
5	绿色供应链管理企业	工业和信息化部	2023.02
6	中国重型机械行业 2021 年度领军单位	中国重型机械工业协会	2022.06
7	河南省知识产权领军企业	河南省知识产权局	2022.12
8	河南省智能制造标杆企业	河南省工业和信息化厅	2023.01
9	河南省头雁企业	河南省制造强省建设领导小组办公室	2022.08

3. 产品质量及标准工作情况

随着客户对起重机产品需求逐渐多元化，非标定制产品数量逐渐增多，对产品设计及制造的要求越来越高，产品设计周期长、制造工艺多变、人员操作不稳定、产品细节差等一系列因素依然是制约订单高质量交付的主要原因。为此，河南矿山提出“质量只有起点，没有终点，要做就做精品”的质量理念，以“树精品意识，创精品智造”为核心理念，全面实施“精品战略”，从核心技术、精益产品、智能装备、精品部件四个方向全面贯彻提升。

河南矿山先后主导、参与了多项国际、国家、行业和团体标准制修订工作，不断提升行业话语权。2022 年河南矿山参与制修订的标准见表 6。

表 6　2022 年河南矿山参与制修订的标准

标准名称	标准号	标准性质	制修订	发布时间	发布单位
《起重机械安全评估规范　通用要求》	GB/T 41510—2022	国家标准	制定	2022 年 7 月 11 日	国家市场监督管理总局、国家标准化管理委员会
《起重机　设计通则　锻钢吊钩的极限状态和能力验证》	GB/T 41676—2022	国家标准	制定	2022 年 10 月 12 日	国家市场监督管理总局、国家标准化管理委员会
《起重机　抗震设计通则》	GB/T 41680—2022	国家标准	制定	2022 年 10 月 12 日	国家市场监督管理总局、国家标准化管理委员会
《洁净环境用电动葫芦》	JB/T 14200—2022	行业标准	制定	2022 年 9 月 30 日	工业和信息化部
《洁净环境用桥式起重机》	JB/T 14201—2022	行业标准	制定	2022 年 9 月 30 日	工业和信息化部
《智能起重机通用技术要求》	DB41/T 2259—2022	地方标准	制定	2022 年 4 月 7 日	河南省市场监督管理局
《桥架型起重机全生命周期　通用要求》	T/CPARK 27—2022	团体标准	制定	2022 年 10 月 8 日	长垣县起重装备制造行业协会
《桥架型起重机全生命周期服务系统技术规范》	T/CPARK 28—2022	团体标准	制定	2022 年 10 月 8 日	长垣县起重装备制造行业协会
《桥架型起重机全生命周期　管理工作要求》	T/CPARK 29—2022	团体标准	制定	2022 年 10 月 8 日	长垣县起重装备制造行业协会
《桥架型起重机全生命周期　风险评估》	T/CPARK 30—2022	团体标准	制定	2022 年 10 月 8 日	长垣县起重装备制造行业协会

4. 技术改造

（1）人机协同生产作业。人机协同生产作业模式采用“品”字形或者“U”字形布置，完成工件从毛坯到成品及成品在线检测的流水线作业。采用工业机器人、高端数控车床等智能装备建成了 30 条起重机零部件机器人数控加工流水线生产线，实现了起重机轴类和齿轮零件的智能生产。

（2）产品数字化设计与仿真技术。以商用有限元分析软件系统为基础，基于起重机相关标准和规范、现代静力学和动力学计算分析方法，融入自主开发的起重机结构强度、刚度、稳定性等计算分析模块，形成了起重机结构参数化有限元建模、计算、分析统一平台，实现了起重机结构的快速、自动分析与优化。

（3）起重机远程运维云平台服务。起重机远程运维是基于云服务及物联网模块开发的新功能，其建立在产品远程运维管理平台集成智能传感、大数据和 5G 等技术，通过该系统可以实现基于运行数据的产品远程调试、运维、预测性维护和产品设计的持续改进。

〔撰稿人：河南省矿山起重机有限公司吕恩宽　审稿人：河南省矿山起重机有限公司马利娟〕

上海科大重工集团有限公司

上海科大重工集团有限公司（简称上海科大重工）成立于 1993 年，是一家集设计研发、生产制造于一体的科技型实体民营企业，公司现总占地面积 338 866 m^2，建筑面积 214 228 m^2。企业一直致力于散料输送系统高端设备研发和重大装备制造，注册资本 1.6 亿元，是全球规模最大、装备最先进的带式输送机专业制造企业之一，是中国重型机械工业协会副理事长单位，中国重型机械工业协会带式输送机分会理事长单位。公司现有员工 863 人，其中中高级技术人员 116 人，拥有 32 项具有自主知识产权的带式输送机专有设计技术和大量的带式输送机设计、制造、运行和维护经验，技术开发能力及生产制造实力雄厚，产品多次获得国家、省、市“科技进步”和“重点新产品”奖，累计获得实用新型专利、发明专利188项。郎溪生产基地装备了带式输送机专有生产设备和生产加工工艺，滚筒生产专有设备、托辊自动生产线、中间架自动生产线、托辊支架自动焊接线、支腿自动焊接线实现了带式输送机标准部件的智能化制造；激光下料、数字切割、数控加工等也为带式输送机核心部件制造提供了保证，专有设备和技术的有效结合使上海科大重工具备年产3 500组各种规格的滚筒、530 000件各种托辊以及约75 000 t钢结构件的生产能力。

上海科大重工产品主要服务于煤炭、冶金、矿山、港口、化工、建材、水利电力等领域。凭借30年的历练与发展，上海科大重工已经成为国内外几十家知名企业的长期供货单位，如巴西淡水河谷、澳大利亚力拓、澳大利亚必和必拓、日本三井三池、德国蒂森克虏伯、中国宝钢等，先后承接国内外多个国家级项目，产品远销30多个国家和地区。企业相继通过ISO 9001质量管理体系认证、ISO 45001职业健康安全管理体系认证、ISO 14001环境管理体系认证、欧盟EN1090认证等体系认证，常年严格执行国家标准和欧标、美标、澳标等国际标准。

1. 生产经营

2022年上海科大重工带式输送机完成产量62 906 t（按吨计）、103.6 km（按米计），实现收入122 751万元，利润4 650万元，完成出口产值57 650万元。

2. 科技成果及新产品

公司从自身实际出发，加强技术创新，以建立自主知识产权为目标，以引领行业技术进步为导向，持续加大研发投入，不断开发具有市场前景和竞争力的新技术、新工艺、新产品，2022年共申报“一种用于皮带机高粘性物料的无动力高效清扫装置及其方法”“一种不停机滚筒快换平台”等6项发明专利和“一种用于带式输送机的急停闭锁装置”“一种用于大运量皮带机同层兼顾转弯的转载装置”等4项实用新型专利，获得“一种用于带式输送机的托辊红外检测装备”“一种中部转载缓冲降尘漏斗”等3项实用新型专利授权。

上海科大重工为江苏天山水泥有限公司设计并制造的环保智能化物料长距离胶带输送系统，解决了溧阳厂区和溧水厂区之间物料的快速转运，满足了两厂区智能环保、高效、自动的生产模式。该输送系统被评为运程最长双向越野输送机世界吉尼斯之最。该输送机水平距离10.08 km，上带提升高 –27.088 m，下带提升高28.722 m，运量1 200（上）/150（下）t/h，带速4 m/s。该输送机具有跨度大，全程野外布置地形复杂，上下带料等特点，整体采用全封闭、大角度水平转弯、高架布置形式。总装机容量为1 680 kW，采用2 × 560 kW（头）+560 kW（尾）驱动布置形式。针对多点驱动长距离输送机、驱动电动机位置相距远，采用CMAC小脑模型智能控制算法控制变频器功率平衡和功率分配。根据长距离输送机的固有特性，采用优化S形曲线启动输送机，控制系统根据输送机当前速度和给定目标速度自动拟合启动曲线，不同速度状态下自动算出当前最适合的加速度，消除启动过程产生的张力波。

由国家能源投资集团有限公司投资建设的胜利发电厂2 × 660 MW机组工程位于内蒙古自治区锡林郭勒盟锡林浩特市的东北郊，是国家重点特高压输电通道的配套煤电项目之一。为了满足胜利发电厂燃煤需求，上海科大重工为其设计制造了一条从胜利一号露天煤矿至胜利发电厂的场外输煤系统，全长13.81 km，由6条B=1.6 m的带式输送机组成。该项目地处 –42.2 ℃寒冷地区，上下分支双向带料（上3 000 t/h，下500 t/h）、单机长度8.6 km、中部驱动布置、全部封闭等几项输送机技术指标综合排名世界第一。该项目成功解决了寒冷地区长距离、大运量、环保型输送机双向连续输送的问题，实现了寒冷地区为电厂送煤同时将电厂灰外运。为包头市大弘矿山工程有限公司设计、制造的包钢巴润采场矿岩半连续输送装备，具备年4 000万t输送能力，是包钢集团露天剥离重点工程，也是我国最大的露天矿岩输送系统工程。输送系统由7条固定式、半固定式、移置式带式输送机组成，具有技术先进，性能可靠，运行稳定，智能、环保、节能等特点。带式输送机最大带宽3 m，最大运量11 000 t/h，最大单机长度1 680 m，最大运输倾角12°，最大单机装机功率3 × 2 000 kW。

3. 产品质量及标准工作

2022年，上海科大重工通过执行淡水河谷、科特迪瓦和澳大利亚等出口项目，产品质量和标准与国际标准全面接轨，提高了产品设计和制造质量。上海科大重工坚持贯彻ISO 9001质量体系标准，严格开展内审、管理评审，顺利通过ISO体系、安标国家矿用产品安全标志中心年度审核。在重点客户的供应商年度评审中，对审核和评审中发现的问题及时整改，保证质量体系的有效运行，从管理和流程上杜绝违规现象，确保顾客满意并达到100%成品出厂合格率。上海科大重工主持编制了《连续延伸带式输送机》等多项行业标准。

4. 对外合作

上海科大重工不断寻求国际合作，通过技术和品牌影响力，引领国内外主流客户，以占领产品高端市场，逐步把公司打造成散料输送系统成套服务供应商。加强与国内各高校及设计院合作，实现资源共享、优势互补，建立长期的战略合作伙伴关系，共同促进双方业务发展。

〔撰稿人：上海科大重工集团有限公司杨俊　审稿人：上海科大重工集团有限公司张荣建〕

四川川润股份有限公司

一、企业基本情况

2022 年，四川川润股份有限公司（简称川润股份）成立 30 周年。面对复杂严峻的国内外形势和诸多风险挑战，公司紧紧围绕“战略引领、创新发展、降本增效、持续变革”的年度主题，全面落实战略规划。公司持续聚焦能源利用解决方案创新，积极在新能源 + 储能、传统能源综合利用的综合解决方案等领域加大创新力度。在有效拓展现有优势产品市场的基础上，拓展储能、光热、氢能等新能源领域，积极探索并抓住分布式综合能源整体解决方案的市场新机会，初步形成“风光热电储一体化”新能源发展格局，形成新能源产品生态。同时“出海”战略落地，重启国际业务部，以东南亚、南亚、欧洲为核心市场开展营销活动。

面对机遇和挑战，公司坚持技术进步与产品创新，以客户需求为导向，迎接不断变化的市场形势，销售收入及在手订单均保持稳步增长。

1. 管理及变革

（1）采用 BLM 模型，通过战略牵引组织发展，指导各项具体工作开展，并对组织未来发展计划形成共识。通过对内、对外的全面深入分析总结，为实现战略目标找出具体差距并指明行动路径。

（2）持续导入 IPD 理念、方法，构建基于市场和客户需求的研发管理、技术研究和产品开发应用平台。

（3）深化组织变革，建立 IPD、LTC 和 ITR 等业务流程，并运用 IT 技术进行固化，提升组织能力和效率。通过运用 BLM 工具，推动战略规划并牵引业务发展。

（4）建立任职资格标准体系，推行员工双通道建设，牵引职业晋升，对标组织标准找到自我差距，使员工树立有效培训和自我学习的标杆，激励不断学习和改进，提升专业水平和职位胜任能力。

（5）建立全面战略绩效与薪酬管理体系，通过“价值创造、价值评价、价值分配”的价值链实现，从战略到执行落地采用获取分享制基于个人差异化激励；通过科学价值评价方法实现组织绩效与个人绩效对齐战略；通过提高人效，合理分配价值实现给奋斗者加满油，并提供长期股权激励，提高员工满意度，激活组织活力。

（6）强化数字运营管理，导入 Oracle ERP、SRM、BI 和 iHR 人事系统等软件系统，不断提升管理效率。

2. 生产经营

2022 年度川润股份实现营业总收入 169 863.22 万元，同比增长 10.92%，其中高端装备智造业实现营业收入 166 388.43 万元，占总营业收入的 97.95%；工业服务实现营业收入 3 474.79 万元，占总营业收入的 2.05%；综合毛利率为 19.80%，净利润为 1 232.57 万元。2022 年川润股份分类产品营业收入情况见表 1。

表 1　2022 年川润股份分类产品营业收入情况

产品名称	营业收入 / 万元	占总收入的比例（%）
新能源流体系统（风电、光热、储能、工业）	86 283.77	50.79
液压元件（液压缸、液压泵及马达、过滤器）	12 445.88	7.33
清洁能源装备及解决方案（余热、生物质发电锅炉、电站）	50 732.59	29.87
储能装备及系统集成	4 643.65	2.73
流体工业技术服务	13 130.76	7.73
数字化供应链智造服务	848.96	0.50
其他业务	1 777.61	1.05

3. 科技成果及新产品

（1）研发项目及成果。实施推动 IPD 理念、方法和管理变革逐步深入，运作机制进一步完善，构建基于市场和客户需求的研发管理、技术研究和产品开发应用平台，产品立项质量水平明显提升，产品开发周期显著缩短。公司实施科技研发项目 36 项，结题 20 项，新增专利授权 72 项，其中发明专利 2 项。截至 2022 年 12 月 31 日，川润股份共拥有 231 项技术专利，其中发明专利 37 项、实用新型 187 项、外观专利 7 项。

（2）重大项目产品。公司依托省级院士专家工作站、省级企业技术中心、机械工业重大技术装备润滑液压技术设备工程实验室，自主设计开发新产品并积极参与重大项目建设。2022 年度川润股份承担或参与的国家项目清单见表 2。

表 2　2022 年度川润股份承担或参与的国家项目清单

序号	项目名称	主机单位	配套产品	项目水平
1	F 级 50 MW 重型燃气轮机国产化	东方电气	润滑油系统	国内首台完全自主知识产权
2	16 MW 海上风电机组	金风科技	全套水冷系统	全球单机容量最大的海上风电机组

（续）

序号	项目名称	主机单位	配套产品	项目水平
3	白鹤滩水电站	南瑞集团	全套油压设备	在建规模世界第一、装机规模全球第二大水电站
4	“神泉”风电项目	电气风电	整套冷却系统	我国迄今量产化单体装机容量最大的海上风电项目
5	广西大藤峡水利枢纽工程	南瑞水利	全套油压设备	国务院确定的珠江流域关键控制性工程
6	轨道交通“飞轮储能装置”	武汉新能源	水冷系统	兆瓦级国内首台具有完全自主知识产权
7	中国科学院 CIADS 项目	中国近代物理研究所	氦气储罐	CIADS 项目是《国家重大科技基础设施建设中长期规划（2012—2030）》“十二五”优先安排建设的 16 个重大科技基础设施之一
8	10 MW 新型二氧化碳储能项目	东方电气	绕管换热器	全球首套新型二氧化碳储能系统
9	OKI Ⅱ汽包项目	安德里茨	汽包	全球最大碱炉汽包单体重量 406 t

4. 质量及标准

（1）产品质量。公司产品通过了 ISO 9001：2015 质量管理体系、IATF 16949：2016 汽车零配件质量管理体系以及 ISO 3834-2 焊接管理体系、ASME 认证、CE 认证、锅炉 A 级认证等行业或关键工艺的认证，同时在 2022 年通过 CNAS 实验室认证，支撑新产品开发。通过对产品流程的全面质量管理，持续推广先期质量策划（APQP）及失效模式及影响分析（FMEA）等工具和方法的应用，保障产品质量。

（2）标准宣贯。宣传并持续执行川润股份牵头制定的 GB/T 38274—2019《润滑系统　能效评定方法》、GB/T 38275—2019《润滑系统　检验规范》、GB/T 38276—2019《润滑系统　术语和图形符合》3 项国家标准以及参与制定的 GB/T 235《流体传动系统及元件硬管外径和软管内径》《液压传动连接金属管接头（第 2 部分和第 4 部分）》2 项国家标准。

5. 技术改造

2022 年度，川润股份推进智能制造、生产数字化管理，完成数条生产线智能改造，提升智能制造水平，提高了效率和产品质量。川润股份物联数字化供应链平台 1.0 正式上线运行，智造产业园投运，园区以工业互联网及数字化技术为核心，聚合中小微企业产品、产能资源，以“线上＋线下”模式，构建智能化协同制造现代服务体系，为客户提供高品质、高效率、低成本的工业品及生产资料展销、智造、仓储、配送一站式供应链服务，形成了川南生产资料供应链服务与工业互联网的运营平台。

二、存在的主要问题

2022 年，在新冠肺炎疫情和高温限电的双重压力下，川润股份一手抓疫情防控，一手抓保障生产，生产经营取得增长。但是，公司在经营发展过程中还存在一些问题。

（1）传统液压润滑行业需求不足，订单数量减少。

（2）行业竞争加剧，订单金额下降但成本没有下降，造成利润下滑，甚至部分亏损和应收款增加，上游用户资金短缺，货款回收困难。

（3）暂停、暂缓项目使库存压力加大。

（4）后市场服务需求相对减少。

〔供稿单位：四川川润股份有限公司〕

沈阳隆基电磁科技股份有限公司

沈阳隆基电磁科技股份有限公司（简称沈阳隆基）始于 1993 年，注册资金 9 348 万元，年生产能力 7 000 台（套），是国内规模领先的磁技术分选应用设备供应商。

沈阳隆基秉承“可靠、增值、便利”的经营方针，打造引领磁性装备制造业的“隆基”品牌，产品覆盖全国各地区并出口到美国、俄罗斯、德国、加拿大、荷兰、意大利、巴西、澳大利亚、马来西亚、赞比亚、印度、乌克兰、日本等 60 多个国家和地区，致力于成为全球规模最大的磁性装备供应商。

沈阳隆基是国家级高新技术企业，国家标准、行业标准起草单位，全国矿山机械标准化技术委员会会员单位、机械工业环境保护机械标准化技术委员会固体废弃物处理设备分技术委员会会员单位，拥有机械工业磁选工程技术研究中心、辽宁省省级企业技术中心。先后获得“第十九届中国专利优秀奖”“辽宁省知名品牌创建示范区骨干企业”“辽宁省中小企业公共服务示范平台”“工业企业知识产权运用试点企业”等荣誉称号。

沈阳隆基致力于为矿山、冶金、能源、环保、光伏、半导体等领域提供卓越装备及全方位系统解决方案，是磁力分选、磁力起重、磁力除铁、光电分选、单晶品质提升设备的专业供应商，主要产品包括立环湿法强磁选机、矿用筒式磁选机、矿用干选机、磁悬浮精选机、高强磁重介质磁选机、有色金属涡流分选机、高梯度磁过滤器、起重电磁铁、永磁起重器、磁性物料除铁器、强迫油冷除铁器、隔爆除铁器、LPPC 智能分选机、LPNC 智能分选机、单晶硅除尘器、单晶磁场等。

沈阳隆基获得欧盟 CE 认证、SGS 认证、莱茵认证、安标认证、防爆认证，通过质量体系认证、职业健康安全管理体系认证和环境管理体系认证，保证产品品质。

2022 年，凭借不断跃升的技术创新能力和销售业绩，公司再次被认定为国家级高新技术企业，被评定为中国重型机械行业“2021 年度专精特新冠军单位”，公司产品被辽宁省工业和信息化厅评定为 2022 年度“专精特新”产品，公司董事长张承臣先生荣获“十三五”机械工业优秀科技工作者称号。

1. 市场经营及销售

2022 年是极不平凡的一年，国内超预期因素复杂多变、竞争日益激烈；国际市场俄乌冲突、中美贸易摩擦、美元加息、全球经济动荡。面对复杂局面，公司坚定战略自信、增强战略主动，采取一系列创新经营举措，保证经营质量坚实。

在长石市场，沈阳隆基与河北某长石企业再度“牵手”，在产能扩大项目中采购 4 米级立环强磁选机及 CTN-1550 型筒式磁选机。在海外市场，沈阳隆基与世界级钴业巨头的再次合作，采购多台立环强磁选机及筒式磁选机，为氧化钴富集助力。沈阳隆基通过远程指导磁悬浮精选机在北美的安装及调试，顺利完成安装，提品幅度达到客户要求，运行能力赢得客户高度认可。

2. 科技成果及新产品

公司始终坚持把自主创新作为发展的核心战略，持续强化研发能力，加大智能化、数字化和工业互联网等新技术投入，探索技术产业化道路，打造引领性的装备与服务。2022 年，沈阳隆基与东北大学联手打造的运维智能管理系统上线运行。系统整合物联网、云计算、大数据等新一代信息技术，拥有实时设备数据采集、设备运行状态深度透视、异常检测及预警、配件服役年限提醒、远程维护等核心功能，从简单的数字呈现升级到数据分析和诊断，为客户提供更及时、便捷的服务。除数字化服务外，系统还可打破现场维修人员与专家的限制，让专家如亲临现场，即时指导排除故障，提高维保效率，帮助轻松解决远程维修问题。

3. 产品质量

沈阳隆基注重产品质量及制造工艺，将产品品质视为企业价值和尊严的起点，是唯一不可妥协的事情。2022 年公司质量提升工作步履不辍，在全过程质量控制方案上不断探索提升，结合客户的反馈和需求，形成了对企业、产品、员工的全方位赋能。面对交付压力，沈阳隆基以更为严苛的要求狠抓作业现场环境管理，压实质量责任，细化考核标准，构建双重检查关卡，推动各链条质量落实。

4. 人才建设

沈阳隆基不断完善人才培养体系，靠机制激发内生动力，靠人才释放发展活力。2022 年，公司校园招聘规模再度扩大，覆盖专业更广，职位更多，为公司高质量发展提供人才支撑和智力保障。

沈阳隆基高度重视员工队伍建设，坚持以劳动竞赛、岗位练兵、能力培训等为重点方向，围绕管理、技术、营销等方面，大力开展技术比武，建立内部讲师体系，开发内部课程，全力提升员工专业技术素质。2022 年沈阳隆基技术工程师王超荣获“辽宁省劳动模范”称号，沈阳隆基喷涂工杨川宁荣获辽宁省卫健委、总工会颁发的“职业健康达人”称号，沈阳隆基中板火切班获辽宁省总工会、应急管理厅、卫生健康委员会联合颁发的“安康杯”优胜班组称号。

〔撰稿人：沈阳隆基电磁科技股份有限公司左欣〕

江西华伍制动器股份有限公司

一、企业发展情况

1. 生产经营情况

2022 年，江西华伍制动器股份有限公司（简称江西华伍）合并报表营业收入 14.46 亿元，同比增长 0.75%；实现扣非净利润 6 512 万元，同比下降 38.9%，主要是受风电产品毛利率下降等原因影响所致。2022 年年末资产总额为 38.5 亿元，与期初相比增长 1.27%；净资产 21.39 亿元，与期初相比增长 0.98%。

2022 年，工业制动器板块实现营业收入 9.74 亿元，与 2021 年基本持平；实现净利润 1.08 亿元，同比下降 28.00%。年末资产总额为 30.85 亿元，净资产 20.6 亿元。工业制动类产品入库 180 953 台（套），同比增长 1.15%；销售产品 175 733 台（套），同比增长 6.3%；库存产品 51 958 台（套），同比增长 11.17%。

2022 年，工业制动器板块承接订单 10.9 亿元，同比下降 7.1%，其中，风电制动产品签订订单 5.91 亿元，同比下降 7.1%；销售发货 10.69 亿元，同比下降 1.5%，其中，风电制动产品销售发货 5.8 亿元，同比增长 2.6%。

公司长期聚焦“大客户战略”，时刻关注客户需求，与主要客户形成并保持稳定的战略伙伴关系，在保持产品性价比优势的基础上，不断加强与客户合作的深度和广度，以增强客户黏性。

公司坚持精益生产模式，持续改进生产工艺和生产流程，提高生产效率，扩大规模效益。在生产自动化、智能化、网络化、数字化等方面持续发力，在新建的生间大量采用自动化设备以及机器人，借助 TOP GP ERP 管理系统，使公司的财务、生产、库存等关键运营节点得以有机结合，公司的信息化水平得到显著提高，具备了快速的订单响应能力。这些在生产工艺环节的不断投入与升级所产生的规模效益，拉开了公司与国内传统工业制动企业之间的制造水平档次，进一步提高了公司竞争实力。在两化融合中，公司建立了具有华伍特点的 MES 管理系统。江西华伍的制造能力和运营管理模式支持公司实现网络化协同、个性化定制、在线增值服务、分享制造这些新应用场景。

2022 年，公司被江西省工业和信息化厅认定为 2021 年江西省“专精特新”中小企业；荣获国家级工业制动器单项制造冠军企业称号；被中国重型机械工业协会评为“中国重型机械行业 2021 年度专精特新冠军单位”。

2. 科技成果及新产品情况

2022 年，江西华伍共投入研发费用 6 097 万元，占营业收入的比重达 4.23%。公司实施的重大研发项目有：

（1）智能起重小车开发项目。江西华伍大连研发室在太原科技大学的指导下，完成 63 t、80 t、100 t、125 t 起重小车的部分部件模型和结构建模；完成 5~125 t 起重小车工程图设计、审查；32 t 半直驱机构已完成样机试制和厂内测试；50 吨级起重小车测试台已完成方案设计，年底完成全部工程图样。

（2）货梯用曳引机项目。完成 SC1800 曳引机、减速机、差速器的设计开发工作，该升降机项目已经进入测试阶段。同时完成曳引机的测试装置 CSSC1800 试制装配和电气控制柜安装测试，综合测试数据修改后的曳引机样机正在进行寿命试验。

（3）军工项目。在华锐军工项目 SB200B 产品交付的基础上，结合用户新项目的需要，开发了 SB300B 安全制动器。根据项目要求，完成相关设计开发、有限元计算和验证工作。首批产品顺利通过了业主和主机厂组织的专家评审、已验收发货。

（4）电控机械制动（EMB）系统研发项目。在前期获得宜春科技局揭榜挂帅项目 100 万元的项目扶持（分两批）工作基础上，与同济大学项目团队、上海线维传动科技有限公司持续展开合作，已为东风汽车某新研项目制作交付 4 套样机，配合完成了初步测试，目前项目团队正按计划展开相关工作。

2022 年，江西华伍的中车 CWT3300 风电制动系统液压站、智能起重小车、塔式起重机用制动器管理系统、城市轨道交通车辆 CURC 合成闸瓦 4 个项目被列入江西省省级重点新产品计划。

2022 年，公司新申请专利 20 项（其中发明申请 7 项）、新获授权专利 14 项；现有有效专利 79 项，其中发明 13 项；国外专利 1 项；全年申请并获得各类创新类政府奖励、资助资金 92.05 万元（江西省双千人才 50 万，研发投入补助 24.05 万元，专精特新企业奖励 10 万元，专利奖励 3 万元，标准奖励 5 万元）。

3. 质量及标准工作情况

江西华伍始终坚持贯彻以质量为生命的经营管理原则，以全面质量管理为理念，以质量零缺陷为目标，以管理精细化为准则，以生产精益化为手段，推行“6S”现场管理，建立了完备的质量管理和质量控制体系，取得多项国际市场准入认证，包括 ISO 9001/ISO 14001 质量管理体系认证、欧盟 CE 认证、北美 UL 认证、中国船级社 CCS 入级检验证书、德国劳氏船级社的 GL 型式认证和美国船级社 ABS 入级检验证书。

2022 年公司顺利通过美国 GE 风能公司的质量审核，成为其海上风电业务的全球供应商。

江西华伍积极参与国家和行业标准的制修订工作，保持了标准制修订能力行业领先的地位。主持制定的《起重机械　隔爆型制动器》标准已报批；参与制订《起重机械安全评估规范》等行业标准 11 项；参与修订《起重机械分类》等国家标准 3 项、《冶金起重机技术条件　第 5 部分：铸造起重机》行业标准 1 项。

4. 合作情况

2022 年，江西华伍与清华大学摩擦学国家重点实验室田煜教授团队签订“风电机组偏航制动材料减振降噪配方优化研究”项目合作协议并完成省级技术交易备案；与同济大学新能源汽车工程中心、上海线维传动科技有限公司签订电控机械制动（EMB）研发协议，项目列入宜春市“揭榜挂帅”企业重大技术开发；与上海振华重工（集团）股份有限公司等 7 家行业龙头企业合作开展“大型港口高风险作业设施智能运行关键技术”研发，并申报国家重点研发计划项目，该项目最终虽未中标，但公司技术团队得到了切实的组织重大项目申报的锻炼；与西南交通大学合作开展制动器在铁路门式起重机中的应用研究。

二、存在的主要问题

公司目前面临着需求增长乏力导致的订单不足，各行业竞争加剧导致的毛利率大幅下降，高端人才难以引进导致的创新活力弱，货款回笼周期恶性延长导致的财务成本显著增加等问题。

〔撰稿人：江西华伍制动器股份有限公司谢徐洲　审核人：江西华伍制动器股份有限公司曹明生〕

凯澄起重机械有限公司

凯澄起重机械有限公司（简称凯澄）是一家中外合资企业。公司占地面积 170 000 m^2（255 亩），总投资 4 500 万美元，拥有员工 452 名，主要从事电动葫芦、起重机及其零部件的制造、加工及销售。

1. 市场经营及销售

“凯澄”牌钢丝绳电动葫芦在国内起重行业持续享有较高的声誉，主要用户分布在国内的钢铁、汽车、电力新能源、机械和电子等行业，同时也出口到印度、印度尼西亚、泰国、越南等东南亚及拉美地区。电动葫芦产品实行销售代理制，在江苏、浙江、上海、广东、福建、山东、河南、北京、辽宁等地区都设有销售服务网点，“凯澄”牌起重机主要为国内钢铁、汽车、新能源、机械和电子等行业的中高档制造型企业配套使用。近几年公司研发生产的无尘起重机满足了国内大型电子屏生产企业对起重机设备的需要。在核电行业，公司为国内多家客户的核电站提供了 40 t 以下小型起重设备。目前国内采用三代核电技术“华龙一号”的多家核电站所采用的轻小型起重机均有凯澄的产品。公司的 GM 电动机及机械零件出口到日本 KITO 株式会社，新开发的 RY 型欧式电动葫芦，主要出口到日本、美国、东南亚、巴西等国家或地区。

2022 年，凯澄克服新冠肺炎疫情给销售、生产、采购等诸多方面带来的不利影响，全力拓宽销售市场，强化内部管理，完善内部管理体系，加大科技研发投入，提高产品质量，严控环境保护，增加出口产品生产，全力完成全年生产经营工作。因受宏观经济调控影响，公司的部分指标与 2021 年相比略有下降。2022 年公司完成工业销售产值 41 686 万元，同比下降 4.79%；完成工业总产值 42 880 万元，同比下降 4.9%。2022 年主要产品完成情况见表 1。2022 年主要产品销售情况见表 2。

表 1　2022 年主要产品完成情况

序号	产品名称	单位	产量	产值 / 万元
1	电动葫芦（含核电）	台	29 824	34 979
2	起重机（含核电）	台（套）	807	1 565
3	电动机	台	8 494	1 556
4	出口环链葫芦零件	万件	326	1 099
5	其他			3 681
	合计			42 880

表 2　2022 年主要产品销售情况

序号	产品名称	单位	销售量	销售额 / 万元
1	电动葫芦（含核电）	台	28 272	33 79[illegible]
2	起重机（含核电）	台（套）	783	1 782
3	电动机	台	7 993	1 613
4	出口环链葫芦零件	万件	310	983
5	其他			3 682
	合计			41 856

2. 科技成果及新产品

（1）继续扩展 RY 型欧式电动葫芦的产品线。开发了 RY10 t、20 t 出口型双轨电动葫芦。开发出 RY10 t 核电专用电动葫芦，并成功应用于核电厂房，为 RY 型电动葫芦在核电市场的推广打下了坚实的基础。

（2）起重机产品规格得到了较大的扩充。开发完善了 LHD 5~32 t 系列欧式电动葫芦双梁起重机。新设计的轻量化端梁大量应用于各类起重机产品。开发了 LHC 型 5 t 电磁式电动葫芦桥式起重机和 YC 型 10 t 冶金桥式起重机。

（3）常规产品的设计改进和升级换代。通过智能控制器的应用，使电动葫芦具有了初步的智能化功能。开发了具备防摇功能的电动葫芦。通过 HJ 系列电动葫芦导绳器止块方案的改进，提升了该产品的安全性和可靠性。设计开发了电动葫芦试验专用控制箱，实现了电动葫芦寿命试验等作业的自动化、无人化操作。

（4）2022 年共获得了“一种双梁起重机端梁”等 5 项实用新型专利的授权。

3. 质量及标准化工作

2022 年，公司产品质量保持稳定，一次试吊合格率达 98.21%，和 2021 年 98.18% 基本持平。公司在质量提高方面继续加大投入。ERP 更新重塑项目的继续推进，在 2021 年全面展开的基础上，2022 年完善 ERP 控制流程，保证过程控制的合理有效简化，提高过程执行效率，确保各项质量指标均达到要求。公司 RY 型电动产品继续扩大出口，以高质量，高标准的产品形象逐渐在国内市场发力。在硬件方面，通过自动化设备的投入运行，确保加工尺寸的稳定性。2022 年公司投产了 10 t 箱体箱盖自动化生产线等，确保电动葫芦产品质量水平稳步提升。公司还积极参与国家重要核电项目的起重机供货工作，分别向太平岭、三澳、漳州等核电项目提供产品。

2022 年公司强化了图样设计的标准化，规范了电动葫芦产品的代码管理，加强了工序名称的标准化命名，同时修订了部分产品的企业标准。

4. 技术改造

为进一步提升公司加工工艺水平，提升加工效能，降低工人劳动强度，2022 年，公司共计完成设备技改项目 9 项，其中设备自动化项目 3 项、RY 量产项目 2 项，老设备更新 4 项。

完成 10 t 箱体箱盖自动化加工项目，实现 10 t 箱体从毛坯到成品、10 t 箱盖除车一工序外的全自动加工。4.5 kW 定转子自动冲片项目，实现定转子从定子冲片、定转子分离、转子冲片的全流程自动化。项目实施后提高了加工效率、减少了工人劳动强度。RY 型电动葫芦量产项目和旧设备更新项目顺利实施。

5. 对外合作

与日本总部科研部门密切合作，不断完善面向国际市场的 RY 型钢丝绳电动葫芦的研发、生产技术，目前公司的配套零部件国产化率达到了 95% 以上，2022 年继续批量出口美国、日本、印度、巴西、印度尼西亚等市场。

〔撰稿人：凯澄起重机械有限公司戴麒　审稿人：凯澄起重机械有限公司彭晓东〕

河南威猛振动设备股份有限公司

一、企业概况

河南威猛振动设备股份有限公司（简称威猛股份）是全国制造业单项冠军示范企业、国家高新技术企业、全国质量标杆企业，始建于 1954 年，2000 年 12 月完善股份制，拥有省级工程技术中心、省级企业技术中心、省级工程研究中心、省级工业设计中心四大研发平台，是国内较早的筛分设备专业制造企业，行业沉淀 60 余年，以筛分分选系统为核心，致力于服务并推动全球绿色低碳领域发展的高端智能装备提供商、服务商。

1. 生产经营

威猛股份目前具有年产 5 000 台（套）振动筛的生产能力，振动筛产品主要在国内销售，在国内振动筛市场占有率保持在 30% 左右。2022 年威猛股份完成工业总产值 45 980 万元；销售收入 45 643 元，较 2021 年增长 13.58%；签订有效订单合同 6.3 亿元，其中产品直接出口额为 866 万元，较 2021 年增长 95.93%，主要出口东南亚、中东、印度、俄罗斯、非洲等地区以及中国台湾地区；全年净利润达 6 000 余万元。近年来，国内市场需求和增量稳定，但国外市场空间增量较大，与国外同行产品相比，威猛股份产品的性价比更高，国外市场销售逐年稳步提升。2021—2022 年威猛股份主要产品产量、销量及营业收入见表 1。

表 1　2021—2022 年威猛股份主要产品产量、销量及营业收入

产品类型	产量 /（台、套）		销量 /（台、套）		营业收入 / 万元		产品收入占比（%）	
	2021 年	2022 年	2021 年	2022 年	2021 年	2022 年	2021 年	2022 年
环保复频筛	3 700	4 100	3 582	3 751	18 274	34 638	68.52	75.89
大型成套装备	51	68	51	68	12 374	10 348	30.79	22.67
焊接机器人机器应用生产线	20	50	12	29	276	657	0.69	1.44
合计	3 771	4 218	3 645	3 848	30 924	45 643	100.00	100.00

2022 年威猛股份在夯实筛分分选主业的基础上，加快智能化升级以及智能化机器人核心的突破，市场布局重点围绕筛分装备、循环经济装备、热能利用装备、大宗物料管理装备以及智能装备（小萌系列产品）展开，加大智能化在产品中运用，拉开设备的层级；围绕效率质量的生产模式以及安全环保管理模式优化，生产效率提升约 21%，安全环保管理事故率下降 37%，有效保证了交货期以及效益提升。威猛股份经营以顾客为导向，高层领导坚持以市场为导向，以顾客为中心，建立快速反应机制，缩短了产品研发周期、制造周期、用户服务时空距离。一是通过互联网、数字交互式媒体实现营销精准化、营销效果可量化、数据化的高层次营销活动。二是建立覆盖全国的营销网络，创建根据地，提供产品销售、维修、配件、售后服务一体化、全方位的服务，形成快速反馈处理用户投诉意见的反应机制。

2. 重大科技成果及新产品

威猛股份注重科技成果转化，注重产品创新研发，2022 年合计投入研发经费 2 300 余万元，占营业收入的 5.1%。2022 年威猛股份研制的电磁直喷热交换系统荣获 2022 年度河南省装备制造业科学技术奖三等奖，被认定为 2022 年度河南省首台（套）重大技术装备，荣获河南省工业绿色低碳优秀解决方案；自行走全场景大件焊接机器人被认定为“2023 年河南省机器人创新产品”。推出的新产品有超级复频筛、复频给料机、大激振力振动电机等。

（1）重大科技成果。自行走全场景大件焊接机器人的关键技术研究及产业化项目被确定为新乡市科技重大专项

（2022 年度）。项目针对离散型制造业的焊接环节，一是为了满足大规模生产条件下客户对交货期、成本、质量的要求；二是为了满足工业互联网时代下客户个性化定制的需求。

立项研究自行走全场景大件焊接机器人的目的是着力提高全要素生产率，通过柔性制造加工系统的应用实现产业化，助推新乡市制造业转型升级，推动质量变革、效率变革、动力变革，着力提高发展的质量和水平。该焊接机器人具有结构简单，设计合理，能够携带焊接所需设备、设施实现全场地行走，且能够根据工件的位置以及焊缝的位置进行自调整焊接，可降低劳动强度、提高焊接效率和焊接质量。应用该设备可使生产效率提升 20%，订单生产周期缩短 15% 以上。自行走全场景大件焊接机器人项目获得的专利见表 2。2022 年企业重大科技成果及获省市以上科技（进步）奖项目见表 3。

表 2 自行走全场景大件焊接机器人项目获得的专利

序号	专利名称	申请号或专利号	专利类型	授权日期
1	一种自行走全场景式焊接车	ZL202110934406.7	发明	2021.12.24
2	自行走焊接车	ZL202130529391.7	外观设计	2021.12.10

表 3 2022 年企业重大科技成果及获省市以上科技（进步）奖项目

序号	项目名称	主要性能参数及技术内容	成果水平评价	完成时间
1	自行走全场景大件焊接机器人	该焊接机器人不仅能够实现正常的自行走以及全场景的焊接，还解决了整车稳定、稳固、配重、防止晃动以及行驶等问题，可实现整个焊接车的自由移动，且能够根据工件所处位置、工件焊缝所处位置等进行综合判断，并实现全场景焊接的目的，填补了国内市场上可移动可焊接非标大件的空白。 主要性能参数：产品实现可灵活转场，拥有恒平举升技术，举升高度达到 3 400 mm，间距任意定位；可实时监控、数据云储存等	自行走全场景大件焊接机器人不仅能为制造行业多场景作业服务，提升制造业整体质量，同时能够带动机器人产业纵向纵深集成式发展，弥补了人口红利消失带来的招工难困境，使用户真正使用起来，带动行业走向高质量发展。生产效率可提升 20%，订单完成周期缩短 15% 以上。技术属于国内领先水平。获得河南省首批机器人创新产品荣誉	2022.12
2	电磁直喷热交换系统	电磁直喷热交换系统主要应用于转炉炉前添加废钢、精炼炉钢包添加废钢等多种炼钢工艺。该系统在加料段到预热段通过炼钢产生的工业废气（高炉煤气、转炉煤气、焦炉煤气等可燃性气体）对废钢预处理，从而提高热能利用率和加热效率。该系统在原有的添加冷钢（不加热的冷废钢）的基础上提高 40% 的生产效率，经济效益显著。 主要性能参数：热效率高，预热效果好，废钢温度可达 800 ℃以上（高效负压燃烧）；电磁直喷进料速度快，≥5~8 m/min，满足企业快节奏生产要求等。系统内温度分布均匀，上下层温差小于 50 ℃等	产品于 2022 年 6 月成功完成河南省中创科技评价研究院科学技术成果评价。结论是该系统设计合理，技术先进，实用性强，整机技术达到国内领先水平。 荣获 2022 年度河南省装备制造业科学技术奖三等奖、钢铁产业链绿色低碳好技术、河南省工业绿色低碳转型优秀解决方案	2021.12

（2）新产品。

1）超级复频筛。现在矿山、砂石等行业所用振动筛的形式逐渐趋向于集约型、超大处理量型。以前客户需要处理量为上千吨的复频筛，会选用多台复频筛共同处理，但现在各行业越来越希望面对大处理量物料时，使用单台超大型复频筛即可实现筛分要求，这样可以降低他们的生产成本。为更好地服务于客户，威猛股份立项研究超级复频筛，该设备不仅降低了客户生产成本，满足客户要求的超大处理量且设备结构新颖，整体占据空间更小，维护成本也更低。

公司研发的超级复频筛产品，具有静态密封结构、多段，分节结构，整体不参振，参振重量小，更加节能环保；还具有布料均匀、筛分效率更高等特点。目前已取得 1 项实用新型发明专利（一种超大型复频筛，专利号 ZL202222520716.7）。

2）复频给料机。威猛股份自主研发设计的新型复频给料机可以作为定量给料设备广泛适用于冶金、煤炭、矿山等行业，适用于金属、非金属物料的短距离运输，将块状、颗粒状物料由贮料仓给料，送到各种不同的受料装置。威猛股份复频给料机相较其他振动给料机具有更高环保性，可以彻底解决密封问题，防止粉尘外溢，且启动停机更加快速稳定，可具有定量给料、运行噪声小、外壳不参与振动、安全性较高等优点。目前该设备已经取得1项实用新型发明专利（一种新型复频给料机，专利号ZL202223328110.X）。

3）大激振力振动电机。威猛股份YZO系列振动电动机是动力源与振动源结合为一体的激振源，结构简单稳定性高，该振动电机只需调整偏心块的夹角，就可无级调整激振力；可按照不同的用途选择振动频率和振幅；采用全封闭结构，使其可以在无防爆要求的粉尘条件下工作。产品规格齐全，能满足各类振动机械的工作需要，广泛应用于水电建设、火力发电、建筑、建材、化工、采矿、煤炭、冶金、轻工等工业部门。振动电机除了可以应用于一般振动机械外，还可以组合多种振动形式，如平旋型、涡旋型、摇动振动型、组合直线型、组合长椭圆形、复合双频型、复合双幅型等。由这些振动形式可以产生一些过去所没有的新型振动机械。

3. 质量及标准工作

作为全国质量标杆企业，为保证产品质量稳定性，威猛股份积极探索质量管控模式，搭建协同、高效的检测设备和质量管控平台，针对生产过程关键质量进行检测和控制。并从自身实际应用出发，以工艺诱导工装创新，以工装规范工艺，进行了大量的工艺创新，例如双工位激光切割智能分拣系统、柔性拼焊加工单元、自行走全场景大件焊接机器人、轴类柔性加工单元、盘类柔性加工单元等，真正切实解决了离散型制造过程中的效率低、质量不稳定、质量不统一的难题。

威猛股份深知标准化体系是企业的基础性工作，事关企业的持续、健康发展。因此近年来公司不断聚焦标准化工作，包括设计标准、产品标准、工艺标准、计量检验标准、包装标准、工作标准等，不断完善内部关于标准制定的管理、技术和服务流程的梳理；积极参与制定行业标准、团体标准和企业标准，建立符合公司自身实际，适应产业发展需求的先进标准体系；并通过多种形式广泛宣传产品标准知识，对员工进行长期、细致、专业的培训。

威猛股份率先在行业内取得ISO 9001质量管理体系、ISO 14001环境管理体系、ISO 45001职业健康安全管理体系认证，又相继完成GB/T 29490—2013知识产权管理体系认证、AA级两化融合管理体系。公司一直强化体系运行，并遵循PDCA循环的科学程序不断完善，做到真正的本质贯标。

威猛股份2022年主持和参与制定2项团体标准、6项企业产品标准。2019—2022年威猛股份主持或参与制定的行业、团体标准见表4。

表4 2019—2022年威猛股份主持或参与制定的行业、团体标准

序号	标准名称	标准类型	标准号	主持或参与	进度
1	火力发电厂高幅筛	行业标准	能源20140194	参与	2019.6.4发布
2	施工现场固体废弃物综合处理技术规程	行业标准	2019-0674T-JC	参与	报批申请中
3	施工现场建筑垃圾减量化技术标准	行业标准	建司局函标（2020）119号	参与	报批申请中
4	装修垃圾精细化分选技术规程	团体标准	建标协字2020 23号（编号126）	参与	进行中
5	WFPS系列复频振动筛技术条件	团体标准	T/CHMIA 0201—2022	主持	2022.12.20批准发布
6	WFBS-Y系列分布筛技术条件	团体标准	T/CHMIA 0202—2022	主持	2022.12.20批准发布

4. 技术改造

2022年威猛股份投资技改项目——智能机器人制作车间（W车间），总投资约3 000万元，计划2023年年底完成。项目在公司现有厂房内实施，包含加置批量数控激光切割机、数控激光型材切割机、数控折弯机、数控铣打机、立式加工中心、焊接机器人、上下料机器人等设备，主要打造网格智能焊接工作区、柔性机器人加工单元、多功能变位焊接单元、镜像焊接单元等，另外配备一条静电喷粉生产线、智能装备生产线，从工件的焊接方面、切割方面进行技术改造升级，同时提高生产加工的柔性和生产效率，在保证产品质量的前提下，缩短产品生产周期，降低产品成本。

2022年威猛股份注重生产效率提升，加大智能装备利用率，生产效率提升约21%，有效保证了交货期以及效益提升，极大促进了企业节能减排。

二、存在的主要问题

在市场中想要壮大自身，赢得更多市场份额，必须站在顶层设计的层面上考虑战略，公司目前在领域内有一定的市场地位，面临下步的发展壮大，就必须考虑延链、补链、固链的问题。公司在创新道路发展的过程中，也面临着很多“卡脖子”技术问题，因此近些年来公司开始侧重于基础研究，例如机器人系统的操控系统研究，希望政府能加大对基础研究的政策支持力度（基础软硬件、基础元器件、基础材料），从源头和底层解决关键技术问题，才是一个企业在市场竞争中立于不败之地的关键，才能提高产业链、创新链整体效能。

〔撰稿人：河南威猛振动设备股份有限公司廉梦瑶　审稿人：河南威猛振动设备股份有限公司杨慧君、李晋〕

统计资料

公布 2022 年重型机械行业产品进出口统计数据

It objectively reflects product import & export of the heavy machinery industry in 2022

统计资料

2022 年冶金机械进出口额分类统计

序号	分类方式	出口金额 / 万美元	占出口总额的比重（%）	序号	分类方式	进口金额 / 万美元	占进口总额的比重（%）
	出口金额	239 359	100.00		进口金额	36 704	100.00
一	**按贸易方式**			一	**按贸易方式**		
1	一般贸易	210 545	87.96	1	一般贸易	31 090	84.70
2	对外承包工程出口货物	11 843	4.95	2	海关特殊监管区域物流货物	3 399	9.26
3	进料加工贸易	9 437	3.94	3	保税监管场所进出境货物	1 022	2.78
4	其他	2 903	1.21	4	来料加工贸易	517	1.41
5	海关特殊监管区域物流货物	2 011	0.84	5	进料加工贸易	339	0.92
6	边境小额贸易	911	0.38	6	其他	212	0.58
7	来料加工贸易	869	0.36	7	外商投资企业作为投资进口的设备、物品	123	0.34
8	保税监管场所进出境货物	834	0.35	8	海关特殊监管区域进口设备	2	0.01
9	租赁贸易	5	0.00				
10	国家间、国际组织无偿援助和赠送的物资	2	0.00				
二	**按行政区**			二	**按行政区**		
1	江苏省	48 124	20.11	1	江苏省	10 892	29.67
2	河北省	25 644	10.71	2	上海市	5 015	13.66
3	北京市	24 527	10.25	3	安徽省	4 038	11.00
4	上海市	17 650	7.37	4	山东省	3 470	9.46
5	浙江省	16 666	6.96	5	四川省	2 158	5.88
6	山东省	15 313	6.40	6	河北省	1 996	5.44
7	辽宁省	14 315	5.98	7	北京市	1 548	4.22
8	福建省	11 290	4.72	8	浙江省	1 538	4.19
9	广东省	10 782	4.50	9	广东省	1 228	3.35
10	天津市	10 017	4.18	10	天津市	1 049	2.86
三	**按国家和地区**			三	**按国家和地区**		
1	印度	31 871	13.32		德国	10 350	28.20
2	印度尼西亚	27 353	11.43		日本	7 234	19.71
3	土耳其	18 478	7.72		美国	5 862	15.97
4	俄罗斯联邦	14 122	5.90		意大利	3 922	10.68
5	越南	10 608	4.43		韩国	2 549	6.94
6	美国	9 774	4.08		法国	2 008	5.47
7	日本	8 382	3.50		奥地利	1 068	2.91
8	韩国	8 340	3.48		巴西	810	2.21
9	马来西亚	6 900	2.88		中国台湾	410	1.12
10	泰国	6 382	2.67		英国	345	0.94

注：因 4 舍 5 入合计数有微小出入。

〔撰稿人：中国重型机械工业协会王淼〕

2022年矿山机械进出口额分类统计

序号	分类方式	出口金额/万美元	占出口总额的比重（%）	序号	分类方式	进口金额/万美元	占进口总额的比重（%）
	出口金额	333 503	100.00		进口金额	36 774	100.00
一	**按贸易方式**			一	**按贸易方式**		
1	一般贸易	181 849	81.23	1	一般贸易	33 633	91.46
2	进料加工贸易	29 266	8.06	2	海关特殊监管区域物流货物	2 856	7.77
3	对外承包工程出口货物	8 861	5.16	3	进料加工贸易	232	0.63
4	海关特殊监管区域物流货物	4 842	2.08	4	其他	33	0.09
5	边境小额贸易	3 590	1.47	5	保税监管场所进出境货物	16	0.04
6	保税监管场所进出境货物	1 146	1.21	6	海关特殊监管区域进口设备	4	0.01
7	其他	256	0.73				
8	国家间、国际组织无偿援助和赠送的物资	127	0.02				
9	租赁贸易	75	0.02				
二	**按行政区**			二	**按行政区**		
1	山东省	53 706	16.10	1	北京市	11 874	32.29
2	辽宁省	34 935	10.48	2	上海市	8 142	22.14
3	江苏省	31 740	9.52	3	天津市	3 553	9.66
4	河南省	24 235	7.27	4	陕西省	3 320	9.03
5	上海市	23 846	7.15	5	江苏省	2 377	6.46
6	北京市	22 808	6.84	6	河南省	1 795	4.88
7	浙江省	19 180	5.75	7	安徽省	1 182	3.21
8	广东省	17 356	5.20	8	辽宁省	974	2.65
9	内蒙古自治区	15 186	4.55	9	浙江省	911	2.48
10	湖南省	13 063	3.92	10	山东省	571	1.55
三	**按国家和地区**			三	**按国家和地区**		
1	印度尼西亚	51 076	15.31	1	韩国	7 638	20.77
2	俄罗斯联邦	30 446	9.13	2	奥地利	6 463	17.57
3	刚果（金）	28 343	8.50	3	德国	6 119	16.64
4	越南	15 113	4.53	4	中国	2 091	5.69
5	印度	14 828	4.45	5	英国	1 897	5.16
6	澳大利亚	9 871	2.96	6	美国	1 843	5.01
7	马来西亚	9 143	2.74	7	印度	1 775	4.83
8	哈萨克斯坦	8 788	2.64	8	日本	1 730	4.70
9	蒙古	8 301	2.49	9	法国	1 461	3.97
10	美国	7 711	2.31	10	瑞典	1 451	3.95

注：因4舍5入合计数有微小出入。

〔撰稿人：中国重型机械工业协会王淼〕

2022 年物料搬运（起重运输）机械进出口额分类统计

序号	分类方式	出口金额 / 万美元	占出口总额的比重（%）	序号	分类方式	进口金额 / 万美元	占进口总额的比重（%）
	出口金额	2 490 243	100.00		进口金额	319 709	100.00
一	**按贸易方式**			一	**按贸易方式**		
1	一般贸易	1 836 161	73.73	1	一般贸易	234 491	73.34
2	进料加工贸易	516 153	20.73	2	海关特殊监管区域物流货物	28 341	8.86
3	对外承包工程出口货物	44 281	1.78	3	进料加工贸易	26 406	8.26
4	海关特殊监管区域物流货物	41 483	1.67	4	海关特殊监管区域进口设备	11 136	3.48
5	其他	20 489	0.82	5	外商投资企业作为投资进口的设备、物品	8 801	2.75
6	边境小额贸易	15 998	0.64	6	保税监管场所进出境货物	8 516	2.66
7	保税监管场所进出境货物	11 625	0.47	7	其他	1 222	0.38
8	租赁贸易	2 061	0.08	8	来料加工贸易	649	0.20
9	来料加工贸易	1 601	0.06	9	加工贸易进口设备	145	0.05
10	国家间、国际组织无偿援助和赠送的物资	392	0.02	10	边境小额贸易	3	0.00
11	其他捐赠物资	0	0.00	11	其他捐赠物资	0	0.00
二	**按行政区**			二	**按行政区**		
1	浙江省	539 179	21.65	1	上海市	85 604	26.78
2	江苏省	530 753	21.31	2	江苏省	58 116	18.18
3	上海市	380 597	15.28	3	广东省	38 119	11.92
4	广东省	184 021	7.39	4	北京市	25 226	7.89
5	山东省	166 858	6.70	5	浙江省	18 857	5.90
6	湖南省	128 857	5.17	6	山东省	14 549	4.55
7	安徽省	108 494	4.36	7	天津市	13 249	4.14
8	福建省	83 190	3.34	8	福建省	10 024	3.14
9	辽宁省	70 406	2.83	9	辽宁省	9 711	3.04
10	天津市	60 001	2.41	10	重庆市	7 681	2.40
三	**按国家和地区**			三	**按国家和地区**		
1	美国	320 644	12.88	1	德国	72 443	22.66
2	印度尼西亚	125 418	5.04	2	日本	66 302	20.74
3	俄罗斯联邦	125 139	5.03	3	韩国	29 176	9.13
4	印度	116 725	4.69	4	美国	20 832	6.52
5	澳大利亚	104 030	4.18	5	中国台湾	20 701	6.47
6	韩国	94 450	3.79	6	意大利	16 722	5.23
7	越南	85 063	3.42	7	中国大陆	11 305	3.54
8	德国	73 274	2.94	8	瑞士	11 156	3.49
9	日本	69 984	2.81	9	奥地利	8 396	2.63
10	新加坡	67 059	2.69	10	芬兰	7 067	2.21

注：因 4 舍 5 入合计数有微小出入。

〔撰稿人：中国重型机械工业协会王淼〕

2022 年冶金机械进出口地区数统计

产品名称	出口地区数（个）		进口地区数（个）	
	省、自治区、直辖市	国家和地区	省、自治区、直辖市	国家和地区
冶金设备	**31**	**177**	**25**	**42**
一、金属冶炼设备	**22**	**55**	**7**	**5**
1. 炼焦炉	4	2	0	0
2. 转炉	19	47	3	2
3. 炉外精炼设备	17	27	6	4
二、连续铸钢设备	**17**	**40**	**1**	**1**
1. 方坯连铸机	15	22	1	1
2. 板坯连铸机	1	2	0	0
3. 其他钢坯连铸机	14	29	0	0
三、金属轧制设备	**27**	**165**	**16**	**13**
1. 板材轧机	26	154	8	7
板材热轧机	15	21	1	2
板材冷轧机	25	153	7	6
2. 管轧机	25	89	1	1
热轧管机	7	9	0	0
冷轧管机	22	71	1	1
定、减径轧管机	8	39	0	0
其他金属管轧机	21	47	0	0
3. 型材轧机	15	29	0	0
4. 线材轧机	21	61	5	4
5. 其他金属轧机	26	133	8	9
其他金属热轧机或冷热联轧机	15	32	2	3
其他金属冷轧机	26	133	7	9
6. 拉拔机	26	101	12	11
300 t 及以下的冷拔管机	10	21	3	3
其他冷拔管机	3	5	1	1
拔丝机	25	91	9	8
金属杆、管、型材、异型材等拉拔机	21	55	7	5
四、冶金设备零件	**31**	**154**	**24**	**42**
1. 金属冶炼设备零件	29	118	22	30
海绵铁回转窑的零件	18	44	0	0
焦炉零件	19	27	4	4
锭模及浇包	25	89	6	5

（续）

产品名称	出口地区数（个）		进口地区数（个）	
	省、自治区、直辖市	国家和地区	省、自治区、直辖市	国家和地区
炉外精炼设备的零件	23	56	7	12
其他金属冶炼设备零件	28	112	21	29
2. 连铸机零件	24	102	14	16
钢坯连铸机用结晶器	21	72	5	3
钢坯连铸机用振动装置	10	22	2	2
其他钢坯连铸机用零件	24	89	12	16
3. 金属轧制设备零件	29	146	23	37
金属轧机用轧辊	26	120	18	19
其他金属轧机零件	29	140	22	36

〔撰稿人：中国重型机械工业协会王淼〕

2022年矿山机械进出口地区数统计

产品名称	出口地区数（个）		进口地区数（个）	
	省、自治区、直辖市	国家和地区	省、自治区、直辖市	国家和地区
矿山设备	**31**	**198**	**28**	**31**
一、采掘、凿岩设备及钻机	**29**	**157**	**14**	**14**
1. 采煤、凿岩机及隧道掘进机	28	118	11	11
自推进的采（截）煤机、自推进的凿岩机、自推进的隧道掘进机	27	79	7	6
非自推进的采煤、凿岩机及隧道掘进机	27	103	8	8
2. 矿用电铲	3	4	1	1
3. 采矿钻机	22	54	2	1
牙轮直径在380 mm及以上的采矿钻机	2	2	0	0
其他采矿钻机	22	54	2	1
4. 工程钻机	26	142	8	6
钻筒直径在3 m以上的非自推进工程钻机	6	6	0	0
其他非自推进工程钻机	26	141	8	6
二、破碎、粉磨设备	**31**	**183**	**23**	**23**
1. 齿辊式破碎设备	29	112	8	11
2. 球磨式粉磨设备	28	121	13	8
3. 其他破碎或粉磨设备	30	180	19	23

（续）

产品名称	出口地区数（个）		进口地区数（个）	
	省、自治区、直辖市	国家和地区	省、自治区、直辖市	国家和地区
三、筛分、洗选设备	**31**	**171**	**25**	**28**
四、矿山提升设备	**24**	**64**	**3**	**3**
1. 电动矿山提升设备	23	55	1	1
2. 非电动矿山提升设备	15	29	2	2
五、矿山用牵引车及其矿车	**27**	**98**	**5**	**6**
1. 电动轮非公路用货运自卸车	17	29	0	0
2. 其他非公路用货运机动自卸车	27	93	5	6
六、矿山机械零件	**25**	**65**	**13**	**17**

〔撰稿人：中国重型机械工业协会王淼〕

2022年物料搬运（起重运输）机械进出口地区数统计

产品名称	出口地区数（个）		进口地区数（个）	
	省、自治区、直辖市	国家和地区	省、自治区、直辖市	国家和地区
物料搬运机械	**31**	**219**	**30**	**79**
一、轻小型起重设备	**31**	**212**	**25**	**55**
1. 电动葫芦	31	182	19	29
2. 滑车及手动葫芦	30	184	19	27
3. 卷扬机及绞盘	30	185	22	39
电动的卷扬机及绞盘	30	172	18	35
非电动卷扬机及绞盘	27	163	18	32
4. 千斤顶	31	203	24	39
车库中使用的固定千斤顶系统	16	53	3	3
其他液压千斤顶	30	200	21	32
其他千斤顶	31	174	21	30
5. 车辆举升机	28	183	13	12
液压举升机	28	182	9	11
其他举升机	24	122	8	10

（续）

产品名称	出口地区数（个）		进口地区数（个）	
	省、自治区、直辖市	国家和地区	省、自治区、直辖市	国家和地区
6. 轻小型起重零件	30	167	21	49
二、起重机	**31**	**197**	**18**	**39**
1. 桥式起重机	30	144	11	14
通用桥式起重机	29	132	9	7
其他桥式起重机	25	85	8	8
2. 门式起重机	26	114	5	7
3. 装卸桥及其他桥架型起重机	24	84	8	9
装卸桥	15	49	2	2
其他桥架型起重机	21	69	7	9
4. 塔式起重机	23	80	1	1
5. 门座起重机	22	81	9	16
6. 流动式起重机	29	144	11	8
轮式起重机	28	125	4	3
履带式起重机	23	85	7	5
其他流动式起重机	4	4	0	0
公路车辆随车起重机	23	78	4	4
7. 未列名起重机	28	134	13	22
8. 起重机零件	30	175	15	26
三、工业车辆	**31**	**208**	**25**	**51**
1. 乘驾高起升堆垛叉车	18	95	4	5
2. 其他电动车辆（叉车）	29	186	17	22
3. 集装箱叉车	16	60	0	0
4. 其他内燃叉车	30	200	16	13
5. 电动牵引车	16	67	11	13
6. 其他机动牵引车	16	60	2	6
7. 电动固定平台搬运车	27	112	9	10
8. 其他固定平台搬运车	21	104	4	4
9. 手动起升搬运车辆	31	200	20	25
10. 品目 8427 所列零件	31	193	21	50
11. 品目 8709 所列零件	21	83	10	21
四、电梯及自动扶梯	**31**	**197**	**24**	**53**
1. 载客电梯	28	162	10	15
2. 其他升降机及倒卸式起重机	27	146	14	19
3. 自动梯及自动人行道	21	137	0	0
4. 电梯、自动梯及升降机零件	31	188	23	19
五、连续搬运设备	**31**	**192**	**28**	**50**
1. 输送机械	31	192	28	50
气力输送机	26	144	19	24
地下专用的输送机	11	26	4	1
斗式提升输送机	31	146	20	25

（续）

产品名称	出口地区数（个）		进口地区数（个）	
	省、自治区、直辖市	国家和地区	省、自治区、直辖市	国家和地区
带式输送机	30	180	27	37
链式输送机	29	144	21	28
辊式输送机	28	138	21	25
其他输送机及提升机	31	175	26	38
架空索道	17	69	5	5
2. 装卸机械	27	93	18	27
装船机	7	5	0	0
卸船机	4	8	0	0
堆取料机	25	59	11	13
其他装卸机械	25	74	17	25
六、其他物料搬运设备	**31**	**201**	**30**	**62**
1. 自动化立体仓储设备	11	24	7	9
2. 有轨巷道堆垛机	11	24	7	9
3. 机械停车设备	19	75	0	0
4. 机场用旅客登机桥	4	14	0	0
5. 其他旅客登机（船）桥	5	15	2	2
6. 矿车推进机、转车台、货车倾卸	14	27	1	1
7. 工业机器人	23	75	19	21
8. 未列名提升、搬运、装卸机械	31	199	30	51
9. 税号 84.28 所列其他机械零件	31	179	30	60

〔撰稿人：中国重型机械工业协会王淼〕

2022 年冶金机械进出口额统计

产品名称	数量单位	出口数量	出口金额 / 万美元	进口数量	进口金额 / 万美元	进出口总额 / 万美元	进出口顺差 / 万美元
冶金设备			**241 522**		**36 233**	**277 754**	**205 289**
一、金属冶炼设备	台	**216 329**	**11 835**	**13**	**658**	**12 493**	**11 178**
1. 炼焦炉	台	11	7 155	0	0	7 155	7 155
2. 转炉	台	1 023	2 764	3	262	3 026	2 502
3. 炉外精炼设备	台	215 295	1 916	10	396	2 312	1 520
二、连续铸钢设备	台	**392**	**2 552**	**1**	**91**	**2 643**	**2 461**
1. 方坯连铸机	台	54	923	1	91	1 014	833

（续）

产品名称	数量单位	出口数量	出口金额 / 万美元	进口数量	进口金额 / 万美元	进出口总额 / 万美元	进出口顺差 / 万美元
2. 板坯连铸机	台	3	1 243	0	0	1 243	1 243
3. 其他钢坯连铸机	台	335	386	0	0	386	386
三、金属轧制设备	台	**33 172**	**61 098**	**347**	**11 267**	**72 364**	**49 831**
1. 板材轧机	台	6 216	23 436	14	371	23 807	23 065
板材热轧机	台	183	5 606	4	3	5 610	5 603
板材冷轧机	台	6 033	17 830	10	368	18 197	17 462
2. 管轧机	台	1 892	8 128	2	746	8 874	7 383
热轧管机	台	64	1 077	0	0	1 077	1 077
冷轧管机	台	1 270	5 845	2	746	6 591	5 099
定、减径轧管机	台	236	594	0	0	594	594
其他金属管轧机	台	322	613	0	0	613	613
3. 型材轧机	台	157	951	0	0	951	951
4. 线材轧机	台	9 576	6 234	22	2 220	8 454	4 014
5. 其他金属轧机	台	3 620	10 950	86	3 123	14 073	7 827
其他金属热轧机或冷热联轧机	台	289	2 679	11	2 622	5 301	57
其他金属冷轧机	台	3 331	8 271	75	501	8 773	7 770
6. 拉拔机	台	11 711	11 398	223	4 806	16 204	6 592
300 t 及以下的冷拔管机	台	69	316	3	20	336	297
其他冷拔管机	台	21	22	1	39	61	−17
拔丝机	台	10 889	8 338	190	3 693	12 031	4 644
金属杆、管、型材、异型材等的拉拔机	台	732	2 722	29	1 054	3 776	1 668
四、冶金设备零件		**702 044**	**166 036**		**24 217**	**190 254**	**141 819**
1. 金属冶炼设备零件		246 607	44 979		4 169	49 147	40 810
海绵铁回转窑的零件	t	5 767	2 064	0	0	2 064	2 064
焦炉零件	t	136 928	10 519	7	54	10 573	10 465
锭模及浇包	台	103 912	7 482	96	366	7 848	7 117
炉外精炼设备的零件	t	4 211	2 546	75	203	2 749	2 343
其他金属冶炼设备及铸造机的零件	t	56 193	22 368	1 300	3 546	25 914	18 822
2. 连铸机零件		27 609	17 796	824	3 703	21 499	14 093
钢坯连铸机用结晶器	t	1 998	3 285	75	606	3 891	2 679
钢坯连铸机用振动装置	t	555	379	20	29	408	350
其他钢坯连铸机用零件	t	25 056	14 133	729	3 068	17 201	11 065
3. 金属轧制设备零件		427 828	103 261		16 346	119 607	86 915
金属轧机用轧辊	个	327 262	52 975	14 797	5 299	58 274	47 676
其他金属轧机零件	t	100 566	50 286	4 423	11 047	61 333	39 239

注：因 4 舍 5 入合计数有微小出入。

〔撰稿人：中国重型机械工业协会王淼〕

2022 年矿山机械进出口额统计

产品名称	数量单位	出口数量	出口金额 / 万美元	进口数量	进口金额 / 万美元	进出口总额 / 万美元	进出口顺差 / 万美元
矿山机械			**334 083**		**36 736**	**370 819**	**297 347**
一、采掘、凿岩设备及钻机	台	**100 495**	**46 282**	**571**	**14 793**	**61 075**	**31 488**
1. 采煤、凿岩机及隧道掘进机	台	51 087	38 978	541	13 651	52 629	25 327
自推进的采（截）煤机	台 /t	15	2 478	8	3 297	5 775	−820
自推进的凿岩机	台 /t	2 091	3 666	6	520	4 186	3 146
自推进的隧道掘进机	台 /t	188	30 774	16	5 561	36 334	25 213
非自推进的采煤、凿岩机及隧道掘进机	台	48 793	2 061	511	4 273	6 334	−2 212
2. 矿用电铲	台	5	2 120	1	704	2 825	1 416
3. 采矿钻机	台	388	660	4	345	1 004	315
牙轮直径在 380 mm 及以上的采矿钻机	台	6	8	0	0	8	8
其他采矿钻机	台	382	651	4	345	996	307
4. 工程钻机	台	49 015	4 524	25	93	4 617	4 430
钻筒直径在 3 m 以上的非自推进工程钻机	台	13	43	0	0	43	43
其他非自推进工程钻机	台	49 002	4 480	25	93	4 574	4 387
二、破碎、粉磨设备	台	**131 553**	**98 655**	**514**	**7 285**	**105 940**	**91 371**
1. 齿辊式破碎设备	台	45 472	6 426	32	1 423	7 849	5 003
2. 球磨式粉磨设备	台	6 326	23 748	52	337	24 086	23 411
3. 其他破碎或粉磨设备	台	79 755	68 480	430	5 524	74 005	62 956
三、筛分、洗选设备	台	**127 728**	**57 360**	**3 537**	**12 032**	**69 392**	**45 328**
四、矿山提升设备	台	**4 834**	**2 142**	**12**	**236**	**2 377**	**1 906**
1. 电动矿山提升设备	台	2 413	1 992	2	7	1 999	1 985
2. 非电动矿山提升设备	台	2 421	150	10	229	378	−79
五、矿山用牵引车及其矿车	辆	**10 514**	**118 373**	**58**	**1 702**	**120 075**	**116 671**
1. 电动轮非公路用货运自卸车	辆	645	14 687	0	0	14 687	14 687
2. 其他非公路用货运机动自卸车	辆	9 869	103 687	58	1 702	105 389	101 985
六、矿山机械零件	t	**23 354**	**11 271**	**269**	**688**	**11 960**	**10 583**

注：因 4 舍 5 入合计数有微小出入。

〔撰稿人：中国重型机械工业协会王淼〕

2022 年物料搬运（起重运输）机械进出口额统计

产品名称	数量单位	出口数量	出口金额 / 万美元	进口数量	进口金额 / 万美元	进出口总额 / 万美元	进出口顺差 / 万美元
物料搬运（起重运输）机械			**2 492 215**		**319 444**	**2 811 660**	**2 172 771**
一、轻小型起重设备			**310 920**		**25 909**	**336 829**	**285 011**
1. 电动葫芦	台	1 335 578	24 076	18 137	4 620	28 696	19 456
2. 滑车及手动葫芦	台	5 033 447	21 684	18 178	1 192	22 876	20 493
3. 卷扬机及绞盘	台	8 000 295	66 856	21 175	14 633	81 489	52 223
电动的卷扬机及绞盘	台	2 376 010	54 187	12 048	10 344	64 531	43 843
非电动卷扬机及绞盘	台	5 624 285	12 670	9 127	4 289	16 959	8 380
4. 千斤顶	台	44 509 381	108 882	184 739	2 503	111 385	106 379
车库中使用的固定千斤顶系统	台	8 643	447	7	9	456	438
其他液压千斤顶	台	24 069 417	72 717	33 792	1 203	73 919	71 514
其他千斤顶	台	20 431 321	35 718	150 940	1 291	37 009	34 427
5. 车辆举升机	台	2 038 180	64 608	1 841	753	65 361	63 855
液压举升机	台	939 307	58 346	1 214	623	58 969	57 723
其他举升机	台	1 098 873	6 262	627	130	6 392	6 131
6. 轻小型起重设备零件	t	68 354	24 814	1 195	2 208	27 022	22 605
税号 8425 轻小型起重设备零件	t	68 354	24 814	1 195	2 208	27 022	22 605
二、起重机			**515 229**		**14 639**	**529 868**	**500 589**
1. 桥式起重机	台	6 260	26 225	209	1 821	28 045	24 404
通用桥式起重机	台	4 275	20 738	152	1 408	22 146	19 330
其他桥式起重机	台	1 985	5 487	57	413	5 900	5 074
2. 门式起重机	台	2 937	34 311	20	1 377	35 688	32 934
3. 装卸桥及其他桥架类起重机	台	2 736	130 755	64	5 613	136 368	125 142
装卸桥	台	436	126 848	7	5 369	132 216	121 479
其他桥架类起重机	台	2 300	3 907	57	244	4 152	3 663
4. 塔式起重机	台	1 866	33 267	2	14	33 281	33 252
5. 门座起重机	台	1 101	20 717	284	2 453	23 170	18 264
6. 流动式起重机	台	12 995	234 013	309	1 133	235 146	232 879
轮式起重机	台	8 690	171 175	5	198	171 372	170 977
履带式起重机	台	2 107	57 829	33	622	58 451	57 207
其他流动式起重机	台	12	591	8	0	591	591
公路车辆的随车起重机	台	2 186	4 418	263	313	4 731	4 105

（续）

产品名称	数量单位	出口数量	出口金额 / 万美元	进口数量	进口金额 / 万美元	进出口总额 / 万美元	进出口顺差 / 万美元
7. 未列名起重机	台	25 109	4 852	275	812	5 665	4 040
8. 起重机零件	t / 个	113 196	31 089	2 308	1 416	32 505	29 673
三、工业车辆			**774 509**		**35 598**	**810 107**	**738 911**
1. 电动车辆（叉车）	台	543 505	253 879	9 726	12 170	266 049	241 709
2. 内燃叉车	台	185 177	302 663	854	4 905	307 568	297 758
3. 短距离牵引车	辆	6 731	4 675	374	796	5 471	3 879
4. 固定平台搬运车	辆	72 409	9 599	99	290	9 890	9 309
5. 手动起升搬运车辆	台	2 263 312	61 140	1 678	1 606	62 746	59 534
6. 工业车辆零件	t	761 863	142 553	17 585	15 830	158 384	126 723
四、电梯、自动梯及升降机			**344 507**		**16 174**	**360 681**	**328 332**
1. 载客电梯	台	74 982	158 800	995	4 745	163 545	154 055
2. 其他升降机及倒卸式起重机	台	22 520	10 628	980	2 824	13 452	7 805
3. 自动梯及自动人行道	台	13 248	45 025	0	0	45 025	45 025
4. 电梯、自动梯及升降机零件	t	541 376	130 053	5 964	8 606	138 659	121 447
五、连续搬运设备		**994 735**	**243 225**	**45 258**	**84 886**	**328 112**	**158 339**
1. 输送机械（输送机及提升机）	台	982 674	233 009	44 674	76 385	309 394	156 624
气力输送机	台	92 864	8 499	2 236	4 932	13 432	3 567
地下专用的输送机	台	149	2 690	74	1 755	4 445	935
斗式提升输送机	台	24 992	12 423	1 950	3 815	16 237	8 608
带式输送机	台	191 501	94 996	16 099	16 128	111 124	78 868
链式输送机	台	275 729	28 357	1 756	10 260	38 617	18 097
辊式输送机	台	87 714	25 027	3 846	9 924	34 951	15 103
其他输送机及提升机	台	309 725	61 017	18 713	29 571	90 588	31 446
架空索道	台	5 428	410	85	164	574	246
2. 装卸机械	台	12 061	10 217	584	8 501	18 718	1 715
装船机	台	22	430	0	0	430	430
卸船机	台	32	1 800	0	0	1 800	1 800
堆取料机械	台	9 005	6 489	158	1 791	8 279	4 698
其他装卸机械	台	3 002	1 498	426	6 711	8 209	–5 213
六、其他物料搬运设备			**303 826**		**142 237**	**446 063**	**161 589**
1. 自动化立体仓储设备	台	5 448	7 963	413	9 050	17 013	–1 087
2. 有轨巷道堆垛机	台	275	2 644	252	2 691	5 335	–47
3. 机械停车设备	台	16 937	7 584	0	0	7 584	7 584
4. 机场用旅客登机桥	台	202	3 536	0	0	3 536	3 536
5. 其他旅客登机（船）桥	台	195	25	3	344	369	–319
6. 矿车推进机、转车台、货车倾卸	台	2 887	687	1	72	759	615
7. 工业机器人	台	28 368	11 706	7 932	6 641	18 347	5 065
8. 未列名提升、搬运、装卸机械	台	3 465 032	150 122	318 848	85 642	235 764	64 480
9. 税号 84.28 所列其他机械零件	t	267 325	119 559	7 689	37 797	157 357	81 762

注：因 4 舍 5 入合计数有微小出入。

〔撰稿人：中国重型机械工业协会王淼〕

2022 年其他重型机械进出口额统计

产品名称	数量单位	出口数量	出口金额 / 万美元	进口数量	进口金额 / 万美元	进出口总额 / 万美元	进出口顺差 / 万美元
其他设备			**11 107**		**4 508**	**15 615**	**6 599**
单件重量 ≥ 10 t 的粗铸锻件坯	t	0	0	19 423	3 119	3 119	−3 119
水泥回转窑	台	1 429	1 727	0	0	1 727	1 727
加氢反应器	台	480	9 380	64	1 389	10 769	7 991

注：因 4 舍 5 入合计数有微小出入。

〔撰稿人：中国重型机械工业协会王淼〕

标准与质量

介绍重型机械行业标准化及质量工作情况

It publishes the progress made in standardization and quality inspection by the heavy machinery industry

标准与质量

2022 年我国冶金设备行业标准化工作

2022 年国家标准化管理委员会印发《2022 年全国标准化工作要点》（国标委〔2022〕8 号）。《2022 年全国标准化工作要点》包括着力统筹协调、推动《国家标准化发展纲要》贯彻实施，着力重点突破、健全高质量发展的标准体系，着力改革创新、增强标准化发展动力，着力提升效能、强化标准实施与监督，着力国际合作、深化标准制度型开放，着力夯实基础、提升标准化治理能力 6 个方面，细化了 88 条工作。市场监管总局等 16 部门联合发布《关于印发贯彻实施〈国家标准化发展纲要〉行动计划的通知》（国市监标技发〔2022〕64 号），明确 2023 年年底前的重点工作，有序推进任务落实，更好发挥标准化在推进国家治理体系和治理能力现代化中的基础性、引领性作用。

在国家标准化管理委员会、工业和信息化部和中国机械工业联合会的领导下，在秘书处承担单位中国重型机械研究院股份公司的大力支持下，全国冶金设备标准化技术委员会（SAC/TC 409，简称冶金标委会）秘书处积极贯彻落实有关标准化方针政策，聚焦标准化战略，引领行业高质量发展。

2022 年，冶金标委会继续做好体系完善、质量提升等工作，努力开展绿色制造、智能制造方面的标准化工作，研发基础方法规范类标准，加强国际标准化活动，为我国钢铁工业成为主体装备的技术重要输出国、实现资源节约型和环境友好型行业发展目标做好支撑和引领。

1. 标准制修订工作

（1）2022 年冶金标委会共批准发布 1 项国家标准和 10 项行业标准。批准立项 3 项国家标准和 12 项行业标准计划。各个起草单位在冶金标委会的积极组织协调下，按计划要求推进标准起草工作。2022 年批准发布的国家标准和行业标准见表 1。2022 年批准立项的国家标准计划见表 2。2022 年批准立项的行业标准计划见表 3。

表 1　2022 年批准发布的国家标准和行业标准

序号	标准号	标准名称	标准等级
1	GB/T 37400.17—2022	重型机械通用技术条件　第 17 部分：锻钢件补焊	国家标准
2	JB/T 14246—2022	冶金重载膜片联轴器	行业标准
3	JB/T 14243—2022	热连轧机组　定宽压力机　通用技术规范	行业标准
4	JB/T 14245—2022	热连轧机组　快速换辊机　通用技术规范	行业标准
5	JB/T 14244—2022	热连轧机组　飞剪减速机	行业标准
6	JB/T 14247—2022	重型热模锻压力机	行业标准
7	JB/T 2302—2022	双筒网式过滤器　型式、参数与尺寸	行业标准
8	JB/T 14248—2022	铝带 150 mm 重剪　技术规范	行业标准
9	JB/T 14250—2022	铝带热精轧机　技术规范	行业标准
10	JB/T 14249—2022	铝带切边剪和碎边剪　技术规范	行业标准
11	JB/T 14251—2022	中厚铝板四辊热轧机　技术规范	行业标准

表 2　2022 年批准立项的国家标准计划

序号	计划号	标准名称	制修订	性质
1	20220186-T-469	重型机械通用技术条件　第 18 部分：开式齿轮传动系统	制定	推荐
2	20220489-T-469	重型机械　铸件设计规范	制定	推荐
3	20220486-T-469	重型机械　焊接件设计规范	制定	推荐

表 3　2022 年批准立项的行业标准计划

序号	计划号	标准名称
1	2022-2058T-JB	高速线棒材双模块轧机
2	2022-2059T-JB	精密无缝轧管机
3	2022-2060T-JB	拉杆斜楔型快换式卷筒
4	2022-2061T-JB	冷连轧卧式活套
5	2022-2062T-JB	冷轧带钢四辊平整机
6	2022-2063T-JB	铝热轧机组　铝卷检查线
7	2022-2064T-JB	铝热轧立辊轧机
8	2022-2065T-JB	铝热轧输送辊道
9	2022-2066T-JB	热连轧粗轧立辊主传动减速机
10	2022-2067T-JB	热连轧机组主减速机安装及试车技术规范
11	2022-2068T-JB	热轧弯辊横移装置
12	2022-2069T-JB	钛板热轧机

（2）2022 年报批了 1 项国家标准和 15 项行业标准。为了提高标准的制修订质量，在各个阶段分别组织多次视频工作会，从标准立项、编写、技术参数确定等方面给予起草单位编写方面的指导，收效很好。另外，在标准制修订任务分工、标准起草阶段的专家研讨以及标准最终审查各项环节进行认真安排，收到了很好的成效。2022 年报批的国家标准和行业标准计划见表 4。

表 4　2022 年报批的国家标准和行业标准计划

序号	计划号	标准名称
1	20213399-T-469	重型机械通用技术条件　第 17 部分：锻钢件补焊
2	2020-1678T-JB	细丝轧机
3	2020-1679T-JB	冶金高速线材五代精轧机组
4	2020-0273T-JB	钢丝缠绕式冷等静压机
5	2020-0922T-JB	金属带材冷轧　四斜楔式卷筒
6	2020-0921T-JB	金属带材冷轧　斜楔弹复式卷筒
7	2020-0924T-JB	金属带材热轧地下卷取机　快换液压式卷筒
8	2020-1682T-JB	穿孔机轧辊装置　技术规范
9	2020-1683T-JB	三辊连轧管机轧辊机架技术规范　第 1 部分：轧辊小车
10	2020-1684T-JB	三辊连轧管机轧辊机架技术规范　第 2 部分：轧辊装置
11	2020-0923T-JB	大口径卧式穿孔机
12	2020-0920T-JB	开堵炉眼机
13	2020-1686T-JB	宽幅铝板带六辊冷轧机
14	2020-1681T-JB	液压滚切式金属板剪切机
15	2020-1685T-JB	热锯机
16	2020-1680T-JB	钢（铁）水包液压倾翻装置

（3）在标准国际化方面，2022 年冶金标委会获批 6 项国家标准英文版翻译计划，目前正在翻译中。2022 年获批的国家标准英文版计划见表 5。

表 5　2022 年获批的国家标准英文版计划

序号	标准计划号	中文标准名称	中文标准编号
1	W20222401	重型机械　铸件设计规范	20220489-T-469
2	W20222400	重型机械　焊接件设计规范	
3	W20222301	重型机械通用技术条件　第 18 部分：开式齿轮传动系统	20220186-T-469
4	W20222820	冷轧带材板形闭环测控系统	GB/T 34901—2017
5	W20222819	冶金设备　焊接吊耳　技术规范	GB/T 35981—2018
6	W20222821	板带精整与表面处理装备　安全技术条件	GB/T 35976—2018

（4）经过冶金标委会的充分调研，通过向行业内征集标准项目，促进科研成果向标准成果转化应用。2022 年申报的重型机械基础通用型标准《重型机械　铸件设计规范》《重型机械　焊接件设计规范》《重型机械通用技术条件　第 18 部分：开式齿轮传动系统》获得立项批准。这些标准制修订计划完善了重型装备制造业基础工艺标准体系，能促进重型装备制造业的产业结构调整和行业技术升级，满足重大装备在走出国门时对于高水平基础制造工艺标准的需要。

冶金标委会围绕提高核心零部件（元器件）高性能、高可靠性、长寿命、绿色化及智能化发展要求，申报了《高速线棒材双模块轧机》等多项大型成套技术装备标准和《热轧层流冷却辊　激光熔覆制造　技术规范》等工程机械、特种设备核心基础零部件的关键工序和特殊工序标准共计 14 项。

2. 标准复审工作

2022 年 3 月，根据中国机械工业联合会“关于开展 2022 年度推荐性国家标准复审工作的通知”（机械标〔2022〕36 号）的要求，以及“关于开展推荐性国家标准复审的通知”（国标委〔2022〕10 号）的要求，结合冶金标委会 2022 年度标准复审工作的需要，秘书处将标准复审意见表发给各标准的原起草单位（或 / 和相关单位），征询复审意见；对收集到的复审意见进行分析汇总，完成标准复审意见表，给出标准复审结论的建议并发函给全体委员广泛征求意见，整理完成年度复审报告及相关材料，按要求上报国家标准委和中国机械工业联合会。冶金行业属于传统的周期性工业基础行业，设备复杂，此次复审的 5 项国家标准，4 项继续有效，1 项需要进行修订。

3. 标准化工作

（1）《重型机械　铸件设计规范》国家标准申报了 2022 年机械工业节能与绿色标准研究项目，负责冶金设备子领域节能与绿色标准研究方向的研究工作。

（2）数字化生产线作为智能制造的核心单元，是智能制造的必经之路。智能制造日益成为未来制造业发展的趋势和核心内容，也是制造业加快发展方式转变，向中高端迈进，建设制造强国的重要举措。冶金标委会申报的《热轧无缝钢管生产线的数字化》标准是热轧无缝钢管生产线实现数字化建设的指导方针，规定了热轧无缝钢管数字化生产线的体系结构、数据采集范围、数据采集和治理及应用、工艺设计数字化要求、车间信息交互、制造运行管理数字化要求等内容，适用于热轧无缝钢管数字化生产线的规划、设计、建设、验收和运营。

（3）随着资源和环境问题的日益突出，为应对气候变化，我国提出二氧化碳排放力争于 2030 年前达到峰值，努力争取 2060 年前实现碳中和的目标承诺，节能减排是实现“双碳”目标的有效手段。转炉炼钢是将铁液中的碳还原出来，同时生成大量的一氧化碳，因此有效降低转炉炼钢烟气中的碳排放，提高煤气回收率，对转炉煤气应收尽收，同时实现颗粒物的超低排放，这是实现节能减排的重要手段。转炉炼钢设备最初由国外引进，引进初期出现了国外设备不符合国内转炉运行节奏等问题。经国内设计院和装备研究所对该设备进行国产化改造，目前已完全实现了国产化，并研制出比国外更加高效的装备系统。目前国内有数百座转炉采用干法除尘系统处理一次烟气，国外标准与国内实际情况不相符，为确保转炉烟气超低排放，实现转炉煤气应收尽收，有效减少碳排放，转炉一次烟气干法除尘系统的质量是很重要的，因此制定干法除尘系统的实施标准很有必要，以确保转炉干法除尘及煤气回收系统的设计、制作、安装、调试以及验收中每一个环节满足要求。

冶金标委会申报的《转炉一次烟气干法净化与煤气回收系统设备技术规范》标准是在上百套实际工程经验的基础上，通过对设计、制作、安装、调试以及生产实际中的经验总结，以综合性、系统性为原则，建立符合转炉一次干法净化与煤气回收系统产业发展需求的技术规范，旨在给出转炉一次烟气干法净化与煤气回收系统主要设备的指标和要求。

（4）完成专业标准化体系建设工作。在行业相关单位的专家共同努力下，经过调研、分析、研究、讨论、征求意见、标委会专家审查确定等工作环节，编制确定了科学、有效、全面、完整的我国冶金设备专业领域标准化体系结构。

〔撰稿人：中国重型机械研究院有限公司夏娟　审稿人：中国重型机械研究院有限公司吴量〕

2022 年我国矿山机械行业标准化工作

全国矿山机械标准化技术委员会（SAC/TC 88，简称全国矿机标委会）是全国性矿山机械专业领域（固体矿物的开采与选别加工处理设备）行业标准化工作技术组织，负责全国矿山机械行业标准化工作的技术归口管理，并与相应的国际标准化组织建立联系和开展交流活动。全国矿机标委会下设电气设备（SC 1）、液压传动与控制设备（SC 2）和石料矿山开采设备（SC 3）三个分技术委员会，同时还有筒式磨机（WG 1）和金属耐磨材料（WG 3）两个标准化工作组。2022 年度组织机构和委员没有调整。

2022 年受新冠肺炎疫情的影响，特别是第四季度的全国疫情蔓延给全国矿机标委会的工作带来了巨大挑战。面对困难和压力，秘书处认真组织和积极协调，通过行业单位、委员和技术专家等多方人员的共同努力，各项工作正常有序地开展。全国矿机标委会 2022 年组织完成多项标准制修订、实质性参与国际标准化活动、重点标准实施情况分析研究和持续为行业提供技术服务等重点工作，继续保持稳步发展的良好态势。

截至 2022 年年底，全国矿机标委会归口范围内矿山机械行业现行有效标准共有 465 项，其中国家标准 90 项，机械行业标准 375 项。

一、标准制修订工作完成情况

1. 国家标准和行业标准计划项目申报

2022 年，全国矿机标委会秘书处组织完成了《矿用车载灭火系统　安全技术要求》等 10 项国家标准计划项目和 22 项机械行业标准计划项目的申报。2022 年，矿山机械专业领域国家标准和机械行业标准计划共下达 3 批次，第一批次包括 8 项行业标准计划，第二批次包括 10 项国家标准计划，第三批次包括 3 项国家标准外文版计划。2022 年矿山机械行业批准立项的标准项目见表 1。

表 1　2022 年矿山机械行业批准立项的标准项目

序号	计划号	项目名称	标准等级
1	20220899-T-604	矿用车载灭火系统　安全技术要求	国家标准
2	20221034-T-604	矿山机械　洗选设备　系列型谱	国家标准
3	20221141-T-604	矿山机械术语　第 2 部分：装载设备	国家标准
4	20221138-T-604	矿山机械术语　第 4 部分：矿用运输设备	国家标准
5	20221140-T-604	矿山机械术语　第 5 部分：破碎粉磨设备	国家标准
6	20221142-T-604	矿山机械术语　第 6 部分：矿用筛分设备	国家标准
7	20221139-T-604	矿山机械术语　第 7 部分：洗选设备	国家标准
8	20221199-T-604	天井钻机	国家标准
9	20221193-T-604	铲斗装岩机	国家标准
10	20221197-T-604	液压防爆提升机和提升绞车	国家标准
11	2022-2045T-JB	矿用磨机　衬板拆装机械臂	机械行业标准
12	2022-2049T-JB	智能旋回破碎机　技术要求	机械行业标准
13	2022-1874T-JB	碗式磨煤机	机械行业标准
14	2022-2046T-JB	矿用气动引风装置	机械行业标准
15	2022-2044T-JB	弹簧圆锥破碎机　润滑系统	机械行业标准
16	2022-2047T-JB	破碎筛分生产线运行状态智能监测系统　技术规范	机械行业标准
17	2022-2048T-JB	蓄电池型地下铲运机	机械行业标准
18	2022-1873T-JB	煤用脱水筛条	机械行业标准
19	W20222789	天然石开采设备　安全要求　第 3 部分：臂式锯切机	国家标准外文版
20	W20222790	天然石开采设备　安全要求　第 2 部分：金刚石串珠锯	国家标准外文版
21	W20222791	天然石开采设备　安全要求　第 1 部分：圆盘式锯切机	国家标准外文版

2. 标准制修订工作

为完成2022年度国家标准和行业标准制修订工作任务，根据国家标准委及工业和信息化部对国家标准和行业标准项目计划的要求，全国矿机标委会克服新冠肺炎疫情的影响，于2022年12月27—28日通过视频会议方式召开了全国矿机标委会六届四次会议暨标准审查会议，重点对《矿山机械　安全技术规范》等9项国家标准、《矿山机械行业绿色工厂评价要求》等12项机械行业标准及《多出口碗式磨煤机》英文版机械行业标准进行了审查，审查通过了22项标准送审稿。2022年全国矿机标委会完成审查的标准计划项目见表2。

表2　2022年全国矿机标委会完成审查的标准计划项目

序号	标准计划项目	标准等级	备注
1	矿山机械设备　安全技术规范	国家标准	部分修订GB 16541—2010、GB 16542—2010、GB 18452—2001、GB 20180—2006、GB 20181—2006、GB 21008—2007、GB 21009—2007、GB 21011—2007、GB 21500—2008、GB 25518—2010、GB 25519—2010、GB 25520—2010、GB 25521—2010、GB 25522—2010、GB 25523—2010、GB 25524—2010、GB 25525—2010、GB 25526—2010、GB 25527—2010
2	立式搅拌磨选型试验方法	国家标准	制定项目
3	矿用高压辊磨机选型试验方法	国家标准	制定项目
4	矿渣水泥立磨　能耗指标	国家标准	制定项目
5	智能化立磨粉磨系统　技术要求　第1部分：体系架构	国家标准	制定项目
6	矿用智能筒式磨机　技术要求	国家标准	制定项目
7	地下矿用架空索道　安全要求	国家标准	修订GB 21008—2007
8	多绳摩擦式提升机	国家标准	修订GB/T 10599—2010
9	矿山机械术语　第3部分：提升设备	国家标准	修订GB/T 7679.3—2005
10	矿用铸石刮板输送机	行业标准	制定项目
11	矿山机械行业绿色工厂评价要求	行业标准	制定项目
12	钢球磨煤机	行业标准	修订JB/T 1386—2010
13	管磨机	行业标准	修订JB/T 8914—1999
14	立式冲击破碎机	行业标准	修订JB/T 7353—2015
15	立式复合破碎机	行业标准	修订JB/T 10343—2015
16	盘形制动矿用提升绞车	行业标准	修订JB/T 7888—2010
17	气动盘式制动器	行业标准	修订JB/T 8435—2006
18	石料矿山开采设备　二维可移动圆盘式锯切机	行业标准	修订JB/T 11115—2010
19	悬挂式摇床	行业标准	修订JB/T 4244—2010
20	周边传动自动分段提耙浓缩机	行业标准	修订JB/T 10884—2008
21	永磁电机内装单绳缠绕式矿井提升机	行业标准	制定项目
22	多出口碗式磨煤机	行业标准	行业标准英文版

3. 标准批准发布情况

2022年，矿山机械行业国家标准累计批准发布3批次，共7项，其中制定项目1项，修订项目1项，国家标准外文版5项。2022年矿山机械行业发布的标准项目见表3。

表 3　2022 年矿山机械行业发布的标准项目

序号	标准号	标准名称	备注
1	GB/T 25523—2022	矿用机械正铲式挖掘机　安全要求	修订项目
2	GB/T 42082—2022	矿用岩石钻机和锚固钻机　安全要求	制定项目
3	GB/T 35737—2017（EN）	多绳缠绕式矿井提升机	国家标准英文版
4	GB/T 36231.1—2018（EN）	矿山机械　图形符号　第 1 部分：矿物开采设备	国家标准英文版
5	GB/T 36231.2—2018（EN）	矿山机械　图形符号　第 2 部分：矿物选别加工处理设备	国家标准英文版
6	GB/T 10598.1—2017（EN）	露天矿用牙轮钻机和旋转钻机　第 1 部分：通用技术	国家标准英文版
7	GB/T 33938—2017（EN）	立磨试验台应用试验方法	国家标准英文版

二、标准复审工作

2022 年，矿山机械行业国家标准没有需要复审的项目。行业标准方面，工业和信息化部为加大行业标准复审修订力度，对发布时间超过 5 年的行业标准进行全面复审。中国机械工业联合会秘书处下发了《关于开展 2022 年度机械行业标准复审工作的通知》，要求在 2023 年 4 月 18 日前报送复审结论等相关材料，涉及全国矿机标委会的项目共计 247 项。2022 年 11 月 15 日全国矿机标委会组织人员参加了中国机械工业联合会 2022 年度机械行业标准复审工作推进会（视频会议），会议明确了机械行业标准复审工作具体要求。全国矿机标委会收到复审任务后，详细制定了复审工作进度计划，并在全国矿机标委会六届四次会议上对复审工作进行了安排，确保标准复审工作保质保量按期完成。

三、参与国际标准化活动

1. 首次牵头制定国际标准

2022 年 2 月 21 日，国际标准化组织矿业技术委员会（ISO/TC 82）正式确认由洛阳矿山机械工程设计研究院有限责任公司（简称矿研院）提交的两项国际标准提案《采矿　术语　第 6 部分：矿井提升设备》和《矿井提升机和矿用提升绞车　安全要求》通过立项投票，这是我国在矿山机械领域首次牵头制定国际标准。

2. 参与国际标准会议

我国矿山机械专业领域对口的国际标准化组织为 ISO/TC 82（矿业），矿研院是其下属分技术委员会 ISO/TC 82/SC 8（先进的自动化采矿系统）的国内技术对口单位。矿山机械行业专家代表中国通过视频会议方式出席了 2022 年 2 月 10 日召开的 ISO/TC 82/SC 8 会议和 2022 年 10 月 10—14 日在悉尼召开的 ISO/TC 82 全会。

在 10 月 11 日的 ISO/TC 82/WG 8（术语）工作组会议上，代表们主要就 ISO 22932-6《采矿术语　第 6 部分：矿井提升设备》的相关意见进行了深入讨论并达成了广泛共识。在 10 月 13 日的 ISO/TC 82 技术委员会全会上，矿研院副院长杜波以 ISO/TC 82/WG 10（矿井提升机和矿用提升绞车）工作组召集人的身份，就国际标准项目 ISO 12848《矿用提升机和提升绞车　安全要求》做了工作报告，向参会人员详细介绍了该项目概况和进展情况。

四、重点标准实施情况分析研究

为了进一步提高标准的适用性，全国矿机标委会定期对领域内归口管理的已颁布实施的重点标准进行跟踪研究，通过调研主要产品制造商、检验机构、用户、大专院校和科研院所，利用标准宣贯培训收集相关信息、对重点标准实施情况进行分析总结等多种形式，进一步了解和掌握标准的使用情况和技术水平。

2022 年，全国矿机标委会对 GB/T 38064—2019《球磨粉磨系统　矿物物料易磨性试验方法》进行跟踪分析和研究，形成了“GB/T 38064—2019《球磨粉磨系统　矿物物料易磨性试验方法》推荐性国家标准实施情况跟踪分析报告”。报告指出，该标准在国内发挥了非常重要的作用，规范了国内对于矿物物料易磨性试验方法的应用，提高了行业内试验结果的准确性，降低了球磨机产品的制造成本；对操作细节进行了详细描述，优化了矿山选厂工艺控制和流程；为矿山用户采购、使用、维护矿用提升设备提供了技术依据，降低了管理成本；为严格落实国家严守安全底线的质量方针，提供了技术依据。

五、行业技术服务

为进一步做好行业技术服务工作，秘书处按时编辑出版会刊《矿山机械标准化》，利用“全国矿机标委会门户网站”、标委会微信群和微信公众号，积极开展矿山机械行业标准化服务工作，及时准确地传达国家各级标准主管部门标准化工作的方针、政策、任务和部署，快速报道标委会工作动态和标准制定、修订、废止、代替信息以及标准出版发行情况等。为了更好地满足国家对标准工作的要求，2022 年全国矿机标委会秘书处开始组织标委会网站换版工作。

〔撰稿人：洛阳矿山机械工程设计研究院有限责任公司王亚东　审稿人：洛阳矿山机械工程设计研究院有限责任公司杨现利〕

2022 年我国起重运输机械行业标准化工作

2022 年，我国起重运输机械标准化工作围绕《国家标准化发展纲要》有关精神以及国家标准化工作重点展开，在全国起重机械标准化技术委员会（SAC/TC 227，简称起重机标委会）秘书处挂靠单位北京起重运输机械设计研究院有限公司（简称北起院）的大力支持下，全体起重运输机械标准化工作者守正创新，担当奋进，强力推进各专业领域的标委会组织建设、标准制修订、标准宣贯、标准英文版翻译、国际标准牵头等各项国内和国际标准化工作，取得了显著成效，全面提升了我国起重运输机械国内和国际标准化工作水平。

一、标准化技术组织

我国起重运输机械专业领域的标准化技术组织包括起重机标委会及下属的塔式起重机分技术委员会（SAC/TC 227/SC 1）、流动式起重机分技术委员会（SAC/TC 227/SC 2）、臂架起重机分技术委员会（SAC/TC 227/SC 3）、桥式和门式起重机分技术委员会（SAC/TC 227/SC 4）、停车设备分技术委员会（SAC/TC 227/SC 5）、电气与智能化分技术委员会（SAC/TC 227/SC 6）和千斤顶工作组，全国连续搬运机械标准化技术委员会（SAC/TC 331），全国工业车辆标准化技术委员会（SAC/TC 332）及下属的属具工作组（SAC/TC 332/WG 1）、电气工作组（SAC/TC 332/WG 2），全国物流仓储设备标准化技术委员会（SAC/TC 499），国际标准化组织起重机技术委员会（ISO/TC 96）国内技术对口专家工作组共计 4 个全国标委会、6 个分技术委员会和 4 个工作组。

二、国内标准化工作

1. 加强起重机标委会组织建设

2022 年，按照《全国专业标准化技术委员会管理办法》的有关规定，组织召开了各专业标委会及下属分会、工作组的年度工作会议。申请组建的起重机标委会电气与智能化分技术委员会得到国家标准化管理委员会正式批准，为推动起重机械行业的智能化发展，奠定了重要组织基础。组织建设工作的开展，增强了起重机标委会的凝聚力和向心力，为开展各项标准化工作提供了强力的组织保障。

2. 持续推进标准制修订

为持续提升标准技术水平，改善标准供给质量，支撑产业的安全、绿色、智能高质量发展，2022 年度起重运输机械专业领域共组织开展了 106 项国家标准、行业标准和团体标准的制修订工作，并完成 22 项国家标准、27 项行业标准和 2 项团体标准共计 51 项标准的报批。其中包括《起重机械　分类》《工业车辆　使用、操作与维护安全规范》《自动导引车（AGV）设计通则》等一批重要技术标准。组织完成了 31 项国家标准、36 项行业标准和 1 项团体标准共计 68 项标准制修订计划项目的征集和上报工作。起重运输机械各专业领域在研标准和申报标准见表 1。

表 1　起重运输机械各专业领域在研标准和申报标准

序号	专业领域	在研标准				申报标准			
		国家标准	行业标准	团体标准	小计	国家标准	行业标准	团体标准	小计
1	起重机械	12	18	5	35	15	11	1	27
2	工业车辆	30	14	1	45	9	7	0	16
3	连续搬运机械	0	12	2	14	5	14	0	19
4	物流仓储设备	3	8	1	12	2	4	0	6
	合计	45	52	9	106	31	36	1	68

3. 推动一批标准发布实施

2022 年起重运输机械领域共有 14 项国家标准、11 项行业标准和 2 项团体标准共计 27 项标准得到批准发布，其中包括 GB/T 41510—2022《起重机械安全评估规范　通用要求》等一批重要标准。截至 2022 年年底，我国物料搬运机械现行有效国家标准和行业标准达到 523 项，其中国家标准 296 项（强制性标准 7 项、推荐性标准 289 项），行业标准 227 项。2022 年批准发布的标准见表 2。

表 2　2022 年批准发布的标准

序号	标准编号	标准名称	代替标准	发布日期	实施日期
一、起重机械					
1	GB/T 6974.7—2022	起重机　术语　第 7 部分：浮式起重机	GB/T 6974.8—1986	2022-07-11	2023-02-0
2	GB/T 10597—2022	卷扬式启闭机	GB/T 10597—2011	2022-07-11	2023-02-0
3	GB/T 14560—2022	履带起重机	GB/T 14560—2016	2022-07-11	2023-02-0
4	GB/T 27996—2022	全地面起重机	GB/T 27996—2011	2022-07-11	2023-02-01
5	GB/T 41510—2022	起重机械安全评估规范　通用要求		2022-07-11	2023-02-01
6	GB/T 41676—2022	起重机　设计通则　锻钢吊钩的极限状态和能力验证		2022-10-12	2023-05-01
7	GB/T 41680—2022	起重机　抗震设计通则		2022-10-12	2022-10-12
8	GB/T 41976—2022	停车设备　智能控制与管理系统		2022-10-12	2022-10-12
9	JB/T 14197—2022	气动平衡器		2022-09-30	2023-04-01
10	JB/T 14198—2022	气动葫芦桥式起重机		2022-09-30	2023-04-01
11	JB/T 14199—2022	起重机用单边支撑硬齿面减速器		2022-09-30	2023-04-01
12	JB/T 14200—2022	洁净环境用电动葫芦		2022-09-30	2023-04-01
13	JB/T 14201—2022	洁净环境用桥式起重机		2022-09-30	2023-04-01
14	JB/T 14255—2022	流动式起重机用纤维绳索		2022-09-30	2023-04-01
二、工业车辆					
15	GB/T 6104.2—2022	工业车辆　术语　第 2 部分：货叉和属具		2022-12-30	2022-12-30
16	GB/T 10827.3—2022	工业车辆　安全要求和验证　第 3 部分：对带有起升操作台的车辆和专门设计为带起升载荷运行的车辆的附加要求		2022-07-11	2023-02-01
17	GB/T 26949.2—2022	工业车辆　稳定性验证　第 2 部分：平衡重式叉车	GB/T 26949.2—2013	2022-12-30	2023-04-01
18	GB/T 26949.4—2022	工业车辆　稳定性验证　第 4 部分：托盘堆垛车、双层堆垛车和操作者位置起升高度不大于 1 200 mm 的拣选车	GB/T 26949.4—2016	2022-07-11	2023-02-01
19	GB/T 26949.8—2022	工业车辆　稳定性验证　第 8 部分：在门架前倾和载荷起升条件下堆垛作业的附加稳定性试验	GB/T 26949.8—2016	2022-07-11	2023-02-01
20	T/CCMA 0136—2022	工业车辆　安全监控管理系统　检验与试验规范		2022-08-02	2022-11-02
三、连续搬运机械					
21	JB/T 4149—2022	臂式斗轮堆取料机	JB/T 4149—2010	2022-09-30	2023-04-01
22	JB/T 14148—2022	滚筒式混匀取料机		2022-09-30	2023-04-01
23	JB/T 14149—2022	链斗式卸船机		2022-09-30	2023-04-01
24	JB/T 14256—2022	散料连续装船机		2022-09-30	2023-04-01
25	JB/T 14179—2022	带式输送机用托辊冲压轴承座		2022-09-30	2023-04-01
四、物流仓储设备					
26	GB/T 41514—2022	钢结构货架使用安全与评估规范		2022-07-11	2023-02-01
27	TCMIF　185—2022	箱式密集存储货架　技术规范		2022-11-01	2022-12-01

4. 加强标准宣贯与培训

一方面，全力履行职责要求，积极推动标准实施，组织对 GB/T 34529—2017《起重机和葫芦　钢丝绳、卷筒和滑轮的选择》、GB/T 41098—2021《起重机　安全　起重吊具》、GB/T 10827.3—2022《工业车辆　安全要求和验证　第 3 部分：对带有起升操作台的车辆和专门设计为带起升载荷运行的车辆的附加要求》和 GB/T 39830—2021《立体仓库钢结构货架抗震设计规范》等重要标准，以网络形式进行了宣贯。

另一方面，为全面贯彻落实《国家标准化发展纲要》有关精神，加大标准化人才培养力度，2022 年 8 月 9—11 日，在山西省大同市举办了“2022 年全国物料搬运机械标准化综合知识培训班”。山西省省委常委、大同市市委书记，大同市市委副书记、市长，大同市副市长，工业和信息化部，中国机械工业联合会，北京起重运输机械设计研究院有限公司等方面的领导，以及 190 余名标委会委员、行业专家和标准起草人员参加。通过培训，标委会委员全面了解了当前我国标准化政策及工作现状、支持重点和发展趋势，系统学习了标准编写规则、国家标准和行业标准审核要点、国际标准化综合知识等内容，掌握了起草标准、审查标准和参与国际标准化工作等方面的工作技巧，为今后参与或牵头标准起草工作，参与企业标准化战略制定等工作，共同推动物料搬运机械标准化工作高质量发展，奠定了基础。

5. 全力支撑特种安全监管

起重机械和工业车辆属于特种设备，其标准化工作与特种设备密不可分。长期以来，做好特种设备监管的技术支撑，是我国起重运输机械领域标准化工作的重要任务之一。2022 年度，为高质量支撑特种设备的安全监管工作，除组织修订《冶金起重机技术条件　第 5 部分：铸造起重机》《客车用机械式停车设备　通用技术条件》等特种设备安全监管所需的重要标准外，还配合国家市场监督管理总局特种设备安全监察局完成了 GB 26469—2011《架桥机安全规程》的复审工作，开展了关于移出《特种设备目录设备》监管问题的调研和反馈工作，参与了特种设备安全技术规范 TSG 81—2022《场（厂）内专用机动车辆安全技术规程》的起草工作及释义的编写工作，回复了特种设备有关生产、使用、检验和监管等单位的技术问询等工作。

6. 完成主管部门下达的各项任务

2022 年，起重运输机械专业标委会全力发挥技术支撑作用，高质量完成了上级主管部门部署的标准体系编报、标委会工作年报上报、国际标准转化情况填报、国家标准和行业标准复审等 30 余项标准化工作任务。

三、国际标准化工作

我国起重运输机械专业领域对口的国际标准化组织为 ISO/TC 96、ISO/TC 101、ISO/TC 110 和 ISO/TC 111。北起院是国内技术对口单位，承担了 ISO/TC 96、ISO/TC 96/SC 4 和 ISO/TC 110/SC 5 共 3 个主席职务。2022 年，我国全面参与了起重运输机械领域的各项国际标准化活动，高水平履职承担的各项国际标准化职责，持续提升在国际标准化工作中影响力和话语权。

1. 新承担 3 项国际标准的制修订工作

2022 年，我国新承担 ISO 9374-1《起重机—供需双方应提供的资料—第 1 部分：总则》、ISO 9374-4《起重机—供需双方应提供的资料—第 4 部分：臂架起重机》和 ISO 10972-1《起重机—对机构的要求—第 1 部分：总则》3 项起重机国际标准的牵头修订工作，显著增强了我国在起重运输机械国际标准化领域的影响力。

截至 2022 年年底，我国牵头制修订的起重机和工业车辆国际标准已达到 16 项。我国牵头制修订的国际标准项目见表 3。

表 3　我国牵头制修订的国际标准项目

序号	标准编号	标准名称	立项时间	所处阶段
1	ISO 21262：2020	工业车辆—使用、操作与维护安全规范	2016-03-07	发布
2	ISO 4306-4：2020	起重机—术语—第 4 部分：臂架起重机	2016-08-09	发布
3	ISO 10245-3：2019	起重机—限制器和指示器—第 3 部分：塔式起重机	2016-09-09	发布
4	ISO 23434-1：2021	工业车辆—可持续性—第 1 部分：术语	2018-09-19	发布
5	ISO 23434-2：2021	工业车辆—可持续性—第 2 部分：因素及报告	2018-09-19	发布
6	ISO 7752-5：2021	起重机—控制装置特性和布置形式—第 5 部分：桥式和门式起重机	2019-01-08	发布
7	ISO 9374-5：2021	起重机—供需双方应提供的资料—第 5 部分：桥式和门式起重机	2019-01-08	发布
8	ISO 12210：2021	起重机—工作和非工作状态下的锚定装置	2019-01-08	发布
9	ISO TS 21279	起重机—电动葫芦—能效测试方法	2016-11-21	在研
10	ISO 12480-1	起重机—安全使用—第 1 部分：总则	2017-09-30	在研

（续）

序号	标准编号	标准名称	立项时间	所处阶段
11	ISO 12480-2	起重机—安全使用—第 2 部分：流动式起重机	2018-07-02	在研
12	ISO 4301-4	起重机和相关设备—分级—第 4 部分：臂架起重机	2021-10-04	在研
13	ISO 9928-3	起重机—起重机操作手册—第 3 部分：塔式起重机	2021-10-07	在研
14	ISO 9374-1	起重机—供需双方应提供的资料—第 1 部分：总则	2022-03-21	在研
15	ISO 9374-4	起重机—供需双方应提供的资料—第 4 部分：臂架起重机	2022-03-21	在研
16	ISO 10972-1	起重机—对机构的要求—第 1 部分：总则	2022-10-24	在研

2. 实质性参与各次国际标准会议

2022 年，我国物料搬运机械行业专家代表中国出席了 ISO/TC 96 及下属分技术委员会、ISO/TC 110 及下属分技术委员会的各次系列会议、工作组会议等共计 20 余次国际标准会议。其中，4 次会议由中国主持召开。

在 ISO/TC 96 和 ISO/TC 110 的各次系列会议中，我国代表积极发表中国观点，推动我国新牵头 ISO 10972-1《起重机—对机构的要求—第 1 部分：总则》等国际标准的修订工作，新增 ISO 4301-5∶1991《起重机—分级—第 5 部分：桥式和门式起重机》、ISO 8566-1∶2010《起重机—司机室和控制站—第 1 部分：总则》及 ISO 11660-1∶2008《起重机—通道及安全防护设施—第 1 部分：总则》3 项国际标准的修订工作，新担任 3 个工作组召集人，推动中文纳入国际标准 ISO 5053-3 中等重要国际标准化工作，扩大了我国在起重运输机械国际标准化工作中的影响力和国际地位。

3. 推动国际标准转化率达到 95% 以上

为降低我国物料搬运机械在出口贸易中的技术壁垒，便利物料搬运机械装备国际贸易，近年来我国持续加强对国际标准的跟踪和转化力度，目前物料搬运机械国际标准转化率已达到 95% 以上。

4. 其他重要工作

为全力履职国际标准化技术对口职责，全面提升国际标准化水平，起重机标委会完成了 79 个国际文件的投票工作，投票率为 100%。为加大国际标准化人才培养力度，注册 24 名专家深度参与国际标准制修订工作。为推动我国装备、技术、服务和标准走出去，支撑“一带一路”建设中的物料搬运机械应用，组织完成了 JB/T 12576—2015《轮胎起重机》、JB/T 10475—2015《垂直升降类机械式停车设备》2 项行业标准英文版的翻译工作，申报了 GB/T 36697—2018《铸造起重机报废条件》、GB/T 26470—2011《架桥机通用技术条件》、GB/T 6067.5—2014《起重机　安全使用　第 5 部分：桥式和门式起重机》、GB/T 14521—2015《连续搬运机械　术语》、GB 14784—2013《带式输送机　安全规范》5 项标准英文版翻译计划。

上述标准化工作的开展，对提升装备质量安全、促进行业科技进步、便利产品国际贸易、配合特种设备监管等方面发挥了积极作用，提升了我国在起重运输机械国际标准化工作的影响力和话语权。

〔撰稿人：北京起重运输机械设计研究院有限公司林夫奎　审稿人：中国重型机械工业协会王继生〕

市场监管总局关于 2022 年全国特种设备安全状况的通告（摘录）

（2022 年第 6 号）

一、特种设备基本情况

1. 特种设备登记数量情况

截至 2022 年年底，全国特种设备总量达 1 955.25 万台。其中：锅炉 32.92 万台、压力容器 497.15 万台、电梯 964.46 万台、起重机械 279.24 万台、客运索道 1 117 条、大型游乐设施 2.52 万台（套）、场（厂）内专用机动车辆 178.85 万台。另有：气瓶 2.35 亿只、压力管道 85.9 万 km（在册）。2022 年特种设备数量分类比例如图 1 所示。

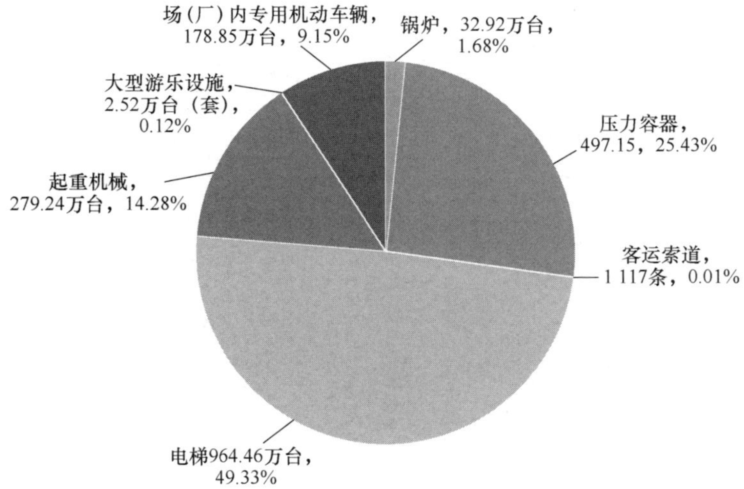

图 1　2022 年特种设备数量分类比例

2. 特种设备生产和充装单位及作业人员情况

截至 2022 年年底，全国共有特种设备生产（含设计、制造、安装、改造、修理）和充装单位 75 689 家，持有许可证 77 150 张，其中：设计许可证 2 682 张，制造许可证 16 631 张，安装改造修理许可证 30 747 张，移动式压力容器及气瓶充装许可证 27 090 张。特种设备作业人员持证 1 193.48 万张。2022 年特种设备生产许可证分类比例如图 2 所示。

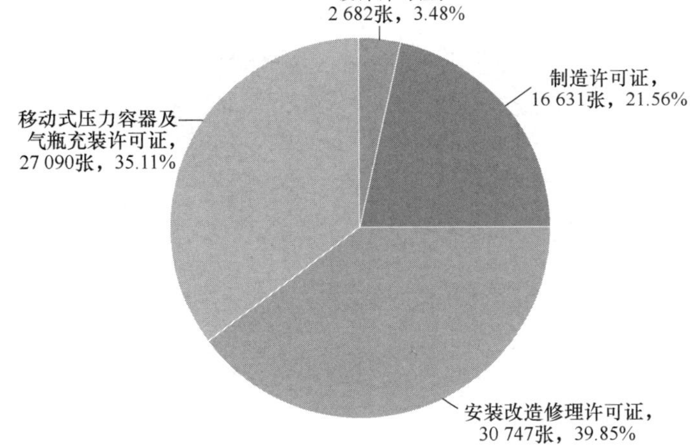

图 2　2022 年特种设备生产许可证分类比例

3. 特种设备安全监察机构和检验检测机构情况

截至 2022 年年底，县级以上市场监管部门共设立特种设备安全监察机构 3 201 个，其中国家级 1 个、省级 33 个、市级 488 个、县级 2 679 个。全国特种设备安全监察人员共计 118 282 人。

截至 2022 年年底，全国共有特种设备检验检测机构 4 845 家，持证 5 021 个。其中，特种设备综合性检验机构 568 个，包括市场监管系统内检验机构 289 个，行业检验机构和企业自检机构 278 个，技术检查机构 1 个。另有型式试验机构 45 个，无损检测机构 709 个，气瓶检验机构 2 270 个，安全阀校验机构 990 个，房屋建筑工地和市政工程工地起重机械检验机构 380 个，电梯检测机构 59 个。

二、特种设备安全状况

1. 事故总体情况

2022 年，全国共发生特种设备事故和相关事故 108 起，死亡 101 人。与 2021 年相比，事故数量减少 2 起、降幅 1.82%，死亡人数增加 2 人、增幅 2.02%。万台特种设备死亡人数为 0.07。全年未发生重特大事故，特种设备安全形势总体平稳。

2. 事故特点

按设备类别划分，锅炉事故 4 起，死亡 6 人；压力容器事故 7 起，死亡 3 人；气瓶事故 5 起，死亡 9 人；压力管道事故 2 起，死亡 2 人；场（厂）内专用机动车辆事故 42 起，死亡 40 人；起重机械事故 25 起，死亡 23 人；电梯事故 22 起，死亡 17 人；大型游乐设施事故 1 起，死亡 1 人。其中，场（厂）内专用机动车辆、起重机械和电梯事故占比较大，占事故总起数的 82.41%、死亡总人数的 79.21%。2022 年特种设备事故起数及占比情况如图 3 所示。2022 年特种设备事故死亡人数及占比情况如图 4 所示。

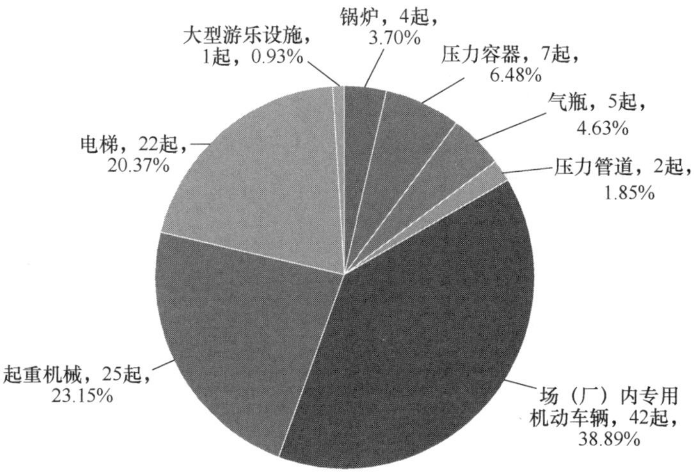

图 3　2022 年特种设备事故起数及占比情况

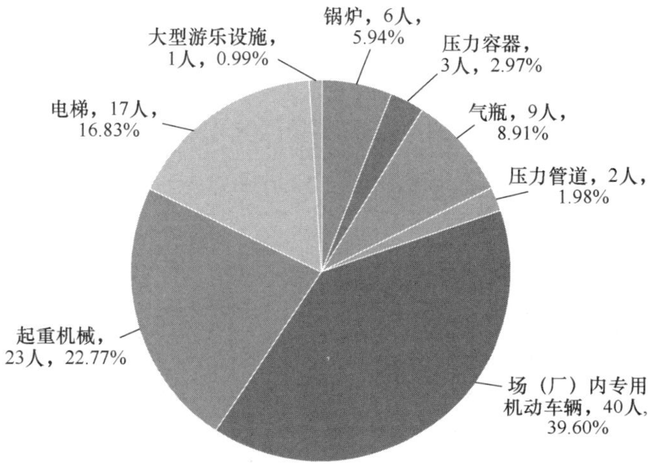

图 4　2022 年特种设备事故死亡人数及占比情况

按发生环节划分，发生在使用环节 95 起，占 87.96%；维修环节 10 起，占 9.26%；安装调试环节 1 起，占 0.93%；检测检验环节 1 起，占 0.93%；运输环节 1 起，占 0.92%。2022 年特种设备事故环节分布占比情况如图 5 所示。

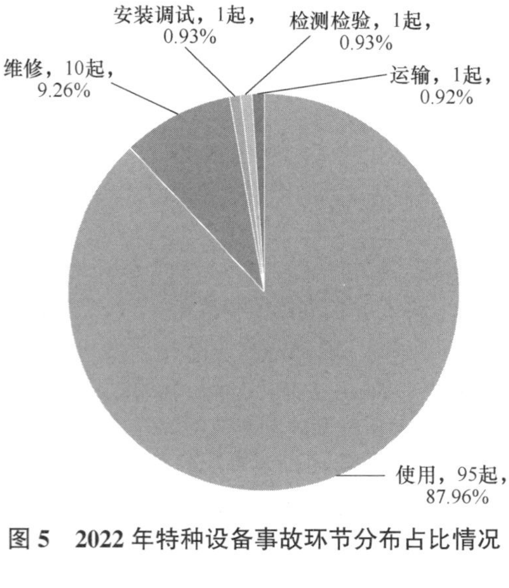

图 5　2022 年特种设备事故环节分布占比情况

按损坏形式划分，承压类设备（锅炉、压力容器、气瓶、压力管道）事故的主要特征是爆炸、泄漏着火等；机电类设备［起重机械、电梯、大型游乐设施、场（厂）内专用机动车辆、客运索道］事故的主要特征是坠落、碰撞、挤压等。

按发生时间进行划分，第二季度特种设备事故数量最高，第四季度特种设备事故数量最低。其主要原因是部分企业存在安全管理松懈、隐患排查不到位的情况，再加上设备未及时进行维护或作业人员流失，造成发生事故的风险增大；第四季度特种设备事故数量最少，其主要原因是各地市场监管部门采取针对性措施化解风险隐患，同时由于新冠肺炎疫情防控影响，部分设备处于停用状态。2022 年 1—12 月特种设备事故起数分布如图 6 所示。

3. 事故主要原因

截至 2022 年年底，特种设备事故共结案 60 起。根据结案材料分析，事故原因主要分三类：一是因使用、管理不当发生事故 48 起，约占 80.00%。违章作业仍是造成事故的主要原因，具体表现为作业人员违章操作、操作不当甚至无证作业，维护缺失，管理不善等。二是因维护保养不到位造成的安全部件失效及保护装置失灵的事故1起，约占18.33%。三是其他次生原因导致的事故1起，约占1.67%。

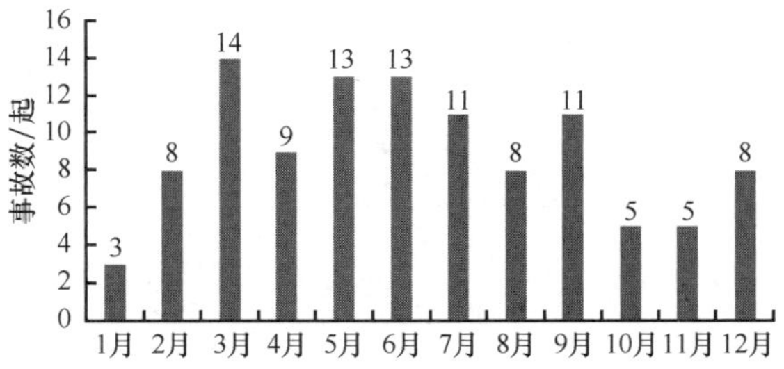

图6 2022年1—12月特种设备事故起数分布

事故原因按设备分类如下（对已结案的事故分析）：

（1）锅炉事故。因维护保养不到位造成安全保护装置失效等原因2起，违章作业1起。

（2）压力容器事故。因维护保养不到位造成安全部件失效或保护装置失灵等原因3起，违章作业2起，其他次生原因1起。

（3）气瓶事故。违章作业1起。

（4）电梯事故。安全管理、维护保养不到位2起，违章作业或操作不当4起，主要部件失效或安全保护装置失灵等原因6起，应急救援不当1起。

（5）起重机械事故。违规使用、违章操作和维护保养不到位等原因15起。

（6）场（厂）内专用机动车辆事故。违规使用、违章操作和维护保养不到位等原因22起。

三、2022年特种设备安全监察工作情况

2022年，全系统坚持以习近平新时代中国特色社会主义思想为指导，深入学习贯彻党的二十大精神，认真落实党中央、国务院决策部署，按照“讲政治、强监管、促发展、保安全”工作总思路，围绕“一个大市场、两个强国、三个监管、四个安全”工作着力点，守安全底线，拉质量高线，特种设备安全形势持续平稳，为经济社会高质量发展作出了贡献。

1. 以“讲政治”为引领，服务党和国家工作大局有力有效

一是深入学习贯彻习近平新时代中国特色社会主义思想和习近平总书记关于市场监管及安全生产的重要指示批示精神，以扎实的工作成效拥护“两个确立”、践行“两个维护”。坚持党建与业务融合共进，全面完成“学查改”专项工作任务，认真开展“抓学习、抓调研、抓落实”活动，形成五个方面推进工作的措施建议，进一步提高特种设备安全监管能力。二是圆满完成党的二十大、冬奥会和冬残奥会等重大活动特种设备安全服务保障。三是全力服务疫情防控和复工复产，主动出台延期换证、自我声明承诺免评审、调整延长电梯现场维保周期等12项助企纾困具体措施。根据新冠肺炎疫情防控形势变化，组织制定做好复工复产后特种设备安全监管工作的应急预案。

2. 以“保安全”为首责，安全形势持续稳定

一是深入开展专项整治行动，有力消除风险隐患。扎实推进安全生产专项整治三年行动收尾攻坚，持续开展燃气、危化品、化工产业转移相关特种设备排查整治，组织实施特种设备超期未检、“黑气瓶”整治、电梯质量安全提升、滑雪场客运索道联合整治四大专项行动。2022年全国市场监管系统出动人员264.94万人次，检查特种设备生产、使用等单位112.73万家，下发特种设备安全监察指令书15.76万份，封停设备20 954台（套）。特种设备检验机构对132.62万台特种设备及部件的制造过程进行了监督检验，发现并督促企业处理缺陷隐患1.53万个。对139.42万台特种设备安装、改造、修理过程进行了监督检验，发现并督促企业处理缺陷隐患48.68万个。对1 135.75万台在用特种设备进行了定期检验，发现并督促使用单位处理缺陷隐患297.42万个。二是定期开展风险分析研判，持续推进双重预防机制建设。总局组织制定重大危险源辨识标准，节假日等重点时段加强形势分析研判和工作调度，督促指导各地市场监管部门加强安全监管，印发典型事故情况通报，有针对性地提出风险防范措施，遏制事故多发趋势。三是持续加强应急能力建设，不断完善应急体系。修订完善特种设备突发事件应急预案，指导北京、上海等地开展应急演练。

3. 以“强监管”为手段，监管效能持续提升

一是持续强化法治监管，完善法规标准体系。完成《特种设备安全监察条例》修订征求意见，出台事故调查处理规定和监督检查办法，制定生产、使用单位落实主体责任监督管理规定，制修订安全技术规范5项。各地市场监管部门结合总局民生领域“铁拳”行动，严厉打击翻新“黑气瓶”、超期未检电梯等违法行为，发布一批典型案例。组织开展“电梯安全宣传周”活动，各地市场监管部门报送31部公益宣传作品，5部优秀作品在总局新媒体平台发布。二是持续推进智慧监管，提高数智化水平。初步建立特种设备信息化建设标准体系，完善“三库一平台”功能应用，建立全国特种设备许可信息归集机制，组织开发并推广应用特种设备现场监督检查App，完善全国压力管道检验信息管理系统。三是不断探索信用监管措施，促进企业诚信守法。督促指导全国特种设备生产企业报送企业年报，全国7.6万家特种设备生产单位和检验检测机构完成基本数据统一录入和系统标注。启动重点抽查和“双随机”抽查相结合的证后监督抽查。四是强化基层能力建设，夯实基层基础。总局印发《关于加强特种设备安全监管能力建设的指导意见》，开展6期全国A类特种设备安全监察人员考核，557人考核合格。各省级市场监管部门及大部分地市级市场监管部门均按要求配齐A类安全监察人员。

4. 以“促发展”为目标，服务经济社会高质量发展成效明显

一是强化顶层设计，完善规划体系。出台《特种设备安全与节能事业发展“十四五”规划》，指导各地市场

监管部门开展形式多样的规划宣贯活动，推动规划落实落地。二是助推“双碳”目标，推进锅炉行业节能降碳。会同国家发展改革委等部门研究制定锅炉绿色低碳高质量发展行动方案，正式启动清洁锅炉全球环境基金（GEF）国际合作项目第二阶段工作。三是推动产业集聚升级，促进行业发展。指导河南长垣、浙江松阳等地加强人才培养、质量基础设施和品牌建设等一站式服务，推进特种设备产业集聚区建设。

特此通告。

（本文略有修改）

市场监管总局

2023 年 3 月 1[illegible] 日

〔来源：国家市场监管总局官网〕

附录

公布中国重型机械工业协会第八届理事会、监事会名单和组织机构，收录各分会会员名单

Release the list of the 8th organizational structure, board of directors and board of supervisors of China Heavy Machinery Industry Association, and the list of members of the branch

附录

中国重型机械工业协会组织机构

中国重型机械工业协会第八届理事会正副理事长、正副秘书长名单

中国重型机械工业协会第八届理事会常务理事、理事名单

中国重型机械工业协会第八届理事会监事长、监事名单

中国重型机械工业协会会员名录

中国重型机械工业协会组织机构

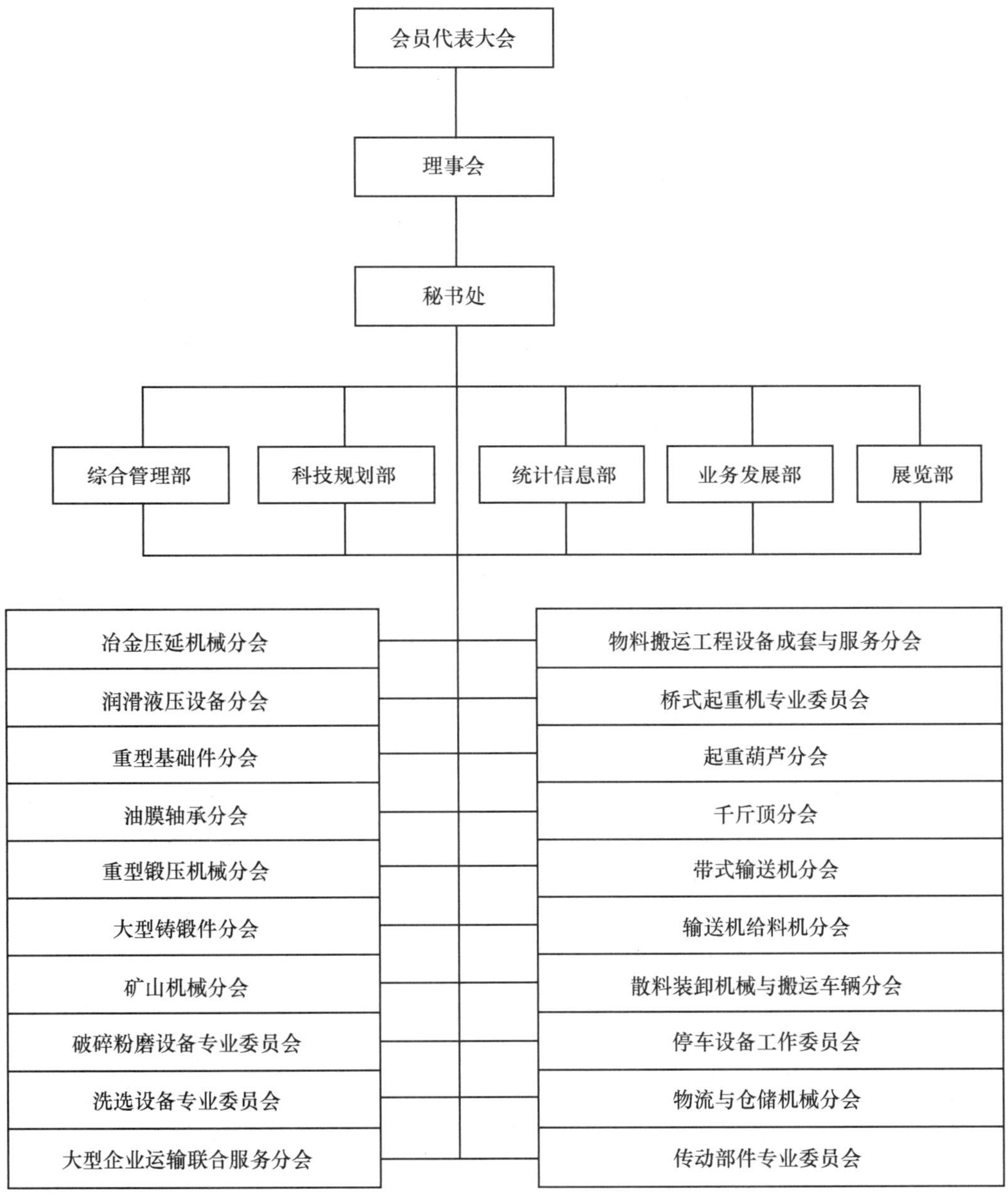

〔供稿人：中国重型机械工业协会张艳君〕

中国重型机械工业协会
第八届理事会正副理事长、正副秘书长名单

序号	姓名	单位名称	单位职务或职称
理事长			
1	韩珍堂	太原重型机械集团有限公司	党委书记、董事长
常务副理事长			
1	景晓波	中国重型机械工业协会	常务副理事长
副理事长			
1	王继生	中国重型机械工业协会	副理事长兼秘书长
2	蒋金水	中国第一重型机械股份公司	副总经理
3	王晖球	二重（德阳）重型装备有限公司	总经理
4	张　斌	北方重工集团有限公司	总裁
5	武汉琦	中信重工机械股份有限公司	董事长
6	田长军	大连华锐重工集团股份有限公司	总裁
7	费　国	上海振华重工（集团）股份有限公司	总工程师
8	肖　平	中国重型机械有限公司	董事长
9	倪国平	上海重型机器厂有限公司	执行董事、总经理
10	王社昌	中国重型机械研究院股份公司	党委书记、董事长
11	唐　超	北京起重运输机械设计研究院有限公司	党委书记、董事长
12	程　波	洛阳矿山机械工程设计研究院有限责任公司	院长
13	贾建平	中钢设备有限公司	副总经理
14	韩红安	卫华集团有限公司	董事长
15	赵胜国	华电重工股份有限公司	党委书记、副董事长
16	任海涛	河南省矿山起重机有限公司	总经理
17	肖宝贵	天地科技股份有限公司	总经理
18	李　平	上海科大重工集团有限公司	法定代表人
19	孙善金	山东山矿机械有限公司	董事长
20	王兆连	山东华特磁电科技股份有限公司	董事长
21	盛嘉庆	浙江双鸟机械有限公司	总经理
22	黄　丹	北京建龙重工集团有限公司	副总裁
23	张俊国	中信机电制造集团有限公司	董事长、党委书记
秘书长、副秘书长			
1	王继生	中国重型机械工业协会	秘书长（兼）
2	张艳君	中国重型机械工业协会	副秘书长
3	肖立群	中国重型机械工业协会	副秘书长

〔供稿人：中国重型机械工业协会张艳君〕

中国重型机械工业协会
第八届理事会常务理事、理事名单

序号	姓名	单位名称	单位职务或职称
常务理事			
1	黄庆学	太原理工大学	院士
2	赵永生	燕山大学	副校长
3	马立峰	太原科技大学	副校长
4	李联合	长垣经济技术开发区管理委员会	管委会主任
5	龙九文	株洲天桥起重机股份有限公司	董事长
6	徐新民	山起重型机械股份公司	董事长
7	李　静	芜湖起重运输机器股份有限公司	董事长
8	周水妹	杭州西子智能停车股份有限公司	董事长
9	郭章先	豫飞重工集团有限公司	董事长
10	黄　涛	鞍山重型矿山机器股份有限公司	董事长
11	黄海珊	广州起重机械有限公司	董事长
12	张志华	郑州新大方重工科技有限公司	董事长
13	罗永忠	四川川润股份有限公司	董事长
14	王红华	浙江冠林机械有限公司	董事长
15	喻连生	江西工埠机械有限责任公司	董事长
16	黄珑琳	凯澄起重机械有限公司	总经理
17	张晓华	衡阳运输机械有限公司	副总经理
18	龚欣荣	四川省自贡运输机械集团股份有限公司	总经理
19	赵能平	沈阳隆基电磁科技股份有限公司	总经理
20	李　志	四川矿山机器（集团）有限责任公司	常务副总经理
21	房子献	焦作科瑞森重装股份有限公司	常务副总经理
22	马立民	北京约基智能科技有限公司	总经理
23	龚友良	南昌矿机集团股份有限公司	总经理
24	李祥啟	大洋泊车股份有限公司	总经理
25	祝　伟	常熟通润汽车零部件股份有限公司	副总经理
26	许　强	中机第一设计研究院有限公司	总工程师
27	郭继保	太原通泽重工有限公司	总工程师
28	曹明生	江西华伍制动器股份有限公司	总经理
29	徐　彬	江苏国茂减速机股份有限公司	总裁
30	王思民	河南威猛振动设备股份有限公司	总经理
31	丁元兴	南京高精齿轮集团有限公司	总经理

（续）

序号	姓名	单位名称	单位职务或职称
32	黄　炜	福建龙净环保股份有限公司	总裁
33	石良希	上海创力集团股份有限公司	董事长
34	张　剑	沈阳创新设计研究院有限公司	董事长
理事			
1	孙小跃	云南冶金昆明重工有限公司	董事长
2	华　良	上海起重运输机械厂有限公司	总经理
3	李海龙	北京首钢机电有限公司	总经理
4	杨树勇	中国煤炭机械工业协会	理事长
5	葛文亮	江苏象王集团股份有限公司	副总经理
6	陆　璐	中冶京诚（湘潭）矿山装备有限公司	副总经理
7	杨方祥	重庆起重机厂有限责任公司	党委书记，执行董事
8	卢庆亮	济南重工股份有限公司	总经理
9	杨聪俐	河南黎明重工科技股份有限公司	董事、副总经理
10	方德松	湖南长重机器股份有限公司	总经理
11	梁侠津	南宁广发重工集团有限公司	党委书记、董事长
12	杨洪志	哈尔滨重型机器有限责任公司	总经理助理
13	胡善宏	淮北矿山机器制造有限公司	董事长
14	秦英奕	江西起重机械总厂有限公司	总经理
15	马卫国	新疆通用机械有限公司	总经理
16	孙雨生	中航工程集成设备有限公司	副总经理
17	付建辉	中冶陕压重工设备有限公司	副经理兼总工程师
18	邬青峰	内蒙古北方重型汽车股份有限公司	总经理
19	钱立华	铜陵天奇蓝天机械设备有限公司	董事长
20	王建梅	太原科技大学重型机械教育部工程研究中心	常务副主任
21	鞠益荣	江苏三马起重机械制造有限公司	总经理
22	段京丽	焦作金箍制动器股份有限公司	董事长
23	苗体魁	河南圣起机械集团有限公司	董事长
24	张明荣	泰星减速机股份有限公司	董事长
25	殷爱国	江苏泰隆减速机股份有限公司	总经理
26	郑才刚	宁波东力传动设备有限公司	董事长
27	翁耀根	无锡华东重型机械股份有限公司	董事长
28	汪　玉	安徽盛运重工机械有限责任公司	董事长
29	汪碧远	SEW- 传动设备（天津）有限公司	总经理助理
30	韩红静	北京斯诺堡轴承有限公司	总经理
31	任会江	河南省新乡市矿山起重机有限公司	董事长
32	胡鹏辉	河南重工集团起重机科技有限公司	总经理
33	韩永章	河南宝起华东起重机有限公司	总经理
34	胡章和	河南豫中起重集团有限公司	执行董事
35	李子木	宁夏天地奔牛银起设备有限公司	总经理
36	王孙同	浙江东海减速机有限公司	总经理
37	刘益民	鞍钢重型机械有限责任公司	总经理

（续）

序号	姓名	单位名称	单位职务或职称
38	吴　潇	柳州起重机器有限公司	董事长
39	张玉清	天水长城控制电器有限责任公司	董事长
40	陶　楠	中国电建集团长春发电设备有限公司	董事长
41	梁　旭	洛阳起重机厂有限公司	总经理
42	邱　平	上海电力环保设备总厂有限公司	副总经理
43	项建忠	浙江通力重型齿轮股份有限公司	董事长
44	施　凡	湖州双力自动化科技装备有限公司	总经理
45	徐　敏	无锡新大力电机有限公司	总经理
46	杜　勇	中国电建集团武汉重工装备有限公司	副总经理
47	李　坤	天津重钢机械装备股份有限公司	董事长
48	陆永生	山东莱钢泰达车库有限公司	经理
49	张彦五	上海嘉庆轴承制造有限公司	董事长
50	李伟敏	河南省东风起重机械有限公司	董事长
51	杜左海	八达机电股份有限公司	总经理
52	操文章	安徽攀登重工股份有限公司	董事长
53	丁乐平	吉林省佳信通用机械集团股份有限公司	董事长
54	郑惠芸	山西新富升机器制造有限公司	总工程师
55	纪振昌	河北同力滑车有限公司	总经理
56	王东升	北京中冶华润科技发展有限公司	董事长
57	万名炎	湖北咸宁三合机电股份有限公司	董事长
58	徐　兵	浙江矿山机械有限公司	董事长
59	李海通	河南奔宇电机科技有限公司	总经理
60	韩际星	河南华北起重吊钩有限公司	董事长
61	高　海	安徽铜冠机械股份有限公司	副总经理
62	金红萍	法兰泰克重工股份有限公司	董事长
63	承　勇	常州市华立液压润滑设备有限公司	董事长
64	马占军	中钢集团衡阳机械有限公司	总经理
65	陈清波	科尼起重机设备（上海）有限公司	总裁
66	陈　浩	德马格起重机械（上海）有限公司	总经理
67	苏光耀	浙江五一机械有限公司	董事长
68	陆　洋	常熟中材装备重型机械有限公司	总经理
69	祁　军	科威瑞（广东）矿机装备有限公司	副总经理
70	刁明霞	淄博大力矿山机械有限公司	董事长
71	王家宝	沈阳新松机器人自动化股份有限公司	副总裁
72	朱　帅	宁波市凹凸重工有限公司	总裁
73	汪东华	江苏省特种设备安全监督检验研究院	院长
74	邱增华	湘电重型装备有限公司	所长
75	陈利华	浙江浙矿重工股份有限公司	董事长
76	杨　钢	镇江电磁设备厂有限责任公司	董事长
77	江　斌	华德起重机（天津）股份有限公司	销售总监
78	田　振	辽宁国辰电子技术有限公司	董事长

（续）

序号	姓名	单位名称	单位职务或职称
79	许剑平	湖北博尔德科技股份有限公司	总经理
80	徐建人	绍兴华运输送设备有限公司	总经理
81	李继东	沈阳泰丰胶带制造有限公司	销售总经理
82	张　斌	广东中兴液力传动有限公司	董事长
83	稠伟军	东莞大马输送设备有限公司	销售经理
84	肖阳东	四川东林矿山运输机械有限公司	总经理
85	邰正彪	泰尔重工股份有限公司	董事长
86	陈德木	杭州杰牌传动科技有限公司	董事长、总经理
87	高铁英	杭州中德传动设备有限公司	集团副总经理
88	马景山	北京航天汇信科技有限公司	副总经理
89	洪伟泉	浙江子华停车设备科技股份有限公司	董事长
90	王忠利	唐山通宝停车设备有限公司	董事长
91	侯玉鹏	山东天辰智能停车设备有限公司	总经理
92	蒋玲华	上海赐宝停车设备制造有限公司	总经理
93	杨晓代	昆船智能技术股份有限公司	副总经理
94	曹奉来	沈阳飞机工业集团物流装备有限公司	副总经理
95	梁新文	山西省平遥减速器有限责任公司	董事长
96	苏建涛	北京中科凯思科技有限公司	董事长
97	吉富华	苏州吉人高新材料股份有限公司	董事长
98	崔吉胜	徐州徐工矿业机械有限公司	总经理
99	戚　建	三一重型装备有限公司	董事长
100	梁丰收	中国机械总院集团北京机电研究所有限公司	党委书记、董事长
101	徐振勇	山东力山特智能科技股份有限公司	总经理
102	何建波	希望森兰科技股份有限公司	总经理
103	刘　强	日照港船机工业有限公司	总经理
104	周　彬	中国二重万路运业有限公司	总经理
105	王　武	一重新能源发展集团有限公司	董事长
106	张蕴锋	洛阳中重运输有限责任公司	总经理
107	杨林飞	北京祥龙物流（集团）有限公司	总经理助理
108	曹向阳	河南省大方重型机器有限公司	总经理
109	沈耿亮	浙江双箭橡胶股份有限公司	董事长
110	马新强	武汉华工激光工程有限责任公司	董事长
111	邓清锐	四川鸿舰重型机械制造有限责任公司	总经理
112	胡家喜	株洲变流技术国家工程研究中心有限公司	总经理
113	曲　凯	沈阳北方交通重工集团有限公司	董事长、总裁
114	张卫冬	国家材料服役安全科学中心	建设总指挥、总工程师
115	杨友利	河北兴隆起重设备有限公司	总经理
116	LITONG	上海海希工业通讯股份有限公司	总经理
117	陈维茂	山东华成中德传动设备有限公司	董事长
118	方向臣	山东磐金锻造机械有限公司	总经理
119	孟庆利	机械工业第六设计研究院有限公司	党委书记、董事长

（续）

序号	姓名	单位名称	单位职务或职称
120	王　峰	山东宝鼎重工实业有限公司	董事长
121	张　睿	中科迅联智慧网络科技（北京）有限公司	CEO
122	叶李强	东方电气集团大件物流有限公司	总经理
123	宋学锋	中国矿业大学	校长
124	葛世荣	中国矿业大学（北京）	校长
125	施向华	合建卡特工业股份有限公司	董事长
126	赵传朋	中实洛阳重型机械有限公司	董事长
127	刘东平	焦作鑫恒重工机械有限公司	董事长
128	付　杰	江苏嘉轩智能工业科技股份有限公司	董事长
129	姜俊兵	山西工程技术学院	党委副书记、院长
个人理事			
1	须　雷	河南省矿山起重机有限公司	高级顾问
2	徐格宁	太原科技大学	原副校长
3	孟文俊	山西能源学院	副院长
4	李国杰	苏州大学应用技术学院	工学院副院长
5	黄乐亭	天地科技股份有限公司、中国矿业大学	教授
6	李爱峰	太原科技大学机械工程学院	教授
直管会员			
1	张维友	湖南中铁五新重工有限公司	总经理
2	汪小龙	安美科技股份有限公司	法人代表
3	贺石中	广州机械科学研究院有限公司	总经理助理
4	邵同伟	河北重威矿山机械制造有限公司	执行董事
5	李炳蔚	江门市润宇传感器科技有限公司	董事长

〔供稿人：中国重型机械工业协会张艳君〕

中国重型机械工业协会
第八届理事会监事长、监事名单

序号	姓名	单位名称	单位职务或职称
监事长			
1	王国强	吉林大学	教授
监事			
1	景晓波	中国重型机械工业协会	常务副理事长
2	王玉敏	中国建材机械工业协会	常务副会长兼秘书长
3	尹军琪	北京伍强科技有限公司	董事长
4	林卫国	国家起重运输机械质量监督检验中心	副主任

〔供稿人：中国重型机械工业协会张艳君〕

中国重型机械工业协会会员名录

矿山机械分会

单位名称	通信地址	邮编	电话	传真
中信重工机械股份有限公司（矿山重型装备国家重点实验室）	河南省洛阳市建设路 206 号	471039	0379-64088001	0379-64214680
洛阳矿山机械工程设计研究院有限责任公司	河南省洛阳市建设路 206 号	471039	0379-64087719	0379-64221800
太原重型机械集团有限公司	山西省太原市玉河街 53 号	030024	0351-6365768	0351-6361133
太重煤机有限公司	山西省太原市经济技术开发区电子街 25 号	030009	0351-3040108	0351-3041942
山东山矿机械有限公司	山东省济宁市济安桥北路 11 号	272014	0537-2226931	0537-2228529
南昌凯马有限公司	江西省南昌市国家经济技术开发区丁香路凯马机电工业园	330101	0791-83951398	0791-83951350
中国矿业大学科学技术研究院	江苏省徐州市三环南路	221116	0516-83590758	0516-83590289
山西新富升机器制造有限公司	山西省太原经济技术开发区十四号线 68 号	030013	0351-83075217	0351-82664710
浙江矿山机械有限公司	浙江省义乌市义亭工业区	322005	0579-85817891	0579-85815387
鞍山鞍重矿山机械有限公司	辽宁省鞍山市立山区胜利北路 900 号	114042	0412-6215364	0412-6216900
济南重工股份有限公司	山东省济南市东郊机场路	250109	0531-86139298	0531-88287286
吉林大学机械科学与工程学院	吉林省长春市人民大街 5988 号	130025	0431-85094404	0431-85095288
太原科技大学交通与物流学院	山西省太原市窊流路 66 号	030024	0351-86998056	0351-86863369
淄博大力矿山机械有限公司	山东省淄博市周村区恒通路 887 号	255300	0533-6181501	0533-6181392
山东泰山天盾矿山机械有限公司	山东省新泰市开发区新兴路	271200	0538-7069810-8603	0538-7069332
湘电重型装备有限公司	湖南省湘潭市下摄司街 302 号	411100	0731-58595647	0731-58595267
四川矿山机器（集团）有限责任公司	四川省江油市建设北路 888 号	621701	0816-3696018	0816-3698888
浙江双金机械集团有限公司	浙江省杭州市余杭区瓶窑镇	311115	0571-28057991	0571-28057991
浙江浙矿重工股份有限公司	浙江省湖州市长兴县和平镇工业园区	313103	0572-6955888	0572-6959977
黑龙江省哈尔滨国海星轮传动有限公司	黑龙江省哈尔滨市哈平路工业区烟台三路 8 号	150060	0451-86522278	0451-86530858
安徽盛运重工机械有限责任公司	安徽省桐城市同安路 265 号	231400	0556-6213999	0556-6205280
河南洛阳大华重工科技有限公司	河南省洛阳市洛龙区关林路 280 号	471022	0379-65520221	0379-65511602
河南黎明重工科技股份有限公司	河南省郑州市高新区科学大道 169 号	450001	0371-67988906	0371-67988906

（续）

单位名称	通信地址	邮编	电话	传真
广东省科威瑞（广东）矿机装备有限公司	广东省韶关市高新开发区莞韶双创（装备）中心	512026	18918339999	
湖州恒通机械设备有限公司	浙江省湖州市埭溪镇上强工业园区	313000	0572-2367341、2367342	0572-2367343
河南红星矿山机器有限公司	河南省郑州高新技术产业开发区檀香路8号	450100	0371-86670277	
贵阳高原矿山机械有限公司	贵州省贵阳市花溪区航天路路尾	550025	0851-3636103	0851-3636113
洛阳百克特摩擦材料有限公司	河南省洛阳市高新开发区孙辛辅路4号	471003	0379-65112136	0379-64183328
中实洛阳工程塑料有限公司	河南省洛阳市建设路206号	471039	0379-64088063	0379-64214823
湘煤立达矿山装备股份有限公司	湖南省株洲市新华东路699号	412003	0733-2493253	0733-8780421
浙江武精机器制造有限公司	浙江省金华市武义县城青年路108号	321200	0579-87641326	0579-87647558
鹤壁市豫兴煤机有限公司	河南省鹤壁市山城区豫兴工业园	458007	0392-2560169	0392-2566177
鹤壁万丰矿山机械制造有限公司	河南省鹤壁市山城区石林乡东石林村	458000	0392-2566777	0392-2560777
鹤壁市四达矿山设备有限公司	河南省鹤壁市山城区汤鹤路中段	458000	0392-2560391	0392-2560800
鹤壁市通达矿山设备有限公司	河南省鹤壁市山城区汤鹤路中段山城工业区	458000	0392-2560354	0392-2568096
鹤壁市星光矿山机械制造有限公司	河南省鹤壁市山城区石林乡东石林村	458000	0392-2563669	0392-2566433
鹤壁市双信矿山机械有限公司	河南省鹤壁市山城区汤鹤路中段路北	458000	0392-2560366	0392-2568366
郑州一帆机械设备有限公司	河南省郑州市荥阳开发区郑源路中段	450100	0371-64606406	0371-64606468
山东升金矿山机械有限公司	山东省新泰市新安路53号	271200	13805487285	0538-2200111
山东东平开元机械制造有限公司	山东省泰安市东平县工业园区	271500	0538-2821052	0538-6356808
浙江镇南精工机械有限公司	浙江省诸暨市店口镇解放路259号	311835	0575-87655388	0575-87655618
南昌矿山机械研究所	江西省南昌市下罗枫林东大街168号	330001	0791-83806998	0791-83805987
南昌矿山机械有限公司	江西省南昌市湾里区盘龙路23号	330004	0791-83798611	0791-83761006
山东华特磁电科技股份有限公司	山东省潍坊市临朐县经济技术开发区华特路5777号	262600	0536-83158808	0536-83158801
沈阳隆基电磁科技股份有限公司	辽宁省抚顺经济开发区文华路6号	113122	0413-56700045	0413-56605768
浙江东海减速机有限公司	浙江省温州市平阳经济开发区（鳌江镇）	325401	0577-63675933	0577-63635393
大连骅洋液力偶合器有限公司	辽宁省大连市甘井子区营城子街道对门沟	116036	0411-84444529	0411-84444509
洛阳百力克矿山机械有限公司	河南省洛阳市洛新工业园双湘路12号	471822	0379-65190660	0379-67312866
江苏三羊开泰煤矿电机制造有限公司	江苏省丹阳市开发区胡桥大贡	212313	0511-86981555	0511-86967626
中实洛阳重型机械有限公司	河南省洛阳市建设路206号	471039	0379-64088063	

（续）

单位名称	通信地址	邮编	电话	传真
河南省荥阳矿山机械制造厂	河南省荥阳市荥密路三里庄	450100	0371-64696896	
臣桀（上海）橡胶工业技术有限公司	上海市金山区吕巷镇溪南路 86 号	214107	021-61841222	021-61842333
郑州中意矿山机械有限公司	河南省荥阳市荥密路三里庄	450100	13838055736	0371-64793555
鄂州市恒基矿山机械制造有限公司	湖北省鄂州市经济开发区	436001	13677117578	0711-3619268
沈阳市永达有色铸造厂	辽宁省沈阳市皇姑屯区鸭绿江北街 168 号	110033	024-86671086	024-86671086
江阴齿轮箱制造有限公司	江苏省江阴市澄山路 601 号	214437	0510-86993113	0510-86993519
卫华集团有限公司	河南省长垣市卫华大道西段	453400	0373-8888761	0373-8888761
中冶京诚（湘潭）矿山装备有限公司	湖南省湘潭市九华江南大道 8 号	411200	0731-58276200	0731-58276200
新乡市通用电机有限公司	河南省新乡市小店工业区经九路纬六路西南	453000	13937303339	0373-3686333
矿山机械杂志社	河南省洛阳市建设路 206 号	471039	0379-64087786	0379-64087868
全国矿山机械标准化技术委员会	河南省洛阳市建设路 206 号	471039	0379-64087746	0379-64087746
国家矿山机械质量监督检测中心	河南省洛阳市建设路 206 号	471039	0379-64087842	0379-64215427
义乌黑白矿山机械有限公司	浙江省义乌市上溪镇四通西路 36 号	322000	0579-85861866	0579-85866118
河南蒲瑞精密机械有限公司	河南省长垣市巨人大道与纬十路交叉口路南		0373-8621889	0373-8621889
泰星减速机股份有限公司	江苏省泰兴市姚王镇泰姚北路 10 号	225402	0523-87635681	
广州华宝矿山设备有限公司	广东省广州市天河区广汕路凤凰软件园首层 B2	510520	020-87026100	020-87026465
定襄县佳敏机械锻造有限公司	山西省忻州市定襄县河边镇牛台村	035400	0350-6090909	0350-6090911
山西省平遥减速器有限公司	山西省晋中市平遥县科技工业区	031100	13903446868	0354-5650091
湖州电动滚筒有限公司	浙江省湖州市经济开发区西风路 888 号	313000	13857293144	0572-2059480
河南省华宏重型机械制造有限公司	河南省新乡市凤泉区宝山中路	453011	13598717955	
洛阳诚创耐磨材料有限公司	河南省洛阳市涧西区先进制造业集聚区三西路	471003	18903792511	0379-64721868
大连光阳轴承制造有限公司	辽宁省大连市瓦房店市北共济街北段 17 号	116300	15641175678	0411-85518888
长沙正忠科技发展有限公司	湖南省长沙市雨花区环保科技园职教城路 32 号	410006	13469047728	0731-85350116
徐州徐工矿山机械有限公司	江苏省徐州经济技术开发区高新路 39 号	221004	15950687524	0516-83111663
山东硕园工业机械设备有限公司	山东省淄博市沂源县城沂河东路北侧	256100	13964356346	0533-3438899
云南凯瑞特重工科技有限公司	云南省昆明市彩云北路星都国际总部 37 栋	651701	13529336034	0871-65936037
湘潭市恒欣实业公司	湖南省韶山市永泉科技园	411300	18073278721	0731-55672100

（续）

单位名称	通信地址	邮编	电话	传真
四川铁鹰机械制造有限公司	四川省江油市厚坝镇工业园区1号	621715	18030945152	0816-3770065
吉林佳信通用机械集团股份有限公司	吉林省集安市工业园区创业路3号	134200	13944533700	0435-6222942
四川江油新川矿山机械有限公司	四川省江油市江彰大道中段330号	621701	18990160001	0816-3515333
青岛中加特变频电机有限公司	山东省青岛市黄岛区世纪大道662号	166400	13792918176	0532-89055037
江西海达建材轴瓦有限公司	江西省九江市永修县城南工业园	330304	13907000499	0792-3199633
武汉港迪电气集团有限公司	湖北省武汉市东湖新技术开发区武汉理工大科技园6号	430223	15997498755	027-87927216
廊坊景隆重工机械有限公司	河北省廊坊市大厂潮白河工业区	065300	13901067232	0316-8933217
沈阳顺达重矿机械制造有限公司	辽宁省沈阳经济技术开发区大潘镇东古村	110141	13904043236	024-31125060
湖州恒通机械设备有限公司	浙江省湖州市埭溪镇上强工业功能区	313023	13968075250	
株洲变频技术国家工程研究中心有限公司	湖南省株洲市石峰区时代路	412000	0731-28498197	0731-28498260
河南省东泰齿轮有限公司	河南省长垣市浦东王楼工业区	453400	15893834111	
山东天瑞重工有限公司	山东省潍坊市高新区银通街6699号	261205	400-800-8605	0536-8803817
山东创捷涂装设备有限公司	山东省德州市齐河县经济开发区纬四路以北、名嘉中路以东-7	251100	18416707052	
河南威猛振动设备股份有限公司	河南省新乡市新乡县工业路一号	453700	13938702263	0373-5592575
山西平遥华丰防爆电机有限公司	山西省晋中市平阳县中都乡曹村	031100	13994593233	0354-3567666
合肥华运机械制造有限公司	安徽省合肥市长丰双凤经济开发区金海路25号	231131	13721086036	0551-63664658
大连达尔马电机有限公司	辽宁省大连市庄河市疏港路278号	116400	18840934048	0411-89376329
焦作制动器有限公司	河南省焦作市武陟产业集聚区朝阳三路999号	454950	15139173508	0391-7547688
新乡帅航机械有限公司	河南省新乡市辉县市孟庄镇电屯	453621	18738332227	
浙江中凯科技股份有限公司	浙江省乐清市柳市镇东方工业区奋进路9号	325604	13616666168	0577-62787229
天水二一三电器集团有限公司	甘肃省天水市秦州区秦州大道361号	741001	0938-8362888	0938-8360775
临朐华邦重工设备有限公司	山东省潍坊市临朐县东城街道南二环3222号	262600	18953661217	
江西江特电机有限公司	江西省宜春市袁州区环城南路581号	336000	18879550006	0795-3285285
洛阳宏信重型机械有限公司	河南省洛阳市洛新工业园区	471039	13803885629	0379-65190396
山东金宝山机械有限公司	山东省临沂市高新区金宝山路1号	276002	15216522345	0539-8529345
闵克矿山机械设备（湖州）有限公司	浙江省湖州市吴兴区埭溪镇创意路69号	313023	15957173572	
广东大族粤铭激光集团股份有限公司	广东省东莞市松山湖高新技术产业开发区工业东路28号	523808	13925872636	0769-89833333

（续）

单位名称	通信地址	邮编	电话	传真
蒂克拓普（辽宁）新材料科技有限公司	辽宁省朝阳市朝阳北票经济开发区环保装备产业园区（B 区	121300	15192379632	
青岛瑞莱斯机械有限公司	山东省胶州市中云工业园 8 号	266300	13854237163	
塞尔姆（北京）科技有限责任公司	北京市朝阳区望京路 4 号 8 号楼 4 层 410 室	100102	13911126811	010-64343042
宁波博威合金材料有限公司	浙江省宁波市鄞州区云龙镇太平桥	315100	0574-83008939	
威海人合机电股份有限公司	山东省威海火炬高新技术产业开发区大连路 54-1 号	264209	0631-5620300	
江西耐普矿机股份有限公司	江西省上饶市上饶经济技术开发区吉利大道 18 号	334100	0793-8461300	

冶金压延机械分会

单位名称	通信地址	邮编	电话	传真
中国第一重型机械集团公司	黑龙江省齐齐哈尔市富拉尔基区厂前路 9 号	161042	0452-6810186	0452-6810111
天津天重重型机器有限公司	天津市北辰区高峰路	300400	022-26341079	022-26340718
燕山大学机械学院	河北省秦皇岛市海港区河北大街 169 号	066044	0335-8057040	0335-8050148
浙江省宁波凯特机械有限公司	浙江省宁波市宁海县越龙街道西郊路 55 号	315600	0574-65210558	0574-65562620
包头市冶金矿山机械制造有限公司	内蒙古自治区包头市铝业产业园区长征路 2 号	014040	0472-4111538	0472-4172310
云南冶金昆明重工有限公司拉丝设备分公司	云南省昆明市茨坝路 31 号	650203	0871-65150091-2241	0871-65150151
一重集团大连设计研究院有限公司冷轧部	辽宁省大连市经济技术开发区东北大街 96 号	116600	0411-39243366	0411-39243133
中冶京诚工程技术有限公司	北京市大兴区经济技术开发区建安街 7 号	100176	010-83587839	010-83587998
北京科技大学机械工程学院	北京市海淀区学院路 30 号	100083	010-62334723	010-62329145
北京有色冶金设计研究院	北京市海淀区复兴路 12 号	100038	010-63936451	010-63936618
邢台冶金机械轧辊厂	河北省邢台市新兴西大街 1 号	054025	0319-2116090	0319-2022061
中国重型机械研究院股份公司	陕西省西安市西安经济技术开发区草滩生态产业园尚林路 3699 号	710018	029-86322669	029-86713965
哈尔滨环保制氢设备工业公司	黑龙江省哈尔滨市南岗区哈西大街 107 号	150080	0451-86662954	0451-86662954
沈阳冶金机械有限公司	辽宁省沈阳市经济技术开发区沈辽路 2 号	110141	024-25810645	024-25810645
太原重型机械集团有限公司	山西省太原市万柏林区玉河街 53 号	030024	0351-6362594-8018	0351-6365903
太原矿山机器集团有限公司	山西省太原市解放北路 75 号	030009	0351-3041086	0351-3041086
太原科技大学冶金机械学院	山西省太原市万柏林区瓦流路 66 号	030024	0351-6963332	0351-6963332

（续）

单位名称	通信地址	邮编	电话	传真
鞍山矿山机械股份有限公司	辽宁省鞍山市立山区励工街5号	114032	0412-6612676	0412-6612313
矿山机械工程设计研究院有限责任备分公司	河南省洛阳市涧西区建设路206号	471039	0379-64087777	0379-64087818
杭州拉丝机制造厂	浙江省杭州市桐庐县富春江镇子陵路10号	311504	0571-64653908	0571-64653411
西安忠义金属制品设备总厂	陕西省西安市未央区小白杨路20号	710016	029-86312404	029-86312404
锡山大象机械制造有限公司	江苏省无锡市锡山区荡口镇人民路63号	214116	0510-88741471	0510-88741471
中国重型机械有限公司	北京市丰台区汉威国际广场2区8号楼	100036	010-68221576	010-68296106
大连重工·起重集团有限公司设计研备分公司	辽宁省大连市西岗区八一路169号	116013	0411-86852288	0411-86852283
云南冶金昆明重工有限公司	云南省昆明市五华区龙泉路871号	650203	0871-66085233	0871-66085085
上海市机电设计研究院有限公司	上海市静安区北京西路1287号	200040	021-62479741	021-62479741
中国第二重型机械集团公司	四川省德阳市珠江路1号	618013	0838-2341817	0838-2201998
上海重型机器厂有限公司	上海市闵行区江川路1800号	200245	021-54721141-2110	021-54722933
北方重工集团有限公司	辽宁省沈阳市经济技术开发区开发大路16号	110025	024-25802406	024-25802416

破碎粉磨设备专业委员会

单位名称	通信地址	邮编	电话	传真
四川矿山机器（集团）有限责任公司	四川省江油市建设北路888号	621701	0816-3696180	0816-3696888
山东山矿机械有限公司	山东省济宁市济安桥北路11号	272041	0537-2783801	0537-2228529
洛阳矿山机械工程设计研究院有限责任公司	河南省洛阳市涧西区建设路206号	471039	0379-64087722	0379-64221800
南昌矿机集团股份有限公司	江西省南昌市湾里区盘龙路23号	330004	0791-83782882	0791-82107123
浙江矿山机械有限公司	浙江省义乌市义亭镇矿机一路96号	322005	0579-85815385	0579-85815387
北方重工集团有限公司矿业装备分公司［北方重工装备（沈阳）有限公司］	辽宁省沈阳经济技术开发区开发大路16号	110860	024-25802282	024-25802858
常熟中材装备重型机械有限公司	江苏省常熟市北三环276号	215500	0512-52850662	0512-52850414
溧阳中材重型机器有限公司	江苏省溧阳市天目湖工业园区滨河路11号	213332	0519-80895001	0519-50895001
唐山市矿山机械厂	河北省遵化市东新庄镇	064200	0315-6999117	0315-6996189
河南龙佰智能装备制造有限公司（河南省群英机械制造有限责任公司）	河南省焦作市解放中路397号	454002	0391-3906898	0391-3933430
上海嘉庆轴承制造有限公司	上海市闸北区民德路158号1802室	200071	021-56559515	021-56639899
湖北枝江峡江矿山机械有限责任公司	湖北省宜昌市白洋镇沿江街1号	443208	0717-4400029	0717-4402299
松滋市金津矿山机械有限责任公司	湖北省松滋市城东工业园区永兴路3号	434200	0716-6210381	0716-6222339

（续）

单位名称	通信地址	邮编	电话	传真
哈尔滨国海星轮传动有限公司	黑龙江省哈尔滨市哈平路工业园区烟台 3 路 8 号	150060	0451-86530858	0451-86523282
广西南宁深远矿山机械有限责任公司	广西壮族自治区南宁市西乡塘区安园东路 18 号广西工业器材城东区 15 栋 105 号	530001	0771-3130687	
山东大通机械科技有限公司	山东省淄博市博山区东良庄北首	255200	0533-4200699	0533-4200699
山东黑山路桥机械科技有限公司	山东省淄博市博山区八陡镇黑山前 165 号	255203	0533-4518240	0533-4518147
河南红星矿山机器有限公司	河南省郑州市高新区檀香路 8 号	450100	0371-86670277	0371-67776666
桂林矿山机械有限公司	广西壮族自治区桂林市灵川县桂矿路 1 号	541200	0773-6825032	0773-6812096
河北万矿机械厂	河北省张家口市西山产业集聚区（万全县）矿机路 6 号	076250	0313-4881100	0313-4811166
上海重型机器厂有限公司（上海电气上重碾磨特装设备有限公司）	上海市闵行区江川路 1800 号	200245	021-34098211	021-34097510
河南焦矿机器有限公司	河南省焦作市焦东中路 28 号	454002	0391-3976001	0391-2107123
云南冶金昆明重工有限公司	云南省昆明市龙泉路 871 号	650203	0871-6085302	0871-66085303
成都大宏立机器股份有限公司	四川省成都市大邑县光华路 8 号	611330	028-88201030	028-88201030
北京斯诺堡轴承有限公司	北京市西城区广安门外三义东里 20 号	100055	010-63427566	010-63479753
上海山美环保装备股份有限公司	上海市奉贤区青村镇奉村路 258 号	201414	021-59766182	021-39282672
昆山多灵重型设备科技有限公司	江苏省昆山市锦溪生态产业园锦荣路 550 号	215324	0512-83639696	0512-83639697
山东益杰重工机械有限公司	山东省淄博市博山经济开发区（高速路口）	255200	0533-4658626	
成都市双流金石机械制造有限公司	四川省成都市双流县金桥镇永和村三组	610200	028-85851092	028-85851618
中南大学机电工程学院	湖南省长沙市岳麓山南路 105 号	454002	0731-88877025	0731-88851136
荆州市巨鲸传动机械有限公司	湖北省荆州市沙市区东方大道 58 号	434000	0716-8303999	0716-8303886
浙江海马传动科技股份有限公司	浙江省诸暨市店口镇解放路 259 号	311835	0575-87655388	
定襄县佳敏机械锻造有限公司	山西省忻州市定襄县九龙湾工业区	035400	0350-3329586	
四达电机制造股份有限公司	河北省邯郸市肥乡经济开发区民生街 1 号	056004	0310-3178286	0310-3178506
陕西蒲城秦星建设机械有限公司	陕西省渭南市蒲城县苏坊镇东大街	715514	0913-7325552	0913-7325552
东平开元机械制造有限公司	山东省泰安市东平县工业园区	271500	0583-2821052	0583-6356808
SKF 山东睿能机械有限公司	山东省济南市蓝翔路 15 号 -6 区 -2 号	250023	0531-85980518	0531-85980518
固安百滤得机械制造有限公司	河北省廊坊市固安县温泉园区	065501	0316-7025688	0316-6228358
淄博市博山万雷机械设备厂	山东省淄博市博山区颜北路 192 路	255200	0533-4235888	
巢湖诺信建材机械设备有限公司	安徽省巢湖市炯炀工业区	238072	0551-88515783	0551-88512652
江苏国茂减速器股份有限公司	江苏省常州市武进高新区龙潜路 98 号	213000	0519-86568898	0519-86581901
天津赛瑞机器设备有限公司齿轮制造分公司	天津市东丽区滨海重机园 3 号	300350	022-24362086	022-24355100
广东磊蒙重型机械制造有限公司	广东省韶关市镇江区工业园产业转移工业园	512000	0751-6528888	
上海云统创申智能科技有限公司	上海市浦东新区临港产业园区天高路 601 号	201411	021-53011861	021-53011873
浙江双金机械集团股份有限公司	浙江省杭州市余杭区瓶窑镇南山村	311115	0571-88537288	0571-88503522
新乡市鼎力矿山设备有限公司	河南省卫辉市唐庄镇盆窑村	453100	13598655653	0373-4222222

（续）

单位名称	通信地址	邮编	电话	传真
山东金宝山机械有限公司	山东省临沂市金宝山路1号	276000	0539-8529300	0539-8529099
哈尔滨和泰电力设备有限公司	黑龙江省哈尔滨市南岗区长江路380号宏洋大厦	150090	0451-82314958	0451-82314178
新乡市通用电机有限公司	河南省新乡市新乡经济技术开发区纬六路19号	453000	13837311718	0373-3686333
臣桀（上海）橡胶工业技术有限公司	上海市金山区吕巷镇溪南路86号	214107	021-88733929	021-88733929
天津市立鑫晟新材料科技有限公司	天津市静海县良王庄乡良二村	301601	022-68120451	022-68120451
莒州集团有限公司	山东省日照市莒县浮来工业园	276511	0633-7882278	0633-6269678
长沙矿冶研究院有限责任公司	湖南省长沙市麓山南路966号	410012	13808462653	0731-88657306
韶关市韶瑞重工有限公司［科威瑞（广东）矿机装备有限公司］	广东省韶关市武江区百旺路42号莞韶双创（装备）中心2号研发厂房F101	512000	0751-8136871	0751-8136871
广州市光泽齿轮机械有限公司	广东省广州市荔湾区海龙街道东联路40号自编N栋	510378	020-81419878	
武汉正通传动技术有限公司	湖北省武汉市黄陂区横店街正通大道99号	430301	027-61768899	027-61768899
哈尔滨贵友科技开发有限公司	黑龙江省哈尔滨市呼兰区双井镇勤劳村	510378	0451-55234800	0451-55234700
浙江正钢机械设备有限公司	浙江省永康市列桥工业基地正大路88号	321300	0579-87277436	0579-87277495
四川国鼎机械设备制造有限公司	四川省江油市江彰大道172号	621701	0816-3777051	0816-3227927
韶关市创力机械有限公司	广东省韶关市浈江区产业转移工业园创业路23号	512000	0751-8838022	0751-8838022
昆明学院	云南省昆明市昆明经济技术开发区浦新路2号	650224	0871-6509800	0871-6509800
四川江油新川矿山机械有限公司	四川省江油市江彰大道中段330号	621701	0816-3515555	0816-3515555
淄博山重机械制造有限公司	山东省淄博市博山区莲花山路177号	255200	0533-4206977	0533-4206977
四川铁鹰机械制造有限公司	四川省江油市厚坝镇龙王街81号	621701	0816-3770026	0816-3770065
辽宁重型电机制造有限公司	辽宁省抚顺市沈抚新区连城路67号	113122	024-56615150	024-56615150
深圳市德颐姆科技有限公司	广东省深圳市龙岗区坂田街道雅园路坂田创意园Y1-3F10	518000	0755-84715896	0755-28484096
湖州恒通机械设备有限公司	浙江省湖州市埭溪镇上强工业功能区	313032	0572-2367341	0572-3827808
河北重威矿山机械制造有限公司	河北省保定市望都县望都镇彤霞工业园	072450	0312-7836666	
淄博大力矿山机械有限公司	山东省淄博市周村区新华大道10099号	255300	0533-6536766	
山西省平遥减速器有限责任公司	山西省晋中市平遥县科技工业区	031100	0354-85651111	
华创重工工业（大连）有限公司	辽宁省大连市瓦房店市钢店办事处	116300	13700112219	0411-62900515
瓦房店森吉米尔轴承制造有限公司	辽宁省大连市瓦房店市瓦窝工业园园区北路29号	116300	17376581988	0411-83361878
沈阳顺达重矿机械制造有限公司	辽宁省沈阳市沈阳经济技术开发区大潘镇东古村	110027	13840039930	024-89896431

洗选设备专业委员会

单位名称	通信地址	邮编	电话	传真
北方重工集团有限公司	辽宁省沈阳市经济技术开发区开发大路16号	110178	13804033923	
鞍山重型矿山机器股份有限公司	辽宁省鞍山市高新区鞍千路294号	114051	0412-5235090	0412-5239900
山东华特磁电科技股份有限公司	山东省潍坊市临朐县华特路6999号	262600	0536-3158808	0536-3110552
中信重工机械股份有限公司矿山机器厂	河南省洛阳市涧西区建设路206号	471039	13837949658	0379-64086883
沈阳隆基电磁科技股份有限公司	辽宁省抚顺市经济开发区文华路6号	113122	024-56609125	024-56605768
淮北矿山机器制造有限公司	安徽省淮北市濉溪经济开发区工业园白杨路15号	235005	13965876158	0561-6063318
镇江电磁设备厂有限责任公司	江苏省镇江市丹徒新城谷阳大道东延99号	212004	13805282608	0511-85622591
南昌矿山机械有限公司	江西省南昌市湾里区盘龙路23号	330004	13807085540	0791-3761006
东北大学资源与土木工程学院	辽宁省沈阳市东北大学265信箱	110006	15904051956	024-23890448
上海盾牌矿筛有限公司	上海市静安区天目中路383号1503室	200070	021-63540769	021-63853856-8001
河南威猛振动设备股份有限公司	河南省新乡市新乡县工业路1号	453731	0373-7080342	0373-5590098
海安万力振动机械有限公司	江苏省海安市城江海西路168号	226600	13706277726	0513-88814780
上海山美重型矿山机械有限公司	上海市奉贤区青村镇奉村路258号	201414	13700863691	021-58200089
钟祥市新宇机电制造有限公司	湖北省钟祥市经济开发区西环二路8号	431999	13707264888	0724-4223279
沈阳鸿翔复合弹性设备有限公司	辽宁省沈阳市大东区大什字街80-1号23-4	110042	13604904882	024-88472546
北京矿冶研究总院机械研究所	北京市丰台区南四环西路188号总部基地18区23号楼	100044	13701325849	010-68336186
上海嘉庆轴承制造有限公司	上海市闸北区民德路158号铭德国际广场1802室	200070	13564241799	021-56559515
江阴齿轮箱制造有限公司	江苏省江阴市工业园区澄山路601号	214437	13656165722	0510-86993196
煤炭科学研究总院唐山设计研究院	河北省唐山市新华西道21号	063012	13703348985	0315-2829275
河南太行振动机械股份有限公司	河南省新乡市经济开发区中央大道66号	453731	13803738509	0373-5586811
唐山汇力科技有限公司	河北省唐山市路南区唐古街3号	063001	0315-2870061	0315-2876709
辽源通工机械有限公司	吉林省辽源市工业开发区向阳工业园福兴路1号	136200	13604375653	0437-3170955
四川江油新川矿山机械有限公司	四川省江油市江彰大道中段330号	621701	0816-3515555	0816-3515333
泰州市白塔橡胶厂	江苏省泰州市江堰区民营经济产业中心	225500	13705268229	0523-88286079
河南省群英机械制造有限责任公司	河南省焦作市解放路397号	454002	13782713789	0391-3911397
辽阳市望水橡胶制品厂	辽宁省辽阳市振兴路下王家256号	111004	13704196882	0419-3306825
松滋市金津矿山机械有限责任公司	湖北省松滋市城东工业园永兴路3号	434200	13972364370	0716-5951166
扬州市金马矿机配件有限公司	江苏省扬州市江都区通江路43号	225200	13705250833	0514-86893833
淮北市协力重型机器有限责任公司	安徽省淮北市濉溪经济开发区工业园金桂西路2号	235000	13905612169	0561-4080808

（续）

单位名称	通信地址	邮编	电话	传真
河南省平原矿山机械有限公司	河南省新乡市黄河大道289号	453700	13803802825	0373-5071699
唐山陆凯科技有限公司	河北省唐山市高新技术产业园区火炬路208号	063020	0315-3853380	0315-3853381
扬州市亚业筛网厂	江苏省扬州市江都区城南工业园刘桥路	225200	13905258171	0514-86545138
河北亚恒橡胶科技有限公司	河北省深州市大屯工业区张屯	053873	0318-3486866	0318-3486966
扬州宝飞优斯特振动器制造有限公司	江苏省扬州市宝应县安宜创业园22栋	225800	13901440380	0514-88279611
韶关市韶瑞重工有限公司	广东省韶关市武江区西郊六公里科技工业园	512029	18948839999	0751-8136871
沈阳永达有色铸造厂	辽宁省沈阳市皇姑区鸭绿江北街168号	110033	024-86671638	024-86673763
淮北市金牛源矿山机器有限公司	安徽省淮北市濉溪县乾隆湖工业园	235100	13966112959	0561-7518061
岳阳科德科技有限责任公司	湖南省岳阳市经济开发区科德工业园	414000	13332509188	0730-8729288
赣州金环磁选设备有限公司	江西省赣州市章贡区沙河工业园	341000	13970765025	0797-8325798
浙江镇南精工机械有限公司	浙江省诸暨市店口镇解放路259号	311835	13395758888	0575-87655618
江苏磁谷科技股份有限公司	江苏省镇江市丁卯开发区南纬四路10号	212009	13906104105	0511-88893966
新乡市高科机械设备有限公司	河南省新乡市新乡县小冀镇21号桥西800米路北	453731	13903734412	0373-5593617
东阳市天力磁电有限公司	浙江省东阳市开发区八华南路18号	322100	13605727760	0579-86816587
淮北中芬矿山机器有限公司	安徽省淮北市杜集区孙谢庄工业园腾飞路1号	235000	13905610503	0561-3091224
河南省荥阳市矿山机械制造厂	河南省荥阳市荥密路三里庄	450100	15890055500	0371-646496896
江苏金基特钢有限公司	江苏省句容市宝华镇和平村汤龙公路旁	212415	13705183558	025-85818226
河南蒲瑞精密机械有限公司	河南省长垣市巨人大道与纬十路交叉口路西	453400	0373-8625688	0373-8625688
烟台龙腾机械设备有限公司	山东省招远市初山东路99号	265400	13853511669	0535-8113099

桥式起重机专业委员会

单位名称	通信地址	邮编	电话	传真
中国中元国际工程有限公司	北京市海淀区西三环北路5号	100089	010-68732336	010-84037436
北京起重运输机械设计研究院有限公司	北京市东城区雍和宫大街52号	100007	13911685806	
大连华锐重工集团股份有限公司	辽宁省大连市西岗区八一路169号	116013	0411-86852173	0411-86852222
卫华集团有限公司	河南省新乡市长垣县卫华大道卫华集团	453400	400-005-8886	0373-8887646
太原重工股份有限公司	山西省太原市万柏林区玉河街53号	030024	0351-6367057	0351-6365445
河南省矿山起重机有限公司	河南省长垣市长恼工业区矿山路与纬三路交汇处	453400	0373-8735669	0373-8735695
上海起重运输机械厂有限公司	上海市奉贤区青工路418号	201414	021-65564735	021-56639864
株洲天桥起重机股份有限公司	湖南省株洲市石峰区田心北门	412001	0731-22337000	0731-22337000-8009
山起重型机械股份公司	山东省潍坊市青州市昭德北路2198号	262515	0536-3295377	0536-3203037

（续）

单位名称	通信地址	邮编	电话	传真
广州起重机械有限公司	广东省广州市白云区白云大道南金钟大厦208室	510420	020-86592003	020-86796828
江苏象王集团股份有限公司	江苏省盐城市建湖县经济开发区亮月路1号	224700	0515-82068929	0515-86317221
宁夏天地奔牛银起设备有限公司	宁夏回族自治区银川市西夏区银川经济开发区金波南街160号	750021	0951-3067126	0951-3067126
法兰泰克重工股份有限公司	江苏省苏州市苏州汾湖高新技术产业开发区汾越路288号	215211	0512-82072666	0512-82072999
河南省大方重型机器有限公司	河南省长垣市恼里镇长恼工业区	453400	0373-2157011	
江西起重机械总厂有限公司	江西省樟树市共和东路82号	331200	0795-7364266	0795-7364566
洛阳起重机厂有限公司	河南省洛阳市老城区唐宫东路10号	471009	0379-63415966	0379-63415999
常州市常欣电子衡器有限公司	江苏省常州市中凉亭夏雷路68号	213000	0519-86655667	0519-86643943
黑龙江富锦富华起重机有限公司	黑龙江省富锦市富福路西段	156101	0454-2347124	0454-2349210
柳州起重机器有限公司	广西壮族自治区柳州市柳州市阳和工业新区雒容工业园2号	545616	0772-6513376	0772-3117615
豫飞重工集团有限公司	河南省新乡市新乡经济技术开发区豫飞新型工业化产业园经十一路	453002	0373-5855069	0373-3321906
辽宁清原第一缓冲器制造有限公司	辽宁省抚顺市146信箱	113103	024-54077398	024-54077398
云南冶金昆明重工有限公司	云南省昆明市龙泉路871号	650203	0871-63637961	0871-66085010
江苏泰隆减速机股份有限公司	江苏省泰兴市大庆东路88号	225400	0523-87767938	0523-7665426
河南省东风起重机械有限公司	河南省长垣市起重工业园区纬二路北	453400	0373-2156668	
广东永通起重机械股份有限公司	广东省佛山市顺德区杏坛镇德品路5号	538325	0757-23311411	0757-23833832
河南重工集团起重机科技有限公司	河南省长垣市魏庄工业园区长恼路西侧6号	453400	0373-8928888	0373-8712958
河南宝起华东起重机有限公司	河南省长垣市河南起重工业园区巨人大道	453400	0373-8625666	0373-8619880
浙江众擎起重机械制造有限公司	浙江省诸暨市城西工业区千禧路1号	311800	0575-87385688	0575-87387610
无锡新大力电机有限公司	江苏省无锡市惠山区惠畅路19号	214177	0510-83761037	0510-83621022
丹东振安建工机械有限公司	辽宁省丹东市振安区果园路30号	118000	0415-4188608	0415-4188606
江苏三马起重机械制造有限公司	江苏省靖江市经济开发区新桥园区润新大道9号	214500	0523-84331105	0523-56778610
新乡市起重设备厂有限责任公司	河南省新乡市新乡经济技术开发区经十一路	453006	0373-3662200	0373-3058094
河南圣起机械集团有限公司	河南省长垣市魏庄镇圣起大道30号	453424	0373-8710123	0373-8711808
河南豫中起重集团有限公司	河南省长垣市位庄工业区	453424	0373-8711798	0373-8791898
新疆通用机械有限公司	新疆维吾尔自治区乌鲁木齐市米东区九沟北路2446号广汇工业园内	830019	0991-6868363	0991-8787087
浙江通力传动科技股份有限公司	浙江省瑞安市江南大道3801号	325207	0577-65590318	0577-65598888
上海豪力起重机械有限公司	上海市浦东新区合庆镇东川公路5708号	201201	021-68915868	021-58971159

（续）

单位名称	通信地址	邮编	电话	传真
宁波市凹凸重工有限公司	浙江省宁波市海曙区机场路 3998 号	317600	0574-88008778	0574-88008779
焦作金箍制动器股份有限公司	河南省焦作市博爱县发展大道（东段）1688 号	454000	0391-2086000	0391-2086288
宁波东力传动设备有限公司	浙江省宁波市江北工业区银海路 1 号	315033	0574-88398989	0574-88388889
河南华北起重吊钩有限公司	河南省长垣市起重工业园区阳泽路 12 号	453400	0373-8710588	0373-8710503
河南奔宇电机科技有限公司	河南省长垣市南蒲区纬二路 27 号	453431	0373-8622311	0373-8622313
郑州凯澄起重设备有限公司	河南省郑州市新郑市梨河镇气象局东隔壁	450000	0371-62575799	0371-62575699
泰星减速机股份有限公司	江苏省泰兴市姚王镇泰姚北路 10 号	225402	0523-87635681	0523-7635683
江西江特电机有限公司	江西省宜春市环城南路 581 号	336000	0795-3288626	0795-3263554
大连辽南起重机器有限公司	辽宁省大连市旅顺区营顺路 102 号	116050	0411-86236158	0411-86236371
辽宁国辰电子技术有限公司	辽宁省鞍山市立山区越岭路 266 号	114041	0412-8778887	0412-5644777
奥力通起重机（北京）有限公司	天津市武清区京滨工业园民丰道 1 号	301712	022-22199090	022-29467189
江苏太兴隆减速机有限公司	江苏省泰兴市城区科技工业园 7 号	225400	0523-87996888	0523-87996999
河南恒达机电设备有限公司	河南省长垣市南蒲区纬十一路北侧，纬十路南侧、北起院东侧	453424	0373-2156199	0373-2156189
江西工埠机械有限责任公司	江西省樟树市药都北大道 223 号	331201	0795-7776606	0795-7776268
无锡市宏泰电机股份有限公司	江苏省无锡市惠山区前洲镇工业园区万寿路 17 号	214181	0510-83390388	0510-83390288
浙江东海减速机有限公司	浙江省温州市平阳经济开发区（鳌江镇鸽巢路）	325400	0577-58111997	0577-63679809
科尼起重机设备（上海）有限公司	上海市普陀区祁连山南路 2891 弄 100 号 D 栋	200331	021-26061053	021-26061182
苏州汇川技术有限公司	江苏省苏州市吴中区越溪友翔路 16 号	215014	0512-68795310	
四川合能起重设备有限公司	四川省成都市金堂县淮口镇工业园现代大道 999 号	610404	028-84901618	028-84903176
辽宁铭鹏防爆起重机有限公司	辽宁省铁岭市清河区工业园区昌盛路 88 号	112003	024-2131180	024-2131180
绍兴起重机总厂	浙江省绍兴市袍江新区洋江东路 38 号	312000	0575-88265988	0575-88265977
东莞市台冠起重机械设备有限公司	广东省东莞市大朗镇杨涌金朗南路 229 号	523770	0769-83019666-881	0769-83019666
江苏国茂减速机股份有限公司	江苏省佛山市武进高新技术开发区龙港路 98 号	213164	0519-86552810	
托菲传感技术（上海）股份有限公司	上海市虹口区水电路 1422 号 2 号楼 804 室	200434	021-65311020	021-65311031
上海格尼特控制技术有限公司（原上海技景自动化科技有限公司）	上海市松江区车墩镇泖亭路财富家园 188 弄 29 栋 102 室	201600	021-58558148	021-50761002
太重集团（大同）起重机有限公司	山西省大同市经济技术开发区装备制造园区园泰路 99 号	037000	0352-7266609	
常州常矿起重机械有限公司	江苏省常州市武进区高新技术开发区凤鸣路 18-2 号	213164	0519-89607158	0519-86907169

（续）

单位名称	通信地址	邮编	电话	传真
常州市潞城常东塑料五金厂	江苏省常州市经开区潞城街道潞横路2688号	213025	0519-88402188	0519-88400668
上海伯瑞制动器有限公司	上海市奉贤区奉城东街108号	201411	021-57522358	
常州市海之杰港口起重机设备有限公司	江苏省常州市新北区罗溪镇汤庄旺田路21号	213133	0519-83150568	0519-83150568
天津津起起重设备有限公司	天津市津南区葛沽镇葛万公路与华景道交口	300352	022-28683504	022-28682369
扬戈科技股份有限公司	浙江省台州市三门县滨海新城滨港路16号	317100	0576-3337758	0576-3373755
浙江立新起重开关厂	浙江省乐清柳市镇柳黄路1658号	325604	0577-62718111	0577-62718999
常州市武进起重电器有限公司	江苏省常州市武进区横林镇崔桥崔横北路218号	213103	0519-88503118	0519-88501298
河南省飞马起重机械集团有限公司	河南省长垣市魏庄工业园区纬五路11号	453400	0373-8791678	0373-8711976
昌乐县东田聚氨酯厂	山东省维坊市昌乐县红河镇	262413	0536-6973111	0536-69732555
山东烟起起重设备有限公司	山东省烟台市福山区金凤路50号	265500	0535-6361660	0535-6367663
焦作市长江制动器有限公司	河南省焦作市武陟县大司马工业区888号	454981	0391-7517888	0391-7515658
焦作市制动器开发有限公司	河南省焦作市武陟县河朔大道281号	454950	0391-7268818	0391-7268019
南京开关厂有限公司	江苏省南京市江宁滨江开发区秀王路2号	210078	025-68729100	025-69930734
泰兴市华东减速机制造有限公司	江苏省泰兴市鑫泰路318号	225400	0523-7694282	0523-7694337
新乡市鹏升起重设备有限公司	河南省长垣市位梁工业区	453424	0373-8719619	0373-8719398
施耐德电气（中国）有限公司上海分公司	上海市普陀区云岭东路89号8楼	200000	021-63635678	
无锡石油化工起重机有限公司	江苏省无锡市惠山经济开发区惠畅路111号	214178	0510-83592637	0510-83591226
长航集团武汉电机有限公司	湖北省武汉市江夏区藏龙岛科技园九凤街3号	430200	027-81977306	
焦作市虹桥制动器股份有限公司	河南省焦作市武陟县云台大道东侧2号	454950	0391-7541111	0391-7542222
沈冶重型装备（沈阳）有限责任公司	辽宁省沈阳市沈阳经济技术开发区细河十北街26号	110027	024-31228088	024-31228088
上海嘉庆轴承制造有限公司	上海市闸北民德路158号铭德国际广场1802室	200071	021-56559516	021-56639899
上海宝松重型机械工程有限公司	上海市宝山区盘古路732号	201900	021-56698880	021-56690455
山东益杰重工机械有限公司	山东省淄博市博山区博莱高速路口	255213	0533-4658626	
江西飞达电气设备有限公司	江西省宜春市工业园区长青大道经济技术开发区宜工大道68号	336000	0795-2119920	0795-3245168
山东德鲁克起重机集团有限公司	山东省新泰市羊流工业园区	271208	0538-2078966	0538-2078988
山东泰山起重机械有限公司	山东省新泰市羊流工业区	271208	0538-7442312	0538-7444777
江苏格雷特起重机械有限公司	江苏省南通市通州区平潮沿江工业园区蛟龙路18号	226361	0513-86701518	0513-86714777
山东柳杭减速机有限公司	山东省淄博市博山区水河路中段	255200	0533-4266859	0533-4182198

（续）

单位名称	通信地址	邮编	电话	传真
湖北鄂南起重运输机械有限公司	湖北省赤壁市发展大道159号	437300	0715-5250326	0715-5250910
江苏宏达起重电机有限公司	江苏省无锡市惠山区前州镇开发区惠和路3号	214181	0510-83390666	0510-83380072
山东华通机械有限公司	山东省新泰市羊流工业区	271208	0538-7442393	0538-7442003
山东开元重型机械有限公司	山东省新泰市羊流工业区	271208	0538-2097158	4008266163-26866
上海海希工业通讯股份有限公司	上海市松江区莘砖公路518号15幢	201612	021-54902525	021-54902626
无锡市安特防爆机电制造有限公司	江苏省无锡市惠山区长安东庄工业园82号	214177	0510-83620477	0510-83622120
湖北蒲圻起重机械有限公司	湖北省赤壁市经济开发区起重机械工业园区	437300	0715-5250377	0715-5250489
焦作市长控液压制动器有限公司	河南省焦作市修武县产业区集聚区武源路	454950	0391-7131558	0391-7131000
湖北咸宁三合机电股份有限公司	湖北省咸宁市咸安区永安大道同心路138号	437000	0715-8316200	0715-8322725
无锡市安能滑触电器有限公司	江苏省无锡市锡山区东北塘镇农坝工业区	214191	0510-83776126	0510-83776272
河南华豫起重集团有限公司	河南省长垣市起重工业园区华豫大道	453400	0373-8717666	0373-8717555
四平市海格起重机器制造有限公司	吉林省四平市红嘴开发区兴红路1515号	136000	0434-5016801	0434-5016816
武汉正通传动技术有限公司	湖北省武汉市黄陂区横店街正通大道99号	430301	027-61879999	027-61768899
上海共久电气有限公司	上海市松江区石湖荡镇育新路88号	201617	021-57841571-8026	021-57841775
南通力威机械有限公司	江苏省如皋市如城镇东部工业园区兴源大道6号	226500	0513-87268999	0513-87268998
江苏泰宇减速机有限公司	江苏省泰兴市姚王镇石桥工业园	225402	0523-87540099	0523-87540066
天津重钢机械装备股份有限公司	天津市滨海新区塘沽厦门路139号	300459	022-25214491-818	022-25211535
天府重工有限公司	山东省烟台市福山区上庄路81号	265500	0535-6330086	
象山万邦电器有限公司	浙江省宁波市象山县产业区城东工业园望海路5号	315706	0574-65626628	0574-65622768
新乡市志远起重配件厂	河南省长垣市起重机工业园区	453400	0373-8615167	0373-8615167
河南新起腾升起重设备有限公司	河南省新乡市榆东产业聚集区	453000	0373-7722088	0373-7722088
江阴市起重运输机械有限公司	江苏省江阴市申港街道申新路33号	214443	0510-86621524	0510-86621524
江西华伍制动器股份有限公司	江西省丰城市高新技术园区火炬大道26号	331100	0795-6203200	0795-6241080
郑州市华中路桥设备有限公司	河南省郑州市上街区洛宁路88号	450041	0371-68115785	0371-68117258
唐山沧达电缆有限公司	河北省唐山市路南区复兴路54号	063000	0315-2869026	0315-2866026
湖北创新电气股份有限公司	湖北省宜昌市伍家岗区东站路211号	443000	0717-6572412	0717-6572452
无锡文鼎线缆有限公司	江苏省宜兴市官林镇工业集中区东虹路39号	214251	0510-87258883	0510-87208458
宁波市鄞州中久电子有限公司	浙江省宁波市鄞州横溪镇上畈58号	315131	0574-88239881	0574-88239555
微特技术有限公司	湖北省宜昌市港城路6号	443005	0717-4000082600	0717-6906018
南京高锐特起重机械有限公司	江苏省南京市六合区龙袍街道东沟镇工业园区府前街118号	211514	025-68902297	025-68902298

（续）

单位名称	通信地址	邮编	电话	传真
云南昆钢重型装备制造集团有限公司	云南省昆明市自由贸易试验区昆明片区经开区洛羊街道办事处拓翔路 158 号	650501	0871-68608516	0871-67427498
上海君睿起重设备安装工程有限公司	上海市静安区永和路 398 号飞乐大厦 315 室	200072	021-56652336	021-56652336
河南省恒远起重机械集团有限公司	河南省长垣市起重工业园区巨人大道 6 号	453400	0373-8622265	0373-8726666
岳阳科德科技有限责任公司	湖南省岳阳市经济开发区 188 号	414000	0730-8729888	0730-8729288
浙江三港起重电器有限公司	浙江省台州市三门县滨海新城永盛路 8 号	317100	0576-83351555	0576-83351558
南京神天起重机械设备有限公司	江苏省南京市江宁区禄口街道石埝社区（铜山）	211156	025-86197951	025-87191633
湖北三思科技股份有限公司	湖北省宜昌市高新区大连路 33 号清华科技园	443700	0717-6341110	0717-6342020
无锡市西塘宏达机电有限公司	江苏省无锡市惠山区前洲镇西塘村	214181	0510-83396588	0510-83396588
上海辛格林纳新时达电机有限公司	上海市嘉定区思义路 1560 号	201801	021-69926036	021-69926011
宁波新大通电机有限公司	浙江省宁波市象山产业区城东工业园万隆路 587 号	315706	0574-65626009	0574-65626009
象山亿佳电器有限公司	浙江省宁波市象山县贤庠镇锦庠路 15 号	315701	0574-65626626	0574-65803535
湖北重工蒲圻机械有限公司	湖北省赤壁市经济开发区赤马港园区 11 号路	437300	0715-5362978	0715-5362978
江苏上上电缆集团有限公司	江苏省溧阳市上上路 68 号	213300	0519-87308866	0519-87308866
山东天源重工集团有限公司	山东省新泰市羊流工业园	271208	0538-7446789	0538-7443456
河南省龙祥电力电缆有限公司	河南省长垣市人民路西段路南	453400	0373-8881935	
武汉金地球起重设备有限责任公司	湖北省武汉市武昌区中南路 14 号世纪广场 B 座 8002 室	430000	027-59814626	027-59814629
上海辽清缓实业有限公司	上海市宝山区爱辉路 27 弄 4 号 102	200431	021-66207448	021-66207428
广东日丰电缆股份有限公司	广东省中山市西区广丰工业园	528401	0760-88166388	0760-88166388
丹东万达电缆卷筒有限公司	辽宁省丹东市元宝区八道街 165 号	118000	0415-3128544	0415-3131002
鞍山市起重机械有限公司	辽宁省鞍山市立山区羊草庄工业园区强工路 369 号	114031	15941206520	0412-6619166
山东益统重工机械有限公司	山东省新泰市西张庄镇开发区博宇路路西	271224	0538-7446677	0538-7446777
山东鲁新起重设备有限公司	山东省新泰市西张庄镇正阳西路北首	271224	0538-7442439	0538-7442578
深圳市英威腾电气股份有限公司	深圳市光明区马田街道松白路英威腾光明科技大厦	518107	0755-23535641	0755-8631288
石家庄铁道大学国防交通研究所	河北省石家庄市北二环东路 17 号	050043	0311-87939580	0311-87939585
浙江麒龙起重机械有限公司	浙江省绍兴市柯桥区兰亭街道工业园区	312043	0575-84608898	0575-88405050
浙江天正电气股份有限公司	上海市浦东新区康桥东路 388 号	201319	021-31167247	021-31198729
上海佩纳沙士吉打机械有限公司	上海市青浦区朱家角镇沪清平公路 6098 号	201713	021-59242052	021-59240057
江阴市三叶机械有限公司	江苏省江阴市申港镇申港路 259 号	214443	0510-86629737	
德马科起重机械有限公司	河南省长恒市长垣起重工业园区纬四路一号	453400	0373-8614499	0373-8614455

（续）

单位名称	通信地址	邮编	电话	传真
浙江协成起重机械有限公司	浙江省嘉兴市嘉惠县惠民街道成功路 101 号	314100	0573-84772000	0573-84648605
承德市开发区盛方电子有限公司	河北省承德市高新区科技大厦附楼 8 层	067000	0314-2067073	0314-2067073
上海宏欣电线电缆有限公司	上海市浦东新区新场镇荷花路 19 号	201314	021-68158306	021-68158356
北京北起新创起重设备有限公司	北京市大兴区工业开发区金苑路 19 号	102606	010-83511775	010-60213238
辽宁三洋重工起重机装备有限公司	辽宁省开原市解放路 578 号	112300	0410-3163777	0410-3613109
深圳市益尔智控技术有限公司	广东省深圳市南山区公园南路蛇口联合工业村 G 栋南山互联网创新创意服务基地 B605	518067	0755-26435085	0755-26641880
斯泰尔起重设备（上海）有限公司	上海市普陀区怒江北路 399 号 901 室	200333	021-66083737	021-66083015
无锡市安全滑触线有限公司	江苏省无锡市滨湖区雪浪街道南泉赵祖浜路北	214128	0510-85062656	0510-85418311
泉州市恒力起重机制造有限公司	福建省泉州市鲤城区江南高新技术园区紫山路 30 号	362000	0595-28829999	0595-28896889
河南蒲瑞精密机械有限公司	河南省长垣市山海大道与留晖大道交叉口往北 20 米路西	453400	0373-8619999	0373-8619998
湖北圣河金起重设备有限公司	湖北省襄阳市樊城区柿铺杨湖社区	441136	0710-3113188	0710-3113188
江阴市金达传动机械有限公司	江苏省江阴市云亭街道那巷路 9 号	214400	0510-86022317	0510-86022092
凯道起重设备（上海）有限公司	上海市徐汇区中山西路 1800 号兆丰环球大厦 11J 室	200235	021-54488936	021-54488937
石家庄五龙制动器股份有限公司	河北省石家庄市桥西区新石中路 375 号金石大厦 C 座 501	050091	0311-83805606	0311-83826381
武汉港迪技术股份有限公司	湖北省武汉市东湖新技术开发区理工大科技园理工园路 6 号	430223	027-87927216	027-87920068
浙江众磊起重设备制造有限公司	浙江省诸暨市江龙工业开发区	311800	0575-87398028	0575-87398028
江阴市正盛机械制造有限公司	江苏省江阴市申港镇于门工业园 68 号	214443	0510-86688868	0510-86623128
浙江欧迈特减速机械有限公司	浙江省温州市平阳县宋桥镇工业园	325409	0577-63770881	0577-63775678
天津市百业机械制造有限公司	天津市东丽区民族路 2 号	300300	022-84893995	022-84893985
河南新科起重机股份有限公司	河南省长垣市巨人大道与阳泽路交叉口往西 350 米路北	453400	0373-8622113	0373-8622900
江苏沃得起重机有限公司	江苏省镇江市丹徒新区勤政南路	212143	0511-85935166	0511-85935226
湖北三六重工有限公司	湖北省咸宁市巨宁大道 36 号	437000	0715-8343666	0715-8312668
云南劲力重型机器有限公司	云南省昆明市官渡区经济技术开发区拓翔路 158 号	650000	0871-68712750	
河南省远征起重机械有限公司	河南省长垣市魏庄工业园区华豫大道	453400	0373-8611999	0373-8611997
上海神安起重运输机械制造有限公司	上海市青浦区西岑莲西路 4398 号	201721	021-59295355	021-59294371
浙江凯岛起重机械有限公司	浙江省台州市椒江区滨海工业区启航路 998 号	318000	0576-82717999	0576-82958822
浙江浩全电器科技有限公司	浙江省乐清市柳市镇苏吕村苏太路 418 号	325604	0577-62790957	0577-62790993

（续）

单位名称	通信地址	邮编	电话	传真
北京辰极国泰科技有限公司	北京市海淀区学院路 30 号方兴大厦 1006	100083	010-82380155	010-62333908
江苏金泰新减速机有限公司	江苏省泰兴市高新区文昌东路	225400	0523-87830888	0523-87839888
江阴帕沃特起重机械有限公司	江苏省江阴市经济开发区蟠龙山路 188 号	214437	0510-86299187	0510-86299187
山东贝特起重机有限公司	山东省青州市高柳镇天桥宋工业园	262500	0536-3289189	0536-3289186
阿尔法起重机有限公司	河南省长垣市南蒲街道巨人大道 88 号	453400	0373-8993666	0373-8927810
常州基腾电气有限公司	江苏省常州市钟楼区飞龙西路 76 号	213012	0519-83253268	0519-86762937
播驰工业通讯设备（上海）有限公司	上海市松江区赵家泾路 389 号	201106	021-67629680	021-67629680
山东龙辉起重机械有限公司	山东省新泰市羊流工业园	271207	0538-7442248	0538-7442599
浦江召日电器有限公司	浙江省浦江县一点红大道 966 号 D 幢 4 楼 02	322000	0579-84300200	0579-84300200
诺德（中国）传动设备有限公司	江苏省苏州市工业园长阳街 510 号	215026	0512-85180277	0512-85180278
焦作工业制动器制造有限公司	河南省焦作市解放区太行路西段（煤校北侧）	454001	0391-2312585	0391-3414996
合力圆（厦门）起重机械有限公司	福建省厦门市同安区金富二路 13 号之一	361009	0592-5211449	0592-7036105
承德市中瑞自动化工程有限公司	河北省承德市高新区上板城 E2-08 地块承德微型智慧创业创新科技园（一期）实验楼 101、201	067000	0314-2268282	0314-757151
郑州机械研究所有限公司	河南省郑州市嵩山南路 81 号	450052	0371-67710564	0371-67710564
江苏兰陵高分子材料有限公司	江苏省常州市经开区横山桥镇五一村	213119	0519-88601616	0519-88604887
山东神州机械有限公司	山东省新泰市羊流工业园区	271208	0538-7446611	0538-7442529
江苏云智控自动化科技有限公司	江苏省徐州市泉山区永嘉科技园 A01 号楼 1-326	221000	0516-87390799	0516-87390799
杰起（上海）起重设备有限公司	上海市青浦区双联路 168 号复襄公社 401 室	201799	021-59887676	
云南特安特起重机械有限公司	云南省昆明市呈贡区乌龙街道松花社区牛头山	650500	0871-67491078	0871-67491078
北京中远通科技有限公司	北京市昌平区回龙观镇国际信息产业基地立业路 11 号	102206	010-69736588	010-69736588 转 839
布顿（杭州）钢丝绳有限公司	浙江省杭州市下城区永华街 57 号	310022	0571-85818781	0571-88133310
河南中科起重电气有限公司	河南省长垣市起重工业园区阳泽路 19 号	453400	0373-8711036	0373-8711036
江苏锡安达防爆股份有限公司	江苏省无锡市惠山经济开发区春惠路 528 号	214178	0510-83591888	0510-83761888
北京迪安帝科技有限公司	北京市朝阳区八里庄西里远洋商务 61 号楼 1201 室	100025	010-51654566	010-85862722
焦作市制动器有限公司	河南省焦作市武陟产业集聚区朝阳三路 999 号	454950	0391-7202511	0391-7202555
南京高精齿轮集团有限公司	江苏省南京市江宁区天册路 8 号	211100	025-84915268	
天津德仕达起重输送设备有限公司	天津市滨海新区塘沽新北路 4668 号创新创业园 22-3-D	300450	022-66218065	022-66218075

（续）

单位名称	通信地址	邮编	电话	传真
中铁十一局集团江汉重工有限公司	湖北省襄阳市樊城区中航大道 22 号	441000	0710-3124071	0710-3124849
河南省东泰齿轮有限公司	河南省长垣市蒲东王楼工业区	453400	15893834111	
江苏东鹰重型机械有限公司	江苏省溧阳市北郊工业园神路 2 号	213324	0519-68262222	0519-68262222
杭州亚绅电缆有限公司	浙江省杭州市拱墅区孔雀蓝郡 2—2301	310011	0571-86910806	0571-86910806
江阴市志骏电器线缆有限公司	江苏省江阴市青阳工业区振阳路 19-2 号	214401	0510-86517698	0510-86512208
辽宁恒泰重机有限公司	辽宁省本溪市明山区文化路 14 号	117000	0244-3217677	0244-4829202
纽科伦（新乡）起重机有限公司	河南省长垣市南蒲巨人大道 5 号	453400	0373-8622016	0373-8622001
上海发那科机器人有限公司	上海市宝山区富联路 1500 号	201906	021-50327700	021-50327711
南京起重电机总厂	江苏省南京市江宁区科宁路 268 号鑫元机电工业园	211100	025-52162732	
佳木斯电机股份有限公司	黑龙江省佳木斯市前进区光复东路 380 号	154002	0454-8305757	0454-8125177
无锡市锡山港口起重机械有限公司	江苏省无锡市新吴区硕放南开路 88 号	214142	0510-85388868	0510-85380162
焦作市长江祥瑞制动器有限公司	河南省焦作市武陟县产业聚集区建业路西段	454950	0391-7517888	0391-7515658
大连达尔马电机有限公司	辽宁省庄河市疏港路 278 号	116400	0411-89812173	0411-89376329
山东峻峰起重机械有限公司	山东省泰安市新泰市果都镇洪庄路村北	271209	13455733083	0538-7420886
山东天正起重机械有限公司	山东省新泰市羊流工业园区	271208	15105483456	0528-6325975
湖北易通智联科技有限公司	湖北省宜昌市西陵区西湖路 32 号 1 号楼	443000	15327644813	0717-6517901
天水二一三电器集团有限公司	甘肃省天水市秦州区秦州大道 361 号	741001	0938-8364011	0938-3863854
深圳市海浦蒙特科技有限公司	广东省深圳市南山区西丽大勘王京坑工业区 28 栋 3 楼 302	518000	0755-26761688	
山东力山特智能科技股份有限公司	山东省日照市东港区临钢路以北、园区一路以西	276800	0531-76885188	0531-76482991
瑞安市金辉机械制造有限公司	浙江省瑞安市塘下镇海安凤山村凤凰西路 6 号	325200	13806535548	0577-65272599
温州合起工程机械有限公司	浙江省温州市平阳县鳌江镇东鳌村（村办公楼边）	325401	0577-58128391	
深圳市科沃电气技术有限公司	广东省深圳市宝安区沙井圣佐治工业园 8 栋三楼	518000	0755-29358285	0755-29109556
浙江恒齿传动股份有限公司	浙江省温州市平阳县万全镇机电创业园	325409	0577-63706688	0577-63186666
欧姆（重庆）电子技术有限公司	重庆市九龙坡区二郎留学生创业园	400039	023-68151154	023-67662083
河南双力桥梁机械集团有限公司	河南省长垣市魏庄工业区巨人大道与纬十一路交汇处	453400	0373-8927886	0373-8712785
杭州华新机电工程有限公司	浙江省杭州市西湖区金蓬街 315 号	310030	0571-89905102	0571-89905102
河南省中原奥起实业有限公司	河南省长垣市魏庄工业区华豫大道中段路东	453400	0373-8814906	0373-8813875
无锡市新华起重工具有限公司	江苏省无锡市新吴区梅村锡达路 228 号	214111	0510-88550088	0510-88550008
四川劲兴制动科技有限公司	四川省德阳市广汉市经济开发区高雄路西端	618312	0838-5298570	0838-5298570
浙江喆泰智能科技有限公司	浙江省桐乡市梧桐街道文华南路 485 号	314500	0573-88137188	0573-88137188

（续）

单位名称	通信地址	邮编	电话	传真
焦作市力创制动器有限公司	河南省焦作市解放区牧野路 1 号	454000	0391-2311050	0391-2311050
常州常迪机电科技有限公司	江苏省常州市新北区春江街道创业东路 2-1 号	213000	15861171618	
北京北起意欧替智能科技有限公司	北京市怀柔区雁栖工业开发区 C 区 1 号	101407	010-61665765	
新乡市海创传动设备有限公司	河南省新乡市卫滨区西环路与香泉路交叉口西北角	453000	15937321154	
河南三五重工有限公司	河南省长垣市芦岗乡再制造产业园区创业大道 2 号	453000	15836083555	
河南正乐电气有限公司	河南省长垣市南蒲区巨人大道中段巨公司 C 区对面	453400	0373-8072555	0373-8934666
苏州伟创电气科技股份有限公司	江苏省苏州市吴中经济技术开发区郭巷街道淞葭路 1000 号	215124	0512-66171988	
河南省重科起重机有限公司	河南省长垣市恼里镇矿山大道北段 1 号	453400	18860251290	
浙江瑞德森机械有限公司	浙江省温州市平阳县麻步镇五七省道北侧	325400	0577-58113206	0577-63662606
河南省志芳起重设备有限公司	河南省长垣市魏庄镇董寨村	453400	0373-8610666	
河南吉尼智能起重机有限公司	河南省长垣市魏庄起重工业园区巨人大道 16 号	453400	0373-8928877	0373-8928877
浙江正起电气有限公司	浙江省台州市三门县海润街道工业大道 35-37 号	317199	0576-83230902	
河南巨人起重机集团有限公司	河南省长垣市巨人大道巨人集团 B 区	453400	18837370651	

起重葫芦分会

单位名称	通信地址	邮编	电话	传真
中国重型机械工业协会	北京市丰台区南四环西路 186 号二区 8 号楼	100070	010-83927106	010-83927113
凯澄起重机械有限公司	江苏省江阴市澄江东路 18 号	214429	0510-86199688	0510-86196633
纽科伦（新乡）起重机有限公司	河南省长垣市河南起重机械工业园区	453424	0373-8622060	0373-8622060
北京起重运输机械设计研究院有限公司	北京市东城区雍和宫大街 52 号	100007	010-84037438	010-64079406
河南省矿山起重机有限公司	河南省长垣市长恼工业区矿山路与纬三路交汇处	453400	0373-8735669	0373-8735333
浙江双鸟机械有限公司	浙江省嵊州市黄泽镇工业功能区玉龙路 16 号	312455	0575-83055888	0575-83503801
浙江冠林机械有限公司	浙江省湖州市安吉县天子湖园区五福路 7 号	313310	0571-86249998	0571-86224369
浙江五一机械有限公司	浙江省衢州市衢江区百灵南路 888 号	324000	0570-3850169	0570-3850060
江苏三马起重机械制造有限公司	江苏省靖江市开发区新桥园区润新大道 9 号	214536	0523-84331105	0523-84333096
国家起重运输机械质量监督检验中心	北京市东城区雍和宫大街 52 号质检中心	100007	010-64033405	010-64052252

（续）

单位名称	通信地址	邮编	电话	传真
上海雄风起重设备厂有限公司	上海市松江区佘北公路2199号	201602	021-57796432	021-57796450
江西起重机械总厂	江西省樟树市共和东路82号	331200	0795-7364266	0795-7364566
新乡市起重设备厂有限责任公司	河南省新乡市经济开发区新长北线北侧经11路东2门	453003	0373-3838082	0373-3058094
湖北银起机械有限公司	湖北省赤壁市河北大道419号	437300	0715-5337938	0715-5337966
八达机电有限公司	浙江省瑞安市经济开发区毓蒙路8号	325200	0577-65156661	0577-65156699
南阳起重机械厂有限公司	河南省南阳市光武中路1615号	473000	0377-63382500	0377-63380410
象王重工股份有限公司	江苏省盐城市建湖县经济开发区明珠东路1号	224700	0515-82068988	0515-86312253
《起重运输机械》杂志社	北京市东城区雍和宫大街52号	100007	010-64031987	010-64031987
德马格起重机械（上海）有限公司	上海市普陀区绥德路789号	200331	021-26061001	021-26061001
科尼起重机设备（上海）有限公司	上海市普陀区祁连山南路2891弄四号楼1-3层	200331	021-26061051	021-26061069
诺威起重设备（苏州）有限公司	江苏省苏州市吴江经济开发区庞金路1288号	215211	0512-63120889	0512-63120886
江阴市鼎力起重机械有限公司	江苏省江阴市金山路303号	214437	0510-86996868	0510-86996666
上海浦东明昌起重机械制造有限公司	上海市浦东新区川沙镇鹿达路39号	201202	021-58590038	021-58590038
广东超宇起重设备有限公司	广东省梅州市梅江区城北新田福瑞岗	514089	0753-2382083	0753-2382063
聊城五环机械有限公司	山东省聊城市经济开发区嫩江路55号	252000	0635-8880688	0635-8880699
山东聊城科顺机械有限公司	山东省聊城市东昌府区凤凰工业园纬二路18号	252000	0635-8578888	0635-8579988
重庆凯荣机械有限责任公司	重庆市九龙坡区九龙工业园区华龙大道9号	400052	023-68466289	023-68466279
河南省飞马起重机械有限公司	河南省长垣市起重工业园区纬五路11号	453400	0373-8712222	0373-8711976
北京北起科瑞起重设备制造有限公司	北京市通州区食品工业园16号	102628	010-60214567	
慈溪市捷豹起重机械有限公司	浙江省慈溪市庵东镇沿江路258号	315327	0574-63479928	0574-63479899
慈溪市勤丰机械有限公司	浙江省慈溪市庵东镇七二三大街11弄3号	315327	0574-63477188	0574-63479188
常州市常欣电子衡器有限公司	江苏省常州市中凉亭夏雷路68号	213001	0519-86643943	0519-86640473
河南恒达机电设备有限公司	河南省长垣市起重工业园区纬四路东侧	453424	0373-2156199	0373-2156189
南京特种电机厂有限公司	江苏省南京市六合区雄州东路289号	211500	025-57512568	025-57107279
南京起重电机总厂	江苏省南京市江宁区东山科宁路268号	211100	025-51191919	025-52282652
南京开关厂有限公司	江苏省南京市江宁区滨江开发区绣玉路2号	211178	025-86106608	025-86106515
江苏佳力起重机械制造有限公司	江苏省淮安市盱眙工业园区工六路	211700	0517-88299039	0517-88298123
安徽九华机械股份有限公司	安徽省池州市经济技术开发区金科东路	247000	0566-2220792	0566-2222099
华德起重机（天津）股份有限公司	天津市武清区京滨工业园民丰道1号	301712	022-22199090	022-29467189

（续）

单位名称	通信地址	邮编	电话	传真
江西工埠机械有限责任公司	江西省樟树市大桥工业园	331200	0795-7776368	0795-7776268
浙江东海减速机有限公司	浙江省温州市平阳经济开发区鸽巢路（鳌江镇）	325401	0577-63631862	0577-63679809
重庆维大力起重设备有限公司	重庆市渝北区黄山大道中段77号	401121	023-88505800	023-88505859
杭州浙起机械有限公司	浙江省杭州市富阳区东洲街道东望路6号第1幢、第2幢	311401	0571-87191600	0571-87191609
重庆市飞鹰起重设备有限责任公司	重庆市江津路珞璜镇工业园B区（重庆起重机厂内）	400052	023-61771787	023-65263714
湖北三六重工有限公司	湖北省咸宁市巨宁大道36号	437000	0715-8343111	0715-8312668
南京禄口起重机械有限公司	江苏省南京市江宁区禄口街道燕湖路	211113	025-52771222	025-52775660
北京双泰气动设备有限公司	北京市通州区张家湾枣林庄工业大院	101113	010-61569873	010-61569872
常熟海鸥起重机械有限公司	江苏省常熟市碧溪镇留下村	215512	0512-52631785	0512-52637785
四川莱斯特机械制造有限公司	四川省眉山市丹棱县关帝路69号	620200	028-37263360	028-37263222
南京神天起重机械设备有限公司	江苏省南京市江宁区禄口街道石埝社区	211156	025-87191633	025-87191633
上海万铂起重机械有限公司	上海市嘉定区丰功路628号	201801	021-59158828	021-69151468
浙江凯勋机电有限公司	浙江省瑞安市林垟工业区八达路35号	325207	0577-65592888	0577-65590198
上海劲雕起重设备厂有限公司	上海市嘉定区金园六路396号	201812	021-56651383	021-56650541
柯迈（杭州）起重机械有限公司	上海市浦东新区张江高科技园区毕升路289弄6号501室	201204	021-38820620	021-38820619
斯泰尔起重设备（上海）有限公司	上海市普陀区怒江北路399号901室	200333	021-66083737	021-66083737
高博（天津）起重设备有限公司	天津市经济技术开发区第十三大街58号	300457	022-59822285	022-59822286
星都起重设备（辽宁）有限公司	辽宁省沈阳市沈北新区佳阳路18号	110164	024-88087557	024-88087007
四川合能起重设备有限公司	四川省成都市金堂县淮口镇现代大道999号	610400	028-84903622	028-84903300
慈溪市金鑫机械有限公司	浙江省慈溪市庵东镇工业园区南侧	315327	0574-63471402	0574-63475858
湖北蒲圻起重机械有限公司	湖北省赤壁市经济开发区发展大道131号	437300	0715-5250377	0715-5250489
赤壁市蒲圻起重运输机械有限责任公司	湖北省赤壁市经济开发区凤凰山路	437300	0715-5250338	0715-5250823
江阴市兴科起重机械有限公司	江苏省江阴市申港镇东徐路9号	214443	0510-86685317	0510-86621770
无锡市永昌起重机械厂	江苏省无锡市锡山区东港镇	214199	0510-88761429	0510-88760121
山东省聊城市隆达实业有限公司	山东省聊城市开发区东城工业园九洲路7号	252000	0635-6976982	0635-8346011
河北怀鸽起重机械集团有限公司	河北省保定市清苑区东吕村	071100	0312-8151581	0312-8152866
清苑区川岛起重机械制造有限公司	河北省保定市清苑区东吕村	071100	0312-8151230	0312-8152011
杭州恒力机械厂	浙江省杭州市余杭区瓶窑镇凤都工业园区羊城路8号	311115	0571-88533080	0571-88533038

（续）

单位名称	通信地址	邮编	电话	传真
天津永恒泰科技有限公司	天津市西青经济技术开发区津淄公路天祥工业园祥瑞路 7 号	300385	022-23789800	022-23786763
武汉合康电驱动技术有限公司	湖北省武汉市东湖高新开发区佛祖岭三路 6 号	430205	027-81650223	027-81650200
扬戈科技股份有限公司	浙江省台州市三门县滨海新城滨港路 16 号	317100	0576-83337758	0576-83373755
杭州四达机械电子有限公司	浙江省杭州市余杭区瓶窑镇凤都工业园区	311115	0571-88531361	0571-88531629
常州市武进起重电器有限公司	江苏省常州市武进区横林镇莲蓉村	213103	0519-88501043	0519-88501298
江苏宇泰电器有限公司	江苏省泰兴市分界工业一区	225416	0523-87261026	0523-87265388
杭州勤裕昌机械设备制造有限公司	浙江省杭州市余杭区瓶窑镇工业园区	311115	0571-88545633	0571-88545611
山东冠锐链轮科技有限公司	山东省泰安市泰山区省庄镇东羊楼工业区	271039	0538-6512088	0538-6512798
浙江浩全电器科技有限公司	浙江省乐清市柳市镇苏吕村苏太路 418 号	325604	0577-62790993	0577-62790780
浙江中富电气有限公司	浙江省乐清市经济开发区纬十一路 259 号	325600	0577-62998000	0577-62998111
江西飞达电气设备有限公司	江西省宜春市经济开发区宜工大道	336000	0795-3245168	0795-3245060
衡水贝瑞起重机械有限公司	河北省衡水市和平西路肖屯新区 60 号	053000	0318-2328038	0318-2328038
慈溪市锦华机械实业有限公司	浙江省慈溪市古塘街道新潮塘 368 号	315303	0574-63272222	0574-63272727
慈溪市平浪实业有限公司	浙江省慈溪市古塘街道新潮村	315300	0574-63286888	0574-63286888
慈溪市华表五金厂	浙江省慈溪市庵东镇北路 515 号	315327	0574-63474222	0574-63471848
慈溪市腾达滚子有限公司	浙江省慈溪市庵东镇工业园区纬三西路	315327	0574-63472021	0574-63472822
慈溪市通发机械有限公司	浙江省慈溪市坎墩工业开发区 A 区	315303	0574-63288185	0574-63282993
浙江省慈溪市精驰齿轮有限公司	浙江省慈溪市坎墩街道坎中路 75 号	315303	0574-63289280	0574-63288255
慈溪市威宁机械有限公司	浙江省慈溪市坎墩街道五房弄 11 号	315303	0574-63273238	0574-63273237
慈溪市庵东镇勤丰机械厂	浙江省慈溪市庵东镇宏兴路 449 弄 6 号	315327	0574-63471095	0574-63476158
慈溪市神州机电实业有限公司	浙江省慈溪市坎墩街道兴安路 250 号	315303	0574-63286681	0574-63288238
慈溪市朝阳机械有限公司	浙江省慈溪市庵东镇府北路 34 号	315327	0574-63471257	0574-63472257
慈溪市庵东镇红光滚柱厂	浙江省慈溪市庵东镇南七二三大街	315327	13906745562	0574-63472963
慈溪市文祥机械实业有限公司	浙江省慈溪市坎墩街道坎中路 1 号	315303	0574-63283758	0574-63283488
慈溪起升机械设备有限公司	浙江省慈溪市崇寿镇绿色食品工业园绿园二路 123 号	315326	0574-63297580	0574-63419928
慈溪市慈春机械有限公司	浙江省慈溪市坎墩街道坎中村郑家甲北路	315303	0574-63273105	0574-63273105
慈溪市启力机械有限公司	浙江省慈溪市坎墩街道坎墩西路 428 号	315303	0574-56337822	0574-56338380
慈溪市动力机械配件厂	浙江省慈溪市坎墩街道长白路 9 号	315303	0574-63273010	0574-63273010
慈溪市通发汽车配件有限公司	浙江省慈溪市坎墩街道沈家甲北路 96 号	315303	0574-63287578	0574-63275628
慈溪市兴迪机械配件有限公司	浙江省慈溪市坎墩镇街 42 号	315303	0574-63288032	0574-63288297
慈溪市庵东镇建兴机械配件厂	浙江省慈溪市庵东镇元祥村	315327	0574-63475790	0574-63475790
睿得新材料科技（常州）有限公司	江苏省常州市新北区河海东路 108 号国宾一号 7 丙 101 室	213004	0519-89890325	0519-89890326
慈溪益通机械有限公司	浙江省慈溪市坎墩街道坎中村严家路 1 号	315303	0574-63273202	0574-63273223
上海鑫斌机械有限公司	上海市嘉定区安亭镇漳翔路 1189 号	201814	021-59508789	021-59505086
鞍山起重控制设备有限公司	辽宁省鞍山市千山区解家堡新工街 18 号	114041	0412-2516379	0412-2516356

（续）

单位名称	通信地址	邮编	电话	传真
咸宁三宁机电有限公司	湖北省咸宁市长江产业园（旗鼓大道12号）	437000	0715-7200919	0715-8200937
南通合兴铁链有限责任公司	江苏省南通市如东县新店镇工业集中区	226432	0513-84399999	0513-84386666
上海精浦机电有限公司	上海市普陀区交暨路 185 号 5 幢 3 层	200331	021-36320991-8008	021-36320990
临安华龙摩擦材料有限公司	浙江省临安市龙岗镇龙岗街 130 号	311322	0571-63631188	0571-63631988
无锡文鼎线缆有限公司	江苏省宜兴市官林镇工业集中区	214251	0510-87211101	0510-87206210
江苏欧玛机械有限公司	江苏省常熟市碧溪新区迎宾路 19-1 号	215513	0512-52639735	0512-52296322
郑州市泰德尔电机厂	河南省郑州市郑上路李克寨	450100	0371-64951411	0371-64951411
河北神力索具集团有限公司	河北省保定市清苑区东吕工业区	071100	0312-8156666	0312-8153333
上海宏欣电线电缆有限公司	上海市浦东新区新场镇祝桥一灶 240 号	201314	021-68158306	021-68158268
无锡市瑞特起重机械有限公司	江苏省无锡市锡山区东港镇	214199	0510-88352279	0510-88763811
重庆美和机电有限公司	重庆市大渡口区建桥工业园 C 区建园路	401325	023-61556906	023-61556907
清苑伟业起重机械制造有限公司	河北省保定市清苑区东吕工业园	071100	0312-8106333	0312-8106222
河南省兴垣电子商务有限公司	河南省长垣市起重工业园区管委会 4 层	453400	0373-8928958	0373-8712115
铜陵市神雕机械制造有限公司	安徽省铜陵市泰山大道南段 618 号	244061	0562-5886768	0562-5886758
河北辰力吊索具集团有限公司	河北省保定市清苑区发展东路 33 号	071100	0312-8036111	0312-8152928
淮南市方和钢绳销售有限公司	安徽省淮南市大通区工业园区（二期）22 号	232000	0554-3311585	0554-3311595
湖北华博三六电机有限公司	湖北省咸宁市咸安区凤凰工业园	437000	0715-8341384	0715-8341028
临清天德轴承有限公司	山东省临清市烟店经济开发区许张寨工业园 110 号	252665	0635-2855109	0635-2103777
浙江维大茵特起重设备有限公司	浙江省海宁市长安镇（高新区）之江路 888 号	314423	0571-88035681	0571-86925638
丹东市起重机械有限公司	辽宁省丹东市大孤山经济区嵩山街 7 号	118013	0415-6681188	0415-6681166
池州市华安起重机械有限公司	安徽省池州市高新区白浦路	247000	0566-3381969	0566-3381919
温州朗菲电气科技有限公司	浙江省乐清市柳市镇方斗岩工业区横泾西一路 52 号	325603	0577-62867767	0577-62867767
慈溪市洲际齿轮厂	浙江省慈溪市坎墩街道严家河路 47 号	315303	0574-63280945	0574-63276818
湖北恒欣传动设备有限公司	湖北省咸宁市高新技术产业园区旗鼓大道 12 号	437000	0715-8200935	0715-8200935
东莞市台冠起重机械设备有限公司	广东省东莞市大朗镇杨涌金朗南路 229 号	523790	0769-83019666	0769-83019669
南通瑞金制链科技有限公司	江苏省南通市如东县丰利镇枫发工业区	226408	0513-84582588	0513-84581688
中煤张家口煤矿机械有限责任公司帕森斯链条分公司	河北省张家口市产业集聚区煤机路 1 号	076250	0313-2056561	0313-2032388
无锡市欧力特起重设备有限公司	江苏省无锡市东港镇五一园区	214199	0510-88350326	0510-88353672
湖南泰尔汀起重科技有限公司	湖南省株洲市石峰区田心北门新民路 266 号	412001	0731-22132226	0731-22323571
浙江凯岛起重机械有限公司	浙江省台州市椒江区三甲街道启航路 998 号	318000	0576-82717999	0576-88165522

（续）

单位名称	通信地址	邮编	电话	传真
山东力特重工机械有限公司	山东省济南市章丘区绣惠镇茂李村	250201	0531-83486566	0531-83472011
太仓普兰尼特起重有限公司	江苏省太仓市南郊北漳泾路 99 号科技园 10 幢	215400	0512-73578836-802	0512-53578826
广东韶铸锻造有限公司	广东省韶关市浈江区十里镇广东韶铸集团有限公司场内	512031	0751-8832682	0751-8858910
杭州契卡拉起重机械有限公司	浙江省杭州市萧山区戴村镇大石盖村兴孙路 5 号	311261	0571-57579713	0571-57579712
安徽杰特电气有限公司	安徽省芜湖市芜湖县新芜经济开发区科创二路 11 号	241100	0553-8111369	
河南锐思特科技有限公司	河南省长垣市起重工业园纬十六路	453400	0373-8610888	0373-8713777
浙江劼力起重机械设备有限公司	浙江省诸暨市暨阳街道环城北路郭家 5 号（7-11）	311800	0575-88791616	0575-87763006
维多利科技（江苏）有限公司	江苏省淮安市工业园区发展东道 8 号	223200	0517-89702017	0517-89702015
如东宏信机械制造有限公司	江苏省南通市如东县洋口镇新林工业园区	226407	0513-84852008	0513-84852098
上海托菲机电科技有限公司	上海市虹口区丰镇路 806 号 1 号楼 6 楼	200434	021-65311020	021-65311031
苏州中州安勃起重设备有限公司	江苏省太仓市五洋商城 23 栋 123 号	215400	0512-53569021	0512-53569021
安徽创新电磁离合器有限公司	安徽省广德市经济开发区太极大道 585 号	242200	0563-6012895	0563-6012895
慈溪市坎墩沈南五金配件厂	浙江省慈溪市坎墩街道沈五村沈五南路 65 号	315303	0574-63286037	0574-63286037
苏州库力铁重工有限公司	江苏省苏州市吴江区汾湖高新区府时路 297 号	215213	0512-63298737	0512-63298715
昆山维夏机电科技有限公司	江苏省昆山市玉城北路 158 号 D 栋维夏机电	215316	0512-36607981	0512-36607985
江苏蓝威起重机械有限公司	江苏省江阴市富民路 18 号	214400	0510-86991609	0510-86995978
宁波红卓塑业科技有限公司	浙江省余姚市低塘街道郑巷村横棣西 54 号	315400	0574-62538722	0574-62538722
河南蒲瑞精密机械有限公司	河南省长垣市巨人大道南段路西	453400	0373-8619999	0373-8619999
绍兴恒辉机器人科技有限公司	浙江省杭州市余杭区闲林街道闲兴路 6 号	311122	0571-88684666	0571-88684666
杭州麦克起重设备有限公司	浙江省杭州市余杭区良渚街道古墩路 1359 号	311100	0571-88161057	0571-88161067

千斤顶分会

单位名称	通信地址	邮编	电话	传真
常熟通润汽车零部件股份有限公司	江苏常熟经济开发区新龙腾工业园	215500	13706239906	0512-52343388
北京起重运输机械设计研究院有限公司	北京市东城区雍和宫大街 52 号	100007	010-64032277	010-64052584
山东临沂启阳工具有限公司	山东省临沂市河东区双桥街东段	276000	13805496558	0539-8082929
杭州盈江机械制造有限公司	浙江省杭州市余杭区闲林街道嘉企路 37 号	311122	13606623997	
宁波市奉化区南方机械制造有限公司	浙江省宁波市奉化市尚田镇	315511	13105588888	574-56377770

（续）

单位名称	通信地址	邮编	电话	传真
杭州天恒机械有限公司	浙江省杭州市临安板桥乡下板桥 113 号	311301	13777365222	0571-63780362
南德认证检测（中国）有限公司上海分公司	上海市静安区恒通路 88 号	200070	13918815583	
嘉兴市舜天机械有限公司	浙江省嘉兴市南湖余新镇真北路 21 号	314008	13806737856	
嘉兴亿鹏机械股份有限公司	浙江省嘉兴市南湖区凤桥新篁工业区莲花路	314008	13867354033	
江苏通润集团常熟市千斤顶厂	江苏省常熟市联丰路 58-1 号	215500	0512-52820788	0512-52822288
承德胜利千斤顶有限公司	河北省承德市承德县孟家院街 6 号	067411	13931416995	0314-3056478
上海宝山千斤顶总厂有限公司	上海市宝山区江杨南路 1085 号	200434	021-56881711	021-56881711
承德润韩千斤顶有限公司	河北省承德市西大街 142 号	067000	0314-21185487	0314-21185589
杭州临安市橡胶有限公司	浙江省临安市昌化工业园区 1 号	311321	13906815865	0572-63668866
承德相一机械有限公司	河北省承德市平泉县红山嘴开发区	067500	18931405577	
嘉兴力托机械有限公司	浙江省平湖市曹桥街道景兴一路 158 号	314305	13957328571	
海盐亿达电子科技有限公司	浙江省嘉兴市海盐县武原镇盐北路 211 号	314305	13666772017	
海盐星达精密机械有限公司	浙江省嘉兴市海盐县元通街道新兴工业园	314317	13857348155	0573-86882682
海盐金鼎钢管有限公司	浙江省嘉兴市海盐县西塘桥街道北日晖桥	314305	13906832477	0573-86512688
平湖市通力机械有限公司	浙江省嘉兴市平湖曹桥街道石龙一号路 18 号	314214	13706733318	0573-85962818
富阳通力机械制造有限公司	浙江省杭州市富阳鹿山工业园同辉路 8 号	311407	15068134737	
余姚市兴泰机械制造有限公司	浙江省余姚市丈亭工业园区杨梅路 288 号	315410	13805804376	
嘉兴市峰腾汽配股份有限公司	浙江省嘉兴市海盐县西塘桥街道海湾大道 1479	314305	13819377251	0573-86811002
浙江中兴机械制造股份有限公司	浙江省嘉兴市南湖区大桥镇双龙路 3065 号	314005	13388635888	0573-83015188
海盐东通家居有限公司	浙江省嘉兴市海盐县通元镇诚创工业园区 2 号楼	314306	13616839285	
上海汉刚液压工具有限公司	上海市宝山区月罗公路 1558 号 -9	200941	13817295373	
安徽省宁国加贝利橡塑制品有限公司	安徽省宣城市宁国经济技术开发区柿子树路 8 号	242300	13605634439	

物流与仓储机械分会

单位名称	通信地址	邮编	电话	传真
北京起重运输机械设计研究院有限公司	北京市东城区雍和宫大街 52 号	100007	010-84044106	010-64052584
北自所（北京）科技发展有限公司	北京市西城区德胜门外校场口 1 号	100011	010-62032255	010-62050838
上海精星仓储设备工程有限公司	上海市松江区车墩镇泖亭路 398 号	201611	021-37620999	021-37837356
昆明昆船物流信息产业有限公司	云南省昆明市人民中路 6 号昆船大厦	650051	0871-63173610	0871-63173600
北京伍强科技有限公司	北京市海淀区上地三街 9 号嘉华大厦 C608 室	100086	010-82783336	010-82782140
中国中元国际工程有限公司	北京市海淀区西三环北路 5 号	100089	010-68732571	010-68478686
沈阳飞机工业集团物流装备有限公司	辽宁省沈阳市皇姑区松山路 11 号	110034	024-86598218	024-86597218
沈阳新松机器人自动化有限公司	辽宁省沈阳市浑南新区金辉街 16 号	110168	024-31699677	024-31699275
山西东杰智能物流装备股份有限公司	山西省太原市新兰路 51 号	030008	0351-3633818	0351-3633521
浙江德马科技有限公司	上海市徐汇区虹漕路 461 号软件大厦 7 楼 A 座	200233	021-64855075-806	021-54260092
北京科技大学《物流技术与应用》杂志社	北京市海淀区学院路 30 号方兴大厦 716 室	100083	010-62332914	010-62329145

（续）

单位名称	通信地址	邮编	电话	传真
中邮科技有限责任公司北京分公司	北京市海淀区西三旗建材城西路 65 号	100096	010-82419131	010-82915761
北京康拓红外技术股份有限公司	北京市海淀区地锦路中关村环保科技示范园 7 号院 2 号楼	100190	010-82493680	010-82493674
江苏六维物流设备实业有限公司	江苏省南京市建邺奥体大街 118 号紫金西城 1 栋 905 室	210019	025-51873969、86106520	025-86100397
天奇自动化工程股份有限公司	江苏省无锡市惠山区洛社镇洛藕路 288 号	214187	0510-83311041	0510-83313751
江苏前程工业包装有限公司	江苏省无锡市梅村新泰工业园锡鸿路 18 号	214112	0510-88551666-8035	0510-88551717
上海天睿物流咨询有限公司	上海市闵行区华茂路 100 号 14-102 室	201101	021-54190656	021-54198876
北京邮电大学自动化学院物流工程系	北京市海淀区西土城路 10 号	100876	010-62283296	010-62283296
同济大学机械与能源工程学院	上海市嘉定区曹安公路 4800 号	201804	021-69589736、65989750	021-69589485
河北滦宝装备制造有限公司	河北省承德市双滦区双塔山	067101	0314-4320186	0314-4044797
南京音飞储存设备（集团）股份有限公司	江苏省南京市江宁经济技术开发区殷华街 470 号	211102	025-52726325	025-52726328
武汉理工大学物流工程学院	湖北省武汉市和平大道 1178 号	430063	027-86533992	027-86533992
全国物流仓储设备标准化技术委员会	北京市东城区雍和宫大街 52 号	100007	010-64035247	010-64035403
国家起重运输机械质量监督检验测试中心	北京市东城区雍和宫大街 52 号	100007	010-64004968	010-64052252
浙江德能物流装备科技有限公司	浙江省湖州市八里店镇湖织大道三一重工园区西侧	313000	0572-2282001	0572-2282210
上海睿丰自动化系统有限公司	上海市普陀区中江路 889 号曹杨商务大厦 1303 室	200333	021-61170109-203	021-61170109-201
湖州双力自动化科技装备有限公司	浙江省湖州市经济技术开发区西凤路 888 号	313000	0572-2053013	0572-2031173
普天物流技术有限公司	北京市海淀区海淀北二街 6 号普天大厦 10 层	100080	010-62418007	010-62418000
科捷智能装备有限公司	上海市闵行区瓶安路 1358 号 3 号楼 3 楼	201100	021-60759888-818	021-61157115
希望森兰科技股份有限公司	四川省成都市西航港经济开发区空港二路二段 1599 号	610207	028-85960127	028-85962488
浙江刚玉智能科技有限公司	浙江省杭州市下沙正泰中自科技园	310018	15763806611	4000069180
三维通信股份有限公司	浙江省杭州市滨江区火炬大道 581 号	310053	0571-88866999	0571-88923311
永恒力叉车（上海）有限公司	上海市普陀区绥德路 2 弄 12 号	200331	021-26020371	021-26020301
天海欧康科技信息（厦门）有限公司	福建省厦门市火炬高新区软件园创新大厦 A 区	361005	0592-2521388	0592-2521399
河北博途仓储设备有限公司	北京市大兴区亦庄经济技术开发区科创十三街 31 号北京经开壹中心 14 号楼 3 层	100122	010-61556047-8027	010-61552161
黄石邦柯科技股份有限公司	湖北省黄石市杭州西路 194 号	435000	0714-3090018-8311	0714-6352817
南京华德仓储设备制造有限公司	江苏省南京市江宁区科学园侯焦路 111 号	211122	025-52641198	025-52643200
机科发展科技股份有限公司	北京市海淀区首体南路 2 号	100044	010-88301025	010-68343180
苏州市普成机械有限公司	江苏省苏州市吴中区天鹅荡路 2555 号	215103	0512-65466477	0512-65466577
无锡中鼎物流设备有限公司	江苏省无锡市蠡园开发区鸿桥路 801 号（无锡现代工业设计大厦 12B 楼）	214000	0510-81175555-8007	0510-83318379

（续）

单位名称	通信地址	邮编	电话	传真
三丰智能装备集团股份有限公司	湖北省黄石市黄金山工业新区金山大道398号	435000	0714-6359320	0714-6359320
SEW-传动设备（天津）有限公司	天津市滨海新区经济技术开发区第七大街46号	300457	022-25322612	022-25323272
劳易测电子贸易（深圳）有限公司	广东省深圳市南山区深云西二路天健科技大厦A栋塔楼第9层	518074	0755-86264909	
湖州锐格物流科技有限公司	浙江省湖州市南太湖高新区环渚路518号	313000	0572-2582588	0572-2582589
沈阳沈飞电子科技发展有限公司	辽宁省沈阳市皇姑区松山路11号	110034	024-86500156	024-86545727
哈尔滨龙航仓储设备制造有限公司	黑龙江省哈尔滨市南岗区民建路18号	150080	0451-82467705	0451-86655026
湖州众友物流技术装备有限公司	浙江省湖州市长兴县李家巷工业集中区华锦路	313100	0572-6600801	0572-6600801
杭州厚达自动化系统有限公司	浙江省杭州市天目山西路58号	310023	0571-89301096	0571-89301105
吉林省佳信通用机械股份有限公司	吉林省集安市工业园区创业路3号	134200	0435-6222011	0435-6222532
浙江管工智能机械设备有限公司	浙江省湖州市南太湖高新技术产业园区工业路1号科创园3幢1层1号	313000	0572-2673290	0572-2673290
魏德米勒电联接（上海）有限公司	上海市静安区裕通路100号宝矿洲际商务中心25楼	200070	021-22195132	021-22195060
苏州希倍优辊轮有限公司	江苏省苏州市工业园区唯亭镇水东港路20号怡邻工业坊B区6号	215121	0512-65078973	0512-65078643
苏州怡丰自动化装备有限公司	江苏省苏州市吴中区河东工业园尹中南路888号	215124	0512-65978988	0512-66981179
华晟（青岛）智能装备科技有限公司	山东省青岛市市北区郑州路43号	266000	0532-68862155	
浙江凯乐士科技有限公司	浙江省嘉兴市南湖区亚太路778号7号楼南二区	314000	0573-82586878	
北京中新智慧物流科技有限公司	北京市朝阳区酒仙桥路6号院1号楼1至14层101内6层0601	100016	010-83412953	010-83412953
世仓智能仓储设备（上海）股份有限公司	上海市闵行区中春路7001号G栋12楼	201101	021-51875788	021-54887656
米亚斯物流设备（昆山）有限公司	江苏省昆山市张浦镇德国工业园Ⅱ期建德路399号	215321	0512-57293100-863	0512-57293866
苏州罗伯特木牛流马物流技术有限公司	江苏省苏州市工业园区金田路2号东景工业坊20栋	215000	0512-62798247	0512-62796047
江苏国茂减速机股份有限公司	江苏省常州市武进区高新技术开发区龙潜路98号	213164	0519-88062851	0519-88062898
伊诺维森（北京）企业管理有限公司	北京市朝阳区朝阳路71号锐城国际707室	100025	010-88495971	010-88498437
牧今科技（广州）有限责任公司	广东省广州市海珠区沥滘路100号4号楼101单元	510290	020-89993280	
浙江运畅智能科技有限公司	浙江省湖州市吴兴区道场乡城南工业园区211号	313000	0572-2200728	0572-2200722
中科巨龙（北京）物联网技术有限公司	北京市海淀区中关村南大街17号韦伯时代中心C座701室	100081	010-63108339	010-88572248
浙江中轴物流设备有限公司	浙江省湖州市吴兴区妙西工业园聚龙大道	313000	0572-2593380	0572-2198187

带式输送机分会

单位名称	通信地址	邮编	电话
东东（沈阳）输送设备科技有限公司	辽宁省沈阳市大东区大东路堂子街 8-1 号	110000	13840055825
北方重工集团有限公司	辽宁省沈阳市经济技术开发区开发大路 16 号	110141	13889364658
东北大学机械工程与自动化学院	辽宁省沈阳市和平区文化路 3 号巷 11 号	110819	13940324923
华创重工工业（大连）有限公司	辽宁省瓦房店市岗店办事处东林村	116300	13701820712
鞍山冶金集团制造技术有限公司	辽宁省鞍山市铁东区团结街 38 甲	114002	0412-6723622
本溪华隆清扫器制造有限公司	辽宁省本溪市平山区千金办事处千金村	117022	15504148195
大连长盛海华输送设备制造有限公司	辽宁省大连保税区亮甲店镇石城村	116104	13704110209
大连营城液力偶合器厂	辽宁省大连市甘井子区营城子工业园营辉路 35 号	116033	13591108810
大连液力机械有限公司	辽宁省大连市甘井子区营城子工业园营辉路 5 号	116036	13942022006
大连骅洋液力偶合器有限公司	辽宁省大连市甘井子区营城子街道东小磨	116033	13332292180
大连科朵液力传动技术有限公司	辽宁省大连市甘井子区大连湾街道拉树房村	116030	13909856196
辽宁通合实业有限公司	辽宁省辽阳市辽阳县首山镇辽鞍路 88 号	111000	15941210000
沈阳鸿之韵科技有限公司	辽宁省沈阳市大东区堂子街 8 号 47 幢 4-6 号 1 室	110000	13386820963
辽宁起重机械有限公司	辽宁省沈阳市沈北新区道义北大街 123 号	110000	15604000666
沈阳德蒙福特电力设备制造有限公司	辽宁省沈阳市皇姑区鸭绿江北街 57-8 号	110000	13654066155
沈阳制动电磁铁厂（有限公司）	辽宁省沈阳市铁西区路官一街 31 号	110020	13904019799
沈阳沈起技术工程有限责任公司	辽宁省沈阳市于洪区造化镇永强工业园 206-600 号	110141	13358870980
吉艾希商事（沈阳）贸易有限公司	辽宁省沈阳市于洪区紫沙街 22-5	110000	15998282727
吉林省佳信通用机械集团股份有限公司	吉林省集安市工业园区创业路 3 号	134200	13894510000
双鸭山市金诺恒业机械制造有限公司	黑龙江省双鸭山市岭东区南山蓝天社区春晖路	155100	13359788857
山东山矿机械有限公司	山东省济宁市济安桥北路 11 号	272041	13805371928
力博重工科技股份有限公司	山东省泰安市泰山区迎胜路 51 号力博总部	271044	18660881303
日照港机工程有限公司	山东省日照市黄海一路 126 号	276800	13963030276
山东矿机集团股份有限公司	山东省潍坊市昌乐县经济技术开发区大沂路北段矿机工业园	261000	13793691981
山东能源重装集团巨力装备有限公司	山东省新泰市东都镇西都村	271400	18953861279
山东省生建重工有限责任公司	山东省淄博市淄川区昆仑镇昆仑路 1 号	255129	0533-6260227
山东铭扬输送设备有限公司	山东省日照市莒县经济开发区东营路 6 号	276500	18606338115
德州亿轮输送机械有限公司	山东省德州市宁津县宁德路 6 号	253000	18653417888
山东恒兴重工科技有限公司	山东省曲阜市姚村镇席厂村	273100	13954799279
山东金博利达精密机械有限公司	山东省菏泽市高新区谈山路 1177 号	274000	18605307619
日照市腾博达能源有限公司	山东省日照市北经济开发区洪河路 2 号	262306	13676331197
山东胶六橡特胶带有限公司	山东省高密市胶河疏港物流园区胶平路 1 号	261503	13906421163
山东鑫开特轴承有限公司	山东省聊城市冠县甘官屯许村工业园区	252519	13562046305

（续）

单位名称	通信地址	邮编	电话
济南韶欣耐磨材料有限公司	山东省济南市高新区经十东路 33688 号综合保税区内聚轩厂房 C 座办公区三层	250000	18615191688
曲阜市鑫华矿山配件有限公司	山东省济宁市曲阜经济开发区海关路 9 号	273199	13854762002
山东横滨橡胶工业制品有限公司	山东省潍坊市临朐县辛寨镇	262610	13905362737
青岛银龙特种胶带有限公司	山东省青岛市胶州市胶东街道办事处大麻湾三村	266300	0532-88268288
青岛环球输送带有限公司	山东省青岛市平度市南村镇东王府庄村	266700	15192092999
青岛华夏橡胶工业有限公司	山东省青岛市即墨区城马路 146 号	266228	13808983573
山东泰丰钢业有限公司	山东省新泰市经济技术开发区	271200	13954879028
山东淄博电动滚筒厂有限公司	山东省淄博市博山岭西	255213	0533-4140168
山东睿能机械有限公司	山东省济南市天桥区蓝翔路 15 号时代总部基地六区 2 号楼	250000	13869113518
山东盛润胶带有限公司	山东省威海市荣成市石岛工业园龙腾路	264311	13869077089
北京起重运输机械设计研究院有限公司	北京市东城区雍和宫大街 52 号	100007	13910214498
北京约基工业股份有限公司	北京市通州区中关村科技园通州园光机电一体化产业基地嘉创路 10 号 H4 座	101111	13901046226
国家起重运输机械质量检验检测中心	北京市东城区雍和宫大街 52 号	100007	13911780489
国家安全生产北京矿用起重运输设备检测检验中心	北京市东城区雍和宫大街 52 号	100007	13520687817
华电重工股份有限公司	北京市丰台区汽车博物馆东路 6 号华电产业园 B 座 7 层	100077	010-51966621
北京新兴超越离合器有限公司	北京市昌平区科技园区超前路 37 号院 16 号楼 2 层 c2311 号	102206	13901153052
北京东驰易晟科技有限公司	北京市通州区聚富苑民族产业发展基地聚和六街 2 号	101100	13754861238
河北盛泰科技重工有限公司	河北省衡水市枣强县张秀屯镇前崔工业区前进北路 20 号	053100	13253266857
唐山重型装备集团有限责任公司	河北省唐山市曹妃甸工业区零公里东	063200	13932511121
衡水鑫日升智能输送系统有限公司	河北省衡水市高新区大麻森乡大张庄村西	053099	15933836833
衡水金太阳输送机械工程有限公司	河北省衡水市桃城区北方工业基地橡塑路六号	053020	0318-2257600
河北港口集团港口机械有限公司	河北省秦皇岛市海港区开滦路 5 号	066000	0335-3094743
河北云鹏输送机械有限公司	河北省沧州市献县陈庄镇府前街 9 号	061000	13582720809
河北向明输送机械制造有限公司	河北省沧州市献县南河头抛庄村	062250	13513274489
献县通利达机械设备制造有限公司	河北省沧州市献县南河头乡抛庄工业区	062250	13803239204
河北鲁梅卡机械制造股份有限公司	河北省沧州市盐山县正港工业园 18 号	061300	0317-6193123
唐山东亚重工装备集团有限公司	河北省唐山市玉田县伯雍西街经济开发区	064199	0315-5052572
河北巨鑫输送工程有限公司	河北省衡水市枣强县崔庄工业区	053100	18622502901
河北奋进矿山机械有限公司	河北省衡水市枣强县张秀屯乡崔庄工业区	053100	0318-8435636
河北鑫平输送机械有限公司	河北省衡水市枣强县张秀屯镇东留故镇村	053100	15373738628
中瑞重工股份有限公司	河北省衡水市枣强县张新工业区 6 号	053100	13932831132
河北巨铭重工机械有限公司	河北省衡水市冀州区南午村镇李瓦工业区	053100	15612138018
河北润捷橡胶制品有限公司	河北省衡水市冀州区南午村镇李瓦窑村北	053200	15127826789
河北九州橡胶科技股份有限公司	河北省保定市蠡县经济开发区橡胶工业园区	071400	13930865999
河北捷盛橡胶制品有限公司	河北省衡水市滨湖新区开发区	053000	18931808896
任丘市申光异型钢材有限公司	河北省任丘市麻家坞镇南卢庄	062550	17733733399

（续）

单位名称	通信地址	邮编	电话
唐山开元自动焊接装备有限公司	河北省唐山市高新技术开发区高新西道 168 号	063000	13832832137
唐山德伯特机械有限公司	河北省唐山市路北区缸窑路 2 号	272000	13932550910
唐山市协力胶带输送设备有限公司	河北省唐山市路南区侯边庄工业园区 16 号	063000	0315-2877507
玉田县金利冷拔钢有限责任公司	河北省唐山市玉田县东关大街路北	064100	13633157588
衡水润泽金属制品有限公司	河北省衡水市枣强县经济开发区建华街	053100	13780281822
河北芬纳传动机械有限公司	河北省邢台市临西县城北环路北侧 2-1 厂房	054900	17692928777
唐山兴德传动设备有限公司	河北省唐山市开平区北塔头村	063021	13011442666
科耐尔机械制造有限公司	河北省衡水市景县温城工业开发区	053100	13191699139
包头市万里机械有限责任公司	内蒙古自治区包头市东河区南二里半	014040	13947296436
包头钢建新柯机械制造有限公司	内蒙古自治区包头市稀土高新区青工南路 20 甲	014010	13847293813
呼和浩特市强力煤矿机械有限责任公司	内蒙古自治区呼和浩特市金山开发区福康路西	010070	15847753055
天津成科传动机电技术股份有限公司	天津市华苑产业区（环外）海泰发展一路 6 号	300192	13821389975
SEW—工业减速机（天津）有限公司	天津市经济技术开发区第七大街 46 号	300457	022-25322612
天津市宝来工贸有限公司	天津市静海区大邱庄镇海河道 6 号	301606	022-28898422
天津博宇钢管有限公司	天津市静海区大邱庄镇太平村工业园	301606	022-68557318
焦作科瑞森重装股份有限公司	河南省焦作市高新区神州路 2878 号	454000	13703891894
中平能化集团机械制造有限公司	河南省平顶山市卫东区矿工路东段 11 号院	467021	18637559196
中赟国际工程有限公司	河南省郑州市中原区中原西路 210 号	450000	13633862366
河南卫华重型机械股份有限公司	河南省长垣市山海大道 18 号	453499	0373-8887695
许昌煤机制造有限公司	河南省许昌市五一路 17 号	461000	0374-3313455
焦作鑫恒重工机械有限公司	河南省焦作市解放东路 827 号	454003	13503911629
河南天隆输送装备有限公司	河南省新乡市高新一街	453000	18790518089
焦作三岛输送机械有限公司	河南省焦作市山阳区黄河大道（西段）269 号	454000	13709856098
焦作工业制动器制造有限公司	河南省焦作市解放区太行西路	454001	13603890366
河南中业重工机械有限公司	河南省焦作市温县集聚工业区鑫源路 70 号	454850	13949683688
焦作市瑞诚机械制造有限公司	河南省焦作市山阳区新区黄河大道 269 号	454150	13503916267
开封铁塔橡胶（集团）有限公司	河南省开封新区周天路 109 号	475004	0371-23978311
漯河精诚轴承制造有限公司	河南省漯河市经济技术开发区三路 66 号	462000	13069568106
焦作市中和通用机械有限责任公司	河南焦作武陟产业集聚区向秀路东头	454001	13903918837
郑州纬达自动化科技有限公司	河南省郑州市二七区马寨镇笃勤街 56 号中物科技园 5 号楼 2 单元 3 楼 13 号	450052	0371-63304669
太原科技大学	山西省太原市万柏林区窊流路 66 号	030024	13803452109
太重集团向明智能装备股份有限公司	山西省综改示范区太原唐槐园区汾东大街 4 号	030032	13935167390
山西东昌实业有限公司	山西省原平市薛孤加油站旁	034100	15343509999
山西隆达煤矿机械制造股份有限公司	山西省大同市云冈经济技术开发区智创园区	037003	13903527878
大同北方煤机设备有限公司	山西省大同市装备制造产业园区圆丰街 619 号	037000	18603250633
晋能控股装备制造集团金鼎山西煤机有限责任公司	山西省晋城市城区北石店镇	046000	0356-3667619
山西煤矿机械制造股份有限公司	山西省太原市小店区北营南路 46 号	030031	0351-4117484
原平市丰汇机械制造有限公司	山西省忻州市原平市解村乡北岗村东	034100	0350-8337788

（续）

单位名称	通信地址	邮编	电话
原平市兴胜机械制造有限公司	山西省忻州市原平市原平经济技术开发区兴胜路	034100	0350-8258106
原平市宇峰起重运输机械有限公司	山西省忻州市原平市原五路南（东营）	034100	0350-8341112
长治市潞安飞虹煤机有限公司	山西省长治市高新区老顶山镇南垂村	046011	0355-2131119
长治市潞安合力机械有限责任公司	山西省长治市城区南环东街 138 号	046000	13503554849
山西顾德宝丰重工机械有限公司	山西省忻州市原平市京原北路 108 国道京原北路 5033	034100	13353403666
山西省平遥减速器有限责任公司	山西省晋中市平遥县科技工业区	030600	13935495076
山西凤凰胶带有限公司	山西省长治市太行西街 168 号	046011	0355-2088462
山西班姆德机械设备有限公司	山西省太原市小店区转型综合改革示范区唐槐产业园马练营路 55 号	030032	18734141882
衡阳运输机械有限公司	湖南省衡阳市珠晖区狮山路 1 号	421002	13807343417
衡阳腾飞机械有限公司	湖南省衡阳市雁峰区白沙洲工业园内兴业路	421000	13973417068
湖南中特液力传动机械有限公司	湖南省益阳市赫山区龙岭工业园龙泉工业小区	413043	13973677632
武汉洪源机械制造有限公司	湖北省武汉市洪山区南李路 22 号武昌首义学院内	430070	18995638275
武汉武钢北湖机械制造有限公司	湖北省武汉市青山区武钢北湖农场 39 号	430085	13507136558
武汉固皇科技有限公司	湖北省武汉市青山区冶金大道 180 号优十产业园	430080	13908640656
江西江铜同鑫环保科技有限公司	江西省贵溪市江铜集团技工学校院内	335421	13970367639
福建龙净环保股份有限公司	福建省龙岩市新罗区工业西路 19 号龙净工业园	364000	13806983775
厦门能科机电技术有限公司	福建省厦门市同安区新民镇湖柑三角埕里 129-101 号	361100	18695630311
厦门力祺环境工程有限公司	福建省厦门市思明区环岛东路 1801 号 1003 单元	361100	13806088112
宁波华臣输送设备制造有限公司	浙江省象山县经济开发区滨海工业园金商路 20 号	315712	13906601166
杭州雄鹰机械有限公司	浙江省杭州市萧山区南阳街道南翔路	311200	13906712136
湖州海纳川输送机械有限公司	浙江省湖州市长兴县吕山工业园区	313000	13511218445
象山光明输送机有限公司	浙江省宁波市象山县石浦光明路 1 号	315731	0574-65983991
湖州恒通机械设备有限公司	浙江省湖州市埭溪镇上强工业功能区	031300	0572-2367343
浙江兴旗机械科技有限公司	浙江省温州市瑞安市南滨街道林北村	325000	13706688270
宝科机械股份有限公司	浙江省台州市天台县始丰街道永盛路 28 号	317210	13385868786
沪源电机有限公司	浙江省台州市椒江滨海工业园区创业路 12 号	317700	18217601140
湖州电动滚筒有限公司	浙江省湖州市经济技术开发区西凤路 888 号	313000	13706521556
浙江双箭橡胶股份有限公司	浙江省桐乡市洲泉镇工业园区	314513	13905838139
桐乡机械厂有限公司	浙江省嘉兴市桐乡市崇福镇锦绣路 1082 号	314511	18857323887
浙江中凯科技股份有限公司	浙江省乐清市柳市镇东风工业奋进路 9 号	325600	0577-62785610
宁波东力传动设备有限公司	浙江省宁波市江北区银海路 1 号	315000	13757476888
浙江通力传动科技股份有限公司	浙江省瑞安市江南大道 3801 号	325200	13806840044
浙江宇龙机械有限公司	浙江省瑞安市塘下鲍四工业区兴工路 8 号	325204	13906873998
浙江鑫隆机械制造有限公司	浙江省瑞安市塘下镇前进工业区	325204	13587520115
绍兴华运输送设备有限公司	浙江省绍兴市上虞区驿亭镇五夫工业园区驿五东路 55 号	312300	13505852633
桐乡市梧桐东方齿轮厂	浙江省桐乡市梧桐街道文华路 519 号	314500	0573-88107291
温州亿通自动化设备有限公司	浙江省温州市洞头区南塘工业区电子电器科技园 G2 栋	325700	13858824456
温州康钛传动机械有限公司	浙江省温州市瑞安市塘下镇凤山村凤凰西路 5 号	325200	13967720956
宁波粤海电力设备制造有限公司	浙江省宁波市象山县产业区城东工业园银河路 266 号	315708	13906840645
宁波甬港起重运输设备有限公司	浙江省宁波市鄞州区潘火街道王家弄村	315105	13806675732

（续）

单位名称	通信地址	邮编	电话
四川省自贡运输机械集团股份有限公司	四川省自贡市高新区板仓工业园区富川路3号	643000	13398120999
四川东林重工科技股份有限公司	四川省内江市市中区乐贤大道328号	641005	13608254999
四川矿山机器（集团）有限责任公司	四川省江油市三合镇建设北街100号108栋1楼等69处	621700	18989281739
自贡新华迪运输机械有限公司	四川省自贡市沿滩区高新工业园区龙乡大道11号	643000	13990063166
希望森兰科技股份有限公司	四川省成都市双流区西南航空港经济开发区空港二路二段1599号	610207	028-85964751
成都奥恩赛斯科技有限公司	四川省成都市新都工业园东区创业路189号	616500	15982315521
重庆市九龙橡胶制品制造有限公司	重庆市长寿经济技术开发区齐心大道46号	401221	18166327612
宝鸡杭叉工程机械有限责任公司	陕西省宝鸡市金台区十里铺纺西村111号	721004	13809171758
西安重装韩城煤矿机械有限公司	陕西省韩城市新城区苏山路	715499	0913-5265030
宁夏天地西北煤机有限公司	宁夏回族自治区石嘴山市大武口区工业园区长安路1号	753001	13621635217
东莞市奥能实业有限公司	广东省东莞市望牛墩镇洲涡工业区	523206	13926891091
广东甲宝输送机械股份有限公司	广东省广州市番禺区南村镇市新公路北段321号101	511400	020-39135669
江门市振达机械制造有限公司	广东省江门市江海区外海东升路187号1座	529000	0750-3886345
东莞大马输送设备有限公司	广东省东莞市企石镇莫屋发展路4号1号楼	523502	0769-82216389
艾克玛（惠州）输送设备有限公司	广东省惠州市惠阳区新圩镇红卫村	516225	15986956388
广东中兴液力传动有限公司	广东省云浮市郁南县都城镇河堤路45号	527100	13802746699
深圳市德颐姆科技有限公司	广东省深圳市龙岗区坂田街道雅园路坂田创意园Y1-3F10	518100	13825239383
广西正源电机有限公司	广西壮族自治区南宁市邕宁区永乐路15号	530200	15977745251
安徽攀登重工股份有限公司	安徽省桐城市经济开发区同祥路7号	231400	13905566777
铜陵天奇蓝天机械设备有限公司	安徽省铜陵市经济技术开发区翠湖三路1355号	244061	13965220658
安徽永生机械股份有限公司	安徽省桐城市经济技术开发区和平东路25号	231400	13955636088
安徽马钢输送设备制造有限公司	安徽省马鞍山市经济技术开发区阳湖路499号	243000	13855520237
芜湖起重运输机器股份有限公司	安徽省芜湖市三山经济开发区官河路5号	241080	13966032280
芜湖市爱德运输机械有限公司	安徽省芜湖市高新技术开发区珩琅山路8号	241002	13305536789
安徽省无为煤矿机械制造有限公司	安徽省芜湖市无为县赫店镇	238367	0553-6600038
安徽神力运输机械有限公司	安徽省芜湖市无为县赫店镇苏塘行政村	238366	0553-6285091
安徽华运机械有限公司	安徽省安庆市桐城经济开发区	231400	13965820299
安徽科重重工股份有限公司	安徽省安庆市桐城经济开发区南三东路	231400	18805566999
安徽佳信机械有限公司	安徽省安庆市桐城市经济开发区经五路	231440	18655617877
安徽省亚邦工程科技有限公司	安徽省合肥市蜀山区经济开发区电子商务产业园四期B楼东906室	230061	15905565599
安徽盛运重工机械有限责任公司	安徽省桐城市经济开发区东环路4号	231400	13905566596
淮北合众机械设备有限公司	安徽省淮北市杜集区经济开发区腾飞路6号-A区	235065	13865613210
桐城市永辉机械有限公司	安徽省桐城市金神镇工业园区	231440	13955636126
安徽联宝动力科技有限公司	安徽省桐城市龙腾街道白马社区	231400	13855685972
铜陵三佳建西精密工业有限公司	安徽省铜陵市经济技术开发区西湖一路	244000	13905629015
安徽神松机器有限公司	安徽省合肥市经济技术开发区宿松路3963号智能科技园D1栋	230601	18355166988
安徽赛工环境装备有限公司	安徽省邯郸市郎溪县经济开发区伍牙山东路11号	242100	13906169392

（续）

单位名称	通信地址	邮编	电话
安徽百特机电工程有限公司	安徽省芜湖市湾沚区新芜经济开发区西区杨帆路2158号	241111	13305536763
安徽省矿业机电装备有限责任公司	安徽省淮北市东山路222号	235000	13966111595
上海科大重工集团有限公司	上海市青浦区华青路815号	201707	13601988080
上海金绩机械有限公司	上海市嘉定区安亭镇墨玉路185号1层J255室	201800	021-56558982
福伊特驱动技术系统（上海）有限公司	上海市闵行区莘庄工业区元电路365号2号办公楼3-16至3-23室	201108	13015341286
道齐（上海）传动机械有限公司	上海市松江工业区松胜路160号	201613	13917322769
泰克国际（上海）技术橡胶有限公司	上海市松江区荣乐东路1536号	201613	13816144027
施迈赛工业开关制造（上海）有限公司	上海市青浦区漕盈路3336号	201712	13816885974
孚乐率传输设备制造（上海）有限公司	上海市松江区新桥镇新蟠路189号17幢一层东间	201600	13901996496
江苏环宇起重运输机械有限责任公司	江苏省扬州市宝应县城西工业集中区盐金路1号	225825	13901440397
江阴市鹏锦机械制造有限公司	江苏省江阴市南闸街道观山东盟科技工业集中区东盟路10号	214405	13861610869
江苏山鑫重工有限公司	江苏省靖江市生祠镇江平路21号	214500	18952625813
南通世邦机器有限公司	江苏省南通市启东滨海工业园北海路	226231	0513-68958325
江阴华东机械有限公司	江苏省江阴市高新技术产业开发区杨宦路8号	214400	13991526125
南京梅山工程技术新产业开发有限公司	江苏省南京市雨花台区梅山街道中兴路8号新产业公司	211100	18951810587
苏州市力神起重运输机械制造有限公司	江苏省苏州市相城区望亭镇项路村巨庄段41号	215155	13338003462
无锡华九机械设备有限公司	江苏省无锡市锡山区东港镇勤盛路19号	214196	13961731168
徐州中煤力特重工有限公司	江苏省徐州市铜山新区第三工业园康平路北、华泰路东	221116	13814438918
中德（扬州）输送工程技术有限公司	江苏省扬州市经济开发区鸿扬路66号	225009	13403551080
无锡市双升矿山机械有限公司	江苏省无锡市锡山区东港镇东湖村环镇南路5号	214196	13906194085
江苏王牌电机制造有限公司	江苏省扬州市宝应县山阳镇二桥工业集中区宝胜西路3号	225800	13852520012
常熟美信达科技能源设备有限公司	江苏省常熟市经济开发区出口加工区	215513	0512-52299004
常州市传动输送机械有限公司	江苏省常州市武进高新技术产业开发区龙惠路27号	213001	15861868888
江苏武运传动机械有限公司	江苏省常州市武进高新区新发路16号	213167	13813566710
江阴齿轮箱制造有限公司	江苏省江阴市高新区东定西路8号	214437	13814230200
马丁工程技术（昆山）有限公司	江苏省昆山市张浦镇建德路398号	215321	18168989256
南京康普曼传动机械有限公司	江苏省南京市江宁区滨江经济开发区天成路8号	211100	15261469988
南京高精齿轮集团有限公司	江苏省南京市江宁区建衡路79号	211100	025-52472106
南京飞达机械有限公司	江苏省南京市江北新区中山科技园汇鑫路16号	210044	13809003912
江苏中格精工轴承有限公司	江苏省宿迁市泗洪县双沟新城工业园区便民大道北侧	223900	13906562169
泰星减速机股份有限公司	江苏省泰兴市姚王镇泰姚北路10号	225402	13601475738
泰州市运达电动滚筒制造有限公司	江苏省泰州市海陵区江州南路313号	225300	13815959058

（续）

单位名称	通信地址	邮编	电话
无锡宝通科技股份有限公司	江苏省无锡市新区张公路 19 号	214112	0510-88155778
无锡欧唯程钢格板有限公司	江苏省无锡市新吴区城南路 220 号	214131	13812191868
响水县瑞丰重型轴承座制造有限公司	江苏省盐城市响水县经济开发区	224600	13338953888
盐城辰霏传动科技有限公司	江苏省盐城市响水县经济开发区金兰路西侧	224600	13905119537
徐州光环皮带机托辊有限公司	江苏省徐州市解放南路矿大南都国际公寓 4 号楼 1002 室	221001	0516-80267319
徐州光环钢管（集团）有限公司	江苏省徐州市经济技术开发区三环东路 19 号	221004	13952231183
双优环保科技（常州）有限公司	江苏省常州市溧阳市溧城镇城南路 72 号	213300	17505128150
江苏磁谷科技股份有限公司	江苏省镇江市高新技术产业开发园区四平山路 10 号	212009	13914561323
江苏丰尚钢板仓工程有限公司	江苏省扬州市邗江区高新技术产业开发区华声路 1 号	225000	13929033909
南京龙盘输送设备有限公司	安徽省滁州市来安县汊河经济开发区高新路 11 号	211100	13337819898
江苏谷瑞斯机电工程有限公司	江苏省扬州市经济技术开发区钱湾路 202 号	225000	18852517866

输送给料机分会

单位名称	通信地址	邮编	电话	传真
芜湖起重运输机器股份有限公司	安徽省芜湖市三山经济开发区官河路 5 号	241001	0553-3916777	0553-5852711
北京起重运输机械设计研究院有限公司	北京市东城区雍和宫大街 52 号	100007	010-64033564	010-64047537
太原科技大学	山西省太原市万柏林区瓦流路 67 号	030024	0351-6998039	0351-6998005
广西百色矿山机械厂有限公司	广西壮族自治区百色市工业园区银海路（六塘内）	533000	0776-2770823	0776-2770488
四川省自贡运输机械集团股份有限公司	四川省自贡市自井区大岩洞 1 号	643000	0813-8236964	0813-8233608
湖北博尔德科技股份有限公司	湖北省宜昌市珍珠路 69 号盈嘉酒店 23 楼	443300	0717-8868868	0717-8868877
甘肃二通机械制造有限公司	甘肃省兰州市安宁区安宁中路 148 号	730070	0931-7752255	0931-5786512
江阴齿轮箱制造有限公司	江苏省江阴市山观工业园澄山路 601 号	214437	0510-86993222	0510-86993196
诸暨链条总厂	浙江省诸暨市牌头镇五一路 1 号	311825	0575-87051296	0575-87056868
芜湖市爱德运输机械有限公司	安徽省芜湖市高新技术开发区纬十路	241001	0553-5682728	0553-567666
浙江恒丰泰减速机制造有限公司	浙江省温州市瓯海区梅屿工业区 2—5 号	325016	0577-86113799	0577-86111989
仪征市橡胶制品有限公司	江苏省仪征市陈集镇江淮街 37 号	211400	0514-83870019	0514-83873977
湖州电动滚筒有限公司	浙江省湖州市经济开发区西凤路 886 号	313000	0572-2111325	0572-2174376
湖州杭美输送机械有限公司	浙江省湖州市钮家庄路 289 号	313000	0572-2358108	0572-2358108
天津减速机股份有限公司	天津市河东区程林庄路 8 号	300160	022-24328922	022-24326558
石家庄科一重工有限公司减速机分公司	河北省石家庄市和平西路 595 号	050071	0311-87731909	0311-87772060
邯郸市红星机械制造有限公司	河北省邯郸市峰峰矿区太行东路 25 号	056200	0310-5167699	0310-5167188
大连理工大学	辽宁省大连市甘井子区凌工路 2 号	116024	0411-84708409	0411-84707507
昆明市输送机械有限公司	云南省昆明市五华区人民西路 684 号	650106	0871-68184910	0871-68184910
荆州市巨鲸传动机械有限公司	湖北省荆州市开发区东方大道 58 号	434000	0716-8303900	0716-8303809
宜昌三峡输送机械制造总公司	湖北省宜昌市西陵区窑湾乡东山村	443000	0717-6445067	0717-6445067

（续）

单位名称	通信地址	邮编	电话	传真
启东天地机械制造有限公司	江苏省启东市和平南路 105 号	226200	0513-83312668	0513-83312649
江苏双菱链传动有限公司	江苏省常州市武进区湟里镇卜东路 1 号	213151	0519-83341135	0519-83341270
扬州市精固链传动机械有限公司	江苏省扬州市朴席工业规划区	211426	0514-83617988	0514-83615003
通化市起重运输机械制造有限责任公司	吉林省通化市保安路 2369 号	134000	0435-3652137	0435-3617752
宏兴机械制造有限公司	黑龙江省鹤岗市红旗路 69 号	154101	0468-3342098	0468-3342098
沈阳市通用电器研究所	辽宁省沈阳市沈河区乐郊路 35 甲 4	110011	024-24804947	024-24804947
江阴华东机械有限公司	江苏省江阴市澄张公路 518 号	214429	0510-86195578	0510-86190678
江苏泰兴隆减速机有限公司	江苏省泰兴市城区科技工业园	225400	0523-87996888	0523-87996999
国茂减速机集团有限公司	江苏省常州市武进高新区西湖路 111 号	213161	0519-86581901	0519-86578002
长沙起重运输机械厂	湖南省宁乡市华夏工业园新康路 9 号	410005	0731-85555999	0731-85010292
湖南中特液力传动机械有限公司	湖南省益阳市泉交河镇互利工业园	413000	0737-4743608	0737-6181199
安徽省无为煤矿机械制造有限公司	安徽省无为市赫店工业区	238300	0565-6200038	0565-6202198
绍兴华运输送设备有限公司	浙江省上虞市五夫工业园区五东路 55 号	312353	0575-82415928	0575-82415626
南京起重电器厂	江苏省南京市江宁区淳化七里岗 12 号	211123	025-52262925	025-52252014
焦作市华武制动器厂	河南省焦作市虹桥工业区	454981	0391-7543668	0391-7543168
盐城康威特橡塑有限公司	江苏省盐城市大丰区大桥镇潘街 39 号	224000	0515-83384848	0515-83382398
上海交华液力机械有限公司	上海市崇明区绿华镇新建路 575 号	202151	021-59353159	021-59351202
天津重钢机械装备股份有限公司	天津市滨海新区厦门路 139 号	300459	022-25214993	022-25211535
安徽盛运机械股份有限公司	安徽省桐城市同安路 265 号	231400	0556-6206966	0556-6205280
湖北天宜机械股份有限公司	湖北省宜都市陆城十里铺工业园区	443000	0717-4823199	0717-4828111
中德（扬州）输送工程技术有限公司	江苏省扬州市开发区鸿扬路 66 号	225009	0514-85881696	0514-85881690
哈尔滨和泰电力设备有限公司	黑龙江省哈尔滨市南岗区长江路 380 号宏洋大厦	150090	0451-82314958	0451-82314178
兰溪华能输送设备制造有限公司	浙江省金华市兰溪市香溪镇东升村	321100	0579-88360046	0579-88360046
临安格林输送机械有限公司	浙江省杭州市临安区青山街道雅观村	311307	0571-63773958	0571-63771566
山东中一橡胶有限公司	山东省东营市大王经济开发区	257355	0546-6890999	0546-6890988
海安县万力振动机械有限公司	江苏省南通市海安县江海西路 168 号	226600	0513-88898572	0513-88814780
盐城市羽佳有色金属制品有限公司	江苏省盐城市建湖县汇文东路 576 号	224700	0515-86200056	0515-86203388
北京华伍创新科技有限责任公司	北京市东城区建国门南大街 7 号万豪酒店	100005	010-59117400	010-59117413
大连骅洋液力偶合器有限公司	辽宁省大连市甘井子区营城子工业园	116000	0411-84444529	0411-8444509
长沙三机传动机械设备有限公司	湖南省长沙市宁乡经济技术开发区	410000	0731-87073036	0731-87073036
泰州宏大辊业有限公司	江苏省泰州市海陵区城西街道九龙社区东侧	225300	0523-86461138	0523-86264968
青岛百奇橡胶有限公司	山东省青岛市即墨区蓝村镇三城路东侧	266000	0532-83509567	0532-68025505

散料装卸机械与搬运车辆分会

单位名称	通信地址	邮编	电话	传真
大连重工·起重集团有限公司	辽宁省大连市西岗区八一路 169 号	116013	0411-86852166	0411-86852222
哈尔滨重型机器有限责任公司	黑龙江省哈尔滨市经济技术开发区大连北路 15 号	150060	0451-87091525	0451-86818888
湖南长重机器股份有限公司	湖南省长沙市开福区湘江北路一段 12 号	410201	0731-85317111	0731-85317110
上海振华重工港机通用装备有限公司	上海市东方路 3261 号	200125	021-31195630	021-31195918
北京起重运输机械设计研究院有限公司	北京市东城区雍和宫大街 52 号	100007	010-64023392	010-64052252
华电重工股份有限公司上海分公司	上海市浦东新区国展路 839 号华电大厦 15 楼	200122	021-68988281	021-68988257
北方重工装备（沈阳）有限公司散料装备事业部	辽宁省沈阳市经济技术开发区开发大路 16 号	110027	13609820458	024-25802527
常熟市电动平车厂	江苏省常熟市梅李镇聚沙路 5 号	215511	0512-52661892	0512-52661886
中国电建集团长春发电设备有限公司	吉林省长春市经济技术开发区世纪大街 3388 号	130033	0431-81966709	0431-85868500
上海电力环保设备总厂有限公司	上海市宝山区山连路 358 号	200444	021-56650088	021-56657888
丹东振安建工机械有限公司	辽宁省丹东市振安区果园路 30 号	118003	0415-4188609	0415-4188606
中国电建武汉重工装备有限公司	湖北省武汉市武昌区白沙洲特 1 号	430064	027-68888403	027-88113825
岳阳强力电磁设备有限公司	湖南省岳阳市京珠连线 5 公里处	414000	0730-8799598	0730-8799009
江阴市万事达液压机械有限公司	江苏省江阴市周庄镇周西工业园区高僧桥	214423	0510-86221271	0510-86903068
浙江特种电机股份有限公司	浙江省嵊州市经济开发区加佳路 18 号	312400	0575-83000508	0575-83000566
上海公茂起重设备有限公司	上海市浦东新区云台路 145 号 2803 室	200126	021-50871759	021-50871665
常熟市亿安电动平车有限公司	江苏省常熟市董浜镇徐市安庆路 215 号	215535	0512-52496081	0512-52496082
浙江双鸟机械有限公司	浙江省嵊州市黄泽镇工业功能区玉龙路 16 号	312455	0575-83503888	0575-3503801
上海特国斯传动设备有限公司	上海市静安区曲阜西路 268 号恒安大厦 1302 室	200122	021-63812226、63679809	021-63810571、63679809
哈尔滨龙鑫重型机械有限公司	黑龙江省黑龙江省哈尔滨市香坊区珠江路 29 号 807	150040	13503618096	0451-55195730
大连长盛输送设备制造有限公司	辽宁省大连市金州区亮甲店镇石城村	116104	0411-87275136	0411-87275757
大连通达矿冶机械有限公司	辽宁省大连市普湾新区三十里堡街道	116103	0411-87362498	0411-87350008
大连重工机电动力有限公司	辽宁省大连市沙河口区河川街 21 号	116021	0411-39757578	0411-39757528
常熟市凯龙电动平车有限公司	江苏省常熟市梅李镇珍南路 18 号	215514	0512-52664298	0512-52262798
无锡巨力电动平车有限公司	江苏省无锡市新区新光工业园 5 号地块	214028	0510-82255086	0510-85210217
哈尔滨国海星轮传动有限公司	黑龙江省哈尔滨哈平路工业区烟台三路 8 号	150000	0451-86530858	0451-86523288
秦皇岛秦冶重工有限公司	河北省秦皇岛经济技术开发区鄱阳湖路 2 号	066318	0335-8358085	0335-8586258
湖北三六重工有限公司	湖北省咸宁市巨宁大道 36 号	437000	0715-8343111	0715-8312668
哈尔滨和泰电力设备有限公司	黑龙江省哈尔滨市南岗区长江路 380 号	150090	0451-82314958	0451-82314178
大连天重散装机械设备有限公司	辽宁省大连沙河口区会展路 33 号环球金融中心 7A	116023	0411-62631977	0411-62631978
南京三埃工控有限公司	江苏省南京市江宁经济开发区胜利路 12 号	211100	025-52078957	025-52124028
泰富重装集团有限公司	湖南省湘潭九华经开区奔驰路 6 号	430107	0731-52837017	0731-52837255
湖南省映宏新材料股份有限公司	湖南省娄底市新化经开区向红工业园	417600	0738-3537338	0738-3537909

润滑液压设备分会

单位名称	通信地址	邮编	电话
四川川润液压润滑设备有限公司	四川省成都市郫都区现代工业港北区港北六路 85 号	611743	13518193507
太原重型机械集团煤机有限公司	山西省太原市太原经济技术开发区电子街 25 号	030032	13111082326
中国重型机械研究院股份公司液压技术与装备研究所	陕西省西安市经济技术开发区高铁新城尚林路 3699 号	710018	17792372637
常州市华立液压润滑设备有限公司	江苏省常州市天宁区郑陆镇牟家村舜平路 8 号	213115	13775049758
启东润滑设备有限公司	江苏省启东市南苑西路 1077 号	226200	13906282120
太原科技大学机械工程学院	山西省太原市万柏林区窊流路 66 号	030024	13643696731
一重集团大连工程技术有限公司	辽宁省大连市经济技术开发区东北大街 96 号	116600	15898159706
江苏指南润滑液压科技有限公司	江苏省南通市启东市经济开发区华石路 818 号	226200	13773891001
江苏南方润滑股份有限公司	江苏省南通市启东市惠萍镇工业园区	226255	15962828322
燕山大学	河北省秦皇岛市河北大街西段 438 号	066004	13930342639
上海润滑设备厂有限公司	上海市杨浦区宁武路 269 号	200090	13918518123
黄山工业泵制造有限公司	安徽省黄山市屯溪区九龙工业园区九龙大道 5 号	245021	13955959962
北方重工集团有限公司	辽宁省沈阳市经济技术开发区开发大路 16 号	110141	13940443329
中冶京诚工程技术有限公司	北京市亦庄经济技术开发区建安街乙 6 号	100176	13801049002
大连华锐股份有限公司液压装备厂	辽宁省大连市甘井子区新水泥路 78-7 号	116035	15909862306
江苏澳瑞思液压润滑设备有限公司	江苏省南通市启东市科技创业园青年东路 6 号	226200	13901462257
淄博九洲润滑科技有限公司	山东省淄博市高新区政通路高创园 E 座 227 号	255000	13355281819
温州中合润滑设备制造有限公司	浙江省温州市鹿城区仰义街道沿吉路 5 号	325007	13175680268
温州市龙湾润滑液压设备厂	浙江省温州市鹿城区广场路广府商厦北 310 室	325000	13806688772
启东安升润液设备有限公司	江苏省启东市久隆新巷工业集中 118 号	226222	15851225999
启东中冶润滑液压设备有限公司	江苏省启东市牡丹江西路 3388 号	226200	13906282798
四平市隆百洲机电科技有限公司	吉林省四平市铁东区山门镇	136002	13604344290
江苏恒泰自动化润滑设备有限公司	江苏省启东市南苑工业园区恒丰路 28 号	226200	13951305198
北京中冶华润科技发展有限公司	北京市丰台区南四环西路 188 号三区 21 号楼	100070	13811468575
美润思（北京）科技有限公司	河北省秦皇岛市北戴河开发区金三路 16 号	066102	13393352188
浙江海马传动科技股份有限公司	浙江省诸暨市店口镇解放路 259 号	311835	13395758888
陕西中润流体装备有限公司	陕西省西安经济技术开发区泾渭工业园泾高南路中段 22 号	710201	13991346224
淄博市博山润丰油泵厂	山东省淄博市博山区博山镇博沂路	255207	13656437788
南通市博南润滑液压设备有限公司	江苏省南通市启东市经济开发区灵峰路 1133 号	226200	13912889088
泰州市远望换热设备有限公司	江苏省姜堰市娄庄镇	225500	15996063888
重庆安特瑞润滑设备有限公司	重庆市万州区经济技术开发区化工园内	404130	18996666862
新乡市胜达过滤净化技术有限公司	河南省新乡市开发区德源西路 200 号	453000	15090324751
三众过滤技术南通有限公司	江苏省南通市启东经济开发区凯旋路 358 号	226200	18796116388
海林柯液压技术（北京）有限责任公司	天津市宝坻经济开发区天兴路 1 号	301899	13911306901
沈阳奥信重型设备有限公司	辽宁省沈阳市和平区总站路 119 号	225300	15524172428
常州智杰机械设备有限公司	江苏省常州市天宁区郑陆镇三河口工业园	213017	13915831378
威卡国际贸易（上海）有限公司	江苏省苏州市塔园路 81 号	215011	18551179172
启东通润润滑液压设备有限公司	江苏省启东市惠萍镇工业区	226200	13862879662

重型基础件分会

单位名称	通信地址	邮编	电话	传真
中国重型机械研究院股份公司	陕西省西安市经济技术开发区高铁新城尚林路 3699 号	710018	029-86322892	029-86322892
宁波东力股份有限公司	浙江省宁波市江北工业区银海路 1 号	315000	0574-88398860	0574-88398840
浙江通力传动科技股份有限公司	浙江省瑞安市林垟通力大道	325207	0577-65590088	0577-65598888
安徽泰尔重工股份有限公司	安徽省马鞍山市开发区红旗南路 18 号	243000	0555-2229329	0555-2229287
山西工程技术学院	山西省阳泉市经开区学院路 1 号	030002	0353-2111851	
江苏国茂减速机股份有限公司	江苏省常州市武进高新区龙潜路 98 号	213161	0519-86552810	
山西省平遥减速器有限责任公司	山西省晋中市平遥县古城南路 138 号	031100	0354-5650091	0354-5650268
河北衡通传动机械有限公司	河北省衡水市冀州市刘扬村 188 号	053200	0318-8693695	0318-8691484
西安环力减速机械设备有限公司	陕西省西安市经济技术开发区 B4 区迎宾大道 138 号豪盛花园 3 幢 1 单元 10304 室	710018	029-86171905	029-85251460
西安帆力机电技术有限公司	陕西省西安市碑林区曹家巷 44 号	710000	029-82497223	
西安航盛机械制造有限公司	陕西省咸阳市泾阳县永乐镇	713702	029-36395066	
陕西旭日机电设备有限公司	陕西省西安市未央区红旗路 21 号	710000	029-87384188	
武汉正通传动科技有限公司	湖北省武汉市黄陂区横店街正通大道 99 号	432200	18971384422	
山西大新传动技术有限公司	山西省运城市新绛县轻纺工业园	043100	13934393003	
北京新兴超越离合器有限公司	北京昌平区科技园超前路 37 号院 16 号楼 C2 311 号	102200	13521881893	
宁波市东钱湖旅游度假区华实传动机械厂	浙江省宁波市东钱湖工业园区莫高公路 58 号	315121	0574-88370903	0574-88373598
泰星减速机股份有限公司	江苏省泰兴市姚王镇泰姚北路 10 号	225402	0523-87541669	0523-87635683
西安润风风电设备有限公司	陕西省西安市未央区徐家湾渭滨街 55 号	710021	029-89616159	
唐陌传动机械无锡有限公司	江苏省无锡市湖滨区胡堤镇刘闾路 76 号	214000	0510-85580676	
天津联星传动有限公司	天津市北辰区西堤头工业园泰康路 6 号	300000	13312027849	
河北北环机械通用零部件有限公司	河北省廊坊市胜芳镇北二环路北华阳路 42 号	065000	13931605398	
中国雁峰集团有限公司	浙江省温州市平阳县 104 国道	325400	13892826831	
武汉雄驰机电设备有限公司	湖北省武汉市黄陂区甘棠民街 28 号	430300	13871172211	
重庆禾丰机械有限公司	重庆市江津区德感工业园	402260	13996086868	
江苏淮安金力传动机械有限公司	江苏省淮安市经开区高教园区明远东路 18-1 号	223021	13952328176	
河北天硕联轴器有限公司	河北省沧州市泊头南仓街	062150	13603176160	
太原市明汇机模设备制造有限公司	山西省太原市小店区坞城路 601 号	030006	13994237666	
浙江海马传动科技有限公司	浙江省诸暨市解放路 259 号	311800	13395758888	
陕西赫力机械工程有限公司	陕西省西安市高陵区泾汇八路	710016	13709198115	
山西巨顺锻造有限公司	山西省忻州市定襄县神山乡	035499	18903503444	
浙江东海减速机有限公司	浙江省温州市平阳经济开发区（鳌江镇）	325401	13906669365	0577-63635393
天津市万新减速机有限公司	天津市东丽经济开发区一经路 31 号	300300	022-24830967	022-24374550

（续）

单位名称	通信地址	邮编	电话	传真
江阴齿轮箱制造有限公司	江苏省江阴市山观工业园区澄山路 601 号	214437	0510-86993103	0510-86993196
安徽省湖滨机械厂	安徽省巢湖市巢湖北路 369 号	238013	0565-2393587	0565-2317765
上海茂德企业集团	上海市南汇工业园区沪南公路 9408 号茂德工业园	201300	021-68016659	021-68016458
哈尔滨国海星轮传动有限公司	黑龙江省哈尔滨市哈平路工业区内烟台三路 8 号	150060	0451-86530788	0451-86530858
二重（德阳）重型装备有限公司设计院	四川省德阳市珠江西路 460 号	618000	0838-2341179	0838-2341179
山东省德州市金宇机械有限公司	山东省德州市德城区胡滨北路 888 号	253015	0534-2745001	0534-2745033

油膜轴承分会

单位名称	通信地址	邮编	电话	传真
太原重工油膜轴承分公司	山西省太原市万柏林区玉河街 53 号	030024	0351-6367118	0351-6367203
太原理工大学	山西省太原市迎泽西大街 73 号	030024	0351-6010290	0351-6220233
宝钢湛江钢铁有限公司	上海市宝山区富锦路宝钢指挥中心	201900	021-56780055	021-26648046
本钢板材采购中心	辽宁省本溪市平山区 6 号	117000	024-47839809	024-42842074
鞍钢设备资材采购中心	辽宁省鞍山市南中华路 396 号	114021	0412-6734511	0412-6753575
太钢不锈股份有限公司	山西省太原市尖草坪区尖草坪	030003	0351-3011010	0351-3134170
太原重工油膜轴承分公司	山西省太原市万柏林区玉河街 53 号	030024	0351-6367206	0351-6367206
鞍钢热连轧厂	辽宁省鞍山市鞍钢厂区北部	114021	0412-6751589	0412-6752915
本钢集团有限公司热连轧厂	辽宁省本溪市平山区轧钢路	117021	18041406000	024-7825049
首秦金属材料有限公司轧钢部	河北省秦皇岛市海港区杜庄乡	066326	0335-6086238	0335-6089252
南钢股份有限公司宽厚板厂	江苏省南京市六合区大厂	210035	025-57074699	025-57072545
首钢京唐钢铁公司热轧部	河北省唐山市曹妃甸工业区	100043	0315-8829251	0315-8871641
安钢股份有限公司第二炼轧厂	河南省安阳市殷都区梅园庄	455004	0372-3120928	0372-3120909
武汉钢铁集团公司热轧总厂	湖北省武汉市青山区厂前	430083	027-86891525	027-86891525
攀枝花钢铁集团公司热连轧厂	四川省攀枝花市向阳区	617062	0812-3393260	0812-3396573
太钢不锈钢股份有限公司热连轧厂	山西省太原市尖草坪区尖草坪	030003	0351-3014802	0351-3016105
包钢钢联股份有限公司	内蒙古自治区包头市河西工业区	014010	0472-2181236	0472-2181236
宝钢集团宝钢分公司设备部	上海市宝山区富锦路 800 弄路 5 号	201900	021-26646629	021-26648830
宝钢热轧厂	上海市宝山区宝钢纬三路	200941	021-26645174	021-26649677
鞍钢第二冷轧厂	辽宁省鞍山市铁东区鞍千路 298 甲	114021	0412-6752596	0412-6751512
重庆钢铁股份有限责任公司热轧厂	重庆市长寿区江南大道 151 号附 47 号	401200	023-37657801	023-37657801
二重（德阳）装备重型机械工程公司	四川省德阳市珠江西路 460	618013	0838-2342114	0838-2342114
上海大学机自学院	上海市闸北区延长路 149 号	200072	021-82669152	021-56331937
铁岭五星油膜橡胶研究所	辽宁省铁岭市辽海北路 15 号	112000	024-4564226	024-74501500
太原科技大学机械工程学院	山西省太原市窊流路 66 号	030024	0351-6998313	0351-6963332
鞍钢中板厂	辽宁省鞍山市鞍钢厂区北部	114021	0412-6762355	0412-6761293

（续）

单位名称	通信地址	邮编	电话	传真
沙钢集团有限公司	江苏省张家港市锦丰镇	215625	13951139955	0512-58550681
唐山中厚板有限公司	河北省唐山市乐亭县玉滩镇	063610	0315-4959566	0315-4959336
唐山港陆钢铁有限公司	河北省遵化市镇海东街	064200	0315-6075518	0315-6075518
唐山不锈钢有限公司热轧厂	河北省唐山市古冶区唐家庄	063105	0315-3765888	0315-3768802
唐山钢铁集团公司第一轧钢厂	河北省唐山市滨河路 9 号	063013	0315-3707227	0315-3707227
安钢股份有限公司第二轧钢厂	河南省安阳市殷都区梅园庄	455004	0372-3123012	0372-3123613
武汉钢铁集团公司冷轧厂	湖北省武汉市青山区厂前	430083	027-86894638	027-86891470
涟源钢铁集团公司热轧板厂	湖南省娄底市轧钢东路	417009	0738-8663655	0738-8663726
攀钢冷轧厂	四川省攀枝花市向阳区	617062	0812-3380118	0812-3380137
首钢迁钢股份有限公司	河北省迁安市扬店子镇滨河村	064404	0315-7703962	0315-7703011
宁波钢铁有限公司热轧厂	浙江省宁波市北仑区霞浦临港二路 168 号	315800	0574-86859108	0574-86859126
南京钢铁有限公司中板厂	江苏省南京市大厂区卸甲店	210035	025-57074699	025-57072545
宝钢不锈钢分公司热轧厂	上海市宝山区长江路 735 号	200431	021-26033369	021-26034661
广西柳钢热轧板带厂	广西壮族自治区柳州市北雀路 117 号	545002	0772-2596358	0772-2596355
新余钢铁有限责任公司	江西省新余市新钢冶金路	338001	0790-6293328	0790-6294999
五矿营口中板有限责任公司设备部	辽宁省营口市老边区	115005	0417-3256655	0417-3256063
吉林通化钢铁股份公司热轧厂	吉林省通化市二道江区	134003	13304422311	0432-3775652
舞阳钢铁有限责任公司一轧厂	河南省舞钢市湖滨大道西段	462400	13937566928	0395-8112802
邯郸钢铁有限责任公司中板厂	河北省邯郸市复兴路 232 号	056015	0310-6075426	0310-4959971
河钢承钢板带事业部	河北省承德市双滦区滦河镇	067002	0314-4079789	0314-4314947
马钢股份有限公司第四钢轧总厂	安徽省马鞍山市三台路	243051	13805551364	0555-2890805
江阴兴澄特种钢铁有限公司钢板厂	江苏省江阴市滨江东路 297 号	214429	13961672702	0510-86190970
河北敬业集团中厚板厂	河北省石家庄市平山县南甸镇	050400	13230135485	0310-82878888
冀南钢铁有限公司	河北省武安市上团城乡	056300	0310-5179100	0310-5179100
沧州中铁装备制造材料有限公司轧钢厂	河北省沧州市渤海新区	061113	0317-5761614	0317-5761614
山西百一机械制造有限公司	山西省太原市尖草坪 2 号	030003	0351-3016342	0351-3016803
优必胜（大连）轴承制造有限公司	辽宁省瓦房店市北三家瓦窝工业园	116300	0411-85508388	0411-85545658
广州机械科学研究院密封研究所	广东省广州市黄埔区茅岗	510700	020-32388050	020-32389624
中国石化润滑油公司北京研发中心	北京市海淀区安宁庄西路 6 号 2852 号研发中心	100085	010-62949743	010-62949751
中国一重集团大连设计研究院	辽宁省大连市经济技术开发区	116600	0411-39243245	0411-39243388
上海重型机器厂有限公司	上海市闵行区江川路 1388 号	200245	021-64632262	021-54722933
中钢设备公司机电部	北京市朝阳区芳园街 1 号	100016	010-62688018	010-62688098
宝钢八钢热轧厂	新疆维吾尔自治区乌鲁木齐市头屯河区新钢路	830022	0991-3886408	0991-3886458

（续）

单位名称	通信地址	邮编	电话	传真
燕山钢铁公司 1780 热轧厂	河北省迁安市迁安火车站旁	064499	18903380259	0315-5359666
燕山钢铁公司 1580 热轧厂	河北省迁安市迁安火车站旁	064499	18931537633	0315-5359666
安丰钢铁公司 1780 热轧厂	河北省秦皇岛市昌黎县靖安镇	066603	18031658999	0315-2092111
北海诚德压延有限公司	广西壮族自治区北海市铁山港	536017	0779-8527463	0779-8527464
莱芜钢铁集团银山板带厂	山东省莱芜市钢城区	271100	13156347978	0634-6921887
舞阳钢铁有限责任公司二轧厂	河南省舞钢市湖滨大道西段	462400	13837510808	0395-8112802
南阳汉冶特钢有限公司轧钢厂	河南省南阳市西峡县回车镇	474571	18695968869	0377-69693555
太原嘉明科技有限公司	山西省晋中市榆次区工业园区中央大道	030600	13934156424	0354-3966970
瓦房店轴承股份有限公司	辽宁省瓦房店市北共济街	116300	0351-2390981	0351-6827588
济钢中厚板厂	山东省济南市工业北路 21 号	250101	0531-88847758	0531-88847461
山东钢铁集团日照有限公司板材部	山东省日照市东港区临钢路 1 号	276800	15863386486	0633-7920839
日照钢铁轧钢有限公司 1580 热连轧部	山东省日照市岚山区沿海公路 1 号	276800	15954148869	0633-6188060
日照钢铁轧钢有限公司 2150 热连轧部	山东省日照市岚山区沿海公路 1 号	276800	13562361934	0633-6188060
山东泰山钢铁集团有限公司不锈钢热轧部	山东省济南市莱芜区新甫路 001 号	250102	15698108117	0531-6114423
山西建龙实业有限公司热轧厂	山西省运城市闻喜县	043800	18935083353	0359-7302348
福建福欣特殊钢有限公司	福建省龙海市龙池大道 1 号	363100	0596-6057000	0596-6057000
吉林建龙钢铁有限公司	吉林省吉林市龙潭区金珠工业园区	132104	18043827824	0432-6501877
上海宝钢工业技术服务有限公司	上海市宝山区克东路 16 号	201900	13701689731	021-26649592
河钢乐亭钢铁有限公司	河北省唐山市乐亭县经济开发区	063600	13832579491	0315-6597521
唐山瑞丰钢铁（集团）有限公司	河北省唐山市丰南区小集镇工业区	063300	13931514639	0315-8393708
粤机（广州）机电设备有限公司	广东省广州市高新技术产业开发区科学城	510633	13825065920	
武安市裕华钢铁有限公司	河北省武安市上团城乡	056301	13180502508	0310-5179100

停车设备工作委员会

单位名称	通信地址	邮编	电话	传真
中国重型机械工业协会停车设备工作委员会	北京市西城区月坛南街 26 号院 1 号楼 2002 室	100825	010-68584668	010-68584667
北京起重运输机械设计研究院有限公司	北京市东城区雍和宫大街 52 号	100007	010-64031098	010-64031098
杭州西子智能停车股份有限公司	浙江省杭州市余杭经济技术开发区宏达路 181 号	311199	0571-88136661	0571-88136661
山东莱钢泰达车库有限公司	山东省莱芜市钢城区泰达工业园	271129	0634-75879939	0634-75879939
深圳怡丰自动化科技有限公司	广东省深圳市龙岗区龙城大道龙西路口龙岗高科技园	518116	4007886299	4007886299
北京航天汇信科技有限公司	北京市亦庄经济技术开发区中和街 20 号	100176	010-67886600	010-67874871

（续）

单位名称	通信地址	邮编	电话	传真
唐山通宝停车设备有限公司	河北省唐山市丰润区公园道 162 号	064000	0315-3080599	0315-3081781
大洋泊车股份有限公司	山东省潍坊市潍城区拥军路 3777 号	261041	0536-8791080	0536-8662694
山东天辰智能停车有限公司	山东省德州市（禹城）国家高新技术产业开发区振兴大道西侧	251200	0534-7289910	0534-7289960
上海赐宝停车设备制造有限公司	上海市黄浦区打浦路 1 号金玉兰广场 906 室	200023	021-53960436-802	021-53960435
北京鑫华源机械制造有限责任公司	北京市门头沟区门头沟路 47 号	102300	010-61815320	010-61815100
江苏川钿明椿电气机械有限公司	江苏省南京市溧水区和凤镇凤翔路 18 号	200019	025-57273599	025-57273599
友嘉国际数控机床有限公司	浙江省杭州市萧山经济技术开发区市心北路 120 号	311215	0571-82831393	0571-82832353
江苏金冠停车产业股份有限公司	江苏省南通市港闸区兴盛路 6 号	226003	0513-81552626	0513-81552626
广东三浦车库股份有限公司	广东省广州市海珠区新港西路 1 号银华大厦 20 楼	510260	020-34112922	020-34061599
深圳市伟创自动化设备有限公司	广东省深圳市福田区上梅林卓悦汇 A 座南区 701 室	518000	0755-82445970	0755-82439670
青岛齐星车库有限公司	山东省青岛市胶州九龙工业园新东路 17 号	266300	0532-58651778	0532-58651778
青岛茂源停车设备制造有限公司	山东省青岛市黄岛区临港路1319号（原 2377 号）	266400	18366262658	0532-83196318
安徽华星智能停车设备有限公司	安徽省合肥市循环经济示范园天工路 1 号	231602	0551-67758520	0551-67601802
杭州大中泊奥科技股份有限公司	浙江省杭州市萧山区萧山经济技术开发区桥南区高新五路 58 号	311231	0571-22867601	0571-82695083
江苏普腾停车设备有限公司	江苏省南通市经济技术开发区通盛南路 32-9	226017	0513-80770518	0513-80770077
青岛德盛利立体停车设备有限公司	山东省青岛市西海岸新区张家楼工业园	266406	0532-85136619	0532-85136619
上海浦东新区远东立体停车装备有限公司	上海市浦东新区东川公路 7447 号	201201	021-68903740	021-68901921
广州广日智能停车设备有限公司	广东省广州市番禺区石楼镇国贸大道南 636 号之一	511447	020-39965999	020-39965877
上海天地岛川停车设备制造有限公司	上海市虹口区吴淞路 575 号吉汇大厦 3201 室	200080	021-63563092	021-63563092
杭州福瑞科技有限公司	浙江省杭州市塘苗路 18 号华星现代产业园	310013	0571-85023846	0571-85123228
浙江镭蒙科技有限公司	浙江省诸暨市暨阳街道茂阳路 23 号	311800	0575-87789217	0575-87789217
苏州东力机电工业有限公司	江苏省苏州市太仓市浏河镇闸南工业区 3 号	215000	0512-33060019-820	0512-33060019-820
淮安仲益电机有限公司	江苏省淮安市涟水县经济开发区祥云路 10 号	215000	0512-66830093	0512-66830093
安徽马钢智能立体停车设备有限公司	安徽省马鞍山市经济技术开发区红旗南路 19 号	243071	0555-2960018	0555-2960021
安徽乐库智能停车设备有限公司	安徽省合肥市肥东县金阳北路 16 号	231600	0551-62533979	0551-62533977
江苏润邦智能车库股份有限公司	江苏省南京市浦口区星甸工业园	211803	025-58465657	025-58265566

（续）

单位名称	通信地址	邮编	电话	传真
陕西隆翔停车设备集团有限公司	陕西省西安市高新区锦业路 38 号粤汉国际 D 座 18 层	710077	029-88865536	029-88865382
上海剑峰停车设备工程有限公司	上海市黄浦区南京东路 61 号新黄浦金融大厦 607 室	200002	021-63392097	021-63391924
苏州联发电机有限公司	江苏省苏州市相城经济开发区富元路 402 号	215131	0512-65793566	0512-65793569
上海山电电机有限公司	上海市普陀区祁连山南路 2888 弄 B 座 507 室	200331	021-62841028	021-52841755
上海禾通涌源停车设备有限公司	上海市闵行区莲花路 1555 号 318 室	200233	13020217116	021-33677096
浙江东海减速机有限公司	浙江省温州市平阳县鳌江镇鸽巢路	200070	0577-63812226	0577-63810571
无锡富通达车库装备有限公司	江苏省无锡市滨湖区梁青路 58 号华邸国际大厦 B 座 6 楼	214062	0510-85881881-208、203	0510-85868947
东杰智能科技集团股份有限公司	山西省太原市新兰路 51 号	030008	13935163396	0351-3633521
华源雄兴智能科技有限公司	北京市亦庄经济技术开发区科创二街 3 号	100176	010-87952557	010-87952559
江苏聚力智能机械股份有限公司	江苏省苏州市吴江区汾湖高新技术产业开发区新黎路 300 号	215211	0512-82880000	0512-82855666
山东九路泊车设备股份有限公司	山东省聊城市高唐县人和街道办事处卢田楼村北段	252800	13801184460	0635-3673899
深圳市中科利亨车库设备股份有限公司	广东省深圳市宝安区西乡街道桃花源科技创新园主楼 513	518102	0755-29981555	0755-29981777
深圳精智机器有限公司	广东省深圳市南山区科技园科研路 9 号比克科技大厦 11 楼 B	518057	0755-86017789	0755-86017528
合肥巍华智能停车设备有限公司	安徽省合肥市肥东经济开发区公园路 12 号	231600	0551-67266669	0551-67799556
长园天弓智能停车系统（湖北）有限公司	湖北省黄冈市红安县经济开发区高新技术产业园	438400	0713-5289666	0713-5319280
上海腾库智能科技有限公司	上海市闵行区恒西路 189 号 507 室	201114	15000128187	021-34786970
广东明和智能设备有限公司	广东省广州市南沙区东涌镇石排村市南公路南侧	511455	020-29855018	020-29855018
江苏金三角钢结构有限公司	江苏省淮安市淮安区工业新区吴鞠通路 46 号	223200	13905230159	0517-85201112
唐山宝乐智能科技股份有限公司	河北省唐山市滦县装备制造产业园区	063706	13903256868	0315-7410188
衡水奇佳停车设备有限公司	河北省衡水市高新区衡井公路南侧、新桥新路以西	053000	0318-2331281	0318-2331281
北京大兆新元停车设备有限公司	北京市海淀区北小马厂 6 号华天大厦 12 层 13-16 室	100038	010-51916680	010-63319786
云南昆船智能装备有限公司	云南省昆明市昆船工业园新区	650217	0871-63662175	0871-63121030
广州建德机电有限公司	广东省广州市花都区新华街九塘 1404 坐落	510800	020-62321784	020-62321791
武义东风链条有限公司	浙江省金华市武义县黄龙工业园区二路 9 号	321200	0579-87988090	0579-87698070
深圳市易停车库科技有限公司	广东省深圳市龙岗区中心城黄阁北路天安数码城 2 栋 B 座 403B	518172	15818737980	0755-88609800

（续）

单位名称	通信地址	邮编	电话	传真
美迪斯智能装备有限公司	广东省中山市南朗镇华南现代中医药城美迪斯工业园	528400	0760-85528590	0760-85528590
安徽鸿杰威尔停车设备有限公司	安徽省六安市裕安区平桥工业园	237000	13625711830	0564-3351677
青岛华通石川岛停车装备有限责任公司	山东省青岛市崂山区海口路66号	266100	0532-83959151	0532-83959151
郑州卫莱自动化设备有限公司	河南省长垣市大广高速路口山海大道18号	453499	4000063699	4000063699
浙江诺力车库设备制造有限公司	浙江省湖州市长兴县县前东街1299号	313199	0572-6210037	0572-6210037
安徽凯旋智能停车设备有限公司	安徽省合肥市桃花工业园拓展区玉兰大道与苏岗路交叉口	230088	0551-63422718	0551-63475418
安徽方圆停车有限公司	安徽省宿州市经济技术开发区金海六路151号办公楼院内202室	234000	15305578777	0557-3318065
合肥汇强起重机械有限公司	安徽省合肥市肥东经济开发区桥头集路与石梁城路交口	230001	0551-67670233	0551-67670233
合肥市春华起重机械有限公司	安徽省合肥市肥东经济开发区燎原路49号	230002	0551-67702458	0551-67702458
北京首嘉钢结构有限公司	北京市石景山区八大处路45号	100043	010-88291563	010-88291563
福建敏捷机械有限公司	福建省南安市官桥镇洪邦工业区福建敏捷机械有限公司	362341	0595-86838887	0595-86881520
福建金三洋控股有限公司	福建省福州市鼓楼区西江滨大道66号融侨锦江B区（永辉超市楼上）	350000	15280083002	0591-83300344
厦门市鑫创达科技有限公司	福建省厦门市湖里区五缘湾宝拓大厦写字楼5层01单元	361000	0592-5552009	0592-5552009
兰州远达停车产业有限公司	甘肃省兰州市西固区西固西路35号	730060	0931-8585511	
兰州亚太澳泊智能设备有限公司	甘肃省兰州市城关区延寿巷基隆大厦A座7楼	730030	18893189590	0931-8622296
甘肃泓盛达科技有限责任公司	甘肃省平凉市工业园区东西路1号	730030	0933-8602051	0933-8602051
深圳中集智能停车有限公司	广东省深圳市南山区南新路1003号阳光科创中心B座3206	518000	4006007756	4006007756
广东溢隆实业有限公司	广东省广州市越秀区东风东路天誉大厦东塔109室	510000	020-37615036	020-37885775
深圳市华智联科技有限公司	广东省深圳市宝安区石岩街道龙腾社区石环路径贝工业园	518000	4008939885	0755-29476689
中建科工集团智慧停车科技有限公司	广东省深圳市南山区中心路中建科工大厦7层	518054	18620359850	0755-86518503
深圳市擎天达科技有限公司	广东省深圳市龙华新区大浪街道工业园路1号凯豪达大厦18楼	518109	0755-28030881	0755-28030981
广州欧莱斯机电实业有限公司	广东省广州市增城区仙村镇沙头村庙边社背底冚（土名）	511335	020-66262278	020-66262288
英特帕克停车场设备（深圳）有限公司	广东省深圳市龙岗区坂田街道马安堂社区环城南路5号坂田国际中心B栋6楼601室	518129	0755-21517690	0755-21517690
广东正合智能设备有限公司	广东省广州市番禺区沙湾镇青萝大道10号	511483	020-39937395	020-39937395
深圳市奇见科技有限公司	广东省深圳市南山区科技园科技南十二路方大大厦15楼	518063	13316960474	

（续）

单位名称	通信地址	邮编	电话	传真
广州达泊智能科技有限公司	广东省广州市黄埔区开源大道 11 号 B9 栋	510530	4006556328	4006556328
深圳市惠车智能科技有限公司	广东省深圳市南山区南岗第一工业园 5 栋 301	518108	0755-26422777	0755-26422777
住友富士电梯有限公司	广东省佛山市高明区杨和镇（杨梅）长春路 1-3 号	528515	0757-88269988	0757-88269988
广西景和停车设备有限责任公司	广西壮族自治区南宁市民族大道 115-1 号现代国际 905-908 室	530028	0771-5595654	0771-5596031
广西冠涛自动化设备有限公司	广西壮族自治区玉林市玉柴工业园区	537002	0775-2809345	0775-2809345
广西云高智能停车设备有限公司	广西壮族自治区柳州市鱼峰区西江路 86 号	545006	4006599630	4006599630
贵州铜仁市科创机械设备实业有限公司	贵州省铜仁市碧江区铜兴大道蓝溪谷地旁	554300	0856-6397777	0856-6397777
贵州海悦科技立体停车设备有限公司	贵州省贵阳市观山湖区美的・财智中心 B 座 15 楼 / 贵州省黔西市甘棠工业园区	550008	4000851955	4000851955
贵州新兆停车设备有限公司	贵州省贵阳市经济开发区黄河街道办事处黄河路 313 号北大资源缤纷广场二期 B2 栋商业 4 层 24-26 号	550027	0851-83800762	0851-83800762
河北宏地车港科技有限公司	河北省石家庄市长安区建设北大街 228 号东海国际 19A4	050000	0311-85970709	0311-85970709
河北奥塔机械设备有限公司	河北省衡水市武邑县东风东路 92 号	053400	0318-5766666	4008875666-601616
河北扑卡龙智能停车设备制造有限公司	河北省张家口市涿鹿县经济技术开发区	075600	0313-6773999	0313-6773999
河南省健泰实业有限公司	河南省商丘市民权县产业集聚区兴业路	476800	0760-89738044	0760-22816225
武汉沃强智能装备有限公司	湖北省武汉市武昌区武昌区友谊大道 2 号 2008 新长江广场 3 单元 14 层 1 号	430050	18627176880	027-68870658
中国电建集团武汉重工装备有限公司	湖北省武汉市武昌区白沙洲特 1 号	430064	027-68888714	027-68888714
湖北勇创智能泊车设备有限公司	湖北省十堰市普林工业园 31 号	442000	0719-8880005	
湖北省齐星汽车车身股份有限公司	湖北省随州市经济技术开发区十里铺村	441300	0722-3587079	0722-3587089
武汉智象机器人有限公司	湖北省武汉市洪山区高新大道 426 号华新大厦 A 座 15 层	430000	027-87802167	027-87802167
湖北众达智能停车设备有限公司	湖北省黄石市经济技术开发区鹏程大道 98 号	435000	0714-3699998	0714-3699998
湖北新世纪环保设备制造有限公司	湖北省武汉市光谷大道 62 号光谷总部国际 2 栋 1701	430073	027-86397698	027-86397698
湖南铭泰智能停车科技有限公司	湖南省长沙市高新开发区林语路 158 号研发楼 6 楼	410205	0732-89930399	0732-89930399
湖南涟钢建设有限公司	湖南省娄底市涟钢北大桥	417009	0738-8660031	0738-8660031
湖南天桥利亨停车装备有限公司	湖南省株洲市天元区中达路 C1-9 号	410000	0731-22118808	0731-22118808
江苏中泰停车产业有限公司	江苏省南京市鼓楼区中山路 165 号	210008	025-86653305	025-86653305
苏州江南嘉捷电梯股份有限公司	江苏省苏州市苏州工业园区唯新路 28 号	215122	0512-62746790-3048	0512-62741517
江苏冠宇机械设备制造有限公司	江苏省溧阳市中关村科技产业园吴潭渡路 9 号	213300	0519-87036121	0519-87036130
昆山翔固机械有限公司	江苏省昆山市周市镇长兴路 219 号	215314	0512-83663988	0512-83663788
南京力霸智能停车设备制造有限公司	江苏省南京市江宁滨江开发区绣玉路 1 号	211178	025-84950801	025-58707353

（续）

单位名称	通信地址	邮编	电话	传真
无锡安泊智能科技有限公司	江苏省宜兴市新街街道振兴西路	2114200	0510-87131816	0510-87131816
宝胜系统集成科技股份有限公司	江苏省扬州市宝应县氾水镇集中工业区	225819	0514-88429918	0514-88422666
江苏卓茂智能科技有限公司	江苏省南通市通富南路 45 号卓茂大厦	226000	0513-85516128	0513-85516128
江苏现代照明集团有限公司	江苏省高邮市送桥镇扬菱路	225600	0514-85857809	0514-85560482
江苏恒仕源停车设备有限公司	江苏省南京市邓府巷 19 号 A1 栋二楼	210000	025-86566260	025-86566260
江苏跃立智能科技有限公司	江苏省南通市如皋市搬经镇湖刘村 20 组	226561	0513-87333338	0513-87333338
苏州怡丰自动化科技有限公司	江苏省苏州市吴中经济开发区河东工业园尹中南路 888 号	226562	0512-65978988	0512-65978988
江苏浩昌立体车库制造有限公司	江苏省常熟市尚湖镇	226562	0512-52110888	0512-52110888
江苏丰烨驻车系统有限公司	江苏省江阴市申港街道移山路 58 号	214107	0510-86637660	0510-86637660
江苏立泊客自动化科技有限公司	江苏省苏州市相城区华元路 818 号 3 层 B8311-01	215000	13861635692	
淮安市魔方泊车自动车库有限公司	江苏省淮安市经济开发区鸿海南路 10 号	223010	0517-89888296	0517-89888296
中停联静态交通研究院（江苏）有限公司	江苏省南京市建邺区贤坤路 60 号 05 幢第 9 层 05 单元	210000	13802226020	
江苏畅悦智能科技有限公司	江苏省盐城市盐都区大冈镇纬二路 172 号	224043	0515-68668830	0515-68668830
南通科瑞恩智能装备有限公司	江苏省南通市开发区晨阳路 7 号	226409	0512-36862381	0512-36862381
新铁智能车库系统（苏州）有限公司	江苏省昆山市周市镇杜家路 318 号	215300	0512-57007717	0512-57007717
江苏汇菱楼宇设备有限公司	江苏省常州市钟楼区五星街道洪庄路 1-2 号特种设备产业园 5 楼	213000	0519-86993030	0519-86993030
江西奥德川自动化科技有限公司	江西省樟树市金属产业园仁和大道东侧	331200	0795-7837559	0795-7837559
江西核力特种设备有限公司	江西省赣州市经济技术开发区赣通大道 123 号	341000	0795-7818989	0795-7818989
大连誉兴智能设备有限公司	辽宁省大连市保税区亮甲店工业区 B-01-3 亮源路 5 号	116600	0411-87150707	0411-87150505
沈阳建伟智能立体停车系统有限公司	辽宁省沈阳市沈河区西滨河路 62 号滨湖俪园大厦 18B2	110000	024-22906641	024-22906641
青岛昊悦机械有限公司	山东省青岛市李沧区遵义路 3 号	266043	0532-84829888	0532-84816885
青岛车的家车库有限公司	山东省青岛市城阳区玉皇岭工业园	266000	13605427666	0532-66736769
山起重型机械股份公司	山东省青州市昭德北路 2198 号	262500	0536-3295269	0536-3295269
山东博创智能停车设备有限公司	山东省淄博市临淄区经七路 18 号	255400	0533-7217210	0533-7217210
青州市莱保彩钢立体车库有限公司	山东省青州市经济技术开发区	262500	0536-3528619	0536-3528619
青岛东方华宸智能装备有限公司	山东省潍坊市奎文区东风东街浙鑫广场 1 号楼 601 室	261207	4001085515	4001085515
青岛大象机械设备有限公司	山东省青岛市即墨市海尔路 106 号	250012	0532-88012959	0532-88012959
山东启阳液压科技有限公司	山东省临沂市河东凤凰大街 267 号	276034	0539-8082999	0539-8082999
索戴芬（山东）智能车泊设备有限公司	山东省德州市齐河经济开发区 116 号德瑞智能产业	251121	0534-5759534	0534-5759534
太重集团向明智能装备股份有限公司	山西省太原市综改示范区唐槐园区唐槐路 89 号	030025	0351-7562600	0351-7562600
太原北方重工华博智能工程有限公司	山西省太原市综改示范区长治路 249 号 716 室	030025	0351-7024989	0351-7024989

（续）

单位名称	通信地址	邮编	电话	传真
陕西吉亨自动化科技有限公司	陕西省咸阳市秦都区玉泉西路243号	712000	029-33632111	029-33632111
陕西上通泊车设备有限公司	陕西省宝鸡市扶风县城新区机械加工园西二路座西	722200	0917-5228049	0917-5228049
陕西天驹静态交通科技有限公司	陕西省西安市雁塔区雁翔路99号	710054	029-87959999-971	029-87959999
陕西嘉航专用汽车有限公司	陕西省宝鸡市岐山县蔡家坡镇熙华路东段北侧	722405	0917-8557969	0917-8557969
陕西万重山智能停车设备制造有限公司	陕西省安康市高新区白河飞地经济园区	725029	0915-3513518	0915-3513518
西安标准电梯有限公司	陕西省西安市西咸新区泾河新城崇文镇泾科路1号	710075	029-36390301	029-36390301
西安天达停车设备有限公司	陕西省西安市经济技术开发区凤城七路明丰国际1407室	710075	029-89169297	029-89169297
上海人本旭川自动化机械有限公司	上海市奉贤区奉城镇德胜路69号	201101	021-54153711	021-54153711
上海沈中停车设备有限公司	上海市浦东新区浦建路729号804室	200127	021-61460158	021-61460108
上海泊鼎停车设备有限公司	上海市宝山区湄星路1933号	201906	021-66788790	021-66787981
上海赛迪停车设备有限公司	上海市浦东新区沪南路2419弄30号复地万科活力城B座902室	200120	021-61106032	021-61106033
成都东风停车设备制造有限公司	四川省成都市新都工业东区高东路	610500	028-83939177	028-83939176
四川志泰立体车库有限公司	四川省成都市武侯区交子北一路88号枫丹国际一单元1002	620000	028-84442325	028-84442325
四川金石东方新材料科技有限公司	四川省成都市双流区九江镇万家社区3组203	610000	028-85753162	028-85753162
四川科莱立泊停车设备有限公司	四川省绵阳市游仙区石马镇科莱电梯工业园	621000	0816-5012568	0816-5012568
天津市中环富士智能设备有限公司	天津市西青区天祥工业区祥遵路10号	300385	022-83966109	022-83966109
云南名家智慧科技有限公司	云南省昆明市经开区顺通大道世纪浩鸿商业广场3栋11楼	650217	0871-68135189	0871-68135189
云南金鑫智能泊车设备有限公司	云南省昆明市盘龙区万华路96号天宇创智中心2211	650000	0871-63601883	0871-63601883
浙江越宫钢结构有限公司	浙江省绍兴市越城区袍中南路166号	312077	0575-89103760	0575-89103760
宁波邦达智能停车设备股份有限公司	浙江省宁波市高新区木槿路99号	315013	0574-88416668-7388	0574-88411233
浙江天马停车设备有限公司	浙江省湖州市德清县雷甸镇洋北村运河路8号	313000	0571-8487412	0571-8487412
浙江先锋机械股份有限公司	浙江省桐乡市梧桐街道石门路10号	314500	0573-88103893	0573-88103893
浙江喆泰智能科技有限公司	浙江省桐乡市文华南路485号	314599	0573-88137188	0573-88137188
宁波中集物流装备有限公司	浙江省宁波市北仑区扬子江南路26号	315806	0574-86828513	0574-86828513
杭州天豪电梯成套设备制造有限公司	浙江省杭州市富阳区东洲工业功能区8号路1号	311404	0571-87191197	0571-87191197
重庆齐泊智能停车设备有限公司	重庆市南岸区凤临路9号A幢12-4-5	401222	023-63702950	023-63702950
南京特种电机厂有限公司	江苏省南京市六合区雄州东路289号	211500	025-57512569	025-57107279
浙江乔力以机械设备有限公司	浙江省衢州市常山县球川镇森嘉路18号	215100	0570-5195788	0570-65719022
万鑫精工（湖南）有限公司	湖南省长沙市宁乡县金州新区金沙东路158号	410600	0731-87071516	0731-87074866

（续）

单位名称	通信地址	邮编	电话	传真
南京英沃斯汶智控集团有限公司	江苏省南京市六合区八百金牛工业集中区一区	210000	025-83750297	025-83750297
江苏国茂减速机股份有限公司	江苏省常州市武进高新区龙潜路98号	213100	0519-86573118	0519-86573118
上海汇聚自动化科技有限公司	上海市松江区车墩镇三浜路470号	200060	021-57783720	021-57783720
安徽博微联控科技有限公司	安徽省合肥市蜀山区淠河路88号华东电子工程研究所	230000	0551-65161289	0551-65161289
福州晋尚机械设备有限公司	福建省福州市晋安区新店镇古城山庄古松花园30号	350012	18059152739	
沈阳智能机器人创新中心有限公司	辽宁省沈阳市浑南新区创新路135号	110169	13804022102	
上海宝舟电器有限公司	上海市静安区西康路1068号A栋15楼A室	200060	021-62274842	021-62661382
中山市塞弗曼电子科技有限公司	广东省中山市西区金昌工业路28号	528403	0760-88667581	0760-88667581
北京亚博瑞思科技开发有限责任公司	北京市海淀区祁家豁子甲2号健德商务楼107A	100000	010-82076094	010-62740309
河南翰森智能科技有限公司	河南省郑州市高新区莲花街100号6号楼	450000	0371-61738377	0371-61738377
郑州纬达自动化科技有限公司	河南省郑州市京广路与长江路交叉口仁恒上元	450000	0371-63302468	0371-60972076
佛山佳立电气科技有限公司	广东省佛山市高明区三明路顺柏工业区	528511	0757-88880253	0757-88880253
温州朗菲电气科技有限公司	浙江省温州市柳市镇新光工业区振兴路7号	325604	0577-62867767	0577-62867767
无锡市三爱电器有限公司	江苏省无锡市苏锡路553号	311525	0510-85072580	0510-85072581
无锡市明达电器有限公司	江苏省无锡市滨湖经济技术开发区立业路7号	214124	0510-81903022	0510-81903022
射阳县达金电气有限公司	江苏省盐城市射阳县经济开发区西区北环西路66号	224300	0515-82391680	0515-82391080
合肥汉德贝尔属具科技有限公司	安徽省合肥市肥东县经济开发区金阳北路16号	230011	0551-64328418	0551-64328665
北京京荣盛防火门窗有限公司	河北省任丘市西环路德华工业区	062550	010-87600398	010-87600398
盐城市瑞华机电制造有限公司	江苏省盐城市射阳县合德工业园区宏峰路5号	528511	0515-82816111	0515-82816111
浙江神光电器有限公司	浙江省绍兴市柯桥区滨海工业区	312073	0571-57182941	0571-57182941
宣城市华菱精工科技股份有限公司	安徽省宣城市郎溪县梅渚镇	242115	13910453079	0563-7793336
杭州永利百合实业有限公司	浙江省杭州市萧山区义桥工业园区	312073	0571-82402267	0571-82402267
苏州环球科技股份有限公司	浙江省苏州市吴中区胥口镇石中路188号	311404	0512-69006900-872	0512-69006900-872
浙江团结传动机械有限公司	浙江省诸暨市牌头镇光明路26号	311525	0575-87053665	0575-87056868
浙江神牛机械制造有限公司	浙江省诸暨市丰南路8号	311800	0575-89096982	0575-87185255
浙江恒久机械集团有限公司	浙江省诸暨市迎宾路8号	311800	0575-87380141	0575-87214388
杭州东毅链传动有限公司	浙江省杭州市萧山区衙前镇新林周工业园	311200	0571-82921882	0571-82921882
常州明瑞链传动有限公司	江苏省常州市新北区春江镇百丈创业东路20号	213034	13606124818	0519-85860171
杭州东腾实业有限公司	浙江省杭州市萧山区靖江镇靖东村	311200	0571-82973496	0571-82978729
岳盟链条（湖州）有限公司	浙江省湖州市长兴县泗安镇工业区	313113	0572-6822777	0572-6822777

（续）

单位名称	通信地址	邮编	电话	传真
任丘市昊宇传动机械有限公司	河北省任丘市石门桥工业区	062552	0317-2802788	0317-2802789
丹东振安建工机械有限公司	辽宁省丹东市振安区果园路 30 号	118003	0415-4188608	0415-4188606
杭州台创实业有限公司	浙江省杭州市余杭区径山镇长乐工业区	311115	0571-86771291	0571-86778253
任丘市华隆机械传动配件有限公司	河北省任丘市石门桥磨盘街工业区	062550	0317-2802980	0317-2802538
安徽东华传动科技有限公司	安徽省合肥市庐阳区临泉路 7363 号正奇金融广场 B 座 -1702 室	230000	0551-68991378	0551-68991378
武汉精匠传动机械有限公司	湖北省武汉市黄陂区盘龙城卓尔企业总部基地 2 号楼	432200	027-61757885	027-61757885
无锡鼎异贸易有限公司	江苏省无锡市锡山区泾达南路 3 号	214194	13961885567	
潍坊银河泊车设备有限公司	山东省潍坊市潍城区乐埠山工业园银河街 8 号	261055	0536-5603568	0536-5603509
大族激光智能装备集团有限公司	广东省深圳市宝安区福海街道重庆路 128 号大族激光全球生产基地 1 栋 6 楼	518100	0755-86632701	0755-86632701
江西基业科技有限公司	江西省南昌市小蓝经济开发区富山东大道 1211 号	330000	0719-85989586	0719-85989586
科美（杭州）机械有限公司	上海市徐汇区复兴中路 1237 号 wework 5 楼 -103 室	200031	021-38820620	021-38820620
哈尔滨市静态交通协会	黑龙江省哈尔滨市道里区河松街 87 号 -612 室	150010	13796653598	
重庆市特种设备检测研究院	重庆市北部新区高新园芙蓉路 5 号	401121	023-86158935	023-86158935
山西华博科技有限公司	山西省太原市长治路 249 号 523 室	030006	0351-7024989	0351-7024987
都市（北京）智能停车设备集团股份有限公司	北京市怀柔区迎宾中路 1 号 508 室	101400	010-69685415	010-69685415
广州长野机电设备有限公司	广东省广州市海珠区新滘东路 613 号 3 层	510000	020-28101380	020-28101380
北京京通津顺机电设备有限公司	北京市朝阳区大洋路 333 号 A 座 625	100023	010-67318552	010-67318552
河北捷易达泊车科技有限公司	河北省石家庄市桥西区胜利南大街 118 号塔坛国际商贸城 9 号写字楼	050091	0311-82620816	0311-82620816
泰安沃泰智能科技有限公司	山东省泰安市南天门大街 1110 号泰山科技城	271025	0538-8569908	0538-8569908
杭州灿晟机械设备安装有限公司	浙江省杭州市下城区怡乐银座 3 幢 2 单元 701 室	310022	0571-86658382	0571-86658382
北京双良特安停车管理服务有限公司	北京市大兴区金辅路甲 2 号凯驰大厦 D202	102600	010-60213028	010-60213028
北京西子智能停车设备工程有限公司	北京市朝阳区时间国际 8 号楼北座 602	100028	010-87951695	010-87951695
北京舒玛停车设备技术有限公司	北京市丰台区成寿寺路 1 号鑫源国际大厦 1 号楼 407 室	100078	010-87656485	010-87656485
河北顺致祥科技有限公司	河北省石家庄市桥西区中华南大街与新石南路交口汇龙国际公关 1 号楼 1202-1204	050091	18731810688	

（续）

单位名称	通信地址	邮编	电话	传真
杭州鸿越智能停车有限公司	浙江省杭州市余杭区五常街道西溪金座	311121	15958182877	
上海尚品停车科技有限公司	上海市嘉定区希望路 689 弄 6 号 903 室	201801	021-60518099	021-60518099
河北盟创停车设备有限公司	河北省衡水市桃城区榕花北大街 1399 号恒茂城一区住宅 2 幢 1 单元 2 层 202 室	053099	15531856342	
河南冠翔停车设备有限公司	河南省郑州市金水区文化路 9 号永和国际 20 层 2007	450014	0371-63389589	0371-63389589
上海华宸立体车库集团有限公司	上海市嘉定区希望路 689 弄 6 号 903 室	201801	4009216991	4009216991
太原立智慧机电科技有限公司	山西省太原市不锈钢产业园区丰泽路 5 号	030008	0351-3957288	0351-3957288
北京阳光海天停车管理有限公司	北京市朝阳区来广营西路 8 号国创产业园 6 号楼 3 层东贰区	100000	010-53600911	010-64477828
天津市通宇利立体停车场建设有限公司	天津市南开区南京路 349 号	300073	022-60887568	022-60887568
深圳市鑫联发展有限公司	广东省深圳市南山区粤海街道海珠社区文心五路 11 号汇通大厦 2 层	518054	13554761803	0755-26496148
中研智能交通（深圳）有限公司	广东省深圳市福田区深南大道 2003 号华嵘大厦 1603	518034	0755-82796949	0755-82796949
车居办（北京）停车设备科技有限公司	北京市丰台区大红门西路甲 2 号丰航嘉苑 - 车库办	100075	010-67221011	010-67221011
江苏泊车管家科技有限公司	江苏省南京市建邺区科技路 33 号胜科国际大厦 1-403 室	210019	13382776875	
深圳轱辘网络技术有限公司	深圳市福田区福田街道海岸环庆大厦 3105	518033	0755-23746089	0755-23746089
中国平安财产保险股份有限公司北京分公司	北京市朝阳区光华路 5 号世纪财富中心 2 号楼 15 层	100020	010-59710213	010-58391445
中国人民财产保险股份有限公司北京市分公司	北京市西城区德外大街 73 号	100088	010-62372441	010-62372441
南京海轩企业管理咨询有限公司	江苏省南京市建邺区万达广场西地 E 座 1503	210017	025-87716968	025-87716878

大型铸锻件分会

单位名称	通信地址	邮编	电话	传真
二重（德阳）重型装备有限公司	四川省德阳市珠江西路 460 号	618013	0838-2341181	0838-2201998
中国第一重型机械股份公司	黑龙江省齐齐哈尔市富拉尔基区厂前路 9 号	161042	0452-6810488	0452-6810111
上海电气上重铸锻有限公司	上海市闵行区江川路 1800 号	200245	021-34098018	021-54721132
洛阳中重铸锻有限责任公司	河南省洛阳市涧西区建设路 206 号	471039	0379-64088816	0379-64088394
太原科技大学材料科学与工程学院	山西省太原市万柏林区窊流路 66 号	030024	0351-2161129	0351-6963369
太原重工股份有限公司	山西省太原市万柏林区玉河街 53 号	030024	0351-6366750	0351-6366750
鞍钢重型机械有限责任公司	辽宁省鞍山市立山区建国东路 40 甲	114042	0412-6613453	0412-6613453
中原特钢股份有限公司	河南省济源市第九号信箱	454685	0391-6099019	0391-6099019

（续）

单位名称	通信地址	邮编	电话	传真
内蒙古北方重工业集团有限公司	内蒙古自治区包头市青山区兵工路	014033	0472-3384491	0472-3335641
中国中元国际工程有限公司工业工程设计所	北京市海淀区西三环北路5号	100089	010-68732019	010-68715543
天津市天重江天重工有限公司	天津市北辰区西堤头镇津榆公路609号	300408	022-86885999	022-86885999
中车资阳机车有限公司	四川省资阳市雁江区晨风路6号	641301	028-26282570	028-26653416
中钢集团邢台机械轧辊有限公司	河北省邢台市信都区新兴西大街1号	054025	0319-2022061	0319-2022061
北京科技大学材料科学与工程学院	北京市海淀区学院路30号北京科技大学主楼203	100083	010-62332572	010-62397463
清华大学材料学院	北京市海淀区双清路30号	100084	010-62789922	010-62773637
燕山大学教务处	河北秦皇岛市海港区河北大街西段438号	066004	0335-8074036	0335-8387472
东方汽轮机有限公司	四川省德阳市高新技术产业园金沙江西路666号	618000	0838-2687289	0838-2687253
上海电气电站设备有限公司上海汽轮机厂	上海市闵行江川路333号	200240	021-64358331-2100	021-64355046
哈尔滨汽轮机厂有限责任公司	黑龙江省哈尔滨市香坊区三大动力路345号	150046	0451-82953194	0451-82681364
石钢京诚装备技术有限公司	辽宁省营口市西市区柳树镇	115004	0417-3257899	0417-3257777
沈阳铸锻工业有限公司锻造分公司	辽宁省沈阳市经济技术开发区沈辽西路188号	110142	024-25336706	024-25336706
烟台台海马努尔核电设备股份有限公司	山东省烟台市莱山经济开发区恒源路6号	264003	0535-3725658	0535-3725699
广州多浦乐电子科技股份有限公司	广东省广州市黄埔区开创大道1501号	510530	020-82086632-8532	020-82086200
二重（德阳）重型装备有限公司铸锻公司	四川省德阳市珠江西路460号	618013	0838-2341631	0838-2201742
天津重型装备工程研究有限公司	天津市经济技术开发区络达路16号	300457	022-58808555	022-58808000
中国第一重型机械股份公司铸锻钢事业部	黑龙江省齐齐哈尔市富拉尔基区厂前路9号	161042	0452-6810085	0452-6810085
内蒙古北方重工业集团有限公司	内蒙古自治区包头市青山区兵工路	014030	13947285732	0472-3335641
大连华锐重工铸钢股份有限公司	辽宁省大连市甘井子区新水泥路78号	116035	0411-86427062	0411-86428210
武汉重工铸锻有限责任公司技术中心	湖北省武汉市青山区武东路1号	430084	027-68861955	027-68861955
云南冶金昆明重工有限公司锻造分公司	云南省昆明市盘龙区龙泉路871号	650203	13700685245	0871-66085054
沈阳铸造研究所	辽宁省沈阳市铁西区云峰南街17号	110025	13332430936	024-25851306
中国第二重型机械集团德阳万航模锻有限责任公司	四川省德阳市珠江西路460号	618013	0838-2342304	0838-2201552
大连理工大学材料学院	辽宁省大连市甘井子区凌工路2号	116024	0411-84706183	0411-84709284
上海电气上重铸锻有限公司大锻所	上海市闵行江川路1800号	200245	021-34098189	021-34098188
鞍钢重型机械有限责任公司锻造厂	辽宁省鞍山市立山区灵山红旗路28号	114042	0412-6762398	0412-6763038
中冶陕压重工设备有限公司铸锻厂	陕西省渭南市富平县庄里镇北新街19号	711711	0913-8622154	0913-8622005
中山市广重铸轧钢有限公司	广东省中山市黄圃镇鲤鱼嘴工业开发区	528429	0760-23213333	0760-23212227

（续）

单位名称	通信地址	邮编	电话	传真
无锡宏达重工股份有限公司	江苏省无锡市滨湖区南泉	214128	0510-85952557	0510-85953536
重庆焱炼重型机械设备有限公司	重庆市江津区德感工业园	400084	023-47840718	023-47840718
天津天重车轴制造有限公司	天津市北辰区天穆镇马庄村	300400	022-26626168	022-26341806
上海模具技术研究所有限公司	上海市徐汇区华山路 1954 号	200030	021-62813430-8026	021-62946388
德阳万鑫电站产品开发有限公司	四川省广汉市高坪镇龙潭村八社	618306	0838-5603545	0838-5603545
中国长江动力集团有限公司	湖北省武汉市东湖新技术开发区佛祖岭一路 6 号	430074	027-59254269	027-59254269
太原重工股份有限公司锻造分公司	山西省太原市万柏林区玉河街 53 号	311800	0575-87350580	0575-87350576
武汉迈特炉业科技有限公司	湖北省武汉市东湖高新区光谷大道 303 号光谷芯中心 2-1-503 号	430223	027-87806707	027-87677372
天津市中达电热设备有限公司	天津市西青区南河工业园	300382	022-23811661	022-23811991
中国联合工程公司工业装备分公司	浙江省杭州市下城区石桥路 338 号	310022	0571-88155018	0571-88155018
中航卓越锻造（无锡）有限公司	江苏省无锡市惠山区玉祁工业集中区祁北路 8 号	214183	0510-83896535	0510-83896512
内蒙古北方重工业集团有限公司特钢事业部	内蒙古自治区包头市青山区兵工路	014030	13500627867	0472-3335641
德阳天元重工股份有限公司	四川省德阳市庐山南路三段 20 号	618000	0838-2902987	0838-2904108
伊莱特能源装备股份有限公司	山东省济南市章丘区济王路 9001 号	250217	0531-83800663	0531-83809527
德阳市产品质量监督检验所	四川省德阳市荷花巷 99 号	618000	0838-2300169	0838-2206507
天津吉达尔重型机械科技有限公司	天津市北辰区北辰科技园华盛道 61 号	300412	022-24278668	
诸暨虹茂重工机械有限公司	浙江省绍兴市诸暨陶朱街道北二环路 6 号	311800	0575-87350580	0575-87350576
重庆大学材料科学与工程学院	重庆市沙坪坝区沙正街 174 号	400044	023-65111493	023-65111493
沈阳埃克斯邦科技有限公司	辽宁省沈阳市和平区欧亚联营商务大厦 2302	110000	024-31258007	
扬州市雪龙铜制品有限公司	江苏省扬州市江都区郭村镇周家楼工业园区	225238	0514-86304836	0514-86306885
青岛正大重工有限公司	山东省胶州市九龙办事处大户村面粉厂西侧	266308	0532-85258388	

重型锻压机械分会

单位名称	通信地址	邮编	电话	传真
二重（德阳）重型装备有限公司	四川省德阳市珠江西路 460 号	618013	028-62338009	
中国重型机械研究院股份公司	陕西省西安市经济技术开发区草滩生态产业园尚林路 3699 号	710018	029-86322500	
太原重工股份有限公司	天津市滨海新区临港经济区渤海 50 路 69 号	300457	0351-6361327	0351-6361133
上海重型机器厂有限公司	上海市闵行区江川路 1800 号	200245	021-34098321	
北方重工集团有限公司	辽宁省沈阳市经济技术开发区开发大路 16 号	110141	024-25802416	

（续）

单位名称	通信地址	邮编	电话	传真
中国第一重型机械股份公司	天津市经济技术开发区服务外包产业园络达路 16 号（一重研发大楼）	200457	045-26810551	
燕山大学机械工程学院	河北省秦皇岛市河北大街西段 438 号	066004	0335-8052253	0335-8074783
太原科技大学材料科学与工程学院	山西省太原市万柏林区窊流路 66 号	030024	0351-2161129	0351-6963369
西安交通大学机械工程学院	陕西省西安市咸宁西路 28 号	710049	029-82668607	029-82665204
重庆大学	重庆市沙坪坝区沙正街 174 号	400044	023-65105929	023-65105929
清华大学机械工程系	北京海淀区双清路 30 号清华大学机械工程系焊接馆	100084	010-62782448	
德阳立达机电设备有限公司	四川省德阳市庐山南路三段 32 号	618099	0838-2903747	0838-2903999
湖北三环锻压设备有限公司	湖北省黄石市经济技术开发区金山大道 158 号	435000	0714-3298201	

传动部件专业委员会

单位名称	通信地址	邮编	电话	传真
焦作金箍制动器股份有限公司	河南省焦作市博爱县发展大道 1688 号	454450	0391-2086231	0391-2080000
云南冶金昆明重工有限公司	云南省昆明市五华区龙泉路 871 号	650203	0871-65150091	0871-65150151
宁波名泰天力机械制造有限公司	浙江省宁波市象山县丹城镇西丹路 18 号	315700	0574-65723430	0574-65723165
青岛星轮实业有限责任公司	山东省青岛市城阳区流亭建材工业园春雨西路 8 号	266108	0532-84909022	0532-84909003
焦作市虹发制动器有限公司	河南省焦作市武陟县虹桥工业区	454981	0391-7541838	0391-7542897
天水长城控制电器有限责任公司制动器分公司	甘肃省天水市秦州区南廓路 11 号	741018	0938-8371588	0938-8371588
宁波华阳起重电器有限公司	浙江省宁波市象山县大徐新凉亭工业园	315706	0574-65625818	0574-65765355
衡水昕龙制动绝缘材料有限公司	河北省衡水市人民西路电厂西侧	053000	0318-2157566	0318-2124019
贵阳天龙摩擦材料有限公司	贵州省贵阳市宝山北路 372 号贵州报业大厦 16 层	550001	0851-86612735	0851-86612763
焦作市长江制动器有限公司	河南省焦作市武陟县大司马工业区 888 号	454981	0391-7515618	0391-7515658
潍坊利达起重电器有限公司	山东省潍坊市经济开发区民主西街 2088 号	261021	0536-8321809	0536-8321809
大连华锐重工集团股份有限公司通用减速机厂	辽宁省大连市甘井子区新水泥路 78 号	116035	13504082136	0411-86426190-801
长沙三占惯性制动有限公司	湖南省长沙市高新技术开发区桐梓坡西路 229 号	410205	0731-88912607	0731-88912691
湖南博云汽车制动材料有限公司	湖南省长沙市高新开发区麓松路 500 号	410205	0731-88122568	0731-88115258
江西华伍制动器股份有限公司	江西省丰城市高新技术产业园区火炬大道 26 号	331100	0795-6203200	0795-6241080
上海伯瑞制动器有限公司	上海市奉贤区奉城镇东街 108 号	201411	021-57522358	021-57522350
晋城江淮工贸有限公司	山西省晋城市凤台东街 2755 号	048026	0356-2191906	0356-2190689
石家庄三元机电有限公司	河北省石家庄市桥西区西二环与新石北路交口西行 100 m 拉斐小镇写字楼 14 层	050011	0311-86814291	0311-86814291
焦作市江河制动器有限公司	河南省焦作市武陟县虹桥工业区	454981	0391-7541060	0391-7541132

（续）

单位名称	通信地址	邮编	电话	传真
焦作市虹起制动器有限公司	河南省焦作市武陟县虹桥工业区	454981	0391-7541080	0391-7541088
焦作市液压制动器股份有限公司	河南省焦作市武陟县大虹桥乡彭庄村	454981	0391-7545666	0391-7541058
石家庄五龙制动器股份有限公司	河北省石家庄市桥西区新石中路375号金石大厦C座501室	050091	0311-83806381	0311-83826381
北京起重运输机械设计研究院有限公司	北京市东城区雍和宫大街52号	100007	010-64053039	010-64052584
石家庄纽伦制动技术有限公司	河北省石家庄市新石路375号C座501室	050091	0311-83806381	0311-83826381
象山万邦电器有限公司	浙江省宁波市象山县产业区城东工业园望海路5号	315706	0574-65626628	
焦作市制动器开发有限公司	河南省焦作市武陟县工业园区工业南路202号	454950	0391-7230550	0391-7268019
焦作市制动器有限公司	河南省焦作市武陟县工业园朝阳三路999号	454950	0391-7202100	0391-7202555
焦作市虹桥制动器股份有限公司	河南省焦作市武陟县云台大道东侧2号	454981	0391-7541828	0391-7541666
河南省焦作市宏升实业有限公司	河南省焦作市武陟县前牛工业区	454950	0391-7618960	0391-7619888
宁夏天地奔牛实业集团有限公司	宁夏回族自治区银川市上海西路475号	750011	0951-3073858	0951-3067126
西安环力传动机械股份有限公司	陕西省西安市经济技术开发区凤城十一路91号	710018	029-86171905	029-85251911
唐冶减速机制造有限公司	河北省唐山市路北区缸窑路4号	063027	0315-3202616	0315-3202214
包头市起重机械有限公司	内蒙古自治区包头市东河区西脑乡135号	014040	0472-4874100	0472-4862406
太原重工股份有限公司齿轮传动分公司	山西省太原市万柏林区玉河街53号	030024	0351-6366732	0351-6366732
内蒙古兴华机械制造厂	内蒙古自治区呼和浩特市玉泉区昭君路小黑河村	010070	0471-5686313	
石家庄科一重工有限公司	河北省石家庄市和平西路595号	050071	0311-87796242	0311-87756244
山西新富生机器制造有限公司	山西省太原市经济技术开发区十四号线68号	030013	0351-3074892	0351-3074892
山西平遥减速机厂	山西省晋中市平遥县古城南路138号	031100	0354-5622828	
沈阳金龟减速机厂有限公司	辽宁省沈阳市辽中区商业街15号	110200	024-87880508	024-87881361
青岛减速机厂	山东省胶州市铺集镇铺集二村	266326	0532-87737569	0532-86250253
龙口市减速机有限公司	山东省龙口市黄城区西市场1号	265701	0535-8519156	0535-8517471
重庆减速机有限责任公司	重庆市璧山区牛角湾	402760	023-41432059	023-41436677
衡阳起重运输机械有限公司	湖南省衡阳市珠晖区狮山路1号	421005	0734-3172069	0734-8290779
宁波誉力冶金矿山机械有限公司	浙江省宁波市鄞州区鄞州镇经济工业园	315151	0574-88431146	0574-88432207
太原科技大学	山西省太原市万柏林区瓦流路66号	030024	0351-6963399	0351-6998027
浙江东海减速机有限公司	浙江省温州市平阳经济开发区鸽巢路（鳌江镇）	325401	0577-63631862	0577-63635393
江西华伍制动器股份有限公司	江西省丰城市高新技术产业园区火炬大道26号	331100	0795-6203200	0795-6241080
嘉兴嘉冶机械制造有限公司	浙江省嘉兴市角里街112号	314000	0573-82820184	0573-82818650

（续）

单位名称	通信地址	邮编	电话	传真
广州劲草减速机机械有限公司	广东省广州市白云区爱国 11 路 1-1 号	510450	020-86601532	020-86601532
荆州市巨鲸传动机械有限公司	湖北省荆州市经济技术开发区东方大道 58 号	434000	0716-8303888	0716-8303905

物料搬运工程设备成套与服务分会

单位名称	通信地址	邮编	电话
华电重工股份有限公司	北京市丰台区汽车博物馆东路华电产业园 B 座 11 层	100070	010-63919311
大连重工装备集团有限公司	辽宁省大连市西岗区八一路 169 号	116013	15641190054
上海科大重工集团有限公司	上海市青浦区青浦工业园华青路 815 号	201707	13604210481
山东山矿机械有限公司	山东省济宁市济安桥北路 11 号	272041	13176172055
卫华集团有限公司	河南省长垣市卫华大道西段	453400	13937306043
太原重型机械集团有限公司	山西省太原市万柏林区玉河街 53 号	030024	0351-6364208
中国重型机械有限公司	北京市海淀区公主坟复兴路甲 23 号	100036	13051697330
北京起重运输机械设计研究院有限公司	北京市雍和宫大街 52 号	100007	010-64031098
双鸟集团有限公司	浙江省嵊州市黄泽镇工业功能区玉龙路 16 号	312455	0575-83507908
交通运输部水运科学研究院	北京市海淀区西土城路 8 号	100088	010-65290216
万华化学（宁波）码头有限公司	浙江省宁波市大榭开发区环岛北路 39 号万华工业园	315812	15268415157
株洲天桥起重机股份有限公司	湖南省株洲市石峰区新民路 266 号	412004	13873353399
衡阳运输机械有限公司	湖南省衡阳市珠晖区狮山路 1 号	421002	0734-3172168
苏州大学应用技术学院智能制造研究院	江苏省苏州市昆山周庄镇大学路一号	215325	0512-82190377
焦作科瑞森重装股份有限公司	河南省焦作新区神州路 2878 号	454000	15839198186
四川省自贡运输机械集团股份有限公司	四川省自贡市国家工业园区富川路 3 号	643000	18990068690
华电郑州机械设计研究院有限公司	河南省郑州市郑东新区龙子湖湖心岛湖心环路以西、湖心环路以北湖心环路 27 号	450015	15843100570
中交第一航务工程勘察设计院有限公司	天津市河西区洞庭路 18 号颐航大厦	300200	18512280710
中国电力工程顾问集团西南电力设计院	四川省成都市东风路 18 号	610016	18980803696
中国电力工程顾问集团东北电力设计院	吉林省长春市人民大街 4368 号	130021	13644310416
中冶南方武汉钢铁设计院有限公司钢铁公司机械储运分公司	湖北省武汉市青山区红钢城 15 街坊	430080	18086089951
邯郸钢铁集团设计院有限公司	河北省邯郸市复兴区复兴路 232 号	056015	13931053836
中煤科工集团沈阳设计研究院有限公司	辽宁省沈阳市沈河区先农坛路 12 号	110015	13940560735
华电曹妃甸重工装备有限公司	河北省唐山市曹妃甸区装备制造园区和谐路	063210	18633121885
北京港口机械质量检测中心	北京市海淀区西土城路 8 号	100083	13581982868
上海交通大学机械与动力工程学院	上海市闵行区东川路 800 号	200240	13917680732
同济大学机械与能源工程学院	上海市四平路 1239 号机械与能源工程学院	200092	13601692449
河南科技学院机电学院	河南省新乡市华兰大道东段	453000	13569800035

（续）

单位名称	通信地址	邮编	电话
SEW-传动设备（天津）有限公司	天津市天津经济技术开发区第七大街46号	300457	13901352871
浙江东海减速机有限公司	浙江省温州市敖江镇鸽巢路平阳经济开发区	325401	13906669365
河南恒达机电设备有限公司	河南省新乡市长垣市起重工业园区纬四路东侧	453424	13937375086
湘潭电机股份有限公司	湖南省湘潭市岳塘区下摄司街302号	411101	15292298350
浙江双箭橡胶股份有限公司	浙江省桐乡市洲泉镇工业园区	314513	15958302288
厦门克利尔能源工程有限公司	福建省厦门市湖滨北路59号中信惠扬15AB	361012	13810642350
杭州华电工程监理咨询有限公司	浙江省杭州市西湖区西园九路2号	310030	13967146008
唐山东亚重工装备集团有限公司	河北省唐山市玉田县经济开发区伯雍西街	064199	13603152915
沈阳隆基电磁科技股份有限公司	辽宁省沈阳市辽宁省沈抚新区文华路6号	113122	15841379819
哈尔滨和泰电力设备有限公司	黑龙江省哈尔滨市南岗区长江路380号宏洋大厦	150090	13945046001
洛阳益矿机械设备有限公司	河南省洛阳市洛龙区东方今典天汇中心1号楼1302号	471003	17737468083
江苏富莱士机械有限公司	江苏省高邮市汉刘镇汉中路	225641	15952778896
秦皇岛市强宇机械设备制造有限公司	河北省秦皇岛开发区张庄工业园	066000	13315380168
武汉新华源电力设备有限公司	湖北省武汉市武昌区中北路148号东沙大厦A座8层	430077	13986205120
天津三岛输送机械有限公司	天津市塘沽区新北路创新创业园21-B 401室	300451	15522662009
宁波探索机械制造有限公司	浙江省宁波市象山区丹城白鹤路206号	315700	13958214527
唐山德伯特机械有限公司	河北省唐山市缸窑路2号	063027	13932550910
宁波华臣输送设备制造有限公司	浙江省宁波市象山经济开发区滨海工业园金商路20号	315712	13906601166
湖州电动滚筒有限公司	浙江省湖州市西凤路888号	313000	13757261933
厦门三烨清洁科技股份有限公司	福建省厦门市翔安区马巷镇翔安工业区市头二期古埈东路8号	361101	13666098759
江苏环宇起重运输机械有限责任公司	江苏省扬州市宝应县城西工业集中区盐金路1号	225805	13901440297
启东金利润滑设备有限公司	江苏省启东市中央大道东首	226200	13625228018
汉唐创承（北京）信息技术有限公司	北京市丰台区汽车博物馆东路6号院4号楼	100160	13946070257
常熟美信达科技能源设备有限公司	江苏省常熟市沿江经济开发区综合保税区2号路1号	215500	15962588365
苏州市苏网建设工程有限公司	江苏省苏州市相城区黄埭镇东桥春望路1号	215252	18801777279
广东中兴液力传动有限公司	广东省云浮市郁南县都城镇河堤路45号	527199	13302379904
天津成科传动机电技术股份有限公司	天津市西青区海泰发展一路6号	300384	13920732799
焦作三岛输送机械有限公司	河南省焦作市黄河大道（西段）269号	454000	13939189256
河南省大方重型机器有限公司	河南省长垣市恼里工业区	453400	13803738653
河南省矿发起重机有限公司	河南省长垣市恼里镇长恼工业区矿山大道2号	453400	13673731500
扬州欧海机械有限公司	江苏省扬州市江都区邵伯镇高端工业园区诚意路（金鑫西对门）	225200	13585239822
宜兴市新涛环保设备有限公司	江苏省宜兴市丁蜀镇建新工业开发区	214221	15061596750
扬中市华能电力设备有限公司	江苏省扬中市三茅工业园朝阳南路68号	212200	13905285260

（续）

单位名称	通信地址	邮编	电话
钟祥新宇机电制造股份有限公司	湖北省钟祥市经济开发区西环二路 8 号	431900	13607265583
吉林省佳信通用机械集团股份有限公司	吉林省集安市工业园区创业路 3 号	134200	15834596177
沈阳德蒙福特电力设备制造有限公司	辽宁省沈阳市沈北新区沈北路 160 甲号	110163	13604217695
常州华纳电气有限公司	江苏省常州市武进经济开发区稻香西路 38 号	213100	13951229680
青岛海纳电气自动化系统有限公司	山东省青岛市崂山区科苑纬一路 1 号国际创新园 B 座 15 层	266100	13910558167
山东优科豪马橡胶制品有限公司	山东省潍坊市临朐县辛寨镇驻地永泰西路 1 号	262600	13853248587
利莱森马电机科技有限公司光明分公司	广东省深圳市光明新区高新西路 11 号研祥科技工业园机械厂房 1 楼	518170	13311231890
艾克玛（惠州）输送设备有限公司	广东省惠州市惠阳区新圩镇红卫村	516225	15986956338
扬中市科利电仪设备有限公司	江苏省扬中市兴隆开发区华耐德科技内	212200	13815185955
湖北佳伟消防工程有限公司	湖北省黄石市西塞山区牧羊湖紫竹苑 25 号	435000	13507230253
成都迈科高分子材料股份有限公司	四川省成都市天府区智能制造产业园杨园西路 266 号	610000	13981819195
天津市联大通讯发展有限公司	天津市南开区白堤路馨名园 1-8-602	300192	13920487629
杭州森洛电气有限公司	浙江省杭州市西湖区振华路 206 号西岗新界 6B703	310014	18958103858
上海瞳骋智能科技有限公司	上海市闵行区联航路 1588 号业务楼 1B407	201114	18321387815
上海红箭自动化设备有限公司	上海市奉贤区柘林镇科工路 869 号	201424	13761948380
格莱克斯集成工业品（青岛）有限公司	山东省青岛市胶州市经济技术开发区长江一路 2 号上合国际贸易大厦 10 楼	266300	13608989938
徐州禹含钢结构有限公司	江苏省徐州市经济技术开发区杨山路 19-1 号诺万科技大厦 2 层 205 室	221000	13775866669
山东威普斯橡胶股份有限公司	山东省临沂市沂水县经济开发区冯家官庄村西南 350 米	276400	0539-8456789
北起意欧替智能科技有限公司	北京市怀柔区雁西工业开发区 C 区 1 号	101407	17611225319
华荣科技股份有限公司	上海市嘉定区宝钱公路 555 号	201808	18217223831
海鲨（宁波）贸易有限公司	浙江省宁波市宁波象保合作区智汇佳苑	315731	13644547579
上海龙诚自动化系统有限公司	上海市虹口区四平路 257 号永融企业中心 20H	200086	021-55968130
宝科机械股份有限公司	浙江省台州市天台县始丰街道西工业区永盛路 28 号	317200	13385868786
太原科技大学	山西省太原市万柏林区窊流路 66 号	030024	13803452109
蒙阴县鹏程万里车辆有限公司	山东省临沂市蒙阴县高都镇经济开发区	276200	17853967062

大型企业运输联合服务分会

单位名称	通信地址	邮编	电话
中国二重万路运业有限公司	四川省德阳市岷江西路 76 号	618000	13909027520
一重新能源发展集团有限公司	黑龙江省齐齐哈尔市富拉尔基区和平路 214 号	161041	13359526316
洛阳中重运输有限责任公司	河南省洛阳市涧西区建设路 206 号	471000	13938843833
东方电气集团大件物流有限公司	四川省成都市高新西区西芯大道 18 号	611731	13808235028
中国外运大件物流有限公司	上海市浦东新区龙阳路 2277 号永达国际大厦 1005 室	201204	13909080351

（续）

单位名称	通信地址	邮编	电话
太原重工股份有限公司包装储运分公司	山西省太原市万柏林区玉河街 53 号	030024	18603410002
上海电气电站工程公司	上海市闵行区莘庄都市路 4855 号 1 号楼 806 室	201100	13801841440
四川东方物流集团有限公司	四川省自贡市沿滩区高新工业园区荣川路 19 号（办公楼）	643031	13980098811
张家港港新重装码头港务有限公司	江苏省张家港市沿江公路段山港东侧	215600	13706227381
中铁特货大件运输有限责任公司	北京市丰台区南四环西路 188 号七区 24 号楼	100071	13911678082
湖南电力物流服务有限责任公司	湖南省株洲市云龙示范区云田镇马鞍社区中特物流园	412000	13574289936
上海千瓦运输有限公司	上海市闵行区江川路 333 号	200240	13601965615
北京祥龙物流（集团）有限公司	北京市朝阳区广渠东路 2 号	100124	13311135888
陕西大件汽车运输有限公司	陕西省西安市丰禾路 336 号	710077	13991838177
河南九域博大实业有限公司	河南省郑州市西站路 74 号	450051	13608686119
上海巨神大件运输有限公司	上海市嘉定区横仓公路 1500 号	201800	13601664920
沈阳黎明新航运输有限公司	辽宁省沈阳市大东区东塔街 6 号	110041	13998815988
大连嘉汇海运有限公司	辽宁省大连市中山区朝阳路 57 号花香维也纳 3-15-1	116001	13842872333
上海江电装卸储运服务有限公司	上海市闵行区江川路 555 号	200240	13601906828
振华物流集团有限公司大连分公司	辽宁省大连市中山区人民路 68 号宏誉大厦 1904-1905 室	116001	13940917655
中能运输无锡有限公司	江苏省无锡市惠山区惠澄大道 77 号中投保物流园综合楼 513 室	214100	13921390559
哈尔滨动力设备物流有限责任公司	黑龙江省哈尔滨市香坊区通乡街 248 号	150046	13503643653
西安安航大件运输有限公司	陕西省西安市西二环北段 59 号	710077	13891853966
上海凯源电站设备运输有限公司	上海市闵行区华宁路 250 号	200245	13801917511
哈尔滨会能物流有限责任公司	黑龙江省哈尔滨市香坊区三大动力路 99 号	150040	13946103305
哈尔滨市和盛运输有限公司	黑龙江省哈尔滨市三合路 77 号	150046	15658399999
上海电力环保设备总厂有限公司	上海市宝山区山连路 358 号	200444	13611655337
上海交运大件物流有限公司	上海市宝山区宝杨路 2045 号	201900	13801709390
湖南中电物流有限公司	湖南省衡阳市雁峰区白沙大道 1 号	421000	15973412238
辽阳鑫众诚大型设备运输有限公司	辽宁省辽阳市太子河区繁荣路中段	111000	18741937999
大连春安国际物流有限公司	辽宁省大连市中山区中山路天安国际大厦	116001	13504096217
太原重工股份有限公司滨海港务分公司	天津市滨海新区临港经济区渤海 50 路 69 号	300450	13132183008
天津市平发大件运输有限公司	天津市静海区双塘镇增福堂村	301600	13820002838
广东天泰供应链有限公司	广东省广州市番禺区亚运大道 498 号金海岸皇玛 12-1-1002	511400	13980086308
巩义锦轩物流有限公司	河南省洛阳市洛龙区美茵街建业左岸 B 座 27 楼	471000	13937158111
西安虹桥货运有限公司	陕西省西安市未央区朱宏路纬二十八街 8 号	710016	18729002633
中电华运国际物流（大连）有限公司	辽宁省大连市开发区金普国际大厦 C 座 409 室	116600	17731855555
大连双迎服务有限公司	辽宁省大连市甘井子区祥龙街华东人家 14 号楼 3 单元 17 楼 1 号	116033	13841159965

（续）

单位名称	通信地址	邮编	电话
郑州大运运输有限公司	河南省郑州市中原区桐柏南路98号帝湖花园东王府1号楼	450000	13592597352
大连金易鸿嘉有限公司	辽宁省大连市保税区黄海西三路62号豪轩国际大厦	116600	13841159965
哈尔滨龙吉大件运输有限公司	黑龙江省哈尔滨市道外区团结镇机关家属楼一楼20-17号	150026	13845144488
上海和电大件运输有限公司	上海市闵行区江川路2060弄50号	221100	13818018968
重庆实力大件吊装运输有限公司	重庆市沙坪区汉渝路金沙港湾C区24栋3-1	400030	15086829594
中设国际商务运输代理有限公司	北京市西城区广安门外大街178号	100032	13801322255
中国人民财产保险股份有限公司沈阳市分公司	辽宁省沈阳市和平区西滨河路8号	110000	18640567375